检察工作高质量发展的理论与实务

JIANCHA GONGZUO GAOZHILIANG FAZHAN DE
LILUN YU SHIWU

张和林　主编

中国检察出版社

图书在版编目（CIP）数据

检察工作高质量发展的理论与实务 / 张和林主编
. -- 北京 : 中国检察出版社 , 2024.9
ISBN 978-7-5102-3087-5

Ⅰ . ①检… Ⅱ . ①张… Ⅲ . ①检察机关—工作—中国
—文集 Ⅳ . ① D926.3-53

中国国家版本馆 CIP 数据核字（2024）第 108397 号

检察工作高质量发展的理论与实务
张和林　主编

责任编辑： 夏妍妍
技术编辑： 王英英
封面设计： 徐嘉武

出版发行： 中国检察出版社
社　　址： 北京市石景山区香山南路 109 号（100144）
网　　址： 中国检察出版社（www. zgjccbs. com）
编辑电话：（010）86423796
发行电话：（010）86423726　86423727　86423728
（010）86423730　86423732
经　　销： 新华书店
印　　刷： 河北宝昌佳彩印刷有限公司
开　　本： 787 mm × 1092 mm　16 开
印　　张： 34.5
字　　数： 750 千字
版　　次： 2024 年 9 月第一版　　2024 年 9 月第一次印刷
书　　号： ISBN 978 - 7 - 5102 - 3087 - 5
定　　价： 120.00 元

《检察工作高质量发展的理论与实务》
编　委　会

序言

张和林[*]

习近平总书记多次强调指出，调查研究是谋事之基、成事之道，要在全党大兴调查研究之风。检察工作是党和国家工作的重要组成部分。当前检察工作面临着进一步更新理念、完善体系、创新机制、提升能力的问题，如何以检察工作现代化服务中国式现代化、服务经济社会高质量发展，需要我们加强调查研究，在理论和实践上进一步探索和完善。

近年来，珠海市检察机关扎实推进习近平法治思想的检察实践，深入践行“检察为民”理念，紧紧围绕“努力让人民群众在每一个司法案件中感受到公平正义”的目标，牢牢把握“高质效办好每一个案件”这一检察履职办案的基本价值追求，努力以高质量检察履职服务保障珠海高质量发展。在检察履职中，我们高度重视检察理论研究工作，切实发挥检察理论研究参谋决策、指导办案和推进改革的“智库”作用，全面提升履职能力和服务水平，形成了一批检察理论与司法实践深度融合的高质量成果。我们选编近年来珠海检察人员在各类法学研究年会、主题理论研讨会等征文中的获奖成果以及承担完成的省级以上检察理论研究课题成果，汇编成《检察工作高质量发展的理论与实务》一书，希冀带

---

* 张和林，广东省珠海市人民检察院党组书记、检察长。

给法学理论工作者、检察同人们一些启迪，也为检察工作高质量发展提供参考与借鉴。

本书具有以下特点：一是将检察理论与司法实践贯通融合。既有围绕中国特色社会主义检察制度进行深入分析的基础理论研究型文章，又有围绕检察办案的重大疑难问题集中研判的实务应用研究型文章，具有一定的学术研究价值与实践应用价值。二是将“小切口”与法治宏观问题探讨有机结合。一些文章以检察履职中遇到的“微观”问题为切入，以小见大、解剖麻雀，将目光投及立法原意、价值取向、司法实践等“宏观”视域；一些文章立足检察履职办案的价值追求及时代命题，由大及小、落到实处，以精准务实的履职进路践行“为大局服务、为人民司法、为法治担当”。三是将检察理论研究与检察工作高质量发展深度嵌合。积极、全面开展理论研究工作是推进检察工作高质量发展的应有之义，优秀检察研究成果的涌现是检察工作高质量发展的集中展示。本书一些文章针对推进检察工作高质量发展中遇到的思路堵点、实践痛点、理论难点进行调查研究，能够发挥服务检察工作全局的智库作用。

检察调研兴，则检察事业兴，检察调研是推动检察工作行稳致远发展的基石。我们将以出版《检察工作高质量发展的理论与实务》一书为契机，持续深化检察理论研究，紧紧扭住以检察工作现代化服务中国式现代化的检察工作中心任务，聚焦司法办案中的新题难题，以研究之力助推检察工作高质量发展，为检察工作现代化支撑和服务中国式现代化贡献智慧和力量。

目 录

检察专论

理论探讨

司法改革

专题调研

实务研究

检察专论

论检察民事公益诉讼请求的精准化

张和林　郑若颖 *

摘　要　诉讼请求之精准程度，不仅影响民事公益诉讼的案件审判效率，还关乎国家、社会的公共利益和当事人合法权益的充分维护，更关系社会主义法治国家建设的有效推进。现阶段检察机关提出的民事公益诉讼请求存在精准性欠缺的问题，直接影响司法对公益的保护与救济效果。但这仅靠检察机关一己之力难以扭转，还需要多方的积极配合。从理论上看，民事实体法所强调的公正理念、民事程序法所坚持的效率价值与检察权行使所秉承的谦抑原则，无不强调检察民事公益诉讼请求精准化之必要。从实践中看，私益救济的传统、审前准备与法官释明的失落以及检察机关权力供给与知识储备的不足，客观上造成了检察民事公益诉讼请求精准化的困境。未来可考虑借助引入民事公益责任承担标准、强化检察机关调查取证权、充分发挥审前准备程序功能、鼓励法官积极释明以及优化检察民事公益诉讼工作机制等策略，促成检察民事公益诉讼请求精准化的妥当实现。

关键词　检察机关　民事公益诉讼　诉讼请求　精准化

一、检察民事公益诉讼请求精准化之省思

作为党的十八届四中全会提出的一项重大部署，“探索建立检察机关提起公益诉讼制度”是我国在公益保护领域的一项重大法治创新，关系国家社会与生态可持续发展的实现。为使其更好落实，2017 年全国人民代表大会常务委员会对《民事诉讼法》进行了专门修正，在 2012 年规定“法律规定的机关和有关组织”可提起民事公益诉讼的基础上，进一步明确了检察机关的民事公益诉权。

随着我国《民法典》的正式施行，社会公共利益的保护被纳入民事法律部门规范的范畴，并在保留与优化原有民事责任承担方式的基础上，明确“惩罚性赔偿”在公益保护中的适用。这是《民法典》诸多亮点中甚为令人瞩目之所在，改变了以往民事实体法律体系在公益保护领域重视性、规范性不足的旧貌。概言之，《民法典》对社会公共利

---

* 张和林，广东省珠海市人民检察院党组书记、检察长；郑若颖，广东技术师范大学法学与知识产权学院讲师、湖北大学法学院硕士生导师。

益保护的覆盖与强调丰富了民事公益诉讼的请求权基础与救济方式，回答了公益诉讼中起诉主体能够提出“哪些诉讼请求”问题。[①] 这既为民事公益诉讼实践活动提供了坚实的实体法支撑，也为未来“等”外领域拓展与相关制度深化提供了探索方向。[②]

然而，民事公益诉讼请求的确定并非易事。公益损害牵涉范围广、持续时间长，并与私益损害时有交错、关联，无形中增加了诉讼请求的提出难度。不恰当、不准确的诉讼请求会误导法官的审判方向，降低案件的审判效率，影响国家、社会的公共利益和当事人合法权益的有效维护。因此，诉讼请求的确定往往需要“在案例事实和法律规范间来回穿梭思考”[③]。可见，诉讼请求的精准程度对起诉主体的法律素养有极强的依赖性。作为我国宪法规定的法律监督机关，检察机关长期以法律规范为尺度对各类社会主体的行为进行监督，并在案件事实的探查、证明与法律规范的识别、适用方面具备专业能力。在法律与司法实践未能为民事公益诉讼请求设计提供细致规范与权威判例的当下，检察机关作为司法的中坚力量，应当积极发挥自身优势，制裁滥用私权侵害社会公共利益、危及公法秩序安宁的行为，[④] 同时为后续的民事公益诉讼实践提供借鉴与经验。

作为全国首批试点省份之一，广东省自2015年7月起开展检察公益诉讼工作，并于2016年底率先完成100%试点市级院和60%以上试点基层检察院的公益诉讼案件办理，案件办理的数量与质量居全国前列，收获了较高的社会评价。基于此，笔者选取该省2016—2020年已生效民事公益诉讼案件尝试分析。[⑤] 笔者比对在裁判中获得法院全部支持及未获得法院支持的检察民事公益诉讼请求后发现，当前检察机关的民事公益诉讼请求设计主要存在三个问题。

其一，检察机关提出的预防性请求和恢复性请求缺乏具体的措施与效果评价参考标准。一般认为，预防性请求包括停止侵害、排除妨碍、消除危险及赔礼道歉四种方式，恢复性请求则是指恢复原状。除“停止侵害”与“赔礼道歉”外，[⑥] 排除妨碍、消除危险与恢复原状均由“行为的正确履行+效果衡量评价”构成。无论是作为履行者的被

---

① 颜运秋：《〈民法典〉视阈下生态环境修复与赔偿司法保障机制》，载《广西社会科学》2021年第1期。

② 胡卫列、兰楠：《民法典对公益诉讼的实体法支持与价值指引》，载《法治日报》2020年6月17日，第11版。

③ 王泽鉴：《法律思维与民法实例：请求权基础理论体系》，中国政法大学出版社2001年版，第39页。

④ 孙洪坤、陶伯进：《检察机关参与环境公益诉讼的双重观察——兼论〈民事诉讼法〉第55条之完善》，载《东方法学》2013年第5期。

⑤ 数据截至2021年3月9日，以“案件类型：民事”“法院（地区）：广东省”“审判程序：一审”“法院层级：中级人民法院”为条件，在“OpenLaw裁判文书检索”网站搜索。数据来源网址：http：//openlaw.cn/login.jsp。

⑥ 严格来看，“停止侵害”与“赔礼道歉”属于即时的、纯粹的行为（不作为）请求，虽对效果也有要求，但“是否已经停止”“是否已经道歉”在行为上即能识别，而其效果实现也基本依赖于行为履行，与其他侧重效果追求的预防性请求存在明显区别。

告，还是作为审判者的法院，均难以在缺乏具体措施与效果评价标准的情况下实施行为与评价。因此，检察机关作为诉讼的启动者，其提出的诉讼请求应以充分的诉讼准备为依据，应当涵盖具体措施与效果评价标准。

其二，检察机关主张的损害赔偿请求及诉讼费用承担计算和分配方式不统一。这主要反映在两个方面：一是诉讼请求中有关损害赔偿金额的计算没有严格根据已取得的证据和合理标准进行确定，进而导致以此为重要参考的诉讼费用计算失据，请求内容显失公平。① 二是在存在多被告的案件中，检察机关提出的损害赔偿与诉讼费用请求，往往笼统适用连带赔偿责任，甚至可能忽视责任承担范围及区分，没有根据不同被告的侵权行为和效果进行合理分配，这在客观上会影响法官的判断，增加法官责任确定的负担。②

其三，检察机关适用的惩罚性赔偿请求没有与刑事罚金、行政罚款形成有效的衔接和协调机制。惩罚性赔偿具有赔偿、制裁和遏制等多重功能，③《民法典》的出台为其适用夯实了基础，通过增加违法成本遏制公益侵害。然而，惩罚应具有谦抑性。惩罚性赔偿与行政罚款、刑事罚金三者虽有公私之分，但本质均为惩罚性措施，也无法回避公益侵害行为人始终只实施了"一个行为"。在过往的执法与司法实践中，当一个行为同时触发了不同公权力机关的多次性质相同的金钱罚时，通常的做法是将轻罚在重罚中折抵，避免惩罚过度。这不仅是对法院裁判的约束，更应当为检察公益诉权所考虑。

前述问题从根本上看是检察民事公益诉讼请求不够精准所致。尽管2021年出台的《人民检察院公益诉讼办案规则》（以下简称《办案规则》）第98条对诉讼请求问题进行了系统的规定，④ 但在诉讼请求精准化的实现效果上仍有待加强。诉讼请求过于宽泛或不够全面都会导致民事公益诉讼效率减损，进而导致司法公益保护机制失灵，无法回应以权利保护为基本内核的民事诉讼目的，⑤ 而检察机关诉讼请求不够精准则无法为其他民事公益诉权主体的后续公益诉讼活动提供参考，使其在复杂的公益纠纷中因诉讼请求提出不当招致负面的诉讼效果，影响公益诉讼权威的树立。基于此，笔者认为，从检察民事公益诉讼请求精准化的内涵切入，探寻民事公益诉讼请求精准化路径，方能实质性

---

① 如（2018）粤51民初10号，检察机关提交的证据只能够证明被告厂房2016年4月至2016年10月间存在违规排放电镀废水情形，但在计算时却以2010年5月起计算被告违规排放电镀废水的天数，最后法院查明后驳回部分诉讼请求。

② 如（2017）粤19民初95号、（2019）粤01民初325号案件均存在前述问题。但在（2018）粤01民初724号案件的处理上，检察机关的诉讼请求明确指出了被告二承担的为"补充清偿责任"，这意味着要求检察机关在请求赔偿及诉讼费用承担时正确厘清与分配被告应担之责是具备实践可行性的。

③ 王利明：《惩罚性赔偿研究》，载《中国社会科学》2000年第4期。

④ 《人民检察院公益诉讼办案规则》第98条规定，人民检察院可以向人民法院提出要求被告停止侵害、排除妨碍、消除危险、恢复原状、赔偿损失等诉讼请求。针对破坏生态环境和资源保护、食品药品安全及英雄烈士等的姓名、肖像、名誉、荣誉保护等不同领域案件，还可以提出本规则规定的其他类型之请求。人民检察院为诉讼支出的鉴定评估、专家咨询等费用，可以在起诉时一并提出。

⑤ 任重：《民法典的实施与民事诉讼目的之重塑》，载《河北法学》2021年第10期。

地推动民事公益诉讼制度的完善。

二、检察民事公益诉讼请求精准化的内涵剖析

（一）检察民事公益诉讼请求精准化的定义

诉讼的功能主要通过当事人的诉讼请求实现。[①] 作为诉讼启动的构成要件，诉讼请求既承载着当事人意图通过民事诉讼解决的具体问题，又是人民法院对民事案件进行审判时所必须围绕的核心。因此，古今中外的民事诉讼法律规则均将“具体的诉讼请求”作为当事人起诉的必备要件。

一般认为，民事程序上的诉讼请求以民事实体法中有关权利义务分配的请求权为基础。故“具体的诉讼请求”实际上是要求当事人在起诉时精准地指出其请求法院通过审理与裁判予以保护的具体权利内容。[②] 当事人提出诉讼请求，追求的并非对方当事人为或不为某一种行为，而是该权利主张实现时能够达到的效果。同时，这种效果未必是单一的责任承担方式即可实现，可能需要由多种责任承担方式进行组合。因此，“具体内容”不仅应当包括合法权益范围的厘清，还应当尽可能准确地表达对方当事人通过何种形式承担何种民事责任以及各当事人之间的责任分配。这是对诉讼请求提出精准化要求的逻辑前提。

回归民事公益诉讼的功能，其追求的效果是实现对社会公共利益的保护。尽管现阶段学者对民事诉讼所能保护的“公益”范畴仍存争议，[③] 但并不妨碍“不仅多层而且多样”成为公益损害结果的普遍特征。这决定了民事公益诉讼请求不能简单套用传统的私益损害赔偿方式来确定，[④] 而是需要结合公益损害的具体情形与影响，准确主张被告的责任承担方式与内容，如此才能更好地发挥民事公益诉讼的预防与补救功能，实现对社会公共利益的有效保护。这一以责任内容确定与方式组合并使之趋于优化的过程，就是本文所要定义的民事公益诉讼请求精准化。

据此，笔者认为，检察民事公益诉讼请求精准化最基本的含义是，民事公益诉讼请求的提出应当以社会公益的保护、救济的最优效果为目标，针对个案情况并结合实体法规范，通过准确地选择、划分责任承担的方式与份额，使检察机关提出的具体主张符合

---

① 姚敏:《消费民事公益诉讼请求的类型化分析》，载《国家检察官学院学报》2019 年第 3 期。

② 蔡虹:《民事诉讼法学（第四版）》，北京大学出版社 2016 年版，第 272 页。

③ 学界目前对“公益”概念主要有三种解读。颜运秋认为，“公益”包括为社会全部或部分成员所享有的社会公共利益与国家利益两层含义，参见颜运秋:《公益诉讼法律制度研究》，法律出版社 2008 年版，第 269—270 页；韩波认为，“公益”包括国家利益（核心）、不特定多数人利益（常态）与需特殊保护的利益（特殊形态）三重含义，参见韩波:《公益诉讼制度的力量组合》，载《当代法学》2013 年第 1 期；张卫平认为，“公益”涵盖前述三重含义妥当，但公益诉讼的客观范围应当以“不特定主体所享有的社会公共利益”为特征，参见张卫平:《民事公益诉讼原则的制度化及实施研究》，载《清华法学》2013 年第 4 期。

④ 张辉:《论环境民事公益诉讼的责任承担方式》，载《法学论坛》2014 年第 6 期。

“种类清楚、范围明确、内容特定”① 的状态。

（二）检察民事公益诉讼请求精准化的要求

由前文可知，检察民事公益诉讼请求精准化的实质，是检察机关的主张从实体法律规范厘定之“幅度”明确为个案应用之“点”的过程。② 从唯物辩证法系统观的角度来看，“诉讼请求”整体上是一个“系统”，其中以不同民事责任为内容的具体请求主张则为“要素”。故“精准化”包括两个维度的要求。

1. 系统维度：责任承担的方式和效果应当与损害后果相一致

对法律、司法解释与典型案例进行梳理后不难发现，现阶段的民事公益诉讼侧重处理因侵权行为既已造成或未来可能出现的公益损害，除将“未来可能出现的损害”明确纳入可救济损害的范畴，整体上与民事侵权“无损害则无赔偿”的纠纷处理机制保持一致。故当前民事公益侵权适用的责任承担方式与民事私益侵权的责任承担方式无异，包括停止侵害、排除妨碍、消除危险、恢复原状、赔偿损失、赔礼道歉以及惩罚性赔偿等方式，③ 并明确了前述方式既可以单独适用，也可以合并适用。④

民事公益诉讼所追求的系统目标，是社会公益的救济与保护。在同一案件中，一损害行为可能同时造成若干个损害结果、侵害不同类型的公共利益；在不同案件中，同一损害行为造成的同类损害在程度上也会存在较大的差异。而不同的案件类型、不同的损害结果与不同的侵权行为均有救济效果最佳的责任承担方式。故在系统维度中，精准化是要求检察机关必须根据具体损害结果的特征与法律规范的本意，准确选择足以救济与保护受损公益的责任承担方式（组合），在效果层面实现对损害后果的一致填补。

2. 要素维度：责任承担的内容和分配应当与个体行为相匹配

传统民事私益侵权纠纷属于特定当事人之间的侵权行为之债，涉及的民事权利义务关系较为直接、清晰与明确。而民事公益侵权纠纷实际上是一种对世之债，具有利益公共性、损害隐蔽性、关系复杂性、影响广泛性、后果不确定性等特征，权利义务关系颇为复杂，不仅需要关注后续继发与长期潜伏的损害的预防和补偿，还要妥善处理个体、经济、社会发展与环境生态保护之间的关系。

要素之间的联系会对系统目标的实现产生影响，故对其的处理也应尽可能精准。在通常情况下，某一具体的民事公益损害可能是多个被告的多种侵害行为复合的结果。这就要求起诉主体在确定具体责任承担的方式与效果后，必须进一步明确其所主张的各项

---

① 张晋红:《民事之诉研究》，法律出版社 1996 年版，第 118—121 页。

② 董坤:《认罪认罚案件量刑建议精准化与法院采纳》，载《国家检察官学院学报》2020 年第 3 期。

③ 《民法典》第 179 条规定。

④ 除此之外，根据《诉讼费用交纳办法》第 29 条规定，诉讼费用由败诉方负担，胜诉方自愿承担的除外。部分胜诉、部分败诉的，人民法院根据案件的具体情况决定当事人各自负担的诉讼费用数额。共同诉讼当事人败诉的，人民法院根据其对诉讼标的的利害关系，决定当事人各自负担的诉讼费用数额。

责任承担的内容与分配。在内容层面，对公益的弥补要以现实及必要的未来损害为限，尤其在存在替代责任承担方式的案件中，应当审慎确定履行不能的范围，再确定替代方式的承担内容，避免额外增加当事人的负担与影响各类主体的正常经营。对于履行应当达到的效果乃至履行行为的具体要求，也应当明确主张。在分配层面，要根据不同被告行为对公益损害的作用大小进行合理的责任区分，不能笼统地适用共同连带责任。

三、检察民事公益诉讼请求的精准化何以必要

（一）精准化与民事实体法所强调的公正理念相契合

作为现代社会法律治理的基本理念内核，公正在民事实体法中以“公平原则”为具体内容，并引导民事实体法律规范不断完善，以成为“社会公平正义观念的公共储藏所”[①]。故可以认为，民法追求的“公正”实则具有两重内涵：“公平”侧重行为，其内涵为民法的规范设计与权利主张应当在公平理念指导下确定民事主体的民事权利、民事义务乃至民事责任；“正义”侧重效果，其内涵为在法律框架内每个人都应当得到他所应当获得的东西，同样包括权利、义务与责任。[②] 如此方能实现法律对社会之“善治”。

将公正理念从民事实体法范畴投射于民事公益诉讼领域，首要表现即为包括检察机关在内的全体公益诉讼起诉主体，必须以公正的实现为出发点，依据实体法规范提出诉讼请求。在此过程中，“精准”既应是衡量的标尺，又须为设计的目标；还要注意摒弃片面强调公益实现而不顾私益无谓沉没的想法。20世纪中叶以来，社会化在世界范围内成为各国、各部门法改革的方向与趋势，以私权为核心的民法领域也不例外。公共利益被纳入民法规范范畴，民事公益诉讼应运而生。这一方面强调为法律所明确保护的社会公益不容他人侵害，否则公益诉讼起诉主体必须要求公益损害行为人根据受损社会公益之特性与程度，足够地、有针对性地履行民事义务、承担民事责任进行弥补。如涉及侵害英烈人格利益的民事公益诉讼案件，其诉讼请求应当包括“赔礼道歉”主张；又如涉及污染环境、破坏生态的民事公益诉讼案件，起诉时被告的损害行为还在继续的，其诉讼请求必须包括“停止侵害”主张。另一方面隐含了公益诉讼起诉主体在没有充分证据时，不得随意主张公益损害行为人承担超额的民事责任与履行不合理的民事义务，避免因主张不当导致公益损害行为人的合法利益受到误伤。如依法应当主张惩罚性赔偿请求的案件，对于赔偿倍数的确定应当以惩罚、威慑的必要力度为限；单独适用“排除妨碍”“消除危险”或“恢复原状”即足以实现对社会公益的修复的，不得在无证据证明存在后续损害可能时仍然主张“赔偿损失”请求。概言之，检察机关在提起民事公益诉讼时必须严格以亟须预防和补救的公益损害情况为实体依据，精细、准确地选择民事责任承担方式（组合）与确定民事责任内容，才能妥善处理国家、社会、个人在此领域的

---

① ［加］欧内斯特·J. 温里布：《私法的理念》，徐爱国译，北京大学出版社2007年版，第1页。
② 易军：《民法公平原则新诠》，载《法学家》2012年第4期。

权能分配和相互关系，达到民事实体法所追求之公正。

（二）精准化与民事程序法所坚持的效率价值相呼应

迟来的正义非正义。现代民事司法的两大基本价值：公正与效率。尽管公正是法律的最高目标，但若矫枉过正、忽视效益，那必将导致社会的集体贫困，公正也将背离应有之义，为社会和人们所不取。[①] 相较于公正，效率更多体现为民事程序的设置与运行。一般认为，在保证公正的前提下，影响民事诉讼效率的因素主要有诉讼周期、诉讼费用水平以及诉讼程序的繁简程度等。[②] 通过减低诉讼成本投入来提高民事诉讼效率，成为当前各国民事诉讼制度设计与完善的重要问题。

作为法院的审判对象，起诉主体提出的诉讼请求越精准，在一定程度上越有利于避免诉讼效率的非必要减损、减轻法院的工作负担，在公益诉讼中更是如此。与私益诉讼相比，民事公益诉讼涉及的法律关系和造成的社会影响均更为广泛、深刻与复杂，而现有民商事法律规范在公益诉讼适用上仍处于探索阶段。法院对公益诉讼案件的处理不仅关系国家和社会公共利益的保护，还关系前案对后案的指导与相关立法的推动。这些问题都会导致法院在证据审查、事实评价和法律援引方面非常慎重，进而使诉讼成本增加。从我国刑事公诉实践中不难发现，检察机关在对犯罪行为进行刑事追诉时，证据收集越全面、事实证明越充分，以定罪、量刑为内容的公诉请求越精准，刑事审判活动就越趋近公正与高效，裁判结果也越能够为后续的刑事案件处理提供有价值的参考。这种实践经验同样适用于民事、行政诉讼。除却前文提及的诉讼技巧能力与法律专业知识等优势外，检察机关以国家公权力为靠背，在线索发现、调查核实及整合社会资源支持等方面有着天然的便利，能够保证其诉前准备的充分性。这种权能基础条件可以为检察机关精准地提出诉讼请求及支撑性的证据、事实与理由提供充分的保障，避免法院因诉讼请求过宽、过窄，或相关证据、事实与理由不足以支撑诉讼请求，而在程序上造成劳力时间、费用的不必要支出。同时，从诉讼构造上看，“平等对抗”为当事人诉讼权利平等原则的内涵之一，必须注意“赋予当事人取得与适用攻防武器之平等机会”[③]，避免“当事人因未能适时预测法院之裁判内容或判断过程而不及提出有利资料或意见”[④] 所导致的对抗失衡。此外，诉讼请求精准度欠缺不仅不利于规范民事公益诉讼中的和解、调解与撤诉制度的有效运行，还会引致法院的裁判结果不能获得及时、有效的履行。后续的上诉、再审甚至执行不能等意外情况导致的拖延，也会影响公益正义的实现。故诉讼请求精准化本质上也是对程序效率这一民事诉讼内在价值的回应。

---

① 张文显:《法学基本范畴研究》，中国政法大学出版社 1993 年版，第 273 页。
② 蔡虹:《民事诉讼法学（第四版）》，北京大学出版社 2016 年版，第 54 页。
③ 姜世明:《民事程序法之发展与宪法原则》，元照出版公司 2009 年版，第 169 页。
④ 邱联恭:《程序制度机能论》，三民书局 2003 年版，第 6 页。

（三）精准化与检察权行使所秉承的谦抑原则相一致

检察谦抑本是刑事诉讼中的概念，要求检察机关在进行刑事追诉时尽可能地保持克制、妥协和宽容，[①] 是刑法“罪刑相适应原则”在刑事程序法中的表现。随着检察工作的发展，检察机关从纯粹的刑事追诉机器转变为综合性法律监督机关，[②] 衍生出法律监督、民事公诉、支持起诉等诸多现代化的社会治理型司法职能。在此背景下，谦抑原则也从刑事领域延伸至包括民事检察权在内的国家权力行使领域，成为当代公权力行使的普遍准则。

在民事公益诉讼中要求检察机关提出的诉讼请求尽可能精准，本质上就是检察权行使对谦抑原则的又一遵守与回应。与传统刑事公诉相比，民事法律关系以私权自治为核心。作为一项单独、典型且以国家强制力为后盾的公权力，[③] 检察权在以社会主体的民事行为或民事活动为干预对象时，稍有不慎就可能异化为恣意干预法院权力或侵犯公民权益的手段，故必须恪守谦抑性。也基于此，检察机关在提起民事公益诉讼时必须保有对社会、公民自治最大程度的尊重，其所采用的手段和介入的程序应当符合有限性、必要性、适度性和有效性等要求，[④] 其所提出的诉讼请求也不例外。其中，“有限性”是要求诉讼请求中主张的被告责任承担方式应当是法律及司法解释所规定的，责任具体内容的确定必须以法律及司法解释规定的相关社会公益损害之范畴及情况为限，即检察机关提出的民事公益诉讼请求类型与内容必须合法、合理；“必要性”是强调诉讼请求中主张的被告责任承担方式应当是预防和补救相关社会公益所必需的，既不能为了追求诉之利益的百分之一百实现对同一责任不必要地主张多项履行方式，也不能因为主观上认为被告的某种责任履行能够达到另一责任履行的效果而不主张后一责任；“适度性”是要求诉讼请求中主张的责任的具体内容足以救济被侵害社会公共利益，尤其需要关注对民事公益诉讼中独有的“未来可能出现的损害结果”救济范畴的准确评价，不得肆意、盲目；“有效性”是强调诉讼请求所确定的责任承担方式与内容客观上能够有效保护社会公共利益的实现。可见，“谦抑四性”实际上就是对抽象精准化概念的具象解读。

四、检察民事公益诉讼请求精准化的实践困境

（一）实体法规范囿于私益救济传统未能形成精准化的支撑

民事诉讼所追求的效果，应重在预防、修复或者索赔，是确立诉讼请求时需要考虑

---

① 郭云忠：《刑事诉讼谦抑论》，北京大学出版社 2009 年版，第 5—13 页。

② 此处论述主要针对大陆法系与社会主义法系的检察权。大陆法系与社会主义法系以成文法为主，要求法律在全国范围内正确且统一实施，故须有专门的法律监督机关以监督政府与法院的法律实施情况；英美法系国家多为联邦与地方分治，法律无须也不可能在全国范围内统一实施，且法官有造法权力，检察监督理念无生存之土壤。

③ 孙谦：《中国的检察改革》，载《法学研究》2003 年第 6 期。

④ 韩静茹：《民事检察权研究》，北京大学出版社 2018 年版，第 294 页。

的前提问题。[①] 我国民事私益侵权救济体系以“填补原则”[②] 为基本原理，看似与民事公益救济以“恢复原状”为首要追求殊途同归，但本质上却是南辕北辙。实体法对私益“填补”之理解，一强调现实损害，二侧重事后性，绝大多数可以通过金钱给付替代实现——这是私权自治所容忍的，也能使私益救济更具效率。对于私益侵权责任，实体法规则仅需就损害与惩罚性的金钱给付请求适用规定赔偿项目范围与计算基准即可；对于预防性请求与恢复性请求的适用效果，更是以私益原本状态为参考即可。当事人据此已经能够提出相当精确、充分的诉讼请求。

然而，民事公益诉讼之目的在于保护公共利益。某一公共利益受损，全体国民皆受其害。[③] 包括检察机关在内的起诉主体仅是根据诉讼担当的原理获得了提起民事公益诉讼的资格，并不意味着他们有权代表国民以放弃恢复公益原状为代价向被告主张相应赔偿。事实上，在公益保护领域，预防或制止侵权行为在治理效果与成本投入上远优于赔偿，故公益救济须遵循“预防或制止—修复—赔偿”的顺位。“预防或制止”与“修复”强调的是公益救济的效果。公益侵权影响空间广、时间长，以私益惯用之“原状”为标准进行效果评价并不现实，故需在实体法规范中对标准的选择予以确定，为责任承担的效果评价提供法律依据。此外，当侵权人确因客观原因无法实施公益修复时，其所需要承担的损害赔偿不仅包括亟待治理的现实损害成本，还包括未来损害治理的预估成本。未来情况无法预知，相关赔偿的确定也只能以前述标准为计算尺度。但相关立法与司法解释目前仅止于确定公益损害赔偿应涵盖的项目，对惩罚性赔偿的适用未有明确说明。司法实践中公益诉讼人对赔偿金额的确定以鉴定机关提供的结论为主，但立法与司法解释对鉴定适用标准也缺乏明确的规定，据此主张的责任内容未必契合公益救济的要求。这归根结底是由于现行实体法有关民事责任的规范未能突破私益侵权救济的惯性思路，限制了检察民事公益诉讼请求精准化的实现。

（二）审前准备与法官释明未能从程序结构上促进精准化达成

民事公益诉讼以民事诉讼程序为运行框架，自然无法回避传统民事诉讼程序结构问题，其中与诉讼请求关联最为密切的，莫过于审前准备实质化与法官释明积极性。从功能上看，审前程序能够通过证据交换、争点整理和诉讼指引等实质性功能促进当事人信息的有效交换，从而引导当事人的诉讼行为，当中就包括诉讼请求的厘定。这对于以案情复杂、证据繁多为特征的民事公益诉讼而言更是重要，能帮助检察机关根据双方审前开示的证据及时优化诉讼请求。然而，《最高人民法院关于适用〈中华人民共和国民事诉讼法〉的解释》与《最高人民法院关于民事诉讼证据的若干规定》（以下简称

---

① 王炜、张源：《民事公益诉讼请求实证研究》，载《中国检察官》2020年第21期。

② 张小雪：《从全国首例“雾霾案”分析大气环境污染民事公益诉讼的法律适用及赔偿标准的认定》，载《法律适用（司法案例）》2017年第6期。

③ 段厚省：《环境民事公益诉讼基本理论思考》，载《中外法学》2016年第4期。

《证据规定》）的相关规定十分笼统，既没有规范流程与方法，也没有明确相关结论对审判的效力，更没有将庭前会议固定为普通程序的必要环节。具体到民事公益诉讼制度设计，法律修订多聚焦于其特有的诉前程序，对早已被忽视的审前准备程序更是少有涉及。故审前准备程序在民事公益诉讼中仍然以文书送达、诉讼事项告知、管辖权异议、诉讼材料审核等程序性事务处理为“主业”，无法助力检察民事公益诉讼请求精准化达成。

法官释明是程序上化解检察民事公益诉讼请求精准化不足的又一“良方”。2019 年修正的《证据规定》对影响诉讼请求的释明方式进行了调整，要求人民法院在当事人主张的法律关系性质或者民事行为效力与其根据案件事实的认定不一致时，应当将法律关系性质或者民事行为效力作为争点予以审理，以避免法官释明导致两造失衡。诚然，法院不应介入诉讼请求的确定，但是，起诉主体提起公益诉讼不是为了个体私益，而是为了社会公益，[①] 包括法院在内的国家机器均应积极保护国家利益。这意味着法院可以通过释明影响诉讼请求的确定。我国《最高人民法院关于审理环境民事公益诉讼案件适用法律若干问题的解释》第 9 条也规定，当法官认为民事公益诉讼请求“不足以保护社会公共利益”时应积极释明。从“举重以明轻”的法律逻辑来看，法官在“诉讼请求溢出社会公益保护需求”时同样也需及时履行释明义务，以避免非必要的司法成本发生。但从样本情况来看，法官在公益诉讼中的释明积极性仍有待加强。

（三）主体权能的权力供给与知识储备情况制约着精准化的实现

作为公益诉讼人的检察机关权力供给不足，是造成检察民事公益诉讼请求精准化困境的关键因素。检察机关的公权力背景与国家财政支持，使其在公益损害的取证与证明方面具有一般社会组织难以企及的优势。同时，《办案规则》及多个省级法规性文件使检察公益诉讼调查核实权规则供给缺乏的历史得以终结。[②] 然而，与刑事诉讼、检察监督相比，检察机关的公益诉讼调查核实权运行仍不流畅。究其原因，一方面，调查核实权形成规范的效力层级相对较低，除三部程序性法律外，基本集中在以司法解释为内容的权力建构基础之上；[③] 另一方面，由于相关规则主要是对检察公益诉讼调查核实权的行使进行规范，虽明确了被调查单位及人员的积极配合义务，但并没有相应地就妨碍取证行为配置罚款、拘留等具有强制性的保障措施，导致检察机关在遭遇拒不配合的情况时缺乏实施强制性取证的权力。[④] 这使当前的公益诉讼调查核实权处于权力供给不足的状态，直接影响了检察机关对于公益侵害证据收集的全面性。在此背景下提出的诉讼请

---

① 许尚豪：《如何保持中立：民事公益诉讼中法院的职权角色研究》，载《政治与法律》2017 年第 9 期。

② 刘加良：《检察公益诉讼调查核实权的规则优化》，载《政治与法律》2020 年第 10 期。

③ 王译：《“提起公益诉讼”职能视域下检察机关调查核实权研究》，载《河北法学》2021 年第 11 期。

④ 汤维建：《公益诉讼的四大取证模式》，载《检察日报》2019 年 1 月 21 日，第 3 版。

求，自然难以保证精准。

知识储备缺位是又一公益诉讼人自身难以避免却能直接影响检察民事公益诉讼请求精准化的重要因素，也是检察机关在与社会组织的公益诉讼能力“较量场”上最为明显的短板。无论是环境公益诉讼还是消费公益诉讼，以及随着“等”外探索逐渐被纳入检察公益保护对象的个人信息、公共卫生、野生动植物与文化遗产等，对相关诉讼证据的调查、认定与分析均需要专门的知识储备、经验积累与智力支持。检察机关本身的工作人员所掌握的专业知识多局限于法律领域，对自然科学、信息技术等方面的专业知识难以做到全面且深入了解，直接制约了其对相关证据的认识，从而造成对公益损害估测的偏差，影响其对诉讼请求的判断与确定。

五、检察民事公益诉讼请求精准化的妥当实现

（一）规范优化：以责任承担标准与调查取证权助力精准化的实现

通过司法解释引入民事公益责任的承担标准，是从权力内部推动检察民事公益诉讼请求精准化实现的必要途径。民事公益诉讼以“公益保护”之实现为目的，应当更强调对原状的修复责任而非赔偿责任，只有在无法恢复或恢复要求显然超出行为人能力的情况下，才会以金钱赔偿责任为替代。然而，诉讼请求提出时必然要考虑对损害影响的评价、修复效果的判断和赔偿金额的计算，尤其面对可能涉及责任间的部分转换与拆分的案件，都需要从规范层面配以确定的标准，方能使各方对相关责任的选择、履行及效果进行周延的考虑和全方位的监督。从整体上看，现有民商事法律规范主要通过两种方式设定法律适用过程中应当配备的专业标准：一是将国家既有标准作为最低限度，允许检察院根据地方与公益损害影响等实际情况灵活地选择高于国家标准的地方性标准或行业标准作为诉讼请求实现效果的尺度；二是直接援引某项确定性标准作为诉讼请求设计的依据，要求具体公益损害修复或赔偿的效果必须满足该标准。结合当前我国民事公益诉讼实践来看，笔者认为现阶段采用前一种方式更为妥当。标准法定能够使公益诉讼人在提出诉讼请求时主张的赔偿与措施更加准确，同时也能避免标准选取缺乏合法性成为被告滥用上诉、再审的理据，符合诉讼请求精准化之要义。

调查取证是办理公益诉讼案件的基础工作，如果无法或者难以取得证据，检察机关提起公益诉讼将举步维艰。[①] 故强化检察机关调查取证权，是立法需要从权力运行角度促进检察公益诉讼请求精准化的关键举措。首先，必须通过立法为检察机关调查取证权在民事公益诉讼中的适用提供强制力保障，这是检察机关在公益诉讼中有效扮演公益保护者角色的当务之急。现有立法关注到了配合义务存在的必要，但在规则设计上采用命令性规范方式，没有赋予检察机关在被调查单位或人员拒绝配合时适用罚款、拘留等

---

① 曹明德:《检察院提起公益诉讼面临的困境和推进方向》，载《法学评论》2020 年第 1 期。

惩罚措施的权力，也未允许检察机关据此向相应的主管部门、纪律部门提出对不予配合的被调查单位与人员进行责任追究、纪律处分的检察建议，导致配合义务在实践中“有命令却无约束”，削弱了检察机关行使调查取证权时的主动性。[①] 其次，尝试搭建“检察机关—公安机关—其他行政机关—鉴定机构—社会组织”联动调查取证机制，在简化以收集证据为目的的临时性措施申请手续的基础上，还需关注检察机关调查取证流程的规范化建设，避免调查取证的过程遭受合法性质疑。最后，当前有关检察机关的公益诉讼调查取证权的规范性文件仅能够作为检察机关内部的办案指引，可以通过将相关规定上升为法律或司法解释，增加权威性与正当性。这能够便利检察机关调查取证活动的开展，保证检察机关在充分把握案件情况和证据材料的基础上，针对受损公益的类型与情况，精细、准确地提出与组合诉讼请求。

（二）程序设计：以审前准备与法官释明提升精准化的水平

充分发挥民事诉讼审前准备程序与法官释明义务的功能，是实现检察民事公益诉讼请求精准化的重要辅助。民事公益诉讼案件的案情往往比较复杂，并且常常涉及大量专业知识，对长期专注于刑事追诉与民行监督等法律领域的检察机关而言颇有难度。而早在公益诉讼制度出现以前，法院在日常民商事、经济案件处理中，对环境污染、生态破坏、消费者权益、人格权等案件积攒了相当多的经验，能够为民事公益诉讼请求的确定提供有价值的引导。此外，民事公益诉讼影响范围较广，检察机关在调查取证过程中会获取大量有效性待定的证据，如果能够在审前准备阶段借助庭前会议与被告进行证据交换和争点整理，筛选出可用于后续诉讼的证据和争点并固定，可以减少无用证据对检察机关诉讼活动的误导，使其提出的诉讼请求趋于精准。这实际上是通过流畅化的诉审沟通，更好地实现民事公益诉讼的目的。

从诉讼关系来看，诉审沟通又可以细分为“原告—被告”和“法官—当事人”两类关系，前者是以两造为主导的审前准备程序，后者是以法官为主导的法官释明义务。就前者而言，检察机关和法院在处理民事公益诉讼案件时必须形成主动适用审前准备程序的共识，尤其关注证据交换与固定环节的实质化。在庭前会议中，检察机关应当围绕其诉讼请求充分开示其调查、收集的证据材料，同时认真听取被告一方提出的答辩意见与支撑证据，积极与被告交流诉辩意见。在庭前会议结束后，检察机关应当根据已确定证据材料对诉讼请求进行优化；未确定但又确属需提出请求的支撑证据的，检察机关可以展开进一步调查与论证。而对于后者，应当明确法院作为国家权力机构，有着不可推卸与敷衍的公益保护义务，但不意味着其必须背离中立之要求。一方面，法官应充分发挥审判专业优势，对诉讼请求的公共利益保护程度予以充分关注，尽量引导起诉主体表达

---

① 田凯：《完善检察公益诉讼调查核实权的三条现实路径》，载《检察日报》2020 年 8 月 27 日，第 7 版。

出能最大程度保护公共利益的完整、充分、具体且有实际可执行性的诉讼请求主张。[①]由于该类释明从表面上看具有一定的倾向性，应当考虑借鉴德国《民事诉讼法》第139条第4款[②]的规定，对法官在民事公益诉讼中的该类释明行为在庭审笔录与判决书中作记载，并写明所依据的法律或司法解释。另一方面，法官在关注公益保护的同时，认为公益诉讼人主张的惩罚性赔偿未依法律规定折抵刑事罚金、行政罚款或确无法律依据时，可以在审前准备阶段提示公益诉讼人，以使检察民事公益诉讼请求尽快明确。

（三）权能重构：以工作机制与合作交流巩固精准化的发展

完善检察机关民事公益诉讼工作机制，加强与外单位合作交流，是实现检察民事公益诉讼请求精准化的途径。作为公益诉讼人，检察机关的工作能力直接决定了检察民事公益诉讼请求的精准程度。如前文所述，检察机关在面对公益诉讼时难免存在专业短板，因而需要加强与公益保护相关社会组织、专业机构及人员的合作交流，从而保证诉讼请求的合法性与合理性。

第一，明确检察民事公益诉讼请求的提出应当以合法和审慎为原则。其中，合法原则强调检察机关的诉讼请求所选择的责任承担方式与所主张的具体内容应当以法律的明确规定为准绳，禁止在个案中以公益保护为借口，未经论证提出法律未有规定的公益救济方式与内容，尤其是“旨在减少乃至消除侵权人及潜在的侵权人继续从事违法行为的经济动力”[③]的惩罚性赔偿请求。审慎原则是指检察机关的诉讼请求应当合理、妥当，即同时满足“干预最小”“足以实现公益保护”以及“有充分证据与事实为依据”三个条件。[④]这既要求检察机关在拟提出惩罚性赔偿请求时应仔细核实以同一公益损害事实为基础的关联案件是否已存在刑事罚金或行政罚款并予以充分说明，避免金钱罚适用畸重，还要求检察机关在处理存在共同被告的案件时必须根据不同被告的公益侵害行为及其引致的后果妥善分配赔偿责任与诉讼费用的承担。

第二，以“听证—论证”机制广泛动员社会力量参与公益诉讼。《办案规则》第44条正式将“听证”明确纳入公益诉讼案件调查手段的范畴，并且将据其形成的书面材料定义为检察机关依法办理公益诉讼案件的“重要参考”，以弥补检察机关的专业知识短板。现阶段的检察听证工作机制主要以《人民检察院审查案件听证工作规定》为基础，未来应当考虑针对不同类型案件特性与个案情况进一步细化流程、强化论证。具体而言，检察机关在拟定诉讼请求阶段，可以邀请相关领域的专家、学者进行听证、论证，

---

① 祝颖：《环境民事公益诉讼请求释明规则的理论反思》，载《杭州电子科技大学学报（社会科学版）》2020年第5期。

② 德国《民事诉讼法》第134条第4款规定，法律规定的释明内容应尽早做出，并书面记录。丁启明：《德国民事诉讼法》，厦门大学出版社2016年版，第37页。

③ 黄忠顺：《惩罚性赔偿请求权的程序法解读》，载《检察日报》2020年11月9日，第3版。

④ 郑若颖、张和林：《检察民事公益诉讼请求精准化之实现进路》，载《人民检察》2021年第18期。

向其开示必要的证据资料供其从专业知识角度合理判断该损害对未来的影响，综合论证为处理该损害而需要付出的成本，从而使检察机关正式向法院提出的诉讼请求更加全面、准确并具有实效。

第三，重视检察类案研究机制与诉后总结工作开展。民事公益诉讼案件的处理不能仅停留于对胜诉与执行的追求，还应当重视诉后总结工作，通过案例分类与典型分析，进一步提升检察民事公益诉讼请求的精准程度。一方面，以卷宗管理为基础，以案件类型的界分为轴心，以定期经验交流与情况汇报为载体，提炼与归纳不同情况下提出的诉讼请求所需要关注的要素，推动检察民事公益诉讼请求精准化。另一方面，建立类案检索数据库，要求承办检察官（团队）对办案流程、思路与结果形成文字总结后上传。此外，检察机关在运用类案分析、完善类案识别的过程中，还应当对个案差异予以关注，方可真正做到通过类案分析、研究推动诉讼请求精准化的实现。

个人信息保护检察公益诉讼制度研究

李红平　罗　成　刘鹏鹏*

摘　要　个人信息保护公益诉讼制度的确立因应了数字经济时代个人信息保护和利用的双重需要，对于拓展完善检察公益诉讼制度具有现实意义。然而个人信息保护检察公益诉讼运行机理，提起诉讼的前提、方式，诉讼请求内容都有待厘清。本文尝试进行自洽解释，并引申出以下观点：在侵害众多个人权益的场景下，损害的公共利益本质是信赖利益；不特定特征、个人信息处理者的外延扩张、赔礼道歉诉求不会影响公益诉讼提起方式；侵害个人信息权益造成损害，个人诉请赔偿的损失只能是为制止侵权所支付的合理开支；没收违法所得与公益损害赔偿不能抵扣，违法所得应予以追缴没收，公益损害赔偿仅以违法所得作为赔偿标准。

关键词　个人信息保护　检察公益诉讼　公益损害　违法所得

《个人信息保护法》第70条规定："个人信息处理者违反本法规定处理个人信息，侵害众多个人的权益的，人民检察院、法律规定的消费者组织和由国家网信部门确定的组织可以依法向人民法院提起诉讼。"个人信息保护领域正式被纳入检察公益诉讼法定办案领域，检察机关依法可以提起个人信息保护公益诉讼，开展行政公益诉讼监督工作。这不仅仅是公益诉讼制度积极稳妥探索的结果，更是数字经济时代数据信息利用与个人信息保护多元价值平衡下的现实选择。

一、个人信息保护检察公益诉讼制度的确立

（一）大数据时代个人信息的多元化价值体现

随着信息技术的不断发展，人类逐渐迈入信息社会。信息正以前所未有的速度和广度被开发利用，成为和物质、能量同样重要的资源，个人信息的商业价值和公共管理价值也日益显现出来。[①] 提供商品或者服务的经营者可以借助商务智能技术，精准了解消

---

* 李红平，广东省珠海市人民检察院党组副书记、副检察长；罗成，广东省珠海市人民检察院第六检察部主任、四级高级检察官；刘鹏鹏，广东省珠海市人民检察院第六检察部五级检察官助理。

① 张新宝：《从隐私到个人信息：利益再衡量的理论与制度安排》，载《中国法学》2015年第3期。

费者需求和偏好，并通过算法等自动化决策方式向个人进行信息推送、商业营销，实现经营者与目标消费群体的精准对接，从而降低交易成本。同样，在信息社会中，借助于现代信息技术，政府可以更加充分地发掘个人信息的公共管理价值。借助信息技术与统计学、数据分析技术的结合，政府可以低成本地收集和存储更多的个人信息，为确定社情民意提供更广泛的分析样本；通过对个人信息的处理和利用，政府也可以实现科学和理性决策，更好地推进公共管理和公共服务。“数字政府”在“责任政府”和“服务政府”的基础上已经成为现代政府的基本标志。①

（二）个人信息保护行政监管乏力

然而，数字经济产业发展的同时，不可避免地带来包括信息网络安全风险在内的非传统安全风险，以信息网络为手段的犯罪形势突出，特别是侵犯公民个人信息犯罪，不仅严重危害公民个人信息安全，而且与电信网络诈骗等犯罪密切关联，甚至与绑架、敲诈勒索等犯罪活动相结合，社会危害日益突出。尽管《关于加强网络信息保护的决定》《电信和互联网用户个人信息保护规定》《网络安全法》《消费者权益保护法》《电信条例》《儿童个人信息网络保护规定》等前置规范已经明确了电信业务经营者、互联网服务提供者以及有关部门收集、利用个人信息的原则和数据安全保障义务，强化消费者和未成年人等群体的个人信息保护，但这些个人信息保护规定只是散见于不同效力位阶的法律规范之中，零乱不成体系，且适用于特殊领域中的个别保护，对其他个人信息处理活动的行政监管不足；再者，个人信息主体和个人信息处理者之间的权利义务以及处理个人信息的免责事由的缺失，亦难以维系个人信息保护与维护公共利益之间的平衡。

（三）私益诉讼和消费民事公益诉讼对个人信息权益的诉讼救济具有局限性

个人信息保护体系规制的侵权行为方式具有外部性特征，只有当违法行为人利用信息网络或者电信信息侵害个人信息权益时，信息主体才知道自己的个人信息权益受到侵害，并决定是否提起民事诉讼。然而对于侵害个人信息权益更为普遍、更为隐秘、更为内部的非法收集、利用等侵权行为方式，个人信息主体则无从知晓，更遑论提起诉讼维护权益。另外，个人信息主体即便知道侵权事实和侵权主体，损害的轻微性、维权成本高、赔偿数额低等现实原因，也会消解权利主体提起诉讼的意愿。事实上，论者以“个人信息保护”“民事案件”“人格权纠纷”“侵权责任纠纷”为关键词在中国裁判文书网筛选出的案例中，侵犯公民个人私密信息，扰乱公民私人生活安宁的隐私权侵权纠纷案件占 32.4%（2022 年 10 月 26 日查询：隐私权案件 198 件，个人信息保护案件 612 件），单纯就侵犯公民敏感信息以外的其他一般信息提起的诉讼很少。个人信息保护民事诉讼裁判数据在一定程度上侧面反映了个人信息民事诉讼救济的局限。省级以上消费者委员会

① 蒋坡：《公共管理事务中个人数据信息保护的法律问题研究》，载陈海帆、赵国强主编：《个人资料的法律保护：放眼中国内地、香港、澳门及台湾》，社会科学文献出版社 2014 年版，第 139 页。

提起消费民事公益诉讼也是维护众多不特定消费者个人信息权益的重要形式[①]，尤其是针对非法收集、利用公民个人信息等行为类型，比较符合民事司法保护个人信息的内在制度要求。[②] 然而提起消费民事公益诉讼面临三个困境：一是此类案件线索多涉及刑事犯罪，案件线索来源渠道窄（个人信息保护法施行以前）。二是此类案件局限于消费领域，其他领域中的侵权行为无能为力。三是单纯违法收集个人信息会造成何种损害、应该提供何种赔偿、是通过行政手段治理更加有效还是通过民事诉讼手段更加合理，也需要立法上予以明确。尽管江苏省消费者委员会曾针对某公司过度收集消费者个人信息尝试提起消费民事公益诉讼，但从国家互联网信息办公室、工业和信息化部、公安部、市场监管总局联合制定《App 违法违规收集使用个人信息行为认定方法》来看，对违法违规收集使用个人信息行为采取行政监管显然更为经济有效。

（四）个人信息保护和公益诉讼检察制度的契合

《个人信息保护法》因应了个人信息权益保护和数据信息自由流动的需要，全面规定个人信息处理活动各参与主体的权利义务、个人信息处理规则以及免责事由，在个人信息保护和个人信息处理利用之间建立起基本的制度保障体系。在侵犯公民个人信息权益的情形下，个人信息权益仅具有同个人信息主体人身权相关的人格权益属性。而在个人信息处理活动中，侵害众多个人信息权益的情形下，社会公众的信息安全作为公共安全和国家安全的重要组成部分，就更多地凸显出公共利益属性。因此对个人信息的大规模侵害行为，一般被认定是侵害公共利益的行为。[③] 另外，公益诉讼检察制度全面推开以来，检察机关作为维护国家利益和社会公共利益的重要力量，具有相对的独立性、较强的取证能力、专业化队伍和丰富的公益诉讼经验。相较于其他法律规定的主体，具有公共利益司法保护的天然优势。[④] 所以《个人信息保护法》确立检察机关提起民事公益诉讼是大数据时代个人信息保护的有益补充。

二、个人信息保护检察公益诉讼的实务考察和规范解释

（一）前提：个人信息保护领域公共利益损害的认定

公益损害的认定没有形成共识。对个人信息保护领域公共利益的认定不仅是对个人

---

① 《最高人民法院关于审理消费民事公益诉讼适用法律若干问题的解释》第 1 条规定，“中国消费者协会以及在省、自治区、直辖市设立的消费者协会，对经营者侵害众多不特定消费者合法权益或者具有危及消费者人身、财产安全危险等损害社会公共利益的行为提起消费民事公益诉讼的，适用本解释”。

《中华人民共和国消费者权益保护法》第 14 条规定，“消费者在购买、使用商品和接受服务时，享有人格尊严、民族风俗习惯得到尊重的权利，享有个人信息依法得到保护的权利”。

② 参见最高人民法院民一庭负责人就《关于利用信息网络侵害人身权益民事纠纷案件适用法律若干问题的规定》答记者问（2014 年 10 月 12 日）。

③ 邵世星：《论“四大检察”对个人信息融合保护的适当性》，载《中国检察官》2022 年第 7 期。

④ 唐守东：《网络时代个人信息保护的公益诉讼模式构建》，载《行政与法》2021 年第 1 期。

信息超人格权益的学理回答，更有公共利益受损的现实释法说理要求。不同于生态环境和资源保护领域，生态环境公共利益受损可以由具有专门知识的人依据专业评估方法和标准，围绕固碳释氧、水土保持、涵蓄水源等生态价值要素进行鉴定评估。而对于侵犯众多个人权益造成的公益受损事实，则更多依赖“以刑事违法性倒推民事公益侵权成立”标准予以认定。[①] 事实上，检察机关提起个人信息保护民事公益诉讼案件时确以“参照刑事立案标准”作为认定公益损害并提起诉讼的形式逻辑起点，[②] 并突出对涉及众多敏感个人信息、未成年人等特定群体个人信息、教育医疗等民生行业、信息数量巨大等损害国家利益或社会公共利益案件的监督办理。然而对于个人信息公共利益的内容和要素，始终语焉不详。

违法处理个人信息，侵害众多个人信息权益的，当然侵犯了公民个人的信息权益和间接的财产利益，甚至是信息安全。但这些同个人信息的公共利益并不直接相关。本文认为，认定个人信息保护的公共利益应从个人信息的社会属性和信息处理场景来考察。信息时代，个人信息是重要的社会生产要素，既是商业交易往来的媒介，也是行政管理的内容。在提供服务或者利用职务处理个人信息的过程中，违法处理个人信息的行为，表面是侵犯了信息安全，实质上侵害了交易信用和政府行政信赖利益。虽然侵犯公民个人信息犯罪案件中，常见犯罪主体为降低交易成本购买、收集个人信息的例子，但实际上违法处理个人信息的行为破坏了个人信息保护同意机制背后的信赖利益，整体上增加了社会公共交易成本，对数字经济产业的长远发展形成了掣肘。

（二）方式：影响个人信息保护公益诉讼提起方式的规范考察

1.“不特定”特征是否影响公益诉讼提起方式

《消费民事公益诉讼司法解释》第1条明确规定提起消费民事公益诉讼必须具备损害“众多不特定消费者权益”的条件。而《个人信息保护法》第70条则规定，侵害众多个人的权益的，法律规定的消费者组织可以依法向人民法院提起诉讼。这种“不特定”特征的规定与否，是否意味着个人信息保护领域提起的民事公益诉讼可以突破消费民事公益诉讼的规定，抑或者针对侵犯众多个人的权益的行为，因为缺乏“不特定”特征，所以影响消费者组织提起消费民事公益诉讼。

实际上这种疑虑并不存在根据。法律、司法解释均规定消费者组织有权提起个人信息保护的公益诉讼，那么可以认为“众多”和“众多不特定”的表述之间不存在冲突。从个人信息保护领域唯一一起检察机关支持省消费者委员会提起诉讼的判决看，“某某公司通过非法手段所获取使用的消费者个人信息不仅人数众多，且其行为对象具有不特

① 李晓婷、杨程：《个人信息民事公益诉讼运行困境之纾解——基于信息分类分级保护的诉讼机制优化》，全国法院第33届学术讨论会论文。

② 参见《关于对甘肃省人民检察院第八检察部有关个人信息保护公益诉讼案件相关问题的答复意见》。

定性，存在侵害不特定多数消费者个人信息的主观故意，某某公司侵害的对象符合众多不特定消费者这一特征，损害了众多不特定消费者合法权益这一社会公共利益。”即不特定针对的是行为对象，众多针对的是实际侵害对象。这种解释或许可以说明众多和不特定之间的关系，但也不能忽视众多本身即是不特定的可能性。

2. 附带民事公益诉讼被告对“个人信息处理者”的外延扩张

《个人信息保护法》第70条规定违法处理个人信息，侵害众多个人的权益的个人信息处理者是个人信息保护的侵权主体。按照附则中的定义，个人信息处理者是指在个人信息处理活动中自主决定处理目的、处理方式的组织、个人。通常来讲，个人信息处理者即是在向消费者提供产品或者服务的过程中，处理自然人个人信息的经营主体。主体的范围主要是公司，也包括在履行职责或者提供服务过程中有机会获得公民个人信息的行政机关和个人。但是在最高人民检察院发布的11件检察机关个人信息保护公益诉讼典型案例和广东省个人信息保护检察公益诉讼典型案例中及裁判文书公布的判决中，我们发现检察机关提起的民事公益诉讼和刑事附带民事公益诉讼案件，被告主体除涉及违法违规收集个人信息的互联网企业，还有单纯非法获取个人信息的自然人个人。然而非法获取并出售个人信息的公民个人并不是严格意义上《个人信息保护法》规定的个人信息处理者，那么该如何理解这种被告主体的扩张，这个问题值得我们探讨。

最高检2020年9月出台《关于积极稳妥拓展公益诉讼案件范围的指导意见》，明确将个人信息保护作为网络侵害领域的办案重点。各级检察机关进行积极稳妥探索，形成了上述有代表有指导性意义的典型案例。尽管典型案例中的被告范围同《个人信息保护法》规定的个人信息处理者相比有所延伸，但论者认为将非法获取并出售个人信息的自然人个人作为被告确有合理根据。其一，《个人信息保护法》仅规定将违法处理个人信息的个人信息处理者作为被告主体，具有体例安排的逻辑周延，并不排斥其他主体。《个人信息保护法》作为一部个人信息保护的基本规范，全面规定了个人信息处理者的权利义务关系，在违反法律规定处理个人信息，侵害众多个人的权益的情形下，承担民事公益诉讼责任并无不妥。其二，个人信息处理者违反数据安全保障义务，违法处理个人信息，侵害众多个人的权益，当然损害了社会公共利益。但任何非法获取、提供、出售公民个人信息的行为主体，将众多他人个人信息置于任意违法处理的境地，其社会危害性或者社会公共利益的损害并不亚于前者，所以在民事公益诉讼包括刑事附带民事公益诉讼中，将非法获取、提供、出售公民个人信息的违法行为人作为被告主体，并无不当。

3. 附带民事公益诉讼赔礼道歉诉讼请求的不完全支持

自然人的个人信息属于人格权类民事权益，侵犯公民个人信息保护权益的，无论侵害个人信息数量多少，亦不论是以附带民事公益诉讼方式提出还是单独提起民事公益诉讼，利益主体当然可以请求判决被告承担赔礼道歉责任。但是论者发现，极少部分司法判例出现这样一种观点：检察机关提起的个人信息保护领域刑事附带民事公益诉讼案件，本质上是刑事附带民事诉讼。而刑事附带民事诉讼只有在物质受损的情况下才可以提起，并没有规定被告要承担赔礼道歉责任；抑或相反，侵犯公民个人信息没有造成物质损失，不能提出公益损害赔偿请求。持有上述观点的论者虽然肯定了刑事附带民事公益诉讼本质上属于刑事附带民事诉讼，但完全忽视了附带民事公益诉讼的独特价值，简单地将附带民事公益诉讼的适用条件等同于附带民事诉讼中的物质损失要件，并在附带民事诉讼的理论框架下不当限制了附带民事公益诉讼的诉讼请求范围。另外，附带民事公益诉讼案件中，公共利益的损害既有生态环境保护和资源保护领域的物质性，也有个人信息保护领域的非物质性。但不管公益损害呈现何种形态，附带民事公益诉讼请求的提出只要形式或者实质上符合民事责任承担方式的规定，且有利于修复受损害公共利益的，均可予以确定。

（三）内容：诉讼请求不能充分保护社会公共利益

1. 个人信息保护领域诉讼请求的针对性不足

如果公益侵害行为的基础法律关系是侵权之债，检察机关提起公益诉讼案件诉讼请求的类型与范围就需要以侵权责任承担方式为基础。[①] 事实上，《民法典》第 179 条有关民事责任的规定和“两高”《关于检察公益诉讼案件适用法律若干问题的解释》确实规制了公益诉讼请求的基本范围。同时考虑到生态环境和资源保护、食品药品安全等领域维护社会公共利益的诉讼救济方式不同，司法裁判规则对不同领域民事公益诉讼所配置的诉讼请求有所差异，而且相应领域的诉讼请求具有针对性。如《关于审理环境民事公益诉讼案件适用法律若干问题的解释》第 18 条规定，对污染环境、破坏生态，已经损害社会公共利益或者具有损害社会公共利益重大风险的行为，原告可以请求被告承担停止侵害、排除妨碍、消除危险、修复生态环境、赔偿损失、赔礼道歉等民事责任。尽管实践中的公益诉讼请求形态更加丰富多彩，但基本都可以纳入上述诉讼请求范围。在食品药品安全领域，除依据《公益诉讼办案规则》向人民法院提出停止侵害、排除妨碍、消除危险、恢复原状、赔偿损失等诉讼请求，还可以提出要求被告召回并依法处置相关食品药品以及承担相关费用和惩罚性赔偿等诉讼请求。[②] 然而在个人信息保护领域，经过最高检 2020 年 9 月出台《关于积极稳妥拓展公益诉讼案件范围的指导意见》后的积极探索和《个人信息保护法》实施后的发展两个阶段，其诉讼请求的确定仍然只是囿于民事责任的基本框架之内，尚未形成与损害填补规则相一致的诉讼请求类型。实践中根据不完全统计，多数个人信息保护案件涉及两个以上诉讼请求，诉讼请求呈现“复合型”诉请模式，其中以删除信息停止侵害、赔礼道歉为代表的“风险消除型”“人格恢复型”诉请占据绝对比例。[③] 那么个人信息保护公益诉讼请求该如何确定呢？论者认为诉讼请求的确定应该充分考虑侵权行为类型以及侵害个人信息权益的程度等因素。个人

---

① 汤维建、王德良、任靖：《检察民事公益诉讼请求之确定》，载《人民检察》2021 年第 5 期。

② 张雪樵、万春主编：《公益诉讼检察业务》，中国检察出版社 2022 年版，第 416 页。

③ 李晓婷、杨程：《个人信息民事公益诉讼运行困境之纾解——基于信息分类分级保护的诉讼机制优化》，全国法院第 33 届学术讨论会论文。

信息保护行政监管体系以行为规制作为立法模型，侵犯公民个人信息犯罪以非法获取、提供、出售作为规制对象，综合考虑侵害个人信息权益程度，诉讼请求内容就容易确定。违法处理公民个人信息首先是侵犯公民人格权益，造成人格尊严降低的行为，所以诉请法院判决赔礼道歉理所当然。对于非法获取、提供公民个人信息数据的行为，仅仅用来分享或用于合法用途的，诉请被告采取有效措施删除非法持有的个人信息数据，停止侵害，就成为维护社会公共利益的必要措施。如果存在非法出售公民个人信息并有违法所得的情形，诉讼请求就需要贯彻侵权责任法上的损害填补原则，以违法所得为标准诉请法院判决被告承担公益损害赔偿，不使行为人从不法行为中获利。

2. 公益损害赔偿标准与私益求偿标准混同

《个人信息保护法》第 70 条明确了检察机关等主体提起个人信息保护公益诉讼的法律依据，但是对于个人信息保护公益损害赔偿标准法律并没有规定。实务中，检察机关主要是根据违法行为人出售非法获取的个人信息数据所得的违法收入作为求偿标准，法理上这种做法确有合理根据。在公民个人因诉讼不经济、举证不能等原因无法提起私益诉讼救济权利时，侵害众多个人信息权益获取的违法所得，从相反角度来看即是个人信息保护领域中的公共利益损失。以违法所得数额主张公益损害赔偿，符合民事侵权中的损害填补规则，使任何人不能从不法行为中获利。但是这种做法会同《个人信息保护法》第 69 条侵害个人信息权益造成损害的赔偿规定产生纠葛。侵害个人信息权益，按照个人因此受到的损失或者个人信息处理者因此获得的利益确定；侵害众多个人信息权益的，也按照个人信息处理者因此获得的利益确定，这很容易产生“侵害个人信息权益造成的损失等同于非法出售单条个人信息的违法所得”的结论。这种逻辑不仅会不当地降低个人信息权益评价，还会面临公益损害赔偿需要分配给个人的窘境，影响公益效果的实现。因此有必要根据民法典有关人身权益损害赔偿规定，结合个人信息权益的内容，来合理界定第 69 条规定的立法意旨。

《个人信息保护法》第 69 条第 2 款同《民法典》第 1182 条规定基本相同，唯一不同之处在于两者适用前提不同，前者是针对处理个人信息侵害个人信息权益造成损害的情形，后者则是适用于侵害他人人身权益造成财产损失的情形。个人信息权益本身属于人格权类民事权益，能否认为第 69 条是侵害他人人身权益造成财产损失的规定在个人信息保护领域的特殊适用，即民法典是一般规定，个人信息保护法是特殊规定？

论者并不持有上述观点，基本论据在于个人信息保护权益并不具有财产价值。即便最高人民法院、最高人民检察院《关于办理侵犯公民个人信息刑事案件适用法律若干问题的解释》（以下简称《解释》）第 1 条规定的公民个人信息涵盖账号密码、财产状况等要素，但侵害个人信息权益的行为只是造成财产损失的手段行为，并不能理解为个人信息权益本身具有财产价值。实践中也多表现为犯罪分子利用非法获取的公民个人信息实施诈骗等犯罪行为牟取非法利益，而且这种财产损失显然不能与侵犯公民姓名、肖像等具有财产价值的知识产权造成的财产损失等同而论。另外，尽管个人信息中可能含有隐私信息，侵害含有隐私信息的个人信息会造成被侵害人精神损害，但第 69 条侵犯公民个人信息权益造成的损害显然不可能是精神损害。

或许最高人民法院在2014年出台的《关于审理利用信息网络侵害人身权益民事纠纷案件适用法律若干问题的规定》(以下简称《网络侵权规定》)可以帮助我们理解“因个人信息权益受到侵害而遭受的损失”。《网络侵权规定》规定，针对网络用户或网络服务提供者利用网络公开个人信息，侵害他人人身权益，造成财产损失或者严重精神损害的行为，被侵权人依据《侵权责任法》第20条（现已被《民法典》第1182条所取代）和第22条的规定请求其承担赔偿责任，人民法院应予以支持。被侵权人为制止侵权行为所支付的合理开支，包括对侵权行为调查、取证的合理费用以及符合国家规定的律师费用，可以认定为《侵权责任法》第20条规定的财产损失。尽管《网络侵权规定》仅仅针对个人信息网络侵权行为，但涵盖上述行为的违法处理个人信息活动，侵害个人信息权益，造成的损失的，应做相同解释。

3. 公益损害赔偿与没收违法所得的关系

在检察机关探索开展个人信息保护公益诉讼案件以前，侵犯公民个人信息犯罪案件中非法出售公民个人信息，侵害众多个人信息权益所得的违法收入，通常是作为刑事违法所得被人民法院予以没收。在检察机关有权提起个人信息保护公益诉讼案件后，以违法所得数额作为公益损害赔偿标准就成为检察机关财产给付请求的常见范式。没收违法所得没收的是违法处理个人信息获得的不法利益，公益损害赔偿是就违法处理个人信息造成的公益损失进行索赔，两者均由违法处理个人信息而产生，又均可使个人信息侵权主体不法利益状态恢复到原状，很难说没收违法所得与公益损害赔偿没有同质性。所以对公益损害赔偿与没收违法所得的关系处理，直接影响个人信息保护刑事附带民事公益诉讼请求能否充分实现。梳理司法判决，可以发现一些判例规避对没收违法所得和公益损害赔偿关系的回应，在判决中支持公益损害赔偿的诉讼请求，但对于是否已经没收违法所得，难见迹象。另外一些判例则支持相反立场，甚至有判例在判决部分鲜明地支持没收（追缴）违法所得和公益损害赔偿同时适用。[①] 司法判例的不统一增进了学理探讨的必要。那么两者之间到底是怎样的关系，能不能并处？

或许制度的功能定位能为公益损害赔偿和没收违法所得的关系处理提供解决思路。首先，个人信息保护公益损害赔偿是针对违法处理个人信息，侵害众多个人信息权益，造成公益损失的行为所主张的民事赔偿责任。没收（追缴）违法所得是刑事裁判涉财产部分执行的程序性措施，但并不是刑罚。可以肯定没收违法所得和公益损害赔偿并不能依照民事赔偿和刑事罚金的关系处理。其次，个人信息保护公益损害赔偿是赔偿损失这一民事责任在个人信息保护公益诉讼领域的具体应用，在理论上具有填补公益损失的功能。没收违法所得理论上作为“准不当得利的衡平措施”，遵循着追缴犯罪违法所得，返还被害人合法财产以及没收的程序，具有填补受害一方损失的作用，填补损失的对象

---

① 黑龙江省鸡西市城子河区人民法院刑事附带民事公益诉讼判决书，(2022)黑0306刑初34号。

为财产被非法占有、处置的被害人个人。只是个人信息保护领域，单纯侵犯公民个人信息权益并无被害人财产受损的情形，所以无需返还，直接予以没收。因此单就公益损害赔偿和没收违法所得作一般性讨论，受损利益属性的不同，决定了两者最终的制度目的根本不同。前者在于弥补受损公共利益，后者在于填补被害人的财产损失，同时适用并不存在障碍。

三、完善个人信息保护检察公益诉讼制度的进路

（一）明确网络信息领域民事公益诉讼优先起诉主体

检察机关并不当然具有提起个人信息保护民事公益诉讼诉权，诉前程序中检察机关应发布公告，督促消费者组织和国家网信部门确定的组织等适格主体提起诉讼，没有适格主体或者适格主体不提起的，检察机关才有权提起。然而，《个人信息保护法》第 70 条仅规定了“国家网信部门确定的组织”可以提起诉讼，但对于该组织的具体情况并未有进一步的规定。从《网络安全法》《数据安全法》《个人信息保护法》《电信和互联网用户个人信息保护规定》等法律规范出台的背景和目的看，这应该是在个人信息保护基本法律框架搭建完成后，为个人信息保护社会组织的发展所作的制度留白。根据《个人信息保护法》有关个人信息处理规定，结合消费者权益保护组织和环保组织的设立来看，“国家网信部门确定的组织”应是互联网信息领域维护网络信息安全的社会组织。首先，根据《个人信息保护法》规定，个人信息处理活动主要发生在消费领域和互联网信息领域，消费者领域的公民个人信息保护有消费者权益保护组织支持，互联网信息领域成立专门维护网络用户网络信息安全的社会组织才能严密个人信息处理活动中的权益保护网络。其次，互联网信息领域的社会组织不具有成立层级制的消费者权益保护组织的现实条件，借鉴《环境保护法》规定，对符合提起个人信息保护民事公益诉讼条件的社会组织作出详细的规定是可替代选择。再者，《网络安全法》第 11 条已就网络相关行业组织加强行业自律作出规定，赋予网络行业组织民事公益诉讼起诉权，不仅能够将行业自律发展和行业权益保护有效衔接起来，还能通过研究、宣传、教育等公益活动承接部分个人信息保护公益损害赔偿金的使用。

（二）完善公益损害赔偿金管理使用的规定

公益损害赔偿金的管理和使用，虽然是公益诉讼制度的分支末梢，却决定着受损公共利益的修复效果，影响着公益诉讼制度的实施成效，重要性自不待言。经过长期探索，环境民事公益诉讼案件中的生态环境损害赔偿资金管理使用已基本确定思路和办法。主要参照财政部、自然资源部、生态环境部等九部委关于《生态环境损害赔偿资金管理办法（试行）》，将应当支付的生态环境损害赔偿资金或者修复费用，作为政府非税收入，实行国库集中收缴，全额上缴赔偿权利人指定部门、机构的本级国库，纳入一般公共预算管理。而在个人信息保护公益诉讼案件中，公益损害赔偿金的管理和使用面

临着和公益诉讼制度初设时一样的困境。

实务当中，个人信息保护公益损害赔偿金的管理和使用主要采取以下做法：法院直接判决将公益损害赔偿金上缴国库或者先支付给公益诉讼起诉人，然后存入检察机关与财政部门共同建立的公益诉讼专项资金账户，上述做法实际都是将公益诉讼损害赔偿金纳入国库集中收支管理。这种专门集中收支管理的模式具有财政收入管理的规范性和高效率，在有公益损害赔偿资金使用需求时，行政主管部门须以预算申请国库支付。但是个人信息保护领域公共利益损害具有广泛轻微和不确定性特征，以预算申请支付个人信息保护公益资金缺乏灵活性，可能导致公益保护资金沉淀在国库账户，影响公益诉讼效果实现。

另外，公益损害赔偿金主要用于修复受损公共利益，但具体怎么使用，用于开展哪些工作，实务探索中存在不同声音。有观点认为应该在一定范围内对相对确定的受害人予以赔偿，实现公益救济向私益赔偿的转化；[①] 本文认为这种观点不足取，个人信息保护法已经就侵犯公民个人信息权益的行为规定了赔偿标准。公益损害赔偿金虽然是基于侵害众多个人信息权益而起，但这种诉讼并不是代表人诉讼，也不是个人信息保护私益诉讼的集合，它就是针对独立的公共利益损失提起的诉讼。所以，分配给具体个人并无法律和法理依据。还有观点提出，我们对法律权利的救济，最重要的就是宣传、预防和教育。开展个人信息保护法治宣传活动，能够体现检察机关提起公益诉讼的目的。[②] 应当说这种做法符合公益损害赔偿专门用于信息安全保护或个人信息保护等公益事项的目的，可以尝试开展，为公益诉讼赔偿金的探索使用提供实践样本。

四、结语

个人信息权益侵害类型案件，除非涉及个人隐私和敏感个人信息，总体而言呈现出广泛轻微的特征。私益诉讼和公益诉讼制度虽然能为个人信息保护提供救济途径，但价值功能立足于恢复性理念，且诉讼具有周期长、投入大、救济滞后等不经济特点。相较之下，通过行政手段加强个人信息处理活动前端监管对于规制侵害个人信息权益行为更为经济高效。因此检察机关在提起个人信息保护公益诉讼的同时，也要重视开展行政公益诉讼检察工作。针对个人信息处理活动监管不到位情况，及时督促相关行政主管部门加强监督、堵塞漏洞，从源头上扎紧个人信息保护网络。

---

① 唐守东:《网络时代个人信息保护的公益诉讼模式构建》，载《行政与法》2021 年第 1 期。

② 参见上海检察公众号发布的《公益诉讼赔偿款的“来龙去脉”：公益诉讼赔偿款的性质、管理与使用》。

单位行贿罪的司法认定标准研究

叶祖怀　刘韵倩*

摘　要　司法实践中，因对单位行贿罪的法律规定在理解上存在差异，导致单位行贿罪的认定标准不统一，单位行贿罪与行贿罪常常难以区分。要准确认定单位行贿罪，应当对行贿意志、行贿目的及利益归属三个关键要素进行实质性判断，即支配犯罪行为的意志是单位意志还是个人意志，行贿目的是否为本单位谋取不正当利益，犯罪行为最终获得的利益是否归属于单位。同时，三个要素之间具有不可分割性，在认定时还需考察三者之间的内在联系。

关键词　单位行贿罪　行贿意志　行贿目的　利益归属

我国《刑法》第30条规定，公司、企业、事业单位、机关、团体实施的危害社会的行为，法律规定为单位犯罪的，应当负刑事责任；第393条规定，单位为谋取不正当利益而行贿，或者违反国家规定，给予国家工作人员以回扣、手续费，情节严重的，是单位行贿罪。由于刑法未对单位犯罪的概念作出明确界定，理论界也存在不同解读，司法人员对单位行贿罪与行贿罪的区分标准把握不一，导致司法实践中有时出现同案不同判的现象。同时，因单位行贿罪与行贿罪在入罪标准及法定刑上的巨大差异，以致“构成单位行贿罪而非行贿罪”成为许多贿赂犯罪案件中被告人获取较低刑罚的主要辩护思路。实际上，无论是对个人定罪还是对单位定罪，均应当遵循罪刑法定、罪责刑相适应、疑罪从无等刑事法基本原则，定罪的证据均应达到确实、充分并“排除合理怀疑”的程度，而不应在行贿罪与单位行贿罪难以区分时，从有利于个人的角度出发，降低证明标准，将单位入罪，损害单位的合法权益。确属单位行贿罪的，亦不能错误认定为行贿罪，应保障个人的合法权利，让单位承担应有的法律责任。

认定单位行贿罪的标准，主要集中于对行贿意志、行贿目的及利益归属的判断上，即支配行贿行为的意志是单位意志还是个人意志，行贿目的是为单位还是为个人谋取不正当利益，因行贿而获取的利益是否归属于单位。但是，对这三个要素的判断不应囿于

---

*叶祖怀，广东省珠海市人民检察院党组成员、副检察长；刘韵倩，广东省珠海市人民检察院第七检察部副主任、一级检察官。

表象，而应深入其表象背后做实质性分析。同时，还需把握好三者之间的内在联系，在认定构成单位行贿罪时，三者具有不可分割性，缺一不可。

一、单位行贿罪之单位意志形成

犯罪意志是行为人自觉选择犯罪行为并支配行为向符合构成要件事实的方向发展的心理过程，是成立犯罪故意的本质要素[①]。单位意志是单位犯罪主观要件之核心部分。从单位与自然人犯罪意志相区别的角度考察，单位意志的本质特征是整体性和程序性。单位意志不是单位内部某个成员的意志，也不是各个成员意志的简单相加；单位意志形成后则独立于单位成员而存在，又须传达、贯彻给单位成员才能得以实现[②]。单位成员的意志要上升为单位意志，还须经过法定或者约定的程序[③]。也有论者认为，单位意志还具有独立性、间接性、真实性、复杂性、职权性等特点[④]，但这些特征都是整体性和程序性特征的不同表现形式，将其与整体性和程序性并列似有不妥。

单位是由一定的人员、结构、制度和文化等因素构成的，单位意志的整体性和程序性特征，决定了单位意志须通过一定的决策方式形成，而单位整体意志的形成依附于单位成员的意志，从单位成员的意志上升为单位意志则有赖于相应的程序。不同的单位因其性质、规模、组织结构、权力分配模式等的差异，决策形成方式亦有不同，对单位意志的认定也因此而适用不同的标准。

（一）单位决策机构决定

行贿行为由决策机构按决策程序决定或认可，是单位行贿意志形成的典型表现形式之一。一般而言，由决策机构作出的决定代表单位意志，是最受认可的形成单位意志的方式，因这种机制下形成的单位意志是决策机构成员在相互沟通、协调一致后形成的整体意志。通过决策程序形成的行贿意志，其表现形式多样，如决策后形成具体的行贿指令；通过书面文件确定或者约定公关费用、产品销售回扣率；有的具有较强的隐蔽性，无明文规定，以单位惯例的形式存在。需要注意的是，由于行贿行为的违法性，不能

---

① 贾宇：《论犯罪故意中的犯罪意志》，载《国家检察官学院学报》1996 年第 3 期。

② 张明楷：《刑法学（上）》（第六版），法律出版社 2021 年版，第 176 页；石磊：《单位犯罪意志研究》，载《法商研究》2009 年第 26（2）期；赵秉志、肖中华：《单位犯罪中单位意志的认定》，载《检察日报》2002 年 3 月 12 日；陈小彪、万丹：《论单位犯罪中“单位整体意志”及其司法认定》，载《法律适用》2005 年第 11 期。

③ 戴澜：《单位犯罪认定中的几个问题》，载《法学论坛》1997 年第 6 期；万志尧：《单位犯罪宜更审慎认定——从“单位意志”与“责任人”入手》，载《法律适用》2019 年第 4 期；周建达、马荣春：《论单位犯罪刑事责任的根据：单位意志自由》，载《金陵法律评论》2008 年第 1 期；陈小彪、万丹：《论单位犯罪中“单位整体意志”及其司法认定》，载《法律适用》2005 年第 11 期。

④ 冀彬：《单位行贿罪司法适用疑难问题研究》，内蒙古大学 2017 年硕士学位论文；唐玉国：《浅析法人犯罪意识和意志》，载《政法论丛》1996 年第 3 期；朱英禄：《试论法人犯罪主观方面的特征》，载《法律适用》1995 年第 3 期；吴金水：《论单位犯罪的概念》，载《法学》1998 年第 1 期；孙昌军：《单位犯罪研究》，武汉大学 1998 年博士学位论文。

要求决策机构的决定必须依规定召开会议或形成书面文件，通过口头沟通、分别沟通或默认的方式达成一致亦可作出单位决定、形成单位意志，在认定时不应过分强调形式要件，而应进行实质性判断。

（二）单位负责人决定

现实中，单位的事项并非均由决策机构决定，很多情况下单位负责人直接承担决策者角色。一般认为，单位负责人在职权范围内为单位利益决定行贿，能够代表单位意志。那么，单位负责人的意志是否当然代表单位意志？单位负责人的意志向单位意志转化是否应当受到某种限制？笔者认为，应当根据不同单位的性质、规模、议事程序、决策方式等进行具体分析。如一些夫妻公司、个人控股公司，如果公司负责人为单位谋取不正当利益而行贿，可以代表单位意志，但机关、上市公司等单位的决策机构、决策程序往往由法律或规章制度予以规定，按照法律或规章制度规定的程序作出的决议才能被视为单位意志，故单位负责人的意志不能当然地转化为单位意志。又如大型企业与中小型企业，其决策程序也存在差异，大型企业的组织架构、运作模式、议事程序等相对复杂，负责人违反规则作出的决定不能当然代表单位意志，而中小型企业决策权相对集中，负责人往往可以直接参与单位具体事务的决定与执行。对于一人公司，则需考察公司是否具有独立的财产、名称、机构及场所等因素，其中最重要的是看其有无独立的财产与经费，在公司利益与股东利益相分离的情况下，负责人的行贿意志可以代表单位意志。从处罚单位犯罪的目的与效果看，是否是独立的核算单位是衡量是否相对独立单位的最重要标准[①]。如果股东财产与公司财产混同，就意味着利益混同，独立决策程序没有展开的基础，无法区分公司负责人的行贿决策是代表单位意志还是个人意志，单位意志也就丧失了前提。如郑某某行贿案[②]，被告人郑某某为某某公司获取科技扶持资金而行贿，某某公司在形式上有两名股东出资成立，但该二人均系挂名股东，公司实为由郑某某控制的一人公司，且某某公司的财产与郑某某的个人财产未分离，故不能以单位犯罪论。

（三）单位一般工作人员决定

如果单位一般工作人员的行贿行为事前得到了决策机构或者负责人的授权，属于执行单位意志，构成单位行贿罪。如果单位一般工作人员为本单位谋取不正当利益而行贿，但事先未得到单位授权，如业务员在开拓市场过程中以“招待费”“业务拓展费”等名义行贿，是否属于代表单位意志存在争议。肯定说认为，一般工作人员在职权范围内为了单位利益而行贿是单位犯罪意志形成的形式之一[③]；折中说认为，如果行贿行为

① 张明楷：《刑法学（上）》（第六版），法律出版社 2021 年版，第 176 页。

② 上海市第二中级人民法院刑事裁定书，（2014）沪二中刑终字第 1425 号。

③ 万志尧：《单位犯罪宜更审慎认定——从“单位意志”与“责任人”入手》，载《法律适用》2019 年第 4 期；李希慧、杜国强：《贪污贿赂罪研究》，知识产权出版社 2004 年版，第 332 页。

得到事后认可，可以视为单位意志形成的途径之一[①]；否定说认为，即使获得事后认可也不属于单位意志，行为完成后，不论是否得到追认，都不能影响前行为的性质，肯定事后认可的效力将有违行为与责任同时存在原则[②]。

肯定说实际上是借用了民法上职务侵权责任的理论，但将这一理论适用于刑法中显然违背了罪责自负原则。否定说则未能认识到单位意志的特殊性。单位意志来源于个人意志，单位决策机构或负责人事中支持或者事后认可也是单位意志的一种形成机制，如果仅将单位犯罪意志的形成限定为决策机构或者负责人决定，会不当缩小单位犯罪的范围。现实中，许多大型企业涉及战略性、长期性的决策由决策机构或负责人决定，而一般经营性、短期性的决策，具体部门或者负责该业务的单位成员即可决定。笔者认为，一般工作人员的行贿意志，满足一定条件即可上升为单位意志：一是职务关联性，即行贿行为与职务相关，是在履行职务过程中发生的，如果擅自进行或者超越职权进行相关活动，则不具备职务关联性；二是事后获得认可，包括对行贿资金的支出予以签字认可等方式的直接认可，也包括知道行为人有行贿意图后不加以否定或阻止、放任其实施行贿行为的间接认可。

（四）单位实际经营者决定

实践中，单位成立后存在所有权与经营权分离的情形，如承包、挂靠、联营等。在行贿犯罪比较常见的工程建设领域，某些具有一定资质的企业允许他人以其单位的名义对外承接工程，在此过程中发生的行贿行为是否能够体现单位意志，应当具体分析挂靠或承包的方式以及双方的权利义务关系。如果仅仅是借用被挂靠方或发包方的资质或者名义，被挂靠方或发包方不参与实际经营管理，从事经营活动的资金、人员等完全由挂靠方和承包方负责，自负盈亏、自担风险，除缴纳一定管理费之外，经营活动产生的利润也全部归挂靠方和承包方所有的，即使行贿行为以被挂靠方或发包方的名义实施，也并未真正体现单位意志。反之，如果被挂靠方或发包方实际参与经营管理，有资产投入并获取相应利润，那么企业经营所获取的利益不仅仅是挂靠方或承包方的个人利益，还包括被挂靠方或发包方的利益，如果行贿行为未得到被挂靠方或发包方的否定或排斥，则可以认定行贿行为体现了单位意志。如王某某行贿案[③]，王某某负责的 A 分公司与 B 公司签有书面承包协议，有明确权利义务关系及利润分配的特别约定；B 公司在发包期间实际参与企业的经营管理，并根据企业的营利状况按一定比例获取利润；承揽工程和索要工程款是王某某的工作职责，其为履行工作职责而

---

① 龚培华、徐亚之:《论单位行贿与个人行贿的司法认定》，载《上海政法学院学报（法治论丛）》2011 年第 26（6）期；李僚义、李恩民:《中国法人犯罪的罪与罚》，中国检察出版社 1996 年版，第 98 页；陈小彪、万丹:《论单位犯罪中“单位整体意志”及其司法认定》，载《法律适用》2005 年第 11 期；张平、谢雄伟:《单位行贿罪若干问题新探》，载《理论月刊》2005 年第 4 期。

② 石磊:《单位犯罪直接负责人员是否包括事后认可的领导》，载《检察日报》2005 年 3 月 10 日。

③ 浙江省杭州市中级人民法院刑事裁定书，（2015）浙杭刑终字第 30 号。

行贿，代表A分公司的意志，其谋取的不正当利益与B公司、A分公司利益相关，属于单位犯罪。

二、单位行贿罪之行贿目的认定

单位行贿罪具备单位犯罪的一般特征，同时又有其自身特性。作为目的犯，它要求单位“为谋取不正当利益”而行贿。前文侧重于从单位意志的形成方式上阐述单位意志，但若要准确判断行贿意志是否真正代表了单位意志，则必须判明行贿的目的是否为单位谋取不正当利益。行贿目的既是判断行贿行为是否体现单位意志的重要内容，同时也是认定是否构成单位行贿罪的必要条件。单位行贿罪中的“谋取不正当利益”，首先要求必须是为“本单位”，而判断是否为“本单位”，应结合单位及行为人的各种主客观要素进行实质性判断。

（一）为“本单位”谋取不正当利益

任何行为都有目的，即使行为人的主观心理状态有时较难查明，但判断是否构成单位行贿罪，该要素仍不可或缺。如单位负责人虽以单位的名义行贿，但却是为谋一己私利，由于单位负责人的决策权往往看似代表单位意志，此时如果不考察其行贿的真实目的，仅凭决策形成过程进行判断，则会错误认定单位行贿罪。

行贿目的是否必须限定为“本单位”谋利？是否也可以包括为“他单位”“他人”谋利？有观点认为，单位行贿罪必须是为本单位谋取不正当利益，如果是为其他个人及单位谋取不正当利益，则属于自然人犯罪[①]；有观点认为，单位行贿罪中的“为谋取不正当利益”也包括为其他单位或者个人谋取不正当利益，而不限于为本单位谋取不正当利益[②]；也有观点认为，为了“他人”“他单位”的利益，尤其是有某种特定亲密、关联关系的“他人”“他单位”的利益，也可以构成单位行贿罪，即单位行贿主体与获利主体并不一定具有同一性[③]。

笔者认为，单位行贿罪的犯罪目的应当是为“本单位”谋利。持不同意见者通常以自然人犯罪作类比，如盗窃罪中的“以非法占有为目的”、行贿罪中的“谋取不正当利益”，均不限于非法占为己有或为自己谋取不正当利益，还可以是非法占为“他”有或为他人谋取不正当利益，认为单位行贿罪也不必要求一定是为“本单位”谋取利益。但是，这种将自然人犯罪与单位犯罪进行的简单类比，忽略了单位犯罪的特性。单位犯罪中实际上存在两类主体，一类是单位主体，一类是单位内部的自然人主体。没有单位作为主体，自然人便是独立的自然人主体；没有单位内部的自然人主体，也不可能有单位

---

① 徐芳：《论单位犯罪意志的判断标准》，湘潭大学2020年硕士学位论文。

② 张明楷：《刑法学（下）》（第六版），法律出版社2021年版，第1626页。

③ 蒋为杰：《刑案研解：法官判案思维与智慧》，中国检察出版社2019年版，第103—132页。

犯罪[①]。单位犯罪的特殊性，要求必须是为“本单位”谋利。

首先，符合“本单位”利益的意志才能成为单位意志。自然人的犯罪意志由本人即可形成，单位的犯罪意志则依赖单位成员的意志形成。要判断单位成员的意志是个人意志还是单位意志，标准即是否为“本单位”利益，换言之，只有为“本单位”谋取利益的个人意志才能够形成单位意志，才有可能成立单位犯罪。如果是为“他单位”“他人”的利益，归根结底还是为了谋取私利。其次，符合“本单位”利益的行为才是单位行为。如前文所述，单位由一定的人员、结构、制度和文化等因素构成，单位成员的行为具有个人属性和单位属性，认定单位成员的行为是单位行为还是个人行为，要看该行为是为了谁的利益。只有根据单位的宗旨和目标、为了单位的发展等本单位利益实施的行为，才属于单位行为。再次，如果是损害单位利益的行为，则不应处罚单位。如果允许为“他单位”“他人”谋利成立单位犯罪，就会出现单位自己对自己犯罪，形成犯罪单位与被害单位是同一单位的怪异现象。如以单位的名义、用单位的资金、为他单位的利益行贿，此时单位的财产权益已然受损，不应再承担刑事责任。我国刑法对私分国有资产罪、私分罚没资产罪等都规定只处罚直接负责的主管人员和其他直接责任人员而不处罚单位，也是基于上述原理。从这个意义上讲，单位行贿罪中的行贿主体与获利主体应当具有同一性。

以孙某某行贿案为例，田某某为A公司和B公司的实际控制人，因B公司及田某某涉嫌合同诈骗罪，田某某为逃避刑事处罚，请托司法工作人员陈某某提供帮助。孙某某作为A公司法定代表人，按照田某某的指使，使用A公司的钱款向陈某某行贿，A公司构成单位行贿罪，孙某某作为单位直接责任人员亦应承担刑事责任[②]。笔者认为，本案中构成单位行贿罪的应当是B公司而非A公司。首先，B公司具有行贿故意。单位作为法律拟制的犯罪主体，承担刑事责任的必要条件是主观上有罪过。行贿故意的认定，并非只依据决策形成方式，还应结合行贿目的。本案中，两个公司的实际控制人均是田某某，田某某的行贿意志代表哪个公司的意志，关键要看其是为哪个公司谋利。显然，“免除刑事处罚”是B公司所要谋求的不正当利益，产生行贿动力、具有行贿故意的是B公司。其次，A公司利益受损不应再受处罚。单位虽然是由自然人组成，但因其具有团体性、组织性、利益共同性，如果行为不是为单位自身谋取利益，甚至行为本身即已使单位利益受损，则该行为即属于“损公肥私”，从这个意义上讲，单位已是“受害者”。案例中，A公司的财产利益已然受损，而不正当利益却归属于B公司，所以A公司是本案中的“受害单位”而非“犯罪单位”。再次，行贿资金来源并不是认定单位行贿罪的决定性因素。行贿资金是否来源于单位财产，可作为判断是否构成单位行贿罪的参考因素，但不是决定性因素。构成单位行贿罪可以使用个人资金，构成行贿罪也可

① 张明楷：《刑法学（上）》（第六版），法律出版社2021年版，第176页。
② 蒋为杰：《刑案研解：法官判案思维与智慧》，中国检察出版社2019年版，第103—132页。

使用单位资金。因此，不应拘泥于行贿资金是否从单位账目中支出或者报销，而应从实质上进行综合分析。本案中，行为人为了B公司的利益而行贿，即使行贿资金来源于A公司，仍应认定B公司为单位行贿罪的主体，至于行为人从A公司获取行贿资金的行为是否构成职务侵占罪或挪用资金罪，则另当别论。

（二）对“本单位”利益应做实质性判断

直接为本单位谋取不正当利益，自然符合单位行贿罪的目的要求。但现实中还存在这样一种情形：行为人出于为本单位谋取不正当利益的目的或者说初衷，首先通过行贿为“他单位”或“他人”谋取不正当利益，继而又通过“他单位”或“他人”为“本单位”谋取不正当利益，此种情形下，应当如何认定行为人的行贿目的？

有观点认为，判断是否为“本单位”的利益，应当以行贿行为的直接受益者为准[①]。笔者理解，此处的“直接受益者”，显然更侧重于从客观方面强调直接的利益归属，但鉴于单位行贿罪作为目的犯，还应当结合行贿意志的具体内容进行判断。行贿目的有时也具有复杂性和多重性，如果仅从表面上看，某些行贿行为的直接受益者看似并非本单位，但如果从主观要件上进行考察，则无法回避促使行为人产生行贿意识、实施行贿行为的初始动因和真正目的，即行贿的动力、出发点或者所要达成的目标，及至最终形成单位意志、作出行贿决定，实质上仍可能是为了本单位的利益。甚至有时，为其他单位或个人谋取利益只是为本单位谋取利益的手段而已，又或者，为其他单位或个人谋利在本质上即是为“本单位”谋利。

如甲公司为了获取政府工程，以与副市长B有关系为名，许诺负责政府工程的某局副局长A帮助其提拔，并在A不知情的情况下向B行贿，后A如愿升任局长，甲公司也如愿承接到政府工程。甲公司行贿B是否属于为“本单位”谋利？从表面上看，甲公司行贿的直接目的是A的职务提拔，A也是行贿行为的直接受益者。但深入案件表象背后探究其实质就会发现，虽然行贿、职务提拔、获取工程之间看似是一种逐级递进的关系，但从甲公司行贿意志的形成角度考察，三者却是一个密切关联的、不可分割的整体。甲公司之前与A达成利益交换的合意，即甲公司帮助A提拔，A则将工程交由甲公司承接，那么，甲公司帮A提拔实质上就是在帮本单位获取政府工程，就是为了本单位的利益，或者说，帮A职务提拔既是甲公司行贿的直接目的，同时又是为本单位谋取利益的“手段”，其结果就是，A和甲公司均从行贿行为中获益，只不过，甲公司采用了一种更为隐蔽的、“迂回的”方式，实现了与公权力之间的不法利益交换。

当然，在对上述案例中的情形进行判断和认定时，需要特别注意把握行贿行为、他人获益、“本单位”获益之间的内在联系以及不可分割的因果关系，认清他人获益与本

---

① 龚培华、徐亚之：《论单位行贿与个人行贿的司法认定》，载《上海政法学院学报（法治论丛）》2011年第26（6）期。

单位利益的一致性，防止将借为“本单位”谋利之名、行谋取个人私利之实的行为错误认定为单位行贿罪。

（三）“以单位名义”及与单位利益的关联程度

如果利益与本单位无关，虽以单位名义行贿，却实质上损害了单位利益，则不成立单位行贿罪。2001 年最高法《关于全国法院审理金融犯罪案件工作座谈会纪要》中规定：“以单位名义实施犯罪，违法所得归单位所有的，是单位犯罪。”有观点据此认为，“以单位名义实施犯罪”是认定单位犯罪必不可少的要素。其实，该纪要中对单位犯罪概念的界定，是在“金融犯罪案件”的语境中做出的。对单位行贿罪成立与否的判断，不应拘泥于是否以单位名义。以何种名义行贿，只是外在的、表面的形式，不同的行贿名义下可能有相同的行贿故意，现实中不乏“以单位名义谋取个人利益”或“以个人名义谋取单位利益”的情形。以单位名义谋取个人利益，属于冒用、盗用单位名义实施犯罪，没有体现单位意志和为单位谋利的目的，属于个人行贿。以个人名义为单位谋取不正当利益，如果行贿行为系单位授权或获得事后认可，可以代表单位意志，则应当认定为单位行贿。

行贿所谋取的利益与本单位有关联的，则应视关联的紧密程度做具体分析。单位为谋取潜在或长远的利益，与某些官员之间长期保持特殊的密切关系，以各种名义进行所谓的“感情投资”，事实上已形成官商勾结的“利益共同体”，双方实际上均具有“利益交换”的目的，甚至单位的利益与官员的荣辱升迁捆绑在了一起，为官员办事即等于为单位谋利，行贿行为与单位利益之间的因果关系较为明确，则属于为“本单位”谋取不正当利益，不管是以什么名义行贿，只要体现单位意志，就应当认定为单位犯罪。对于行贿行为与单位利益之间联系不够紧密、因果关系不明确的，在认定犯罪性质时需特别慎重，防止不当扩大单位行贿罪的适用范围。

三、单位行贿罪之利益归属判断

利益是否归属于单位，是认定单位行贿罪的必要条件，即在单位行贿意志和目的之下，如果行贿行为所谋取的利益归单位所有，则属于单位犯罪。相较于“为单位谋取利益”的目的性，此处之利益归属是从利益的客观归属上进行判断，即根据利益或违法所得实际去向的不同来区分个人行贿与单位行贿。如果尚未实际取得利益，则以行贿意志和目的作为区分个人行贿与单位行贿的标准。

（一）利益全部归单位所有

单位行贿意志下，利益或违法所得归单位所有，则成立单位犯罪。有观点认为，通过利益的客观归属即可推定是单位还是个人行贿[①]。此观点有失偏颇。有时利益的归属并不能完全反映行为人的主观意图究竟是为公还是为私，此外还存在未能实际获利的情形。个人基于引起领导重视、获取奖励等特定目的，在单位不知情的情况下通过行贿为单位谋取不正当利益，虽然利益归属于单位，但由于单位缺乏行贿意志，则不属于单位犯罪，否则，单位可能会因有关人员的“擅自而为”随时被陷于犯罪的风险之中。例如，甲公司为获取工程，请自然人乙帮忙请托国家工作人员丙，并向乙承诺若中标将依工程造价按比例给予好处费，乙在甲公司不知情的情况下向丙行贿，乙的行为应构成行贿罪而非单位行贿罪。可见，要正确判断是个人行贿还是单位行贿，除要看利益的客观归属外，还要看行贿行为是否体现了单位意志。

（二）利益全部归个人所有

我国《刑法》第393条规定，“因行贿取得的违法所得归个人所有的，依照本法第三百八十九条、第三百九十条的规定定罪处罚”。这是否意味着，只要违法所得归个人（本单位中的个人）所有，就应当按照《刑法》第389条的规定认定为行贿罪？这涉及对该规定应理解为法律拟制还是注意规定的问题。笔者认为该规定属于注意规定，要构成行贿罪，仍需符合行贿罪的构成要件，而不能仅以违法所得归属于个人就一律认定为行贿罪。换言之，要准确区分行贿罪与单位行贿罪，仍需综合考察行贿意志、行贿目的及利益归属。

法律拟制的特点是，将原本不同的行为按照相同的行为处理，包括将原本不符合某种规定的行为也按照该规定处理[②]。如将《刑法》第389条的规定理解为法律拟制，则意味着不管行贿意志如何，只要违法所得归于个人，就必须认定为行贿罪。这样理解的原因在于，尽管行贿是单位的决策、为了单位利益，但违法所得归个人所有，从而改变了行贿行为的性质。但问题是，如果单位行贿罪已属既遂，行为人事后又采取某种方式将违法所得予以侵吞，则后行为应构成其他犯罪，如职务侵占罪或者贪污罪，实无理由和必要单独拟制为个人行贿。在法律意义上，犯罪所得的归属、去向实质上是犯罪既遂后对不法利益的处置，属于事后行为，对已经发生的犯罪行为的性质不产生影响，正如受贿后将财物捐献给公益事业不影响受贿罪的成立一样。再者，理解为法律拟制，看似为了追求罪刑均衡，实则会造成罪责刑不相适应，如行为人为单位谋取不正当利益而行贿，违法所得归单位所有后，行为人又利用职务上的便利将其据为已有，此时认定为单位行贿罪和职务侵占罪或者贪污罪，才能更全面地评价行为人的行为。

注意规定是在刑法已作基本规定的前提下，提示司法工作人员注意，以免忽略的规

---

① 陈小彪、万丹：《论单位犯罪中“单位整体意志”及其司法认定》，载《法律适用》2005年第11期；高铭暄、赵秉志、赵国强：《单位投机倒把犯罪案件中的刑事责任问题》，载《中国法学》1990年第2期。

② 张明楷：《刑法分则的解释原理（第二版）》，中国人民大学出版社2011年版，第631页。

定。注意规定的设置，并不改变基本规定的内容，只是对相关规定内容的重申。注意规定只具有提示性，其表述的内容与基本规定的内容完全相同，不会导致将原本不符合相关基本规定的行为也按基本规定论处[①]。因此，《刑法》第393条的规定实际上仅具有提示作用，即当一行为看似符合第393条前段规定的单位行贿罪，同时出现了“因行贿取得的违法所得归个人所有”的特殊情形时，刑法便提示司法工作人员予以注意，着重考察行为人是否系以单位的名义而中饱私囊，并在第393条后段中提示注意第389条行贿罪的罪状。而要认定为第389条的行贿罪，行为人的行为仍需符合行贿罪的构成要件。

（三）利益部分归单位部分归个人所有

单位员工的利益往往与单位利益挂钩，行为人的行贿动机也因而具有多重性和复杂性，谋取单位利益与个人利益有时兼而有之，交织在一起相互影响，但只要行为人的主观心态是为了单位利益即可，不要求具有排他性。行为人主观上是为单位谋取利益，客观上个人也获取了利益，不会因个人也获利而改变单位行贿的性质。此外，单位行贿罪中的“不正当利益”，是指为单位谋取的初始利益，不包括获得利益后的再分配情形。利益归属于单位所有，单位再将利益以发放奖金等形式分配给单位成员，不影响单位行贿罪的认定，因为单位获取的利益最终会转化为个人利益，表现为个人待遇的提高、奖金福利的发放等。在这种情况下，单位利益是权钱交易直接针对的对象，个人利益只是单位获得利益后的延伸结果，不能因为最终个人获利而否定单位利益。实践中，应当注重考察单位和个人之间的权利义务关系，特别是有关利润分配的约定和通常做法。如果单位和个人有关于利润分成的约定，则虽然谋取的不正当利益最终不完全归属于单位，仍不影响单位行贿罪的认定。

---

① 张明楷:《刑法分则的解释原理（第二版）》，中国人民大学出版社2011年版，第622页。

反思与重构：民事检察监督的新发展

刘 泉[*]

摘 要 在司法体制改革与监察体制改革叠加影响下，检察机关面临着前所未有的变革和挑战，只有改革创新才是事业发展的不竭动力。最高人民检察院面对新形势，提出了聚焦法律监督主责主业，推进刑事检察、民事检察、行政检察、公益诉讼检察“四大检察”全面协调充分发展的大目标，并多次强调要下大力气补上民事检察监督“短板”。为此，有必要从理论上反思民事检察监督的正当性基础及其职能定位，正视民事检察监督现实困境，从理念创新上拓展民事检察监督新思路，并在具体措施落实上突破民事检察监督的新发展。

关键词 民事检察 职能定位 现实困境 重构

一、反思：民事检察监督的正当性基础及职能定位

我国民事检察监督制度自成立以来一直受到质疑，其中有立法的粗疏——1982年的《民事诉讼法（试行）》只规定了人民检察院有权对民事审判活动实行法律监督，但没有具体规定监督的范围、方式、程序和效力。有学者认为民事检察监督与司法独立、裁判终局性、民事诉讼当事人诉讼平等等原则相矛盾。随着民事检察监督一步步探索前行，立法也一步步走向完善：1991年民事诉讼法确立了民事检察监督的抗诉制度；2007年民事诉讼法修改细化了监督事由；2012年民事诉讼法修改更是将民事检察监督范围扩大到执行活动、调解书、审判程序中的违法行为，还增加了检察建议的监督方式及调查核实权等，立法强化民事检察监督的意图明显。为什么要大力推进民事检察监督[①]，其正当性基础何在?

（一）民事检察监督的正当性基础

1.宪法基础：人民检察院是国家的法律监督机关。与西方国家普遍实行的“三权分立”不同，全国人大是我国的立法机关，也是最高权力机关，法院、检察院、行政机关

---

* 刘泉，广东省珠海市人民检察院副检察长。

① 鉴于“四大检察”已将公益诉讼检察单列，故本文所指的民事检察监督不包含民事公益诉讼。

属于其领导下的国家机关，其权力来源于全国人大的授权。全国人大享有广泛的权力，但限于其自身机构的有限性、非经常性及监督的抽象性、宏观性，它难以对其产生的其他国家机关行使公权力的行为实施常态化监督，为此需设立一专门负责监督职责的机构来完成这一任务，于是宪法规定了人民检察院是国家的法律监督机关。法律监督的主要职责就是保障法律正确实施，维护社会公平正义，维护国家法制统一、尊严和权威。由此，检察院依法监督法院审判权，这是由宪法授权的。

2. 法理基础：有权力，就得有制约。分权制衡是现代法治社会的法理基石。“权力产生腐败”，权力自身所固有的自我膨胀性、易被滥用性，决定了在赋权之时必须同时进行限权，才能保证权力正当使用。司法是社会正义的最后一道防线。审判正是解决社会矛盾纠纷的最终解决方式，它可以剥夺人的生命、自由，更不用说决定人的财产分配，权力不可谓不大。审判权滥用不仅对当事人产生危害，也严重动摇了社会治理体系。法官不是圣人，必须对法官审判权予以制约。民事诉讼中当事人的诉权虽然对审判权行使构成一定的制约，但毋庸置疑法官的审判权居于诉讼指挥的主导地位，当事人实际诉讼地位和能力的低下，难以对审判权形成根本的制约；另外法院内部的监督制约机制也难逃“自己难以监督自己”的逻辑。在诉权与审判权之间的制约功能无法发挥预设功能的情况下，自然为其他公权力主体打破程序的封闭性而介入民事程序提供了空间。① 民事检察监督正是介入民事诉讼对审判权予以监督制约的一种选择。

3. 现实基础：司法不公、司法腐败、执行难、执行乱、虚假诉讼等司法乱象。随着社会经济的发展，回应民众对司法公正的诉求，加强对民事审判、执行活动的法律监督正当其时。法院内部的监督机制虽然有发挥一定的作用，但从监督体系的完整性构建角度出发，也需要检察院的外部监督介入以遏制司法不公、司法腐败现象。失去监督的权力必然走向放任，只有依靠强有力的外部监督制约，才能防止权力滥用。2012 年民事诉讼法修订中全面强化检察机关的法律监督是基于当下司法环境的一种现实回应，在相当长一段时期内，强化民事检察监督仍然具有强烈的现实意义②。

（二）民事检察监督与相关司法原则的辩证认识

有学者和法院人士指出，民事检察监督与法院依法独立行使审判权、裁判终局性、当事人诉讼平等、民事裁判的非唯一性等原则相冲突，为此有必要作一辩证分析与探讨。

1. 民事检察监督与法院依法独立行使审判权。西方实行司法独立，我国实行法院依法独立行使审判权，它是法治国家公认的司法原则，其核心在于审判权由国家法定的审判机关独立行使，不受行政机关、社会团体和个人的干涉。有人认为检察机关介入民事审判，监督民事审判活动，就是对法院依法独立行使审判权的违反。对此，应认识到，

① 韩静茹:《民事检察权的基本规律和正当性基础》，载《湖北社会科学》2018 年第 4 期。

② 熊跃敏:《承继与超越：新民事诉讼法检察监督制度解读》，载《国家检察官学院学报》2013 年第 2 期。

法院依法独立行使审判权不是绝对的，我们所说的审判独立，排除的是外在的非法干预，不能排斥合法的、体制内的监督与制约。[①] 如果片面强调法院依法独立行使审判权而不对其施以必要的监督和制约，法官贪污受贿、徇私舞弊、枉法裁判导致案件显失公正的行为就得不到有效控制和纠正。真正的依法独立行使审判权并不排斥合法监督。[②] 所以辩证地看，法院审判需要合法、良性的民事检察监督。

2. 民事检察监督与裁判终局性。裁判终局性是指纠纷经法院审理依法作出的生效裁判，就获得了终局解决。裁判终局性核心体现了裁判的既判力，是司法权威的重要因素。有人认为检察机关对已发生法律效力的民事裁判结果进行监督，提出抗诉，是对裁判终局性的违背，是对司法权威的挑战。但应看到，裁判终局性的价值除了维护裁判的安定性，更是为了追求司法公正与权威，稳定社会秩序。试想对一个不公正的裁判，如果一味地为维持其终局性而不予以纠正，只会使法院和裁判失去人们的信任，最终司法权威无从体现。司法权威并不能因其终局性自然产生，必须建立在裁判公正基础上。[③] 另外，民事检察监督权只是一种程序上的异议权，并不能代行法院最终的裁判权，它对违法裁判的监督正是弥补司法公正缺失的一种有益补充。

3. 民事检察监督与当事人诉讼平等。民事诉讼中当事人诉讼权利和诉讼地位平等，为了各自利益平等对抗。有人认为民事检察介入，难免站在当事人一方反对另一方，破坏了当事人平等的诉讼结构。这种观点是对民事检察监督职能的一种误解。民事检察的基本职能是监督法院民事审判、执行活动的合法性，其监督对象是针对法院的审判行为，而不是当事人的诉讼行为，其本质上是检察权对审判权的制约。民事检察应在遵守民事诉讼规律和当事人平等原则基础上，实行对审判活动合法性的监督。民事检察监督的结果客观上可能有利于一方当事人，但不能认为检察院是代表一方当事人的利益，民事检察着眼点仍是审判活动的合法性，影响到当事人的实体权益不过是监督的附随结果。为了避免陷于成为一方当事人的利益代言人，民事检察监督应恪守对公权力监督的职能，尊重当事人平等原则。

4. 民事检察监督与民事裁判的非唯一性。民事诉讼中法官在案件事实认定中有“自由心证”成分，在法律适用上有自由裁量权，由此造成民事裁判结果的非唯一性，有人以此认为民事检察提出的监督意见难以对抗非唯一性的民事裁判，不能据此认定裁判有错，故没必要进行民事检察监督。尽管民事裁判具有非唯一性，尽管人类认识能力是有限的，但民事裁判终究存在一个基本的是非对错、合法违法的裁判准则，民事检察的工作正是重点监督法院审判活动是否在合法的范畴内。检察机关提出民事抗诉或再审检察

---

① 陈桂明:《民事检察监督之存废、定位与方式》，载《法学家》2006 年第 4 期。

② 张艳丽、鲁国秀:《我国民事检察监督理论和实现机制的正当性分析》，载《中国政法大学学报》2011 年第 5 期。

③ 最高人民检察院法律政策研究室:《我国民事检察的功能定位和权力边界》，载《中国法学》2013 年第 4 期。

建议，并不是追求唯一正确的裁判，而是要监督纠正那些确有明显违法的裁判。[①] 而且现行民事诉讼法已将民事检察监督范围扩展至审判程序中违法行为及执行行为中，这两类行为更多的是程序性行为，其合法与否的裁判标准具有确定性，民事检察对这些程序性审判、执行行为的合法性进行监督，正是程序正义的司法要求，也是通过程序正义促进实体正义的有力保障。

（三）民事检察监督的职能定位

民事检察监督的职能定位在于：监督、救济和治理。

1. 监督。民事检察工作的核心在于监督审判活动运行的合法性，是检察权对审判权的监督，本质上是公权力对公权力的制约，这正是民事检察在宪法及法理正当性基础的要求。民事检察直接监督的对象是法官在民事诉讼过程及裁判结果的合法性，包括对生效裁判结果的监督、审判人员在审判活动中违法行为的监督，还包括执行监督。至于当事人之间权利义务关系并不是民事检察监督的直接对象，检察机关也无权对当事人之间的实体权利作出评判。[②] 这种监督的意义在于督促被监督者重新审视其审判行为的合法性，认真履行审判权。民事检察是民事诉讼结构之外的监督，它更是一种“程序化”监督，通过启动程序实现监督，不能代替或指挥法官作出某种审判行为和结果。

2. 救济。虽然检察监督的根本定位是“监督”而非“救济”，但不可否认，救济当事人的权利是监督所产生的附带结果。[③] 因为民事审判的重点正是当事人之间权利义务归属及责任划分，民事检察关注于审判活动的合法性，必然会牵涉到当事人的权利义务关系，而且司法实践中民事诉讼监督案件多数由当事人申请启动，回应人民群众的司法诉求也是目前检察工作的目标，特别是在补齐“短板”，做强民事检察的时代背景下，检察机关更需通过救济功能积极争取当事人及民众的支持。究其实质，我国的民事检察权是一种特殊的司法救济权，是诉讼当事人的合法权益在民事诉讼中有可能未得到应有的司法保护而诉讼程序又已终结的情况下，通过法律监督程序由检察机关提请审判机关重新审查其所认定的案件事实和所适用的法律，以保护民事诉讼当事人合法的诉讼权利和实体权利的一种特殊权力。[④]

3. 治理。当代社会中，检察机关除了履行法律监督的职责，还承担着化解社会矛盾，维护社会和谐稳定，促进社会管理创新的职责。具体到民事检察工作，对当事人申诉的民事诉讼监督案件，经审查不符合检察监督条件的，细心向当事人释法说理，多做

---

① 最高人民检察院法律政策研究室：《我国民事检察的功能定位和权力边界》，载《中国法学》2013 年第 4 期。

② 刘辉：《事实认定错误的审查理念与方法》，载《民事检察实务培训讲义》，法律出版社 2019 年版，第 138 页。

③ 周永刚：《民事诉讼监督案件的审查》，载《民事检察实务培训讲义》，法律出版社 2019 年版，第 120 页。

④ 田平安、张妮：《民事检察权刍议》，载陈桂明、王鸿翼主编：《司法改革与民事诉讼监督制度完善》，厦门大学出版社 2010 年版，第 2 页。

服判息诉工作；对不损害国家利益、社会公共利益及第三人利益的案件，在自愿、合法基础上可主持当事人开展检察和解，真正实现案结事了；另对民事检察监督工作中发现的法院或其他机关在内部管理、外部协调等方面带有普遍性的问题及重大漏洞、缺陷，也要及时以检察建议方式提出，督促相关部门整改、完善，提高社会综合治理能力。

二、剖析：民事检察监督的现实困境与原因分析

民事检察工作在四级检察院之间虽然存在一定差异，但整体上呈现出人少、案少、监督效果弱的现状。

（一）民事检察监督的现实困境

1. 人员及机构配备上。检察机关内设机构进行了改革，为突出对民事检察工作的重视，最高人民检察院将原来民事、行政检察与公益诉讼检察三项职能合并一厅的民事行政检察厅改革分列为民事检察厅、行政检察厅，增设公益诉讼检察厅，单独的机构设置为民事检察专业化发展奠定了基础。但将原民行检察部门的优秀人才吸纳、调整到公益诉讼检察部门，客观上造成从事民事检察工作的人员实际减少了。

除了人员少、配备不够，民事检察人员还存在能力、水平不强，有待提高的实际情况。检察系统内，民事检察人员办案少，锻炼机会少，能力、水平比不上刑事检察人员；系统外，相比法官从事民商事及执行工作的专业知识和办案经验，民事检察人员也有一定差距。在法律知识储备方面，少数民行检察人员在办案时才结合案情边学习边办案，影响了审查案件的思路和事实证据的正确认定和鉴别。[①]

2. 案件分布上。2012 年修改后民事诉讼法扩大了民事检察监督范围，规范了监督程序，按上提一级抗诉及穷尽法院诉讼救济程序后才可申请检察监督等法律规定，民事检察监督案件数量总量有增加，但在各级院之间分布不均衡，呈“倒三角”态势。一般的民事诉讼案经一审、二审、再审，若当事人再向生效裁判的同级检察院申请检察监督，多是市级检察院，考虑一则市检察院向市中级法院提出检察建议被原裁判生效法院采纳率不高，另则若市检察院提请省检察院抗诉，不仅周期延长，而且能否抗诉成功存在不确定性，故当事人多会向有抗诉权的省级检察院直接申请监督，这造成省级检察院案件数量明显增加，而市级检察院受案数量只是缓步增长；基层检察院对民事诉讼裁判结果进行检察监督的案源较少。

在案件类型上，近年来有些地方检察院对虚假诉讼、执行监督类案件进行了大力探索，作出了一些有益的检察监督突破，但从整体上看，对民事裁判结果类的检察监督案仍占主流，大多数案源仍来自当事人申诉，同时有些地区检察院依职权主动发起的对审判人员审判程序中违法行为及执行行为进行监督的案件数量有明显增长。

---

① 王全社等:《基层民事检察工作的现状与发展思路》，载《人民检察》2016 年第 23 期。

3. 办案效果上。民事检察监督的效果很大程度上表现在法院对民事抗诉案改判率及民事再审检察建议采纳率、当事人对检察监督结果的满意度及服判息诉上。整体上看，改判率、采纳率低，涉检信访压力增大，民事检察监督工作效果弱。抗诉案件中因民事裁判结果非唯一性的特点，检法两家对案件的事实认定或法律适用会存在认识分歧，故抗诉案件改判不易，多是在出现了新的关键证据后才有可能引起改判。对审判人员违法行为的检察建议多是超过法定审理期限、送达不规范、裁判文书文字、数据错漏、诉讼费计算错漏等表面上的工作瑕疵，对深层次违法问题发现、纠正不多。

近年来，通过对民事检察监督工作的持续宣传，普通民众和当事人对这项工作有所了解，但在认识上仍存在偏差。有的群众认为检察院是法院之外对民事裁判的最后一个救济处理机关，对错误的裁判，检察院有权也有责予以纠正。有的当事人将向检察院申诉作为其权利救济的最后一根稻草，对民事检察监督寄予了过高的期望，一旦不予支持其监督申请，其难以理解和接受，就会陷入深深的失望、抱怨和指责中，导致近年来因民事检察上访的人数明显增加，民事检察息诉罢访的信访压力增大。

总之，与做强民事检察工作的时代要求相比较，现实仍存在人员配备不足、案件来源渠道不畅、监督质量不高、监督效果弱化，息诉罢访信访压力增大等困境，民事检察监督难题主要体现在基层工作“空”，检察建议“软”，办案效果“平”，监督合力“弱”①。

（二）民事检察监督现状的原因分析

1. 法律层面分析

民事检察监督的主要职能是监督民事审判、执行过程及结果的合法性，救济只是其附随的职能。一般情况下，民事诉讼案经过一审、二审、再审，大多数当事人已息诉，走到申请检察监督的毕竟是少数。民事诉讼法规定的民事检察监督是一项非常救济，在以当事人申请为主的案源条件下，民事检察监督案件客观上也不会多。民事诉讼法规定是上一级提抗，基层检察院就不存在抗诉权，而且之前《人民检察院民事诉讼监督规则（试行）》第32条还规定：对一审民事裁判，当事人依法可以上诉但未提出上诉，而是申请检察监督的，除不可归责于当事人的原因没有提出上诉的以外，检察机关不予受理。这就造成基层检察院几乎无民事裁判结果类监督案件可办，基层检察院若是再不去依职权主动监督一些审判人员违法行为和执行行为，就形成了基层工作“空”的局面。2012年民事诉讼法虽然新增了检察建议的监督方式，但未明确规定它的适用范围、程序和法律效力，造成这种没有效力约束的监督方式对被监督者法院制约力不够，形成了检察建议“软”的现状。

另外，民事诉讼法确立的民事检察是对法院审判活动合法性的外部、事后监督制

① 庄永廉：《如何健全协调发展的多元化民事检察监督格局》，载《人民检察》2017年第5期。

约，检察院本身并不是普通民事诉讼中的诉讼参与人，它对案件的审查并不是在诉讼结构下进行的，它不具备参与诉讼各方主体的交涉性。[①] 故虽然现行民事诉讼法扩大了民事检察监督范围，新增对审判人员违法行为和执行行为也可予以监督，但若是当事人不提出申请，检察机关在不参与诉讼情况下如何能及时获知以上审判过程和执行过程中的违法行为？在何时、哪个环节、以何种方式适当地启动民事检察监督，这些法律均无明确规定。

2. 主观认识分析

（1）检察机关的认识。首先，重刑轻民的观念。打击犯罪的刑事检察一直占据检察工作主业，民事检察起步晚，在发展中也历经波折、存废之争，一直是法律监督工作的相对薄弱环节。其次，监督者本位主义观念。最后，注重实体监督观念。民事检察监督长期以来偏重于实体性监督，而相对轻视程序性监督。这与法院及当事人在诉讼中重实体轻程序是一脉相承的。但是民事裁判结果具有非唯一性，这就造成检察监督者认为的实体性裁判结果客观上有时会与裁判者认定的实体裁判结果产生差异。

（2）法院的认识。民事检察监督是对法院审判权的监督、制约，作为被监督者容易本能地抵触被监督，认为违反了依法独立行使审判权、当事人平等、裁判终局性等原则。在检察机关加大民事检察工作力度下，法院变被动抗诉为自己主动放宽当事人申请再审条件。在民事诉讼法逐渐强化、完善民事检察监督制度的背景下，最终裁判权在法院，法院民事审判、执行的组织结构、专业能力、自身资源均优于检察机关，而民事检察监督要做强离不开法院支持、配合。

3. 能力层面分析

民商事审判已成为法院审判业务的大头，民商事案件数量及从事民商事审判法官数量均占明显多数，按照案由性质法院设置了多个不同的民事审判庭进行专业化审判，随着司法责任制的不断深化，法官在大量案件的司法审判实践中提高了能力，积累了丰富的经验，而且面对新颖、疑难、复杂案件不断探索、总结、提炼出审判指导思想，上升到司法解释，并推广学习、实际应用。相比较之下，民事检察案件数量要少得多。作为监督者，没有过硬的专业能力，如何能有效识别被监督者存在的问题？如何能保证提出的监督意见让被监督者信服、采纳？

三、重构：民事检察监督的理念创新

正视民事检察监督的现实困境，在深刻分析其问题原因的基础上积极破题。民事检察监督的新发展，理念创新至关重要。理念一新天地宽，理念转变到位，办案监督自然就有新思路、新方法、新局面。当前民事检察工作的理念就是：做强、共

---

① 刘辉：《事实认定错误的审查理念与方法》，载《民事检察实务培训讲义》，法律出版社2019年版，第138页。

赢、精准。

（一）做强理念

当务之急是改变“重刑轻民”的观念。重刑事监督轻民事监督一直是困扰民事检察工作的负面倾向，刑民并重的监督理念亟待稳固地形成。[①] 要深刻认识到检察机关对法院民事审判和执行活动进行民事检察监督是履行宪法确立的法律监督职责要求，是民事诉讼法明文规定的法定职责，也是对民众不满司法不公、执法乱象、司法腐败，要求强化法律监督的现实诉求的积极回应。法院的民事审判和执行案件占据了业务绝大多数，与普通百姓的切身利益密切相关，也关乎社会和谐稳定大局，对这一大块公权力行使的审判领域，民事检察监督不能缺席，只能做强。在检察体制改革的大背景下，检察院应以民事检察新发展作为工作新抓手，提高民事检察工作必要性及功能、价值的认识，增加人员配置，优化机构设置，作为“一把手工程”亲自研究部署民事检察工作，在民事检察监督机制上形成合力，切实下大力气补上这块“短板”。虽然民事检察监督一路走来坎坷波折，但现在我们更有信心做强它，因为有中央的大力支持和坚强领导，因为有民事诉讼法的不断完善和推进。民事诉讼法自 1991 年颁行，历经 2007 年、2012 年、2017 年、2021 年、2023 年的陆续修订，从监督范围、监督方式、监督程序、监督保障等方面全面强化了检察机关对民事诉讼的法律监督，构建了一个从审判到执行、从诉讼到非讼、从结果到过程的全方位、立体化的民事检察监督体系。[②] 因为有最高人民检察院及广大民事检察官发奋图强，做强民事检察工作的信心和决心，最高人民检察院明确指出要推进刑事、民事、行政及公益诉讼检察“四大检察”业务全面协调充分发展，分设了独立的民事检察厅，各地也正在紧锣密鼓地进行民事检察内设机构改革。只要有信心，办法总比困难多，随着民事检察在整个检察工作中的重要地位日益凸显，我们有坚定的信心做强民事检察。

（二）共赢理念

检察机关与法院虽然各自职责、分工不同，但具有共同目的，它们都是致力于司法公正和司法效率的实现，都是服务于宪法、法律的统一实施，目标是一致的。[③] 检察机关通过行使民事检察权纠正错误裁判，促进审判质量的提高，从根本上有利于提高法院的审判权威和公信力。[④] 民事检察中的过程监督，可使法院在审判过程中时刻保持警醒，不敢丝毫懈怠，更不敢拿审判权去做交易。

正是通过司法实践的不断探索，民事诉讼法逐渐完善，检法两家通过工作联席会

---

① 庄永廉：《如何健全协调发展的多元化民事检察监督格局》，载《人民检察》2017 年第 5 期。

② 肖建国：《民事检察监督之功能与实施思考》，载《人民检察》2012 年第 21 期。

③ 汤维建：《论中国民事行政检察监督制度的发展规律》，载《政治与法律》2010 年第 4 期。

④ 最高人民检察院法律政策研究室：《我国民事检察的功能定位和权力边界》，载《中国法学》2013 年第 4 期。

议，互邀列席业务工作会议，会签相关文件等加大沟通交流，促进了民事审判和民事检察工作的双发展。从过去多年实践情况看，检察机关决定抗诉的案件只占检察机关全部受理申诉案件的极少数，检察机关所做的是释法说理和息诉罢访工作，客观上对于维护法院的审判权威发挥了积极作用，这也体现了检察监督与司法审判在维护法治权威上的共同性和一致性。[①] 监督中蕴含着理解、支持和合作，无论民事检察还是民事审判，均是在尊重民事诉讼规律基础上，依法的监督和依法的审判，不存在你高我低，你输我赢，而是良性互动，共同维护司法公正和司法权威，达到双赢多赢共赢的效果。

（三）精准理念

民事诉讼案件各种类型量大面广，民事检察监督涉民事诉讼全过程点多线长。民事抗诉不是越多越好，要优先选择在司法理念方面有纠偏、创新、进步、引领价值的典型案件，抗诉一件促进解决一个领域、一个地方、一个时期司法理念、政策、导向的问题，发挥对类案的案例指导作用。精准监督，就是对监督的每一起案件坚持效果导向，全程不留遗憾，真正做成精品案例。精准监督的价值主要表现在监督资源的节约、监督程序的深入、监督效果的理想，简言之，即监督准、质量高、效果好。[②] 精准监督要求针对监督内容的不同情况区别对待，选择与其特点相适应，最能发挥其优势的监督方式，取得最佳的监督效果。

一是针对各级检察院受理民事检察案件不同的特点，应建立各有侧重的民事检察工作目标。如基层检察院受理生效裁判结果类监督案件很少，随着法院民商事案件管辖标的额提高，绝大多数案件在基层法院受理，相应地基层检察院民事检察工作重点应放在对审判人员违法行为，违法执行活动的监督上，这些更多是对程序违法的监督，实行同级监督，正好发挥基层检察院的监督潜能，也促进法院对程序公正意识的增强。又如省级检察院受理生效裁判结果类监督案较多，可予以总结、提升形成类案审查的指导意见；还可在一省检察系统内发挥“一体化”优势，对全省民事检察工作建立监督指挥中心，多级院联动，上下一体，各有侧重，将各自优势与合作优势相配合，推动全省民事检察工作全面发展。

二是针对不同的诉讼阶段，选择不同的监督方式。民事检察监督已触及民事诉讼全过程，诉前的检察监督主要方式是支持起诉、督促起诉等；诉中的监督主要是针对程序违法性行为，可采取检察建议、纠正违法行为通知等方式；诉后监督除了典型抗诉外，还有再审检察建议、检察和解、移送犯罪线索等方式。

三是对传统的生效裁判类监督案件，可依照违法程度不同采取效力不同的监督方式：如对重大违法者，采用监督强度最大的抗诉方式；对一般违法者，可采用效力次

---

① 最高人民检察院法律政策研究室：《我国民事检察的功能定位和权力边界》，载《中国法学》2013 年第 4 期。

② 汤维建、王德良：《民事检察精准化发展路径探析》，载《人民检察》2019 年第 10 期。

之的再审检察建议；对轻微瑕疵者，可采检察建议、检察和解方式。另外还可根据各案争议性质的不同明确不同的监督判断标准。如对民事争议类监督案，可采一般理性人标准，从第三者角度判断民事责任的分配和承担；而对商事争议类监督案，则采精明商人标准，应推定经营者已充分获得信息，基于善意和诚实，确信该行为符合经营者的最佳利益。[①]

精准监督还可选取本地区、特定领域或是一定时期内具有典型性的案件，如虚假诉讼、劳动争议类案、民间借贷类案、违法送达、保全行为类案等作为监督重点突破。除了监督对象、方式、标准精准外，检察机关还要重视精准说理，将问题找准，说透，特别要将案件所反映的深层次问题尤其是理念问题传导给法院。[②]

四、落实：民事检察监督的具体措施

做强民事检察、促进司法公正，是新时代检察工作新发展的一个新基点。理念的变革只有落到具体措施上，才能真正发生效用。

（一）建立四级院各有侧重的民事检察工作目标

按照精准监督理念，针对四级检察院受理民事检察案件的不同特点，应建立各有侧重、分工负责的工作格局。基层院民事检察工作重点在于对审判人员违法行为、民事执行违法行为、虚假诉讼的监督；省级检察院工作重点是审查生效裁判类监督案；最高检工作重点放在调研各地民事检察监督特点、经验，予以总结、提炼成指导意见，发布指导性案例，与最高法会签相关的文件，共同制定司法解释以指导全国的民事检察监督工作，统一审查尺度。

（二）夯实基层检察院民事检察基石

传统民事检察以生效裁判类监督案件为主，受民事诉讼法制度规定所限，基层院该类案源匮乏。基础不牢，地动山摇。当务之急是明确并建立基层院民事检察重点是对审判人员违法行为、执行违法和虚假诉讼的监督。民事诉讼法扩展了程序违法的再审事由，审判程序中审判人员违法行为及执行违法行为的监督多是诉讼过程中的程序性监督。程序违法直接违反民事诉讼法规定，损害的法益属于公益范畴，检察机关可不受当事人处分权的制约，主动依职权启动监督。相比较于裁判结果类监督的非唯一性认识，这类程序违法监督的事实和理由更具有确定性，更容易获取，说服被监督者接受并纠正更容易；而且案件中各环节均存在程序要求，监督对象广泛，所以可以预见基层院对这两类程序性监督案件数量及效果上均会有大量提升的可能性。基层院通过职能宣传，畅通案件发现来源，可以在这方面大有作为。加强程序违法监督，通过对司法程序正义的

---

① 吴晨：《民事检察监督：判断标准与争议性质相符》，载《检察日报》2018 年 11 月 12 日。

② 汤维建、王德良：《民事检察精准化发展路径探析》，载《人民检察》2019 年第 10 期。

监督和保障来实现实体性正义，从而在源头上实现减少乃至消除错案的目的。[①]

（三）建立同级监督为主的监督模式

多年以来，民事检察采取“上抗一级”的上级监督模式，大量案件涌积在省院，造成“省院超负荷、市院基本负荷、基层院没负荷”的“倒三角”现象，[②] 基层院的基础作用空虚，司法资源闲置，监督功能萎缩；当事人的监督申请需经两级检察院审查，延长了审查周期，效率低下，成本提高。基层院和市分院是民事检察的主力军，让检力下压，让同级监督成为民事检察的主流，一方面有利于合理配置各级检察院监督职能，另一方面节约当事人诉讼成本，提高救济效率，还有利于将纠纷、矛盾化解在当地。2012年民事诉讼法新增了检察建议的监督方式，检察机关在实践中探索逐渐形成了以检察建议（包括再审检察建议）方式向同级法院的程序违法行为、执行活动、调解合法性、部分生效裁判进行监督的新模式。

检察建议有利于缓和抗诉监督的对抗性，使法院较容易接受，又是向同级法院提出，程序上较便利、灵活。检察建议已成为抗诉的重要补充。在抗诉和检察建议这两种监督方式中，应当优先适用对生效裁判既判力以及生效裁判所判定的民事法律关系影响最小的监督方式，这是检察监督谦抑性的内在要求，也符合法治国家中公权力行使所应普遍遵循的比例原则。抗诉一般应适用于案件比较重大或者是裁判确实明显不公，发生了重大错误的情形；检察建议主要适用于已经发生法律效力的判决、裁定虽有错误，但实体裁判错误并不是非常严重或突出，办案程序有瑕疵的情形。[③] 最高检在修订《人民检察民事诉讼监督规则（试行）》中，规定对审判结果案件的监督，同级检察院多数情况下应当提出再审检察建议，少数情况下可以提请抗诉。

（四）充分发挥“一体化”监督优势

这种一体化包括横向与纵向两个层面。横向是指同一检察院内在检察长领导下内部各职能部门相互协作配合，建立案件线索、处理结果双向移送工作机制，发挥民事、行政、刑事检察监督整体合力。纵向是指上下级检察院之间是领导关系，上令下行，多级院联动，可形成一体化办案机制，发挥各地、各层级检察院自身优势，取长补短、各有所长、各负其责，形成监督效果的最佳状态。无论是横向还是纵向的一体化，都是使监督合力得以发挥，监督的综合权威充分展现，监督效果大为改观，监督资源得到了合理化、优质化配置。[④]

---

① 汤维建：《尊重规律：民事诉讼法修改后民事检察制度的新发展》，载《人民检察》2014年第3期。

② 傅国云：《民事检察监督若干焦点问题》，载《法治研究》2013年第9期。

③ 最高人民检察院法律政策研究室：《我国民事检察的功能定位和权力边界》，载《中国法学》2013年第4期。

④ 庄永廉：《如何健全协调发展的多元化民事检察监督格局》，载《人民检察》2017年第5期。

有些地方检察院在“一体化”监督办案上探索出一些有益的经验。如有的检察院在查办虚假诉讼监督案件时，民行检察部门将发现的案件线索及时通报给侦监、自侦部门，共同研究制定调查核实的路径和方法，借助检察院自身的技术部门及时鉴定、评估，破解案件证据上的技术难题，各部门协同办案，促进监督事项从轻微违法情形向审判人员违纪违法，甚至犯罪等深层次延伸，通过个案办理，警示教育一片，取得了良好监督效果。又如有的省级检察院建立了审判人员违法行为和执法违法行为监督指挥中心，统筹全省此两类案件的案件线索收集管理、证据调查核实、办案力量调配、典型案例宣传、业务培训交流等，取得了明显的监督成效。

当前，在发挥“一体化”监督优势中，特别需要强调上级检察机关要积极履行跟踪监督的职责。检察机关依照同级监督向法院发出检察建议后，若法院收到后逾期不予回复反馈或对监督意见无正当理由拒不执行的，检察院可以提请上级检察院向其同级法院提出检察建议，上级检察院认为应当跟进监督的，应当向其同级法院提出检察建议，由法院依照规定处理。上级检察院跟踪监督，正是发挥上级机关监督力度，突出“一体化”监督合力的体现。上级检察院必要时可将检察建议抄送给人大、政府、纪委、监察委，建议依纪依法严肃问责，加大监督力度，共同保障责任追究落实到位。

（五）加强队伍专业化建设

民事检察队伍薄弱、监督能力欠缺是长期制约民事检察工作的重要因素，这一局面不改观，民事检察就难以做强，难以有所发展。尽管近年来有些地方检察院采取一些措施积极推进民事检察队伍专业化建设：如招录法院民事法官充实民事检察队伍，安排民事检察官到法院挂职学习锻炼，最高检在全国检察机关民事行政检察部门建立了办案实务和综合调研两类人才库，并加大专项业务培训等，但这些还不够，人的问题解决了，事才好办。要强调把民事检察队伍建设作为“一把手工程”，各地检察院检察长要把配强配齐民事检察队伍作为做强这项工作的抓手，作为真正体现对民事检察工作重视的重要行动指标。除了设立专家咨询委员会，借助“外脑”提升民事检察官办案能力外，我们更应将重点放在自身能力培养、锻炼和提高上。各地检察院首先摸清本院民事检察人员现状，分析存在的问题，有针对性地提出改进措施，如有计划地招录选任法官；有计划地安排检察官轮流或隔一定期间到法院学习锻炼；省级院应挖掘、培养民事检察专业人才，每年组织调题调研、学习交流、案件评查、论文评审，有计划地培养专业型人才和专业带头人；下级检察院可派员到上级检察院跟班办案；除了检察系统自办的专项业务培训外，可与法院联合组织民商事法律专项培训，借此也可加强检察官与法官职业共同体的交流；业务培训内容除了邀请检察系统人员、高校研究机构学者外，要更多邀请法院的业务专家、资深法官讲授最新的最高法院司法解释、业务庭讨论的会议纪要及相关的裁判指引性规范文件。总之，通过上下、内外交流，业务培训，调研学习，提升检察人员线索发现能力、案件审查能力和检察文书说理等能力，实现人才资源的有效配置。

知识产权检察综合履职工作实证研究
——以Z经济特区知识产权检察工作为样本

胡蓉蓉　谢　宇　谢　楠*

摘　要　开展知识产权检察综合履职是服务新质生产力、保障经济社会高质量发展的必由之路，实践已经充分印证最高人民检察院决定自2020年12月开始开展探索知识产权检察职能集中统一履行工作的前瞻性与成功性。Z经济特区率先在全国设立首个专业化知识产权检察机构、领先在全省实现全市两级院知识产权检察办公室组建，具有一定的实证研究分析价值。本文以近年来Z经济特区知识产权检察办案数量、质量，社会效果等方面为分析基础，结合理论与司法理念，对Z经济特区知识产权检察综合履职工作进行全面剖析，发掘共性问题，提出进一步优化检察机关知识产权检察综合履职工作的对策建议。

关键词　知识产权检察　综合履职　实证研究

一、Z经济特区知识产权检察综合履职开展工作的情况和特点

（一）队伍建设情况

Z市检察院一直以来高度重视知识产权保护工作，早在2010年即在全国高新技术开发区创设和派出设立全国首家专业化知识产权检察机构——Z市检察院高新区知识产权检察室（以下简称“高新知产检察室”）。2020年10月，党的十九届五中全会提出关于立足新发展阶段、贯彻新发展理念、构建新发展格局、推动高质量发展的总体部署和习近平总书记发表有关加强知识产权保护工作重要讲话后，2020年11月最高人民检察院组建知识产权办公室，整合刑事、民事、行政检察职能，推动形成检察办案、监督合力，① 并在全国以部分地区试点先行的形式逐步推进知识产权检察职能集中统一履行。Z市检察院虽非试点单位但仍积极认真研究贯彻措施，2020年12月31日，经市院

*胡蓉蓉，广东省珠海市人民检察院党组成员、副检察长；谢宇，广东外语外贸大学广东法治研究院讲师；谢楠，广东省珠海市人民检察院法律政策研究室检察官助理。

① 郑新俭、刘小艳、樊雪：《加强知识产权检察工作 服务保障创新性国家建设》，载《人民检察》2021年第6期。

党组研究决议，市院高新知产检察室坚持走专业化正规化之路，以高新知产检察室为主平台，统筹推进全市知识产权检察业务工作，全面推行知识产权领域刑事检察、民事检察、行政检察、公益诉讼检察“四检合一”和打击、监督、预防、服务、研究“五位一体”的知识产权检察保护新模式，正式开启探索Z市知识产权检察综合履职工作。2022年上半年，在市区两级院党组大力支持和推动下，四个基层院先后以办案组织的形式组建了知识产权检察办公室，选调综合素质强的检察官和检察官助理专门负责知识产权检察工作，率先在全省完成市区两级知识产权检察专业化机构（办案组织）的构建，形成了上下同频共振的良好工作格局，全市知识产权检察专业化能力得到进一步提升，有力推动Z市知识产权检察综合履职工作的开展。目前具体组织架构情况如表1：

表1　Z经济特区知识产权办案组织架构情况表（2023.10）

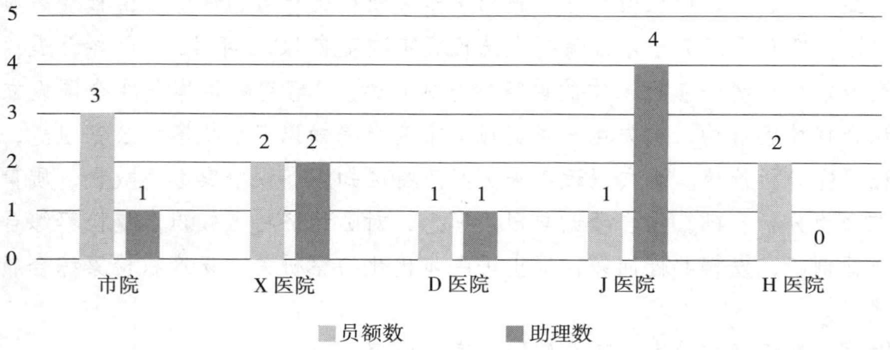

（二）办案情况特点

1. 刑事案件数量稳中有涨，罪名结构相对较优但局限在商标权和著作权两类

虽然各级检察机关大力推动知识产权检察综合履职和加大对信息技术、人工智能、生物医药等新业态、新技术、新领域的案件侦办，知识产权刑事案件数量呈逐年上涨趋势，但依旧摆脱不了涉商标类刑事案件[①]在知识产权刑事案件中占据绝对比重的传统特色。根据最高检相关新闻发布会通报，侵犯商标权犯罪在2000—2020年占比均超八成，2021年占比约九成，2022年仅假冒注册商标的商品、销售假冒注册商标的商品这两项罪名已高达72.3%，2023年上半年假冒注册商标的商品、销售假冒注册商标的商品这两项罪名上升到75.4%。无独有偶，地方上以G市检察机关知识产权刑事案件为例，G市2021年9月至2023年5月审查起诉的知识产权刑事犯罪案件中，假冒注册商标的商品、销售假冒注册商标的商品这两项罪名占比89.32%。

Z市检察机关知识产权刑事案件有自己特色，综合履职工作探索以来，审查起诉知识产权犯罪人数增长明显，且商标类案件数比重优于全国和对比参考对象的G，占比达

① 侵犯商标类犯罪包括假冒注册商标罪；销售假冒注册商标的商品罪；非法制造、销售非法制造的注册商标标识罪，还包括数罪和他罪中包含的侵犯商标权犯罪。

到七成左右（详见表 2），努力实现对商标类传统刑事领域的禁锢，不断加大对著作权等新业态、新技术、新领域的案件的办理，持续优化知识产权犯罪刑事罪名结构。但是目前，除了侵犯商标权类案件就只局限在侵犯著作权案件一种。

表 2　Z 经济特区知识产权审查起诉人数及商标类犯罪占比表

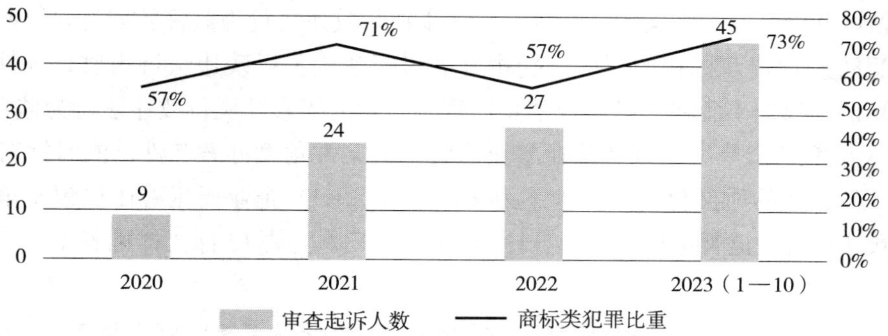

2. 民事检察案件监督领域不断拓展，依职权监督色彩浓厚

虽然大范围的民事检察监督领域案件来源于当事人申请和检察机关依职权主动监督，但在 Z 市，当事人主动来申请知识产权民事监督的数量常年为 0，为此 Z 市检察机关依法履职，开展依职权监督工作。自 2021 年以来，Z 市知识产权民事检察案件从实现零的突破，到监督领域不断拓展和丰盈，为全省全国探索知识产权民事检察工作积累了宝贵经验。2021 年率先全省探索办理民事执行监督案件 8 件（违法终结本次执行领域）；2022 年在办理民事执行监督案件 5 件基础上，在民事审判活动监督领域探索办理 1 件（违法公民代理领域），探索民事支持起诉案件 1 件；2023 年前三个季度汲取前 2 年经验，扩大办理民事执行监督案件 5 件，民事审判活动监督案件 3 件，同时，结合最高检部署的依法惩治知识产权恶意诉讼专项监督行动，在民事生效判决监督领域立案 22 件，详见表 3。

表 3　Z 经济特区知识产权民事检察办案一览表

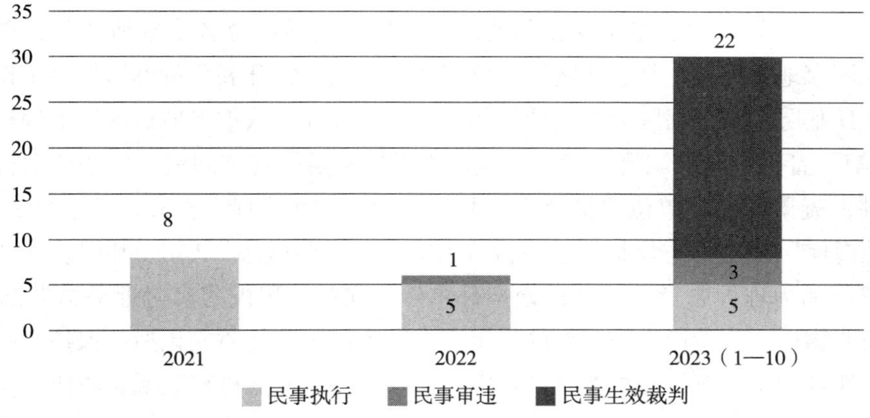

3. 行政检察案件不断探索，逐步在行政违法行为监督领域打开局面

行政检察注重“一手托两家”的监督效果，一方面监督法院公正司法，另一方面促进行政机关依法行政，一般是通过行政诉讼案件履行对审判机关的法律监督职责，同时对行政机关执法不规范不合法进行监督。但由于Z市区两级法院近3年来只有2件知识产权行政诉讼案件，经审查并无需要监督事项，因此Z市知识产权行政检察工作只能在非诉领域开展，经过个案的不断探索，逐步在行政违法行为监督领域打开局面。2021年从侵犯防疫物资商标权的行政处罚中开展对行政机关行政违法行为监督3件；2022年从涉知识产权刑事犯罪人员从业禁止监管不力角度探索开展行政违法行为监督案件8件；2023年前三个季度继续从从业禁止监管不力案件角度办案7件，同时针对商标恶意抢注1件、非物质文化遗产保护不力4件、市内KTV企业侵犯著作权频发角度探索办理行政违法行为监督案件1件，合计2023年前三季度共13件。详见表4。

表4　Z经济特区知识产权行政检察（行政违法行为监督）办案一览表

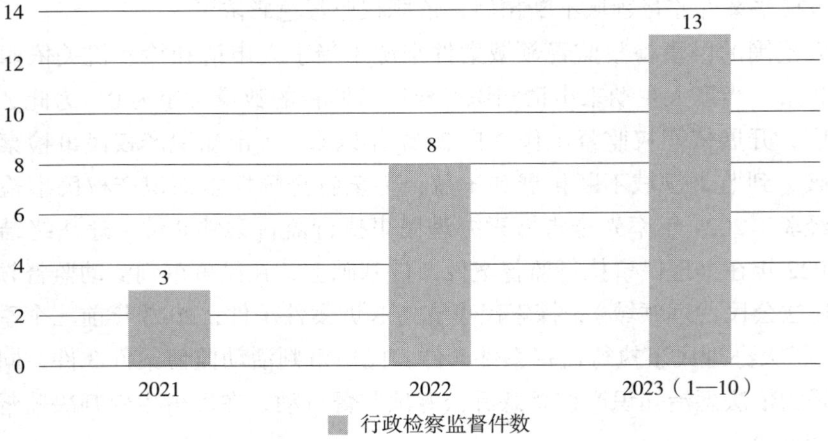

4. 公益诉讼检察案件从大局出发，依托本地特色，在行政公益诉讼领域取得突破

Z市检察机关站在服务产业发展大局和保护社会公共利益的高度，根据上级对知识产权公益诉讼领域审慎、稳重探索的要求，积极稳妥地结合Z市本地特色，在食品药品安全、国家地理标志产品、非物质文化遗产等领域探索开展公益诉讼检察工作。2022年，Z市D基层院结合辖区大力发展预制菜产业园大局，从重点项目国家地理标志产品“白蕉海鲈”着手，充分调研，找准知识产权保护不足不规范问题，依法启动行政公益诉讼案件，凝聚各相关单位保护合力，共同助力“白蕉海鲈”产业腾飞；2023年，汲取“白蕉海鲈”地理标志保护行政公益诉讼案件的经验做法，Z市J基层院立“金湾黄立鱼”农产品地理标志行政公益诉讼案件1件。同时，积极落实习近平总书记在2022年底有关非物质文化遗产保护工作的指示，在全市部署非物质文化遗产保护行政公益诉讼案件，涉及知识产权的已立案办理4件。此外坚持“四大检察”融合履职，实行“一案四查”，扩大法律监督效果。Z市D基层院从一起非法经营刑事案件中，发现辖区部

分商家给中小学生销售盗版书籍，及时开展相关行政公益诉讼案件办理，立案2件。仅2023年1—10月，Z市检察机关知识产权行政公益诉讼案件数量就合计7件。虽然Z市检察机关在知识产权行政公益诉讼案件取得突破，案件数量增长，但在知识产权民事公益诉讼还未能破零，详见表5。

表5　Z经济特区知识产权公益诉讼检察办案一览表

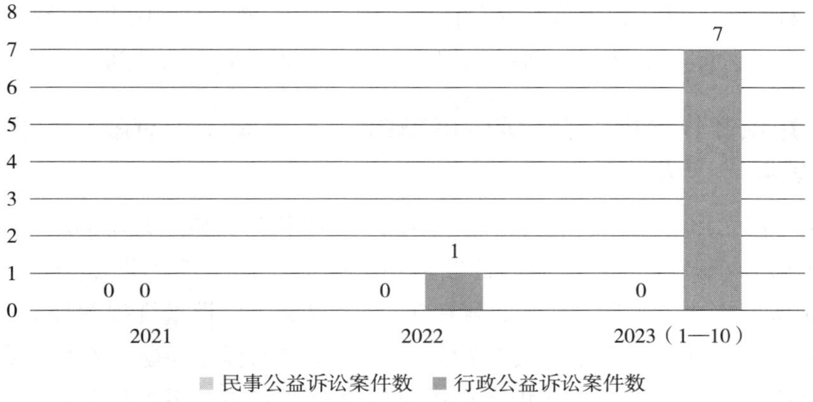

5. 刑事案件比例逐年下降，“四大检察”协调发力

Z市检察机关探索知识产权综合履职工作之前，刑事案件的比重占到百分之百，2020年底开始综合探索知识产权综合履职工作后，在检察业务规模提升的前提下，刑事案件在“四大检察”案件结构比出现逐年下降，分别为2021年的52%，2022年的48%，2023年（前三季度）的40%，这个比重在全省乃至全国都是较为出色的，初步实现了最高检组建知识产权专业化检察机构的初衷：“四大检察”协调发力、综合履职、融合发展。

二、Z市知识产权检察综合履职存在的问题和困难

（一）Z经济特区自身发展体量较小，知识产权检察综合履职案源基数不大

Z市虽然是经济特区，是内地唯一与香港、澳门特区陆地相连的城市，但人口和城市规划、经济规模不大，国家级高新技术企业数量不突出。以2022年数据为参考，表现在常住人口247万人排名G省倒数第2；只下辖3个行政区，陆地面积1725平方千米排名G省倒数第1、全国倒数第5；GDP总量4045.45亿元排名G省第6、全国70余名；高新技术总数2308家，而同比深圳2.1万余家、G市1.5万余家，此外2022年Z市仅一家本地格力电器企业上榜世界500强，但2023年遗憾落榜。这些硬性硬核衡量城市和经济发展水平的重要数据基本决定Z市知识产权行政与司法案件数量不会高。据2022年数据统计，行政执法案件方面：市知识产权局共办理专利纠纷21件；市场监督管理局共办理商标侵权33件（其中移送公安刑事立案2件）、地理标志案件2件、查

处商业秘密案件 1 件；市农业农村局和市自然资源局未发现侵犯植物新品种行政案件；司法案件方面：公安机关破获知识产权类犯罪案件 17 件，检察机关审查逮捕 7 件、审查起诉 7 件，法院审判刑事案件 6 件，受理一审民事案件 1722 件（其中著作权 1107 件内含 757 件 KTV 著作权侵权案件、商标权纠纷案件 422 件、不正当竞争纠纷 154 件、其他类 33 件）、行政案件 0。此外，珠港澳调解中心涉外公法服务站有调解员 106 名，2022年调解知识产权纠纷6件；Z市国际仲裁院作为国家知识产权局首批试点仲裁机构，仲裁知识产权案件 7 件。以上数据充分说明，整个 Z 市知识产权民事、行政、刑事案件数量均不高，这限制了 Z 市检察机关知识产权案件数量取得较大突破。

（二）知识产权检察综合履职的案源渠道、办案手段有限，综合履职案件数量增长破题难度大

1. 知识产权无形财产私权本质属性，增加了民事检察高质量案源的难度

尽管 Z 市知识产权民事检察监督领域不断拓展，但全部都是依职权去绞尽脑汁“挖案”“地毯排雷式办案”，具体而言在 KTV 侵犯著作权批量维权案件专项监督工作前，主要是案件“含金量”不大的执行问题和民事审判程序问题。造成这种局面的原因，一是企业等当事人不清楚知识产权民事检察监督职能，不主动向检察机关申请监督，检察机关也确实非常难把握掌握知识产权民事检察监督点，无法从海量的监督领域中逐个检索“翻箱倒柜”查找问题；二是知识产权本质上属于无形财产权，当事人之间通过民事途径维权的自由处分性较大，比如侵权认定与赔偿，双方经调解或各自让步，哪怕一方实际诉求不能百分百满足，只要形成合意不损害国家和社会公共利益就可以案结事了，自然也不会再选择民事检察监督；三是知识产权只是公民、法人众多权益中的一种，既不常见也易被忽视，社会各界对这种无形财产权的认知程度普遍较低、保护意识总体薄弱，哪怕遭遇知识产权困扰，也可能存在自认理亏、随意赔偿、息事宁人的情况。综上，在没有当事人有针对性地针对知识产权困扰向检察机关提请民事检察监督下，检察人员只能被迫以费时费力、性价比相对较低的依职权方式去主动探寻案源。需要补充说明的是 Z 市 KTV 侵犯著作权批量维权案件专项监督工作，是遵循最高检依法惩治知识产权恶意诉讼专项监督工作开展，也是在最高检统筹指导、省检和兄弟单位共同努力下历时一年左右才初步攻克，填补了 Z 市民事生效判决监督领域工作的空白，足以反映出检察机关依职权主动挖掘高质量民事检察案源的难度。

2. 知识产权公益诉讼范围不明晰，探索开展相关工作可能存在“谨慎性束缚”和因竞合等被其他领域吸纳的阻碍

一方面，关于知识产权公益诉讼的工作开展，尚处于理论研究和实证分析起步阶段，如若开展需要依托公益诉讼法定领域，不在法定范围内的则需要逐级层报最高检，可见知识产权公益诉讼的审慎态度导向。例如 Z 市 D 基层院办理的“白蕉海鲈地理标志保护产品行政公益诉讼案”，因地理标志公益诉讼不属于法定范畴内，在立案前则需

逐级层报上级审批。另一方面，知识产权本身权利范围狭窄，仅从知识产权公益角度切入效果相对片面，同时在公益诉讼领域，知识产权业务很有可能被其他大的业务领域范畴吸纳。例如以近期各地普遍开展的非物质文化遗产保护为例，非物质文化遗产和知识产权的关系学术界和实务界至今没达成共识，目前只能认为某些非物质文化遗产可能因为注册了商标等原因和知识产权挂钩紧密，可以从知识产权保护角度切入，但是效果可能不如从广泛的大公益诉讼领域开展好。同样的还有食品药品安全领域，假冒注册商标的食品案件同时属于伪劣商品的话，依据处罚较重的竞合规定，很有可能最终定性为假冒伪劣商品罪，进而在刑事附带民事公益诉讼中，假冒商标要素被假冒伪劣商品吸纳。此外，由于知识产权是特定主体对知识产权财产所享有的一种专有权，是国家为激励创新、促进知识财富增长而创设的制度产品[①]，因此在开展知识产权公益诉讼时还需充分平衡公共利益与私权之间的关系，这也给公益诉讼开展带来难题。

3. 受制于履职手段的边界范围，围绕部分新业态新领域频发的监督线索无法开展综合履职

两年多来，Z 市知识产权检察工作一直站在服务大局角度，遵循上级重视的新业态新领域新技术等开展案源拓展工作，但效果不甚理想，部分工作无法开展。例如市院高新知产检察室围绕本地第三大知识产权类诉讼——不正当竞争纠纷案件[②]，梳理判决发现网络域名类侵权案件时有发生，多数是通过注册域名网站嵌入模块或在域名中做手脚，让消费者易混淆成本地龙头企业的官方域名网站。对此，初步办案设想是结合域名领域的刑事犯罪和民事侵权问题，以检察建议方式结案，其中检察建议主发送市金融局、工业与信息局，抄送公安局、市网信办，结合专家论证、多方听证、组织各方座谈形成工作机制等形式实现网络域名类案件社会治理效果。但是经过充分调查研究，发现对网络域名的服务监管主体是工业和信息化部，各省级通信管理局协助工业和信息化部开展工作。显然想通过社会治理检察建议推动相关工作的话，对象范围就远远超出 Z 市各机关单位能力和层级范围。此外，新业态新领域的网络电商现在比较发达和普遍，但也伴随着侵犯知识产权乃至犯罪现象。在对本地企业调研期间，不少企业反映电商网络平台侵权售假现象不断，部分是“游击式”侵权，当企业发现侵权存在，准备打民事诉讼维权时，侵权方就另外重新注册店铺，再次实施侵权知识产权行为，而且屡禁不绝，企业因此频频遭此诉累。针对这类现象，本地检察机关没有权力对相关网络电商平台和监管方发出社会治理类检察建议，进行综合履职，需要更高层级相关单位联合进行打击和防治。

---

① 吴汉东:《论反不正当竞争中的知识产权问题》，载《现代法学》2013 年第 1 期。

② Z 市本地一审法院受理知识产权民事审判案件，2020 年共 1148 件，著作权类 712 件（其中 517 件涉 KTV）、商标类 353 件、不正当竞争 64 件，其他类 12 件；2021 年共 3609 件，著作权类 2968 件（其中 2730 件涉 KTV），不正当竞争 55 件、其他类 77 件；2022 年共 1722 件，著作权类 1107 件（其中 757 件涉 KTV），商标类 422 件、不正当竞争 154 件、其他类 33 件。

三、知识产权检察综合履职破题的对策和建议

破题知识产权检察综合履职工作，整体而言必须始终坚持“国之大者”，Z经济特区检察机关存在的问题也是全国多数检察机关会遇到的问题。综合上述问题，应着重从高质效发掘案源保持业务增量，正确应对综合履职率考核导向，突出性体现知识产权大保护格局中的检察力量着手，即“业务+考核+大格局成效”三大方面。

（一）高质效发掘案源保持业务增量

加强知识产权综合保护，办案依旧是重中之重。① 没有一定案件量作为基础，就无法体现检察机关法律监督本职作用，对于知识产权检察业务部门尤其如此。全国知识产权检察案件数量逐年大幅增长，根据最高检公布的2023年前三季度知识产权检察案件数量，刑事案件同比上升49.7%，民事行政检察监督案件数量同比上升2.1倍。在此情况下，假如没有一定知识产权案件数量增量办理的体现，那么知识产权检察专业机构的意义便无从有效彰显。对此，围绕案件案源发掘甚至拓展，需从以下方面努力。

1. 紧盯内因，压实市院知识产权专业化独立编制机构职责

两年来的知识产权综合履职实践证明，虽然按照知识产权管辖原则案件均在基层，但单纯依靠各基层院去主动办理知识产权案件，拓展知识产权案源的效果不理想。基本上刑事案件正常办理，有多少办多少，但民事行政公益诉讼由于没有当事人申请，依职权探索就纯属于“碰运气式”发掘。应当压实市院知识产权专业化独立编制机构职责，肩负起统筹指导职责，切实发挥出专业化有编制力量配备强的优势，主动带头办案、带头探索、做好表率。

2. 善于借力，高质效发掘案源线索

知识产权强调系统性、综合性保护，实行行政与司法双轨制保护，各知识产权工作相关单位及行业领域不同、各有特色、各有专长。相较于其他检察业务，知识产权检察工作要求办案人员具有更高的专业能力和更全面的知识结构。② 兼具知识产权技术背景与法律背景的办案人员，跨法学学科和理工学科的复合人才很罕见③。如果单纯站在检察机关法律监督角度，跳不出检察思维，不会借助众多已签订的助力办案畅通机制体制，不会借助专业复杂领域的“外脑”，那么一方面对很多专业性强、自身无法理解内容的情况很难寻找法律监督点，另一方面对很多可能进入法律监督视角的前置性的违法事实难以发现及甄别。对此，可从以下方面努力。

---

①《构建知识产权检察综合司法保护大格局——专访最高人民检察院知识产权检察办公室主任刘太宗》，载《检察日报》2022年3月6日，第4版。

② 郑新俭、刘小艳、樊雪：《加强知识产权检察工作 服务保障创新性国家建设》，载《人民检察》2021年第6期。

③ 上海市人民检察院、上海市徐汇区人民检察院、上海市静安区人民检察院联合课题组：《知识产权检察职能集中统一履行的实践与完善》，载《犯罪研究》2022年第2期。

（1）借助知识产权协同保护各项机制实际有效运行。为做好刑行衔接、反向衔接、案源线索推送移送等工作，实现高质效办理知识产权四大检察案件，要与同级市场监督管理局等行政机关、公安机关、法院建立起工作机制，如“两法衔接”工作机制、刑事案件“双同步双报备”工作机制、涵盖加强知识产权保护内容的“府检联动”工作机制等，同时注意机制的实际有效运行方面，提防机制“躺在纸质休眠”，而没有真正有效服务案源发掘及案件办理。应当经常性检视机制运行情况，对于运行不畅的情况，要及时查清问题环节进行完善。

表6　Z市知识产权检察工作相关工作机制运行一览表

序号	名称	领域	借助该机制办理案件	成效	问题及改进	一案四查情况
1	双同步双报备	刑事	×年×月×日，××案，基本情况	开展立案监督	当事人不清楚流程	发现还有民事虚假诉讼
2	……					

（2）借助知识产权特邀检察官助理弥补自身专业性不足问题。为适应各地经济社会高质量发展，要进一步深化知识产权执法司法协作配合、全面提升检察机关办理知识产权案件专业化水平、大力推动实现双赢多赢共赢效果。例如聘任知识产权特邀检察官助理，同时为全面发挥知识产权特邀检察官助理作用，可以考虑除了应检察官需求进行服务办案，帮助检察官对专业性较强内容进行答疑解惑的基本工作外，增加“反向反馈”内容。即检察官不定期向知识产权特邀检察官助理发出邀约请教，由该特邀检察官助理针对自身所处职业领域频发的、疑难的知识产权行政执法案件等工作以及相关执法工作流程、执法重点向检察官反馈和交流，这样既能不断对检察官的专业知识进行充电，又能借助法律监督职业敏感性尽可能捕捉检察职能工作切入点。同时，由市院制作知识产权特邀检察官助理台账，时刻鞭策、提醒发挥知识产权特邀检察官助理工作成效。如表7示例。

表7　Z市知识产权特邀检察官助理工作台账

序号	姓名	单位	领域	专业支持、辅助内容	反向反馈情况
1	××	海关	商标	海关依当事人申请查处侵权品流程	对知识产权侵权商品行政处罚情况
	……				

（3）借助知识产权数字检察科学化筛选案源。数字检察是赋能新时代知识产权检察工作现代化的必由之路，全国各地数字检察的巨大成效有目共睹。以Q地区检察机关研发的获得全国数字检察模型竞赛二等奖的KTV著作权领域恶意诉讼监督模型为例，Q地区类似知识产权民事检察案件较少，但能克服客观案件量不足因素，借助法律监督规则和大数据，大力发挥主观能动性，多走一步、走深一步、深刻剖析既往法院审判案件，进而发现大批量的案源线索进行办理，成效颇丰，单单Z市借助Q地区发现的线

索进行核查，就排查出了344条线索，成案办理22宗255件。这无疑给各地知识产权检察部门敲响警钟，应当充分借鉴Q地区经验，围绕既有案件进行深刻剖析，拓展监督数据源、提炼符合知识产权办案特点的监督规则、构建可复制可推广的法律监督模型综合开展[①]。同时在自身研发过程中，要多多汲取外地有益经验、充分利用已有全国知识产权数字检察模型来辅助Z市相关案源发掘，保持案件办理增量。

（4）借助协同大保护相关平台实现案源信息快速掌握。为缩短知识产权行政执法、民事纠纷等办案周期，多地检察院、知识产权局等单位联合签订《知识产权纠纷快速处理试点方案》，知识产权协同保护单位共同为快速高效办理知识产权案件达成共识作出努力，并由市知识产权局牵头研发“知识产权纠纷快速处理平台”。当事人只需要按照电子平台指引，提供相关材料，对口单位就会录入执法等信息，协同保护单位根据权限可以细致查看，当事人如果不服相关处理可以依平台提示向检察机关进行法律监督申请。这对检察机关来说是获取案源信息的良好机会，无需往返各个机关单位即可查阅相关信息，甚至对当事人主动申请的监督也可以破零。

（二）正确应对知识产权综合履职率考核导向

1.深刻认识综合履职率的意义，更新工作理念

“高质效办好每一个案件”是最高检设置案件质量主要评价指标的基本价值追求。要充分认识建立健全案件质量评价指标体系的重要意义，深化综合履职，加强知识产权检察专业化建设和职能整合，更优质办理案件。要树立正确政绩观，坚持严格依法、实事求是，不能有“数据冲动”、华而不实，违背司法规律。知识产权检察工作重在办案，要多办案，多办有影响性的案件，提升办案质效。要更加注重全面评价、整体评价、组合评价，更好统筹“有数量的质量”和“有质量的数量”，用知识产权综合履职率的客观实践为最高检精准科学决策进行真实反馈。

2.遵循四大检察融合履职导向，依法开展“一案四查”

知识产权综合履职率追求的是灵活运用四大检察进行衍生案件，实现一个案件的系统化办理，这是今后工作必须遵循的导向。具体从以下两个方面：

（1）强化一体履职、系统思维，规定基层院受理知识产权案件时及时向市院报备，由市院知识产权检察官同步跟进各基层院办理的知识产权案件，运用“1初始审查+3融合考量”的思维开拓办案视野，即不拘泥于初始阶段审查某一检察领域的就案办案，而是从“四大检察”的宽广视角融合思考各个检察领域办案的切入点和着力点，做到全面审查、综合考量、重点突破，注重同步审查刑事追诉、行政违法、刑行衔接、反向衔接、民事追责和公益诉讼线索，注重相关线索的移转以及后续督促基层院立案办理跟进。

---

① 马一德、刘太宗、郭晓东：《知识产权保护与检察履职模式的探索与前瞻》，载《人民检察》2023年第5期。

（2）增设法律文书中“一案四查”的内容，规定在案件审查终结报告中予以情况说明，主要包括：其一，对所办理案件是否存在关联案件进行审查，通过询问当事人、数据库检索等方式，审查该案的当事人是否还涉及其他检察领域的案件；其二，对于民事案件，对是否存在类案情形进行检索说明；其三，当事人有无对权属问题提出过强烈异议，是否需要进一步查证；其四，行政机关有无对相关知识产权违法行为进行受理过；其五，有无存在需要知识产权特邀检察官助理提供专业判断情形；其六，有无衍生案件及尝试构建知识产权数字检察模型进一步扩大办理的可能。

3. 不断加强对综合履职率考核要求和案卡系统填录的掌握

综合履职率的提出时间不长，案卡填录设计及要求不全面，尚未正式实行通报考核。知识产权检察部门应当未雨绸缪，一是字面上吃透综合履职率要求，二是仔细研究案卡相关填录规范，与技术部门及案件管理部门沟通，尝试操作案卡填录系统，多加试错，避免案子办了却因案卡填录问题导致数据抓取不成功被通报批评整改。同时，过程中发现案卡填录相关难题应及时向上级反馈，请求指导，为日后正式通报各地知识产权检察综合履职率做足基础准备。

（三）突出性体现知识产权大保护格局中的检察力量

习近平总书记在《全面加强知识产权保护工作 激发创新活力推动构建新发展格局》一文中强调“知识产权保护是一个系统工程，覆盖领域广、涉及方面多，要综合运用法律、行政、经济、技术、社会治理等多种手段，从审查授权、行政执法、司法保护、仲裁调解、行业自律、公民诚信等环节完善保护体系，加强协同配合，构建大保护工作格局”。检察机关作为政治机关、法律监督机关是知识产权治理与司法保护的重要一环，[①]这就需要检察机关积极融入到大保护格局中。除了依法立足岗位办理案件之外，还要协同各保护单位，积极开展综合性保护工作，如宣传普法、预防犯罪、社会治理等工作，结合案件办理情况，尽可能放大知识产权检察综合履职成效，真正增加党委政府、社会大众对检察机关在知识产权保护综合作为的肯定、理解、支持、称赞。除了传统的打击、监督外，将检察职能充分延伸，注重“抓前端”与“治未病”相结合，全方位护航知识产权健康发展。只有做足预防性、服务性等工作，才能既使知识产权权利人，尤其具有知识产权高价值增长的企业提高保护自身权益的意识，又能减少侵犯其他知识产权权利人的可能。毕竟知识产权权属、侵权纠纷案件数量不是越多越好，权利人一旦牵扯案件诉求，则不能在短期判定和满足，既增加诉累，又可能反向说明一个地区知识产权营商发展环境不理想。具体从以下四方面进行加强工作。

1. 积极从党委政府工作部署中寻找知识产权保护切入点

创新是发展的第一动力，高质量发展离不开创新驱动，而保护知识产权就是保护创

① 牛正浩:《新时代知识产权检察综合保护论纲》，载《湖南社会科学》2022年第4期。

新，在党委政府相关决策部署中势必涵盖知识产权相关要素，这就要求知识产权检察工作依法履职，积极探索。如会展中心会不定期举行大型有影响力的商品贸易会展工作，可能涉及商标、专利、著作权相关要素；如预制菜产业可能产生有关商标、地理标志、不正当竞争知识产权保护工作；如大型人才招聘市场或政府举办重点人才招聘会，可能需要提醒招聘企业签订劳务合同时加强商业秘密保护以防泄露；再如国际航展，也可能涉及贩售航模与纪念品的商标保护工作。这些都需要辖区检察机关敏锐掌握当地党委政府工作部署情况，从预防违法、普法宣传、发掘监督线索多角度积极谋划开展。同时要加强围绕党委政府工作大局开展有关知识产权保护工作时的调查研究，必要时开展行政公益诉讼工作，或者从促进社会治理等角度撰写调研报告，积极向党委政府建言献策，共促相关行业健康有序发展。

2. 探索充当“桥梁”作用，尝试在专利、植物新品种、集成电路布图等Z市地区没有管辖权的领域有所作为

如果严格依据知识产权集中管辖、专属管辖等相关规定，绝大多数地区检察机关、法院在专利、植物新品种、集成电路布图等领域没有管辖权，但毕竟这些领域都是高价值、新领域重点发展产业，有些甚至是企业发家之本、核心命脉。从服务保障产业高质量发展大局角度出发，可考虑使市知识产权检察部门探索充当“桥梁”，如G省知识产权法院审理的涉Z市地区专利、集成电路布图、技术秘密等民事行政案件，对应诉讼监督机关为G省铁路运输检察院，考虑由Z市检与G省铁检形成协商机制，将G省铁检依职权发现或当事人申请受理的涉Z市地区相关监督案件与Z市检共享，Z市检如若发现监督线索可提请G省铁检注意，由G省铁检把握和作出处理决定，必要时针对发现普遍性、趋势性问题共同研判，共同开展对Z市地区的行业规范、社会治理等工作。

3. 打造知识产权保护综合宣教基地

现今红色教育基地、党政廉政教育基地的打造已充分彰显成效，通过现场观摩、宣教员讲解、观看模块展板等多种形式，沉浸式接受教育学习，不断加深学习效果。知识产权检察综合履职工作也可考虑争取党委政府支持与协同保护单位配合，精心打造知识产权保护综合宣教基地，创设四大模块，一是普法宣传模块，将社会大众日常容易接触的知识产权相关法律法规进行图片＋文字＋动漫展式设计，使枯燥无味的法律法规变得活灵活现，便于企业、社会大众掌握和消化吸收；二是警示教育模块，选取典型性司法案例，制作展板展示，以实现良好预防效果，提升维权保护意识；三是知识产权大保护格局展示区，主要展示知识产权协同保护各单位在知识产权保护方面的职责、履职范围，协同配合机制，方便企业与社会大众了解知识产权保护单位基本运行情况；四是交流研讨模块，预留知识产权特色的交流研讨场地，以方便举行知识产权讲座、行政司法机关与企业面对面交流研讨会等，既能知识充电又能近距离倾听企业心声。

粤澳两地检察协作机制研究
——以横琴粤澳深度合作区检察实践为切入点

周利人　丁莹莹　黄玉莹*

摘　要　立足横琴粤澳深度合作区，做好粤澳两地的检察协作机制研究，对横琴合作区战略定位、发展目标的如期实现具有不可或缺的重大意义，不仅能为粤澳两地检察机关的交流合作提供指引，也是推动两地融合发展的有效尝试。本文通过研究域外优秀的司法协作法律制度，结合当前横琴粤澳深度合作区检察工作现状，探索以横琴合作区检察院为平台，采用由浅入深、由易到难、由小到大的检察合作方法，从成立“粤澳检察联络办公室”切口出发，不断积累粤澳两地司法合作交流经验样本，科学提出推动建立粤澳两地检察协作机制的路径和方向，进而推动粤澳两地检察协作向纵深发展。

关键词　横琴粤澳深度合作区　粤澳检察协作机制　框架协议

一、粤澳检察协作机制研究之现实必要性分析

（一）贯彻落实最高人民检察院《关于服务保障横琴粤澳深度合作区建设的工作意见》的重要举措

2021 年 12 月，最高人民检察院专门下发了《工作意见》，提出了加强区际司法交流与协作的机制建设，加强粤澳两地司法检察交流、司法执法信息互换等，形成粤澳检察机关常态化协作机制。在此背景下，积极构建粤澳检察协作机制有利于将最高检的相关部署落实到位，进一步明确检察机关加强粤澳两地司法合作的工作方向和目标，对促进澳门经济适度多元发展、便利澳门居民生活就业、丰富“一国两制”实践、推动粤港澳大湾区建设新高地目标的实现具有重要意义。

（二）有利于为横琴合作区开发建设提供优质高效的法治服务

习近平总书记强调，建设横琴新区的初心就是为澳门产业多元发展创造条件。新形势下做好横琴粤澳深度合作区开发开放，服务保障横琴合作区开发建设是检察机关，特

* 周利人，广东省横琴粤澳深度合作区人民检察院党组书记、检察长；丁莹莹，广东省横琴粤澳深度合作区人民检察院二级检察官；黄玉莹，广东省横琴粤澳深度合作区人民检察院检察官助理。

别是广东、澳门、珠海、横琴检察机关的一项重要政治任务，当前，随着内地与澳门往来互通，越来越多的澳门企业、澳门居民选择在横琴工作和生活，探索建立粤澳检察协作机制能够在内地与澳门间搭起沟通桥梁，促进两地深入融合发展，更好为横琴建设和发展提供优质高效的法治服务和有力的司法保障。

（三）解决粤澳两地司法交流障碍的有效途径

在粤澳共商共建共管共享体制背景下，内地与澳门两地交往日益密切，但实践中粤澳两地开展检察交流合作是非常困难的。一是涉澳事项审批程序烦琐。当前涉及港澳检察事项均需层报最高检批示同意才能开展工作，由于审批层级多时限长，涉澳工作开展较为困难。二是因交流级别不对等限制了横琴检察机关在加强粤澳检察合作中发挥的作用。由于与境外司法往来是中央事权，或者中央授权的省级事权，根据对等原则，横琴检察院不能直接与港澳司法机关点对点联络，这对琴澳检察工作的交流和沟通带来巨大障碍，因此研究粤澳检察协作机制能为两地交流提供有效解决路径。

二、域外司法协作机制的思考与启示

面对全球法治发展大环境，域外很多优秀的国际司法机制和运作模式也可以作为我国区际司法协作机制、检察协作机制建立的有效参考。如：美国联邦体制下的洲际协定以及欧盟超国家性体制下的框架协定等，虽然美国联邦制、欧盟共同体与我国单一制体制间具有非常大的差异，但在具体的法律、协议的规定中，仍然有许多可以思考和借鉴的地方，对构建我国粤澳检察协作机制、推动粤澳两地深入融合、共同发展具有重要参考性价值。

（一）美国联邦体制下州际协定之思考

1. 美国联邦体制下的州际协定

州际协定是以联邦宪法为基础的，以纵向“国会同意”为效力限定，横向上协调州与州间法律关系的一种法律制度。正是由于州际协定的宪法性和灵活性，其成为美国协调州际关系的重要法律机制，受到了普遍适用。就州际协定的内容而言，其早期存在很多不足，但随着社会经济、法治不断发展，在实践中它的适用范围、具体规定、适用主体等方面均不断完善，州际协定的发展一定程度上推动了美国联邦体制、各州间的法律政策的调整与完善，其本身也逐步构成联邦主义框架下的独特跨域治理机制。

2. 美国联邦体制下刑事司法协作类协定的特点

在州际协定不同分类当中，刑事司法协作类协定必然是最特殊和重要的，因为任何一个国家的繁荣发展均离不开良好的法律制度保驾护航。立足于美国联邦体制下，加强不同法律体系下各州间刑事司法领域的有效合作是保证美国顺畅的法律秩序的基础。从美国刑事司法协定的制定、范围以及执行等角度来看，刑事司法协定具有以下特点：一是该类协定的制定由国会牵头推动。与其他类协定不同，刑事司法协作类协定在美国宪法州权保留原则下，由国会牵头主导推动，授予各州间可以签订相应内容范围的刑事司法协作协定的权利，各州在得到立法正式授权后积极开展合作互助，以推动各州间在刑事司法层面的连接融合。二是刑事司法协定所涉内容更加有针对性。从美国刑事司法协定的发展趋势来看，各区域也会根据其特点制定适应本区域发展的刑事司法协作协定，以适应区域性发展。三是社会机构参与到刑事司法协定执行工作中。为了保障协定的执行效果的统一，美国刑事司法协定可由专业的社会机构来承担管理执行工作，并参与制定规章，一定程度上保证了协定执行效果的统一性和目的性。

3. 州际协定争议的解决形式

为有效化解州际协定争议，美国联邦体制下共制定了三种纠纷解决机制。一是上位法层面的介入或裁定。上位法层面的介入或者裁定指的是联邦政府的介入调整，其中包括国会通过立法的形式直接调整州际协定争议，或者通过联邦最高法院行使初审管辖权裁定州际协定争议。二是州际协定内置纠纷解决机制。该种纠纷解决机制是各地方政府首选的纠纷解决方式，一般情况下，协商谈判是双方首选的纠纷解决方法，双方会积极成立临时纠纷协商机构，以此推动纠纷快速解决。三是司法诉讼的方式解决州际协定争议。该种方式是作为兜底性纠纷解决机制出现的，由于美国联邦体制下联邦司法体系、各州司法体系存在的差异，实践中运用司法诉讼解决争议还存在诸多难以调和的问题，不是解决州际协定争议纠纷的最佳选择。

（二）欧盟组织共同体下司法协作机制之思考

1. 欧盟刑事司法区域构建思路分析

20 世纪 70 年代，“欧洲刑事司法区”计划被时任法国总统德斯坦首次提出，并提出探索在欧盟共同体内尝试建立刑事司法合作区域。直至 2004 年，欧盟各成员国就欧盟宪法条约达成一致意见，并确定了“自由、安全、司法的区域”的政策体系。真正推动欧盟刑事司法合作的关键是三大计划的建立，分别为：维也纳计划、坦佩雷计划和海牙计划，三大计划包含了不同领域的重要内容，但三个计划都是围绕“自由、安全、司法的区域”，值得一提的是三大计划从制定到实施都非常注重短期和长期的工作内容和效果，计划的推进是具有阶段性、时限性和体系性的。为保障欧盟司法合作的顺利开展，欧盟还连续出台了一系列主题方案，方案的内容均是围绕警察与司法合作方面制定，但对具体规定没有明确限制，具有很强的灵活性，例如，方案中规定的参与主体可以是社会团体、非政府组织等多类主体；在方案执行的形式上也很灵活，可通过座谈交流、论坛等多样化形式开展。另外，各个方案的落实涵盖了刑事司法合作的各个领域，全面激发了各成员国参与欧盟司法合作的热情和积极性。

2.“欧洲检察官办公室”简要介绍

早期，欧洲检察官办公室一词出现在《欧盟运行条约》当中，其规定欧洲检察官办公室权力仅限于打击影响欧盟财政利益的犯罪或者经过理事会一致决定同意扩展至的严重跨境犯罪。2009 年，《里斯本条约》将欧洲检察官办公室明文规定在警务与刑事司法合作相关的篇章中。2020年11月，欧洲检察官办公室在卢森堡成立，2021年6月，欧洲检察官办公室正式运行。欧洲检察官办公室（EPPO）是一个独立的欧盟机构，该办公室主要负责调查、起诉和判决违反欧盟预算的犯罪行为，如对于欺诈、腐败、有组织犯罪和金额超过1000万欧元的跨境增值税欺诈案件，其可在成员国法院进行调查、起诉和负责检察工作。欧洲检察官办公室的检察官是由各成员国派出组成的。各成员国也会派出一名欧洲检察官组成检察官协会。由两名欧洲检察官和首席检察官（或副首席检察官，或另外一名欧洲检察官）组成成员国常设办公室，在欧洲检察官办公室和成员国之间发挥联络作用，监督和指导各国选派检察官在其原籍国处理的调查和起诉工作。欧洲检察官办公室的设立和运作在打击腐败和损害欧盟财政犯罪方面发挥着至关重要的作用，有效彰显了检察制度的重要作用，不断推动着欧盟司法领域的合作发展。

3.“欧洲检察官办公室”与相关机构的合作机制

欧洲检察官办公室实质上是欧盟司法合作组织机构之一，其与欧洲司法网、欧洲反欺诈办公室（OLAF）等机构共同服务欧盟司法合作工作。《在建立欧洲检察官办公室方面实施加强合作条例》中对欧洲检察官办公室的案件管辖范围、管辖分配、管辖转移以及与相关机构的合作机制均有规定。整体上看，欧盟有关刑事司法合作领域的法律是比较健全的，并且有完善的执行监督机制保障实施。实践中，欧洲检察官办公室与其他欧盟刑事司法合作组织间保持着良好的沟通交流，按照各自的职责分工及业务需要，双方建立了强大的跨境调查信息共享系统，欧洲检察官办公室在侦办跨境案件中，可自行登录系统查询跨境案件调查证据信息，还可间接访问欧盟刑事司法合作组织案例管理系统中的信息，有效降低了司法合作的成本和壁垒。

三、当前琴澳两地检察协作交流发展现状和问题

横琴粤澳深度合作区是助推粤澳两地深入融合、共同发展的前沿阵地，良好的法治环境发挥着重要保障作用。近年来，横琴合作区检察院立足检察职能，积极尝试、探索加强与澳门检察院间合作交流工作，取得了一定进展，但也发现了诸多问题。

（一）横琴合作区在开展琴澳两地检察合作交流的工作进展

近年来，横琴检察机关与澳门检察机关保持着良好的交流沟通，2023年，澳门检察院叶迅生检察长到广东考察，率队到横琴检察院交流检察工作，并就检察协作交流合作路径和相关措施进行了探讨。澳门特别行政区第六届司法官入职培训考察团也来到横琴检察院考察交流，增进了粤澳司法官员之间相互了解。在理论研究方面，2022年，横琴检察院还承办了粤澳两地检察理论研讨会，来自省院市院和澳门检察院的检察官及澳门大学、武汉大学、暨南大学的专家学者参加调研会，共同为检察机关服务保障合作区建设建言献策、聚力赋能。但可以看出，横琴与澳门两地检察交流仍停留在交流互访层面，未真正实现检察业务深层次交流。

（二）两地检察协作交流方面存在的主要问题

1. 粤澳检察协作顶层设计缺失

目前，《横琴粤澳深度合作区建设总体方案》《横琴粤澳深度合作区发展促进条例》等文件中对合作区发展均有明确规定，但研读发现，关于粤澳检察协作机制方面的规定仍为空白。而横琴法院和公安在与澳门对应机关的合作步伐推进较快。如，在最高法与澳门特别行政区签署《关于进一步加强司法法律交流合作的会谈纪要》的前提下，横琴法院邀请了澳门法官来访研讨诉讼规则衔接等课题，受邀选派涉外审判法官赴澳门参加相关活动等，有效实现了两地司法机关交流互访。横琴公安局三定方案中也积极谋划设立“对澳联络办公室”。虽然最高检为加快推动粤澳两地司法交流，印发了《工作意见》文件，但由于粤澳检察协作顶层设计缺失，该《工作意见》至今无法落地。

2. 横琴合作区涉澳刑事案件办理存在现实问题

随着粤澳两地深入融合发展，涉及琴澳两地因素的刑事案件办理司法实践问题日益凸显，粤澳刑事司法协作机制的缺失对合作区检察工作高质量开展带来了挑战，也对涉澳案件当事人的合法权益保护带来影响。一是在办理涉澳刑事案件中，对于被决定取保候审或者建议适用缓刑的澳门当事人，缺少有效的方式对其进行取保候审或适用缓刑，如允许其回到澳门，又可能会发生再犯罪的问题。二是刑事案件司法协助、证据转换等问题成为涉澳案件办理难点。如横琴检察院办理一起毒品案件时，查获的毒品数量、纯度鉴定等关键证据均在澳门取得，通过公安机关司法协助的途径进行证据转换和互认，周期较长，影响办案效率和案件指标。三是涉澳社矫对象刑事执行监督工作存在较大障碍。实践中大部分涉澳社矫对象在内地没有固定住所，无法确定管理社区，存在较大的脱管隐患，而且澳门社矫对象“不能出境回澳门”，其自身权益也受到一定影响。

四、粤澳检察协作机制的框架搭建和运作模式分析——以横琴合作区检察院为平台

近年来，从涉澳检察工作实践中发现，粤澳两地检察协作工作的开展面临诸多困难，鉴于这种现状，笔者参阅了美国、欧盟等地多方协定的制定策略和发力方向，考虑粤港澳大湾区区际检察协作采用阶梯式、阶段性推进策略，从小到大、从易到难，逐步推进，先从加强粤澳两地检察合作交流层面出发，不断加深粤澳两地相互间法律制度的

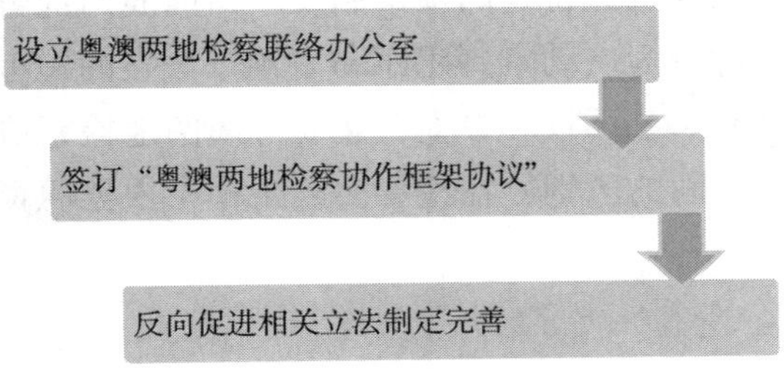

图 1　构建粤澳检察协作机制框架图

了解；进而探索推动建立“粤澳两地检察协作框架协议”，实现重点检察业务工作的有效衔接；促进立法授权，为粤澳两地法治建设发展打开新局面。

（一）明确建立粤澳检察协作机制的指导原则

1. 坚持“一国两制”基本原则

国务院批准实施的《横琴总体发展规划》中明确“把横琴建设成为‘一国两制’下探索粤港澳合作新模式的示范区、深化改革开放和科技创新的先行区、促进珠江口西岸地区产业升级的新平台”①。横琴粤澳深度合作区建设为澳门融入国家发展大局，推动经济适度多元发展具有重要作用，粤澳检察协作机制的建立必须坚定立足于“一国两制”政策下，牢牢“坚守‘一国’之本，善用‘两制’之利”，依照合作区分线管理的特殊监管体制和发展基础，率先在改革开放重要领域和关键环节努力推进规则衔接、机制对接，严守区际司法协作构建的定位与要求，充分挖掘粤澳检察协作机制潜力，推动粤澳两地法治建设深入融合，共同发展。

2. 坚持以宪法为核心的法域平等原则

在“一国两制”的法治背景下，虽然粤澳两地法域不同，但是澳门作为中国的一部分，必须坚守宪法为核心的主导思想。在此基础上，充分尊重不同法域的司法传统和现行制度，实现求同存异。充分考量粤澳两地法治合作、融合过程中可能遇到的问题，从培养粤澳两地司法合作发展共识、寻求利益共同点等角度逐步促进粤澳两地司法协作机制、规则衔接。虽然粤澳两地法域有较大差异，但彼此之间没有高低优劣之分。建立粤澳两地开展检察协作机制必须要尊重彼此的司法权，以保障人权为核心，在尊重差异基础上实现优势互补，以一种柔性司法规则为两地深入融合发展建设提供更多契机。

3. 坚持以粤澳两地检察制度研究为基础的实践原则

由于内地与澳门法域不同，两者在检察制度规置层面有许多需要考量斟酌之处。一是粤澳两地检察机关职责范围不同。澳门检察机关的监督职责仅限于诉讼监督的范畴，但其社会职能范围非常广泛，呈现出具有司法和行政职能双重职能的特征。二是粤澳两地检察机关的机构设置不同。内地是设置了四级检察机关，与法院机构设置相匹配；澳门检察机构设置原则是“一院建制，三级派任”，即澳门只设立了一个检察机关，在检察机关内部设置三级检察官，即检察长、助理检察长和检察官，分别对应特区法院的三级法院。三是澳门检察机关特有的预审制度。当前澳门刑事诉讼制度中实行的预审制度是由检察官的公诉行为启动审判程序和由预审法官的预审行为启动审判程序的双轨制，一定程度上分割了公诉权。综上，建立粤澳两地检察协作机制要准确把握两地检察制度和机构运作之间的区别，在检察实践工作中根据职责范围、权力归属等因

---

① 邹平学：《粤港澳大湾区法治合作和规则衔接的路径探讨》，载《青年探索杂志》2022年第4期。

素找准对口机关和部门，在协作机制内容研定中充分立足实践需求，以期有效解决当前合作区面临的司法协作难题。

（二）前期阶段：搭建“粤澳检察联络办公室”，逐步加深与澳门间沟通交流

1. 以横琴合作区检察院为平台，设立“粤澳检察联络办公室”

横琴合作区毗邻澳门，特殊地缘关系使得两地在语言文化、人文地理、历史渊源、风俗人情等方面存在相近之处。这种地缘上的相依性、风土人情上的相似性，为两地合作发展提供了良好的社会基础。近年来，广东省检察机关与澳门检察院的交流日益频繁，多次与其检察人员召开座谈会和理论研讨会、开展业务培训，积累了一定的工作经验。另外，横琴合作区检察院具备承接粤澳检察联络办公室的条件。2019 年，经最高检同意，广东省人民检察院部署将“中国与葡萄牙语国家检察交流合作基地”设在横琴合作区检察院，在中国与葡萄牙语国家检察交流合作项目落地之前，该基地可先发挥推动粤澳检察机关交流合作平台作用，成立运作粤澳检察联络办公室，也为后续“中国与葡萄牙语国家检察交流合作基地”的运作积累经验、奠定基础。因此，综合多方因素考量，在横琴合作区检察院设立“粤澳检察联络办公室”是发挥横琴前沿阵地的探索创新力量的有益之举。

2. “粤澳检察联络办公室”的机构设置和运作模式

首先，需要明确“粤澳检察联络办公室”的设立性质，即将其打造成为粤澳两地检察交流合作与信息共享联系沟通平台，不断探索深化粤澳检察交流合作新局面。笔者认为可以结合当前内地与澳门不同的法律制度差异和检察机关职能定位，通过广东省检察院与澳门检察院联合授权在横琴合作区检察院成立“粤澳检察联络办公室”，并制定《粤澳检察联络办公室工作制度》。办公室成员由澳门检察院、珠海市检察院、横琴合作区检察院分别委派人员组成，可由横琴合作区检察院检察长任办公室主任，澳门检察院办公室主任、横琴合作区检察院副检察长任副主任，其他人员由广东省检察院、澳门检察院、珠海市检察院、横琴合作区检察院各派一名联络员组成，其中横琴区院检察人员为专职联络人，负责具体交流合作事项联系沟通落实工作。

3. “粤澳检察联络办公室”职能范围

如前所述，当前粤澳检察交流仍处于单向交流的阶段，尚未实现双方交流，设立“粤澳检察联络办公室”希望能够在粤澳两地检察机关间搭起便捷的桥梁，使粤澳两地检察机关能够充分了解彼此。因此，前期阶段的重点任务如下：一是逐步畅通、加强粤澳两地检察机关日常联络工作。在日常沟通交流当中，注重搜集、整理两地检察机关关于交流协作、信息共享上的意见建议，为检察机关科学决策提供有力参考。另外，双方可互相推送两地检察工作情况、司法信息、案例信息等内容，为两地检察办案提供法律咨询和规则指引。二是加强粤澳检察司法交流，建立司法检察人员定期学习交流研修常态化模式。定期举办专题研修班或者理论研讨班，互派检察业务专家，优秀教师，司

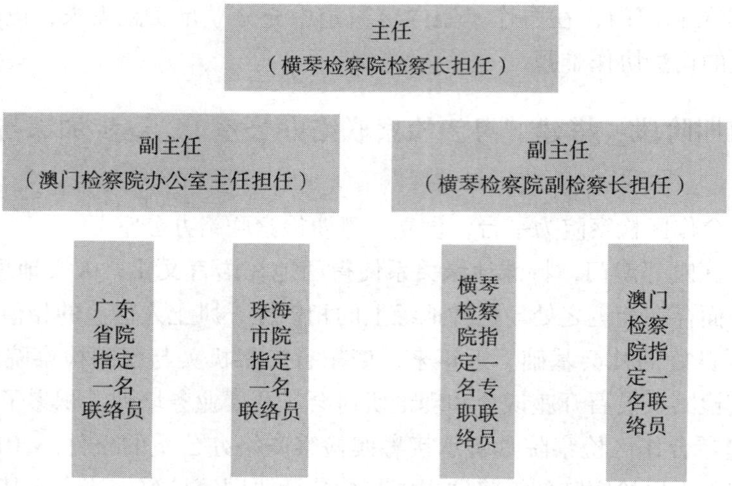

图 2　粤澳检察联络办公室机构职能设置思路

法、执法、法律服务机构人员，高校专家教授进行专题授课。定期举办两地司法人员同堂培训，择期召开两地跨境新型案件研讨会，培养熟悉两地法律、精于办理涉及两地跨境刑事案件的检察人员。依托国家检察官学院及相关分院，定期举办澳门特区现职司法官及司法官实习员研习班。三是注重理论与实践调研成果转化，为构建粤澳检察协作机制提供参考性、科学性、可行性思路和方向。积极联合澳门检察业务人才、澳门学者、各法律服务机构人员等开展专项理论调研活动，通过实地参观考察，结合个案、类案分析等途径，剖析当前粤澳两地司法工作衔接当中存在的问题，制定解决方案，为未来顶层设计的制定提供更为明晰的方向和目标。

（三）中期阶段：签订“粤澳两地检察协作框架协议”，实现检察业务有效衔接

通过“粤澳检察联络办公室”的前期铺垫，两地对彼此间法律制度将有更加深入的了解，人员来往也将更加密切，建立了一定的情感基础。在此背景下，探索由广东省检察院与澳门检察院联签“粤澳两地检察协作框架协议”，将两地法治融合发展向纵深推进，从重点检察工作着力点入手，探索粤澳两地“四大检察”业务有效衔接[①]。

1. 探索成立“粤澳检察机关个案联络办公室”

目前，虽然内地与澳门两地在警务合作、检务合作等刑事司法协作方面均有一定的实践基础，双方运用“个案协助”的方式办理了毒品犯罪、涉黑犯罪等传统类型犯罪，但当前现有的“个案协助”方式适用范围狭窄，且手段方法较为单一，不利于粤澳两地检察协作工作长远发展。为此，应当借鉴现有内地公安机关与澳门警方之间的司法协作

① 林广志:《“一国两制”新实践：横琴粤澳深度合作区的建设与发展》，载《粤港澳大湾区发展报告（2021—2022）》总报告。

模式，探索成立“粤澳检察机关个案联络办公室”，针对一些新型跨境犯罪、疑难复杂案件畅通沟通协调渠道，也可以横琴合作区为试点，整合横琴合作区执法司法机关涉澳联络渠道资源，尝试实现个案刑事诉讼全流程司法协作，为制定内地与澳门两地司法协作顶层设计提供实践基础。

2. 建立“类案推进模式”突破跨境刑事犯罪案件办理难点

对于当前司法实践对刑事司法协作急切需求和内地与澳门刑事司法协作遇到瓶颈的矛盾下，粤澳检察机关可先从合作区较为容易治理的妨害边境管理类跨境犯罪入手，再逐步向走私类、毒品类等其他治理难度较大的跨境犯罪转移，实现点对点的分类治理，促进预防效果和社会治理效果最大化，通过类案推进模式，寻找琴澳检察机关在社会治理方面的最大公约数，又可在实践中摸索经验，助力两地刑事司法协作迈向新台阶。如：横琴检察机关办理的涉澳跨境犯罪案件中，类型化最明显的就是妨害边境管理秩序类犯罪。据统计，横琴合作区成立以来，合作区检察机关办理的妨害边境管理类刑事案件数量约占全院刑事案件总数的25%，当前跨境捕捞型偷越边境案件中普遍存在的刑事判决承认、调取证据等问题，建议在粤澳检察协作框架协议中予以明确，双方可尝试在合作区范围内承认涉澳刑事判决，即明确经过澳门检察院调取的刑事判决，经合作区检察机关审查符合内地法律有关证据的“三性”要求，即可直接承认其在合作区的判决效力，以为粤澳两地检察协作机制构建提供参考。

3. 统一涉澳社矫对象的执行监管

前文提到，内地现对涉澳社矫对象的规定是入境后“不能出境回澳门”，这导致了涉澳社矫对象在社矫期间无法享受澳门社会福利和社会救助，甚至丢失工作等一系列后果，给涉澳社矫对象未来的生活和心理造成了影响。但由于涉澳社矫对象在内地没有固定的住所，准许出境可能对刑事案件执行带来极大风险，为有效调和当前困境，笔者认为可以借鉴美国联邦体制当中关于社会机构参与到刑事司法协定执行工作中的相关规定，由粤澳两地检察机关统一确定涉澳社矫对象的执行机构和衔接机制，保障司法办案程序的完整性；双方亦可探索引入横琴合作区适格的社会机构，采用购买法律服务的模式，由社会机构对涉澳社矫对象进行社矫监管，并出具相关证明以辅助涉澳社矫对象顺利返回澳门，回归正常的生活中。

4. 明确粤澳两地未成年人司法保护和法治教育衔接规则

随着澳门新街坊项目的正式建成，“澳车北上”“港车北上”政策的叠加影响，在合作区生活就读的港澳学生将大幅增加。近年来，横琴合作区检察院在开展未成年人法治宣传活动中，根据合作区新形势丰富法治教育内容，积极转变了法治宣传方向和方式方法，创新“以一堂固定的道德与法治课”为载体创新普法模式，注重培养合作区澳门未成年人国家意识和爱国精神，以不断拉近内地与澳门两地思想与理念的距离。在粤澳检察协作框架协议中，建议参考美国联邦体制下刑事司法协定制定思想，根据不同领域分别制定专项协定，以保障各项事务顺利开展。结合当下未成年人检察工作，笔者认为粤澳两地可以在框架协议中明确涉澳未成年人司法保护衔接规则，广东省检察机关未成年人检察工作部门联合澳门特别行政区检察院，选派未成年人及家事检察业务专门检察官，协力做好涉及未成年人刑事案件办理和信息共享、座谈交流等工作。

5. 联合开展粤澳两地公益诉讼检察工作

结合新时代检察工作，在生态环境保护方面粤澳检察机关都担负着同样的社会责任和法律职能，因此，需大力加强两地检察机关在公益诉讼检察方面的司法协作。一是针对合作区高发的水域环境保护、食品药品安全等公益诉讼案件，两地制定统一的司法衔接规则，以便高效打击侵害生态环境的不良企业或个人。二是建立粤澳两地公益诉讼案件信息共享互通机制，形成粤澳两地检察工作合力，持续深入打好蓝天、碧水、净土保卫战，共同保障低碳环保、幸福安全的湾区生活。三是探索成立横琴澳门环保公益诉讼工作领导小组，定期开展联席会议，互相通报工作进展，针对涉及两地的跨境环保案件，互相协作、互相支持，联合促进问题处理。

6. 畅通澳门当事人诉求表达和反馈渠道

近年来，许多澳门居民到横琴合作区检察院反映诉求，横琴合作区检察院也受理了多起澳门当事人控告申诉案件和司法救助案件。为进一步服务保障合作区内的澳门居民，建议以在横琴合作区建立完善高效的控告申诉机制为目标，两地检察机关在横琴合作区检察院成立服务澳门企业（居民）检察工作室，及时掌握澳门企业、居民的法律诉求，为他们提供明确指引。另，两地检察机关可联合开展形式多样的法治宣传活动，使在琴居住的澳门居民充分了解内地法律制度和咨询求助途径、程序，进而营造合作区和谐、稳定、健康的法治环境。

7. 建立粤澳两地司法执法信息互通机制

信息的互通是精确打击及控制粤澳跨境犯罪的重要手段之一，同时也大大降低犯罪产生的社会危害。建立两地司法执法信息互通机制可以参照欧盟中对欧洲检察官办公室与欧盟刑事司法合作组织合作的制度安排，双方建立了跨境调查信息共享系统，欧洲检察官办公室可自行登录系统查询跨境案件调查证据信息。还可以借鉴海峡两岸签署《海峡两岸共同打击犯罪及司法互助协议》关于明确规定刑事情报、信息的互通等经验做法，打通信息壁垒的同时，有效实现两地检察机关信息互通、资源共享，提高发现、控制和防范跨境犯罪的能力。再者，要树立“大数据 + 检察”的监督思维，充分发挥新时代大数据技术优势，探索推进智慧检察监督，建立熟悉粤澳法律政策及相关知识的专家智库，用数字技术推进跨部门智慧法律监督。

（四）后期阶段：评估“粤澳检察协作框架协议”运行成效，反向促进立法完善

1. 制定粤澳检察协作评估机制，并提出建设性意见

在“粤澳检察协作框架协议”推进过程中，粤澳两地检察机关在相互交流碰撞中，可能发现框架协议中存在的漏洞与不足，笔者认为可以借鉴“欧盟立法评估机制”中对欧盟立法进行评估、建议的实施程序，对“粤澳检察协作框架协议”阶段性实施成效进

行评估，并提出修正性、可行性建议。一是粤澳双方各自建立“粤澳检察协作框架协议”评估机制。各方结合两地检察机关协作的各项重点检察业务提出具体的评估意见，并根据各项重点检察协作工作的需要和困境，提出具体的修正意见。二是组织粤澳检察协作工作协商会议。双方就各自提出的评估意见及建议进行协商讨论，以此方式不断完善“粤澳检察协作框架协议”的内容，充分保障协议内容的科学性和完整性，为今后的粤澳检察协作工作奠定坚实基础。三是探索拓展现有粤澳检察协作业务范围。在实施→评估→修正→实施的过程中不断地自我完善，“粤澳检察协作框架协议”将得到较好的适用。在此背景下，探索拓展更多领域的粤澳检察协作范围，例如，联合开展粤澳两地未成年人案件帮教工作、联合开展公益诉讼生态环境综合治理等，使粤澳检察协作框架协议更加全面、覆盖面更广。

2. 采用“宪法 + 法律”模式，为构建“粤澳检察协作机制”提供法律支持

在检察协作上，如何通过立法方式进行固定，也有以下多种思路：一是用全国性立法方式来实现。但由于两地有不同立法机关，即使是全国人大或人大常委会所制订的法律，由于不是列于《基本法》附件三内法律或《基本法》内规定的司法互助协议，效力未必能完全延伸至澳门特区内适用。二是由广东省、珠海特区与澳门特别行政区协同或各自立法配套。例如，根据全国人大的授权，珠海人大及其常委会可根据其对澳检察协作中的具体情况和实际需要，遵循宪法的规定以及法律和行政法规的基本原则，制定法规在横琴合作区实施。但是，以上无论采用哪种立法方式，想要在澳门与广东及横琴合作区顺畅实施均存在一定的问题。

从欧盟刑事合作发展历程中不难发现，欧盟是在宪法性文件的顶层指导下，运用制定框架协议的方式将不同国家间刑事合作向纵深方向发展。笔者认为，经过前期、中期的尝试和探索，粤澳两地检察机关对深入强化两地司法合作协作已产生了更为全面的了解，双方也有了一定的感情基础和信任基础。在此背景下，建议探索采用“宪法 + 机制”的法律模式，有效解决我国区际司法协作的困境。首先在宪法层面，明确提出“粤港澳三地要不断加强司法协作，促进三地法治融合发展”，为各司法机关推进粤澳检察协作工作提供法律支持。其次，在顶层设计的指引下，通过与澳门检察机关签署“粤澳检察协作机制”文件的方式，扩大粤澳两地检察协作的深度和广度，实现区际法治发展的真正统一。

结语

粤澳两地检察协作机制研究是解决当前两地检察工作实践困境的重要课题，其意义深远而重大。本文从粤澳深度合作区检察工作问题出发，针对性地提出了从加强粤澳两地检察合作交流方面入手，搭建粤澳两地检察协作机制的方法和路径，并结合横琴检察实践需求，提出了推进两地检察协作具体的方向和目标，摸索积累更多粤澳两地检察协作深入融合发展的可复制性经验，切实为粤港澳大湾区司法协作创新发展提供实践参考，为我国区际司法建设贡献力量。

地理标志检察公益诉讼综合履职新路径

白 俊 卢 晶 李 静 陈祖婷*

摘 要 我国地理标志处于商标法保护模式与专门法保护模式并行的局面，尚未构建地理标志公益诉讼制度。从长远看来，推动强化对地理标志的专门保护将会是我国应然立场。因此，本文以白蕉海鲈地理标志公益诉讼为典型案例，从地理标志检察公益诉讼构建的必要性和可行性两方面进行论证分析，进而创造性提出“检察建议＋支持起诉＋直接起诉”三步走保护模式，并设置诉前审查的前置程序。这既是对现实的积极回应，又裨益于地理标志司法救济制度之完善。

关键词 地理标志 行政公益诉讼 知识产权 综合履职

一、白蕉海鲈地理标志行政公益诉讼履职新探索

珠海市斗门区位于珠江出海口，由于气候宜人，海水和淡水资源丰富，该区域盛产品质优良的白蕉海鲈。2009 年，“白蕉海鲈”成为广东省水产业首个全国地理标志保护产品，在海内外颇负盛名。但近年来，由于白蕉海鲈地理标志保护产品的商业价值，部分生产经营者为了谋取利润，利用法律、政策的漏洞，市场上侵权行为屡见不鲜。2022 年，Z 市 D 区检察院在对白蕉海鲈养殖户、生产经营者和线上线下销售端进行调研走访时发现，白蕉海鲈地理标志保护产品存在普遍性地理标志侵权问题。例如，假冒白蕉海鲈地理标志产品或以此关键词作为引流手段，实际上销售的却是其他产地的鲈鱼品牌。未经授权企业擅自在网络平台上使用地理标志专用标志等，不仅容易使消费者对产品来源及质量产生混淆，还扰乱交易市场正常交易秩序，可能出现“劣币驱逐良币”现象。

由于白蕉海鲈地理标志至今尚未注册地理标志证明商标或者集体商标，对于涉诉侵权行为，无法追究侵权人假冒注册商标罪等刑事责任，亦无法依据《民法典》追究行为人商标侵权的民事赔偿责任，使得该地理标志权益主体维权举步维艰。对此，检察机关应从多方面积极探索地理标志维权新途径。

* 白俊，广东省珠海市斗门区人民检察院党组书记、检察长；卢晶，广东省珠海市斗门区人民检察院第五检察部负责人；李静，暨南大学法学院知识产权副教授；陈祖婷，暨南大学法学院知识产权团队成员。

（一）建立行业咨询专家库

地理标志检察公益诉讼是一项涉及面广、领域知识多元的工作，需要检察人员有较高的综合素能以及掌握地理标志领域专门知识。Z 市 D 区检察院充分利用广东省作为区域内知识产权人才高地的有利条件，加强对地理标志公益诉讼的核心团队的培养与建设，探索与高校知识产权研究团队合作，“智慧借助”为地理标志案件办理提供智力、技术支持。通过专家团队的集体智慧为案件难题“把脉问诊”，通过案件咨询、参与听证、授课指导等方式加强内部知识、经验、技能共享，专家辅助“智囊团”快速形成方案，为检察机关厘清侵权难题、固定地标侵权证据、锁定关键点等公益诉讼工作开展奠定了坚实基础。

（二）搭建行政机关协作机制

为进一步对案件形成突破，Z 市 D 区检察院加强与行政机关执法协同合作，主动联合市场监督管理、农业农村、海洋综合执法等十余部门召开“白蕉海鲈”地理标志知识产权保护暨产业发展工作联席会议，检察机关与各行政部门就“白蕉海鲈”地理标志在政策引领、规范性文件制定、特色品牌培育、专用标志规范使用、品质监控等方面达成共识，并督促行政机关主动履职整改。会后政府以会议纪要明晰工作责任，为多部门建立协同工作机制奠定基础，积极搭建与行政机关的协作机制，以推动全产业链标准化建设，推进构建白蕉海鲈产业“大保护”格局。

（三）前移检察司法保障关口

针对“白蕉海鲈”走访中发现的侵权问题，Z 市 D 区检察院高度重视，积极发挥检察院“四检合一”的优势，向辖区内知名的“白蕉海鲈”养殖、生产企业伸出援助之手，为其提供维权援助、法律宣传等高质量、高效率的法律服务。在此基础上，对企业的发展、建设过程中所面临的问题，进行意见征集、政策咨询、违法犯罪线索的收集，充分发挥“家门口的检察机关”的作用，为企业解决知识产权纠纷、破解“白蕉海鲈”产业升级难题提供了新途径。

（四）深调研助推地方立法保护

Z 市 D 区检察机关深度联合行政主管机关、立法机关、行业协会、邀请人大代表开展“白蕉海鲈”联合调研，建立成果共建、共享机制，制定更具有针对性、可操作性的专门法律。检察机关积极助推《珠海市“白蕉海鲈”保护管理条例》出台，并递交《立法建议书》，就“白蕉海鲈”产业发展中的重点和难点问题进行了协调，将“白蕉海鲈”地理标志专项立法纳入地方立法项目中，办案经验被全国首部地理标志保护地方性法规《广东省地理标志条例》吸纳，单独设置了地理标志检察公益诉讼保护条款。一系列推动立法行动将为“白蕉海鲈”地理标志产品的核心竞争力提升、生态产业链保护提供更优质更高效的法治保障。

二、地理标志检察公益诉讼面临的困境

（一）地理标志侵权及司法保护的现状

截至 2023 年 9 月 15 日，在阿尔法法律智能操作系统以“地理标志、侵权”为关键词进行检索，除其他原因未公布外，该网站检索到涉及地理标志侵权纠纷案件有 3002 件。根据检索数据库的不完全统计，地理标志纠纷案件量呈递增趋势，从 2014 年的 45 件增长到 2021 年的 678 件，具体的增长趋势见图 1。

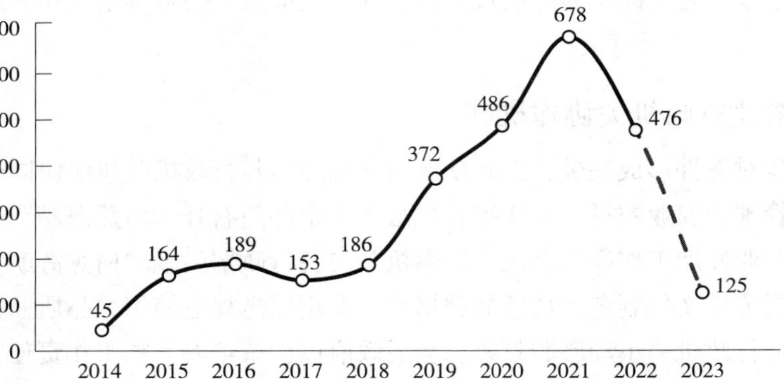

图 1　地理标志纠纷 2014—2023 年案件量

其中，案件类型主要以民事案件为主，占比达到了 96.94% 左右；行政案件占比 2.3% 左右；案件类型中也存在少量的刑事案件，占比 0.76%，涉及的罪名主要是销售假冒注册商标的商品罪。案件的争议焦点相对集中在商标专用权的认定、侵害商标权的认定、赔偿金额等。

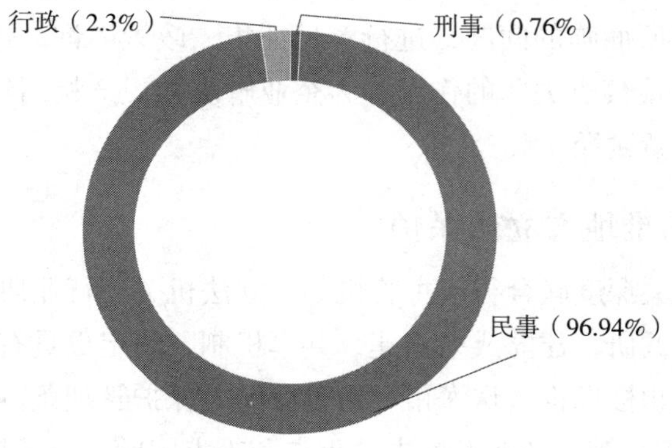

图 2　地理标志纠纷案件类型

民事案件中，知识产权与竞争纠纷类占比最大（占 93.46%），其中商标权属、侵权纠纷类占知识产权与竞争纠纷类占比 97.79%。就地理标志的整体保护现状而言，目前对于地理标志的保护模式仍然是以商标保护为主。

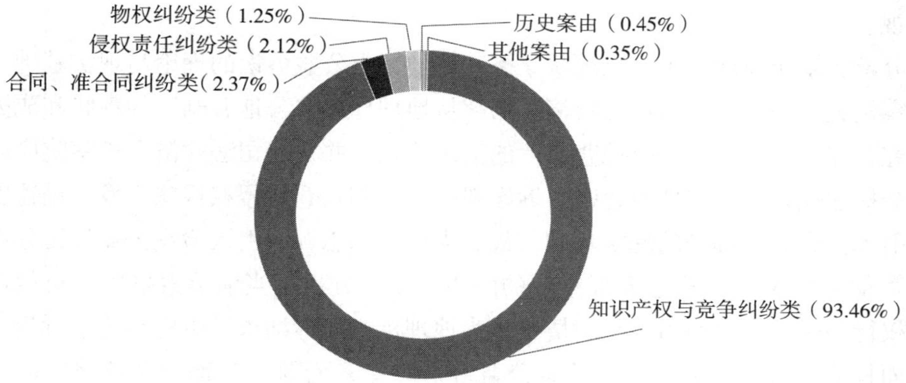

图3　地理标志案由分布

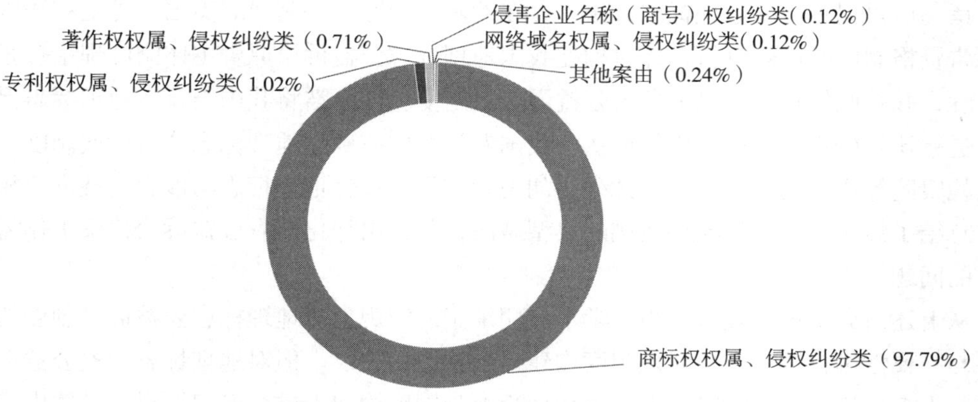

图4　地理标志知识产权权属、侵权纠纷类案由分布

而在检察机关司法保护现状方面，情况却恰恰与地理标志侵权案件与日俱增的情况相反。截至2023年9月15日，笔者以“地理标志”“公益诉讼”“检察”为全文关键词进行搜索，共检索出4篇文书。经过浏览4篇文书发现，检察机关保护地理标志商标的工作主要集中在打击商标犯罪行为，一些地区的检察院会在对涉地理标志刑事案件中附带提起民事诉讼。总体而言，公权力机关对地理标志民事或者行政公益诉讼探索尚存在不足。由于当前我国刑法中对涉嫌地理标志商标侵权的罪名仅有假冒注册商标罪、销售假冒注册商标的商品罪和非法制造、销售非法制造的注册商标标识罪等几类，因此，如果侵权人没有实施以上几种犯罪行为而是通过其他方式侵权，检察机关则难以介入。由此可见，当前司法保护途径在缓解地理标志商标侵权纠纷上存在不足。

（二）地理标志公益诉讼研究概况

课题组以“地理标志”“公益诉讼”为关键词在中国期刊网进行搜索，出现21篇相关的期刊文献，浏览其中内容，直接或者间接与检察机关地理标志公益诉讼相关的只有7篇。可见，关于地理标志检察公益诉讼的学术期刊数量少之又少，甚至于说屈指可数。地理标志检察公益诉讼方面鲜有研究成果，其制度建设至今尚未引起我国学界的重视。

部分学者基于地理标志侵权现状，探究地理标志公益诉讼的理论与现实基础，提出赋予检察机关以公益诉讼起诉之资格。杨超从地理标志“公地悲剧”的现状和成因出发进行研究，探讨地理标志“公地悲剧”的治理路径，并提出司法救济上检察院应该支持行业协会提起地理标志“公地悲剧”诉讼制度。① 鲍仓仓从侵权现状出发，论述农业地理标志引入检察公益诉讼的现实基础，最后为地理标志领域引入检察公益诉讼程序建言献策。② 孙可文从地理标志商标维权的困境出发，分析了当前检察机关面对地理标志商标侵权行为时心有余而力不足的情况，为地理标志商标纳入民事检察公益诉讼寻求依据，进而探究地理标志商标民事检察公益诉讼的受案范围。③ 部分学者将国内外地理标志制度进行比较研究，借鉴国外经验理论，提出检察机关参与地理标志公益诉讼的建议。诸葛语丹揭示当前地理标志诉讼中存在的基本问题，并基于对美国、丹麦和法国诉讼原告资格制度的比较分析，探讨构建我国地理标志公益诉讼原告主体制度理论扩张的必要性，并就此构建检察机关参与公益诉讼之制度。④ 于浩将我国与日本地理标志保护制度进行比较研究，最终得出结论认为我国专门法中应确立地理标志公益诉讼制度，并确定检察院等作为起诉主体。⑤ 此外，胡卫列与易小斌将地理标志与涉农公益诉讼相结合，总结了涉农公益诉讼典型案例的典型做法，并提出深化涉农公益诉讼检察工作需要注意的问题。⑥

从上述研究中可以发现，当前学术界侧重于从宏观上对地理标志公益诉讼制度的可行性与必要性进行探讨，并对该制度构建提出相应的建议。但对地理标志检察公益诉讼的研究大多一笔带过，蜻蜓点水，未从理论上与制度构建上进行专门探讨，具体内容上缺乏系统性构建，因此这成为了论文写作的突破口。

三、地理标志检察公益诉讼构建的必要性分析

（一）地理标志协同保护冲突与程序障碍

1. 行政监管呈现“九龙治水”

我国地理标志保护领域当前处于“两种法律模式并行”的基本面貌，但却存在三种

---

① 杨超:《论我国地理标志“公地悲剧”及其治理》，西南政法大学 2020 年博士学位论文。

② 鲍仓仓:《农业地理标志保护中引入检察公益诉讼的路径探析》，载《安徽农业科学》2022 年第 9 期。

③ 孙可文:《地理标志商标侵权应纳入民事检察公益诉讼受案范围》，载《中华商标》2023 年第 6 期。

④ 诸葛语丹:《构建地理标志公益诉讼制度的必要性及对策——从千百个景区同样的“特产”被吐槽事件谈起》，载《经济与社会发展》2016 年第 14 期。

⑤ 于浩:《中日地理标志法律制度比较研究》，天津大学 2021 年硕士学位论文。

⑥ 胡卫列、易小斌:《深化涉农公益诉讼检察工作 精准服务乡村振兴——公益诉讼检察服务乡村振兴助力脱贫攻坚典型案例解读》，载《人民检察》2021 年第 11 期。

保护法律机制并行的局面。为了使得地理标志的保护建设制度与国际接轨，我国在加入世界贸易组织后，从立法上逐渐形成了地理标志的“三种保护机制”：第一套为工商部门的“地理标志商标保护”，主要由《商标法》以及《集体商标、证明商标注册和管理办法》等法律法规进行规范；第二套为“地理标志产品保护”，1999 年原国家质量技术监督局发布的《原产地域产品保护规定》规范了地理标志保护产品，该规章后于 2005 年被国家质量监督检验检疫总局颁布的《地理标志产品保护规定》所取代；第三套为“农产品地理标志保护”，由原农业部 2007 年发布了《农产品地理标志管理办法》进行管理。至此，形成了我国特有的地理标志“三种保护机制”。

“三种保护机制”下的地理标志注册和登记数量有了迅速的增加，地理标志产业产值也不断提高。但是由于三种保护制度归属于不同行政部门管理，彼此之间相互独立，缺乏协调配合，因而直接导致的负面后果就是行政部门之间因为管理权限不清，在注册审批、质量监管等方面产生强烈的冲突与碰撞。2018 年国家机构改革后，管理地理标志的行政机关有了较大的变化：原质检机构管理的“地理标志保护产品”与原工商机构管理的“地理标志证明商标、集体商标”都由国家知识产权局统一进行管理，新组建的农业农村部取代原农业部，负责“农产品地理标志”的管理工作。我国的地理标志保护模式的总体格局，由原先的“三套机构，三种保护模式”变成了新的“两套机构、三种保护机制”。但是机构权限改革却未能解决三种保护机制交叉重叠甚至部分冲突的根本性问题。国家知识产权局虽然承担起地理标志商标、地理标志保护产品的管理职责，但法律制度并未进行统一，地理标志商标、地理标志保护产品以及农产品地理标志仍然按照先前各自的上位法律法规保持独立运行状态。地理标志保护制度在立法上依旧呈现分散的局面。再者，知识产权局虽然在机构改革上接管了两个部门的监管职责，但由于规定过于笼统，标准模糊，产品质量监管的有效性比较弱。

综上所述，在地理标志行政监督管理制度中存在多套运行制度，因此呈现“九龙治水”多头管理的混乱局面，机构改革“合而为一”的美好愿景也并未如期实现。通过行政执法与管理，暂时无法解决地理标志侵权之难题。

2. 行业协会维权困境

我国地理标志相关的三套保护制度均对行业协会进行了规定，可见行业协会在地理标志领域起到了至关重要的作用。行业协会具有地理标志的管理权限，其角色地位决定了其有资格参与地理标志侵权违法案件，在地理标志产品运营、管理与监督的全过程发挥重要作用：在申请标志方面，负责地理标志产品标志的注册程序；在生产阶段，具有监督管理的职责；在商品销售流通方面，打击地理标志违法侵权行为、参与维权诉讼更是应尽的责任。

行业协会在维护合法权利过程中往往面临多种困境。商标法保护模式情况下，地理标志商标使用人作为直接被侵权人，法律规定上并未赋予其提起诉讼的权利，只能由商标注册人发起诉讼。行业协会作为商标注册人[①]，具有对侵权行为提起诉讼之权利。但是行业协会作为非营利性组织，在进行维权过程中，难免会存在取证困难、诉讼专业能力欠缺等难题；若委托律师，又会遭遇资金困难的问题。浙江省首例“西湖龙井”地理标志证明商标公益诉讼案件中，“西湖龙井”地理标志享誉海内外，杭州市西湖龙井茶管理协会在维护合法权利时，尚且面临重重困难，不得不向杭州市临平区检察院寻求帮助，一些知名度和经营规模更小的地理标志商标权利人维权之困难可想而知。再者碍于诉讼所需的时间和金钱成本之高，行业协会虽然是注册人，但是并非直接利益相关人，某些行业协会在诉讼激励机制缺乏的情况下，往往维权动力不足，怠于维权。

（二）地理标志“公地悲剧”产生

1.“公地悲剧”概念

“公地悲剧”一词是由美国学者哈丁[②]在《科学》杂志中首次提出。其以牧羊人在公共牧场放牧为例，开放的公共牧场作为共有资源，每位牧羊人在牧场上多增加一只羊就会多一份收益。牧羊人们在明知道公共草场上羊群的数量已经足够多的情况下，仍然选择增加羊的数目，没有人在意整体的利益。一开始部分牧民的收益会短暂地增加，但是随着公共牧场草地质量的不断下降，总收益也将持续下降，最终的结果是资源枯竭，整个系统崩溃，所有牧民的利益受损直至清零。

换言之，哈丁从经济学角度阐述了公共产品在产权难以界定的情况下，被大众竞争性过度使用或者侵占的后果：当一项公共资源难以界定产权，却拥有众多使用权人，但使用权人无权阻止他人使用时，使用权人为了追求个人利益而忽视社会福利，终将导致过度消费，耗尽公共资源，对每个人都不利。在地理标志领域也毫不例外。

2. 地理标志“公地悲剧”理论

（1）地理标志属于准公共产品，具有显著的“公地”特征

古典经济学将产品分为公共产品和私人产品。其中，私人产品在消费或使用上具有竞争性，在受益上具有排他性。[③]而公共产品与私人产品的定义相反，指既没有排他性，也没有竞争性的物品。但在现实中还存在大量介于私人产品和公共产品之间的产品，即准公共产品。地理标志即符合准公共产品之特征。

从《巴黎公约》到TRIPS协议，地理标志一直被视为知识产权的一部分，因此其具备知识产权基本特征：客体的无形性，地理标志所有权人或者使用人对地理标志资源的独占性与排他性，对地理标志的权利保护主要以其财产性为重中之重，从而维护产品

---

① 地理标志证明商标由对某种商品或者服务具有监督能力的组织所控制，地理标志集体商标以团体协会或者其他组织名义注册。

② Hardin G. The tragedy of the commons: the population problem has no technical solution; it requires a fundamental extension in morality [J]. science, 1968, 162 (3859): 1243—1248.

③ ［美］曼昆：《经济学基础》，梁小民译，上海三联书店2003年版，第78页。

区域内独有的自然因素和人为因素结合的成果。[①] 从知识产权基本特性出发，地理标志确实符合私权之特征，对其保护也体现出对私人利益保护的倾向，但却忽视了地理标志自身的本质特性，即社会公共利益的属性。地理标志的公共利益属性从以下两个方面理解：①地理标志的形成决定了公共利益的特性。地理标志是产品地域内世代祖先创造积累的智慧结晶，是在特定环境与自然地理作用下形成的。作为一种财产，其应当属于地理标志产品产地的众多生产经营者所有。因此不同于一般的知识产权，当侵权违法行为使得产品声誉贬损之时，该地理标志区域内不特定多数人的集体利益也随之受到损害。②地理标志符合公共产品之特性。公共产品具备两个特征：一为“非竞争性消费”，即个人消费这种产品不影响其他任何消费者的消费；二为“非排他性”，即杜绝消费该种产品而不支付之揩油者的费用太高。[②] 地理标志明显符合上述两个特点：一是作为一种集体财产，产品区域内的众多生产经营者都可以享有地理标志相关权益；二是地理标志产品所产生的利益不可能为某个人或者某些人所独有，而要将其他人排除在外，不让他们享受这一共有利益的成本过于高昂，甚至不可能。可见，地理标志公共产品之特性使得其具备社会公共利益。因而，地理标志既有知识产权私权之特征，又蕴含着公共利益属性，属于“准公共产品”。

（2）地理标志“公地悲剧”原因

地理标志自身的“准公共产品”属性为“公地悲剧”创造了客观条件，追求短期经济效益最大化是逐利者们造成地理标志“公地悲剧”的根本动机。地理标志以区域产地为范围，是由区域内的劳动者长年累月使用、创造出来的劳动成果，是区域集体智慧的结晶。与市面上的普通产品相比，地理标志产品有其独特的质量、声誉，甚至包含着独特的文化含义，因此当产品包装上使用地理标志标识进行宣传、展览或销售时，往往可以带来积极的经济效益。

但因为地理标志的集体性特征，所有权权属无法确定，导致地理标志产品具有许多共同使用人。理性的构想是每一位地理标志使用权人出钱出力来维护地理标志公共品牌，共同保证地理标志保护产品的质量与声誉。但现实情况却是部分使用权人愿意去维护产品质量，树立品牌形象，部分根本不去塑造保护品牌，却依然搭上便车，享受地理标志品牌高知名度带来的高正向收益。最终导致使用权人都只想攫取更多的利益，不愿意投入资金去维护区域产品质量，因而产生“公地悲剧”的情况。

（三）弥补私诉领域维权救济缺乏

我国地理标志保护领域当前处于“两种法律模式并行”的基本面貌。[③] 两种法律模

---

① 张辉：《论地理标志权之经济法属性》，载《法学论坛》2005 年第 1 期。

② 钱弘道：《经济分析法学》，法律出版社 2003 年版，第 229 页。

③ 林秀芹、孙智：《我国地理标志法律保护的困境及出路》，载《云南师范大学学报（哲学社会科学版）》2020 年第 52 期。

式指的是专门法保护模式与商标法保护模式，专门法保护模式的法律依据主要是《地理标志产品保护规定》及《农产品地理标志管理办法》，商标法保护模式的法律依据主要是《商标法》和《集体商标、证明商标注册管理办法》等。其中商标法模式下地理标志诉讼主体有所规定，即商标注册人在面对侵权状况时有权直接举起法律武器进行司法救济。但是地理标志商标不同于普通商标，地理标志商标的注册人是非营利性的团体、协会，且注册人无权使用其注册的商标。因此，地理标志商标的所有权和使用权是分离的。地理标志商标遭遇侵权时，直接受损害的是地理标志商标的使用人，多为地理标志产区的生产者和销售者，但使用人无权提起诉讼。

学术界主流学说将专门法下地理标志的权利主体分为所有权人、申请人以及使用人三种类型，但是目前主要法律至今尚未对三种权利主体是否具有诉讼资格进行明确规定，这使得地理标志保护产品或农产品地理标志的权利主体在面对侵权状况时无权通过诉讼来维护自身的合法权利。首先，地理标志所有权权属不明，地理标志所有权人存在公权说与私权说两种争议，因此在法律并未有明确定义且缺乏完整权利建构，学术界各方对所有权权属问题又相持不下的情况下，地理标志所有权人是否具有诉讼原告主体资格更是无从讨论。其次，我国虽然对地理标志申请人进行了规定，但是并未明确其诉讼资格。专门立法保护模式下的《地理标志产品保护规定》明确了“县级以上人民政府指定的地理标志产品保护申请机构或人民政府认定的协会和企业”有权进行申请地理标志产品保护[①]，但并未明确其诉讼资格。对于第三人的侵犯地理标志名称或者专用标志的行为，只明确规定了质量技术监督部门和出入境检验检疫部门的行政执法权以及社会团体、企业和个人的监督或举报权。《农产品地理标志管理办法》明确了经过有关部门批准，某些主体可以成为农产品地理标志登记证书申请人。该部门规章既未规定地理标志侵权行为的行政惩罚措施，更未赋予地理标志登记证书申请人以诉讼权利。由此可见，专门法模式下的两部法律既缺乏地理标志侵权诉讼主体的明确规定，也未赋予申请人以诉讼权利，从而导致了该主体在面对泛滥的地理标志侵权状况时无计可施，地理标志申请人的权利缺位的现象。[②] 再者，地理标志使用人在地理标志领域中的地位尤为尴尬：当前立法层面与司法实践中并未规定使用人的诉讼资格。当第三人的侵权行为导致地理标志保护产品商誉受损、产品价值降低时，直接受损方地理标志使用人却无法依据《地理标志产品保护规定》或者《农产品地理标志管理办法》来维护自身的合法权益。学者袁杏桃在其《论我国地理标志的法律保护》一文中亦持有同样的看法：针对侵权行为，国内地理标志产品申请人和专用标志使用人只能通过举报请求相关行政执法机构查处，实施侵权行为的人唯一可能面临的制裁措施是行政处罚，而不能直接获得司法救济。

---

①《地理标志产品保护规定》第8条：地理标志产品保护申请，由当地县级以上人民政府指定的地理标志产品保护申请机构或人民政府认定的协会和企业提出，并征求相关部门意见。

② 冯寿波:《论地理标志的国际法律保护——以TRIPS协议为视角》，北京大学出版社2008年版，第313页。

（四）农业知识产权公共利益保护

农业知识产权并非一个专门的法律术语，而是知识产权在农业领域中的概念。从狭义角度上说，农业知识产权是人们依法对其在农业领域创造的智力成果和标记所享有的人身权和财产权的总称。从广义角度上说，农业知识产权涉及农业专利权、商标权、著作权、植物新品种、地理标志等内容。[①] 农业知识产权是农村和农民的宝贵财富，与地理标志息息相关。我国地大物博，农业历史悠久且资源丰富。多年来我国重视挖掘和保护农产品资源，打造了众多享誉全球的农产品地理标志产品，不仅推动了农产品产地经济的高质量发展，更成为了区域内农民脱贫致富的重要产业，助力乡村振兴之发展。[②]

由于农业知识产权的对象比较特殊，它虽然保留了传统知识产权的基本特征，但是又与传统知识产权的私有性不同，呈现出社会公共利益的本质特征。农业知识产权的生产与研究是一项长期的、复杂且艰辛的工作，农业领域的每一项成就都需要耗费大量的人力、物力和财力，凝聚了祖祖辈辈的集体智慧与艰苦劳动。其产生与来源就使得它本身具有社会公共利益，不可能囿于某一个自然人或者某一个团体独有。因此，更需从法律上、制度上对农业知识产权加以确认、保护和合理规范使用，否则势必会影响到对知识的进一步生产与创造，阻碍了经济的发展。检察机关参与农产品地理标志公益诉讼工作，有利于保护农业知识产权公共利益，为全面推进乡村振兴工作积极助力。

四、地理标志检察公益诉讼构建的可行性分析

（一）赋予检察机关以地理标志公益诉讼资格之理论依据

《中华人民共和国民事诉讼法》（2021 修正）第 122 条明确了提起诉讼需具备“四要件”，其中之一为原告必须要与案件有直接的利害关系。这意味着当起诉方并非直接受害人或者利益尚未得到实体法确认的情况下，法院一般会以“当事人不适格”为由，对起诉不予受理。这一理论在预防诉讼主体滥用诉讼权利、节省司法资源方面起到了重要作用，但最大的缺陷在于它仅关注直接利害关系人的个人利益而忽略了社会公共利益。当传统严格的理论难以适应当今社会现实发展之时，学者们尝试提出了“诉的利益”“公诉权能扩张”等理论以扩大当事人适格的基础来解决该问题。

1. 诉的利益理论

所谓诉的利益是原告请求法院判决时所追求的利益，这种利益与成为诉讼对象的权利、作为法律内容的实体性利益及原告的胜诉利益有所区别，它是由于原告主张的实体利益现实地陷入危险和不安时才得以产生：当原告认为这种利益存在并面临危险和不安

① 田妍妍：《农业知识产权的法律保护》，载《农业经济》2016 年第 2 期。
② 张术麟：《农业知识产权与乡村产业振兴》，载《贵州民族研究》2020 年第 41 期。

时，为了消除危险与不安而提起诉讼。[①] 换言之，在“诉的利益”理论中，只要这种“危险与不安”存在，具有“事实上的损害”就可认定原告具有起诉资格，并不要求当事人主张之时必须具备实体法中的权利与义务。由此可见，该理论已经突破了传统严格当事人适格理论，为诉讼原告的主体范围的扩张提供了新的依据。

在当前学术界中存在三种学说以作为诉的利益判断标准：国家利益说，当事人利益说以及综合说。其中国家利益说属于通说，即诉讼原告代表的是国家意志与利益。但由于国家意志主要是通过现有立法来体现，而法律存在的滞后性本质特点使得它难以及时应对现代类型的公共利益纠纷，从而导致众多当事人在法律条文模糊的情况下诉讼无门。由此不少学者认为此说观点在面对新型公共利益纠纷之时有待商榷。有学者主张不论主体提起诉讼的主观意图如何，只要公益诉讼的原告代表的是公共利益并且能够取得保护公共利益的效果就应该被认定为具有“诉的利益”。[②] 笔者对此表示赞同。如此一来该理论就能作为一种中介，架起了公共利益与诉权之间的桥梁，使更广泛的主体为维护公共利益而享有独立诉讼的权利。

如前所述，专门法保护模式下我国立法层面至今尚未明确适格的诉讼原告。如若依据传统理论，检察机关并非实体法上的诉讼权人，因而无权举起法律武器维护权利人的合法权利。而若以“诉的利益”理论为依据，检察机关即便并不具有实体法律上的利害关系，但因为该主体代表社会公共利益，且具备司法救济的必要，那么就可以被认为具有诉的利益，即能对地理标志违法侵权行为提起诉讼，以减少侵权违法行为对公共利益的侵害。因此，法律有必要在地理标志领域中依据“诉的利益”理论赋予检察机关为维护公共利益而享有独立诉讼的权利。

2. 公诉权能理论

允许检察机关提起公益诉讼系其自身性质所决定。我国检察机关提起民事诉讼的权利来自宪法规定的一般的法律监督职能。[③] 立法上检察机关被赋予了公诉之权利，这即意味着面对严重违反社会公共秩序、侵犯社会公共利益的行为时，其能以国家的名义提起诉讼，挽回损失。因此即便检察机关与诉讼案件之间并无直接的利害关系，其也具备诉讼资格。[④]

如前所述，地理标志本就属于区域公共资源，对地理标志的侵害即是对公共利益的损害。因而针对地理标志公共利益损害行为，赋予检察机关提起地理标志公益诉讼的权利符合设置检察权之初始目的：当其他主体采取的措施不足以维护地理标志公共利益之时，其当然有权为维护公共利益提起诉讼。简言之，检察机关公诉权能在地理标志领域

---

① ［日］谷口安平：《程序的正义与诉讼》，王亚新、刘荣军译，中国政法大学出版社2002年版，第188页。

② 肖建华、柯阳友：《论公益诉讼之诉的利益》，载《河北学刊》2011第31期。

③ 段厚省、郭宗才：《论我国检察机关提起公益诉讼》，载《法学》2006年第1期。

④ 吴应甲：《环境公益诉讼原告资格比较研究》，郑州大学出版社2019年版，第24页。

方面扩张将是社会发展必然之趋势。

（二）赋予检察机关以地理标志公益诉讼资格之现实正当性

从理论上说，检察机关相对于其他诉讼主体提起诉讼具有独特的优势。其一，由于以强有力的国家力量作为后盾，检察机关在地位上和能力上远胜于普通个人或组织。地理标志申请人作为社会团体，其在诉讼经验等方面具有局限性。而地理标志使用人多为个人生产商或者经营者，个体能力与资源难以负担消耗大量时间和精力的公益诉讼。偶尔为之无可厚非，但是长期如此，地理标志使用人必定承担不了，从而挫伤其公益诉讼积极性。但检察机关作为诉讼主体并无上方所提及的隐患，作为司法机关在调查取证、启动诉讼程序方面都具备专业资源与优势。

其二，从经济学角度分析，由检察机关提起公益诉讼可以解决地理标志申请人缺乏激励机制以及使用人因“搭便车”顾虑而不愿提起诉讼的难题。地理标志公共利益属于特定区域的集合体所有，胜诉后所获取的“收益”为集体共享，这导致一些主体即使不参与诉讼，没有诉讼成本，但也能享受到胜诉果实。地理标志使用人作为个体，出于“理性经济人”的诉讼经济成本角度考虑，大概率不愿提起这种公益诉讼活动。而地理标志申请人则因胜诉后缺乏精神或物质激励，造成诉讼积极性与主动性降低。但是检察机关作为公共利益的代表者与维护者，则不存在上述顾虑。综上所述，赋予检察机关以地理标志公益诉讼之诉权具有正当性。

五、地理标志检察机关公益诉讼的新路径

（一）构建检察机关参与地理标志公益诉讼的方式

面对公共利益受到严重侵害却无人提起诉讼的严峻形势，检察机关提起公益诉讼不但名正言顺而且义不容辞。为了避免司法权力被滥用，在赋予检察机关起诉资格的同时，也要规范检察机关参与地理标志公益诉讼的方式。检察机关参与公益诉讼的方式主要有三种，即检察建议，支持起诉以及直接起诉。

1. 提出检察建议。该种模式主要针对于地理标志公共利益受损时，负有运营、管理以及监督职责的地理标志申请人或管理人怠于提起公益诉讼，检察官此时可以法律监督者的身份介入地理标志侵权事件，对申请人或管理人是否应当提起地理标志公益诉讼进行审查。如若确需督促起诉的，应当先以检察建议书的形式督促要求地理标志申请人、管理人积极采取干预措施。

再者，须提升诉前检察建议书的质量与可实施度。对我国检察机关制发检察建议的程序、格式标准，事实与证据要求等方面进一步予以规制，以提高建议的合理合法性。在对行政机关的监督中，应当对行政机关在工作中作为和不作为作出的事实、理由和依据进行详细的说明，其后还要对行政机关是否予以实行以及实行程度进行监督，以增强检察建议的可执行性。

2. 支持起诉。当地理标志申请人、管理人并非怠于起诉，而是由于存在调取困难、诉讼专业能力欠缺等原因影响诉讼程序启动时，那么此时可向检察机关寻求帮助，请求其支持起诉。检察机关经审查后符合支持起诉情形的，应在收集证据、推进诉讼程序等方面予以助力，并制作相应的支持起诉文书一同递交法院以参与地理标志公益诉讼。

3. 直接提起诉讼。因检察机关作为国家公权力机关，权力行使须具谦抑性，在穷尽提出检察建议、支持起诉等方式后仍不能解决问题的，检察机关方可提起地理标志公益诉讼。在直接起诉的情形下，检察机关在民事诉讼中与被告具有平等的诉讼权利和地位，承担同样的法定义务。

（二）设立诉前审查的前置程序

在当前地理标志公益诉讼制度尚未开始构建的情况下，贸然赋予检察机关以诉讼资格，很可能给检察机关带来讼累。为了有效解决该问题，我们需要参照与借鉴其他领域公益诉讼之举措，即设置严格的诉前审查前置程序。

我国公益诉讼制度率先在环境污染、消费民事诉讼案件等领域有所规定。《民事诉讼法》第58条明确了检察机关提起民事公益诉讼的“诉前程序”要求，即只有在规定的机关和组织不提起诉讼的情况下，才能由检察机关提起民事公益诉讼。[①] 该法条的设立初衷在于在面对环境污染、消费侵权等案件时，先由具有专业优势的组织或者机关先行提起诉讼，以充分发挥其诉讼优势。但当前者怠于行使诉讼权利，公共利益无法得到保障之时，就由检察机关提起公益诉讼。这样既能维护合法权益，又能够节约司法资源。因此笔者认为该“诉前程序”的规定同样可以适用于地理标志侵权诉讼领域，即人民检察院在履行职责中发现侵犯地理标志保护产品、农产品地理标志等损害社会公共利益的行为，在适格申请人与管理人不提起诉讼的情况下，可以先行提出切实可行的检察建议。若二者提起诉讼的，人民检察院可支持其起诉。若适格申请人与管理人碍于主客观原因依旧未提起诉讼的，人民检察院可直接提起诉讼。

① 《民事诉讼法》第58条：对污染环境、侵害众多消费者合法权益等损害社会公共利益的行为，法律规定的机关和有关组织可以向人民法院提起诉讼。人民检察院在履行职责中发现破坏生态环境和资源保护、食品药品安全领域侵害众多消费者合法权益等损害社会公共利益的行为，在没有前款规定的机关和组织或者前款规定的机关和组织不提起诉讼的情况下，可以向人民法院提起诉讼。前款规定的机关或者组织提起诉讼的，人民检察院可以支持起诉。

行政违法行为检察监督的理论与实践研究

陈燕玲　王　斌　李远军　陈　霞*

摘　要　行政违法行为检察监督指检察机关在履行职责过程中发现行政机关违法行使职权或者不作为，致使国家利益、社会公共利益或公民合法权益受到损害，采取诉讼和非诉讼的手段行使法律监督权，进而督促纠正行政违法行为的专门性活动。鉴于当下行政违法行为检察监督存在范围不明、方式单一且刚性不足、监督配套机制不健全等问题，可以从以下层面予以完善：检察机关对社会影响较大的限制人身、财产权，侵害公民重要程序权利，行政主体不适格或行政主体超越职权，行政机关不作为或乱作为，以及损害国家利益和社会公共利益等行政违法行为有权进行监督，明晰行政违法行为检察监督的依据、范围、方式、程序、职权职责等法律规定，实现"案件化"办理；依托多元化的案源发现平台、精准化的诉讼监督职能、立体化的检察监督机制和谱系化的类案监督范式，实行"行政＋检察"的融合监督。

关键词　行政违法行为　检察监督　诉讼外监督　检察建议

党的十八届四中全会提出"检察机关在履行职责中发现行政机关违法行使职权或者不行使职权的行为，应该督促其纠正"，《中共中央关于加强新时代检察机关法律监督工作的意见》(以下简称《意见》)再次明确"检察机关在履行法律监督职责中发现行政机关违法行使职权或者不行使职权的，可以依照法律规定制发检察建议等督促其纠正"，为检察机关开展行政违法行为监督提供了政策依据。当下行政违法行为检察监督实践中仍存在监督范围不明、监督方式单一、监督程序不完善等不足，故本文主要论证检察机关对行政违法行为进行监督的权理基础并提出完善该项工作的建议，以期对构建一套较为完整的行政违法行为检察监督制度体系有所裨益。

* 陈燕玲，广东省珠海市人民检察院检委会专职委员；王斌，广东省珠海市人民检察院法律政策研究室主任、全国检察理论研究人才；李远军，广东省珠海市人民检察院法律政策研究室一级检察官；陈霞，广东省珠海市人民检察院第二检察部检察官助理。

一、问题的提出：行政违法行为检察监督的缘起

（一）行政违法行为检察监督的内涵

行政违法行为是指行政主体及其公务人员违反宪法和法律规范，侵害行政关系而尚未构成犯罪的有过错行政行为。[①] 判断行政行为是否属于违法行为时，应当注意把握三个要素，即主体要素、违法性要素和过错责任要素。其中主体要素指行政违法行为的主体必须是行政法律关系主体，包括行政机关、行政公务组织及公务人员，违法性要素指该行政违法行为不完全具备主体合法、权限合法、内容合法、程序合法、依据合法[②] 等合法性要件，过错责任要素指行政违法行为的法律关系主体虽有过错但尚未构成犯罪而承担行政责任，以上要素中笔者认为违法性要素是区分行政违法行为与其他行政行为的关键，行政违法行为检察监督的关键也在于对行政行为的合法性进行监督。

关于行政违法行为检察监督的具体内涵，法律法规没有明确规定，学界也尚未达成一致观点，与之相关的讨论还有行政执法检察监督、行政检察监督等。从监督方式或手段上来看，有的学者认为行政违法行为检察监督是指检察机关将特定的违法行政行为提起诉讼，由法院加以裁判，从而达到制裁违法行政行为、维护行政法律秩序的目的。[③] 从监督内容上看，有的学者认为行政违法行为检察监督是指检察机关为维护公共利益，确保法律统一正确实施，依照法定的职权和程序，对行政行为是否合法所进行的专门法律监督。[④] 有的认为行政违法行为检察监督等同于一般监督，即检察机关对国务院所属各部门、地方各级国家机关的决议、命令和措施以及国家机关工作人员的行为的合法性实行法律监督。[⑤] 以上观点皆不足以概括行政违法行为检察监督的特点，笔者认为，行政违法行为检察监督指检察机关在履行职责过程中发现行政机关违法行使职权或者不作为，致使国家利益、社会公共利益或公民合法权益受到损害，采取诉讼和非诉讼的手段行使法律监督权，进而督促纠正行政违法行为的专门性活动。

（二）行政违法行为检察监督的法理基础

1. 宪法基础。在我国，检察权与审判权、行政权权力配置遵循“分工负责、互相配合、互相制约”的宪法原则，具体关系表现为分工、监督和配合。宪法将专门的法律监督权授予检察机关，检察机关不仅行使诉讼法上的职权，还承担着宪法上的职责。检察权具有保障宪法、法律统一和完整实施的法律监督功能。行政权是实体性的权力但要受到检察权的监督，检察机关行使检察权维护法制、社会秩序；保障国家财产、公民财

---

① 侯志山、侯志光：《行政监督与制约研究》，北京大学出版社 2013 年版，第 126 页。

② 朱刚：《行政违法行为检察监督的内涵探析》，载《重庆第二师范学院学报》2019 年第 4 期。

③ 胡洵贤：《论我国行政检察监督制度之完善》，湘潭大学 2001 年硕士学位论文。

④ 张运萍、严然：《行政违法行为检察监督研究》，载《法学杂志》2009 年第 9 期。

⑤ 王桂五：《四十年检察理论研究述评》，载《检察论丛（第 1 卷）》，法律出版社 2000 年版，第 66 页。

产，公民人身权利、民主权利，这些无不与行政活动有着密不可分的关系，[1] 因此，行政违法行为检察监督具有合宪性。

2. 法律监督理论。检察权性质是研究行政违法行为检察监督的理论起点，目前关于检察权的性质，主要有行政权说、司法权说、行政与司法双重性质说以及法律监督说四种，其中法律监督说系主流观点。检察权的属性应当界定为法律监督权，[2] 法律监督是检察权的本质属性和核心功能。检察机关依法督促行政机关履行法定职责，纠正其违法行为，保障法律的统一正确实施，本身是在履行宪法法律规定的法定职责，如果仅仅将诉讼监督等同于法律监督，这无疑缩小了我国检察机关法律监督职能的范围，背离了法律监督价值，对行政诉讼外的一些特定的行政违法行为，检察机关当然有权监督纠正。

3. 诉讼结构平衡理论。现阶段的行政诉讼中，作为原告的行政相对人和作为被告的行政机关地位可能不对等，作为被告的行政机关，掌握着丰富的社会资源等优势，作为原告的行政相对人无法在财力、时间、法律知识上与其匹敌，原、被告双方力量可能存在差异，从而使得行政诉讼各主体的法律关系难以有效协调。[3] 因此，只有通过检察权的有力介入才能更有效地对抗涉嫌违法的行政公权，使行政诉讼真正能够实现其司法救济的职能。

（三）行政违法行为检察监督的价值功能

1. 制衡行政公权。行政权力具有覆盖面广、权力先定、自由裁量度大、易膨胀和强制力保障等特性。[4] 对于行政权的监督，可以分为内部监督和外部监督两类。内部监督如行政监察、行政复议，由于监察者地位的不独立，容易导致内部监督的有名无实。外部监督有人大监督、社会监督、舆论监督等，其中人大监督由于人大职权众多而导致该监督只能是宏观监督，社会公众监督则往往处于弱势地位，无法与强大的行政权进行抗衡，舆论监督则容易被情感左右导致过激等缺憾。而检察监督具有对行政权力滥用的纠偏和预防作用，可有效促进行政机关严格执法、依法行政，可有效弥补现有监督体系的不足。检察机关对行政违法行为的法律监督，不仅是现代政治文明的发展结果，同时也是依法治国的必然要求。[5]

2. 保障私权救济。《宪法》第 41 条规定了公民对国家机关和国家工作人员的批评和建议的权利，但实践中当公民的合法权益遭到侵害时，面对强大的行政机关，公民仍然处于劣势地位。在土地征用、房屋拆迁、公共工程建设、食药监管、计生社会抚养费征收等关系群众切身利益的重要领域，检察机关通过纠正错判的方式间接监督行政权力的

---

① 张牧遥、王小米:《违法行政行为检察监督机制研究》，兰州大学 2018 年硕士学位论文。

② 刘润发、肖新奇、张湘中:《行政违法行为检察监督的路径思考》，载《湖南行政学院学报》2017 年第 2 期。

③ 王玄玮:《论检察权对行政权的法律监督》，载《国家检察官学院学报》2011 年第 6 期。

④ 郑新俭:《推进行政违法行为检察监督》，载《人民检察》2016 年第 11 期。

⑤ 夏金莱:《论监察体制改革背景下的监察权与检察权》，载《政治与法律》2017 年第 8 期。

违法或者滥用，维护行政相对人的合法权益，通过提出检察建议等方式督促行政机关履职、纠正自身违法行为，从而落实私权救济。虽然检察监督制度运行中所具有的私权救济功能是间接的、衍生的，但仍然是不可忽视的一环。

3. 维护公共利益。行政诉讼受案范围的限制在某种程度上否定了行政行为侵害公共利益时，因缺乏具体的行为承受人而只能由间接利害关系人或其他主体提起行政公益诉讼的可能性。[①] 而检察机关可以突破行政诉讼中受案范围和原告资格的限制，对侵犯公共利益的行政违法行为进行监督。近年来，检察机关作为公共利益的代表人，通过提起公益诉讼的方式有效督促行政机关积极履行相应的职责，发挥社会矛盾“减压阀”的作用，有利于整合对行政权的监督资源，实现制度效益最大化。[②]

4. 促进国家治理体系和治理能力现代化。检察机关开展行政违法行为监督，是深入贯彻习近平法治思想，落实以人民为中心的发展思想，促进法治政府建设，推进国家治理体系和治理能力现代化的重要举措。检察监督作为一种司法监督，是党和国家监督体系中的重要组成部分，具有专业性、主动性和程序性优势，检察机关督促纠正行政违法行为，能够及时纠正行政机关不作为、乱作为等问题，有利于保障经济社会发展大局，提升政府公信力；同时，行政违法行为检察监督有利于构建检察权和行政权的良性关系。检察权与行政权虽然是两种不同性质的国家权力，但是二者保护公民、法人正当权利与实现公共利益、社会公平正义的宪法任务和价值追求是相同的，行政违法行为检察监督既是强化检察权对行政权的监督，也是检察机关对行政工作的支持，有助于行政机关提升依法行政水平，这也是国家治理体系和治理能力现代化的需求。

二、困境与解析：行政违法行为检察监督的现状考察

（一）行政违法行为检察监督的司法现状

1. 行政违法行为检察监督的地方探索。总的来说，检察机关对行政机关违法行为的监督范围比较广泛，涉及环境、工商、治安、土地、卫生、质监等多种领域。各地检察机关在积极探索的同时形成了诸多有益经验：一是出台相关规定，为检察机关实施监督提供了依据。如浙江省率先出台了行政违法监督工作指引，提出要强化检察机关对行政执法违法活动的监督权，也在信息共享、线索移送等方面做出了全面的部署。二是建立专门执法监督办公室。如河南省南阳市检察院设立了行政执法监督办公室，负责对全市行政执法部门侵害公共利益的违法行为进行监督。三是积极探索多样化的检察监督方式，如制发检察建议书、发送违法纠正通知书、督促起诉、提起行政公益诉讼、参加政府部门联合专项执法活动或联席会议等方式，在保护环境、防止国有资产流失、保障民生等方面发挥对行政执法违法活动的监督实效。

① 王煜、赵刚：《行政检察权刍议》，载《中国学术期刊》2013 年第 9 期。
② 孙谦：《设置行政公诉制度的价值目标与制度构想》，载《中国社会科学》2011 年第 1 期。

2. 行政违法行为检察监督的域外借鉴。各国检察职能的设置虽不尽相同，但普遍存在检察权对行政权的介入。在英美法系国家，检察权通常被看作是行政权的一部分，基本上不具备对行政权的监督属性，检察机关在涉及国家及公共利益时才能对行政机关提起诉讼，相比之下大陆法系认同检察权具有监督属性。[①] 如法国检察机关可以参与民事诉讼、行政管理职能和行政诉讼，[②] 可以公益代表人身份对行政机关损害社会公益的案件提起诉讼，对行政法院违背社会公益的判决也有提出上诉的权力。俄罗斯检察机关在行政检察中拥有抗告、消除违法建议、预防违法警告、诉诸法院、提交结论、抗诉、检察检查、行政调查、预防约谈、预防审计、预防检查、处罚等丰富多样、刚柔并济的手段，使得其无论面对的是行政权还是司法权，无论在行政程序中还是在司法程序中，无论面对何种违法行为，无论在违法行为出现前、进行时或完成后，都可以选择适用最恰当、最有效的手段。[③] 这对于完善我国行政检察的具体监督方式提供了有益借鉴。

（二）行政违法行为检察监督的法治评析

1. 监督范围不明。首先，现有行政违法行为检察监督的法律依据表述都较原则、笼统。虽然《宪法》第 134 条以国家根本法的形式规定了检察机关的法律监督职责，《行政诉讼法》第 10 条、《治安管理处罚法》第 114 条、《人民检察院组织法》第 21 条、《人民检察院检察建议工作规定》第 10、11 条等虽然明确检察权对行政权有权进行监督，但未作具体规定或解释，行政违法行为检察监督的内容、方式、程序等有待进一步明确细化。其次，行政违法行为检察监督的法律依据不足。直接法律依据的缺失，必然引发被监督对象对监督权力合法性的质疑，也直接导致检察机关对行政违法行为的监督缺乏强制性和约束力。再次，虽然各地检察机关积极制定相应规范性文件，但是普遍存在效力位阶较低的弊端，权威性不足而且未形成一个相对统一的规则和标准。对统一违法行政行为有的发出检察建议，有的发出纠正违法通知书，有的发出督促履职意见。最后，检察机关实际上承载了有限的一般监督与专门的诉讼监督相互交叉的职权配置，[④] 大量的行政不作为、乱作为等应当及时纠正的行政执法违法活动反而处于监督的真空地带。

2. 监督方式单一且刚性不足。目前法律明确规定的行政违法行为检察监督方式主要有两类：一是向人民法院提起行政抗诉。对人民法院作出的已生效的行政判决和裁定，检察机关认为确有错误，应当再审的，可以按照审判监督程序提起抗诉。行政抗诉赋予了检察机关通过监督审判权间接监督行政权的权力，但是由于抗诉层级繁多、诉讼周期长、行政诉讼本身就存在撤诉率高等特点，行政抗诉监督存在一定的滞后性，另外实践

---

① 傅国云：《行政检察监督研究——从历史变迁到制度架构》，法律出版社 2013 年版，第 35 页。

② 薛刚凌、范志勇：《检察机关在行政诉讼中的功能定位》，载《国家检察官学院学报》2013 年第 5 期。

③ 江国华、王磊：《行政违法行为的检察监督》，载《财经法学》2022 年第 2 期。

④ 雷小政：《往返流盼：检察机关一般监督权的考证与展望》，载《法律科学（西北政法大学学报）》2012 年第 2 期。

中对法院作出的抗诉驳回、再审审限、再审抗诉的监督等问题均需要进一步明确。二是向行政机关制发检察建议。但是检察建议的效力在法律中未作明确规定，对不履行检察建议的行政机关应承担的法律后果也没有规定，检察建议无约束性、程序性、法定性的特点导致其只能作为普通的建议，不能作为必须执行的指令。[①]

3. 监督程序设置缺陷。第一，事后的监督机制导致检察监督效果有所打折。行政抗诉这种间接、事后的监督方式，使得检察机关只有在行政诉讼的最后判决阶段才能接触到案件，此时违法行政行为也许可以得到纠正，但是由此造成的损失可能已经无法挽回了。第二，监督路径规定少，虽然修改后的行政诉讼法从监督的范围、对象、方式、案件来源等方面作出了重大改变，对检察机关应当抗诉的情形作出了具体规定，赋予检察机关对审判程序中审判人员违法行为提出检察建议的权力，但仍然比较抽象。除公益诉讼外，我国法律未对检察机关参与行政诉讼节点、监督方式、职权等进行明确规定，也很少对行政机关不接受监督的法律责任和后果作出规定，检察机关的法律监督职能亦无法有效落实。同时，对诉讼外的行政违法行为监督缺乏明确具体的处置路径。第三，缺少执行监督程序规定。以公益诉讼判决后的执行问题为例，法院判决后如何监督行政机关执行、行政机关如果不执行判决内容是否可以启动强制执行程序等问题都有待确立统一的标准和规范。

4. 监督配套机制不健全。一是没有形成广泛统一的案件来源机制。当下行政违法行为的线索主要是公民控告、检举或来信来访，其他机关转办或交办及检察机关自行发现，案件线索来源比较分散随机，同时“在履职中发现”存在信息不对称的问题，检察机关人力物力有限，导致监督线索发现难。二是监督工作呈现碎片化分布。除行政公益诉讼外，对行政权的监督散见于部分检察工作中，尚未形成系统全面的监督工作机制。三是监督调查手段较为单一。当下检察调查核实手段多以询问为主，调查的事实不全面、不准确，同时对专业领域问题应对能力不足，不借助“外脑”情况下面对环境领域污染范围、污染物的种类和数量等问题专业性不足。

三、优化与重塑：行政违法行为检察监督的完善进路

（一）恪守监督原则

关于行政违法行为检察监督的原则，学界的观点有谦抑性原则、公益性原则、合法性原则、[②] 比例原则、行政处理先行原则、[③] 公开公正原则、参与原则和效率原则[④] 等，以上原则虽然名称不一，但是本质上没有重大分歧。基于检察权和行政权的关系及检察

① 张浩波：《行政执法检察监督制度研究》，山西财经大学 2016 年硕士学位论文。

② 蔡勇、汪合新、杨卫玲：《公益诉讼背景下行政违法行为检察监督研究》，载《安徽工业大学学报（社会科学版）》2019 年第 5 期。

③ 傅国云：《行政检察监督特性、原则与立法完善》，载《人民检察》2014 年第 13 期。

④ 谢玉美、刘为勇：《行政违法行为检察监督程序论》，载《行政法学研究》2017 年第 1 期。

监督本身的特质，行政违法检察监督应遵循以下主要几个原则：

一是法定原则，即行政违法行为检察监督的权力法定、监督对象和事由法定、监督手段和程序法定。该原则意在强调检察机关在监督行政违法行为时应当严格按照监督标准与程序，遵循权力行使的规范和边界，检察权只有严格遵守宪法与法律的规定，才能回归行政违法行为检察监督的本质。

二是程序原则，即检察监督权是一种程序上的监督而非实体上的处置权，检察机关不能直接对被监督对象作出实质性处理。检察机关履职中发现行政违法行为，主要从程序上提醒和督促，由行政机关自行纠正相关违法行为，[①] 而不是直接代替行政机关作出行政行为或者撤销、变更行政行为。

三是谦抑原则，即检察权应尊重行政机关的职权，不代行行政权，也不代行对行政违法人员的处分权，更不代替当事人寻求权利的救济。一方面在监督内容上，检察监督的重点在于行政行为的合法性监督；另一方面要避免监督过度扩张，特别是不能逾越行政诉讼、行政复议之间的界限。对于行政活动中发生的违法行为，要尊重行政机关内部体系监督、人大监督、法院审判监督等其他监督体系职能的发挥。

四是效益原则，即检察机关对行政违法行为的监督应采取必要、恰当的方式，实现政治效果、法律效果和社会效果相统一。对内检察机关应注重各监督方式间的协调，对外检察机关与其他监督主体应做到职能衔接、协作配合。同一违法行为存在多种监督方式的应选择最有利于行政权运作，最有利于行政机关能动性发挥的方式。如环境污染案件中，检察机关提起公益诉讼是一种监督手段，但由行政监管部门出面作出行政决定来解决污染治理问题，更加高效和节省司法资源。

五是公益原则，检察机关作为公共利益的代表者，本身具有维护国家和社会公共利益的功能。公益性要求决定了行政违法行为检察监督应将国家利益、社会公共利益贯穿监督过程的始终，反对以任何形式的地方利益、小团体利益和个人私利为目的。

（二）明晰监督范围

1.“在履行法律监督职责中发现”的检察职责定位

《意见》和《决定》对检察机关监督行政违法的限定条件分别为“在履行法律监督职责中发现”，笔者认为应该关注三个层面的含义：第一，相对于“依申请”而言，“依职权”强调的是职权启动的主动性和原生性。第二，之所以规定在“履职中发现”主要强调检察机关对行政违法行为的监督虽然具有主动性，但是不能离开自己的职能大包大揽，不得干预行政执法权的正当行使和公民其他权利的行使。如行政管理相对人不服行政机关作出的具体行政决定直接向检察机关申请检察监督的，检察机关不能受理，而应告知其按照行政复议法或行政诉讼法规定申请行政复议或提起行政诉讼。第三，“履行

① 吴卫东:《行政违法行为检察监督：制度·职能·机制》，载《中共云南省委党校学报》2017年第2期。

法律监督职责”是指检察机关的全部法律监督职责，“不仅包括履行行政检察监督职责中发现，也包括在履行刑事检察、民事检察、公益诉讼检察等职责中发现”，[①] 涵盖了四大检察的范畴，包括批准或决定逮捕、审查起诉、控告检察、民事和行政诉讼监督、执行监督、14 个罪名的立案侦查等。因此行政违法行为检察监督以检察工作和业务关联为标的，本质上贯穿于检察机关工作的各个环节。实践中，对于通过行政执法与刑事司法衔接平台、行政执法与行政检察衔接平台等发现的案件线索，有关机关通过交办、转办的线索及有关群众对行政违法行为的举报、控告的线索，也应当视为“在履行法律监督职责中发现”。

2. 行政违法行为检察监督的类型界划

行政诉讼法以“行政行为”代替“具体行政行为”，从而拓展行政诉讼的受案范围，但是其并未对行政行为的具体内涵和外延作出明确的界定。另根据行政诉讼法释义，行政行为不包括行政机关的规范性文件，加之规范性文件本身具有很强的立法性和专业性，现阶段也不适宜由检察机关介入，故本文将重点围绕具体行政行为的检察监督进行讨论：（1）关于行政羁束行为与行政自由裁量行为。前者以合法性为要求，评价和监督的标准比较清晰，对其进行监督具有可行性。后者以合理性为要求，评价标准比较复杂，一般情况下检察机关难以负担，但是根据《行政诉讼法》第 70 条规定，“明显不当”的行政自由裁量行为已经纳入司法审查的范围，因此检察机关对明显不当的自由裁量行为也有权监督，如明显违背常理或者损害了国家和社会利益[②]的行政裁量行为。这也体现了形式合法审查和实质合法审查的平衡。（2）关于要式行政违法行为和非要式行政违法行为。二者区别在于是否需要以法定形式为标准。如果要式行政行为缺失必要的“式”，则该行政行为可能不成立，也可能因为违法而无效，此种情形下要式行政行为当然属于检察监督的对象。由于非要式行政行为在实践中更具有复杂多变性，暂不建议将非要式行政违法行为纳入检察监督的范围。（3）关于授益型行政行为与负担型行政违法行为。二者皆关系行政相对人权利义务，侵犯行政相对人或其他公民的合法权益，如行政机关迟延给付给相对人造成损失等情形，均可成为检察监督的对象。（4）可诉行政违法行为和非可诉行政违法行为。由于行政诉讼法对提起行政诉讼的原告资格和人民法院受案范围进行了明确规定，从经济司法的角度而言，对已经进入行政诉讼或行政复议程序的行政违法行为，检察监督不宜再直接介入。非可诉行政违法行为，包括部分社会组织行使公共职能的行政违法行为、部分社会中介机构的行政违法行为等，从权利救济的角度而言可将该行为纳入检察监督范围。

行政行为种类繁多，且不同种类的行政行为的要求和限制也不一致，现阶段无法单纯按照行政行为的种类来划分行政违法行为检察监督的具体范围，笔者建议从以下几个

---

① 杨春雷：《深入贯彻党中央全面深化行政检察监督新要求：探索推进行政违法行为监督》，载《人民检察》2021 年第 21—22 期。

② 张步洪：《行政检察制度论》，中国检察出版社 2013 年版，第 133 页。

维度进行考量：（1）行政违法行为的监督和评价标准是否清晰。（2）行政违法行为是否损害了相对人、利害关系人的合法权益并且没有其他救济渠道。（3）行政违法行为是否损害了国家利益、社会公共利益。

3. 行政违法行为检察监督的具体范畴

科学界定行政违法行为检察监督的边界，必须要处理好检察权与行政权、检察权与监察权、检察权与当事人权利救济的关系，同时还要处理好行政检察和公益诉讼检察的关系。笔者建议对以下行政违法行为进行监督：

（1）社会影响较大的限制人身、财产权的行政违法行为。重点关注行政处罚、行政强制、行政征收、行政征用、行政检查等比较容易对公民人身权、财产权造成侵害的行政执法行为，如处理不当可能导致群体性事件，社会影响大，故应当纳入检察监督的范畴。

（2）侵害公民行政参与重要程序权利的行政违法行为。重点围绕侵害行政相对人或利害关系人知情权、参与权、听证权、救济权、申请回避权等权利的行政执法行为进行监督：一是执法程序缺少法定的步骤。如行政执法人员在选用简易程序进行处罚时未出示证件、标明身份，说明理由、告知权利、听取意见、当场制作并送达处罚决定书等。二是执法程序不规范。如行政许可直接涉及申请人与他人的重大利益关系，行政机关在作出许可决定前未告知利害关系人有要求听证的权利。三是执法程序超出法定的期限。如有的行政机关信息公开不及时，超出法定答复期限。以上行政违法行为缺少程序合法性要件，应当纳入检察监督的范畴。

（3）行政主体不适格或行政主体超越职权的违法行为。当下要特别加强对与营商环境密切相关的市场监管、税收管理、市场准入、经营许可、安全生产等领域中缺少主体合法或权限合法要件的行政违法行为的监督，检察监督目的在于督促行政机关撤销或纠正已作出的行政违法行为。

（4）行政机关不作为或乱作为的违法行为。负有职责义务的行政机关在形式上不作为，或者在形式上作为但实质上明显未尽监管职责，如行政机关发现行政相对人涉嫌刑事犯罪，却未移送刑事处罚而以罚代刑等严重侵害行政法制运行秩序的行政行为。对该类行政违法行为检察监督的主要目的在于督促行政机关全面、正确、实质性地履职。

（5）损害国家利益和社会公共利益的行政违法行为。重点围绕环境保护、食品药品、劳动保障、公共卫生、国有资产和公共设施监管等领域进行监督，其中属于公益诉讼范围的，应该按照行政公益诉讼的程序进行监督，不符合行政公益诉讼受案范围和成案条件的，可以纳入行政违法检察监督范畴进行监督。

由于行政违法行为检察监督尚处于拓展和完善阶段，检察机关资源也是有限的，行政违法行为检察监督应当有具体的触角和延伸点。对于以上行政违法行为，当事人已经启动行政复议程序或行政诉讼程序的，检察机关不宜开展监督；检察机关受理后，当事人启动行政复议或者行政诉讼程序的，检察机关应中止审查；行政相对人或利害关系人已经知道或者应当知道可以通过申请复议或提起行政诉讼进行救济但放弃行使权利的，检察机关也不应介入［上文中第（5）种情形除外］；没有行政相对人、行政终局行为或无法进入行政复议和司法审查环节的，从保护相对人合法利益及监督行政主体依法行使职权的角度而言，检察机关应当介入。

（三）重构监督模式

建立行政违法行为检察监督制度的初衷并非为了瓦解或改写现有的行政权监督制度，而是通过重新构建“行政+检察”的多元化、精准化、立体化、谱系化的监督模式，以期提升法律监督质效。

一是搭建多元化的案源发现平台，实现行政违法行为检察监督的整体推进。第一，以刑事检察办案为枢纽，注重强化各项法律监督职能的相互支撑，实现从“四大检察”中及时发现行政违法行为案件线索。第二，充分利用“两法衔接”信息平台，注重发现有案不移、以罚代刑的线索，加强对相关行政执法案件的监督。另外，在此基础上建立行政执法信息举报平台，充分发挥民众监督力量。第三，探索建立行政执法与行政检察衔接的信息共享平台，录入行政行为作出的依据、程序、结果等信息，畅通执法信息渠道[①]，同时嵌入人工智能辅助办案系统，衔接法规平台、案例平台、文书平台等，为案件办理提供分析研判，进一步满足检察机关对案源信息的要求。第四，通过参与政府专项治理活动、重要行政执法活动、联席会议等渠道，主动发现监督线索。通过构建多元化的案源发现机制，实现行政检察诉讼监督和诉讼外监督的整体推进。

二是立足精准化的诉讼监督职能，实现行政违法行为检察监督的贯通相济。依托生效裁判和调解监督、行政审判人员违法行为监督、行政执行活动监督（含行政非诉执行），将对诉讼活动的监督渗透至涉诉行政行为合法性的审查，从而在监督法院公正审判的同时监督行政机关依法行政，发挥检察监督的双重监督作用，实现行政违法行为检察监督的贯通相济。

三是构建立体化的检察监督机制，实现行政违法行为检察监督的一体把握。对内通过理顺检察建议书、纠正违法通知书、督促支持起诉、提起行政公诉等方式，区分情形适用递进式的行政违法检察监督方式。对外注重构建联动监督体系，主动向同级人大及其常委会报告行政违法行为监督工作情况，积极参加人大开展的专项检查、视察、调研和专题询问，注重将检察机关行政违法行为监督与人大执法检察相衔接；与政府法制办开展联合监督，将针对违法行为的检察建议抄送政府法制办，由法制办进行确认并责令改正；完善与监察机关信息互通、线索移送、监督互动衔接机制。监察机关对刑事职务犯罪立案后发现行政机关违法行使职权或不行使职权的，应移送检察机关。检察机关监督行政违法行为时发现党员违反党纪或公职人员涉嫌职务犯罪线索的，应移送监察机关。

---

① 林扬、肖魏鹏、袁荣海：《完善和发展行政违法行为检察监督的构想》，载《实务探索》2016年第1期。

四是做实谱系化的类案监督范式，实现行政违法行为检察监督的社会治理。前期可突出重点行业和重点领域，针对群众反映强烈的行政执法不作为、乱作为的个案进行办理，强力督促涉案单位整改落实。后期以点带面推动类案监督，加强一个行业或一个领域的专项监督活动，同时注重培育精品案例，发挥类案检察建议在解决一类问题、促进行业治理中的引领价值，实现行政违法行为检察监督的社会治理价值。

（四）规范监督程序

1. 一般办理程序

（1）受理。对于检察机关履职中发现的，控告申诉检察部门移送的，有关机关交办、转办、移送的及各办案平台发现的行政违法行为监督案件或线索，由民事行政检察部门受理，受理后应当及时审查，认为符合受理条件的，应当在三日内依照规定的条件与程序受理。

（2）管辖。对行政违法行为的检察监督应坚持属地原则和同级监督原则，由违法行使职权或者不作为的行政机关所在地的基层人民检察院管辖，违法行使职权或者不作为的行政机关是县级以上人民政府的案件，由地级市人民检察院管辖。下级人民检察院认为案件重大或疑难复杂的，可以申请上级人民检察院办理，上级检察院可以根据情况指令异地管辖和提级监督。

当事人申请行政违法行为检察监督的，人民检察院应询问其是否提出行政复议、行政诉讼，如已经提出相关救济措施，应告知其行政复议、行政诉讼等救济程序结束后再申请监督。

（3）审查。检察人员可根据办案的需要，采取下列调查核实措施：查阅、调阅、复制相关行政执法卷宗材料，审查行政机关的执法依据、执法行为、执法人员、事实和理由以及执法程序；询问案件相关人员和当事人、利害关系人；收集物证、书证、视听资料等证据；委托鉴定、评估、审计；其他必要的调查措施。检察机关调查核实时应当符合法定程序，如出示相关证件，二人以上进行，制作调查笔录等。

检察机关审查行政违法案件，对社会影响较大的限制人身、财产权的行政违法行为，损害国家利益和社会公共利益的行政违法行为，或依行政机关申请的案件，可以根据案件审查情况需要组织听证，邀请涉案行政机关、行政相对人、听证员（专家）、同级党委、人大、监察部门等相关人员参加。

（4）决定。经过调查后，承办人应制作审查终结报告，并在案件受理后三个月内作出监督决定书，依法提出处理建议：行政机关不存在违法情形的或违法行为情节显著轻微的、行政机关已经自行纠正的，终结审查；行政机关违法行使职权或者不行使职权致使公民人身、财产权受到损害的，向相关行政机关发出纠正违法通知书；行政机关违法行使职权或者不行使职权致使公民行政参与重要程序权力受到侵害的，向相关行政机关发出改进工作类检察建议；行政机关不作为或乱作为的违法行为、行政主体不适格或行政主体超越职权的违法行为，向有关行政机关发出纠正违法通知书，督促行政机关撤销或纠正已作出的行政违法行为；行政机关违法行使职权或者不行使职权致使国家利益和社会公共利益受到侵害的，向行政机关发出督促履职或督促起诉的检察建议。

对于当事人申请检察监督的，检察机关应将监督决定文书送达申请人并做好答复和释法说理工作，申请人不服人民检察院决定的，有权向上一级人民检察院申请复核。

（5）跟踪反馈。行政机关应在收到《纠正违法通知书》《检察建议书》后，应及时整改落实并分别于十五日、一个月内书面答复检察机关。被监督机关无正当理由未按规定时限答复的，检察机关可以将相关情况向其主管机关反映或向人大报告，确保法律监督文书的内容落实到位。

（6）提起行政公益诉讼。检察机关在履职中发现生态环境和资源保护、食品药品安全、国有财产保护、国有土地使用权出让、安全生产、未成年人保护、个人信息保护等领域中，负有监督管理职责的行政主体违法行使职权或者不作为，经过诉前磋商或检察建议督促履职，行政主体拒不纠正违法行为或不履行法定职责，导致国家和社会公益仍处于受侵害的状态，人民检察院应当提起行政公益诉讼。

2. 简易办理程序

对于“轻、小、微、急”等轻微型的行政违法行为，应实施一揽子快速办理机制。[①] 在发现监督线索之后，检察官对问题初步了解后可通过口头或简单的书面形式提醒或询问行政主体，如果行政主体及时纠正违法行为，或对其行为作出合理解释的解释，检察官在行政违法监督台账上予以登记备案后自行结束监督工作。

3. 检察职权配置

检察机关对自己监督范围内的行政执法行为，享有阅卷权、调查核实权等。行政机关应当主动配合检察机关调阅执法卷宗、获取相关资料，有关单位和个人要配合检察机关的调取证据、询问和其他调查措施。此外，笔者建议再增设检察令和质询权。检察令即检察机关发出的具有明确性、强制力的指令，包括禁止令、督促令等。在行政行为对权益的侵害具有紧迫性需要立即制止时，或行政机关不作为需要督促其立刻履职时，检察机关可发出检察令。质询权即要求行政机关或工作人员在一定期限内针对检察机关的质询作出答复。行政机关拒不配合、刻意隐瞒或者阻挠的，检察机关应当通报其上级机关或监察部门督促其及时纠正。

4. 效力及救济

行政机关对检察机关的监督处理决定不服，可以在法定期间内向上级检察机关提出复核，并提供行政行为合法的证据和理由，经复核后检察机关维持原决定的，行政机关仍拒不履行检察监督决定时，可由上级检察机关将有关情况通报同级行政部门并报告人大，以此强制力来督促行政机关纠正违法的行政行为，并作出正确的行政行为。

---

① 珠海市香洲区检察院针对行政机关轻微违法行为占比逐渐增加的实际，探索“轻、小、微、急”行政违法行为检察监督表格化快速办理工作机制，实现案件的繁简分流，提高监督效率。

（五）健全配套机制

检察机关要坚持协同监督原则，在明确各项监督机制界限的同时，应当追求各项监督机制的有效协作和有效衔接，建立检察机关与行政机关的沟通协调机制，完善检察机关与监察机关的法法衔接机制等，实现监督配套机制融合贯通，形成监督合力，增强监督实效。

一是健全沟通、协调与信息反馈机制。定期召开联席会议，邀请行政机关、政府法制部门、监察部门等联合会签工作文件，充分听取被监督对象即行政机关的意见；研究分析行政执法监督中出现的新问题，持续加强协作配合。

二是构建专业问题专家协助机制。检察机关履职时，特别涉及国家利益和社会公共利益需要作出专业评估时，需要借力“外脑”，邀请相关专业人员、专家协助论证，出具专业意见书。

三是创设重大公益和民生应急机制。在检察机关提出诉前检察建议后，有关行政机关仍然没有纠正违法行政行为，国家和社会公共利益持续处于受侵害的情况下，检察机关可向法院提出申请，行政机关收到法院的指令后应立即停止违法行政行为，或者立即实施依法应实施的行政行为。

（六）推动立法完善

当前行政违法行为检察监督的很大困难是法律依据有所缺失，要全面推进行政违法检察监督，加强对行政权的制约，就要保障行政违法检察监督制度的立法供给。

一是完善检察建议相关规定。第一，将纠正违法类检察建议的适用范围由诉讼中拓展到诉讼外，将《人民检察院检察建议工作规定》（以下简称《工作规定》）第 9 条“人民检察院在履行诉讼活动的法律监督职责中发现”修改为“人民检察院在履行法律监督职能中发现”，并在分条款中加上“行政机关违法行使职权或者不行使职权的情形”。第二，明确行政机关对检察建议的异议期限及检察机关复核的期限。建议根据司法实践情况设置一个明确合理的异议期限和复核期限，以避免造成同案不同处理的情况。第三，修改完善检察机关调查核实权的相关规定。《工作规定》列举了检察机关 7 项调查取证的权限，在此基础上明确提出不得采取限制人身自由和查封、扣押、冻结财产等强制性措施。建议增设对于行政机关不配合调查取证的处置措施，如通过上级机关、行政主管部门等处理，必要时通报同级党委、人大、政府、监察机关等部门，确保调查取证权能够切实发挥作用，保障行政违法行为检察监督的有效实施。

二是制定行政违法行为检察监督的实施细则。前期加大挖掘行政违法行为检察监督的案例，通过最高检下发指导文件、典型案例等方式对常见的行政违法行为进行列举，并不断结合各地实践予以增补。后期时机成熟可制定《行政违法监督规则》，规定行政违法行为检察监督的法律依据、监督范围、监督方式、监督程序、职权职责等内容，统一的操作规范和文书样式。

三是明确法律责任。通过立法解释或修改法律，对行政处罚法、行政许可法、行政强制法等规范中“法律责任”一章中的“有关部门”“相关部门”明确为“人民检察院”，同时确立行政机关拒绝接受或者消极对待检察机关法律监督，造成比较严重后果的，应当承担相应的法律责任。

结语

强化对行政违法行为的检察监督，是宪法基础上行政权与检察权分工、监督和配合的外化，也是全面深化改革的必然要求。检察机关在推进行政违法行为监督时，必须以整体、系统的角度科学辨识行政检察在整个行政监督体系中的位置，从根本上把握行政检察的需求和能力所在，并不断增强行政违法行为检察监督的合法性、精准性、有效性和协调性，从而实现两权间的良性互动，不断推动法治国家建设。

总体国家安全观视野下的检察履职研究

王 斌 李远军 李梓雯*

摘 要 在错综复杂的国际环境和艰巨繁重的国内改革发展稳定任务下，影响国家安全的风险和危险日益增多，亦日趋复杂，我国的国家安全形势面临着前所未有的挑战。总体国家安全观的提出，系统地回应了我国面临的各种安全问题和挑战。总体国家安全观强调大安全和系统安全理念，其内涵和外延比历史上任何时期都要丰富。维护国家安全是检察机关法定职责，也是检察机关加强法律监督工作的应然之责，同时，新时代检察工作重心已从犯罪治理转向更深层次的社会治理，与总体国家安全观的具体目标是天然一致的。因此，检察机关应把握安全大势，以总体国家安全观引领新时代检察工作，从发挥检察一体化优势、运用数字检察思维、为粤港澳大湾区高质量发展提供安全保障等方面维护国家安全。

关键词 国家安全 总体国家安全观 检察履职 法律监督

党的二十大报告指出“国家安全是民族复兴的根基，社会稳定是国家强盛的前提。”这充分阐明了维护国家安全和社会稳定在全面建设社会主义现代化国家新征程中的重要性，也阐明了贯彻总体国家安全观的必要性。检察机关作为法律监督机关，坚持贯彻总体国家安全观，在维护国家安全中不断展现检察担当。本文在探究国内外国家安全观念的发展及我国国家安全观的具体内涵的基础上，检视总体国家安全观视野下的检察履职实践，进而思考下一步检察机关维护国家安全的履职方向。

一、考察：国家安全观念的嬗变

国家安全是一个国家存续发展的最基本保障，因而保障自身安全是国家的首要目标。当一个国家失去安全保障，面临内部或者外来的威胁，处于危机状态，社会的正常秩序被打断，必然导致国家发展陷入停滞，甚至陷入倒退、崩溃状态。因此，各国都将国家安全视为重大事务，采取一切可能的手段维护国家安全。

---

* 王斌，广东省珠海市人民检察院法律政策研究室主任，全国检察理论研究人才；李远军，广东省珠海市人民检察院法律政策研究室一级检察官；李梓雯，广东省珠海市香洲区人民检察院三级检察官。

（一）国家安全观念的域外发展

国际上从“冷战”后期就开始对国家安全模式进行探索，形成了“综合安全观”“共同安全观”“合作安全观”“非传统安全观”等国家安全观念。

日本政府在20世纪70年代末80年代初，先后提出了“综合安全观”“综合安全保障战略”，在一定程度上修正了日本战后长期坚持的“先经济后军备”的“吉田战略”，[①] 强调发挥军事和政治手段之外的经济力量、技术创新等的综合作用来防止和对付诸如战争、资源危机、能源危机等方面的威胁。时至今日，综合安全观在日本安全事务领域仍是主流思想。而美国现行安全战略中的经济、防务和民主三大支柱，实际上也体现了综合安全观的国家安全观念。[②]

“共同安全观”源于欧洲，1982年瑞典第一次就共同安全达成的目标、实现的途径、应该遵循的原则等做了比较系统的分析研究，认为避免战争尤其是避免核战争，是一种共同责任，世界各国的安全甚至生存，是相互依赖的。[③] 共同安全观认为，安全不再是“零和博弈”，安全是所有国家的共同事务。共同安全观迎合了时代的发展要求，是对传统安全观的突破，但其在考虑实现共同安全的途径时，主要着眼于军事领域，仍带有一定的传统安全观的色彩。

“合作安全”的概念最早是在1988年由美国的布鲁金斯学会提出，经过不断完善最终形成了“合作安全观”。合作安全观的主张和观念是通过安全主体一定范围内的合作来谋求国家安全、地区安全乃至全球安全的。其打破了过往认为安全只有对抗才能解决的观念，已不是强调自身力量对维护国家安全的重要性，而是强调不同安全主体对安全的重要意义。[④]

后来人们用“非传统安全观”来概括这些不同的安全观。虽然，非传统安全观并不必然导致强调非传统安全问题而忽视传统安全问题，但国内外研究者却多把其解释为一种特别并专门研究非传统安全问题的安全观念，从而使得非传统安全观呈现出较大的片面性。[⑤]

综观世界各国国家安全观念的发展，传统军事安全仍然十分重要，非传统安全日益成为各国关注的重点，同时，全球安全亦成为重要的考量，对我国国家安全观的形成完善均具有借鉴意义。

---

① 参见宋德星、李庆功等：《世界主要国家安全政策》，中央文献出版社2016年版，第231页。

② 参见刘跃进：《总体国家安全观思想渊源与国家安全学理论研究》，载《刘跃进国家安全文集（下册）》，中国经济出版社2020年版，第287页。

③ 参见刘跃进：《总体国家安全观思想渊源与国家安全学理论研究》，载《刘跃进国家安全文集（下册）》，中国经济出版社2020年版，第287页。

④ 参见刘跃进：《总体国家安全观思想渊源与国家安全学理论研究》，载《刘跃进国家安全文集（下册）》，中国经济出版社2020年版，第288页。

⑤ 参见刘跃进：《大安全时代的总体国家安全观——学习习近平同志关于国家安全重要讲话中的哲学思想》，载《刘跃进国家安全文集（下册）》，中国经济出版社2020年版，第4页。

（二）总体国家安全观的提出

新中国成立以来，我国始终高度重视国家安全问题。随着时代发展和安全形势的变化，我国的国家安全观念与时俱进，自1949年新中国成立至2015年，大致经历了三个阶段的发展演进。第一个阶段是在新中国成立初期，国家处于极其复杂的国家安全环境中，因而将保卫人民民主政权，维护国家独立、主权和领土完整作为国家安全工作的首要任务，强调维护政权和军事安全，通过结盟、建设强大国防、建立国际统一战线等途径维护国家安全；第二个阶段是在改革开放时期，我国实行对内改革、对外开放的政策，经济工作自然地成为中心工作，经济安全在整体国家安全战略中的地位显著提升。该阶段国家安全观念的重点在于维护经济安全。第三个阶段是进入新世纪后，冷战结束，倡导以"互信、互利、平等、协作"为核心的新安全观，强调国际安全，[①] 实现了从坚持以军事和政治安全为核心的传统国家安全观向同时关注经济安全、共同安全的非传统安全观的转变。

党的十八大以后，我国发展进入了新时代，国家安全形势保持总体向好、有序可控的基本态势，但在错综复杂的国际环境和艰巨繁重的国内改革发展稳定任务下，影响国家安全的风险和危险日益增多，亦日趋复杂，国家安全形势面临着前所未有的挑战。2014年4月15日，习近平总书记在中央国家安全委员会第一次会议中首次正式提出总体国家安全观，系统地回应了我国面临的各种安全问题和安全挑战，为开创国家安全工作新局面指明了方向，标志着党和国家对国家安全问题的理论认识提升到了新的高度和境界。同年7月，《中华人民共和国国家安全法》颁布，以法律的形式确立了总体国家安全观在国家安全工作中的指导地位。2017年10月，党的十九大将"坚持总体国家安全观"纳入新时代坚持和发展中国特色社会主义的基本方略，并写入党章。此后，总体国家安全观不断丰富和发展。2018年4月，习近平总书记在十九届中央国家安全委员会第一次会议上进一步阐述了总体国家安全观。2020年12月，习近平总书记在十九届中央政治局第二十六次集体学习上对总体国家安全观做出全面、系统、完整的论述，提出了"十个坚持"的工作要求，强调在国家安全治理中要坚持系统思维，构建大安全格局。

总体国家安全观汲取了域外不同国家安全观念的有益成分并克服了其局限性，继承和发展了新中国成立后党和国家维护国家安全的理论成果和实践经验。"总体"是总体国家安全观最为鲜明的特征，其核心要义主要体现在两个方面：第一，强调大安全和系统安全理念，从哲学辩证法和系统思维的高度解释了当代国家安全和国家安全工作的全面性、整体性和系统性，将国家安全的内涵向宽领域、立体化的方向拓展，从而最大限度地维护国家安全。[②] 第二，强调国家安全的科学统筹，以期构建集各领域安全为一体

① 赵磊：《国家安全学与总体国家安全观》，中国民主法制出版社2023年版，第84—85页。

② 陈宇学、许彩慧：《总体国家安全观视角下中国经济安全探讨》，载《上海经济研究》2023年第5期。

的国家安全战略体系。[①] 这是过去任何一种国家安全观都无法比拟的，是一种更高版本的国家安全观。[②] 总体国家安全观内涵丰富，涵盖包括传统安全领域和诸多非传统安全领域的国家安全要素。[③] 其内涵和外延可以归结为“五大要素”和“五对关系”。[④] 随着国家安全形势的变化和社会的发展，总体国家安全观还将不断地动态调整、完善和丰富，比如在新冠肺炎爆发后，生物安全便随之被纳入国家安全体系。

总体国家安全观是指导国家安全工作的强大思想武器，是保障实现中华民族伟大复兴的新理念。党的二十大报告将“国家安全体系和能力加强”作为到 2035 年我国发展的总体目标之一，专章对“推进国家安全体系和能力现代化，坚决维护国家安全和社会稳定”进行战略部署，并强调“必须坚定不移贯彻总体国家安全观，把维护国家安全贯穿党和国家工作各方面全过程，确保国家安全和社会稳定。”表明了党和国家对国家安全问题的高度重视，也表明了新时代新征程贯彻总体国家安全观的重要性与必要性。

二、检视：总体国家安全观视野下的检察履职实践

（一）总体国家安全观视野下检察机关维护国家安全的职责

1. 维护国家安全是检察机关的法定职责

《人民检察院组织法》自 1979 年颁布后，历经 1983 年、1986 年的修正以及 2018 年的修订，均对检察职权予以规定。新时代背景下，社会主要矛盾发生了历史性变化，国家权力结构亦进行了广泛而深刻的调整，检察职权的内涵和外延亦随之发生变化。从现行的《人民检察院组织法》对于检察权的界定可以得出，检察的权能已从早期集中于犯罪治理实现了向犯罪治理与社会治理并重的转变。但无论检察机关的权能如何变迁、拓展，检察机关通过检察权的规范运行维护国家安全的职责始终没有改变，维护国家安全始终是检察机关的法定职责，也是检察权的基本权能。

2. 维护国家安全是检察机关加强法律监督工作的应然之责

法律监督是中国特色社会主义社会检察制度鲜明的特色，也是显著的优势。2018 年职务犯罪侦查职能转隶至监察机关后，检察机关作为“国家的法律监督机关”的宪法定位并未发生任何改变。党的十八大以来，以习近平同志为核心的党中央高度重视检察

---

① 赵磊:《国家安全学与总体国家安全观》，中国民主法制出版社 2023 年版，第 89 页。

② 刘跃进:《“总体国家安全观”解读——专访国际关系学院教授刘跃进》，载《刘跃进国家安全文集（下册）》，中国经济出版社 2020 年版，第 300 页。

③ 总体国家安全观涵盖既包括政治、国土、军事等传统安全领域，也包括经济、金融、文化、社会、科技、网络、粮食、生态、资源、核安全 、海外利益、太空、深海、极地、生物、人工智能、数据等非传统安全领域的国家安全要素。

④ “五大要素”即以人民安全为宗旨，以政治安全为根本，以经济安全为基础，以军事、文化、社会安全为保障，以促进国际安全为依托。这五大要素清晰反映了国家安全的内在逻辑关系。“五对关系”即要统筹外部安全和内部安全、国土安全和国民安全、传统安全与非传统安全相互影响、发展问题和安全问题、自身安全和共同安全。这五对关系准确反映了辩证、全面、系统的国家安全理念。

工作，于2021年印发了《中共中央关于加强新时代检察机关法律监督工作的意见》（以下简称《意见》），再一次把加强检察机关法律监督工作摆在突出位置，强调检察机关是国家的法律监督机关，是保障国家法律统一正确实施的司法机关，是保护国家利益和社会公共利益的重要力量，是国家监督体系的重要组成部分，在推进依法治国、建设社会主义法治国家中发挥着重要作用。《意见》进一步明确和重申了检察机关的性质，赋予了新时代检察机关法律监督更重的责任，并就新时代检察机关法律监督工作提出了具体意见，其中要求检察机关充分发挥检察监督职能作用，坚决维护国家安全和社会大局稳定，积极投入更高水平的平安中国建设。因此，维护国家安全是检察机关强化法律监督职能作用的应然之责，检察机关必须抓实用好法律监督这个利器，坚决维护国家安全和社会稳定。

3. 维护国家安全是检察工作进入新时代的必然回应

在总体国家安全观视野下，国家安全的内涵和外延比历史上任何时期都要丰富，所有涉及国家存立、社会发展、国民福祉的可能事项都被纳入国家安全的范畴。与之相适应，2015年颁布的《国家安全法》将惩治危害国家安全犯罪所保护的法益从传统的“我国的主权、领土完整和安全、人民民主专政的政权和社会主义制度的安全”，[①] 扩大到“国家政权、主权、统一和领土完整、人民福祉、经济社会可持续发展和国家其他重大利益相对处于没有危险和不受内外威胁的状态，以及保障持续安全状态的能力”。检察机关作为宪法规定的法律监督机关和中国特色社会主义制度的重要组成部分，维护国家安全是重要的任务。随着国家安全理念的不断丰富发展，法律监督理念也与时俱进，极大地丰富和扩展了新时代检察工作的内涵和外延，对落实总体国家安全观作出具体回应。

党的二十大报告对推进国家安全体系和能力现代化作出专章部署，将国家安全工作置于党和国家事业全局中的重要位置。推进国家安全体系和能力现代化，是落实总体国家安全观在实践中的具体目标，是推进国家治理体系和治理能力现代化、谱写“中国之治”新篇章的必然要求，也是建设更高水平平安中国、满足人民群众日益增长的安全需要的必然要求。[②] 检察机关作为国家治理体系的重要组成部分，新时代检察工作重心已从犯罪治理转向更深层次的社会治理，与总体国家安全观的具体目标是天然一致的。实际工作中，检察机关深刻把握法律与政治、经济、文化、社会等范畴的关系，深入探索依法履职，依法延伸法律监督触角，积极回应人民群众对民主、法治、公平、正义、安全、环境等方面内涵更丰富、形式更多样的需求与期待，融入并服务于全面建设社会主义现代化国家的时代大潮，助推国家治理体系和治理能力现代化。

（二）总体国家安全观视野下检察机关维护国家安全的履职实践

总体国家安全观扩充了国家安全的内涵，也丰富了检察履职维护国家安全的内涵。

---

① 高铭暄、马克昌主编:《刑法学》，北京大学出版社、高等教育出版社2007年版，第326页。

② 郭声琨:《推进国家安全体系和能力现代化》，载《人民日报》2022年11月24日。

检察机关坚持贯彻总体国家安全观，以“四大检察”为抓手，依法履职，充分发挥法律监督职能作用，切实担负起维护政治安全、社会安定、人民安宁的责任，在维护国家安全中展现检察担当。最高人民检察院每年向全国人大所作的工作报告中都有关于检察机关坚持贯彻总体国家安全观、维护国家安全和社会稳定方面的成绩总结，比如2023年《最高人民检察院工作报告》就指出，过去五年检察机关坚定不移贯彻总体国家安全观，积极投入更高水平的平安中国建设。[①]

1. 维护政治安全

政治安全是总体国家安全观的核心要义，亦是国家安全的命脉之所在。[②] 习近平总书记在对政法工作作出重要指示时强调，要把维护国家政治安全，特别是政权安全、制度安全放在第一位。中央政法工作会议也明确了2023年政法机关工作着力点之一即是全力履行维护国家政治安全，确保社会大局稳定的职责使命。检察机关应时刻绷紧政治安全这根弦，以刑事检察为抓手，依法防范和严惩分裂国家、颠覆国家政权等危害国家安全的犯罪，持续加大反恐怖、反分裂、反邪教斗争力度，切实捍卫国家政治安全特别是政权安全、制度安全。2018年至2022年底，检察机关依法追诉危害国家安全犯罪1400余件，[③] 如依法起诉周世锋、胡石根等颠覆国家政权案。积极投入严厉打击暴恐活动中，批捕、起诉天安门“10・28”、昆明“3・01”、莎车“7・28”等一批重大暴恐案件的同时，将常态化开展扫黑除恶工作纳入检察工作全局谋划，努力实现常治长效。扫黑除恶专项斗争是维护政治安全的重要举措，检察机关在三年扫黑除恶专项斗争中，依法“稳、准、狠”打击黑恶犯罪，共批准逮捕涉黑涉恶犯罪嫌疑人14.9万人，提起公诉23万人，其中起诉涉黑犯罪5.4万人，是前10年总数的1.3倍，[④] 通过扫黑除恶专项斗争，从根本上遏制黑恶犯罪，有效保障社会安定有序、国家长治久安，进一步巩固了党的执政基础。

2. 维护社会稳定

社会稳定是推进国家改革发展的重要前提，更关系到国家的长治久安。维护社会稳定，必须要切实解决好关乎人民群众切身利益的问题，以全面做好社会治安、安全生产、食品药品安全等各方面的工作为抓手，不断增强人民群众的获得感、幸福感、安全感。[⑤] 检察机关主要从打击违法犯罪和助推社会治理两个方面入手，维护社会秩序、减少和化解社会矛盾，进而维护社会稳定。一是检察机关始终保持对人民群众深恶痛绝的

---

①《最高人民检察院工作报告——2023年3月7日在第十四届全国人民代表大会第一次会议上》，载最高人民检察院官网，https：//www.spp.gov.cn/spp/gzbg/202303/t20230317_608767.shtml。

② 牛正浩、潘剑锋：《论检察机关化解政治安全的维度》，载《甘肃政法大学学报》2021年第4期。

③ 孙谦：《维护国家安全稳定和秩序，保障刑事法律的统一、尊严和权威——刑事检察五年回顾》，载《人民检察》2023年第6期。

④《最高人民检察院工作报告——2021年3月8日在第十三届全国人民代表大会第四次会议上》，载最高人民检察院官网，https：//www.spp.gov.cn/spp/gzbg/202103/t20210315_512731.shtml。

⑤ 参见赵磊：《国家安全学与总体国家安全观》，中国民主法制出版社2023年版，第291页。

刑事犯罪的高压震慑态势，使得社会秩序持续向好，检察机关2022年受理审查起诉的杀人、抢劫、绑架等严重暴力犯罪为近二十年来最低，[①] 人民群众的安全感稳步提升。同时，检察机关深化认罪认罚从宽制度的适用，一方面能够提升诉讼效率，另一方面上诉与申诉大幅减少，更利于罪犯改造，从而更好地化解社会矛盾，促进社会和谐。二是检察机关坚持治罪与治理有机结合，从个案办理延伸到对社会问题的依法治理，针对办案中发现的制度漏洞、履职缺位以及其他妨碍社会治理等涉及人民群众急难愁盼的问题，先后向有关国家机关制发八份检察建议。其中四号检察建议、七号检察建议、八号检察建议分别聚焦窨井盖安全、寄递安全监管、安全生产风险等不同领域的社会安全问题。检察机关旨在通过依法履职，积极参与社会治理，在联动联治中守护社会安全，增强人民群众生活的幸福感，体现了坚定不移地贯彻总体国家安全观，落实"以人民为中心"的发展理念和维护国家安全、社会稳定的决心。三是检察机关积极发挥公益诉讼检察职能，开展"公益诉讼守护美好生活""保障千家万户舌尖上的安全""为民办实事，破解老大难"等多个专项监督活动，持续聚焦事关人民群众切身利益的问题，着力推动解决了一批群众的操心事、揪心事、烦心事，疏解社会矛盾。比如，聚焦关系人民群众身体健康和生命安全的食品药品安全问题，切实保障人民群众"舌尖上的安全"。据统计，2022年检察机关共立案办理食品药品安全公益诉讼案件20341件，[②] 并通过制发检察建议督促行政机关依法履职，以点带面推动食品药品行业治理，规范市场秩序，维护消费者合法权益；四是检察机关坚持检察为民，持续做好行政争议实质性化解、支持起诉、司法救助等为民实事。比如，针对行政诉讼"程序空转"的问题，开展行政争议实质性化解工作。行政检察监督案件是信访易发多发的案件类别，当事人多存在不满情绪，检察机关综合运用抗诉、检察建议、公开听证等多种方式，促进行政争议得到依法、公平、有效解决，对于减轻当事人的讼累，促进社会和谐稳定具有重要意义。

3. 维护经济安全

经济安全是国家安全的基础和重要组成部分。经济的持续健康发展是国家繁荣富强、人民幸福安康、社会和谐稳定的物质基础。从广义上理解，经济安全是指国家防止外部冲击给国民经济利益带来巨大损害。而从狭义上理解，经济安全则是指在开放的条件下，当受到外部冲击时，一个国家的金融乃至整个经济能够避免引发动荡以及财富的流失。[③] 经济安全是一个大概念，包括金融安全、网络安全、产业安全等。[④] 在经济全球化的时代背景下，国家经济安全的重要性尤为突出。维护国家经济安全是检察机关的

---

①《最高人民检察院工作报告——2023年3月7日在第十四届全国人民代表大会第一次会议上》，载最高人民检察院官网，https：//www.spp.gov.cn/spp/gzbg/202303/t20230317_608767.shtml。

②《最高检发布检察机关食品药品安全公益诉讼典型案例，关注解决食品安全领域新业态新问题》，载最高人民检察院官网，https：//www.spp.gov.cn//xwfbh/wsfbt/202303/t20230315_608471.shtml#1。

③ 参见张幼文：《国家经济安全问题的性质与研究要点》，载《世界经济研究》1999年第3期。

④ 参见赵磊：《国家安全学与总体国家安全观》，中国民主法制出版社2023年版，第151页。

重要职责，检察机关主要从维护金融安全、网络安全等方面入手维护经济安全，为经济社会高质量发展提供优质的法治保障。具体举措如下：一是检察机关守好经济安全法治防线。破坏金融管理秩序、金融诈骗等犯罪给经济秩序带来极大的破坏，严重危害国家经济安全。检察机关从严惩治该类犯罪，2022 年起诉上述两类犯罪 3.8 万人，其中，依法惩治非法集资犯罪，起诉非法吸收公众存款罪、集资诈骗罪 1.9 万人。此外，由于反洗钱在巩固金融安全和防范化解金融风险上具有独特的功能，因而成为落实总体国家安全观的重要组成部分。[①] 检察机关在办理上游犯罪案件时同步审查是否涉嫌洗钱犯罪，并积极协同中国人民银行等开展专项行动，不断加大对洗钱犯罪的惩治力度，使得上游“罪”与“赃”无所遁形；二是检察机关积极推动网络空间治理。网络犯罪不同于传统犯罪，打破了地区、国家界限，跨域性趋势明显，对经济社会发展产生巨大威胁。[②] 检察机关依法严厉打击电信网络诈骗及关联的网络黑产犯罪，深挖扩线打击幕后金主、从严惩治团伙骨干、不断加大追赃挽损的力度。同时，严厉打击利用网络实施贩毒、诈骗、赌博等犯罪。

4. 维护生态安全

生态安全在国家安全体系中居于重要的基础地位。生态安全提供了人类生存发展的基本条件，是经济社会持续健康发展的基本保障，是社会稳定的坚固基石，是资源安全的重要组成部分，还是全球治理的重要内容。[③] 自党的十八大以来，我们国家以前所未有的力度抓生态文明建设，党的二十大再次明确了新时代中国生态文明建设的战略任务，总基调是推动绿色发展，促进人与自然和谐共生。检察机关将生态环境保护和绿色发展理念贯穿于检察工作中，统筹发挥“四大检察”职能，助力打好蓝天、碧水、净土保卫战，积极捍卫和守护生态安全。一方面，检察机关开展公益诉讼，通过诉前检察建议、提起公益诉讼等方式，持续打好污染防治攻坚战、积极推进长江流域生态保护、服务保障黄河流域高质量发展、不断强化生物多样性保护、积极助力矿产资源保护、坚决守护农用地保护红线，[④] 在生态环境和资源保护大格局中发挥积极作用；另一方面，检察机关通过惩治破坏生态环境资源犯罪，维护生态安全，截止至 2023 年 6 月全国检察机关起诉破坏环境资源犯罪 1.5 万人。[⑤]

三、思考：总体国家安全观视野下的检察履职方向

新时代新征程新任务下，检察机关应深刻把握当前国际形势的变化和我国改革发展

---

① 王新：《总体国家安全观下我国反洗钱的刑事法律规制》，载《法学家》2021 年第 3 期。

② 万春：《推进中国式犯罪治理现代化的几点思考》，载《检察日报》2023 年 7 月 5 日。

③《国家发展改革委有关负责同志就维护国家生态安全答记者问 》，载中国政府网，https：//www.gov.cn/zhengce/2017-04/15/content_5186002.html。

④ 参见《生态环境和资源保护检察白皮书（2018—2022）》，最高人民检察院 2023 年 6 月发布。

⑤《发现真问题、解决真问题、真解决问题——最高检坚持主题教育和检察工作两手抓、两促进》，载最高人民检察院官网，https：//www.spp.gov.cn//zdgz/202307/t20230719_622005.shtml。

所面临的机遇与挑战，在总体国家安全观视野下，立足法律监督职能，为维护国家安全作出更优的检察贡献。

（一）以总体国家安全观引领新时代检察工作

思想是行动的先导，理论是实践的指南。前已述及，总体国家安全观将党和国家对国家安全的认识提升到了新的高度和境界，为破解我国国家安全面临的难题、推进新时代国家安全工作提供了根本遵循，是指导新时代国家安全工作的强大思想武器。[①] 检察机关作为维护国家安全的重要力量，应当切实提高政治站位，充分认识到维护国家安全的极端重要性，全面、系统、深入地学习领会总体国家安全观，不断深化认识、全面理解把握，并坚持用总体国家安全观武装头脑、指导实践、推动工作。在国家安全问题的复杂和艰巨程度明显增大的形势下，检察机关还必须充分认识到当前维护国家安全工作所面临的风险与挑战，紧密结合形势和任务，把具体监督办案职责摆进去，以更高的政治自觉、法治自觉和检察自觉在依法履职中牢固树立总体国家安全观，筑牢维护国家安全的检察防线。

但在实践中，部分检察人员由于对总体国家安全观的认识还不够全面、深入，主要问题表现在：第一，在办理普通案件时欠缺政治敏感性、警惕性和风险防范意识。比如有的检察人员在办理非法吸收公众存款等涉众型犯罪案件时，未充分考虑到该类案件存在舆情风险，可能影响社会稳定的因素，仍按照常规案件办理；[②] 第二，存在就案办案、机械办案的问题。有的检察人员在办理涉及国家安全的重大、敏感案件时，政治站位有待提高，对国家利益因素缺乏足够的关注，因而未能在办案中及时地发现威胁到国家安全的苗头性、倾向性问题。比如，在办理为境外窃取、刺探、收买、非法提供国家秘密、情报犯罪案件时，仅止于办好案件本身，但并未深入地剖析犯罪嫌疑人是具备何种便利条件从而能够获取到国家秘密、相关领域是否存在保守国家秘密的漏洞等问题，更未通过依法履职推动解决危害国家安全的深层次问题。

因此，结合前述问题，检察机关继续坚持贯彻总体国家安全观，将总体国家安全观贯穿于检察履职的各个环节，应着重从以下方面着手：一是不断增强检察人员在办案过程中的政治敏锐性和政治鉴别力，切实提升识别案件中潜在风险和隐患的能力，依法及时妥善处置存在政治类敏感信息、容易产生舆情风险和造成不良社会影响的案件，坚持案件办理与维护稳定同步。尤其是在办理涉外案件时，准确把握中外利益的交融点，积极主动服务国家大局，维护国家安全；二是不断提高检察人员在履职过程中维护国家安全的专业能力和本领，进一步更新司法理念，改变传统办案思维，主动适应国家安全工作逻辑的转型，即从以往"以防为主"的"维护"逻辑转型为"以防为主，主动出击"

---

① 中共中央宣传部、中央国家安全委员会办公室：《总体国家安全观学习纲要》，学习出版社、人民出版社2022年版，第146页。

② 李大槐：《检察机关全面贯彻总体国家安全观的实践和思考》，载《中国检察官》2023年第1期。

的"维护和塑造"逻辑。[①] 坚持防控并重，将治理重心由事后打击前置到事前预防上，在办案过程中善于发现并深入探究案件背后可能存在的维护国家安全的漏洞以及影响安全稳定的深层次问题，通过依法履职把可能存在的风险隐患处置于萌芽状态，进而维护国家安全、社会安定、人民安宁。

（二）发挥检察一体化优势维护国家安全

检察一体是对近代大陆法系检察制度内部组织构建以及权能运行的原理性概括和总结。[②] 进入新时代，检察机关将内设机构改革作为检察工作创新发展的切入点与突破口，在机构与职能上进行了系统性、整体性、重构性的变革，形成了"四大检察"的新发展格局，最大限度地释放"检察生产力"。2021 年 6 月，《意见》明确地对检察机关优化整合职能和提高法律监督效能提出了要求。2022 年 1 月召开的全国检察长（扩大）会议进一步强调要更加注重推进检察一体化机制建设，凝聚法律监督更强大合力。

在我国的检察体制中，检察一体化包含着双重构造，即纵向一体化和横向一体化。其中，横向一体化是指跨区域的检察机关以及检察机关内各部门相互支持配合，最大限度地发挥检察资源的整合优势。不同区域的检察机关通力合作，比如，在办理跨区域的复杂案件时相互支持配合、交流信息，为调查取证、审查核实案情提供便利；此外，横向一体化还体现为检察机关内各部门在行使四大检察职能过程中加强协作配合，充分运用各种检察资源，发挥检察工作的合力。而纵向一体化则是指上下级检察机关是一个整体，统一行使宪法和法律赋予的检察职能。[③]

但在实践中，有的检察机关未及时更新对国家安全的理解，对国家安全所涉及的新领域和新业务不甚熟悉，仍停留在传统安全领域理解国家安全，导致履职方式被局限在传统的刑事检察业务，而忽略了其他检察业务在维护国家安全方面的作用，未能充分发挥检察一体化在维护国家安全中的优势。鉴于此，检察机关在履行维护国家安全职责时，应更加注重发挥检察一体化的优势，加强上下级检察机关、检察机关内部各部门以及跨区域检察机关之间的协调配合，提升系统思维，打破职能壁垒，敏于发现其他检察业务问题线索，防止各自为政、相互封锁、相互掣肘，从而最大限度发挥检察履职维护国家安全的合力。其中，检察机关内部加强协调配合，比如，珠海市检察机关的刑事检察部门在办理一宗非法捕捞水产品案件时，发现犯罪嫌疑人非法捕捞的渔获物虽已放归大海，但其在非法捕捞过程中造成的海洋环境损害和渔业资源破坏并未得到修复。因无适格主体提起民事公益诉讼，刑事检察部门与公益诉讼检察部门秉持检察一体化理念，融合履职，由公益诉讼检察部门依法提起附带民事公益诉讼，保障本地海洋渔业资源的可持续发展，切实维护生态安全；区域检察机关之间协调配合，比如珠海、中山市检察

---

① 李大槐：《检察机关全面贯彻总体国家安全观的实践和思考》，载《中国检察官》2023 年第 1 期。
② 韩东成：《检察一体化内涵要义》，载《检察日报》2022 年 7 月 26 日。
③ 陈文聪：《检察一体化问题研究》，载《法律科学（西北政法大学学报）》2023 年第 2 期。

机关在粤港澳大湾区深度融合发展的背景下共同签署《守护前山河流域生态环境公益诉讼协作机制》，建立跨区域检察公益诉讼协作机制，有效破解“上下游不同步、左右岸不同行”的跨区域生态治理难题，形成合力共同维护生态安全。

（三）运用数字检察思维促进维护国家安全方式的现代化

2022年以来，检察机关积极构建数字检察工作模式。以数字检察驱动“数字赋能监督，监督促进治理”的法律监督模式重塑变革，是检察机关融入新时代科技革命、实现法律监督高质效、促进社会治理现代化的一项重大改革。① 具体而言，数字检察通过大数据赋能法律监督，实现从个别、碎片、偶发、被动的监督向全面、整体、系统、主动的监督转变。其运行逻辑存在“数据→大数据→数字技术→个案办理→类案监督→社会治理”的递进性驱动关系。② 检察机关积极采取数字检察工作模式，利用大数据开展法律监督，促进惩治犯罪，推动解决社会治理深层次的问题，亦契合总体国家安全观视野下检察机关履行维护国家安全职责的要求。一方面，总体国家安全观强调大安全及系统理念，国家安全的重点领域更加宽广，突出构建大安全格局，实现国家安全的全方位之治。而数字检察依托大数据赋能，能够更全面、充分地发现线索，能够更精准、深入、系统地进行类案监督，在实现从个案办理到类案监督跨越的同时，也自然地把监督工作引向系统治理，并形成更大的治理效能。③ 这就意味着，数字检察的系统治理思维与国家安全观所要达到的全方位之治是相互契合的，数字检察是总体国家安全观视野下检察机关履行维护国家安全职责的重要支撑；另一方面，在数字化背景下，犯罪活动呈现技术化、隐蔽化、分散化的特征，查证和打击难度均有所增加，维护国家安全工作面临新的挑战。加强数字检察工作是检察机关顺应信息化的时代发展趋势的重要举措，同时也有助于促进检察机关维护国家安全方式的现代化，更高效率、高质量地通过检察履职应对和化解数字化时代下国家安全面临的新风险、新挑战。

（四）为粤港澳大湾区高质量发展提供安全保障

粤港澳大湾区地处改革开放的前沿阵地，是我国开放化程度最高的区域之一，对外交往频繁，对安全的要求尤为迫切。同时，粤港澳大湾区受国际社会政治、经济和文化思潮等因素的影响较早，在意识形态、文化等方面的国家安全问题的复杂性也更高。高水平安全是推进粤港澳大湾区高质量发展的前提保障，因此，安全发展应贯穿粤港澳大湾区建设事业各领域和全过程，应着力防范化解重大风险挑战，守住安全发展底线，建设更高水平的平安湾区。检察机关应更加充分地发挥法律监督职能，为粤港澳大湾区高质量发展提供安全保障。其中，维护社会和谐稳定、营造优质营商环境、服务保障科技

---

① 贾宇：《论数字检察》，载《中国法学》2023年第1期。
② 王永金：《数字检察：法律监督的时代要求》，载《人民检察》2023年第3期。
③ 贾宇：《论数字检察》，载《中国法学》2023年第1期。

创新、维护金融安全和秩序、加强生态文明和公共利益保护等是检察机关通过发挥法律监督职能，为粤港澳大湾区的高质量发展提供安全保障的题中应有之义。但除此之外，还应关注到检察机关在为粤港澳大湾区的高质量发展提供安全保障，进而维护国家安全上更多可能的作为。

一方面，检察机关应在粤港澳大湾区刑事规则衔接的过程中充分发挥主导作用。当前粤港澳三地的刑事规则衔接工作滞后于刑事司法实践的需要以及粤港澳大湾区高水平安全的需要，无法解决因刑事法律差异而产生的问题，导致打击犯罪的效率低下，甚至使得犯罪分子得以利用粤港澳三地之间的法律差异规避法律的制裁，不利于国家安全的保障。而检察机关和港澳两地行使检察权的机构在涉外刑事司法协助和区际司法协作中均发挥着重要作用，且检察机关在过去的个案协查工作中积累了大量的实践经验，因此更应在粤港澳大湾区刑事规则衔接的过程中充分发挥主导作用，保障粤港澳大湾区的高水平安全。比如，完善个案协查模式，充分、有效地发挥其在刑事规则衔接上的辅助作用；探索粤港澳三地联动起诉制度，避免犯罪分子钻刑事法律差异的空子而规避法律制裁。

另一方面，检察机关应提前为办理香港、澳门特区危害国家安全的案件做好相关准备。国家的安全离不开地区安全，特别行政区安全是国家传统和非传统安全的重要组成。[①] 澳门已于2009年制定《澳门特别行政区维护国家安全法》，履行了《澳门基本法》规定的立法维护国家安全的责任。2020年6月30日，第十三届全国人大常务委员会通过《香港特别行政区维护国家安全法》(以下简称《香港国安法》)，并决定列入《香港基本法》附件三。其中，《香港国安法》第54条、第55条规定，在香港特别行政区管辖确有困难等三类特殊情形下，由驻香港特别行政区维护国家安全公署（以下简称“驻香港国家安全公署”）对危害国家安全犯罪案件行使管辖权，最高人民检察院制定有关检察机关行使检察权。虽然《香港国安法》施行以来尚未有该类案例，但检察机关亦应提前做好相关准备，探索日后如何与驻香港国家安全公署实现工作机制、诉讼程序的高效对接，比如强制措施审批程序、退回补充侦查程序、起诉程序的衔接问题，证据效力的问题等，从而有效打击在香港特别行政区发生的危害国家安全犯罪，保证《香港国安法》的实施效果，为粤港澳大湾区高质量发展提供安全保障。

① 张震:《宪法视野下国家安全制度研究》，知识产权出版社2015年版，第70—71页。

检察工作提升人民群众公平正义感受度研究

李远军　朱　敏　张　宇　李梓雯*

摘　要　努力让人民群众在每一个司法案件中感受到公平正义，是检察工作的目标。检察工作如何依法改革创新，进而实现高质量发展，必须充分考量人民群众对公平正义的实际感受。本文采用实证研究方法，精心设计包含20道问题的调查问卷，共在线上线下收集调查问卷有效样本1145份，充分了解人民群众对公平正义的认知。通过调查可知，人民群众对检察履职有一定积极评价，但检察机关公平正义的供给与人民群众的实际感受还存在一定偏差，影响着公平正义以可感可知的方式实现。结合社会调查，我们认为检察工作提升人民群众公平正义感受度的核心在于"客观公正"与"主观公正"深度契合，禁忌是司法腐败和冤假错案，建议通过深化检察改革、优化内部管理予以改善，并通过"四大检察"工作推动检察工作进一步向前发展，以高质效的检察履职提升人民群众公平正义感受度，守护群众美好生活。

关键词　检察机关　公平正义感受度　供给与感受

一、问题的提出

（一）"公平正义感受度"的提出

公平正义不仅是人类社会发展过程中永恒的追求，也是人类社会文明进步的价值体现[①]。党的十八大以来，习近平总书记多次对司法公正做出重要讲话，2012年12月在纪念宪法公布施行三十周年大会上，他要求司法机关要依法公正对待人民群众的诉求，坚决防止不公正的审判伤害广大人民群众的感情，损害人民群众的基本权益，进而振聋发聩地提出"努力让人民群众在每一个司法案件中都能感受到公平正义"的重要论述。

---

* 李远军，广东省珠海市人民检察院法律政策研究室一级检察官；朱敏，广东省珠海市人民检察院第三检察部检察官助理；张宇，广东省珠海市人民检察院第二检察部一级检察官；李梓雯，广东省珠海市香洲区人民检察院三级检察官。

① 参见陈开梓:《探寻"感受到公平正义"的实践理路》，载《宁德师范学院学报（哲学社会科学版）》2021年第5期。

此后，在中央政法工作会议、庆祝全国人民代表大会成立60周年大会的讲话，以及在谈及全面推进依法治国及坚持以人民为中心的话题时，他每次都会反复提及这一对公正司法的纲领性概括性标志性的重要论断。“努力让人民群众在每一个司法案件中感受到公平正义”充分体现了“以人民为中心”的核心要义，明确了新时代政法工作的活动准则和行动指南，彰显了公平正义最大的平等性和普遍性，是政法队伍进行司法实践矢志不渝的价值追求，也成为人民群众用于衡量和评判政法工作的基本标准。

以公平正义为化身和使命的检察机关也在不断地思考，究竟何谓真正的公平正义？公平正义如何才能让人民群众可感受、能感受、感受到？如何有效提升人民群众对公平正义的感受度？办好每一个案件，让人民群众切实感受到公平正义，是检察工作的永恒主题，各级检察机关在全面贯彻习近平法治思想的过程中，经过不断深入思考和实践，初步交出了一份有效答卷。2021年6月，中共中央印发的《关于加强新时代检察机关法律监督工作的意见》，为新时代、新发展阶段加强检察机关法律监督指明了方向，作出了具体的部署，为检察工作如何实现“让人民群众感受到公平正义”提供了保障。新时代新征程，最高人民检察院党组鲜明提出要高质效办好每一个案件，在实体上确保实现公平正义，在程序上让公平正义更好更快实现，在效果上让人民群众可感受、能感受、感受到公平正义。由此可见，维护公平正义不仅是践行习近平法治思想的重要举措，更是实现新时代检察工作高质量发展的推进器。

进入新时代以来，检察机关更加关注人民群众在民主法治、公平正义等方面日益增长的需求，依法履职，通过加强互联网群众隐私的司法保障、数字检察赋能法律监督、从司法适用上激活正当防卫制度等一系列举措，改进和优化了检察工作，为推进全面依法治国、建设社会主义法治国家作出重要贡献。这些改革的成效如何，人民群众的感受度、满意度如何，有待进一步从实际效果上进行判断。

（二）提升“公平正义感受”的检察实践

我国的检察制度是马克思主义法治理论与中国实际相结合、具有鲜明中国特色、经过长期探索实践最适合中国社会发展的检察制度，本文旨在从实证层面研究检察工作引发的社会效果，并无相应的域外经验可以直接借鉴。在国内研究层面，全国检察业务专家、学者中不乏检察工作与公平正义关系的研究成果，如从司法公平正义观等方面论述了司法工作如何让人民群众在每一个司法案件中感受到公平正义，但相关研究多以加强和改进检察工作为出发点，从检察履职客观视角来谈论维护公平正义，并未以人民群众的实际感知的主观视角为重心进行论证；而对于检察履职的社会效果研究，仅散见于公开听证、文书说理、案例指引、公益诉讼等专门工作的研究中，缺乏依托社会调查结论进行的综合论证和研究。就检察工作提升人民群众公平正义感受度而言，学界研究与实务界研究出现一定程度的脱节，即检察实务中已有大量关于提升检察工作人民群众满意度的论述，而法学理论或检察理论缺少相关系统研究。目前尚未有文章从实证调研的方向对检察工作人民群众感受度进行专门论述。

习近平总书记关于公平正义的重要论断，是新时代司法正义的重要命题。随着人民群众的权利意识不断增强，对公平正义的需求必然也会更加丰富、多元，过往司法过程已难以满足其法治需求。本文以“感受公平正义”这一命题为切入点，在前述研究的基础上，通过调查问卷方式开展实证调研，主要以人民群众对公平正义实际感知的主观视角为重点展开论证，并紧密结合当前检察工作及刑事政策、司法实践，借助社会调查进行分析，力求发现检察工作提升人民群众公平正义感受中的问题，通过分析论证，总结提炼，探讨解决问题的方法，为加强和改进当前的检察工作提供方向和路径，探索一条提升人民群众公平正义感受度的检察履职之路。

二、研究设计及研究样本

（一）数据来源

本课题采用调查问卷方式开展实证调研。该调查于 2023 年 8 月借助微信客户端小程序线上和线下发放纸质问卷的方式在全国范围内开展，收集了有法律教育背景、从事法律职业经验以及无任何法律背景等群体对检察工作的态度和看法，获得有效问卷共计 1145 份，受调查对象年龄均为 18 岁以上，线上调查问卷平均完成时间为 9 分 17 秒。根据研究需要，在进行数据统计（变量测量）之前，我们剔去了数据不完整的无效问卷，最终获得有效的调查样本 1126 个，问卷有效率 98.3%。其中，超过 87.8% 的调查对象为 45 岁以下；调查对象具有大学本科以上学历的人占比 85.9%，另有 6.2% 的为高中及以下学历、7.8% 为大专学历；具有法学教育背景或者从事法律相关工作的占比 66.8%；所在行政区域为市城区的为 81%、县城区的为 14.4%、乡村的为 4.6%；所在地理区域为东部地区的为 48.8%、东北地区 12.1%、中部地区 29.5%、西部地区 9.6%；调查对象 42% 来自广东，其他来自湖北、吉林、湖南、浙江、江苏等 30 个省、自治区和直辖市。调查对象的具体情况参见表 1。

表 1　样本基本情况

属性	类别	人数和占比
年龄	20 岁以下	168（14.9%）
	20 岁至 30 岁	414（36.8%）
	30 岁至 45 岁	406（36.1%）
	45 岁至 60 岁	86（7.6%）
	60 岁以上	52（4.6%）
学历	高中及以下	70（6.2%）
	大学专科	88（7.8%）
	大学本科	658（58.4%）
	研究生及以上	310（27.5%）
法律教育经历或从事法律职业	是	752（66.8%）
	否	374（33.2%）

续表

属性	类别	人数和占比
所在行政区域	市城区	912（81%）
	县城区	162（14.4%）
	乡村	52（4.6%）
所在地理区域	东部地区	550（48.8%）
	东北地区	136（12.1%）
	中部地区	332（29.5%）
	西部地区	108（9.6%）

（二）变量测量

1. 因变量

本课题因变量为自编“检察工作提升人民群众公平正义感受度研究”问卷，问卷用20个题目主要从主观的公平正义感知情况、公平正义比较性认知、检察参与与人民群众公平正义观等三个方面衡量人民群众如何理解司法机关办案工作的供给和人民群众公平正义感受情况。具体而言，通过人民群众对司法办案公平正义的总体感受和公平正义观比较性评价来测量人民群众对司法办案的公平正义的感受度，从人民群众对检察机关参与司法办案的总体感受、以及对检察机关参与的公平正义感受的比较性认知来测量检察参与对提升人民群众公平正义感受的影响。

除此之外，为调查司法机关和人民群众对公平正义的理解和把握中可能存在的差异性，我们结合具体5个案例，参照阶梯量表测量，让调查对象对具体案例的公平正义感受度进行实际打分[①]。同时采用量表积分，其中1分表示调查对象认为“极不公平”，10分表示认为“极其公平”，分数越高，公平正义感受度越高。

2. 自变量

本课题的自变量包括主要包括三个部分，其一为客观个人情况，其二为司法办案总体情况，其三为检察参与的公平正义观。

（1）第一部分：客观个人情况

个人情况参照以往研究，包括了传统的年龄、学历、所在行政区域、地理区域，并新增了教育背景和职业情况，并将是否具有法学教育背景或从事法律相关工作作为选项设置。

所在行政区域的划分，设置为市城区、县城区和乡村；所在地理区域划分为东部地区、东北地区、中部地区、西部地区。

（2）第二部分：司法办案总体情况

包括主观公平正义观、司法办案比较性认知两个方面。

① 苏新建：《程序正义对司法信任的影响——基于主观程序正义的实证研究》，载《环球法律评论》2014年第5期。

主观公平正义观的测量采用实证研究中常用的阶梯量表测量，让调查对象对当前司法办案总体感受进行打分，给调查对象呈现从1到10的数字标注，其中1分为“极不公平”，10分为“极其公平”，让调查对象结合实际感受进行打分。

此外，主观的公平正义观的测量，我们设置了一个额外的题目，让调查对象结合习近平总书记说过“努力让人民群众在每一个司法案件中感受到公平正义”，提出司法办案公平正义的评价主体，并设置了“A：司法办案要让每一个人民群众感到是公正的；B：司法办案要让大多数人民群众感到是公正的；C：司法办案要让与案件有关联的人感到是公正的；D：司法办案要让大多数与案件有关联的人感到是公正的；E：司法办案要与大多数普通人所认知的朴素的公平正义观念相符合”五个选项①。

司法办案比较性认知，我们结合实际设置了4个题目，其一为司法案件公平正义实现中起主要或决定性作用的指标，设置了“A：侦查机关依法行使侦查权，公正查办案件；B：检察机关依法履行法律监督职能，保障法律正确实施；C：审判机关依法行使审判权，裁判结果合情合法合理；D：以上都是，不分主次”四个选项。其二是司法机关的办案效果最重要的内容，设置了“A：法律效果；B：政治效果；C：社会效果”三个选项。其三是司法案件中事实的认识和判断的主要依据，设置了“A：官方政法媒体的报道；B：民间媒体的采访报道；C：自媒体发布的信息；D：法院判决认定的事实；E：综合以上全部因素自行分析判断”五个选项。其四是司法案件处理结果公正的依据，设置了“A：是否符合法律规定并进行充分的释法说理；B：是否符合自己的正义观感；C：是否符合大多数人民群众朴素的情感需求；D：能否起到良好的社会效果，形成正确的导向”四个选项。让调查对象结合对司法办案的主观感受进行量化评价，以及比较评价的测量②。同时，考虑到部分参与调查的对象没有法律教育背景或未从事法律相关工作，上述四个题目的设置倾向于用普通群众更能理解的方式予以问、答。

（3）第三部分：检察参与的公平正义观

第三部分主要结合检察机关参与的公平正义供给情况与人民群众公平正义的需求之间的差距，设置了检察参与总体情况、检察参与公平正义感的比较性认知和检察参与提升公平正义感的认知三方面的内容。

检察参与总体情况，主要从调查对象对检察机关职能的了解情况、对检察机关办案的总体感受、认为检察机关办案中存在的主要问题来设置题目。

检察参与公平正义感比较性认知，我们设置了4个题目，包括检察机关办理案件公平的评判主体、提升办案质效的具体举措的评价、案件提升公平正义感受度的社会效果和影响公平正义感的原因，并结合检察办案实际，设置相较于第二部分司法办案总体情况更为专业的题目。

---

① 朱孝清：《司法公平正义观和人民监督司法路径的创新》，载《法治研究》2022年第1期。

② 徐亚文、黄峰：《“感受公平正义”命题的两个面向》，载《河南财经政法大学学报》2022年第2期。

检察参与提升公平正义感受度认知，我们结合了检察参与的供给情况与人民群众的期待之间的差距问题，设置了5个题目，包括宽严相济刑事政策的效果、检察工作提升人民群众公平正义感受的途径，以及公开听证和公益诉讼存在的问题等，同时设置开放性题目让调查对象就检察机关在维护社会公平正义方面提出意见、建议。

三、研究结果与讨论

（一）人民群众对司法办案公平正义的感受现状

本课题分析了调查对象对司法办案公平正义程度的感知情况，整体上均分为7.7，中位数为8，且认为极不公平的人数（0.7%）低于认为极其公平的人数（16.5%）。从公平正义的实现来看，人民群众普遍认为侦查机关、检察机关、审判机关依法履职对于公平正义的实现具有主要和决定性意义，且不分主次。关于司法办案公平正义的评价主体，更多人偏向认为司法要让大多数与案件有关联的人感到公正。

关于司法办案比较性认知，大多数人认为法律效果（56.8%）和社会效果（39.6%）相较政治效果（3.6%）更为重要；司法案件处理结果是否公平的依据是符合法律规定并进行充分的释法说理（51.2%）和能够起到良好的社会效果，形成正确的导向（40.7%）。上述两题的调查结果相一致，亦充分体现了司法办案的法律效果和社会效果的重要意义。

表2　司法办案公平正义总体感受度

司法办案公平正义总体感受度（分值）	分值占比情况
1	0.70%
2	0.40%
3	0.70%
4	1.20%
5	5.90%
6	12.80%
7	19.70%
8	29.30%
9	12.80%
10	16.50%

（二）检察参与对人民群众公平正义感的影响

关于检察参与部分，调查对象对检察机关目前办案的总体感受度，平均数为7.7，中位数为8，与调查对象对司法办案现在的公平正义程度感知情况相一致。但比较来看，检察机关办案总体感受得分低于3分或高于7分比例高于司法办案总体评价，且各自部分中认为不公平和公平的人数比例相近。

表 3　司法办案总体感受度与检察机关办案感受度对比

分值	司法办案总体感受度	比较情况	检察机关办案感受度
1	8（0.7%）	<	10（0.9%）
2	4（0.4%）	=	4（0.4%）
3	8（0.7%）	<	12（1.1%）
4	14（1.2%）	<	16（1.4%）
5	66（5.9%）	=	66（5.9%）
6	144（12.8%）	>	124（11%）
7	222（19.7%）	>	216（19.2%）
8	330（29.3%）	<	344（30.6%）
9	144（12.8%）	<	148（13.1%）
10	186（16.5%）	=	186（16.5%）

对于检察机关办案中存在的问题，我们设置多选方式，其中 35.5% 的调查对象认为知情权、参与权、监督权没有受到保障，29% 的调查对象对办案效率不满意，24.2% 的调查对象认为诉求和意见没有得到回应，12.6% 的调查对象认为诉讼结果不满意，见图 1。

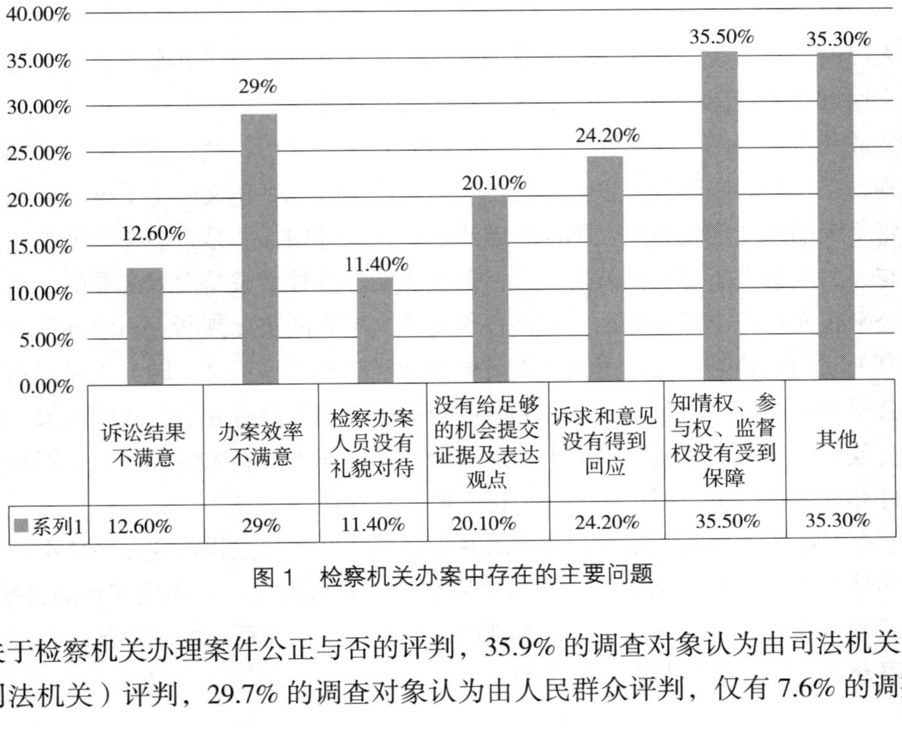

图 1　检察机关办案中存在的主要问题

关于检察机关办理案件公正与否的评判，35.9% 的调查对象认为由司法机关（包括上级司法机关）评判，29.7% 的调查对象认为由人民群众评判，仅有 7.6% 的调查对象认为应当由与案件有关联的人评判。

关于检察履职提升人民群众公平正义感受度，24.9% 的调查对象认为“建立科学的绩效考评机制，以指标和数据引导检察官办案方向”与实现公平正义关联最弱。检察机关主导的重大司法案件中，超过半数的调查对象认为建立冤假错案预防机制、激活刑法第二十条的沉睡条款、加强网络时代人格权的司法保障有效提升了人民群众对检察履职的公平正义感受度，同时对上述案件均不了解的调查对象占 13.9%。

关于检察官的履职，超过半数的调查对象认为，检察官“在法律允许的幅度内徇私情私利办人情案”“检察官业务水平不精、责任心不强导致冤假错案”“检察官怠于履行职责，案件久拖不决，严重损害群众利益”影响人民群众对检察履职的公平正义感受度。

对于检察机关应从哪些方面加强工作提升人民群众公平正义感受度，超过半数的调查对象认为首先应当做到努力实现案件办理的客观公正，实现办案三个效果的有机统一（68.7%），以及坚持群众路线，深入了解人民群众的司法需求和期待，改善群众司法体验（51.2%）。

此外，关于不同群体公平正义感受差异性，我们结合调查发现，年龄、学历、居住地及所在区域对公平正义感受度中，年龄对公平正义感受度的差异性较低，学历越高的人对司法机关和检察参与的公平正义感受度高于学历偏低的人，有法学教育背景或法律从业经历的调查对象中公平整体感受度平均数（8.2）高于没有法学教育背景或法律从业经历的调查对象（6.69）。

（三）调查研究结论与分析

1. 人民群众在每一个司法案件中感受到的公平正义，是司法办案所实现的客观公平正义与人民群众主观感受的公平正义相统一的公平正义

在发放调查问卷时，我们在思考：调查对象年龄、学历、教育背景、地区和地域等客观区别，是否会影响其公平正义感受度？对司法案件公平正义的感受度这类偏主观的概念，每个人的感受度是否完全不同？亲历过司法案件的人，是否会认为公平正义就是诉讼参与人、当事人想怎么判就怎么判？调查表明，这种疑虑是没有必要的，绝大多数人认为公平正义是一个客观标准，而不仅仅是从当事人的角度判断。司法办案不是只让与案件有关联的人感受到公平正义，而是要实现客观的公平正义，即与人民群众主观感受到的公平正义相统一的公平正义。同时应当明确，如果没有客观的政治效果、法律效果、社会效果，那么司法案件的公平正义就会根据不同人的意志而转移，由不同的人去判断案件办理是否公正，那司法的公平正义便不复存在。

检察办案需达到事实认定符合案件的客观真相，办案的过程符合程序公正，办案结果符合实体公正，实现政治效果、法律效果和社会效果相统一，实现客观的公平正义，同时还需要让人民群众可以感知，让客观的公平正义与人民群众的主观感受相统一，这样人民群众才会认为检察办案是公正的。

2. 人民群众在每一个司法案件中感受到的公平正义，是案件当事人、诉讼参与人和广大人民群众都认同的公平正义

“努力让人民群众在每一个司法案件中感受到公平正义”，其中的“人民群众”包括了与案件处理有直接利害关系的当事人，除了当事人之外的其他诉讼参与人以及其他人民群众。在调查问卷中我们设置了2题（调查问卷第11、16题）来予以确认，需要指出的是，根据回收问卷可以体现，“努力让人民群众在每一个司法案件中感受到公平正义”，并不能简单等同于让每一个人民群众或者大多数人民群众感受到公平正义，或者与案件有关联的人感到公平正义。司法办案所实现的公平正义是通过打击违法犯罪、调整利益关系来实现，这势必会带来一方权益增加或维护，另一方权益的减损。①

因此，调查表明，司法案件和检察办案的公平正义难以让所有人民群众从公平正义方面均心满意足，但是案件当事人、诉讼参与人和人民群众都能从案件的办理中感受到公平正义，或者说认为司法机关对案件的办理是公正的。

3. 人民群众在每一个司法案件中感受到的公平正义，是与司法机关、司法人员、人民群众的公平正义观相契合的公平正义

司法案件的办理是否公平正义虽有客观的标准，但是不同的司法机关、不同的司法人员对司法案件的感受度不尽相同，人民群众的公平正义感受度也有较大差异，有些司法案件的办理司法人员认为实现了三个效果的统一，但是人民群众却并不认同。

例如问卷的第12题，我们选取了5个案件，听取调查对象关于是否符合公平正义观念的意见，如“A和B因工作原因发生争执，吵架过程中A先打了B一巴掌，B还手和A扭打在一起，将A打成轻伤，B属于和A互殴而非防卫，因此构成故意伤害罪”，有47%的调查对象认为极不公平；“C是大学生、狩猎爱好者，其狩猎16只鸟后卖给他人，经鉴定16只鸟是国家二级保护野生动物，检察机关起诉，法院以非法猎捕珍贵、濒危野生动物罪判决C有期徒刑十年”，有33%的调查对象认为极不公平；“F曾因盗窃被判刑，近期因身无分文先后四次盗取外卖，涉案金额共600多元，再次构成盗窃罪，检察院认为F犯罪情节轻微不需要判处刑罚，作出不起诉决定”，有58%的调查对象认为极不公平。

而在调查问卷的第11题的调查中，40.3%的调查对象认为“努力让人民群众在每一个司法案件中感受到公平正义”，是指司法办案要与大多数普通人所认知的朴素的公平正义观念相符合。

因此，我们认为，公平正义已经成为推进社会主义法治建设特别是司法工作中的重要理念，检察工作是为了实现社会公平正义，但公平正义观念是历史的、发展的，并因个体经历和认知的不同而具有多元化的理解和各异的诉求，具有强烈的主观性，而只有

① 朱孝清：《更全面更高层次的公平正义——学习党的二十大关于“努力让人民群众在每一个司法案件中感受到公平正义”要求的一点体会》，载《检察日报》2023年1月20日，第3版。

检察人员的公平正义观念与人民群众的公平正义观念相契合，才会使检察工作凸显正向的社会效果。“努力让人民群众在每一个司法案件中感受到公平正义”这一要求充分表明，人民群众是评判司法案件是否公平正义的主体，即司法机关以及司法人员所认可的公平正义观念应当是与人民群众所认可的公平正义观念相契合，当然，这就要求司法人员在办案中既要以事实为依据、以法律为准绳实现案件办理的客观公正，又要坚持群众路线，深入了解人民群众的司法需求和期待，改善群众司法体验，同时加强依法履职，促进四大检察全面协调发展，全方位保护社会公平正义（问卷第 22 题）。

4. 让人民群众在每一个司法案件中感受到的公平正义，检察机关的参与让公平正义可感可触可见

结合调查问卷的回收结果，超过 84% 的调查对象清楚检察机关的主要职能（问卷第 13 题），对检察机关目前办案的总体感受满意程度为 7.7 分（问卷第 14 题），而对检察机关办案中存在的问题反馈较多的为知情权、参与权、监督权没有受到保障（35.5%）、办案效率不满意（29%），诉讼结果不满意（12.6%）；对于检察机关积极主导的司法案件，60.9% 的调查对象认为“检察机关坚持有错必纠，平反张氏叔侄强奸杀人案，建立冤假错案预防机制”、67.9% 的调查对象认为检察机关“以昆山反杀案为开端，激活刑法中沉睡已久的正当防卫制度”、56.8% 的调查对象认为在“少妇出轨快递小哥网暴事件，由检察机关依法通过公诉程序追诉，向全社会传递互联网不是法外之地的信号”，而对近年来检察机关主导的上述重大司法案件均不了解的仅占 13.9%。

“努力让人民群众在每一个司法案件中感受到公平正义”是以人民为中心的检察公平正义观的体现，是对检察履职的创新和发展提出的新要求。检察机关作为法律监督机关，检察履职关乎公共利益以及人民群众人身、财产等权利，人民群众也需要对检察履职实施监督。近年来，检察机关聚焦人民群众对民主与法治、公平与正义等方面日益增强的需求，结合人民群众反映强烈的问题，主导了一系列依法履职和创新行为，为推进全面依法治国、建设社会主义法治国家作出重要贡献，而对于这些履职成效，人民群众能感受、感受好。

四、检察工作提升人民群众公平正义感受度改善路径选择

本调研因调查样本的有限和调查设计形式的局限，影响了研究的广度和深度，但从现有的样本可窥见，检察机关近年来依法履职、守正创新，提升了检察工作质效，切实提升了人民群众公平正义感受度。让人民群众感受到公平正义，既要求检察机关要公正司法，又要求人民群众能接受法治、依靠法治、信仰法治。当前，检察工作正逢最好时期，但检察履职的效果与人民群众的期望之间仍存在差距，检察履职仍然具有进一步提升空间，结合社会调查，我们认为可以从以下几个方面加强和改进检察工作、提升人民群众公平正义感受度。

（一）核心："客观公正"与"主观公正"深度契合，让公平正义可感

1. 检察履职引领人民群众公平正义观。检察工作应把"以人民为中心"作为根本价值导向贯穿始终，以更高质效的检察履职，在引领人民群众公平正义观念方面发挥更积极的作用，使之更贴近客观的公平正义。

我们认为，造成人民群众朴素的公平正义观念与检察办案所希望实现的公平正义之间仍存在差距的原因在于：立法技术的专业性壁垒、对惩治法定犯所保护法益的主观建构客观存在，而大量的司法解释又加深了立法的神秘感和认知困难，脱离了常人对朴素正义的直觉观感而显示出"超常性"。具体而言，检察工作应在引领人民群众公平正义观念方面发挥更积极的作用，使之更贴近客观的公平正义。检察人员为了尽可能消除这种差距对人民群众公平正义感受的损害，履职过程中需要：

一是实体上确保公平正义的实现。全面查清案件的客观事实，以事实为依据，准确适用法律，严格区分罪与非罪以及此罪与彼罪，保护无辜者，惩治违法者，以实现刑事诉讼的价值目标。[①]

二是加强检察工作、检察文书的释法说理性，尽可能以朴素易懂的法律逻辑、法律语言传递客观的公平正义理念。

三是要更加注重发挥典型案例、尤其是法定犯类案典型案例的社会指引作用，不仅要明确法律适用规则，更要区别于指导性案例的专业性，着重阐明犯罪行为破坏社会管理秩序的严重社会危害性，增强人民群众的规范意识和内心认同感[②]。

四是要积极回应人民群众对新时期检察工作和对公平正义的新期待、新要求，对于人民群众在特定时段、特定领域所固有的偏见，也不应回避和避讳，而应当采取积极的态度找出根本原因，以开明、开放的态度论理纠偏。

2. 检察履职综合考虑天理、国法、人情。"高质效办好每一个案件"中的"效"即检察机关办理案件的效果。结合社会调查来看，超过 56.7% 的调查对象认为办案的三个效果中法律效果最为重要，39.7% 的调查对象认为社会效果最为重要，而仅有 3.5% 的调查对象认为政治效果最为重要，由此可以说明，人民群众认为办案效果的好坏更为重要的是符合法律效果，其次为社会效果，公平正义与否要由人民群众来评判，这就要求检察机关在办案中要避免机械司法，检察人员在办理案件中要综合考虑天理、国法和人情，以实现三个效果的有机统一。

法律并不是一条条冰冷条文，适用和解释亦应有情有义，天理、国法、人情的有机结合和相互通融，是人类理性的结晶，是历史传承的司法传统和宝贵经验。在依法治国的今天，检察履职必须兼顾天理、国法、人情，检察履职的专业性应当与人民群众朴

---

① 冯键：《检察工作理念现代化的内涵与实现路径——以服务保障广东高质量发展和现代化建设为视角》，载《人民检察》2023 年第 12 期。

② 吴卫东：《让人民群众感受司法公平正义的路径选择》，载《中共成都市委党校学报》2014 年第 2 期。

素的“情”相结合，以严格依法彰显检察履职的严谨公正，以客观现实规律凸显检察履职的理性，以人民群众所公知的道理彰显检察履职的良知和温度，从而使得检察履职合法、合理、合情，提高人民群众的认同度。同时，如果检察履职的结果得到案件双方当事人的理解、接受，并得到广大人民群众的承认、认同，能让他们在案件的处理过程和结果中均能感受到公平正义，反过来也会大大提升检察权威和人民群众对检察履职的尊崇和认同。具体而言，检察人员在履职过程中需要做到：

一是要坚守客观公正立场，既要代入被害人、守法公民的视角，又要重视无罪和罪轻证据，代入被告人的视角去体察和感知具体案件，并在案件的办理中注重与人民群众的关注、关切共鸣互动。

二是既要有个案的判断，又要通过类案的纵向、横向比对来认定犯罪行为社会危害性的大小，避免机械理解和适用法律，而是要以罪责刑相适应原则为最重要标准，使案件的处理结果更符合人民群众的心理预期和朴素的正义观。

三是要具有坚定的正义观念和法律信仰，保持对工作的热忱，要对每一位诉讼参与人的情感都予以充分的尊重，对世情民意有深刻的体察，才能与社会的普遍情感形成共情，才能更深刻地去理解和剖析每一宗案件，以公认的情理来形成司法判断、展示司法良知。

四是检察人员的工作职责不应局限于寻求案件处理过程中法律适用的准确，还应包括适用的合理，要以更优质、精深的法律专业素养准确认定事实和适用法律，以严谨的，结合天理、人情的法律处断来彰显司法理性，进一步实现三个效果的有机统一。

（二）禁忌：“严纪律”与“强基础”同步推进，让公平正义可信

1. 防止司法腐败和冤假错案。司法腐败和冤假错案是公正司法的伤疤，破坏了司法公信力。在前述调查中，超过 55% 的调查对象认为检察官徇私情私利办人情案，或业务不清责任不强办冤假错案最为影响公平正义感受度。从近年来公开报道的检察机关违法违纪问题的案例来看，由于种种原因，在我国司法不公和司法腐败现象仍有存在，这损害了司法机关的公信力，以及人民群众对司法的信任和认同[①]。能否让人民群众从检察办案中感受到真真切切的公平正义，要做到防止司法腐败和杜绝冤假错案[②]。这就要求我们旗帜鲜明地将防止司法腐败和冤假错案作为提升人民群众对检察工作的公平正义感受度的重要要求和不能突破的底线。

据此我们认为，要紧密结合检察工作实际，切实把不敢腐、不能腐、不想腐相结合，持续深入开展检察机关反腐败斗争攻坚战、持久战。

---

① 孙笑侠：《用什么来评估司法——司法评估法理要素简论暨问卷调查数据展示》，载《中国法律评论》2019 年第 4 期。

② 参见刘炤：《一体推进“三不腐”坚决打赢检察机关反腐败斗争 攻坚战持久战》，2023 年大检察官研讨班发言材料。

一是加强理想信念教育和警示教育，筑牢检察队伍忠诚、干净、担当的思想根基。坚持用习近平新时代中国特色社会主义思想凝心铸魂，把学习成果内化为坚定的信念和坚实的党性，外化为指导检察工作实践、推动检察工作高质量创新发展的强大力量。

二是放权不放任，加强检察权监督制约的制度建设。健全检察官权力清单制度，推动实现检察官自由裁量风险防控动态化、常态化、实质化；统筹建立离职、退休检察人员及亲属经商办企业和兼职信息库，探索全国性数据排查机制，落实“禁业清单”；建立健全基层检察院内部监督长效机制，强化制度执行监督检查，持续强化不能腐的约束力。

三是坚持队伍管理严的基调不动摇，持之以恒推动检察队伍正风肃纪反腐。对苗头性、倾向性问题，要经常提醒；对严重违纪、违法的职务犯罪案件，加大查处和通报力度；对检察人员贪污贿赂、利用检察权徇私枉法等职务犯罪行为，发现一起、查处一起，持续强化不敢腐的高压震慑。

同时，检察机关要把抓业务放在更高的战略地位来谋划，不断提升检察人员的业务水平和社会主义法治理念，适应不断更新的刑事政策和司法观念的新要求，精准打击犯罪并保障无罪的人不受刑事追究。

2. 在法律规定的框架内履职。检察机关依法独立公正行使检察权是保障实现检察权功能的内在要求。检察官不偏不倚、以事实为根据并依法律规定来办案和监督，而不应为任何不法干预所左右，在法律规定的框架内履职，确保公平正义的堤坝不被侵蚀破坏。

一是实体和程序公正的统一。追求实体公正，就是要树牢实质正义观，严格执行罪刑法定原则以及疑罪从无等原则，准确区分罪与非罪、此罪与彼罪，充分全面保障各方权益，防止冤假错案；追求程序公正，就是要严格执行诉讼法的相关规定，严格执行证据裁判规则，严守办案法定时限，防止出现“形式不违法但实质非正义”等情形。

二是法定程序的遵循、法律适用标准的统一。在法律框架内履职，不仅要严格依法办案，还要处理好政策把握和法律适用的关系，就是要在办案中严格适用法律规定，同时尽量体现刑事政策导向。如近年来对不捕不诉率考核指标，体现了实事求是的唯一标准，即决定捕还是不捕、诉还是不诉，根本是要遵循司法规律，严格适用法律规定，该严必严、当宽则宽，决不能唯数据、下指标、走极端。具体的考评，不能盲目追求数量，不符合适用条件创造条件本末倒置，要严格把握政策意图和检察履职的法定条件。

（三）改善:“强改革”与“抓管理”双轮驱动，让公平正义可触

深化检察改革、优化内部管理是提升人民群众公平正义感受度的“关键一招”，也是推动检察履职创新高质量发展的重要抓手。

1. 聚力改革助发展。用数字赋能助力提升质效。数字检察作为检察机关法律监督手段的重要革命，根本目的是为检察机关法律监督插上科技的翅膀，实现办案质量、效

率、效果的实质性提升，应当让数字检察工作成为检察机关的常态化工作。例如刑事检察，要运用大数据、人工智能对刑事诉讼全过程进行监督，如在立案监督中发现该立不立、长期“挂案”等违法情形，则应在审判监督中总结类案特征，找准监督方向，确定关联数据的范围。建模的关键是梳理、归纳关联数据，依据从大到小、从面到点的筛查逻辑，做好“大数据 + 智能识别”，以一线业务人员为主导，覆盖到办案、管理和服务的全方位全流程。

2. 创新群众感知载体。在调查中超过 68.7% 的调查对象认为检察机关努力实现案件办理的客观公正，坚持法理情相结合，实现办案三个效果的有机统一最能提升人民群众的公平正义感受。“小案大政治”，案件再小，对于涉案人及其家庭来说，都是“天大的案件”。比如杭州女子取快递遭诽谤案，检察机关及时介入，果断向网络诽谤亮剑，推动案件由自诉转公诉办理，给无辜被诽谤人员撑腰，让违法人员现行。案例是最好的普法工具，好的案例让法治精神、公平正义直抵民心，坚持以案例回应人民群众对公平正义的新要求和新期待，让人民群众切实感受到司法温度、检察温度。

此外，检察机关履职办案，除了少数环节需要接触当事人，大多数为内部的工作环节，当事人对此很难感知、知晓。而这类封闭性的检察履职，如何让群众“感受到”公平正义，我们认为还要靠特定的检察履职工作载体，加之广泛利用多种渠道宣传，向不同阶层、不同领域的人民群众弘扬社会主义法治社会的核心价值观念，提升人民群众的法治素养。

一方面，近年最高人民检察院在全国范围内推广的群众信访“件件有回复”，逐步加大推行的公开听证以及认罪认罚从宽等工作，都是落实让人民参与、接受人民监督、实现程序正义的举措，这些都是让群众能看见、能感受公平正义的有效载体，必须往实、往优上发力，切实提升人民群众对检察机关履职的公平正义感受度。另一方面，要进一步继续探索更多、更有效地可以让人民群众“感受到”检察机关履职办案公平正义的载体，如通过新媒体平台公开检察办案各类信息，及时回应人民群众对案件办理的知情权、参与权和监督权，这既是增强公众对于检察业务的了解与认可，推进检察机关自身建设的方式之一，更是在社会管理和检察履职实践层面上提高检察公信力的有效举措。此外，要继续利用新媒体大力开展以案释法工作，做好反面案例的警示教育，以及人民群众关注的热点事件的舆情回应和舆论引导等工作，通过高质效的检察履职回应、满足新时代人民群众更高层次的司法需求，使舆论监督与检察履职相互促进，引导人民群众的公平正义观念在层次上升华。

（四）发展：“高质效”与“精细化”协同发展，让公平正义可见

检察履职监督不应因循守旧，而应因时势变化、党和国家政策调整进行优化升级，以更好服务民生和经济社会发展。

1. 推进公益诉讼检察工作，守护群众美好生活

公益诉讼检察是检察机关的“新名片”，已逐步成为民生利益保护的“及时雨”[①]。

一是在办好法定领域案件基础上，需更加注重满足人民群众新的更高要求，拓展办案领域，当好公益代表。树立系统思维，契合国家、地区推进环境污染防治、乡村振兴等战略的实施要求，主动作为，将公益诉讼检察的办案职能向社会治理领域进一步延伸，探索实现“个案办理——类案监督——系统治理”的新路径，同时通过发出检察意见、检察建议等形式向有关部门提出加强治理的意见建议，做到标本兼治。

二是立足执法办案职能，聚焦人民群众反映强烈的生态环境、资源保护以及食药安全等重点领域，积极探索公益诉讼案件领域。加强“府检联动”，通过公益诉讼线索移送、公共利益的宣传保护等形式，形成守护公共利益的有效合力。落实持续跟进有效监督，围绕行政公益诉讼诉前检察建议，常态化抓好诉前检察建议整改落实情况“回头看”工作，督促相关行政机关依法、有效、全面履行职责。

三是加强调查研究，积极努力推动立法。为进一步推动完善公益诉讼制度，针对办案过程中遇到的公益诉讼检察调查保障措施不够、公益诉讼赔偿管理不规范以及办案程序不规范或不完善等问题，通过深入调研，分析总结，提出切实可行的立法建议，落实保障公益诉讼制度立法。

2. 依法履职，服务保障中心大局

党的二十大报告强调，“健全共建共治共享的社会治理制度，提升社会治理效能”。检察机关依法履职是对习近平法治思想的精准把握和有效落实。如果没有大局意识、系统观念和担当精神，就案办案、机械办案、简单办案，就很难把源头治理做好做实，同时也就很难把为大局服务、为人民司法、为法治担当做实做到位。

检察机关是国家治理体系的重要组成部分，检察工作必须融入党委政府工作大局，用好用足法律监督手段，做好办案的“后半篇”文章，促进推动社会治理，着力解决人民群众急难愁盼问题，让人民群众切实感受到公平正义就在身边。

一是正确履行监督职责，积极融入社会治理工作。充分发挥各种法律监督手段在促进社会治理方面的积极作用，在高质效办好每一个案件的基础上，进一步延伸法律监督触角，深挖案件背后所反映的社会治理突出问题，通过制发检察建议等形式推动完善有关制度机制，起到查处一案、治理一片的效果，防范化解风险隐患，助推国家治理体系和治理能力现代化。

二是创新方式方法，着力提升检察工作的质效。切实推进检察工作理念、体系、机制、能力现代化，不断丰富法律监督手段方法，提升法律监督能力，追根溯源，找准焦点，从根本上解决人民群众的实际问题，化解社会矛盾，维护社会和谐稳定。坚持和发展新时代“枫桥经验”，注重办好在法治理念、司法活动中有纠偏、创新、进步、引领

---

① 张立:《办好每一个公益诉讼案件应练好“三功”》，载《人民检察》2023 年第 24 期。

价值的典型案件，扎实办好群众身边的“小案”，依法打击危害食品药品安全、生产安全等违法犯罪，认真办理涉劳动纠纷、就业纠纷等民事行政监督案件，深化落实群众信访“件件有回复”，常态化推进公开听证、民事和解、行政争议实质性化解等工作，强化对老年人、未成年人、残疾人、妇女等群体的特殊、优先保护，切实提升人民群众的法治获得感、幸福感、安全感。

五、结语

公平正义是人民群众最朴素的情感，也是人民群众对司法和检察工作最基本的期待。检察工作的初心使命就是为人民服务、为人民检察，不断满足人民群众对公平正义的基本需求。当前检察工作实践与人民群众对公平正义的要求还有一定差距，新时代的检察工作必须牢牢把握住“努力让人民群众在每一个司法案件中感受到公平正义”这一总体要求，在做好自身建设的基础上，做实做强“四大检察”，高质效办好每一个案件，努力实现监督办案的程序公正和实体公正，真正做到政治效果、法律效果和社会效果相统一，尽力提升人民群众对检察工作乃至司法工作公平正义的感受度。

理论探讨

诈骗犯罪案发前归还钱款应否扣除问题研究

李中原　李闽粤*

摘　要　诈骗犯罪作为高发的侵财类犯罪，关系到广大人民群众的切身利益，一直是我国刑事打击的重点。司法实践中，司法机关对诈骗犯罪案发前归还的数额是否应当扣除问题仍然存在较大争议，影响了法律准确适用，应引起实践部门的高度关注。司法机关办案人员应通过对诈骗犯罪条文解释、文件制定背景、适用范围的系统梳理，充分理解立法本意和把握司法平衡，明确诈骗犯罪法律规定适用的界限。

关键词　诈骗　案发前　扣除　犯罪既遂　犯罪未遂

诈骗类犯罪一直是我国高发的刑事犯罪。伴随着经济社会的高速发展和互联网技术的广泛运用，诈骗手段层出不穷，出现了很多新情况新问题，在部分大中城市，电信网络诈骗案件发案量占刑事案件的50%以上。① 自20世纪80年代以来，“两高”等部门出台了一系列相关的司法解释、会议纪要、电话答复、批复、指引等规范性文件，解决了实务中的诸多问题。但在实践中，司法部门对诈骗犯罪案发前归还的数额是否应当扣除问题一直存在较大争议，在一定程度上影响了办案效果。

一、诈骗犯罪案发前归还数额扣除的争议焦点

诈骗犯罪数额的准确认定不仅与案件量刑直接相关，甚至影响着案件的定性。下面我们结合司法实践的四宗诈骗案例对诈骗犯罪案发前归还数额应否扣除的问题进行重点剖析，厘清争点，以准确适用法律。

案例一：2006年7月，余某与杨某合谋以租车名义将窦某的起亚牌汽车租走，并伪造吴某身份证明将该车典当获得5万元，余某和杨某平分赃款。后吴某向余某等人索

---

* 李中原，广东省珠海市金湾区人民检察院党组书记、检察长；李闽粤，广东省珠海市金湾区人民检察院第一检察部主任、一级检察官。

① 乔剑波:《电信网络诈骗的新挑战及治理建议》，载中国金融新闻网2022年4月19日，http://www.financialnews.com.cn//ll/sx/202204/t20220419_244399.html。

要车辆，余某无钱赎回该车。余某再次以同样方法骗取朋友陈某的奇瑞牌汽车并将该车典当获得1.9万元，将起亚牌汽车赎回还给窦某。经鉴定，该奇瑞牌汽车价值人民币2.65万元。公诉机关以被告人余某诈骗2.65万元提起公诉，一审法院以被告人陈某犯诈骗罪判处一年六个月有期徒刑。公诉机关以量刑畸轻为由提出抗诉，二审法院维持一审判决。①

案例二：2020年10月起，被告人宋某与某市医学有限公司工作人员合谋，由宋某利用其经办的店铺收集老年人身体疾病情况，以提供免费旅游方式诱骗老年人到上述公司参观、听讲座，通过向被害人虚假宣传细胞针具有防癌治癌、提高免疫力等效果，诱骗被害人购买和注射价格昂贵的细胞针，总共骗得91.8万元并按比例瓜分赃款。后部分被害人发觉被骗后报警经派出所调解退还诈骗款项共计46万元。公诉机关以宋某诈骗91.8万元提起公诉并建议判处十年六个月有期徒刑。一审法院认为被告人宋某案发前退赔的46万元属于案发前归还数额应当扣除，对其从轻判处判处有期徒刑八年。

案例三：2021年3月，陈某与其女友被害人廖某在朋友肖某公司聊天。肖某谎称廖某印堂发暗，近期可能有血光之灾，廖某非常害怕向肖某寻求解决办法。肖某称可以帮助其做法事求得神明保佑进行化解。后廖某根据肖某的要求在宾馆开好房间，肖某以神明附身骗取廖某与其发生性关系，并索要了10.5万元法事费用。后廖某将其遭遇告知陈某，陈某以报警为由向肖某索回10.2万元。公诉机关以被告人肖某犯强奸罪、诈骗罪数罪并罚提起公诉，一审法院审理后认为肖某案发前退还的10.2万元应当予以扣除，其诈骗金额只有3000元，不构成诈骗罪，仅以强奸罪判处被告人肖某三年有期徒刑。

案例四：2020年初，被告人林某某向他人购买了TRG虚假贵金属投资平台，并安排人员根据统一培训的话术和人设以婚恋交友的方式通过网络和外国目标对象聊天，引诱被害人在虚假平台投资。工作人员通过后台篡改数据的方式先让被害人误以为自己成功投资获利，以骗取被害人信任。在引诱被害人继续投入大量资金后，通过后台篡改数据使被害人投资亏损。经审查，二十余名外国被害人共向被告人提供的资金账号转账折合人民币700余万元，公诉机关扣除了被害人提取的“出金”数额折合人民币60余万元，认定被告人林某某等人诈骗二十余名被害人折合人民币652万元。一审法院审理采纳公诉机关意见作出对主犯判处十一年二个月有期徒刑。②

上述案例的判决反映了司法机关对诈骗数额在案发前归还的数额是否应当扣除的不同认识。案例一是根据《刑事审判参考》494号案例改编的真实案例，检、法机关均认同以后次诈骗财物归还前次诈骗财物，定罪量刑时应当扣减归还的数额，同时合议庭认为余某连续非法典当租来的汽车，是连续实施数个独立的诈骗行为，为同种数罪。根据

---

① 何承斌、李韵梅:《余某1诈骗案——将租赁来的汽车典当不予退还的行为构成诈骗罪》，载《刑事审判参考总第62集》（第3辑），法律出版社2008年版。

② 案例二至案例四均为根据Z市J区检察院办理的2022年诈骗案例改编。

1996年12月最高人民法院《关于审理诈骗案件具体应用法律的若干问题的解释》（以下简称《1996诈骗解释》）第9条，在计算诈骗数额时，只以最终占有未归还的数额即奇瑞汽车的价值认定，起亚汽车价值作为从重情节予以考虑。[①] 该案例强调了前后诈骗行为之间存在退赃的关联，亦认可前次诈骗财物行为的刑事违法性，具有独立的定罪价值。案例二公诉机关认为被告人宋某多次实施的诈骗行为均已经终结，其归还的金额系被害人向公安机关告发后被动实施的退赃行为，其后续归还的钱款系被告人诈骗既遂后对赃款的处分行为，根据《关于办理诈骗刑事案件具体应用法律的若干问题的解释》（以下简称《2011诈骗解释》）精神，对既遂犯罪金额不应扣减，应按照其全部诈骗数额定罪处罚。一审法院则认为最高法研究室1991年《关于申付强诈骗案如何认定诈骗数额问题的电话答复》（以下简称《答复》）明确了诈骗犯罪案发前归还数额应当扣除原则，该答复仍然有效，应当参照适用，故一审判决在计算宋某犯罪金额时扣除了公安机关立案前被告人归还的金额，并减轻处罚。案例三公诉机关认为被告人肖某的诈骗行为属于犯罪既遂，其犯罪金额不应扣减，一审法院同样认为诈骗金额的计算应当参照电话答复的精神，被告人案发前归还的数额应当扣除，一审法院认为扣除后的数额未达到诈骗立案起点，该诈骗行为不构成犯罪。案例四属于电信诈骗犯罪中常见的“杀猪盘”诈骗犯罪。此类诈骗行为，行为人往往先故意设局让被害人先盈利以诱惑被害人加大投资（养猪），再通过操作使其投资亏损（杀猪）。行为人为获取被害人信任和加大投资，往往允许当事人获利后出金，部分当事人甚至出金后识破骗局不再投资。通常认为，在“杀猪盘”骗局中，被害人向犯罪嫌疑人账号完成转账后，犯罪嫌疑人已可以直接支配该笔资金，但由于当事人可能存在频繁出入金的情况，对于当事人从其投资账户返还的资金，无法认定行为人对该笔资金具有非法占有的犯罪故意，故检、法机关均认为将被害人的“出金”予以扣除是合理的，仅认定被害人“投资”亏损部分作为诈骗定罪量刑金额。

此外，我们也检索了中国裁判网部分诈骗案例，大部分案件判决倾向认定诈骗犯罪案发前退还的数额应当予以扣除，仅认定未归还部分数额。通过分析以上案例的判决理由，我们发现案例一、案例二、案例三均属于犯罪既遂后退赃数额是否应当扣除的问题，检、法部门在法律适用上的争议可能导致实体案件处理上的失衡；案例四表面看是属于案发前归还金额扣除的问题，但本质上属于对行为人主观上是否具有非法占有目的证据认定问题。概括起来，司法机关对于诈骗犯罪案发前归还数额是否扣除争议焦点主要包括以下三方面：一是1991年申付强诈骗案电话答复是否具有普遍适用的效力；二是如何把握和解决诈骗犯罪既遂与案发前归还数额予以扣除的矛盾冲突；三是诈骗司法解释、文件存在争议的时候如何适用法律。要解决以上争点和法律适用问题，我们认为

① 何承斌、李韵梅：《余某1诈骗案——将租赁来的汽车典当不予退还的行为构成诈骗罪》，载《刑事审判参考总第62集》（第3辑），法律出版社2008年版。

应当对诈骗犯罪的法律条文进行系统梳理，厘清法律适用的界限。

二、诈骗答复、纪要、司法解释等法律条文效力的比较分析

(一)《答复》不具有普遍的法律效力

2022年《最高人民法院关于司法解释工作的规定》第6条规定，最高法的司法解释包括“解释”“规定”“规则”“批复”和“决定”五种类型，司法解释具有普遍适用的法律效力。“答复”不属于五种司法解释的形式之一，它是最高法的业务部门根据地方高院具体个案请示作出的具体事项答复。从两者制定、出台的方式看，司法解释的出台非常严谨，不仅需要业务部门专门立项，还需在大量深入调研基础上，多方征求意见形成权威性的普遍适用的审判经验结论，并由最高法审判委员会、最高检检察委员会讨论通过后采用解释等形式向社会公开发布。司法解释的层级效力高、制定的内容具有普遍适用的效力，各级法院、检察院应当遵照执行。答复的方式则灵活多变，可以是书面答复也可以是电话答复并做好记录。答复针对的是个案请示的回复，其法律效力仅限于个案本身，而不具有普遍的法律效力，不能将个案的答复直接引用作为其他案件的裁判依据。[①] 而且答复作为内部请示文件的回复意见，其内容有时并不一定向社会公布，答复的回复人是最高法的业务部门，层级效力明显低于司法解释，当答复的内容与司法解释内容存在矛盾时，应当以司法解释内容为准。

当然，由于答复代表的是最高法内部业务部门的意见，仍然是层级最高的答复，其答复内容包含的精神往往为地方法院裁判的时候借鉴。[②] 但与司法解释的普遍适用效力不同，司法工作者在参照答复精神处理个案时，不能简单直接引用结论而不针对案件本身的内容进行分析比较，释明个案是否符合答复的精神要求。尤其是存在同类型司法解释情况下，需要考虑适用答复精神是否与司法解释内容相互矛盾，才能确定是否参照适用。本文提到的申付强诈骗案电话答复系最高法研究室根据河南省高院针对申付强诈骗案处理的请示作出的具体回复意见，并未废止，仍然有效，但需要注意的是“两高”在该答复之后颁布、出台了一系列诈骗类犯罪司法解释，参照《答复》精神处理具体案件应更为谨慎，不能与现行有效的司法解释冲突。

(二)《答复》与《1996诈骗解释》的比较分析

申付强诈骗案件的电话答复发生在“97刑法”修订之前，“79刑法”条文关于诈骗的条文表述非常简单，仅仅在《刑法》第151条做了简单罪状的表述。随着经济社会发展，“79刑法”的诈骗犯罪条文已经无法解释诈骗犯罪愈来愈复杂的作案手法和表现形

---

① 喻海松:《中国应当有自己的实务刑法评注》，载头条网，https://www.toutiao.com/article/7125234040667521536/？app=news_article&timestamp=1658981527。

② 喻海松:《中国应当有自己的实务刑法评注》，载头条网，https://www.toutiao.com/article/7125234040667521536/？app=news_article&timestamp=1658981527。

式，对于一些涉及定罪量刑的问题需要得到权威的解答。《答复》案的被告人申付强通过欺骗手段与被害单位签订了价值为10.62万元的曲酒合同，案发前，被害单位追回的曲酒价值6.1万元，剩余款项无法追回。河南省高院因此提出案发前归还数额应予扣除和不扣除的两种意见请示最高法研究室，研究室的《答复》同意在具体认定诈骗犯罪数额时，应把案发前已被追回的被骗款数额扣除，按最后实际诈骗所得数额计算。按照现行刑法分类，申付强诈骗案显然并非传统的普通诈骗犯罪，属于合同诈骗犯罪。根据该类案件办理经验看，证明犯罪嫌疑人是否具有非法占有目的主观故意是此类案件的难点和重点。河南省高院的请示仅仅提到被害人案发前追回6.1万元，但并未说明追回的过程，按照请示的内容无法准确判断申付强非法占有被害人曲酒的主观犯意产生的具体时间，既不能排除在合同签订时产生，亦不能排除在合同履行过程中产生。在此情况下，根据存疑有利于犯罪嫌疑人的司法原则，法院将申付强案发前归还的数额扣除后以未还的数额作为其犯罪金额更符合情理。

此后，“两高”在多项司法解释及座谈会议纪要中规定了与电话答复相似的“案发前归还数额应予扣除”的适用原则。1996年12月，最高法通过了《1996诈骗解释》，该解释第2—8条规定了诈骗犯罪的具体表现形式，其中第2条第2款特别规定“利用经济合同进行诈骗的，诈骗数额应当以行为人实际骗取的数额认定，合同标的数额可以作为量刑情节予以考虑”。解释第9条则规定“对于多次进行诈骗，并以后次诈骗财物归还前次诈骗财物，在计算诈骗数额时，应当将案发前已经归还的数额扣除，按实际未归还的数额认定，量刑时可将多次行骗的数额作为从重情节予以考虑”。上述两个条款均强调案发前归还的数额应当扣除，因此被认为是诈骗电话答复精神的延续，上述条款作为司法解释具有普遍适用的法律效力并在司法实践中广泛运用。

由此可见，《答复》和《1996诈骗解释》均具有将案发前归还数额予以扣除的相同之处。其中，解释第2条与《答复》均系针对经济合同诈骗行为作出的规定，内容基本一致，强调“以实际骗取”认定诈骗犯罪数额，实际上表明在无法认定非法占有目的情况下，以最后骗取数额的时间节点作为推定的犯罪既遂。解释第9条规定的案件类型则明显不同，系针对多次诈骗犯罪既遂后具有退赃关联情况制定的犯罪数额扣除规则，两者适用的案件类型不尽相同。

（三）纪要、《集资诈骗解释》的比较分析

1997年刑法修订过程中，吸收了《1996诈骗解释》第2—8条规定的内容，根据犯罪主体、犯罪手段、犯罪对象等方面的不同，将集资诈骗罪、贷款诈骗罪、金融票证诈骗罪、信用证诈骗罪、信用卡诈骗罪、有价证券诈骗罪、保险诈骗罪、合同诈骗罪等犯罪从本罪中脱离出来成为单独的罪名。上述诈骗犯罪侵犯的主要是国家经济管理活动，严重危害国民经济，属于刑法分则第三章侵犯社会主义市场经济秩序的犯罪行为，与本罪之间形成一般与特殊的关系。2001年最高法《全国法院审理金融犯罪案件工作座谈会纪要》（以下简称《金融纪要》）强调金融诈骗犯罪数额要参照《1996诈骗解释》

规定执行，同时规定在具体认定金融诈骗犯罪的数额时，应当以行为人实际骗取的数额计算，但应当将案发前已归还的数额扣除。最高法 2010 年颁布、2022 年修订的《关于审理非法集资刑事案件具体应用法律若干问题的解释》(以下简称《集资诈骗解释》)第8条第3款规定，集资诈骗的数额以行为人实际骗取的数额计算，案发前已归还的数额应予扣除。2017 年最高检《关于办理涉互联网金融犯罪案件有关问题座谈会纪要》(以下简称《互联网纪要》)第 17 条亦规定集资诈骗的数额应当以犯罪嫌疑人实际骗取的金额计算。以上纪要、解释规定的扣减精神与《答复》《1996 诈骗解释》第 2 条第 2 款的规定一脉相承，均以“实际骗取”作为认定诈骗犯罪数额的基础，明确将案发前已归还的数额从犯罪金额中扣除。至目前为止，上述纪要、解释的规定仍然合法有效，故在办理合同诈骗、集资诈骗等涉经济、金融类型诈骗犯罪中，依然适用案发前已被追回的数额应当扣除，按最后实际诈骗所得数额计算的原则。

（四）新旧诈骗解释的比较分析

“97 刑法”大规模修订后，2011 年“两高”通过了《2011 诈骗解释》，这是一部剥离了合同诈骗罪、集资诈骗罪等特殊类型的诈骗犯罪之后出台的新司法解释，与《1996 诈骗解释》比较，由于电信诈骗犯罪的迅猛发展，新解释内容发生了根本性变化，不再沿用案发前追回数额扣除的规定，细化了诈骗定罪量刑的标准。

新旧解释适用的范围明显不同。《1996 诈骗解释》颁布于“97 刑法”修订之前，适用范围是广义上的“诈骗罪”，该解释第 1—8 条分别规定了普通诈骗、合同诈骗、集资诈骗、贷款诈骗、票据诈骗、信用证诈骗、信用卡诈骗、保险诈骗等不同类型的诈骗犯罪行为，以上犯罪行为均应当适用《1996 诈骗解释》。《2011 诈骗解释》第 1 条明确适用范围是“97 刑法”的第 266 条规定，适用范围包括普通诈骗犯罪和电信诈骗犯罪。故两者涵盖的范围和解释体系存在明显差异。

新解释明确了诈骗犯罪数额较大不起诉、免处罚的原则。《2011 诈骗解释》第 3 条规定诈骗公私财物数额较大，具有一审宣判前全部退赃、退赔等 5 种法定从轻、从宽情节，且认罪悔罪可以不起诉或者免予刑事处罚。而《1996 诈骗解释》的第 2 条适用范围为合同诈骗犯罪，第 9 条仅规定了将案发前归还的数额扣除按实际未归还的数额认定的从轻处理原则。

新解释明确了诈骗近亲属不入罪的条件。《2011 诈骗解释》第 4 条增加了诈骗近亲属财物的从宽原则，其中取得谅解的，一般可不按犯罪处理。该条款的确立体现了对于近亲属间的诈骗犯罪处理从宽原则。

新解释明确了诈骗犯罪未遂的入刑条件。《1996 诈骗解释》第 1 条第 5 款虽然规定诈骗未遂情节严重应当定罪处罚，但缺乏定罪量刑标准，实践中难以把握执行。《2011 诈骗解释》第 5 条承继了该解释精神，明确了以数额巨大的财物为诈骗目标的犯罪未遂入罪条件。

明确了新旧司法解释适用的原则。《2011 诈骗解释》第 11 条明确旧解释与新解释不一致的地方以新解释为准，体现了新法优于旧法原则。

通过以上比较，我们不难发现，由于新旧解释适用范围不同，新解释承继旧解释的内容不多，旧解释与《答复》有关案发前归还数额扣除的内容亦未被新解释沿用，新旧解释的内容在法律适用上存在冲突。首先，新解释第3条规定的不诉、免除原则较之旧解释第9条规定适用范围更广、弹性更大。从时间上看，退赃、退赔的时间为一审判决前，比旧解释第9条规定的案发前时间周延更广，不限定在案发前，也包括案发后至一审判决前。其次，从处理结果看，旧解释第9条仅规定案发前归还数额扣除的处理原则，新解释规定数额较大的诈骗犯罪全额退赃、退赔的，可以不诉或免除刑罚。从该条款引申出的含义，数额较大的既遂诈骗犯罪不再适用旧解释和《答复》有关犯罪数额扣除的原则。再次，新解释第5条关于犯罪未遂定罪处罚原则与《答复》、旧解释案发前归还数额扣除规则存在法律适用冲突。根据通说的观点，犯罪既遂是指犯罪行为完全具备了基本犯罪构成要件的情况。张明楷教授认为，诈骗罪（既遂）的基本构造为：行为人实施欺骗行为→对方产生（或继续维持）错误认识→对方基于错误认识处分财产→行为人或第三者取得财产→被害人遭受财产损失。[①] 诈骗犯罪既遂以后其犯罪形态已经不可逆转，应当按照犯罪既遂的理论进行处理。诈骗新解释第5条更是规定了以数额巨大财物为目标的诈骗未遂应追究刑事责任。按照常理，犯罪既遂的社会危害性显然大于犯罪未遂，如果对于诈骗犯罪达到犯罪数额巨大、特别巨大的既遂后因为案发前全额退赃予以扣除后不认定为犯罪与新解释对数额巨大诈骗未遂犯罪定罪处罚的规定显然相互矛盾。按照《答复》、旧解释规定一律对案发前归还数额进行扣除容易造成立法和司法的冲突。

三、正确理解和适用诈骗犯罪案发前归还数额扣除的规定

（一）对争议案件的法律适用评析

前述案例一根据《1996诈骗解释》第9条的规定，扣除余某前次作案数额仅以后次作案财物价值作为定罪数额。按照该判决观点，前次诈骗行为和后次诈骗行为属于同种诈骗犯罪，以后次诈骗财物归还前次诈骗财物属于犯罪既遂后的退赃行为。该判决认为多次诈骗行为的前后次诈骗行为之间联系密切，对被告人以未归还数额定罪并不否定前次诈骗犯罪行为的刑事违法性，仅仅是刑法处断上的认定方法。如该案的被告人余某以后次诈骗财物归还了前次诈骗犯罪财物，但同案人杨某并未退赃，余某的退赃行为并未消灭前次诈骗行为，余某和杨某的共同诈骗行为仍然是既遂犯罪，杨某参与的诈骗行为仍然具有刑事违法性和可罚性。案例一关于前后次诈骗犯罪均属于诈骗犯罪既遂的判决观点与《答复》《1996诈骗解释》第2条规定的扣除数额的案件类型均有明显区别，有其特定的适用范围。

---

① 张明楷:《诈骗犯罪论》，清华大学出版社2021年版，第7页。

案例二宋某先后实施了多次诈骗行为，法律适用争议焦点在于检察机关认为在被害人交钱打完细胞针以后，诈骗行为即告完成，其连续实施的多个诈骗行为均是独立的诈骗行为，均属于犯罪既遂。宋某因为担心被害人告发而在案发前归还被害人的财物属于案发后归还赃款的行为，其归还的钱款主要来源于后续的诈骗钱款。该案的连续诈骗行为及退赃方式与案例一极为相似，符合以后次诈骗财物归还前次诈骗财物的情形，符合《1996诈骗解释》第9条规定的情形。但该解释在2013年已经被废止[①]，废止的司法解释内容不能作为案例二的判决理由。《2011诈骗解释》规定的诈骗既遂处理精神与《答复》精神存在矛盾，当司法解释与答复存在冲突的时候，应当明确《刑法》第266条规定的诈骗既遂案件原则上应当适用《2011诈骗解释》，因此，对此类案件以《答复》作为裁判依据应当审慎考虑。

案例三中检法争议焦点亦是犯罪既遂后退赃数额是否应当扣除的问题。检察机关认为按照犯罪既遂理论，犯罪构成要件均已完成，属于诈骗犯罪既遂，被告人肖某诈骗既遂后在案发前退赔10.2万元，一审法院按照《答复》精神扣除肖某案发前归还的数额后作出不构成犯罪判决，这一判决不仅与犯罪既遂的原理矛盾，也与诈骗犯罪未遂的规定冲突。本案中，肖某的诈骗数额已经达到了数额巨大，如果将案发前归还数额扣除，就会出现诈骗数额巨大的既遂犯因为案发前退赃非罪化处理的情况。犯罪既遂后犯罪数额就已经固化，不可能再逆转，且未遂要处罚、既遂反而不处罚不符合举重明轻的原理。[②]这显然不符合刑法犯罪体系的逻辑解释。而且不论是按照《1996诈骗解释》第9条的规定还是《2011诈骗解释》的相关规定，普通诈骗犯罪既遂后均不能得出扣除退赃数额后未达到诈骗立案标准的结论。而且这种案发前退赃数额一律扣除的做法，更会造成司法实践处理的混乱，容易被犯罪嫌疑人钻法律空子，造成犯罪被发现了就退钱，没有发现就继续行骗，这既不利于维护当事人权益，更不利于维护社会稳定。

案例四的“杀猪盘”诈骗犯罪，行为人通过设定虚假的贵金属投资引诱当事人投入资金，行为人与被害人双方形成长期动态交往，甚至长达数月、一年，形成了“出金”“入金”相互交织的情况。一般情况下，被害人“入金”大于“出金”，但亦不排除“出金”大于“入金”的特殊情形，这种类型的诈骗与集资诈骗模式高度相似，难以认定行为人对全部投入资金具有非法占有目的。由于《2011诈骗解释》并未沿用《答复》《1996诈骗解释》的扣除数额的做法，因此，2018年最高检制定的《检察机关办理电信网络诈骗案件指引》（以下简称《指引》）补充指出，一般情形下，诈骗款项转出后即时到账构成既遂，但犯罪嫌疑人通过向被害人交付一定货币，进而骗取其信任并实施诈骗的，由于货币具有流通性和经济价值，该部分货币可以从数额中扣除。上述规定与《2011诈骗解释》的规定明显不同，可以看作是对电信诈骗特殊类型

---

① 根据2013年最高人民法院《关于废止1980年1月1日至1997年6月30日期间发布的部分司法解释和司法解释性质文件（第九批）的决定》，《1996诈骗解释》已被废止。

② 杨柳：《案发前归还的诈骗款不应从犯罪数额中扣除》，载《人民检察》2019年第16期。

犯罪作出的特别规定。

（二）以“实际骗取”作为经济诈骗犯罪定罪数额具有合理性

《答复》与《金融纪要》《集资诈骗解释》一脉相承，涵盖合同诈骗、集资诈骗、贷款诈骗、票据诈骗、信用证诈骗、信用卡诈骗、保险诈骗犯罪等，均规定了诈骗犯罪以行为人实际骗取的数额计算和案发前归还数额应予以扣除的规则。这里的“实际骗取”说明被害人丧失的并非其全部交付的财产。经济诈骗的犯罪结果是行为人与被害人相互作用下发生的法益侵害，被害人虽因错误的交付丧失财产支配权，但行为人实现其非法占有目的常常是较长一段时间内的动态过程。行为人实际骗取的数额与被害人的财产损失数额并非完全对应。[①] 以合同诈骗犯罪为例，合同诈骗与合同欺诈行为很相似，区别在于是否具有非法占有的目的。然而，合同诈骗行为人的主观犯意往往并不能从其签订合同时作出判断。例如，被害人虽因行为人欺骗行为签订供货合同，但被害人仍可向行为人主张支付货款，行为人对于被害人具有支付货款义务。在这个过程中，行为人可能为了维持其骗局，在较长的一段时间持续支付少量货款，这种支付行为难以认定行为人意图非法占有被害人的全部财产，只能以案发时间作为区分正常的履行合同行为还是诈骗犯罪既遂后的退赃行为。同样在集资诈骗犯罪中，行为人通过设定“骗局”向公众吸取资金、支付高额利息、再吸取资金，反复循环不断实施犯罪行为。从行为人的目的看，其一开始就是为了实现非法占有他人钱财设立骗局，但骗局一直处于动态过程没有结束，行为人归还本金、支付利息的数额同样处于动态变化之中，被害人的损失也是在动态变化。部分当事人从中获取的利益甚至超过其本人投资的金额，把获得利益超过其本人投资金额的当事人认定为被害人显然是不合适的。故此类经济诈骗犯罪案件，只有在案发后，从整体上去把握才能准确计算被害人损失的数额。故相关经济诈骗犯罪均规定以行为人实际骗取的数额计算犯罪金额是合理的，可以避免无休止的对行为人对归还的数额是否具有非法占有的目的论证。

（三）《答复》精神可以作为《2011 诈骗解释》的有益补充

《2011 诈骗解释》系针对“97 刑法”第 266 条规定的诈骗罪作出的司法解释，其适用范围仅限于普通诈骗和电信诈骗犯罪。该解释虽没有沿用《答复》《1996 诈骗解释》第 9 条关于案发前归还数额扣除的规则，但不意味着刑法 266 条规定的诈骗犯罪不能参考适用申付强诈骗案电话答复关于数额扣除的精神。

众多的普通诈骗、电信诈骗活动，行为人往往通过一次性或者短暂的过程完成诈骗行为，被害人因为行为人的欺骗行为往往形成单向付出或者权利义务不对等的法律关系，如以次充好、以假换真，谎称被害人包裹出问题退赔，冒充神医、神棍骗钱，伪造

---

① 郑毅、段凰：《阚莹诈骗案——诈骗数额的计算与扣除》，载《刑事审判参考总第 124 集》，法律出版社 2020 年版，第 72 页。

材料骗取拆迁补偿等等。此类诈骗在被害人支付相应财物后，犯罪就已经既遂。根据刑法既遂理论，犯罪人行为既遂后，就应全部认定犯罪数额，行为人事后退赃、退赔行为，不影响诈骗犯罪数额的认定，其犯罪数额也不应扣除。《2011 诈骗解释》第 3 条、第 5 条对此已经有明确规定，原则上应当遵守执行。但普通诈骗犯罪中存在的大量借款诈骗中，行为人拆东墙补西墙，为了保持骗局不被发现或者为了继续诈骗更多财物，通常都会向被害人归还部分本金、支付利息，或者以后骗财物归还前骗财物。被害人在未发现诈骗行为时亦可持续地向行为人主张权利、要求还本付息，这种相互作用行为导致被害人的损失也是动态变化的。这种借贷诈骗表现形式上与经济诈骗犯罪类似，同样难以认定行为人具有非法占有对方全部财产的犯罪故意，现实中甚至存在连环诈骗犯罪行为人多支付部分当事人利息、本金的可能，故对此类诈骗犯罪不能简单以其转账金额作为其诈骗数额定罪处罚。此外，电信网络诈骗行为的发展形势和手段变化之快，远远超出了立法和司法解释出台的速度，《2011 诈骗解释》出台之时无法对电信诈骗犯罪的发展作出充分的预判，难免存在疏漏之处。如电信诈骗中常见的赌博型、投资型“杀猪盘”诈骗犯罪，为掩盖犯罪行为或者持续实施欺骗行为，行为人与被害人双方往往存在长期动态货币资金交往，《指引》从实际出发，认可此类犯罪中，犯罪嫌疑人向被害人交付的货币可以从诈骗数额中扣除，即电信网络诈骗的犯罪同样可以适用扣除归还数额的特殊情形。但上述情形有其特定的适用范围，即行为人支付货币目的系骗取信任，犯罪行为仍然在实施过程中，严格意义上诈骗犯罪并未实施终了。

《指引》的上述内容与《答复》或《1996 诈骗解释》第 9 条规定的内容具有相似之处。从司法实践看，《指引》的出台证明了在部分普通诈骗、电信网络诈骗犯罪法律适用中吸收《答复》《1996 诈骗解释》第 9 条的扣除案发前归还数额的做法是有必要的，是《2011 诈骗解释》的有益补充。

此外，《2011 诈骗解释》规定了数额较大诈骗犯罪既遂不起诉、免除刑罚的内容，但对于诈骗数额巨大、特别巨大的诈骗犯罪既遂案发前全额退赃、退赔情形没有明确作出从轻、减轻处罚的规定。不论行为人出于主动还是被害人发现后追索的被动行为，与案发后的退赃、退赔行为比较，前者的社会危害性显然更小，在法律适用上理应处以较轻的刑罚。如果犯罪嫌疑人案发前积极退赃不能获得从轻、减轻处罚，最不利的是对被害人权益的保障，犯罪嫌疑人退赃、退赔的积极性将大大减弱。诈骗类案件案发前行为人如果能向被害人全额退赔，可以极大挽回被害人受损的财产法益，“积极退赔减刑”存在一定法理基础。[①] 我们认为《2011 诈骗解释》应该补充完善诈骗犯罪数额巨大、特别巨大的既遂案发前归还的数额同样可以作为量刑情节进行评价，或者明确司法机关可参照犯罪未遂的处理规定，决定从轻或减轻处罚，这样能够与该解释第 3 条相互呼应，促进犯罪嫌疑人积极退赃。

---

① 金懿：《积极退赔退赃应成为诈骗犯罪减轻处罚情节》，载《检察日报》2020 年 10 月 19 日。

四、诈骗犯罪案发前归还数额的法律适用原则

综上所述，我们认为《答复》的法律效力并没有废止，仍然有效，但《答复》不具有普遍的法律适用效力，其并不具有优于司法解释适用的法律效力，司法解释存在新旧解释的争议，应当以新解释的效力优先。

首先，金融经济诈骗犯罪均适用案发前归还的金额扣除的规定。合同诈骗罪、贷款诈骗罪、非法集资诈骗罪等类型案件由于行为人之间往往持续较长时间的经济往来，行为人产生非法占有目的具体时间难以把握，相关司法解释、纪要承继了《答复》的精神，已经明确认定上述犯罪时应当扣除案发前已经归还的数额，以实际骗取的金额作为定罪金额。

其次，《刑法》第266条规定的普通诈骗及电信诈骗犯罪一般不适用案发前归还数额予以扣除的原则。原则上应当以《2011诈骗解释》作为处理此类案件的基础，同时兼顾具体案件的特殊性，参照《答复》《指引》等文件规定的精神处理。

对于一次性即实施终了的普通诈骗犯罪、电信诈骗犯罪，属于诈骗犯罪既遂的，应当按照《2011诈骗解释》规定适用法律，对案发前归还的诈骗款不应从犯罪数额中扣除。包括在多次诈骗犯罪中以后借还前借、东挪西借方式实施诈骗的，都不应扣除案发前归还的数额。对于犯罪数额较大的，可以按照解释第3条规定执行。针对诈骗犯罪数额达到犯罪数额巨大、特别巨大退赔、退赃的情形，在解释未作修订前，可以参考解释第5条、第6条的适用原则处理。即如果行为人全额退赃或者退赃后数额在数额较大以下的，可以按照犯罪未遂的规定从轻或者减轻处罚；对于行为人退赃以后数额仍然达到犯罪数额巨大、特别巨大的，可以参照解释第6条的规定，即诈骗既有既遂，又有未遂，分别达到不同量刑幅度的，依照处罚较重的规定处罚；达到同一量刑幅度的，以诈骗罪既遂处罚。这样分层次的法律适用可以避免骗取数百万元，甚至更高数额的诈骗犯罪既遂退赃不构罪的不合理判决发生，同时这种处理方式也有利于鼓励犯罪嫌疑人主动挽回被害人损失。使被害人得到经济补偿，对于犯罪嫌疑人来说得到实质性的量刑从宽对于社会公众也能够起到良好的示范效应和教育作用。

明确对于借款、投资、赌博的利诱型诈骗犯罪（包括普通诈骗和电信诈骗），犯罪嫌疑人采取支付本金、利息、盈利等方式骗取信任实施诈骗的，行为人支付的本金、利息、盈利资金可以从诈骗数额中扣除，也就是以实际骗取数额认定犯罪金额。法律意义上，该类型犯罪从资金转账进入犯罪嫌疑人的账号即已既遂，但行为人设定的诈骗行为并未实施终了，资金的往来具有复杂性，难以认定行为人对全部资金具有非法占有目的，对此类案件的处理可以参照《指引》的精神，将行为人以支付本金、利息、盈利方式返回的货币资金从诈骗数额中扣除，扣除的数额以当事人转入犯罪嫌疑人指定账户的金额为限。

检察调查核实权探析

王 斌*

摘 要 修订后的《人民检察院组织法》第21条规定检察机关对监督事项可以进行调查核实，是对检察监督制度的重要发展和完善。检察调查核实权经历了缓慢而曲折的发展历程。作为检察机关法律监督权的一种具体权力形态，检察调查核实权具有监督性、专属性、独立性及强制性等特征。检察调查核实覆盖了检察机关八个方面的法律监督职权活动，应当探索赋予其必要的配套措施和保障机制，提升调查核实权对于法律监督的刚性作用。

关键词 检察机关 调查核实 配套措施 保障机制

2018年修改的《人民检察院组织法》第21条规定，检察机关行使本法第20条规定的法律监督职权可以进行调查核实，从立法层面首次明确赋予检察机关在法律监督领域的调查核实权，被视为修订后的检察院组织法中最具刚性之规定，可以有效解决检察机关行使法律监督职权缺乏手段、刚性不足等难题，是对检察监督制度的发展与完善，具有重要的现实意义。但是基于该法条规定精简且原则，需要深入分析和解读，在相关的配套法律和司法解释中进行细化完善，确保调查核实权力的规范运用，更好地实现检察机关法律监督"刚性"之立法目的与精神。

一、检察调查核实权的渊源

修改后的《人民检察院组织法》第21条明确规定检察机关对监督事项可以进行调查核实，是对检察监督制度的重要完善。[①] 以立法形式确立检察机关调查核实权是经过漫长的理论探讨和实践探索之后的审慎选择。检察调查核实权的确立有其缓慢曲折的发展历程。

---

* 王斌，广东省珠海市人民检察院法律政策研究室主任、四级高级检察官、全国检察理论研究人才。

① 万春:《检察法制建设新的里程碑——参与〈人民检察院组织法〉修订研究工作的体会》，载《国家检察官学院学报》2019年第1期。

1. 起源。1954 年《人民检察院组织法》以及新中国成立初期的《检察署暂行组织条例》或《各级地方人民检察署组织通则》，均规定了检察机关为执行检察职务，可以采取向有关机关单位调阅文件、卷宗、决议、命令、文书等方式，开展调查工作。[①] 这是检察机关调查核实权的最初规定与起源，而 1979 年《人民检察院组织法》取消了相关规定，此后调查核实工作实际上处于无法可依的窘境。

2. 探索。伴随司法实践的日益发展变化，检察机关坚持不懈地探索开展调查核实工作，率先在民事行政检察方面取得突破。1992 年最高检颁布《关于民事审判监督程序抗诉工作暂行规定》，其中第 4 条明确了检察机关在民事审判监督程序中带有指令性的协助调查制度，[②] 丰富了民事检察中调查权的理论元素。第 5 条规定检察机关立案审查案件时可以向法院调取案卷材料，调查取证，必要时进行勘验、鉴定。此条规定体现了检察监督职权属性的调取法院案卷材料权力，首次以司法解释的形式授予检察机关在办理民事申诉案件过程中享有调查取证权，具有开创性意义及价值。

2001 年最高检制定的《人民检察院民事行政抗诉案件办案规则》第 17 条、第 18 条规定检察机关在民事行政案件的审查监督过程中享有调查权。[③] 检察机关在民事行政诉讼监督中的调查权及调查取证权的概念均来源于此。该办案规则为检察机关在民事行政诉讼监督中行使调查权提供了法律依据，但也遭到质疑，认为检察机关在民事诉讼中享有调查权，有违民事诉讼的平等原则，打破了民事诉讼结构的平衡，造成检察机关在民事检察监督工作中的角色混乱。[④]

2010 年“两高三部”联合发布的《关于对司法工作人员在诉讼活动中的渎职行为加强法律监督的若干规定（试行）》规定，检察机关可以采用询问有关当事人或者知情人，查阅、调取或者复制相关法律文书或者报案登记材料、案卷材料等方式调查核实违法事实。同年，最高检和最高法联合下发《关于调阅诉讼卷宗有关问题的通知》，规定

---

① 1954 年《人民检察院组织法》第 19 条规定：“人民检察院为执行检察职务，有权派员列席有关机关的会议，有权向有关机关、企业、合作社、社会团体调阅必要的决议、命令、案卷或者其他文件，有关的机关、团体和人员都有义务根据人民检察院的要求提供材料和说明。”1951 年《中央人民政府最高人民检察署暂行组织条例》第 14 条规定：“最高人民检察署为有效完成其任务，得向各机关调阅有关于法律、法令、决议、命令等类之文书。”1951 年《各级地方人民检察署组织通则》第 6 条第 4 项规定：“各级地方人民检察署为有效完成其任务起见，得向各机关调阅有关的材料文件。”这些规定是立法机关为保障检察职能有效履行，对检察机关及其检察人员作出的概括性授权，在法制史上具有非常重要的开创性意义。

② 《关于民事审判监督程序抗诉工作暂行规定》4 条规定，认为生效裁判可能有错时，由上级或同级检察院立案审查，同时明确上级检察院可以指令下级检察院协助调查。

③ 《人民检察院民事行政抗诉案件办案规则》第 17 条规定：“人民检察院审查民事、行政案件，应当就原审案卷进行审查。非确有必要，不应进行调查。”第 18 条规定：“有下列情形之一的，人民检察院可以进行调查：（一）当事人及其诉讼代理人由于客观原因不能自行收集的主要证据，向人民法院提供了证据线索，人民法院应予调查未进行调查取证的；（二）当事人提供的证据互相矛盾，人民法院应予调查取证未进行调查取证的；（三）审判人员在审理该案时可能有贪污受贿、徇私舞弊或者枉法裁判等违法行为的；（四）人民法院据以认定事实的主要证据可能是伪证的。”

④ 范卫国：《民事检察调查核实权运行机制研究》，载《北方法学》第 9 卷总第 53 期。

检察机关可以调阅诉讼卷宗。

上述有关检察机关调查核实权的规定较为分散，呈现出碎片化状态，未能全部涵盖检察机关履行法律监督职责的各个方面，并且此规定皆具单向性，未明确有关单位和个人应当配合检察机关调查核实的义务。

3. 发展。2011 年最高检和最高法会签《关于对民事审判活动与行政诉讼实行法律监督的若干意见（试行）》。这是“两高”就民行检察监督问题协商会签的首份规范性文件。其中第 3 条规定检察机关在三种情形下可以向当事人或者案外人行使调查核实权。[①] 该文件使用“调查核实”而非“调查取证”，表明决策层面逐渐认同检察机关调查核实的专业用语，亦为此术语正式入法奠定了基础。“两高”会签文件标志着检察机关在民事行政诉讼监督中的调查核实权有较大发展，为调查核实权在修改《民事诉讼法》中获得确认提供了理论支撑和实践样本。

2012 年《刑事诉讼法》第 55 条规定检察机关对非法取证线索应当调查核实，[②] 以基本法的形式确立了我国的非法证据排除制度。对非法取证行为的调查核实权因契合我国检察机关的职能定位和司法实践需要而成为非法证据排除制度的重要亮点，它既反映了检察官客观中立义务和现代刑事司法理念的对检察机关审查排除非法证据的特殊要求，又具有理论上的自洽性和实践上的必然性。[③] 随后《人民检察院刑事诉讼规则（试行）》第 70 条则细化规定检察机关可以采取八种方式对非法取证行为进行调查核实。

2012 年《民事诉讼法》正式采用 2011 年“两高”会签文件中使用的调查核实术语，在第 210 条规定检察机关为履行法律监督职责，可以向当事人或者案外人行使调查核实权。[④] 这是首次从基本法层面确认检察机关在民事诉讼监督中的调查核实权，使得检察机关行使调查核实权有了法律依据。2013 年《人民检察院民事诉讼监督规则（试行）》第 66 条进而列明了检察机关可以采取的六种调查核实措施，在一定程度上解决了检察调查核实手段不足等困扰。

鉴于全国人大常委会授权最高检在部分地区开展公益诉讼试点工作的需要，2015 年 12 月最高检制定了《人民检察院提起公益诉讼试点工作实施办法》，在第 6 条规定

---

① 《关于对民事审判活动与行政诉讼实行法律监督的若干意见（试行）》第 3 条规定，检察机关在三种情形下可以向当事人或者案外人行使调查核实权。一是生效民事判决、裁定或者调解书可能损害国家利益、社会公共利益的；二是当事人因客观原因不能自行收集证据，书面申请法院调查收集，法院应当调查收集而未调查收集的；三是违反法定程序可能影响案件正确判决、裁定的。

② 《刑事诉讼法》第 57 条规定：“人民检察院接到报案、控告、举报或者发现侦查人员以非法方法收集证据的，应当进行调查核实。对于确有以非法方法收集证据情形的，应当提出纠正意见；构成犯罪的，依法追究刑事责任。”

③ 张少波、刘青：《检察机关非法取证取证行为调查核实权的正当程序完善》，载《贵州警官职业学院学报》2013 年第 2 期。

④ 《民事诉讼法》第 210 条规定：“人民检察院因履行法律监督职责提出检察建议或者抗诉的需要，可以向当事人或者案外人调查核实有关情况。”

调查核实公益诉讼案件的七种方式，[①] 为检察机关查证、查实公益诉讼案件提供了基本指引。最高检和最高法还联合发布了《关于检察公益诉讼案件适用法律若干问题的解释》，其中第6条规定检察机关办理公益诉讼案件可以向有关行政机关以及其他组织、公民调查收集证据材料；有关行政机关以及其他组织、公民应当配合；需要采取证据保全措施的，依照民事诉讼法、行政诉讼法相关规定办理。

2017年修改的《民事诉讼法》第210条仍然延续2012年该法的规定，即检察机关为行使抗诉权和检察建议权，可以对当事人或者案外人进行调查核实，仍然未明确规定调查核实的具体方式或者措施。

4. 确立。检察机关对监督案件或事项进行必要的调查核实，是依法开展法律监督的前提条件。结合检察调查核实权长期以来在司法实践中的运用与发展，经过深入调研和论证，2018年修改后的《人民检察院组织法》第21条规定："人民检察院行使本法第二十条规定的法律监督职权，可以进行调查核实，并依法提出抗诉、纠正意见、检察建议。有关单位应当予以配合，并及时将采纳纠正意见、检察建议的情况书面回复人民检察院。"此规定文字精炼但内涵丰富，特别是以立法形式明确检察机关可以对监督事项进行调查核实，是对检察监督制度的重要完善，也为检察机关全面行使调查核实权提供了基本法上的法律依据。

二、检察调查核实权的基本内涵

从字面意义来看，调查核实的本意是对实际情况进行具体、客观的考察了解。在检察实务中，调查核实是具有广泛意义的通常用语，相关业务部门一直都在实际行使着调查核实权，甚至囊括职务犯罪侦查部门开展的侦查活动、侦查监督和公诉部门行使的补充侦查活动等，调查核实权可以说是法律监督理应配置的常规性权能。调查核实权是检察权的合理组成部分，是检察权运行的应有之义。[②] 检察调查核实权是检察机关为有效履行法律监督职能，依照法律规定的条件与程序，对司法办案所涉及的事实证据等进行调取和了解，检验和查证有关事项真实情况的权力。它在文义上是调查权与核实权的复合体，包括调查取证和核实情况两个层面，其中，调查主要针对未知情况或事实来收集相关证据材料，作为处理决定的事实基础；核实侧重于已知的事实或证据，采取相应措施来鉴别虚假和真实。调查核实权作为检察机关法律监督权的一种具体权力形态，具有

---

① 《人民检察院提起公益诉讼试点工作实施办法》第6条规定："人民检察院可以采取以下方式调查核实污染环境、侵害众多消费者合法权益等违法行为、损害后果涉及的相关证据及有关情况：（一）调阅、复制有关行政执法卷宗材料；（二）询问违法行为人、证人等；（三）收集书证、物证、视听资料等证据；（四）咨询专业人员、相关部门或者行业协会等对专门问题的意见；（五）委托鉴定、评估、审计；（六）勘验物证、现场；（七）其他必要的调查方式。调查核实不得采取限制人身自由以及查封、扣押、冻结财产等强制性措施。人民检察院调查核实有关情况，行政机关及其他有关单位和个人应当配合。"

② 何家弘：《新编证据法学》，法律出版社2002年版，第48页。

以下主要特征：

1. 调查核实权的监督性。依据我国检察机关是“国家的法律监督机关”的宪法定位，检察权的属性为法律监督权，而作为内生于检察权的具体权力形态之一，调查核实权当然具有法律监督权属性，监督性是调查核实权最本质的特征属性。[①] 易言之，立法赋予检察机关调查核实权，是对检察机关法律监督职能的贯彻落实，也是法律监督一元论传统观点的具体体现。从权力来源看，它是由检察权派生而来的法律监督职能履行手段；在权能限度上看，它是覆盖领域较为广泛的全方位监督，适用于所有的检察监督事项，即检察机关在行使《人民检察院组织法》第20条规定的八项法律监督职权时，均可以进行调查核实。

2. 调查核实权的专属性。我国检察机关是国家法律监督机关，检察机关的法律监督权是从统一的国家权力中分离出来的，必须由专门的国家机关来行使。从宪法和法律的有关规定看，在我国只有检察机关才是国家的法律监督机关，检察机关以法律监督为专职专责。调查核实权是法律授予且专属于检察机关行使、保障检察机关履行法律监督职能的权力，其他任何机关和部门不能行使此项权力，而检察机关也必须依法正当行使，既不能随意扩大调查核实的范围和手段，滥用调查核实权，也不能怠于行使调查核实权。

3. 调查核实权的独立性。调查核实权不同于刑事侦查权、法院的调查取证权及监察委员会的调查权，它们在设置目的及行使主体、方法措施等方面存在较大差异。刑事侦查权作为一种具有行政性质的司法权，[②] 包括专门调查和强制措施两方面内容，而调查核实属于侦查权中的一种侦查方式，其内涵和外延比侦查权要窄得多。法院的调查取证权本身是审判权的一部分，其目的是查明案件事实，正确适用法律，解决争议。虽然检察机关的调查核实权与法院调查权取证具有同质性，[③] 但是在效力保障上，法院的调查取证权可以采取罚款、拘留等司法强制措施。监察委员会的调查权是其加强对公职人员监督、实现反腐败全覆盖、有效处置腐败案件的关键职能，[④] 除了主要通过留置措施限制人身自由以外，监察委员会的调查权与刑事侦查具有相似的形式和后果，因而具有侦查权的性质和效力。调查核实权作为检察机关对侦查权及审判权等监督中依法享有的一项独立的权力，它与《刑事诉讼法》修改后保留给检察机关的司法工作人员职务犯罪侦查权共同组成法律监督实施的保障性权力体系。

4. 调查核实权的强制性。检察机关法律监督的主要特征之一“是它具有最大的国家

---

① 张雪妲、李强、常海蓉：《民事检察调查核实权的理论探析》，载《人民检察》2017年第13期。

② 燕星宇：《论我国检察权的司法性根基及其司法化改革》，复旦大学2011年硕士学位论文。

③ 检察机关的调查核实和法院的调查取证两者亦有颇多相似之处，比如在具体开展调查的手段方面，都可以根据案件的具体需要，调取书证物证、询问相关证人，对涉及的专门性问题进行鉴定、勘验等。

④ 陈瑞华：《论监察委员会的调查权》，载《中国人民大学学报》2018年第4期。

强制性”。[①] 调查核实权作为检察机关法律监督权的派生权能，具有法律监督权的属性，当然亦具有强制性。但司法实务中有观点认为“调查核实权具有非强制性权力的法律属性，是一种非强制性权力”，[②] 其理由是与刑事侦查权相比较，行使调查核实权的方法仅限于询问、查询、调取等，这些方法相较于刑事侦查中的逮捕、拘留等强制措施具有明显的“非强制性”。这其实是混淆了调查核实权的属性与具体行使方式，二者有着本质的区别，况且随着检察实践的发展，调查核实方式也在逐步完善，并不排除有权直接采取强制性措施，如强制传唤、查封、扣押、冻结、发出禁止令、责令立即停止侵害公益的行为等。[③]

三、检察调查核实权的适用范围

检察机关要正确行使调查核实权，必须对其适用范围予以明确和规范。修改后的《人民检察院组织法》第 21 条规定检察机关行使该法第 20 条规定的法律监督职权，可以进行调查核实。这表明调查核实权的适用范围已从民事诉讼监督、行政诉讼监督及刑事诉讼监督等领域发展为覆盖检察机关的整个履职活动，为检察机关有效履行六个方面的法律监督职权提供了法律依据与保障。

1. 对有关刑事案件行使侦查权时的调查核实。依照《刑事诉讼法》及《关于人民检察院立案侦查司法工作人员相关职务犯罪案件若干问题的规定》，检察机关对于国家机关工作人员利用职权实施的部分重大犯罪案件以及在对诉讼活动实行法律监督中发现司法工作人员涉嫌利用职权实施的非法拘禁、非法搜查等侵犯公民权利、损害司法公正的犯罪案件可以立案侦查。对于这些案件的侦查有别于普通刑事案件，主要不是排查犯罪嫌疑人，而是重点在于依照法定程序发现和收集证据，认定犯罪事实。发现和收集证据则是调查核实的主要内容。从这种意义上讲，调查核实只是侦查的一种具体方式方法，应当从属于或服务于侦查活动而不能替代侦查，侦查的措施远超调查核实，尤其是侦查可以采取强制措施等等。

2. 办理审查逮捕案件的调查核实。《刑事诉讼法》第 88 条不仅明确规定检察机关审查逮捕可以讯问犯罪嫌疑人，听取律师意见，而且在某些情况下应当讯问犯罪嫌疑人，可以询问证人、被害人、鉴定人等诉讼参与人。这些规定从原先检察机关单方面审查侦查机关的报捕材料、内部行政化审批的审查逮捕程序，向侦、辩、检三方诉讼化构造推进了一大步，增加了审查逮捕工作的司法审查色彩，[④] 有利于检察机关加强证据审查，更加全面地了解案情，及时发现和纠正侦查程序中的非法取证行为，准确适用逮捕

---

① 王桂五主编：《中华人民共和国检察制度研究》，中国检察出版社 2008 年版，第 190 页。

② 康猛：《民事诉讼监督中调查核实权的行使与保障》，载《辽宁警察学院学报》2018 年第 1 期。

③ 汤维建：《检察机关提起公益诉讼的制度优化》，载《人民检察》2018 年第 11 期。

④ 孙谦主编：《〈人民检察院刑事诉讼规则（试行）〉理解与适用》，中国检察出版社 2012 年版，第 243 页。

措施，切实防止错捕漏捕，实现客观公正和保障人权。毫无疑问，这里的讯问犯罪嫌疑人、听取律师意见、询问诉讼参与人等都是调查核实的具体措施。

依据《刑事诉讼法》第57条的规定，检察机关接到报案、控告、举报或者发现侦查人员以非法方法收集证据的，应当进行调查核实。对非法证据的调查核实应当贯穿整个侦查阶段，拟对非法证据进行调查的，一般应当及时通知侦查办案机关，必要时需办案机关提供其取证合法性的证明或者作出合理解释及说明等行为配合调查。

3. 办理公诉案件的调查核实。《刑事诉讼法》第173条规定，检察机关检察院审查案件，应当讯问犯罪嫌疑人，听取辩护人或者值班律师、被害人及其诉讼代理人的意见，并记录在案。这里的讯问被告人及听取意见同样是调查核实的重要内容。检察机关审查移送起诉案件，除按照《人民检察院刑事诉讼规则（试行）》的规定进行12个方面常规审查外，可以对相关问题或证据进行调查核实。如检察机关对证人证言笔录存在疑问，或者认为对证人的询问不具体、不详细、有遗漏，可以对证人进行询问并制作笔录附卷；认为需要对案件中某些专门性问题进行鉴定而侦查机关没有鉴定的，必要时可由检察机关或者由检察机关送交有关有鉴定资格的人进行；对鉴定意见有疑问的，可以补充鉴定或者重新鉴定；对公安机关的勘验、检查，认为需要复验、复查的，应当要求公安机关复验、复查，也可以自行复验、复查等。此外，检察机关办理审查起诉案件过程中，发现非法取证行为的，仍然要依职权进行调查核实。

《刑事诉讼法》第170条及第175条规定，检察机关对于监察机关移送起诉的案件，依照本法和《监察法》的有关规定进行审查，认为需要补充核实的，应当退回监察机关补充调查，必要时可以自行补充侦查；对于公安机关移送审查的案件需要补充侦查的，可以退回公安机关补充侦查，也可以自行侦查。检察机关在对监察机关或者公安机关移送审查起诉的案件进行补充侦查，当然可以依法对相关事项进行必要的调查核实，确保审查起诉案件的质量和效率。

4. 公益诉讼检察的调查核实。由检察机关提起公益诉讼既是长期司法实践探索的进化版，也是基于中国国情的独特选择。[①] 党的十八届四中全会明确提出“探索建立检察机关提起公益诉讼制度”。2015年十二届全国人大常委会第十五次会议审议通过《关于授权最高人民检察院在部分地区开展公益诉讼试点工作的决定》，检察公益诉讼开始探索实践。公益诉讼必须依据事实进行，事实需要证据来证明，而证据依靠调查来获取，首要解决的就是调查核实权问题。最高检制定的《人民检察院提起公益诉讼试点工作实施办法》明确规定了检察公益诉讼中调查核实权的种类及限制。2017《民事诉讼法》和《行政诉讼法》正式建立检察公益诉讼中的调查核实制度。2018年最高检和最高法共同发布《关于检察公益诉讼案件适用法律若干问题的解释》，重申了有关组织及个人对检

---

① 刘艺：《检察公益诉讼的司法实践与理论探索》，载《国家检察官学院学报》2017年第2期。

察公益诉讼调查核实的配合义务。[①]

5. 对诉讼活动监督的调查核实。检察机关诉讼活动监督主要包括对刑事诉讼、民事诉讼和行政诉讼活动的法律监督。依照《刑事诉讼法》第 8 条规定，检察机关依法对刑事诉讼实行法律监督。其主要内容是公安机关的侦查活动，法院的刑事审判活动和监狱、看守所等刑罚执行的执法活动是否合法，具体包括立案监督，侦查活动监督，审判活动监督，刑事判决、裁定等生效法律文书的执行监督，死刑复核法律监督，羁押和办案期限监督，监狱、看守所的执法活动监督，强制医疗执行监督，社区矫正监督等等。检察机关对刑事诉讼活动进行监督，必须严格依据法律赋予的职权，按照法定程序，规范刑事诉讼监督机制和手段，主要通过调查核实，运用查处司法工作人员相关职务犯罪、抗诉、纠正违法通知书、检察建议、建议更换办案人等方式开展监督，及时纠正刑事诉讼中的违法行为，全力维护司法公正。

随着民事行政检察多元化监督格局的逐渐形成，调查核实发展成为民事行政检察监督程序中的必要手段。2012 年及 2017 年修改的《民事诉讼法》第 210 条均规定检察机关因履行法律监督职责提出检察建议或者抗诉的需要，可以向当事人或者案外人调查核实有关情况。2013 年最高检制定的《人民检察院民事诉讼监督规则（试行）》和 2016 年出台的《人民检察院行政诉讼监督规则（试行）》都对调查核实制度作了细化规定，[②]使得检察机关在民事行政诉讼监督中的调查核实权具有了较强的实操性。

6. 检察机关在依法行使其他职权时的调查核实。检察建议作为检察机关在实践中探索出来的一项重要法律监督方式，从最初的参与社会治安综合治理措施，逐步发展到用以纠正违法、启动再审和作为行政公益诉讼的前置程序。随着检察职能拓展和实践发展，检察建议已经成为检察院依法履行法律监督职责，参与社会治理，维护司法公正，促进依法行政，预防和减少违法犯罪，保护公共利益，维护个人和组织合法权益，保障法律统一正确实施的重要方式。[③] 修订后的《人民检察院组织法》正式规定检察建议作为检察机关行使法律监督职权的方式，并明确对检察机关依法提出的检察建议，有关单位应当予以配合，并及时将采纳检察建议的情况书面回复检察机关。2018 年《人民检察院检察建议工作规定》明确检察建议的制发包括调查核实、法律政策研究

---

① 《关于检察公益诉讼案件适用法律若干问题的解释》第 6 条规定："人民检察院办理公益诉讼案件，可以向有关行政机关以及其他组织、公民调查收集证据材料；有关行政机关以及其他组织、公民应当配合；需要采取证据保全措施的，依照民事诉讼法、行政诉讼法相关规定办理。"

② 《人民检察院行政诉讼监督规则（试行）》第 13 条规定："人民检察院因履行法律监督职责提出检察建议或者抗诉的需要，有下列情形之一的，可以向当事人或者案外人调查核实有关情况：（一）判决、裁定、调解书可能存在法律规定需要监督的情形，仅通过阅卷及审查现有材料难以认定的；（二）审判人员可能存在违法行为的；（三）人民法院执行活动可能存在违法情形的；（四）其他需要调查核实的情形。人民检察院不得为证明行政行为的合法性调取行政机关作出行政行为时未收集的证据。人民检察院通过阅卷以及调查核实难以认定有关事实的，可以向相关审判、执行人员了解有关情况，听取意见。"

③ 吴孟栓、米蓓：《检察建议：履行法律监督职责的重要方式》，载《检察日报》2019 年 1 月 24 日，第 3 版。

部门审核、检察长签发等主要环节。但无论是再审检察建议、纠正诉讼违法检察建议和作为公益诉讼前置程序的检察建议，抑或是社会治理检察建议及其他检察建议，都必须对相关事项进行调查核实，做到建议事项的事实清楚、准确，依据充分，保证检察建议优质、严肃和权威。

四、检察调查核实权的适用措施

赋予检察机关调查核实权以及必要的措施，是法律监督的应有之义。[①] 检察机关在履行法律监督职责特别是诉讼监督等职责时，往往需要先对发现的违法行为或错误决定的线索、公益诉讼的线索等进行调查核实，发现确有违法行为、错误决定或者确应提起公益诉讼，才能对有关机关提出纠正意见或提起公益诉讼。但是修改后的《人民检察院组织法》对此未作规定，2018年《刑事诉讼法》对此也是付之阙如，现行《民事诉讼法》和《行政诉讼法》亦只是规定了调查核实权而未规定相应的措施。[②] 法律对检察调查核实权以及必要的措施没有作规定或者规定不全面，若监督对象不予配合甚至对抗调查，检察机关往往无可奈何。因此应适当借鉴有关立法，赋予检察调查核实权必要的配套措施，以保证法律监督的顺利进行和准确实施。

1. 查询、调取、复制相关证据材料。依法收集证据是准确适用法律和保证案件公正处理的基本要求。查询、调阅、调取、复制等收集证据的方法在实践中运用最为普遍和广泛，且经过多年的司法实践证明是能够最为直接地获取证据材料的一种方法。检察机关可以根据调查核实事项的需要，适时向有关单位和个人查询、调取能够证实案件事实的证据材料，并根据需要进行拍照、录像、复印和复制，对涉及国家秘密和个人隐私的证据应严格保密。

2. 向当事人、有关知情人员了解情况。对了解案件事实情况的人进行调查取证以获取真实可靠的证据，才能进而查明案件事实真相。检察机关可以通过询问当事人、证人、鉴定人、相关知情人员或者其他相关人员等来调查核实有关情况。具体的程序操作和应遵守的规定与现行诉讼法已经明确的规定并无明显的不同。比如，检察办案人员在调查询问之前要出示相关证件让被询问人了解其身份，调查询问时至少要有两人同时在场，能够起到相互监督的作用，并且保证调查的合法性等等。向当事人等相关人员了解情况必须制作笔录，且经核对无误后需当事人在笔录上签名或盖章。

3. 咨询专业人员、相关部门等对专门问题的意见。检察机关在调查核实过程中，对于涉及专业技术的疑难复杂问题或者证据，可以书面或者口头咨询相关专家学者、部

---

① 朱孝清：《国家监察体制改革后检察制度的巩固与发展》，载《法学研究》2018年第4期。

②《行政诉讼法》未对检察机关的调查权直接作出规定，但其第101条规定："人民法院审理行政案件，关于期间、送达、财产保全、开庭审理、调解、中止诉讼、终结诉讼、简易程序、执行等，以及人民检察院对行政案件受理、审理、裁判、执行的监督，本法没有规定的，适用《中华人民共和国民事诉讼法》的相关规定。"

门和行业协会的意见。口头咨询的，应当制作笔录，由接收咨询的专业人员签名或者盖章。需要说明的是，通过咨询所获取的信息、情况、答复及意见只能作为办理案件、提出检察建议或者抗诉的参考，不能成为认定案件事实的直接依据，更不能作为案件的直接证据使用。此外还可以借鉴部分检察院设立专家咨询委员会的成熟经验，探索聘请环境保护、国土资源监管、金融、食品药品安全监管等方面的专业人员，组建专家库来解决专业难题，为检察机关行使调查核实权提供专业性支持。

4. 委托鉴定、评估、审计。检察机关在调查核实时需要对专门性问题需要进行鉴定、评估、审计的，经检察长批准等程序，可以委托、聘请专业机构或者具备鉴定、评估、审计等专门知识的人员进行，鉴定、评估、审计人员应当出具书面鉴定意见或评估、审计报告，并在上面签名或者盖章。在诉讼过程中已经进行过鉴定、评估、审计的，一般不再委托鉴定、评估、审计。重新或者补充鉴定、评估、审计须以原程序违反相关规定为前提，避免同一案件的多次有效鉴定、评估、审计相互矛盾的情形。

5. 现场走访、勘验、检查。检察机关发现应当走访、勘验或检查与案件有关的场所、物品等而没有进行的，或者当事人对公安机关、法院的查验笔录提出异议的，在调查核实过程中应当走访或查验。在需要公安机关协助进行现场勘验、检查时，检察机关可以委托公安机关协助办理。检察人员开展查验时必须出示检察机关的证件，邀请当地基层组织或者当事人所在单位派人参加，当事人或者他们的成年家属应当到场，拒不到场的不影响勘验、检查的进行。检察办案人员应当将查验情况和结果制作成笔录，查勘笔录应把物证或者现场一切与案件有关的客观情况，详细、如实地记录，包括查验的时间，地点，查验人，在场人，查验的经过、结果，并由查验人、当事人和被邀参加人签名或者盖章。

6. 查明案件事实所需要采取的其他措施。除上述几种措施以外，检察机关在调查核实过程中还可以根据实际需要探索采取其他措施，如上级检察机关指令下级检察机关协助调查、委托外地检察机关调查等。

检察机关适用的上述调查核实措施，实务界和学术界基本上达成了共识，但对于检察机关在调查核实中能否使用强制性措施则存在不同看法。有学者认为检察机关在必要时还有权直接采取强制性措施，如强制传唤、查封、扣押、冻结、发出禁止令、责令立即停止侵害公益的行为等。[①] 检察机关除采用上述类似于普通民事、行政诉讼中的一般措施外，在行使调查核实权时应当可以采取适当的强制性措施。当然，强制措施的适当性意味着不能使用公安机关或检察机关在刑事诉讼中那些手段相当严苛的侦查方式。具体来讲，在收集调取物证时可以采用查封、扣押、冻结财产等系列带有强制性的手段方法，对于妨碍检察机关调查取证的单位和个人也可以采取类似于拘留、罚款等的司法强制措施，但是应尽量避免或减少使用限制人身自由的强制性措施。

① 朱孝清:《国家监察体制改革后检察制度的巩固与发展》，载《法学研究》2018 年第 4 期。

五、检察调查核实权的保障机制

修改后的《人民检察院组织法》第 21 条从立法层面规定了检察机关在法律监督领域的调查核实权，并明确法律监督职权的“效力”：有关单位应当予以配合，并将及时采纳纠正意见、检察建议的情况书面回复检察机关。这虽然在一定程度上解决了法律监督职权的行权方式和程序问题，但是并未同步规定违法后果与责任，仍然被认为是“尚未完成的条款”，在实践中通常会面临被监督对象拒不配合的现象。因而有必要探索调查核实权的保障机制，提升调查核实权对于法律监督的刚性作用。

1. 规范调查核实权的适用程序。法律治理在一定意义上就是程序之治，通过程序的依法实施对权力进行有效约束。[①] 依照正当程序原则来规范调查核实权的行使至关重要。一是调查核实权的启动。就办案程序而言，对于有必要调查核实的案件或者事项，一般应由案件承办人提出调查事项、对象，并拟定具体方案，经相应的审批程序后才能实施。目前在全国检察机关统一业务应用系统的使用中，已经部分地对相关调查核实的启动设置了程序权限，当务之急是要适应刑事、民事、行政、公益诉讼等检察业务的调整变化，进行相应的办案业务应用系统的升级更新，通过流程监控，避免调查核实权适用权限不明的问题，逐渐在检察机关内部统一审批事项标准。二是调查核实权的运行。应当坚持规范性的原则，探索建立调查核实的工作流程及文书制作格式。检察人员在行使调查核实权时应当出示相关证件，表明自己的身份，以更好地接受监督；调查核实时应当由两名以上的检察人员进行，以保障调查核实活动的公正性和取得证据的真实性；首次向当事人调查核实时，应当告知当事人有申请回避的权利，以保障调查核实活动的程序公正；调查获取的证据要依法保存；向有关单位或者个人收集、调取的书面证据材料，必须由提供人签名，若是单位提供还应当加盖单位印章，提供人拒绝签名的应该在材料中予以注明；证人证言应当场与证人核对，并由其签名等。行使调查核实权还应注意建立检察机关的内部制约机制，如制定调查核实权的内部规程。

2. 赋予调查核实权必要的强制措施。从司法实务操作层面上讲，落实《人民检察院组织法》第 21 条之规定的关键在于强制违反法定义务者继续履行义务，而非片面地强调追责。在检察机关法律监督的理论和实务中，受制于法律监督手段软弱的困境，一直试图通过强调追责来提升法律监督的刚性。但是从法律实施和执行的角度而言，首先应当重视和强调法定义务的强制履行，然后才是追责，而追责目的仍在于警示、督促或迫使义务主体及时履行法定义务。检察机关在调查核实时遇到被监督对象拒绝配合或拒绝回复的情形，应当首先考虑采取必要措施强制被监督对象履行法定义务。这里所谓的必要措施虽非强制措施，但仍然不可避免地带有一定的物理强制力，以规制被监督对象可能产生的反抗或不合作。对于所谓必要措施的类型，尽管《人民检察院组织法》未明确规定，但在法解释上可以将这种必要措施解释为调查核实权的一种附随效力，即为保障

① 范卫国：《民事检察调查核实权运行机制研究》，载《北方法学》2015 年第 5 期。

调查核实权顺利实施而采取的一种必要手段。比如法院对扰乱法庭秩序、不履行判决裁定执行等不予配合的行为可以采取司法拘留、罚款等措施，检察机关完全可以拥有类似的措施。

3. 明确检察机关的直接追责权。《人民检察院组织法》第 21 条明确了被监督对象的配合调查核实的义务及接受监督并书面回复的义务，却并未同步规定违反上述两项法定义务时有何法律后果，以及被监督对象该承担何种法律责任。有观点认为在实践中发生被监督对象拒不履行配合义务或者拒不履行接受监督并书面回复义务，而又无法追究被监督对象的法律责任，则增强法律监督刚性的立法目的可能落空。这其实是误解了“法条”与“法律规范”的关系。[①]《人民检察院组织法》第 48 条规定：“人民检察院采取必要措施，维护办案安全。对妨碍人民检察院依法行使职权的违法犯罪行为，依法追究法律责任。”其中“妨碍人民检察院依法行使职权的违法犯罪行为”在法解释上当然可以包括被监督对象以作为或不作为的方式违反《人民检察院组织法》第 21 条规定的法定义务的情形。换言之，若被监督对象违反配合义务与回复义务，完全可以援引该法第 48 条追究其法律责任。在这个意义上《人民检察院组织法》第 21 条与第 48 条其实构成了一个完整的法律规范。正因为如此，可以说《人民检察院组织法》第 48 条的规定已经预设了第 21 条的违法后果，亦即对违反第 21 条的法定义务者，应当按照第 48 条的规定追究其法律责任。

4. 建立完善相关协调配合机制。检察机关行使调查核实权应当注意具体方式方法和多种策略的灵活运用，紧密结合实践探索建立和完善相关协调配合机制。检察机关对于有关单位和个人拒绝配合或者妨碍调查核实的，可以向有关单位或者其上级主管部门提出检察建议，责令其纠正，必要时可以向其所在单位或纪检监察机关提出党纪政务处分的建议。检察机关在调查核实过程中发现有关单位和个人涉嫌犯罪的，依照规定及时移送有关机关处理；发现涉嫌犯罪且属于检察机关管辖的，可依法直接立案侦查；属于公安机关管辖的国家机关工作人员利用职权实施的重大犯罪案件，需要由检察机关直接受理的，按照有关法律规定执行，从而实现检察调查核实权与刑事侦查权的无缝衔接，形成以检察调查核实权为常态化手段、部分职务犯罪侦查权为保障的搭配运行模式，以确保法律监督的全方位有效实施，实现双赢共赢多赢的目标。

---

① 万毅：《〈人民检察院组织法〉第 21 条之法理分析》，载《国家检察官学院学报》2019 年第 1 期。

侵犯商业秘密罪案疑难问题研究

徐能军*

摘　要　因侵犯商业秘密罪案件类型的不同，所存疑难问题亦不尽相同。基于“个人信赖”、技术秘密构成要件及鉴定存在的抗辩和审查难点，可谓层出不穷、不胜枚举。随着技术的迭代发展，应重新检视“接触＋相似＋不能说明合法来源＋情节严重＝犯罪”的入罪审查模式。在改进型技术秘密案件中，不应简单机械地锚定“同一性”鉴定比对，而应紧扣“非法使用”实质，采取“落入口袋”的鉴定方式：即应鉴定权利人技术秘密是否全部或部分落入嫌疑人方的涉案技术当中。若落入部分或被包含部分具有商业价值，而无法解释合理来源，即使双方差异很大，亦不影响侵权可能的判断。

关键词　商业秘密　个人信赖　抗辩事由

习近平总书记指出，保护知识产权，就是保护创新。[①] 当今世界，全球科技领域的竞争变得越发激烈，商业秘密日益成为重要的竞争手段。[②] 保护商业秘密，就是保护企业的生命线。如何保护企业商业秘密？保护难点在哪里？应怎样应对和处置？是目前知识产权检察保护工作中非常重要的问题。本文以G省Z市相关案件为基础，对商业秘密案件中常见的难点问题进行梳理和分析，初步得出一些应对的思路和措施，希望能够抛砖引玉，为服务保障经济社会的高质量发展贡献绵薄之力。

一、商业秘密案件整体概况

（一）近年来总体情况

从法院、检察院公布有关数据看，2014—2021年全国侵犯商业秘密案件情况分别如下：民事案件为226件、295件、357件、374件、403件、500件、599件、826件；刑事案件为37件、47件、40件、26件、39件、39件、45件、57件。虽然数据可能

---

* 徐能军，广东省珠海市人民检察院高新区知识产权检察室副主任、四级高级检察官。

① 2020年11月30日，习近平总书记在中央政治局第二十五次集体学习时的讲话内容。

② 唐青林：《推进商业秘密法治保护更好激励技术创新》，转引自2023年8月22日《学习强国》“法治时评”栏目。

不尽全面准确，但呈现的总体规律应可把握：即商业秘密案件中民事案件占比最大[①]，刑事案件占比偏少且相对稳定（40—60件/年度）。以2021年为例，全国共计57件侵犯商业秘密刑事案件，约占知识产权刑案总量的0.86%。

从最高检公布的典型案例看，侵犯商业秘密罪案件主要涉及机械制造（如2022年纪某某等四人侵犯商业秘密案）、电子设备（如2021年鹰某公司等侵犯商业秘密案）、互联网（如2021年蔡某侵犯商业秘密案）、装备制造（如2020年北京华某公司等侵犯商业秘密案）、集成电路（如2022年中某公司等侵犯商业秘密案、2015年房某某、G省Z市X公司侵犯商业秘密案）等领域。

以G省Z市为例，2012年—2022年12月，该市共批准逮捕商业秘密犯罪案件5件7人，不批准逮捕1件2人；共审查起诉6件17人，不起诉1件3人。从掌握情况看，该市几乎每年都有企业因商业秘密被侵犯到公安机关报案，反映因商业秘密被泄露和被非法使用，对企业生产经营带来严重影响。

（二）相关法律的修订

2019年《反不正当竞争法》修改后的较长的一段时间内，刑法及相关配套司法解释关于商业秘密的认定并未作出相应变化，直至2020年全国人大常委会通过了《刑法修正案（十一）》。该修正案对“商业秘密”的规定、保护客体、侵权方式等进行了修改，同时对刑法保护领域中的独特之处，最高人民法院、最高人民检察院以《关于办理侵犯知识产权刑事案件具体应用法律若干问题的解释（三）》（以下简称《解释（三）》）的方式进行了专门规定。该立法变化，主要体现如下：

1.“结果犯”改为“情节犯”

将构罪要件“给商业秘密的权利人造成重大损失”修改为“情节严重”。对加重情节由原来的“造成特别严重后果”修改为“情节特别严重”。“两高”《解释三》将“重大损失”的数额从50万元降到30万元。

2.提高了量刑幅度

删除了原刑法单独适用“拘役”的规定，并将原来的最高刑从7年提高到了10年，以更好发挥刑罚的惩治和威慑功能。

3.条款方面的变化

（1）新增“为境外窃取、刺探、收买、非法提供商业秘密罪”作为《刑法》第219条之一。

（2）在“以盗窃、利诱、胁迫”的基础上，增加了“贿赂、欺诈、电子侵入”等

---

① 值得引起注意的是，自2019年《反不正当竞争法》修改以来出现了多例高额判赔案例，如2021年的“香兰素”案，最高法院判令各侵权人连带赔偿技术秘密权利人1.59亿元，2022年的“蜜胺”发明专利及技术秘密侵权两案中，最高法判令各被告连带赔偿损失2.18亿元，充分体现了司法机关落实惩罚性赔偿制度、确保权利人得到足额充分赔偿的价值导向。

方式。

（3）增加了“允许他人使用”商业秘密的，以侵犯商业秘密论。其中“违反保密义务”的规定，意味着具有某些特殊职业或身份的主体，如能接触到商业秘密的公职人员、律师等也被纳入了责任范围。这有利于督促相关主体履行法定保密义务，也与域外商业秘密刑事立法潮流相一致。[①]

（4）删除了“商业秘密”定义的表述。定义主要由《反不正当竞争法》规定，该法将商业秘密的客体范围扩展为具有价值的不为公众所知悉的全部商业信息，使得保护范围更广，保护门槛更低，在实务中更容易认定。[②]

综上，虽然侵犯商业秘密罪案件整体占比不高，但由于该类案件民事刑事法律关系交叉，技术性、专业性强，客观上造成了案件审理难度大、审理期限长、审查认定难，法律适用难等问题。因涉及的案件类型不同，存在的疑难问题也不尽相同。下面以G省Z市的案件为例，分经营类商业秘密和技术类商业秘密两种，对实践中常见的难点问题暨相关抗辩事由进行梳理和分析，得出应对的思路和措施，以期更好地服务于办案实践。

二、经营类商业秘密案件中基于“个人信赖”的抗辩

在经营信息类商业秘密纠纷中，以“个人信赖”作为抗辩事由的情况在以离职员工作为被告的案件中时有发生，这也是审查办理该类案件中较为棘手的难点问题。2020年修正的《最高人民法院关于审理不正当竞争民事案件应用法律若干问题的解释》（以下简称《不正当竞争案件解释》）第13条第2款规定，客户基于对职工个人的信赖而与职工所在单位进行市场交易，该职工离职后，能够证明客户自愿选择与自己或者其新单位进行市场交易的，应当认定没有采用不正当手段，但职工与原单位另有约定的除外。该条的立法本意在于，诸如律师、医生这类特殊性的职业，其客户往往是基于对律师、医生个人能力和品德的信赖，而且流动性也很强，如果他们离开原单位，其原先的客户不能再与其有业务往来，有失公平。[③] 因此，司法需要在保护商业秘密权利人的利益与保护劳动者的自由择业权利之间取得平衡。

以发生在G省Z市的何某、吴某、肖某侵犯商业秘密案为例说明，该案是典型的进出口领域外贸业务员“飞单”带走“老东家”客户资源案件。

---

① “明知”主要是指刑法219条规定第二、三、四款之内容，明知的内容包括“（一）以盗窃、贿赂、欺诈、胁迫、电子侵入或者其他不正当手段获取权利人的商业秘密的”“（二）披露、使用或者允许他人使用一前项手段获取的权利人的商业秘密的”“（三）违法保密义务或者违反权利人有关保守商业秘密的要求，披露、使用或者允许他人使用其所掌握的商业秘密的”。参见唐稷尧：《扩张与限缩：论我国商业秘密刑法保护的基本立场与实现路径》，载《政治与法律》2020年第7期。

② 邵燕：《〈中美经贸协议〉背景下我国商业秘密刑事规则的重构》，载《齐齐哈尔大学学报》（哲学社会科学版）2021年第11期。

③ 蒋志培、孔祥俊、王永昌：《〈关于审理不正当竞争民事案件应用法律若干问题的解释〉的理解与适用》，载《法律适用》2007年第3期。

2007年，黄某、杨某与吴某在香港注册成立信某公司，以该公司名义开拓海外客户，接受医疗器械产品的委托加工订单，至2009年信某公司开拓了Y国M公司等一批客户。因经营需要，2011年黄某、杨某及吴某等人又共同出资设立G省Z市信某公司，该公司与香港信某公司两块牌子一套人马，共同经营国外订单加工业务。2011年，何某入职G省Z市信某公司，主要负责联系、跟踪客户Y国M公司的订单业务。G省Z市信某公司接受Y国M公司委托的订单后，再委托合作工厂（深圳嘉某厂等）加工产品后出口给M公司。2014年6月，何某在与G省Z市信某公司解除劳动关系后，将其掌握的Y国M公司相关产品价格、产品型号等经营信息（经鉴定不为公众所知悉）未经许可私自拷贝带走。2014年9月，何某、吴某与肖某（深圳嘉某厂总经理），商议成立新的公司即香港嘉某公司，利用何某曾长期联系Y国M公司的便利及掌握的订单信息，以低于G省Z市信某公司报价的手段获取Y国M公司的订单业务，后再交由肖某的深圳嘉某厂进行加工。2014年至2018年12月，香港嘉某公司向Y国M公司供货销售货品造成G省Z市信某公司损失人民币5902776.14元。

一审法院判决有罪后，何某、吴某、肖某不服一审判决，上诉到二审法院要求作无罪判决。其中一条重要的上诉理由是：他们认为该信息不属于G省Z市信某公司的商业秘密，其获得Y国M公司这一客户，并非因为使用了涉案经营信息，而是客户基于对上诉人及其经营公司竞争实力的认可和信赖所导致。

基于对“个人信赖”开展的交易的抗辩能否成立？不搞清楚此类问题，势必会对外贸企业长期稳定发展带来不确定影响。法律既要加大企业商业秘密专有权利之保护，亦应兼顾保护员工离职后合理利用在工作中积累的知识、经验和技能的权利。企业应当建立健全商业秘密保护体系，明确商业秘密的范围及内容，才能在纠纷发生后降低维权成本，更好地维护自己的合法权益。[①]

客户信息具有一般商业秘密的属性，侵犯客户信息的行为同样适用不正当获取、不当披露、不当使用等侵犯商业秘密的一般规则。然而不同于其他所有类型商业秘密之处，判断是否为侵犯客户信息行为，必须充分考量客户对交易对象的自由选择权利。根据2020年《最高人民法院关于审理侵犯商业秘密民事案件适用法律若干问题的规定》（以下简称《规定》）第1条，包含客户的名称、地址、联系方式以及交易习惯、意向、内容等客户信息可作为商业秘密进行保护。但是企业主张其客户信息构成商业秘密，应当明确其通过商业谈判、长期交易等获得的交易习惯、客户的独特需求、特定需求或供货时间、价格底线等独特内容，并举证证明该客户信息在被诉侵权行为发生时“不为公众所知悉”、具有“商业价值”且已采取了必要的“保密措施”，如举证不能则可能面临败诉的风险。

G省Z市信某公司为了保护其经营信息，与何某、吴某曾签署相关保密协议，其中

① 兰丹丹：《商业秘密保护的合理边界与立法规制》，载《法治日报》2022年7月28日。

亦包括“关于Y国M公司的相关产品价格、产品型号的相关经营信息”。且这些信息经鉴定机构鉴定，认为并非单纯客户名称列举，还包括了特定的交易内容信息，表达了信某公司与Y国M公司之间的交易习惯，是信某公司花费人力、物力、财力获得的区别于相关公知信息的特殊客户信息组织。公众无法从公开渠道直接获得这些信息组织，本领域的从业人员仅凭积累的一般经营知识和经验也不能了解和掌握，所以G省Z市信某公司取得的Y国M公司之采购订单中所包含的经营信息于2015年12月前不为公众所知悉。

何某分别于2014年6月多次通过电子邮件向吴某发送信某公司向深圳嘉某厂委托生产（采购）产品的订单总表及BMX给信某公司的产品订单总表，何某违反保密约定，向已离职的前股东吴某披露涉案经营信息。随后，何某与吴某通过电子邮件进行了明确的商议，且针对如何由何某发送邮件给Y国M公司进行了多次修改，作为被害单位G省Z市信某公司的原股东及管理者之一，吴某退出公司时签署了保密协议，其在退出公司之后与何某、肖某合谋，非法盗取、使用被害单位G省Z市信某公司的商业秘密，以低报价恶意抢夺被害单位G省Z市信某公司的客户，其恶意抢夺客户、进行低价恶性竞争的犯罪故意不仅在三名被告人之间的往来电子邮件中可以证实，且与Y国M公司往来的电子邮件中也可以证实，同时也与相关书证相互印证。

因此，在审查应对基于“个人信赖”抗辩的案件中，首先应以行为人存在主观过错为第一要件：即已经知道（明知、实际知道）或应当知道（客观上因重大过失不知道）其所获取、披露、使用的信息系他人商业秘密，且未经商业秘密权利人明示或默示同意。如何审查判断“主观过错”，就需要重点加强对“客观证据”的审查分析和运用，例如对书证、电子数据、电子邮件、证人证言等证据的搜集、整理、分析、运用，这些客观证据往往最能反映行为人的动机、诱因和主观故意，具有不可替代、不可更改、不容否认的重要作用。经审查“客观证据”，如果获取、披露或使用商业秘密之人没有过错，则其不应承担民事侵权责任，更遑论承担刑事法律责任，如果存在恶意的侵犯和主观故意，则需承担相应的法律责任。

三、技术类商业秘密案件中的抗辩事由及应对

侵犯商业秘密案件中，侦查取证难、审查认定难莫过于技术类的商业秘密案件。在该类案件中，嫌疑人、被告人经常会采用一些抗辩理由，来冲淡刑事犯罪的指控，以达到逃脱、减轻罪责的目的。在这些抗辩理由中，有的似是而非，有的极具迷惑性，特别是涉及技术本身时，往往由于专业性、技术性强，导致审查认定难。

以G省Z市房某某侵犯商业秘密案为例进行说明，该案在技术类秘密案件中，颇具代表性，该案从立案侦查到法院判决，前后历时三年多，一审五次开庭、二审三次开庭、审计鉴定达七次，而且侦查、审计、鉴定和专家辅助人员均先后到庭说明情况，案件办理整体难度大。

简要案情如下：2003年A公司着手研发某技术，用于航空航天设备的测试，该IP核由三个主要功能模块组成：总线控制器（BC）、远程终端（RT）、总线监视（BM），房某某作为该公司的技术负责人，负责研发此技术。2005年10月，房某某在BM模块尚未完成情况下（BC、RT等模块已研发完成），提出辞职申请，离职后遂转到其妻子为法人的B公司工作。由于该技术一直由房某某负责研发，于是在2005年12月，A公司便与房某某约定A公司出资5万元，由房某某继续负责BM模块的研发，技术成果归A公司所有，房某某负有保密义务。2006年4月，房某某交付了BM模块及相关技术成果，至此A公司整套技术已研发完成。2009年开始，房某某违反约定，披露、使用、允许他人使用其掌握的A公司某技术，以B公司名义先后生产销售系列测试仪销售金额达800多万元，给A公司造成250余万元损失。2014年11月，房某某因侵犯商业秘密罪被判处有期徒刑三年。2015年6月，G省Z市中级法院作出终审裁定：驳回上诉，维持原判。

（一）权利人的技术信息不符合商业秘密的法定要件

由于秘密性、价值性和保密性系商业秘密构成的三大法定要件，这三大要件缺一不可，只要有其中一条不被满足，就会被法院认定不构成商业秘密。换言之，被告只要提出其中之一作为抗辩事由，即可能导致指控犯罪无效。

1. 不具有秘密性

在审判实践中，如果原告主张构成商业秘密的信息是其通过投入大量人力、物力才获得的信息，或者被告不惜花费巨大人力、物力来获得原告的信息，则该信息多会被认定具有秘密性。被告的抗辩事由，较为常见的是声称权利人技术为公知技术，该技术为行业内普遍知悉。某项技术信息是否不为公众所知悉，除司法解释规定的外，公安、检察及审判人员往往需要通过委托有鉴定资质的鉴定机构进行鉴定。实际上，这些抗辩理由似是而非，在很多技术类的商业秘密案件中，都存在类似的抗辩事由。因此，需要结合案件的具体情况进行具体分析，涉案技术是否为公知技术。

房某某及其家属、辩护人，曾多次向检察院、法院提交材料，认为A公司、B公司某技术，都遵循某总线协议，并根据Y国DDC公司的某芯片设计，都具有与该芯片类似的系统架构，该技术属于公知技术，不存在谁主张技术秘密的问题。

在碰到类似的抗辩事由时候，首先需要办案人员保持正常清醒的逻辑认知，不能被纷繁的技术代码或技术符号所影响蒙蔽。如针对改进型的技术秘密案件，[①] 我们应树立一个正常的思维认知就是：天底下遵循同一协议的设计，在思路上大家可以千篇一律，但在具体的实现方法方式上，可以五花八门，法律保护的不是千篇一律，而是保护五花

① 改进型技术秘密，主要是指在原始母本技术秘密基础上，通过对该基础技术的升级和完善，进而衍生出为具有多种功能性、具备全新面貌的技术秘密，但该新衍生的技术秘密，不能脱离原始母本技术秘密而独立存在。改进型技术秘密，多发生在以代码编写为基础的技术领域中。

八门。就好比汽车制造，整体框架都是四个轮子，一个方向盘，大家制造汽车，必然都如此，但不能就此得出所有汽车公司生产汽车的技术都是一样的。只有树立了这种正确的思维认知，在此基础上进行的事实判断和法律适用才不会偏颇，才可能使得案件不会办偏、搞错。

就该案而言，经审查：该技术的总线协议只是一个技术方案实现的框架（公知原理、方法大家都可以参考遵循），但它并未给出具体的实现方案，具体的设计因设计人的不同而各不相同，特别是经鉴定在一些变量、数据类型上更能体现设计者的独创性因素，因此属于不为公众所知悉的技术信息。

2. 不具有商业价值

新修订的《反不正当竞争法》对商业秘密的客体构成进行了扩张，将商业秘密的客体范围扩展为具有价值的不为公众所知悉的全部商业信息，用商业价值取代了修订前的"商业秘密"的经济性和实用性要求。尽管如此，无论是商业价值，还是经济性和实用性，共同点都落在了价值上。被告人房某某多次声称抗辩，权利人主张的技术没有经济性和实用性，不符合商业秘密的价值要求。尽管不具有商业价值也是常见的一种抗辩事由，但在司法实践中，对于"价值性"要件的把握，需要结合个案所涉秘密的具体情况综合判断，通常而言，只要是能够为经营者占据一定的市场份额或带来一定的竞争优势的信息，即被认为具有相应的商业价值。

因此，首先可从逻辑上进行反推，如涉案技术没有商业价值，嫌疑人又为何要进行使用？这些可以体现在讯问笔录中作为口供记录下来。此外，在应对这些抗辩事由时，并不需要检察官或办案人员从技术本身角度去考虑，而应该侧重从技术的运用场景和实现渠道上去考量。除此之外，还可对商业价值的运用场景和实现进行委托鉴定。就本案而言，曾就涉案技术的经济性实用性问题进行过委托鉴定，鉴定机构的意见是A公司某技术的设计目标具有应用价值，该IP核的源代码能够通过逻辑综合并进行版图布局布线，可应用于集成电路芯片的生产①。

3. 未采取合理的保密措施

在商业秘密案件中，称原告未采取合理保密措施是被告最常用的抗辩事由之一。保密措施既与"保密性"要件相关，又与"秘密性"要件相关，如果保密措施不到位，泄密就成为了必然结果，在达不到"保密性"要件的同时又丧失了"秘密性"要件。房某某多次辩称A公司没有采取合理的保密措施，因此其不属于技术秘密。实际上，A公司曾与房某某签订保密协议，公司保密的内容及范围为：公司的技术信息、商业信息、财务状况、程序源代码、技术文档等各类形式的相关资料与信息，同时约定未经甲方（A公司）书面同意，任何时候，不得利用甲方的技术、科研成果等进行任何研发或商业经营活动。

因此，在应对"未采取合理的保密措施"的抗辩时，不能仅听一面之词就轻易下结

---

① 详见粤司鉴所〔2013〕鉴字第17号第15页。

论，应侧重从涉案技术秘密及其载体的性质、商业秘密的商业价值、保密措施的可识别程度、保密措施与商业秘密的对应程度以及权利人的保密意愿等因素综合来审查判断。权利人为防止商业秘密泄露，在被诉侵权行为发生以前采取了签订保密协议、对前员工提出书面保密要求的合理保密措施，应当认定为《反不正当竞争法》第9条第4款所称的相应保密措施。①

（二）被告方使用的案涉技术信息具有合法来源

权利人所享有的商业秘密是相对而言的，并不能排除他人通过合法途径获取相同的信息，因此，被告关于“合法来源”的抗辩也是重要的抗辩类型之一。在司法实践中，具有合法来源抗辩的理由主要包括：②

1. 自行开发

《不正当竞争案件解释》第12条规定，通过自行开发研制或者反向工程等方式获得的商业秘密，不认定为《反不正当竞争法》第10条第1项、第2项规定的侵犯商业秘密行为。在技术信息类商业秘密纠纷中，若被告提出其所实施的技术系自行开发而来，应承担相应的举证责任。本案中，被告房某某曾多次声称，其用于生产测试仪的某技术为其自身开发。但又拿不出自行开发的证据，且证明不了该声称自行开发的技术与其为A公司开发的技术有何不同，该抗辩理由没有得到检察机关和法院的认可。因此，在这类抗辩事由的应对中，应重点关注：一是举证责任应由嫌疑人承担，二是自行开发的技术与本案是否相同，三是嫌疑人对涉案技术是否曾经接受委托开发、接触、掌握、了解。

2. 反向工程

以反向工程作为抗辩事由，在侵犯商业秘密案件中较为常见。根据《不正当竞争案件解释》第12条第2款规定，“反向工程”是指通过技术手段对从公开渠道取得的产品进行拆卸、测绘、分析等而获得该产品的有关技术信息。房某某多次声称，被告B公司某技术，是通过反向工程所获得，但始终提供不了进行反向工程的时间、地点、材料，且本案中所涉及的技术信息是代码及其组合、排列方式等，本身并不能通过拆卸、测绘或者分析的手段取得，而且涉案技术信息，本身为房某某根据委托所研发，其掌握该技术信息并不奇怪。根据《规定》第14条第3款之规定，③ 房某某以不正当手段获悉他人

---

①《规定》第6条：“具有下列情形之一，在正常情况下足以防止商业秘密泄露的，人民法院应当认定权利人采取了相应保密措施：（一）签订保密协议或者在合同中约定保密义务的；（二）通过章程、培训、规章制度、书面告知等方式，对能够接触、获取商业秘密的员工、前员工、供应商、客户、来访者等提出保密要求的……”

② 参见北京市高级人民法院知识产权庭课题组：《〈反不正当竞争法〉修改后商业秘密司法审判调研报告》，载《电子知识产权》2019年第11期。

③《规定》第14条：“通过自行开发研制或者反向工程获得被诉侵权信息的，人民法院应当认定不属于反不正当竞争法第九条规定的侵犯商业秘密行为。前款所称的反向工程，是指通过技术手段对从公开渠道取得的产品进行拆卸、测绘、分析等而获得该产品的有关技术信息。被诉侵权人以不正当手段获取权利人的商业秘密后，又以反向工程为由主张未侵犯商业秘密的，人民法院不予支持。”

的商业秘密后，又以反向工程为由主张获取行为合法的，不予支持。

（三）基于“鉴定”的抗辩事由

司法鉴定是一种科学实证活动，是指在诉讼中鉴定人运用科学技术或者专门知识对诉讼涉及的专门性问题进行鉴别和判断并提供鉴定意见的活动。[①] 鉴定人是具有专门知识和技能的人，司法机关委托他们利用其所掌握的专业知识、技能与手段，对涉案的专门性问题进行分析、判断并作出独立的科学结论，[②] 以协助检察官、法官对案件事实作出正确的判断和认定。

1. 对鉴定资质的抗辩

此类抗辩事由，在商业秘密案件中较为常见。对此类问题的抗辩，作为承办案件的检察官，需加以重视。特别是对涉及鉴定资质的抗辩问题，经审查，确实存在鉴定机构对委托鉴定的事项缺乏资质。[③] 实践中，对此类问题的解决方法，第一，认真审查鉴定机构的鉴定范围；第二，向颁发鉴定许可的主管部门去函获取相关鉴定资质的信息。

2. 对鉴定方法的抗辩

房某某曾多次对鉴定方法提出质疑，主要是指鉴定机构在非公知性鉴定时未进行检索查新，主张鉴定意见应该无效作废。具体到该案中，鉴定人声称该鉴定是鉴定人员依据鉴定材料以及自己的专业知识作出的判断，对出具的鉴定意见负责，在未经查新检索情况下，即能得出不为公众所知悉的意见，属于其专业范围内的事情。若被控方认为鉴定意见不正确，可以提出客观依据进行反驳和推翻，而不是凭空想象。实际上，在面对此类抗辩事由的时候，作为案件的承办人，首先必须明知，在知识产权鉴定中，法律没有规定做非公知鉴定必须进行查新和检索。换句话说，查新和检索是鉴定人员常见的鉴定方法，但该方法是否必须使用，法律没有硬性规定，由鉴定人员自行选择和判断。实际上，在很多案件中，即使进行查新和检索，也未必能确认涉案技术为非公知。

3. 基于鉴定意见的抗辩

（1）认为己方技术更先进。房某某曾多次抗辩到，他自身的技术比权利人的技术更为先进，“从技术进步的角度讲，他投入了更多的知识和创新劳动，可认定为前人技术基础上的进步更合适一些，而非侵犯商业秘密”。笔者认为，是否侵犯商业秘密取决于是否以不正当手段和方法，获取并使用了权利人方的技术信息，至于谁的技术更为先进并不是关键。

具体到该案而言，实际上对 A、B 双方技术的概述已经客观反映在鉴定意见书中，有一个不可忽略的事实是：双方具体实现的技术手段（即代码）存在相同和相似，B 公司某技术只是额外增加了 6 个专用于差错注入测试功能的寄存器，多出功能脱离了双方

① 参见《关于司法鉴定管理问题的决定》。

② 姜志刚、李晓玲：《侵犯商业秘密犯罪中的司法鉴定问题探讨》，载《湖湘论坛》2007 年第 4 期。

③ 详见江西亿某公司、余某宏等侵犯商业秘密案有关情况。

功能相同部分的源代码，则不能独立存在或独自实现通讯功能。

因此，在侵犯技术秘密案件中，对权利人的技术秘密，并没有类似发明专利新颖性、创造性的要求，不要求权利人的技术秘密与现有技术相比，具有突出的实质性特点和显著的进步，权利人的技术秘密只需满足具有商业价值、不为公众所知悉、且采取了保密措施即可。

（2）认为比对的技术不构成相同或实质相同。实践中，对商业秘密案件通常采用"接触 + 相似 + 不能说明合法来源 + 情节严重 = 犯罪"的模式来进行审查判断。但比较的两个技术中，何谓相同和相似，技术秘点存有多大相同比例算侵权？学界并无公认的观点。从本案《鉴定意见》看出，A 公司持有的 BC 模块源代码中的 70.1%、RT 模块中的 58.9%、BM 模块中的 69.9%、IF 模块中的 64.5% 均被 B 公司及房某某使用，换言之，虽然两者技术存在较大差异，但 A 公司技术秘密的绝大多数秘点落入了 B 公司技术之中，被 B 公司的技术所包含，房某某本无权使用，其使用行为涉嫌侵权。再综合其他证据，可以看出 B 公司使用了 A 公司的"非公知"某技术。至于 B 公司根据对"相互复制"的理解，从而得出 A 公司剽窃 B 公司技术秘密的结论，这是对鉴定意见中"相互复制"内涵的曲解，与《鉴定意见》第 24 页中对"相互复制"的解释[①] 和原意背道而驰，没有说服力，也没有事实依据。

诚然，鉴定意见白纸黑字，但作为司法工作者不能只停留在对字面意思的理解上，应结合全案证据，深入鉴定文本的细节和内涵，紧扣"嫌疑人是否非法使用了权利人技术秘密"这一实质，才能得出正确的审查意见。因此，随着时代的进步和技术的迭代发展，应重新检视"接触 + 相似 + 不能说明合法来源 + 情节严重 = 犯罪"的入罪审查模式。在改进型技术秘密案件中，不应简单机械地锚定"同一性"鉴定比对，而应紧扣"非法使用"实质，采取"落入口袋"的鉴定方式：即司法机关在委托鉴定机构进行鉴定时，鉴定的目标和委托事项应该是鉴定权利人技术秘密是否全部或部分落入嫌疑人方的涉案技术当中，若落入部分或被包含部分具有商业价值，而无法解释这种落入或被包含的合理来源，哪怕双方差异很大，也可以认为存在侵权的可能性，所占比例大小并不影响是否侵权性质的确立。

---

① 《鉴定意见》第 24 页之（4）双方 IP 核源代码中有相互复制的内容：除上述双方源代码中出现的相同或相似情况以外，鉴定组还注意到双方的源代码中出现相当多的"相互复制"情况。所谓"相互复制"，是指一方源代码中出现另一方源代码的注释、或非由工具软件自动产生的格式等元素，这些元素由设计者自行加入程序中，对于程序的运行无实质性作用，只是用于提高程序的可读性、或标记作者、声明版权等。若两软件出现完全相同的上述因素，鉴定组认为，假设一方源代码在先，则这种现象是另一方源代码复制了在先一方的源代码所造成的，这种情况成为"相互复制"。B 公司在《说明意见》最后一页中谈到，"因为如果仅是 B 公司侵犯 A 公司的技术秘密，则只会存在单方复制情况，即仅出现一方复制另一方，而不会存在相互复制的情况。显然这种结论是错误的，也是没有依据的，回避了 A 公司享有 BC、RT、BM 模块权利在先、曾委托房某某开发 BM、并交付成果的事实。

社会治理检察建议作用机制研究

王 斌*

摘 要 检察建议是检察机关参与社会治理的重要方式。检察机关以检察建议的形式参与社会治理有丰富的发展历程和深厚的实践基础。社会治理检察建议有其自身的独到特征和价值功能，在推动有关部门建章立制、堵塞漏洞、消除隐患，规范司法行为，促进依法行政等方面发挥着重要作用。应当在初步实现检察建议法制化的基础上完善社会治理检察建议机制保障，更好地发挥检察建议在国家和社会治理中的规范引领作用。

关键词 社会治理 检察建议 作用机制 完善进路

社会治理是国家治理体系的重要组成部分，国家治理体系的现代化必然伴随着社会治理的法治化。党的十九大明确将“推进国家治理体系和治理能力现代化”作为全面建设社会主义现代化国家的重要内容。检察机关作为国家法律监督机关，在推进国家治理体系和治理能力现代化过程中责无旁贷。检察建议是检察机关参与社会治理的重要方式，在推动提升社会治理水平、促进社会治理法治化方面具有十分重要的作用。在新时代社会治理创新的大背景下，检察机关必须提高政治站位，创新思路，规范社会治理检察建议工作，“持续把检察建议做成刚性、做到刚性，更好发挥检察建议在国家和社会治理中的规范引领作用”。[①]

一、社会治理检察建议的历史考察

检察机关以检察建议的形式参与社会治理有其丰富的发展历程和深厚的实践基础。1954 年《中华人民共和国人民检察院组织法》颁布后，检察机关将检察建议作为一般监督的一种形式。[②] 检察机关参与社会治理最初源于社会治安综合治理职能。1978 年

* 王斌，广东省珠海市人民检察院法律政策研究室主任、四级高级检察官、全国检察理论研究人才。

① 每周社评:《发挥检察建议在社会治理中的规范引领作用》，载《检察日报》2020 年 1 月 13 日，第 1 版。

② 吴孟栓、米蓓:《检察建议：履行法律监督职责的重要方式》，载《检察日报》2019 年 1 月 24 日，第 3 版。

检察机关恢复重建，特别是中央提出对社会治安实行综合治理的方针后，检察建议得到广泛运用和发展，成为预防和减少犯罪的主要形式和手段之一。

1981年中共中央提出对社会治安实行综合治理的方针，要求综合采取政治、经济、法律、行政、教育等多种手段防止和减少犯罪的发生。“这种治理模式强调各种手段的综合运用和全社会的统一行动来预防犯罪”。① 检察机关积极开展各种形式的综合治理活动，检察建议便是其中的一项重要措施。在1982年“严厉打击经济犯罪”活动中，时任最高人民检察院检察长杨易辰要求检察机关在打击经济犯罪的同时，促进单位健全制度，堵塞漏洞，预防犯罪。② 此后检察机关在查处贪污贿赂犯罪的重点工作中，注意发现问题，通过检察建议帮助有关机关建章立制，做好防范工作。杨易辰检察长在全国检察长会议上指出:“各级检察机关要通过办案，对于有关单位在工作上、制度上存在的问题，积极提出检察建议，督促健全制度。”③ 检察建议的推行，有效预防和减少犯罪的发生，促进了社会治安的综合治理。

1991年3月，党中央、国务院与全国人大分别作出《关于加强社会治安综合治理的决定》。同年中共中央成立中央社会治安综合治理委员会，下设办公室，与中央政法委机关合署办公。检察机关作为政法委领导下的司法机关，贯彻落实社会综合治理任务责无旁贷。这标志着检察机关参与社会治安综合治理的常规化。同时，最高检就贯彻中央关于加强社会治安综合治理的决定发出通知，要求充分发挥检察建议的作用，努力扩大办案的社会效果。1992年10月，最高检又发布《关于加强贪污贿赂犯罪预防工作的通知》，明确提出各地检察机关要“结合办案，提出有针对性的检察建议，帮助发案单位总结经验教训，堵塞漏洞，改善管理，加强防范，特别是要采取措施推动在执法部门和直接掌握人、财、物的岗位，建立有效的防范贪污贿赂等犯罪的约束机制”。1998年8月，中央社会治安综合治理委员会在《关于成员单位参与综合治理的职责任务的通知》中将结合办案“分析掌握各个时期、各个行业的职务犯罪、经济犯罪以及其他刑事犯罪特点，提出预防犯罪的建议；推动有关部门建立规章制度，堵塞漏洞，完善防范机制”作为检察机关的一项硬性任务进行规定。最高检为此出台了多项相关文件，各级检察机关积极开展检察建议工作。检察建议在检察工作中实践中的广泛运用，“表明其已逐渐成为检察环节上落实治安管理责任的一种具体措施和方法”。④

2007年以后，“参与社会综合治理，实现管理创新，成为检察机关促进社会和谐的基本任务”。⑤ 2009年11月，最高检印发《人民检察院检察建议工作规定（试行）》，在第1条明确规定检察建议是检察机关为促进法律正确实施、促进社会和谐稳定，在履

---

① 许章润主编:《犯罪学》，法律出版社2004年版，第297页。
② 杨易辰:《杨易辰回忆录》，中央文献出版社1996年版，第391页。
③ 杨易辰:《杨易辰回忆录》，中央文献出版社1996年版，第409页。
④ 杨书文:《检察建议基本问题研究》，载《人民检察》2005年第9期（上）。
⑤ 贾春旺主编:《法律监督与公平正义（下卷）》，中国民主法制出版社2008年版，第293页。

行法律监督职能过程中，结合执法办案，建议有关单位完善制度，加强内部制约、监督，正确实施法律法规，完善社会管理、服务，预防和减少违法犯罪的一种重要方式。实践中各级检察机关十分重视检察建议的应用，并取得较好的法律效果和社会效果。①

为适应修订后的《人民检察院组织法》赋予检察建议的新功能和新要求，进一步加强和规范检察建议工作，提升检察建议的质量和实效，充分发挥检察建议在维护司法公正、推动依法行政、保障公共利益、促进社会治理、预防违法犯罪等方面的积极作用，2019 年 2 月最高检公布实施《人民检察院检察建议工作规定》，其中第 2 条规定："检察建议是人民检察院依法履行法律监督职责，参与社会治理，维护司法公正，促进依法行政，预防和减少违法犯罪，保护国家利益和社会公共利益，维护个人和组织合法权益，保障法律统一正确实施的重要方式。"这条规定从功能和作用的角度，对检察建议的内涵进行了重新界定，由过去立足检察职能、参与社会治安综合治理、预防和减少违法犯罪的延伸性工作方式，修改为法律监督措施之一，这一定位与《人民检察院组织法》第 21 条将检察建议规定为检察机关行使法律监督权方式的精神保持一致。

二、社会治理检察建议的价值分析

检察建议的传统功能是预防犯罪和综合治理，后来伴随检察职能的调整与检察实践的发展，检察建议已经拓展至诉讼监督、公益诉讼等领域，成为检察机关行使法律监督职权的重要方式。根据《人民检察院检察建议工作规定》（以下简称《规定》），社会治理检察建议与再审检察建议、纠正违法检察建议、公益诉讼检察建议及其他检察建议相比较，有其自身的独到特征和价值功能。

（一）社会治理检察建议的基本特征

1. 发送对象多元。《规定》对检察机关发出检察建议的对象进行了简略规定。其中再审检察建议、纠正违法检察建议、公益诉讼检察建议的对象主要分别为同级人民法院、有关执法或司法机关、行政机关，发送对象比较单一。相比较而言，社会治理检察建议发送对象则广泛而复杂，包括"涉案单位""行业主管部门""相关部门""相关单位或者部门"等，几乎囊括了所有行业、部门或单位。特别是针对涉案单位有关人员或者组织需要给予政务处分、行政处罚、行业惩戒，或者需要追究涉案单位有关人员法律责任的情形，社会治理检察建议发送的对象至少包括行政监察机关、行政执法部门、行业协会或者司法机关，这需要检察机关结合司法办案情况及社会治理检察建议的具体内容来确定发送对象。

2. 适用范围广泛。社会治理检察建议主要针对"检察机关在履行检察职责过程中发

① 2018 年，全国检察机关共提出各类检察建议 252966 件，相关单位已采纳 208438 件，采纳率 82.40%。实践证明检察机关运用检察建议发挥法律监督的功能，取得了良好效果。参见任婕：《检察建议：法律监督的重要手段》，载《学习时报》2019 年 6 月 26 日，第 5 版。

现的违法犯罪隐患、管理监督漏洞、风险预警和治安防控等问题，以及就相关部门作出的行政处罚、政务处分、行业惩戒等问题提出的改进工作、完善治理的建议”。[①] 根据《规定》第11条的例举性规定，社会治理检察建议的适用范围相当广泛，主要包括六个方面：涉案单位在预防违法犯罪方面制度不健全，管理不到位，存在违法犯罪的隐患，需要及时消除的；一定时期某类违法犯罪案件多发频发，或者已发生的案件暴露出明显的管理监督漏洞，需要督促行业主管部门加强和改进管理监督工作的；涉及某类群体的矛盾纠纷问题突出，可能导致引发群体性事件或者恶性案件，需要督促相关部门开展风险预警或者制定防范措施，加强疏导调解工作的；相关单位或者部门不依法履行职责，致使个人或者组织合法权益受到损害或者存在损害危险，需要及时整改消除的；需要给予有关涉案人员、责任人员或者组织行政处罚、政务处分、行业惩戒，或者需要追究有关责任人员的司法责任的；其他需要提出检察建议的情形的。上述情形覆盖了社会治理的各个方面，为检察机关运用检察建议参与社会治理提供了更加广阔的空间和舞台。

3. 审核程序严格。不同类型的检察建议，制发程序的差异比较明显。在五种不同类型的检察建议中，纠正违法检察建议、再审检察建议和公益诉讼检察建议，可以依照有关法律规定和最高检制定的相关诉讼监督规则规定的程序予以制作和发送，法律法规及司法解释没有明确规定的程序，应当参照《规定》来制发。社会治理类检察建议的制发比上述检察建议更为严格，除了要遵循像其他检察建议一样的审批程序外，必须由法律政策研究部门对事先检察建议的必要性、合法性、说理性等“三性”进行审核。法律政策研究部门对检察建议书进行前置审核及事后备案审查，以确保检察建议合法合理合规，提出的措施建议具有针对性和可操作性。

（二）社会治理检察建议的主要功能

1. 参与社会治安综合治理。社会治安综合治理是重要的社会治理活动，符合社会治理的一般规律。检察机关在社会治安综合治理中发挥着其他机关无法替代的重要作用，检察建议则是检察机关参与社会治安综合治理的手段和形式之一。检察机关在严厉打击严重危害社会治安稳定的刑事犯罪时，以检察建议的形式积极参与综合治理活动，“将办案的能量从诉讼领域辐射到非诉讼领域，使得检察机关的法律监督权延伸至广阔的社会治安防控活动中去”，[②] 促进了社会治安的综合治理。这体现在检察建议以司法办案为基础，从已经发生的具体案件中深刻剖析违法犯罪的原因，主要是分析规章制度及体制机制方面的缺陷，推动相关部门更新与完善管理制度机制，以延伸检察职能和扩展法律监督空间的方式调整非诉讼领域的社会关系，增强检察建议的社会影响力，使检察建

① 高景峰、吴孟栓、米蓓：《〈人民检察院检察建议工作规定〉理解与适用》，载《人民检察》2019年第8期。

② 邹建华：《论检察建议在社会治安防控中的适用》，载《犯罪学论坛（第三卷）》，中国法制出版社2017年版，第383页。

议在司法实践中成为检察机关参与社会治安综合治理最重要的非诉讼检察活动。

2. 督促相关部门建章立制。检察机关在司法办案过程中，对于涉案单位在管理上存在漏洞而不能通过诉讼手段解决时，尤其是针对本区域内各单位或部门未认真执行有关法律法规、规章制度，在财务管理、监督制约等方面给违法犯罪活动留下可乘之机的，或者工作中出现重大安全事故隐患，可能损害正常的社会生产生活秩序的，或者相关职能部门未正确履行职责，致使国家、集体、个人财产或权利受到损害而引发社会治安稳定的情形，可以通过提出有情况、有分析、有原因、有对策的综合治理检察建议，督促和推动涉案单位和部门或行业主管部门及时予以整改，建章立制，堵塞漏洞，强化管理，消除隐患，并密切进行跟踪监督落实，进而帮助涉案单位防范和减少违法犯罪，避免再次发生类似问题。

3. 促进行政机关依法履职。行政机关作为行使国家行政权的职能部门，是社会治理的重要主体。"检察机关作为法律监督机关，应当切合形势的需要，承担起对具体行政行为监督的职责"。[①] 检察机关在参与社会治理的过程中对于侵害公民法人合法权益等具体行政行为、侵害国家和社会公共利益而缺乏必要行政相对人起诉的具体行政行为、行政机关滥用行政权或怠于行使行政权等行为进行法律监督，通过制发检察建议等形式督促行政机关履行职能。行政执法是国家管理社会的重要手段，也是国家进行社会治理的最主要的具体行政行为。检察机关通过加强和完善行政执法与刑事司法衔接机制，发挥检察机关的法律监督作用，依法向司法机关移送涉嫌犯罪案件，严格追究刑事责任，充分发挥刑罚的威慑作用，同时可以延伸法律监督职能，运用综合治理检察建议督促行政执法机关严格公正执法、依法行政，实现检察机关法律监督的广度、深度和精度的全方位突破。

4. 整合资源推进协同治理。社会治理是国家治理的重要方面，也是社会发展的重要保障。党的十九届四中全会提出"必须加强和创新社会治理，完善党委领导、政府负责、民主协商、社会协同、公众参与、法治保障、科技支撑的社会治理体系"。这表明社会治理的主体是多元性的，不仅包括行政机关，而且还包括非政府组织、企业、社会团体、私人机构，毫无疑问检察机关也是社会治理的重要主体。社会治理主体的多元性决定了既要依靠党委和政府，又要坚持社会化的发展方向，有效整合社会资源，动员社会各方面力量参与，充分发挥社会各方面在社会治理中的积极作用，让社会治理拥有更为广泛的社会资源和社会基础。因而社会治理更需要治理过程中各主体的协作与配合，最终形成多元主体共建共治共享的格局。检察机关结合司法办案，深刻剖析社会治理问题的产生原因并据此追溯关涉的职能部门，然后结合相关部门的职责发出综合治理检察建议，推动相关部门相互协作联动，整合各种资源，联动融合，勠力解决社会矛盾与纠

① 田凯:《论检察机关对行政权的法律监督》，载《中国检察（第13卷）》，中国检察出版社2007年版，第79页。

纷，共同打造安全稳定和谐的社会环境。

三、社会治理检察建议作用机制的完善进路

社会治理检察建议作为检察机关在司法办案实践中探索和创造的重要法律监督方式，在促进依法行政、维护司法公正、提升社会治理水平等方面发挥了重要作用，但仍然存在适用界限模糊、制发随意、监督效果弱等实际问题。有必要在初步实现检察建议法制化[①]的基础上，进一步完善社会治理检察建议工作机制，更好地发挥社会治理检察建议的有效作用，推动国家治理体系及治理能力的现代化。

（一）制定社会治理检察建议的实施细则

《人民检察院组织法》明确规定检察建议是检察机关履行职权的重要方式，对于检察机关依法提出的检察建议，被建议单位应当予以配合，对检察建议的落实情况必须按时书面回复检察机关。《规定》对检察建议的主要类型和适用范围、调查办理和督促落实、监督管理等若干方面作了较为明确具体的规定，亦为社会治理检察建议提供了操作依据和规范。但较之其他类型的检察建议，社会治理检察建议毕竟有其独特性，实践中适用复杂多元，有必要结合检察实践制定细化实施细则等具有约束力的规范性文件，进一步细化社会治理检察建议的制发和管理，提升其规范性和权威性。

（二）强化社会治理检察建议的调查核实

检察调查核实权是检察机关为有效履行法律监督职能，依照法律规定的条件与程序，对司法办案所涉及的事实证据等进行调取和了解，检验和查证有关事项真实情况的权力。《人民检察院组织法》第 21 条规定，检察机关行使本法第 20 条规定的法律监督职权可以进行调查核实，“从立法层面首次明确赋予检察机关在法律监督领域的调查核实权，被视为修订后的检察院组织法中最具刚性之规定，是对检察监督制度的重要完善”。[②]为保证检察建议的事实清楚，论据确实充分，法律法规依据充足，任何类型的检察建议都应当进行调查核实。社会治理检察建议同样需要对建议事项进行必要的调查核实。可以根据检察建议需求拟定详细的调查方案，明确调查核实的主要措施，包括向当事人及相关知情人员了解情况，查阅、调取、复制相关证据材料，现场走访、勘验、检查等，做到建议事项的事实清楚准确，法律政策依据充分，保证检察建议优质和权威。

---

① 姜伟、杨隽：《检察建议法制化的历史、现实和比较》，载《政治与法律》2010 年第 10 期。

② 万春：《检察法制建设新的里程碑——参与〈人民检察院组织法〉修订研究工作的体会》，载《国家检察官学院学报》2019 年第 1 期。

（三）建立社会治理检察建议的信息平台

信息技术对检察工作的创新发展具有强大推动作用，运用信息化手段管理检察建议的条件相对成熟，有些检察机关已经成功实践。[①] 目前再审检察建议、纠正违法检察建议、公益诉讼检察建议等业务型检察建议在检察机关统一业务运用系统中均设置了相应的模块并可以自动编号，基本上实现了信息化管理，但社会治理检察建议未被纳入统一业务运用系统。开发统一的社会治理检察建议信息化平台，规范管理检察建议工作，有利于从制发的检察建议中发现具有普遍性的问题，在更高更广层面推动社会治理问题的及时解决。社会治理检察建议信息化管理平台应当包括信息录入、使用检索、分类管理、动态跟踪等功能。其中信息录入是指检察机关在检察建议制发后以及收到回复材料后，应当及时将有关信息准确地录入信息平台；使用检索主要是检察机关在检察建议正式制发前，应当以被建议单位名称为条件进行检索，避免重复制发或者为制发同类检察建议提供参考指引；分类管理要求按照制发对象、建议内容等不同要求来设定检察建议分类的标准，便于对检察建议制发情况的综合分析；动态跟踪主要是及时录入检察建议的回复及采纳情况并进跟踪督办，提醒检察建议制发部门予以督促落实。

（四）探索社会治理检察建议的“案件化”办理模式

“重大监督事项‘案件化’办理工作模式，是检察机关推进监督事项从‘办事模式’向‘办案模式+办事模式’转变的重要举措”。[②] 探索社会治理检察建议“案件化”办理新模式，有利于落实司法责任制，提升检察建议质效，增强检察建议的公信力和影响力。社会治理检察建议实行“案件化”办理，必须建立健全配套工作机制，包括发现和收集线索、立案及调查核实、制作和发送、跟踪回访、监督考核等若干环节的制度机制。“案件化”办理要坚持“专责化+信息化”原则，实行检察建议线索统一管理，由案件管理部门负责检察建议线索的审核把关和登记备案，建立专门工作台账，指派专人动态化管理。立案是启动办案程序的标志，对于符合立案情形的案件应当进行立案登记，并出具与立案情形相关的配套文书，[③] 应当将制发检察建议作为业务部门承办检察官审查案件的必经环节。对于发现的检察建议线索应当及时加以评估，经评估认为存在制发检察建议必要的，应当填写立案审批表，呈报分管院领导审批后立案。正式立案后即转入调查核实阶段，承办检察官在调查核实结束后撰写审查终结报告并报请审批。检察建议“案件化”办理强调规范制发程序。经调查核实认为有必要制发社会治理检察建议的，在统一业务应用系统内制作检察建议初稿，同时录入检察建议信息化管理平台。

---

① 上海检察机关已经于2010年8月率先启用检察建议文书信息平台，实现了全市范围内对检察建议文书信息的统一管理。参见王朋：《检察建议的属性与机制保障》，载《人民检察》2011年第9期。

② 简洁、赵莹雪：《重大监督事项如何实现案件化办理》，载《检察日报》2018年5月27日，第2版。

③ 李辰：《检察监督视野下重大监督事项案件化办理制度的建构》，载《法学杂志》2018年第8期。

社会治理检察建议送达以公开宣告送达为原则，不公开宣告送达为例外，实行“三方+三化”[①]的面对面公开宣告及释法说理。跟踪回访在于及时掌握被建议单位对社会治理检察建议的采纳落实情况，对于未及时回复整改的检察建议应当重点回访，加强与被建议单位的协调，及时沟通解决检察建议落实过程中的困难；必要时主动向地方党委政府报告，争取理解支持，共同推进社会治理检察建议落实到位。

（五）健全社会治理检察建议的考评机制

“对检察职能履行效果进行评估，是一种动态的评估，可能涉及各种因素。”[②]就社会治理检察建议办理工作而言，可以借鉴目前全国检察机关正在大力推行的检察官业绩考评的方式方法，建立质量、效率、效果并重的考核评估机制，将制发社会治理检察建议的质量、效率、效果等三类情形，作为检察官业绩考评的重要指标，设置合理的考评分值或权重，探索建立符合检察建议工作规律及特点的考评机制，对社会治理检察建议的落实效果进行客观公正地考核评估。案件管理部门在负责对社会治理检察建议进行流程监控的同时，应当定期组织评查社会治理检察建议的质量、效率及效果，适时综合分析研判社会治理检察建议工作，注重发现存在的问题及困难，有针对性地推动改进或完善检察建议工作，促进提升社会治理检察建议的规范性和实效性。

---

① “三方”是指除了检察机关、被建议单位两方外，还应邀请人大代表、政协委员、媒体代表、相关单位人员等第三方代表参与。“三化”是指实行宣告场所化、仪式化、公开化，体现检察建议的严肃性和权威性，强化落实责任，引起被建议单位的充分重视。

② 梁玉霞、方明：《提升检察职能履行效果评估研究》，载《中国刑事法杂志》2010年第12期。

行政公益诉讼中
行政机关依法履职判断标准

陈树良　邓国良　佘　鹏*

摘　要　对行政机关是否“依法履职”的认定是行政公益诉讼的核心问题，检察机关从立案、诉前审查到起诉等各个环节均要考察行政机关是否“依法履职”，它是诉前程序走向提起诉讼的关键节点。然而有关行政机关履职行为的认定是行政公益诉讼案件的主要争议焦点和审理难点。本文通过梳理当前理论学界及司法实践中对行政公益诉讼中行政机关“依法履职”相关判断标准的争议点、法理依据，立足检察公益诉讼制度设置目的，以案例数据为支撑，以遵循相关诉讼制度基本原则和程序规定为基础，结合公益诉讼在不同阶段的办案逻辑，分阶段考察行政行为正当性及公益保护有效性，综合探讨“依法履职”认定标准的分阶段认定思路，探索可能解决行政机关“依法履职”认定困难的有效途径。

关键词　行政公益诉讼　公益保护　履职判断　认定标准

行政公益诉讼是我国一种新的诉讼形式。2014 年党的十八届四中全会通过的《中共中央关于全面推进依法治国若干重大问题的决定》提出“探索建立检察机关提起公益诉讼”设想，通过开展两年公益诉讼改革试点，2017 年 6 月 27 日，全国人大常委会作出《关于修改〈中华人民共和国民事诉讼法〉和〈中华人民共和国行政诉讼法〉的决定》，正式建立检察机关提起公益诉讼制度，修订《中华人民共和国行政诉讼法》第 25 条，正式以法律的形式将行政公益诉讼确定下来。在行政公益诉讼中，检察机关作为唯一主体，通过督促行政机关依法履行职责，确保法律法规统一正确实施。① 对行政机关是否“依法履职”的认定是行政公益诉讼的核心问题，检察机关从立案、诉前审查到提起诉讼等各个环节均要考察行政机关是否“依法履职”，它是诉前程序走向提起诉讼的

---

* 陈树良，广东省珠海市香洲区人民检察院党组副书记、副检察长；邓国良，广东省珠海市香洲区人民检察院第五检察部主任、一级检察官；佘鹏，广东省珠海市香洲区人民检察院第五检察部副主任、二级检察官。

① 最高人民检察院第八检察厅编著:《〈人民检察院公益诉讼办案规则〉理解与适用》，中国检察出版社 2022 年版，第 10 页。

关键节点。然而有关行政机关履职行为的认定一直是一个争议不断的问题，也是行政公益诉讼案件的主要争议焦点和审理难点。本文尝试通过结合当前相关理论和司法案例，梳理行政机关依法履行职责的基本问题，为司法实践中对行政机关“依法履职”判断标准的认定提供思考路径，以期在检察机关实际履职过程有一个较为清晰、统一的认识。

一、“依法履职”认定标准的问题提出

对行政机关“依法履职”判断和认定问题，是检察机关办理行政公益诉讼案件的首要工作，也是重点工作。对“依法履职”的判断是检察机关启动诉前程序以及从诉前程序转入诉讼程序的重要前提。行政公益诉讼中，行政机关是否“依法履职”对诉讼程序的启动和人民法院判决结果有实质性影响，是行政公益诉讼制度能否维护国家和社会公共利益的核心手段。① 然而现行适用的法律、法规及司法解释，均未对行政机关“依法履职”的认定标准作具体规定，而行政机关与检察机关基于各自立场与职责对“依法履职”的认定存在较大差异，这也导致该问题成为理论与实践的争议焦点。

（一）“依法履职”的含义理解

行政公益诉讼是指检察机关认为行政机关行使职权的行为违法或存在不作为，侵害了国家或社会公共利益，或者从预防性公益诉讼角度考虑，存在侵害国家或社会公共利益的可能或风险隐患时，为维护国家或公共利益，检察机关向行政机关提出检察建议，督促其依法履行职责，当行政机关仍不依法履行职责时，人民检察院依法向人民法院提起诉讼的制度。可知行政公益诉讼有两个适用情形，一是行政机关不依法履行职责，二是国家或社会公共利益受到或可能受到侵害。与之相对应的是行政公益诉讼之目的，即督促行政机关依法履行职责及保护公共利益。

1. 督促行政机关“依法行政”

依法行政是依法治国基本方略的重要内容，行政机关的设立必须有法律法规的规定依据，须依法取得和行使行政权力。长期以来这一观点已成为行政机关进行行政活动的基本共识，确保行政行为合法性是实现行政活动正当化的主路径。一般而言，不依法履行法定职责主要指违法行使职权或者不作为。这里涉及两个概念，一个是“法”，一个是“管理职责”。

（1）“法”的范围。职权法定是行政法上的一个原则，政府行政权的取得必须依据法律，政府行政权的行使必须合乎法律。② 根据《人民检察院公益诉讼办案规则》（以下简称《办案规则》）第 3 条：“人民检察院办理公益诉讼案件，应当遵守宪法、法律和相关法规，秉持客观公正立场，遵循相关诉讼制度的基本原则和程序规定，坚持司法

---

① 代杰、徐健宇：《行政公益诉讼中行政机关不依法履行职责抗辩事由研究——基于 159 份判决书的实证分析》，载《江西理工大学学报》2020 年第 4 期。

② 古雨尧：《行政公益诉讼中行政机关“依法履职”的认定标准》，载《新西部》2020 年第 18 期。

公开。”这项法条列明了办理公益诉讼案件可以依据的“法”的范围。《宪法》是我国根本法，具有最高的法律效力；“法律”包括《民法典》《未成年人保护法》《安全生产法》《个人信息保护法》等实体法，以及《民事诉讼法》《行政诉讼法》等程序法；“相关法规”包括行政法规和地方性法规，根据我国《行政诉讼法》第63条第1款规定：“人民法院审理行政案件，以法律和行政法规、地方性法规为依据。地方性法规适用于本行政区域内发生的行政案件。”因此，关于公益诉讼的地方性法规可以作为人民检察院办理或人民法院审理行政公益诉讼案件的依据。例如，广东省人大常委会2020年7月29日颁布的《关于加强检察公益诉讼工作的决定》详细列举了检察机关办理公益诉讼案件时，可以依法采取查询卷宗、询问行政机关工作人员、查询有关单位和个人的存款、咨询专业人员等调查核实措施，这项地方性法规加强保障了检察机关调查核实权，是对公益诉讼内容的有效补充。

（2）“管理职责”的认定依据。办理行政公益诉讼案件，首要的是厘清行政机关的职责，确定行政机关的监督管理职责是提出检察建议、提起诉讼的必要条件。根据《办案规则》第72条：“人民检察院认定行政机关监督管理职责的依据为法律法规规章，可以参考行政机关的‘三定’方案、权力清单和责任清单等。”法律法规规章的规定是较为原则的，而“三定”方案、权力清单和责任清单等文件是依据法律、法规和规章编制的，且是根据地方具体机构设置情况确定行政机关相应的法定职责。实践中，在涉及多个行政机关职责交叉的情况时，分析研究相关行政机关的“三定”方案、权力清单和责任清单更有利于准确确认运行政机关的具体监督管理职责。另外，值得关注的是第72条中设置了“等”的留白范围。行政机关在履行职责过程中常用的机构设置文件、内部规则等也是司法实践中，用于确定多部门在职能交叉情况下各自监督管理职责的重要参考。同时，由于现代行政管理手段的多元化，行政机关在运行过程中开始适用行政协议、行政计划等行政管理手段，对此类非传统行政管理手段下的行政机关的职责认定问题，最高人民法院（2018）行再205号行政判决书[①]的相关评议反映出司法实践对第72条的“等”的范围认定持一种宽松的态度，因而在实践中对于行政机关是否具有特定的职责的确认存在困难。

2. 保护公益

在行政法上，行政是指国家行政机关对国家事务和社会公共事务的组织管理活动，因而内在地具有公共性质。进入服务型政府建设时期，政府行为更强调以社会利益与人民共同利益为出发点，转变为承担相应服务职责的现代政府治理模式。因此，行政机关依法履行职责的逻辑起点与行政公益诉讼强调的“维护公共利益”之目标具有内在统一性。不过，要注意行政公益诉讼对公共利益的保护具有有限性，一方面，检察机关对公

---

① 最高人民法院（2018）行再205号行政判决书指出：“‘法定职责’的渊源甚广，既包括法律、法规、规章规定的行政机关职责，也包括上级和本级规范性文件以及‘三定方案’确定的职责，还包括行政机关本不具有的但基于行政机关的先行为、行政允诺、行政协议而形成的职责。”

益的保护并不具有实体上的处分权，不可直接干预行政机关的决策及行为，另一方面，公共利益具有客观性，部分受侵害公共利益的恢复需有个分解消化损害的过程，无法通过行政公益诉讼实现一蹴而就的完全保护。[①] 因此，在判断是否达到受损公益救济之目标时，应结合实际与客观规律，尊重客观制约及行政机关专业性，充分认识公益恢复的有限性，作出公正判断。

（二）“不依法履职”的外观表现

不依法履行法定职责一般表现为违法行使职权或者不作为。违法行使职权被视为一种积极的违法行使职权表现，而不作为更多是一种消极行使职权的表现。其中违法行使职权包括行政行为主体不适格、行政程序违法或行政行为内容违法，不作为具体包括不履职、不充分履职、延迟履职等形式。行政公益诉讼案件中，对不依法履职的认定争议，主要集中在不作为的情形，究其原因在于“管理职责”难以厘清。在司法实践中，检察院、法院及行政机关对法定职责来源的“法”的认知意见大体一致，但具体应承担何种法定职责，则出现了分歧，具体表现为行政机关对自身行政管理职权认识存在偏差。例如，行刑竞合情形下，行政机关认为自己无须就竞合的内容再次处罚；或是在有关案件移交司法机关后，行政机关认为自己无须行政作为等。[②] 对此，参考最高人民法院行政审判庭（2017）行他字第 215 号文件[③]，可知在行刑竞合案件中，追究违法行为人的刑事责任并不当然地使其免于承担相应行政责任。而在 2021 年 7 月 1 日起实施的《办案规则》第 82 条，正明确了行刑衔接视角下行政机关仍需依法履行职责，为检察院在实务中对行政机关不依法履职的认定提供指引，也要求行政机关需对自身职权的厘定有更为清晰的认识。

（三）认定为“不依法履职”的几种处理

《行政诉讼法》第 25 条第 4 款中的“不依法履行职责”不仅包括行政机关违法作出或未作出行政处理决定，而且包括行政机关在合法行政处理决定作出后未督促履行、未依法强制执行或未依法申请法院强制执行。[④]《办案规则》第 74、 82 条从正面和反面两个层面对行政机关履职尽责的判断标准予以列举式规定。

虽然《行政诉讼法》《办案规则》对行政机关“依法履职”的认定作出规定，但因

---

① 张旭东、颜文彩：《论行政公益诉讼中“不依法履职”的认定标准》，载《河北工业大学学报》2022 年第 4 期。

② 代杰、徐健宇：《行政公益诉讼中行政机关不依法履行职责抗辩事由研究——基于 159 份判决书的实证分析》，载《江西理工大学学报》2020 年第 4 期。

③ 最高人民法院行政审判庭（2017）行他字第 215 号《关于行政公益诉讼中刑事处罚与行政处理衔接有关问题的电话答复》：“责令补种树苗的行政处理决定与针对非法毁坏林木的犯罪所处刑罚之间不具有吸收关系，在此情况下，行政机关应当依法履行职责。”

④ 刘加良：《行政公益诉讼中被告依法履行职责的判断标准及其程序应对》，载《国家检察官学院学报》2022 年第 2 期。

行政公益诉讼涉及领域类型多、专业性强，实务中行政机关与司法机关基于各自的立场，关于“依法履职”的认定通常存在较大分歧，特别是涉及生态环境和资源保护领域、国有土地使用权出让领域，在生态修复难度大、历史遗留问题多、存在多头监管等情况下，争议尤为凸显，一般表现为以下几种情况：一是行政机关收到检察机关的诉前检察建议后，根据自身对依法履职的认知，认为所采取的整改措施已经尽到了法定履职义务，但检察机关不认可，进而提起诉讼；二是行政机关已经做出履职行为，但国家或公共利益仍处于受损状态，检察机关基于公益受损的结果仍提起诉讼；三是人民法院作出“要求行政机关履行法定职责”的判决，但因对履职的标准认识不同，行政机关陷入履行难的困境。

二、“依法履职”认定标准观点之考察

（一）学界观点之考察

学界对行政机关“依法履职”的认定标准主要围绕“行为”和“结果”两方面进行讨论，主要呈现以下三种看法。

1. 判断标准之一——行为标准

主张适用“行为标准”是指在法律所规定的监管措施已经穷尽的情况下，国家利益或社会公共利益受侵害的状态即使未消除，也应被认定为“依法履职”。行为标准观点认为“法律不能强人所难”，这一标准重点考量行政机关是否严格按照法律规定的内容和程序，穷尽所有法定手段履行职责。然而，因为此标准的前提在于立法者对于行政机关的法定职责规定得较为完备，而且行政机关不存在消极应付或敷衍塞责之动机或行为，是一种超越了当前立法和执法现实状态的理想状态，[①] 如何认定行政机关已经穷尽措施，在实践中也是争议点。我国行政从依法管理转向依法治理，实现向服务型政府转型，在行政行为上有“先行先试，事后确认”的特征，部分行政行为走在立法前，若行政机关为保护公共利益而做出于法无据的行为，虽实质维护了社会公益但被确认为违法行使职权，有悖于服务型政府的定位。又如，针对某一公益受损情形存在多部门职责交叉等多头监管情况，各行政机关单独履职且已在法定职责范围内穷尽措施，是否能被认定为已充分履职，是否仍需考量多部门有无协同履职、共同履职情况后再作出判定？此外，不以是否达到相应的效果为标准的考量模式在实现公共利益有效保护上存在局限性，还可能引发“形式作为而实质不作为”的情形出现，[②] 存在不当激励的可能。

① 浙江省丽水市人民检察院编著：《行政公益诉讼诉前程序理论阐释与实务精要》，中国检察出版社 2022 年版，第 214 页。

② 张旭东、颜文彩：《论行政公益诉讼中“不依法履职”的认定标准》，载《河北工业大学学报》2022 年第 4 期。

2. 判断标准之二——结果标准

主张适用“结果标准”是从否定层面对行政机关未（全面）依法履行职责进行认定，主张只要未消除国家利益或社会公共利益受侵害的状态，不“依法履职”就应该被认定，是以公共利益受到侵害为标准。实践中，行政机关通常认为自己已经穷尽了履行职责措施，检察机关据此认为行政机关虽然履行了职责，但从国家利益、公共利益尚未完全恢复的角度考量，依然可以提起诉讼。不可否认的是，行政公益诉讼的目的并非只有对行政机关行为进行监督，还有保护公益这一更高目标，针对受损公益未得到有效保护提起诉讼具有正当性。但是，相较于检察机关，行政机关在公益保护领域更具有专业性，且检察机关对行政机关发出的检察建议具有谦抑性，并不具有实体处分的权力，而是引导行政机关进行自我规制。所以在此基础上，对于行政机关在专业领域作出的“履行不能”之判断，应纳入考量综合评判，应理性认识到坚持要求行政机关在没有履职可能的情形下继续履职不符合现实情况。比如在生态环境和资源保护领域中，生态修复受气候、季节等自然因素的影响，即便行政机关采取各种方法，也难以在规定期限内完成补植复绿、增殖放流、矿山治理等生态修复工作，国家或公共利益仍处于受损状态，在此情况下，一味采取结果标准说，有违客观规律。综上，尽管结果标准比行为标准更契合行政公益诉讼“保护公益”这一目标，但亦存在因非行政机关可控的客观因素不当加重行政机关负担的可能。

3. 判断标准之三——复合标准

主张适用“复合标准”兼顾行为和结果两方面，认为复合标准既关注行为履行过程的判断，也关注行为结果的公共利益能否最终实现的判断，将行为标准和结果标准结合起来判断，是更为严格的一类判断标准。持该标准的学者一般认为单纯行为标准或结果标准容易造成判断片面化而导致评价失衡。以行为标准、结果标准为基础衍生而成的复合标准主要有两种模式，一是分阶段审查模式，即诉前程序采行为标准，诉讼程序采结果标准；二是附条件审查模式，即以结果标准为主，行为标准为辅，通过对受客观原因限制暂时无法达成公益保护目标的履职行为附加条件，修正结果标准下对行政机关过于严苛之弊端。[①]

（二）实务立场之考察

2018 年 12 月，最高人民检察院发布第十三批指导性案例“检例第 49 号”S 省 B 市环境保护局 F 分局不全面履职案中，某公司燃煤锅炉长期排放超标，环保部门下达限期整改通知书、作出行政处罚后都未制止超标排放违法行为；检察机关发出检察建议后，环保部门又下达责令限制生产决定书，仍未有效解决问题。尽管环保部门一直在履职，但并未有效制止违法行为，公益受损问题悬而未决。根据法律规定，环保部门还可以责

① 张旭东、颜文彩:《论行政公益诉讼中“不依法履职”的认定标准》，载《河北工业大学学报》2022 年第 4 期。

令停产，报请有批准权的政府批准关停，但其并未这样做，所以检察机关提起了行政公益诉讼。该指导性案例中明确出现关于判断行政机关不法履行法定职责标准的相关表述。① 2019 年 1 月 2 日，最高人民检察院与生态环境部等九部门共同印发《关于在检察公益诉讼中加强协作配合依法打好污染防治攻坚战的意见》（以下简称《打好污染防治攻坚战意见》）第一次在文件中提出“行政执法机关履职尽责的标准”。该《打好污染防治攻坚战意见》第 13 条明确以是否采取有效措施制止违法行为、是否全面运用法定的行政监管手段、国家利益或者社会公共利益是否得到有效保护作为判断行政机关履职尽责的标准。

2019 年 12 月，最高人民法院发布 137 号指导案例“Y 省 J 县人民检察院诉 J 县森林公安局怠于履行法定职责环境行政公益诉讼案”，其裁判要点为“环境行政公益诉讼中，人民法院应当以相对人的违法行为是否得到有效制止，行政机关是否充分、及时、有效采取法定监管措施，以及国家利益或者社会公共利益是否得到有效保护，作为审查行政机关是否履行法定职责的标准”，这表明在检察公益诉讼专业性要求最高、迄今业绩最为突出的生态环境和资源保护领域，检察院、行政机关和法院就依法履行法定职责的判断标准在 2020 年初即已形成明确的共识。

2020 年 7 月 28 日，最高人民检察院与中央网信办、国务院食品安全办等十部门共同印发《关于在检察公益诉讼中加强协作配合依法保障食品药品安全的意见》（以下简称《依法保障食药安全意见》）再次在文件中提出“行政机关履职尽责的标准”。《依法保障食药安全意见》第 10 条除明确判断行政机关履职尽责应坚持以是否采取有效措施制止违法行为、是否全面运用法定行政监管手段、国家利益或者社会公共利益是否得到了有效保护三点为标准外，还提出对主观上有整改意愿和客观上实施一定履职行为的行政机关须充分考虑环境污染、异常气候、检验能力、监管力量、突发情况等因素对其履职的影响，客观因素对行政机关履职尽责的影响至此被正式提出，表明制定者对一些特殊因素可能影响行政机关依法履行法定职责的实际情形有着清醒的认识，这有利于检察院和行政机关对食品药品安全领域履职尽责的判断标准尽快达成共识。2021 年 7 月 1 日实施的《办案规则》第 74 条关于终结案件的具体情形，采用明确三种情形加兜底的形式，而这三种情形正对应了判断行政机关依法履行职责的“行为、结果、职权”三要件；第 82 条则列举了七种检察建议书发出后可认定为“行政机关未依法履行职责”的情形，前六项依次囊括了完全不履职的行政不作为，不完全履职的行政不作为，不完全不及时履职的行政不作为，未正确理解“行刑衔接”导致的行政不作为，未及时恢复履职，违法行使职权等六项情形，同时添加第七项兜底条款。以上七种情形是公益诉讼检

---

① 最高人民检察院发布第十三批指导性案例“检例第 49 号”，陕西省某环境保护分局不全面履职案：“对行政机关不法履行法定职责的判断和认定，应以法律规定的行政机关法定职责为依据，对照行政机关的执法权力清单和责任清单，以是否全面运用或者穷尽法律法规和规范性文件规定的行政监管手段制止违法行为，国家利益或者社会公共利益是否得到有效保护为标准。”

察实务中各地办案经验总结，是检察机关与法院、行政机关达成的共识。[①] 上述六项具体情形主要侧重于对行政机关行政行为的考察，尤其对实践中较为常见的行政机关“敷衍履职”“虚假整改”，明确可以认定为行政机关未依法履行职责；对在客观因素影响依法履职的情形下如何进行监督进行明确，指出客观障碍消除后未及时恢复整改的，属于行政机关未依法履职，是对现实情况中行政机关囿于客观障碍暂时履行不能的监督保障；明确在“行刑衔接”工作中，对已被追究刑事责任或案件已移送司法机关处理的违法行为人，行政机关仍应当依法给予相应行政处罚，不应认为对违法行为人进行刑事追责或“一移了之”，当然地免除相应行政处理。

回溯实务，从规范文件、指导案例、法院裁判中就如何把握行政公益诉讼中行政机关全年履职的标准我们可以发现一些共通之处，张雪樵副检察长将之归纳为“行为要件＋结果要件＋职权要件”三要件标准，该标准其实共分为三个层次：首先，从行为要件上看，行政机关的履职是否有效制止该侵害公益的违法行为，如已制止则进入下一层次，如未制止则继续履职；其次，从结果要件上看，如违法行为已被制止，看公益有无得到有效保护，有效保护则进入结案阶段，未有效保护则进入下一层次；最后，从职权要件上看，行政机关是否已全面用尽法定的监管手段，若行政机关已穷尽手段但公益仍未得到有效保护，行政机关也已失去履职空间，不宜再继续进行监督。[②]

结合实务实践与学界理论考察，为使对“依法履职”的判断更全面、客观，一般综合采用行为标准与结果标准，同时在行为标准考察中，进行对行政机关是否已穷尽监管手段的判断，故而实务反映的办案经验实则是三要件标准的综合运用。在司法实践中，应结合办案流程进一步明确判断侧重点并予以应用，如在诉前审查阶段，“一揽子”综合运用可能会不当加大行政机关的履职压力，导向与诉前审查程序设置初衷相悖的后果。如，为尽快达成救济效果而不计投入，在个案上大量消耗公共资源导致付出回报不成正比，影响其他日常行政管理活动的推进；或是由于短期内快速恢复受损公益有客观困难，可能导致行政机关“终有一诉”的消极心态，敷衍对待检察建议，使得诉前程序的设置失去存在意义。因此，为切实做到督促行政机关在诉前程序进行自我纠偏工作，在诉前程序阶段不应要求面面俱到地运用综合标准，而应结合办案实际抓重点、分阶段地进行“依法履职”判断。

三、“依法履职”认定标准观点的反思和完善

行政公益诉讼受案范围较广，不同领域案件整改的难易程度有所不同，同一领域案件形成的原因复杂，不能一概而论。从法律监督视角看，行政公益诉讼是检察权对行政权

---

① 最高人民检察院第八检察厅编著：《〈人民检察院公益诉讼办案规则〉理解与适用》，中国检察出版社 2022 年版，第 18 页。

② 最高人民检察院第八检察厅编著：《〈人民检察院公益诉讼办案规则〉理解与适用》，中国检察出版社 2022 年版，第 117 页。

的监督，应当符合检察权、行政权运行规律，既要体现监督本质，又不能过度干预行政运行。因此检察机关在确定行政机关是否“依法履职”时，应当充分尊重客观实际以及检察权、行政权、诉权运行规律。在此思考逻辑下，有学者对行政机关“依法履职”提出分阶段认定模式，即在回归行政公益之目的前提下，采用以行为与结果为综合标准的认定规则，在坚持结果标准的同时慎重考虑行政机关能力与专业性，以及恢复公益的有限性。

（一）“依法履职”认定标准应回归行政公益诉讼之目的

1. 回归督促履职之目的

从行政公益诉讼督促行政机关“依法行政”之目的出发，回归行政机关本身，尊重行政机关能力及专业性。比起司法机关，行政机关在行政公益诉讼的“4+10”领域更具专业性，对各领域内专业数据及关键信息的获取、整理、分析、研判也更有优势，对后续整改工作的统筹与开展也更为有利，因此在对结果认定时应将此点纳入考量。然而，行政机关能力并非无限，对于一些公益受损状况，或存在单个行政机关能力不足，需要多方共管联合处理的可能，这是行政机关自身主体的主观有限性。如北京市某区人民检察院在履行公益诉讼职责中发现其辖区存在垃圾暴露积存、无垃圾收集设施等影响村民人居环境的问题，三家有关行政机关均各自认为其已在职责范围内履行了管理及监管责任，经过检察院公开送达诉前检察建议，三家行政机关按建议协同履职进行整改，最终实现有效整改，并通过后续“回头看”证实当地环境卫生问题得到了良好解决。[①]

2. 回归保护公益之目的

立足行政公益诉讼维护国家利益或社会公共利益立场，精准、客观把握公共利益维护的有限性。其一，气候条件、突发意外等不可抗力在生态环境与资源保护领域极为常见，大自然对受损部分的消解存在一个客观的无法消除的过程，短期内恢复受损公益并不现实，这是自然限制等造成行政机关履行不能的客观有限性。例如，在H市人民检察院诉H市林业局不履行法定职责一案中，[②]尽管H市林业局已对违法行为人下达催告，但对于恢复原状，林业局辩称栽种树木受季节气候影响，恢复所需时限较长，且接到建议时已是秋天，在来年春天来临之前恢复原状较难实现。其二，如果忽视客观因素对整改状况的限制，坚持行政机关须在整改期限内恢复受损公益，将可能导致得不偿失，如L市检察院诉L市林业局不履行法定职责一案中，[③]L市林业局限期责令违法行为人种树还林，但囿于当时季节等客观条件不宜种树，植树造林任务落到来年春季，且违法行为人在此前补植的一批树苗因雨季、旱季等复杂成因，最后仅有69%成活率，不可否认行政机关在此期间履行监督职责不力，但客观规律造成的复绿困难确实无法忽视。其

① 刘涛、徐金海：《行政公益诉讼多头监管情形下行政机关履职行为判断》，载《中国检察官》2021年第10期。

② 吉林省延吉市人民法院行政判决书，（2018）吉2401行初第8号。

③ 吉林省延吉市人民法院行政判决书，（2018）吉2401行初第133号。

三，客观障碍对按期依法履职存在影响并非个案，受客观限制延缓达标期限也更符合朴素认知，按照客观规律进行整改有利于避免产生冲突、激化矛盾。如J市人民检察院诉J市林业局不履行法定职责一案中，[①] 被告出于“恢复植被受气候限制，有可能激化矛盾”之考虑，为减少违法行为人经济损失，避免产生矛盾、阻挠等风险事件，作出第二份整改通知书，说明忽视客观因素的影响不仅在恢复公益方面增大行政机关压力，也可能在对违法行为人进行释法说理中产生困难。

（二）“依法履职”认定标准应契合行政公益诉讼办案程序

按照行政公益诉讼整体办案程序，对“依法履职”分阶段进行认定，是指在启动诉前程序阶段以行为标准为主，在这一阶段应着重认定行政机关的行为；在提起诉讼程序阶段则以结果标准为主，在这一阶段着重考察行政机关作出行为的效果，即国家利益与社会公共利益是否依旧受到侵害。

1. 诉前程序阶段“依法履职”认定以行为标准为主

此阶段主要考察认定行政机关行为，公益恢复情况仅作为辅助判断因素出现在该认定阶段。该认定阶段对行政机关行为及公益恢复情况应持有不同强度证明要求，以达成检察权谦抑性与行政机关专业性在行政公益诉讼诉前程序中的有机结合。一方面，诉前程序目的在于节约司法成本、发挥行政机关自我纠错功能，从而实现高效督促行政机关依法履职。如果在此阶段为实现公益保护之目的进行结果审查，则检察机关既要审查行政机关具体履职行为，又要审查行为结果是否已达到恢复标准，并承担相应的举证责任，不符合简化程序、追求高效之目的。另一方面，检察机关发出诉前检察建议，目的是通过督促履职实现保护公益，而非直接对保护公益做出决策，在整体制度设计中实施主要整改行为的主体仍然是行政机关，如果在检察建议中过分看重公益恢复结果，可能有检察机关过分干预行政机关行为之嫌，违背检察权的谦抑性，既不利于行政机关作出专业化判断依法履职，也无法体现对行政权的充分尊重。

此前已论述采用单一行为标准，可能会导致对行政机关不当激励，而此处强调“以行为标准为主”，并非等同于采用单一行为标准。在实践中，对于如何做到以行为标准为主而又非仅采用行为标准，可考虑用证明标准予以区分。理论界对于证明标准依据证明力由小到大依次有优势证明标准、高度盖然性标准和排除合理怀疑标准。建议在诉前程序阶段，对在检察建议发出后的行政机关履职行为的审查，采用高度盖然性标准，使认定的法律事实更为贴近客观事实。行政机关对此承担严格的举证责任，在行为审查层面，只有行政机关提供的证据证明力远大于检察机关掌握的证据证明力，方能证明行政机关确实履职到位、有效制止了违法行为。在结果审查层面，法定履职期限结束后结合现实情况综合考察行为是否起到相应效果，建议采用优势证明标准，如对于存在客观障

---

① 吉林省延吉市人民法院行政判决书，（2018）吉2401行初第9号。

碍导致公益受损情况仍旧未得到恢复的，若行政机关提供的证据可证明受损公益恢复的可能性大于受损公益无法恢复或恢复受损公益没有进展的可能性，可认定行政机关依法履职产生一定效果，暂缓或不再进入提起诉讼程序阶段。

2. 诉讼程序阶段“依法履职”认定以结果标准为主

以结果标准为主，重点考察行政机关整改是否有实质成效，关注国家利益与社会公共利益是否仍处于受损状态，这与行政公益诉讼保护公共利益之目的相契合。当案件进展到提起诉讼程序阶段，表明在经过诉前审查后行政机关未有效制止违法行为，公益受损情况仍无改善，如果在此阶段仍一味强调对行政权专业性的尊重，则刚柔失衡，既无法督促行政机关纠正不当履职，亦忽视行政本身的公共性质，背弃了行政公益诉讼的制度价值。因此在这一阶段，应对结果评判采用比诉前阶段更为严格的证明标准，明确以结果标准为主，采用高度盖然性标准明确行政机关是否通过整改实现对受损公益的有效保护。行政机关作为牵头实施整改行为的主体，其详尽掌握与获取有关领域数据及信息是可期待的，不宜再采取优势证明标准。

如果通过上述审查明确公共利益未得到有效保护，则需要考察行政机关是否已穷尽法定监管手段。这是出于诉讼程序本身性质及目的的考虑，诉讼是定纷止争、制止侵害的最后屏障。设置行政公益诉讼，是将行政诉讼作为解决行政公益争议和救济的最后途径。[①] 如仍未有效保护受损公益，则需进一步针对行政机关的履职空间进行辅助性考察，综合考察行政机关履职是否还具有期待可能性。出于对诉讼程序具有最后救济性的考虑，建议在考察行政机关是否具有继续履职可能时，采用高度盖然性标准或是排除合理怀疑标准等较高标准，行政机关须立足公共立场，或证明自身已穷尽一切可能手段，或证明未保护涉案公益有正当理由，如为保护更大公益而选择放弃涉案公益，充分体现诉讼程序作为最后一道防线的权威性。

四、结语

行政公益诉讼作为一项非传统诉讼制度，其制度设计本身就因为目标价值而具有特殊性与复杂性。如何实现行政公益诉讼更好实现督促履职、保护公益之初衷，并在法律事实认定须尽可能贴合客观事实与节约司法成本更高效实现公益保护二者之间寻求平衡，是司法机关在实践过程中的必修课。通过分阶段对行政机关履职行为及行为结果进行有重点、分主次的审查，大致梳理出实践中对行政机关“依法履职”认定的可能思路，但实践中行政公益诉讼毕竟具有多领域、多成因等复杂特点，在探讨中难以穷尽现实可能，故而每一阶段实施认定时仍需结合实际情况进行斟酌取舍，以期更好贴近实际情况，作出客观准确的认定。

---

① 胡卫列、迟晓燕：《从试点情况看行政公益诉讼诉前程序》，载《国家检察官学院学报》2017年第2期。

行政违法行为监督程序设计

肖 力 方中伟 刘世卫 彭佳丽*

摘 要 检察机关充分发挥法律监督职能，必须以完善的程序作为保障。明确监督范围、监督原则，界定行政违法检察监督内涵，从检察机关开展的行政违法行为监督实践中总结经验，进而从办案流程、审查、受理、决定、跟进监督等环节构建行政违法行为监督程序，实现检察监督的规范化运行。

关键词 行政违法行为 检察监督 程序

2014年，党的十八届四中全会通过的《中共中央关于全面推进依法治国若干重大问题的决定》提出“检察机关在履行职责中发现行政机关违法行使职权或者不行使职权的行为，应该督促其纠正”，在政策上支持了检察机关监督行政违法行为。2021年《中共中央关于加强新时代检察机关法律监督工作的意见》提出检察机关“在履行法律监督职责中发现行政机关违法行使职权或者不行使职权的，可以依照法律规定制发检察建议等督促其纠正”，再次为检察机关开展行政违法行为监督提供了依据。检察机关作为我国宪法规定的法律监督机关，是权力监督体系中的必要环节。① 检察机关对于履行职责中发现的行政机关违法行使职权或者不行使职权行为进行监督，使检察机关的法律监督范围从诉讼领域向诉讼领域外拓展，丰富了检察权的内容，是检察改革后检察机关积极探索强化行政检察监督职权的重要内容。根据中央决策部署和有关法律规定，检察机关积极探索开展行政违法行为监督，积攒了丰富实践经验和多样的监督手段。如何构建行政违法行为监督程序，实现检察监督的规范化运行成为当前亟待解决的问题。

一、行政违法行为监督的内涵

新时代行政检察的范围分为三大类别：行政诉讼检察监督，行政判决、裁定执行和

---

* 肖力，广东省珠海市香洲区人民检察院党组成员、副检察长；方中伟，广东省珠海市香洲区人民检察院第四检察部主任、一级检察官；刘世卫，广东省珠海市香洲区人民检察院一级检察官；彭佳丽，广东省珠海市香洲区人民检察院检察官助理。

① 秦前红、张演锋：《习近平法治思想指引下的行政检察探索与发展》，载《人民检察》2012年第8期。

非诉执行检察监督，以及对违法行政行为的检察监督。[①] 行政违法行为监督是指检察机关在履行法律监督职责中发现行政机关违法行使职权或者不行使职权的，可以依照法律规定制发检察建议等督促其纠正。[②] 行政违法行为监督将检察监督的范围从诉讼领域拓展至诉讼外行政领域，学界对此已形成基本共识。法律监督不等于诉讼监督，行政违法行为检察监督不是一般监督，在制度构建中，要推动行政违法检察监督规范化与定型化，为争取立法层面的支持做好实践准备。[③] 从监督范围出发，理论和实务界对行政违法行为检察监督内涵界定存在分歧，在整体认可行政违法行为检察监督的基础上，还需要从监督范围和监督原则进一步界定行政违法行为检察监督的内涵。

（一）监督范围有限性

行政行为内容复杂，种类多样，但并非所有的行政行为都是检察机关监督的对象，行政违法行为监督的范围应当宽窄适宜。学界对于行政违法行为检察监督的范围划定不一致，但基本都认为行政违法行为检察监督的范围是有限的。应松年从行政活动类型角度界定行政检察监督范围，行政活动可以分为制定规范、执法和解决纠纷三类。对于一般规范性文件，检察机关目前没有介入监督，但可以进行论证研究；对于行政执法活动，行政检察监督应当介入；对于解决纠纷的活动，包括调解、裁决、复议，也是检察监督应该介入的范围。[④] 姜明安认为，检察机关是“国家法律监督机关”，行政机关在所有行政管理领域，例如生态环境、教育文化、医疗卫生等，所有违法作为和违法不作为都应纳入行政违法行为监督的范围。[⑤] 根据上述观点，界定行政违法行为检察监督范围需要具体分析监督的对象。

1. 具体行政行为

根据我国《行政诉讼法》第 70 条[⑥] 的规定，行政行为违法表现为主要证据不足、适用法律法规错误、违反法定程序、超越职权、滥用职权、明显不当。具体行政行为是行政违法行为监督的主要内容，对于具体行政行为，分歧主要在于行政违法行为监督是否应包括侵犯公民个人权益的行为。有学者认为，行政违法行为监督的范围应主要是严重损害公共利益但不涉及个人权益的行政行为；[⑦] 有学者对此则持保留态度，认为行政

① 姜明安：《论新时代中国特色行政检察》，载《国家检察官学院学报》2020 年第 4 期。
② 王勇、高鹏志：《行政违法行为监督的法治化分析》，载《中国检察官》2023 年第 1 期。
③ 江国华、王磊：《行政违法行为的检察监督》，载《财经法学》2022 年第 2 期。
④ 应松年：《以行政检察监督推进法治政府建设》，载《人民检察》2021 年第 16 期。
⑤ 姜明安：《完善立法，推进检察机关对行政违法行为的监督》，载《检察日报》2016 年 3 月 7 日，第 3 版。
⑥ 《中华人民共和国行政诉讼法》第 70 条规定：“行政行为有下列情形之一的，人民法院判决撤销或者部分撤销，并可以判决被告重新作出行政行为：（一）主要证据不足的；（二）适用法律、法规错误的；（三）违反法定程序的；（四）超越职权的；（五）滥用职权的；（六）明显不当的。”
⑦ 刘畅、肖泽晟：《行政违法行为检察监督的边界》，载《行政法学研究》2017 年第 1 期。

违法检察监督应主要集中在对公民权利有直接、重大影响的行政执法。[①] 笔者认为，为促进行政机关严格执法、依法行政，提升法律监督效果，行政违法行为监督启动不应以国家利益和社会公共利益受到侵害为必要条件。且行政执法的对象大多是具体的公民、法人或其他组织，将侵犯个人权益的行政行为排除在监督范围外并不合理。[②]

2. 抽象行政行为

有观点认为，依据我国《宪法》《立法法》和人大专门授权所制定的行政立法，应归于宪法实施，不属于法律监督对象。制定"一般行政规范性文件"（即规章以下规范性文件）的行为则无关宪法实施，仅仅是行政机关的自我约束，对公民和法院没有普遍约束力，也未超出法律实施范畴，接受行政检察监督是合理正当的。[③] 也有观点认为抽象行政行为具有普遍约束性和反复适用性，包含了大量专业设定和全面考虑，检察机关监督力量有限，难以实现有效监督。[④] 笔者认为，检察机关对行政违法行为进行监督，应以具体行政行为为主要对象。但仍有部分行政违法行为是根源于规范性文件本身的瑕疵漏洞，如果不对这些瑕疵漏洞予以填补修正，则该类行政违法行为可能终究难以制止。鉴于此，检察机关对抽象行政行为的监督亦应当有所作为。

3. 行政司法行为

行政司法行为能否被纳入行政检察监督的范围，是学界较少讨论的问题。行政司法活动多指"一般行政组织"裁决行政纠纷以及与行政管理相关的民事纠纷的裁判活动，表现为行政复议行为、行政裁决行为、行政调解行为和行政仲裁行为四种。有学者认为，不同于行政主体参加行政诉讼，行政司法活动是一种执法行为，也要接受行政检察监督。[⑤] 笔者认为，根据检察权的特性，对上述行政司法行为，行政相对人应当首先考虑行政复议或者行政诉讼的救济方式，在穷尽其他救济途径后才可以申请检察机关进行监督。

有学者认为，行政公益诉讼诉前程序就是一种限缩了监督范围的行政违法行为检察监督机制。检察机关提起公益诉讼必须经过诉前程序，因此行政公益诉讼诉前程序是对造成公益损失的行政违法行为进行监督的法定程序。[⑥] 还有学者认为行政检察不包含行政公益诉讼，行政公益诉讼本质与刑事公诉相似，应归于公诉职能之扩张，或以公诉实现行政检察之效能。[⑦] 笔者认同第一种观点，因为实践中大部分行政公益诉讼案件都

---

① 江国华、王磊：《行政违法行为的检察监督》，载《财经法学》2022 年第 2 期。

② 肖中扬：《论新时代行政检察》，载《法学评论》2019 年第 1 期。

③ 秦前红：《两种"法律监督"的概念分野与行政检察监督之归位》，载《东方法学》2018 年第 1 期。

④ 肖中扬：《论新时代行政检察》，载《法学评论》2019 年第 1 期。

⑤ 秦前红：《两种"法律监督"的概念分野与行政检察监督之归位》，载《东方法学》2018 年第 1 期。

⑥ 刘艺：《行政检察与法治政府的耦合发展》，载《国家检察官学院学报》2020 年第 3 期。

⑦ 秦前红：《两种"法律监督"的概念分野与行政检察监督之归位》，载《东方法学》2018 年第 1 期。

没有进入起诉阶段，诉前审查程序与行政公益诉讼程序具有相继性，前者是行政检察监督，后者是提起诉讼，行政公益诉讼与行政违法检察监督存在职能交叉重合。因此，对于不属于公益诉讼领域或者虽属公益诉讼领域但不具备“公益”性质、“可诉性”的线索，公益诉讼检察部门可以移送至行政检察部门。从当下检察机关内部职能分工来看，行政公益诉讼已被纳入“公益诉讼”检察内容，且2021年出台的《人民检察院公益诉讼办案规则》已为公益诉讼办案提供依据和指引，本文对行政公益诉讼诉前程序不作重点论述。

（二）监督原则

1. 补充性原则

检察机关是行政执法监督体系中的一环，其他各项监督制度均各有其优势。检察监督是纠正行政违法行为，维护国家利益，社会公共利益或公民、法人、其他组织合法权益的最后一道防线。只有其他监督主体都不作为时，检察机关才应行使监督权。[①] 行政行为监督应坚持协同补充原则，尊重其他监督主体职权的行使和职能的发挥。

2. 谦抑性原则

谦抑性监督原则体现在监督范围的有限性、事后监督为主、不代替行政权等方面。行政执法行为的领域极其广泛，检察机关应当尊重行政执法权的专业性、技术性，防止检察权过分干涉甚至代替行政权。行政违法行为监督介入点应以违法或不作为的行政行为出现后为主，对公民权利将产生较大影响的执法活动，为防止出错，预防行政违法，有些可以在作出决定前介入。[②] 在新时代背景下，检察机关应以党中央一系列重大决策部署为依据，确定行政违法行为监督的重点领域。检察机关可遵循因地制宜的原则，结合本地实际情况，针对社会治理中的热点、难点、堵点问题，有组织、有计划地开展行政违法行为监督活动，助力提升依法行政水平和社会治理能力。[③]

二、行政违法行为监督理论基础及程序探索

（一）行政违法行为监督理论基础

1. 法律政策依据

《宪法》和《人民检察院组织法》规定检察机关是法律监督机关。检察机关以国家的名义对法律的实施和遵守进行监督。[④]《人民检察院组织法》第20条第8款将“法律

---

① 姜明安:《完善立法，推进检察机关对行政违法行为的监督》，载《检察日报》2016年3月7日，第3版。

② 应松年:《以行政检察监督推进法治政府建设》，载《人民检察》2021年第16期。

③ 杨春雷:《深入贯彻党中央全面深化行政检察监督新要求 探索推进行政违法行为监督》，载《人民检察》2021年第1期。

④ 石少侠:《论我国检察权的性质——定位于法律监督权的检察权》，载《法制与社会发展》2005年第3期。

规定的其他职权”作为检察机关享有职权的兜底条款，为今后在其他法律中明确规定行政违法行为监督埋下伏笔。2014年党的十八届四中全会通过《中共中央关于全面推进依法治国若干重大问题的决定》(以下简称《决定》)提出“检察机关在履行职责中发现行政机关违法行使职权或者不行使职权的行为，应该督促其纠正”，在政策上支持了检察机关开展行政违法行为监督。2021年《中共中央关于加强新时代检察机关法律监督工作的意见》(以下简称《意见》)重申了《决定》内容，对检察机关开展行政违法行为监督提出明确要求，解决了检察机关对能否开展监督的顾虑。①

2. 法理依据

检察机关作为宪法确定的法律监督机关，有权对行政权进行监督，防止权力滥用。但从目前法律规定来看，法律监督局限于诉讼监督，而行政违法行为大多没有体现在诉讼中，检察机关能否主动监督行政违法行为是需要回答的问题。检察权定位为法律监督权，应当把执法行为纳入监督范围，否则似乎与检察权的本质有所背离。② 有学者将检察监督客体“国家立法权之外的国家职权及其活动”，分为司法裁判活动和公共行政活动。对司法裁判活动进行诉讼监督，对公共行政活动进行行政检察监督，不能仅仅局限于以“诉讼监督”为核心的“狭义法律监督”，需要探索诉讼外的行政检察制度，对行政执法活动和一般规范性文件进行监督，凸显检察机关法律监督机关的宪法定位。③ 专家学者的论述为检察机关开展行政违法行为监督提供理论基础。

（二）行政违法行为监督程序探索

各地在行政违法行为监督探索过程中总结出的经验与问题对行政违法行为监督程序构建具有重要意义，结合当下全国各地做法，行政违法行为监督程序探索主要体现在三个方面。

1. 积极出台行政违法行为监督规范性文件

一方面，各地检察机关积极向当地党委、人大进行汇报，助推地方规范性文件、立法文件对检察机关行政违法行为监督作出明确规定。④ 例如，山东省日照市岚山区委印发《关于支持区人民检察院依法开展行政违法行为监督工作的意见》，全方位支持检察机关法律监督工作。H省S市X区检察院推动区委出台《关于加强检察机关对行政执法法律监督实施意见》(2022年)，重点解决检察建议刚性不足，法律监督虚化等问题。另一方面，也有各地检察院出台规范性文件，例如H省检察机关制定《开展行政违法行为监督工作的意见》(2022年)，细化线索来源、监督范围、办案程序等事项。J省

---

① 杨春雷:《深入贯彻党中央全面深化行政检察监督新要求 探索推进行政违法行为监督》，载《人民检察》2021年第1期。

② 韩永红:《我国法律体系中的行政检察监督权》，载《广东行政学院学报》2014年第2期。

③ 秦前红:《两种“法律监督”的概念分野与行政检察监督之归位》，载《东方法学》2018年第1期。

④ 冯孝科、黄琛:《行政违法行为检察监督的探索与展望》，载《中国检察官》2022年第1期。

《通化市行政执法检察监督暂行规定》，列举了检察机关的监督内容等。

2. 在涉及公共利益的多领域开展监督工作

检察机关重点围绕环境污染、食品卫生、公共安全、土地管理等涉及国家利益和社会公共利益领域中的行政违法行为，办理一批行政违法行为监督案件。例如，J省C市检察院与C市国土局联合开展追缴土地出让金专项活动，有效地收缴25亿余元的土地出让金。[①] G省Z市检察机关积极参与社会治理，开展涉住建领域竣工验收备案专项行政检察监督，督促住建部门开展建设项目竣工验收备案专项检查整治，推动省住建厅在全省范围内对建设工程竣工验收不规范行为进行专项整治，并助推相关配套制度机制出台。[②]

3. 依托反向衔接机制开展行政违法行为监督

通过行政执法和刑事司法反向衔接，检察机关可以及时将行政处罚案件转交给相应部门，督促落实行政处罚，从而更好地监督行政机关的行为。此外，反向衔接机制可以为检察机关提供行政违法行为监督线索，实际上包含了行政违法行为监督的内容。[③] 2023年7月，最高人民检察院发布《关于推进行刑双向衔接和行政违法行为监督 构建检察监督与行政执法衔接制度的意见》，明确由行政检察部门牵头负责反向衔接工作，统筹推进行刑双向衔接和行政违法行为监督工作。在此之前全国已有部分地区依托行刑反向衔接机制深化行政违法行为监督，例如，B市检察院以医生、教师、法律服务等特定行业从业人员涉刑为抓手，与B市教委、卫健委、司法局等进行数据共享，筛查涉刑人员处罚、处分不到位的线索，移送给行政机关进行处理，建构特定行业从业禁止处罚（处分）法律监督模型。

（三）珠海市香洲区行政违法行为监督探索

行政违法行为监督是基层检察机关行政检察案件重要增长点，为基层检察机关做实行政检察提供重大机遇。香洲区检察院对行政违法行为监督程序进行了有益探索。

1. 建立快速办案流程

随着政府法治建设不断完善，严重的行政违法行为占比日益降低，行政机关“程序性”“缺位型”违法履职逐渐成为影响人民群众切身利益的多发领域，Z市X区检察院面对大量行政部门“轻、小、危、急”事件的履职错位、缺位问题，初步建立了一套问题导向、快速反应、精准监督、法治提升的法律监督办案模式。香洲区检察院从检察办案业务数据、12345热线信息中进行数据筛查，发现行政机关违法履职和不履职线索，建立“‘案件表格化审查机制’+‘检察建议简易化模板’+‘整改措施具体化指引’”的

---

① 董鹏宇：《长春市检察院发挥行政监督职能：追缴清欠国有土地出让金》，载《吉林日报》2018年9月8日。

② 王磊、张玲：《涉住建领域行政诉讼监督案件办理方式与启示》，载《中国检察官》2023年第8期。

③ 张相军：《统筹推进行刑双向衔接和行政违法行为监督》，载《人民检察》2023年第11期。

快速办案流程，将重点聚焦于具体违法事项，推进相关问题的高效解决。

2. 监督方式以制发检察建议为主，探索运用专题分析报告制度

经统计2020年至2023年10月，Z市X区行政违法行为监督案件87件，发出检察建议34份，采纳率为100%。近3年行政违法行为监督案件办理数量呈稳步上升的趋势，尤其是2021年增长幅度达到240%。行政违法领域主要集中在住建、市场监管、交通运输三大领域。经过分析办案情况发现如下一些特性：第一，从启动程序来看，大多是在履职中发现线索依职权启动监督；第二，从涉及违法情形来看，以行政机关怠于履行法定职责为主；第三，从涉及行政机关来看，行政违法行为监督案件所涉及的领域较广、部门较多；第四，从案件结案方式来看，主要为向行政机关发出检察建议、探索运用专题分析报告制度，例如，针对工程建设施工安全监管问题，制作专题分析报告督促相关单位对建筑业企业、工程监理企业冒用建造师、监理工程师资质等相关问题进行核查监管。

三、行政违法行为监督程序构建的必要性

检察机关充分发挥宪法赋予的法律监督职能，必须以完善的程序法律作为保障。为充分发挥检察监督职能，达到监督目的，构建行政违法行为检察监督程序尤为重要。

（一）基于行政违法行为监督程序价值分析

1. 程序工具主义

法律上实体性的目标追求只有被装置于程序性的逻辑框架中时，才能真正体现出其实践意义。[①] 程序工具性价值体现为其使得行政违法行为检察监督具有可操作性和有利于实现公正的监督结果。要实现党和国家政策对行政违法行为监督提出的要求，促进依法行政，需要解决检察机关监督范围、如何监督等问题。只有构建出有科学规范的监督程序，为行政违法行为监督实践提供准则和指南，检察监督才能发挥应有的作用。

2. 程序本位主义

行政违法行为监督程序也具有其自身的内在价值，其内在价值则体现为正义、人道、法治和效率。程序性是检察监督权的特点，该项权力具有有限性和非终局性。程序性这一特点，要求检察机关严守法律监督者的身份地位，切实遵守法律规定的监督条件、程序和方式。同时，为保证监督的实效性，也要围绕程序性特点，确立检察监督效力的“应有”标准，通过立法细化，完善监督程序，而不是脱离程序性的限制，盲目要求增加实体处分权。[②]

① 谢晖：《论法律程序的实践价值（上）》，载《北京行政学院学报》2005年第1期。

② 周理松：《论检察监督的程序性与实效性》，载《人民检察》2001年第6期。

（二）基于行政违法行为监督实践困境分析

1. 开展行政违法行为检察监督的法律依据不足

当前，行政违法行为检察监督总体尚处于“政策开路”阶段，司法实践中则以摸索创新、积累经验为特征，从根本原因来说，在于与该项制度有关的法律法规尚不健全、不完善，在法律层面甚至可说是空白，导致检察机关开展实际监督工作尚“无法可依，无章可循”。[①] 由于缺乏全面、直接的法律法规依据，检察机关无法对行政违法行为进行有效监督。

2. 各地办案指引不统一，监督程序不够明确

目前各地出台的办案规范对本地行政违法行为监督规定各有不同。有的规定了详细的办案程序，例如S省D市检察院制定的《德阳市检察机关行政违法行为检察监督工作办法（试行）》清晰地设置了受理、审查等程序。H省检察机关制定《开展行政违法行为监督工作的意见》（2022年），细化线索来源、监督范围、办案程序等事项。[②] 也有的地方规定比较概括，如S省M县制定的《关于加强行政检察与行政执法监督衔接工作的实施办法（试行）》共13条，支持了检察机关行政违法行为监督，但并未就办案流程、监督程序作出具体说明。[③] 上述规定大多是检察机关内部文件，无法上升到法律高度，且未有统一的标准，不具有普适性。

四、行政违法行为监督程序设计

“程序”是按照一定的方式、步骤、时间和顺序作出决定的过程。[④] 因此，构建行政违法行为监督程序应符合法律程序的一般规定并结合实际进行。结合检察机关办案实际，笔者认为，行政违法行为监督程序可分为受理、审查、作出决定等环节。

（一）办案流程

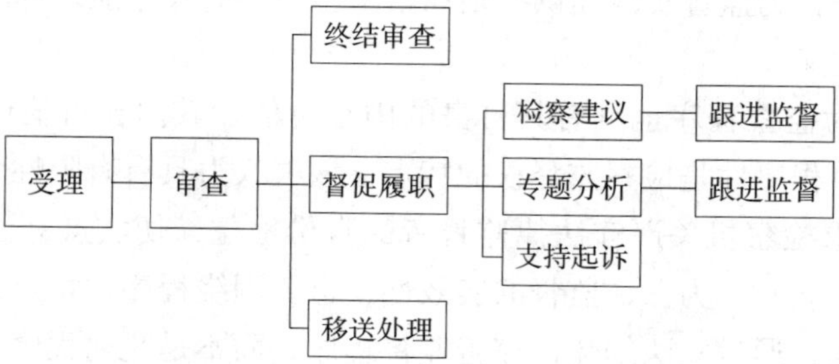

① 孙坐堂、陶艳华：《行政违法行为检察监督工作理论与实践研究》，载《法制与社会》2018年第14期。

② 《行政违法行为检察监督工作办法（试行）》，德阳市人民检察院发。

③ 茂县人民检察院《关于印发〈关于加强行政检察与行政执法监督衔接工作的实施办法〉的通知》，载茂县人民检察院官网，http：//scmxrmjcy.gov.cn/html/tongzhigonggao/202207116604.html。

④ 谢玉美、刘为勇：《行政违法行为检察监督程序论》，载《行政法学研究》2017年第1期。

（二）程序设计

1. 受理

（1）线索来源。行政违法检察监督要求“在履行法律监督职责中发现”，根据党中央《决定》《意见》的有关表述，需准确全面地把握“履职中发现”的含义。这既是对线索渠道的规定，也体现了监督的限度，具有双重价值。[①] 一方面要求检察机关不能脱离检察活动发现行政违法行为监督线索，防止监督范围盲目扩大，避免权力过度扩张；另一方面体现检察机关主动性，依法依职权进行监督。应当明确的是，“履行职责中发现”是指检察机关作为一个整体在履行全部法律监督职责中发现，不仅包括在履行行政检察职责中发现，也包括在履行刑事检察、民事检察、公益诉讼检察等职责中发现。因此，“履职中发现”具体可包括如下方面：①自然人、法人和非法人组织向人民检察院控告、举报的；②人民检察院在办案中发现的；③行政执法信息共享平台上发现的；④国家机关、社会团体、人大代表、政协委员等转交的；⑤其他在履行法律监督职责中发现。

（2）受理条件。对于发现的线索只能称之为案源，能否成为案件需要检察机关发挥主动性进行线索研判，避免沦为信访机构。行政违法行为监督受理条件为：①行政主体在执法活动中可能存在违法行使职权或者不行使职权情形；②国家利益、社会公共利益或者利害关系人合法权益可能受到严重损害；③无法通过行政复议、行政诉讼等法律程序处理。

2. 审查

（1）繁简分流。在依法治国的背景下，法治政府建设不断完善，严重的行政违法行为占比日益降低，行政机关“程序性”“缺位型”违法履职日益成为影响人民群众切身利益的多发领域，面对大量行政部门轻微违法问题，行政违法行为监督应实行繁简分流，繁案精办、简案快办，提高办案效率，可建立“‘案件表格化审查机制’+‘检察建议简易化模板’+‘整改措施具体化指引’”的快速办案流程。

（2）调查核实。检察机关审查行政违法行为监督案件进行调查核实，可依照《人民检察院公益诉讼办案规则》第二章第二节“调查”中的相关规定进行。检察机关在发现的违法行政行为线索时，应当有权调阅行政执法卷宗。当前检察机关主要通过协商、联签文件等方式获取阅卷权。除书面调查外，检察机关应全面听取行政主体、行政相对人和利害关系人的意见，以查明案件事实。

3. 决定

（1）监督方式。根据《意见》，当前已明确行政违法行为监督的主要方式为检察建议。为了解决当前行政违法行为的监督效力不强和手段较少的问题，检察机关应该积极探索创新，结合实际情况，采取多种有效的监督方式，以提高监督的质效。

---

① 江国华、王磊：《行政违法行为的检察监督》，载《财经法学》2022 年第 2 期。

①制发检察建议。由于在2018年通过的《人民检察院检察建议工作规定》中，行政违法检察监督没有独立检察建议类型，实践中大多使用社会治理检察建议。但社会治理检察建议指向普遍性、倾向性违法背后的制度缺漏，制发程序较为严格，需要通过检察机关法律政策研究室、上级业务部门审核，而行政违法行为监督大多涉及的是具体行政行为本身，如前所述，行政违法行为监督简易案件要实现检察建议简易化模板，社会治理检察建议就不再适应，需要单独的检察建议类型。对于个案中行政机关行政违法和不作为，检察机关可以发出检察建议；对行政机关在多起同类行政行为中存在违法或不行使职权等情形的，可以发出类案检察建议；对行政执法活动存在普遍性、倾向性问题的，可以发出社会治理类检察建议，督促相关行政机关改进工作。

②建立年度报告、专题分析制度。《人民检察院行政诉讼监督规则》第121条规定人民检察院办理行政诉讼监督案件，可以对行政诉讼监督情况进行年度或者专题分析，向人民法院、行政机关通报，向党委、人大报告。[①] 实践中，各地检察机关也对专题报告制度进行了有益探索。对行政违法行为监督情况可以进行专题分析，指出行政机关存在的普遍性、苗头性、倾向性问题或者某方面特点、趋势，及时向政府通报、抄送纪检监察机关，并向党委、人大报告相关工作开展情况，促进依法行政和法治政府建设。

③规范性文件的附带审查。如前所述，部分行政违法行为是根源于规范性文件本身的瑕疵漏洞，行政违法检察监督的对象应当包括规章以下规范性文件合法性的审查。检察机关在办理行政违法行为监督案件中发现规范性文件与上位法相冲突的，可提请制定机关修改和纠正。

④支持起诉。《民事诉讼法》第15条规定："机关、社会团体、企业事业单位对损害国家、集体或者个人民事权益的行为，可以支持受损害的单位或者个人向人民法院起诉。"支持起诉对保护当事人诉讼权利和平衡当事人诉讼能力具有重要意义。检察机关已经初步建立起了民事检察支持起诉制度，并在实践中取得了较好成效。因此，也可以考虑在行政检察监督中探索支持起诉的方式。虽然《行政诉讼法》对支持起诉无明文规定，但根据该法第十章"附则"第101条可准用《民事诉讼法》的相关规定，检察机关可探索开展行政支持起诉工作。相对民事起诉而言，行政相对人更不愿意提起诉讼，也更难起诉，检察机关支持相关公民、有关组织起诉，为其畅通行政相对人司法救济渠道，从而能够有效督促行政机关依法行政。且从实践操作层面看，根据《民事诉讼法》相关规定，支持起诉规定较为原则，制约条件较少，检察机关可能遇到的

① 《人民检察院行政诉讼监督规则》第121条规定："人民检察院办理行政诉讼监督案件，可以对行政诉讼监督情况进行年度或者专题分析，向人民法院、行政机关通报，向党委、人大报告。通报、报告包括以下内容：（一）审判机关、行政机关存在的普遍性问题和突出问题；（二）审判机关、行政机关存在的苗头性、倾向性问题或者某方面问题的特点和趋势；（三）促进依法行政、公正司法的意见和建议；（四）认为需要通报、报告的其他情形。"

障碍较小。

（2）行刑反向衔接机制

《意见》对检察机关开展行政违法行为监督提出新要求，同时还强调“健全检察机关对决定不起诉的犯罪嫌疑人依法移送有关主管机关给予行政处罚、政务处分或者其他处分的制度”，从中央层面对行刑反向衔接机制加以明确。反向衔接涉及对案件是否需要行政处罚、行政处罚是否正确、执行是否到位、程序是否合法等一系列行政行为的审查判断，与行政检察职能高度契合。行政检察部门依托反向衔接机制开展行政违法行为监督，对于推动“四大检察”全面协调充分发展，完善中国特色法律监督体系具有现实意义。① 对于检察机关向行政执法机关移送行政处罚案件，行政机关后续的执法行为属于行政违法行为监督的范围，检察机关在督促履职或跟进监督过程中发现行政机关违法行使职权或不行使职权的，可以制发检察建议等督促其纠正。

4. 跟进监督

检察建议作为检察机关重要的监督手段，仅有督促、提醒的功能，没有强制性，监督的效果依赖于行政机关配合，当行政机关不履职或者纠正违法行为时，检察机关跟进监督需要采取有力措施，确保行政违法行为监督落到实处。

一是多方参与的会商机制。加强与行政机关交流沟通，以圆桌会议、磋商会、现场监督等具体形式，督促行政机关强化整改，落实检察建议。二是提请上级检察机关监督。由上级检察机关向同级行政机关提出监督建议，督促其及时履行、纠正行政违法行为。三是移送涉嫌犯罪线索。检察机关在办案中发现行政机关及其工作人员在行政执法活动中有贪污贿赂、徇私舞弊、渎职侵权等职务犯罪案件线索时，及时向有关部门移送。

结语

行政违法行为监督拓展了行政检察监督范围，对于促进依法行政，推进法治政府建设具有重要意义。《意见》明确提出，可以采取给违法的行政机关制发检察建议的方式来督促行政机关纠正违法行为，拓展了行政检察监督的范围，为行政违法行为检察监督程序的构建提供了依据。程序是法律的生命，只有将实体内容融入程序框架内，才能赋予实体内容真正的法律效力。我们应当结合实际，探索构建行政违法行为检察监督程序，保证检察监督发挥实效。在实施检察监督程序制度时要注重监督范围的有限性，遵循补充性原则、谦抑性原则。从检察机关开展的行政违法行为监督实践中总结经验，从审查、受理、决定、跟进监督等环节构建行政违法行为监督程序，完善办案流程、监督方式。未来，要在探索中加强对行政违法行为监督的顶层设计，尽快制定出行政违法行为检察监督的细化规则。

---

① 张相军:《统筹推进行刑双向衔接和行政违法行为监督》，载《人民检察》2023 年第 11 期。

国企管理人员滥用职权犯罪疑难问题研究

高智慧　张　颖　李思杰*

摘　要　国企管理人员滥用职权犯罪破坏公司、企业管理秩序，造成国家利益重大损失，司法实践中在打击治理该类犯罪方面，存在法律适用疑难问题。本文将国有公司、企业管理人员渎职犯罪相关疑难问题作为研究对象，围绕国有公司、企业管理人员滥用职权犯罪，从犯罪构成、司法认定进行分析探讨，结合实务案例展开研究，主要从犯罪主体、行为与因果关系的认定问题入手，着重探讨实践中反映突出、争议较大的法律适用问题，以期厘清争议，统一法律适用，精准打击国有企业管理人员渎职犯罪，将正风肃纪反腐与深化改革、完善制度、促进治理相互贯通，有效推进社会治理，推动经济健康发展。

关键词　国企管理人员　滥用职权犯罪　主体界定　因果关系认定

一、国企管理人员滥用职权犯罪背景综述

（一）相关情况

依照《2011 年度中国企业家犯罪报告》的统计，2011 年共有 56 起贪污案件予以初步调查或拟定判决，累计的贪污总额飙升至 199.468 亿元，每宗案件的平均贪污金额大幅提升至 3380.82 万元。反观 2013 年 12 月 1 日至 2018 年 11 月 30 日期间的《企业家刑事风险分析报告（2014—2018）》所示，刑事判决案例中，国企企业家的犯罪次数达到 1375 次，约占全部企业家犯罪的 15.34%。期间，国企企业家最常见的五种罪名分别为：受贿罪（占比 35.01% 或 481 次）、贪污罪（占比 24.60% 或 338 次）、挪用公款罪（占比 10.63% 或 146 次）、私分国有资产罪（占比 4.88% 或 67 次）及职务侵占罪（占比 3.49% 或 48 次）。这五项罪名的犯罪次数总和超过了国企企业家五年之间的犯罪总和的 70%。

* 高智慧，广东省珠海市金湾区人民检察院党组成员、副检察长；张颖，广东省珠海市金湾区人民检察院第二检察部主任、一级检察官；李思杰，广东省珠海市金湾区人民检察院五级检察官助理。

（二）主要特征及危害

近年来，国企管理人员滥用职权犯罪呈现出犯罪主体特殊、犯罪手段多样、群体性特征严重、行业性特征明显、大案要案居多等特点，一定程度上加大了打击治理的难度。

首先，犯罪主体主要特点是学历高。高学历是国企管理人员任职的条件和优势，也容易成为他们利用专业知识和技能实施犯罪、规避侦查的工具和手段。

其次，此类案件往往存在涉及金额庞大，犯罪主体具有较高的社会知名度，或者案件牵扯面广等因素，较一般的刑事案件影响面更大，社会关注度更高。施某某，原系中国移动通信集团党组成员与人力资源部的总经理，于2011年的6月份被判处死刑缓期执行，所涉贿赂数额为506万元。同年11月，河北某集团的董事长黄某某因同类罪行被判处死刑缓期执行，并且其涉及的贿赂金额达到了2023多万元，诸如此类的例子还有很多。

另外，国有企业的职务犯罪更加明显地体现了行业差异。目前，国有企业的职务犯罪时有发生，主要出现在两大分类的行业或单位中：一种是拥有垄断或者部分垄断地位的行业，例如石油化工、烟草业、铁路运输、电信电力等；另一种是涉足广泛的领域，如设备建筑、交通运输等。这些行业往往拥有一定的行政权力，上游资源配置的行政优势和下游市场化竞争同时并存，使得这些重点领域企业成为许多人眼中的“唐僧肉”，而掌握这些资源或权力的国企高管自然成为多方争取的“香饽饽”，为权力寻租等腐败行为提供了土壤。这样一来，极少数国企高管的精力并没有放在如何提高自身企业的核心竞争力上，而是挖空心思寻找所谓的“发财之道”，以及过度依靠政府的保护及支持，从而获取超额的利润。

国企管理人员在实施滥用职权犯罪时，部分会结成利益共同体，以权力为依托，拉帮结派，内外勾结，分别利用各自的职权，分工协作，共同作案，犯罪活动因而呈现整体特性和整体效应。许多国有企业处于具有垄断利益的行业中，基于国家政策的推动和企业的资金实力，犯罪者能利用自身权力，配合企业的资金力量，用一系列策略来诱惑并贿赂中层以上的员工，形成一种利益共享的体系。这种形式的腐败要么难以揭示，要么在被揭示时已造成大规模的破坏。

随着科技进步和经营模式的发展变化，国企管理人员滥用职权犯罪的手段和形式也越发多样化、隐蔽化、电子化。初期国企财物的非法占用情况现已逐步被掌控，取而代之的是国有财产的流动。犯罪目标不仅限于传统意义上的物质财产，而是开始涉足到企业债务、股权收益、知识产权、有价证券等各种财产权益，从占用物品进化到对资本积累、权力变现等财产利益的扩散。

国企管理人员滥用职权犯罪致使国有资产大量流失，破坏公司、企业管理秩序，造成国家利益重大损失，打击人民群众对市场经济和国有企业的信心，因此必须加强对该类犯罪的精准打击和有效治理。

（三）主要办理难点

一是主体界定问题，如何正确界定犯罪主体，根据身份认定、依据职务认定还是综合考量身份及职务；二是行为认定问题，如何准确理解滥用职权的行为，包括擅自超越职权和不正确行使职权的行为，如何正确划分指挥、安排者和具体实施者之间的权责，确定责任归属；三是侵害结果和因果关系认定问题，追诉起点所要求的“财产损失”应如何认定，“债权无法实现”应如何认定，因果关系归属如何认定。

二、犯罪主体

（一）疑难点

国企管理人员滥用职权犯罪的行为通常是基于其特殊身份所实施的，发生在其履行职务的过程中，与国企管理人员的身份和职务密不可分。那么，国企管理人员滥用职权犯罪的主体认定依据，究竟是以身份论、以职务论，还是采取身份与职务综合论?

以往刑法学、犯罪学的学术著作及论文更多地将国企职务犯罪的犯罪主体作为一个整体来进行论述。但国企的犯罪主体具有多元性的特点，其中包括领导人员、财务人员、供销采购人员、基建人员等等，每一类主体都有自身的特点，具备不同的权责，对企业会造成不同程度、不同方面的影响。

由于本文的研究对象指代性范围较为狭隘，要想准确分析这一犯罪出现的原因，首先要对该类人员的主体特征进行探究，了解该类管理人员相较于传统意义上的国家工作人员所具有的不同性，并以此作为研究国企管理人员滥用职权犯罪主体界定的参考依据。

国企管理人员滥用职权犯罪的主体认定问题，若以身份论，则作为犯罪主体的国企管理人员必须具有国企管理人员的资格身份，即犯罪主体必须经过一定的选拔和任用程序，切实具备国企管理人员的具体职位、层次、头衔。如果从职务的角度来看，应该根据他们是否参与了国企的管理工作来确定是否将其视为国企管理人员，也就是说，需要依据他们实际的工作内容、工作的性质和责任权限来确认其主体性质，而非仅考虑其是否持有国企管理人员的身份资质。

（二）观点综述

国企高管是国有公司中从事公务的人员，属于国家工作人员范畴，享有国家所赋予的相应职务，对国企履行经营管理的职权，其行为应当对国有企业负责。但他们与传统意义上的“公务员”有较大不同，因为他们除不享受公务员的薪酬待遇外，其职能管理亦有差别。国企高管也不是职业经理人。[1] 改革开放以来形成的国企高管双重任命体制，将薪酬与级别挂钩，以便国家对国企高管实施有效地监督和管理。国有企业比照政府行

---

① 吴春波:《国企高管与职业经理人》，载中国企业家网，http：//www.iceo.com.cn/guanli/110/2011/ 0816/227469.shtml。

政部门实行的职务等级工资制度，使得国企高管不仅能够分享企业的经营成果，同时还具有一定行政级别。[①]

三、犯罪行为

（一）疑难点

当前我国的刑法对于滥用职权行为的国有企业管理者有明确的法律条文，这些规定意在保护以下方面的法益：维护社会主义市场经济的法规秩序，确保公司与企业的正常运营，保证国有企业人员的清廉、公正，维护其合法、公正和有效执行公务。犯罪就是对以上法益的侵犯，接下来将介绍的犯罪是以危害行为为主要犯罪构成元素的犯罪类型。

刑法条文对国企管理人员滥用职权犯罪的行为规定，常见用语为“利用职务便利”“滥用职权”，但法律法规和相关司法解释尚未对“滥用职权”作具体界定，“滥用职权”的具体表现是什么，滥用职权的犯罪行为包含哪些内容尚无定论。准确理解滥用职权的行为，包括准确理解擅自超越职权和不正确行使职权的行为，以及正确划分指挥、安排者和具体实施者之间的权责，确定责任归属问题。

由律师王荣利编制的《2011年中国企业家犯罪报告》揭示，在2011年，有199名国有企业管理层涉嫌刑事犯罪，其中88人犯罪或者涉嫌犯罪。在76名已基本确定犯罪罪名的国有企业人员中，至少有122项罪名被判定，平均每人被判定1.61种罪名。前三位的罪行是受贿罪（45人）、贪污罪（24人）和挪用公款罪（11人），这都是职务犯罪的典型案例。

（二）观点综述

关于犯罪行为，有以下几种行为理论，这些理论有各自的意义和局限性：

在因果行为论的观点下，行为被视为一种因果关系存在的事实，像是一个生理或物理过程的展现，它包括了自然行为论和有意行为说这两种主张。其中，自然行为论主张行为是肉体的外在动作，无论这种动作是不是受到意识的支配，也不论被什么样的意识所支配。这种观点无法有效排除无罪的状况。与此同时，有意行为说则认为，行为是一个人在意识控制下的外在行为表现出的因果关系现象，在一定程度上实现了行为概念的多种功能。但此理论也只强调行为应有意识，并未解释具体的意识内容，这样使得意识与其内容分隔，导致意识只是一个空洞和抽象的概念，且无法清晰解释因为粗心大意造成的不作为行为，使得行为概念的边界功能难以充分发挥。

社会行为理论主张，在刑法层面上，只有那些具备社会性质的人类实体活动才被视为行为。据此理论，行为被诠释成一种价值联系，所以这涉及了作为和不作为的含义。

---

① 张艳蕊:《中国特色的“类公务员”》，载企业报道网，http：//www.ceccen.com/html。

然而，社会行为理论却忽视了一些对刑法判断无意义的情况，例如不可抵抗的力量，或者仅仅是反射性的动作，这些也可能带有社会意象。因此，社会行为理论在划定界限上存在缺陷。①

人格行为论认为，行为是行为人的人格表现。但人格如何定义、用刑法评价人格是否恰当、因疏忽大意的过失导致的不作为犯是不是人格的表现等问题，都存在疑问。

消极的行为理论，是指那些本可以规避后果但没做到规避后果的行为。其讨论的重点是将结果归责于行为人的问题，并未说明具体什么是行为。

按照目的行为论，人们的行为是出于达成自我设定的目标而进行的操作。这种目标导向性是行为的根本构成要素，表现在人们根据对因果关联的理解，在一定的边界内预计自己的行为可能会带来一定的效果，进而设定目标、选择方案，为了达成这些目标而采取行动。目的行为论将法律的评议、价值评判与被评判的事件在一起进行对比。在刑法领域，行为包含于事实中，事实作为被评价的对象，违法性与有责性是对事实的刑法评价或者价值判断。因此，根据目的行为论，故意行为与过失行为具有根本区别，对法秩序的侵害程度明显不同。将故意从责任转移到违法中作为违法要素，便成为目的论的一个最重要的体系性结论。② 此外，目的论也为共犯理论中的行为支配论提供了一定的理论依据。目的行为理论的局限性表现在无法透彻阐述过失行为和不作为。

刑法中所指的行为是行为发起者进行的事实上对法益构成侵害的肉体行动。这一定义实际上是上述自然行为论与社会行为论的结合。因此，可以归纳出行为的两大核心属性：首要一点，行为客观上为人的肉体行动，涵盖了被动行动和主动行动。消极活动是指行为人没有实施有义务实施的行为，积极活动是指行为人实施了法律所禁止的行为。再者，关键的行为实质在于，这一行为必须在客观上对法律权益构成侵害，也就是说，行为本身需具有引发结果的风险性。③

一种观念提出，结合刑法领域和犯罪学领域对职务犯罪的定义，可以把国有企业管理人员的职务犯罪定义为“在国有企业中，执行组织、主导、审查、管理任务的人员，利用其职务带来的优势，或滥用权力，或未按规定执行职责，违反其职责要求，破坏企业的正常运营，从而导致国家、社会和人民利益遭受巨大损失的行为”。其中包括刑法所规定的“贪污受贿罪”和“失职罪”这二大类罪行。④ 渎职罪的构成要件行为是各种渎职行为。有些行为表现出对职权的滥用，也就是说非法地超出或者操纵职权；而另有一些则显示出对职责的失职，不去执行或不恰当地执行应执行的责任。一部分的渎职行为并不直接导致侵害的结果，但显露出国家公务人员违法执行，或者命令、暗示、强

① 张明楷：《刑法学（上）》（第六版），法律出版社 2021 年版，第 184 页。
② 张明楷：《刑法学（上）》（第六版），法律出版社 2021 年版，第 185 页。
③ 张明楷：《刑法学（上）》（第六版），法律出版社 2021 年版，第 186 页。
④ 陈柳眉：《国企高管职务犯罪问题研究》，华东政法大学 2012 年硕士学位论文。

制、纵容其他国家公务人员违法执行或是不执行职责。[①]

为深入理解和准确认定国企管理人员滥用职权犯罪的犯罪行为法律适用问题，可以先从了解国企管理人员滥用职权犯罪的方式类型入手。综合理论界的观点和实务中的案例，国企管理人员滥用职权的行为主要有以下几种：

1. 违规职务消费。国企领导人员的职务消费，是指由于担任企业领导职务，掌握一定权力，在履行管理职能过程中发生的个人消费。[②] 职务消费制度规范和透明度的欠缺，其内容、范围和标准缺乏合理性和明确性，给部分国企管理人员提供了可乘之机，使其得以利用职务上的便利，钻企业财务管理漏洞，借为企业谋利之名，行贪污腐败之实，超标准、超规格地攫取企业利益，以满足个人私欲。但是，有必要把正常的职务消费行为同超出限度甚至是腐败消费加以明确的区分。[③] 为满足经营管理的需要，必要的开支属于正常的职务消费范畴，是合乎法律法规的行为，是企业运作必须付出的成本。

2. 通过国企改制的漏洞所实施的违法行为。国有企业改制，本意是通过将国有企业通过多种改革方式，改制为其他性质的企业，从而提高效率、提升技术，改变体制弊端，更好地适应社会主义市场经济需求。部分国企管理人员借着国企改制时期管理秩序较松散、监督审计较薄弱、惩处渎职失职较失当，转移企业资产、截留企业债权、低价评估国有资产，以变相侵吞、挪用公款，为个人购买法人股，或集体私分国有资产、做假账转移还贷和纳税负担。上述行为直接侵害了国家财产所有权，同时也侵害了国企管理人员作为国家工作人员的职务廉洁性。由于犯罪手段不同，触犯的罪名也有所差异，主要涉及刑法中第五、第八和第九章的罪名。

3. 滥用职权的行为。根据我国刑法，对于国营企业管理者滥用职权犯罪的情况，第26到29条明确划分了四种共同犯罪人员类型：主犯、从犯、胁从犯和教唆犯。根据第26条，主犯应根据刑法的分则条款来定罪和处罚。在共同犯罪的情况下，那些发挥了组织和引导作用的人，将承担该团队涉及的所有犯罪的惩处。此外，依据第27和28条，从犯包括只有助手行为的帮凶和在总体犯罪中担任辅助角色但实施了部分构成条件的参与者，以及不构成共谋犯的教唆犯和被迫参加犯罪的胁从犯。

四、因果关系

（一）疑难点

如何准确认定侵害结果，特别是追诉起点所要求的“财产损失”应如何认定，是指立案时已经造成的实际损失，还是说包括为挽回损失的各种支出？对于立案后持续发生的损失是否应当计入？如何认定“债权无法实现”等实务中经常出现发生认定分

① 张明楷：《刑法学（下）》（第六版），法律出版社2021年版，第1630页。
② 郭济兴、赵传海：《试析国有企业经营管理者职务消费》，载《经济经纬》2002年第6期。
③ 陈柳眉：《国企高管职务犯罪问题研究》，华东政法大学2012年硕士学位论文。

歧的情形？

国企管理人员滥用职权犯罪属于结果犯，对于结果犯，需要根据不同的犯罪类型判断因果关系与结果归属。假如构成犯罪要件的元素相对明了、清晰，或者刑法的设定相对细致，或者经过释义使构成犯罪要件的元素变得明了、清晰，那么就能通过匹配具体成分的依据来确定因果联系和结果归属问题。但是，国企管理人员滥用职权犯罪的实行行为缺乏定型性，难以通过具体的构成要件符合性来直接认定因果关系与结果归属问题。渎职罪的因果关系较一般犯罪案件更为复杂，往往多因一果，如何确实认定因果关系归属，采条件说还是相当说等需要在理论和解释中予以明确，从而合理划定入罪的范围，防止不当扩大或缩小处罚范围问题。

（二）观点综述

在处理非实体性伤害结果的犯罪的时候，评估其侵权效果需依赖于实事求是且全面的鉴定和评定。在刑法许多规定中，都把实体损害视为此类型犯罪的关键要素，以防止过于扩张的惩罚规模。比如，《刑法》第 397 条规定职务犯罪的条文中，“致使公共财产、国家和人民利益遭受重大损失”，所指的损失广泛包括生命、身体、财物以及经济等各种损失。

因果关系与结果归属方面，有以下几种学说：

根据我国传统的理论观点，可以将因果关系划分为必然型和偶然型两大类。从必然因果关系的角度来看，假设有一操作行为能被视为导向有害结果的可信且合法的依据，并且这一依据真的造成了预想的损害，那么就可将行为与结果的联系视为因果关系。在做此类判定时，我们需结合当时的具体环境。然而，必然性的因果关联基本只被视为事实性的评价方式，它并没能与刑法目的以及构成条件的效力限制结合，进行规范化的判断。而偶然因果理论则持有不同看法，它认为，如果某一行为并无直接证据表明能致使不良后果，而是其他合法的元素间接导致了可预估的危害结果，那么就有理由确认行为与结果之间存在因果连接。我们不能将原因和条件完全割裂，此二者是需要相互影响才能得出结果的。[①] 但偶然因果关系说的判断方法还值得研究，基本上也是事实判断，缺乏规范判断。[②]

国外的因果关系学说有条件说、原因说、合法则的条件说、相当因果关系说、重要说、事实因果关系与法律因果关系说。

条件说认为，“如果没有行为，就没有结果”这样的条件关系存在时，行为就是结果的原因。在这里，所行动的限制仅在于进行的行为，所发生的结果则只源于现实的产物。然而，条件说的缺陷就在于其可能会无理地拓宽处罚的范围——在因果链条的演变过程中，存在着介入因素引发的结果，按照条件说的理念，那么前一行为仍需为这个结

① 李光灿、张文、龚明礼:《刑法因果关系论》，北京大学出版社 1986 年版，第 99 页。
② 张明楷:《刑法学（上）》（第六版），法律出版社 2021 年版，第 224 页。

果负责，这是不合逻辑的。所以如何正确界定进行的行为来防止条件说无理扩大行为的定义，也是一个问题。

原因说认为，在一个特定的规则下，那些能够引导结果发生的条件才会被选中作为原因，并且只有这个原因与其结果之间才存在有因果的关系。该理论的弊端是难以界定作为原因的条件的挑选标准，无法保证挑选条件的准确性，无法排除因果关系认定的随意性。

合法则的条件说认为，根据自然法则或者经验法则，行为能引起结果，则认为行为与结果之间具有因果关系。根据该理论，被害人的特殊体质导致伤亡、第三人的故意或过失的介入，均不中断因果关系。

在相当因果关系理论中，一般来说，行为和结果之间存在的关系是常规的，表明在日常生活中，特定行为通常导致特定结果，从而建立因果关系。然而，确定因果关系是否相当的判断通常涉及客观立场（以行为发生时的实际情况为基础）、主观立场（以行为者能够或可能得知的事实为依据），以及一种折中的观点（基于普通人能理解的和行为者特别了解的事实）。然而，相当因果关系理论的不足在于，它没有考虑到因果关系发展过程中可能出现的异常情况，且缺乏明确和具体的评判标准来决定何谓“相当”。而且，要将结果归属于行为，也不一定要求因果过程的通常性或相当性，在某些场合只要有一定程度的可能性就可以了。[①]

重要说在条件说判断因果关系的基础上，根据一定的标准判断是否应客观归责。该理论的不足在于仅仅将构成要件作为客观归责的标准。

在英美刑法中，评估因果关系采取两个阶段的方式：首先，对事实性的因果关系进行辨析，用条件性关系作为参考，并配合实际重要因素的准则进行补充（依照日常经验和常理来决定哪一个因素在结果发生中发挥了重大作用）；其次，要对法定的因果关系进行评断（即法律认定的个体对其所产生的后果应当承担的刑事责任的客观依据的因果性）。

在满足某些特定条件的基础上，只需进行规范性的评价，而无需满足上述结果归属的要求，就能把结果归属于对应的行为状况，这就是我们所说的缓和的结果归属，表现在判断因果归属的条件较为缓和，以及对此的刑事责任追究相对缓和。按照我国的刑法和司法解释的条款，对于缓和的结果归属，从判断罪名和量化刑罚的视角来看，可以分为如下四类：第一种是被视为构成较轻刑罚的基本条件，尽管行为人的行为导致了自杀，但是这个行为不被认为是涉嫌故意杀人罪的基本要素，行为人不需要承担故意杀人罪、过失杀人罪的刑事责任，那自杀的结果就被看作是轻罪的基本部分。第二种是作为从重处罚情节，司法解释规定的酌定从重处罚的情节，其中就有缓和的结果归属的情形。第三种是作为刑罚相对较轻的加重犯的加重结果，刑法条款设定了增加的立法刑

① ［日］井田良：《讲义刑法学·总论》，有斐阁2018年版，第137页。

罚，其增加程度并不与典型的结果加重犯的增加幅度完全相同，只是对刑罚的增加略带微调。第四种是作为刑罚较严重的加重犯的加重情节，刑法分则规定了大量的情节加重犯，并且确定了较高的增加刑罚的立法规定。

由于国企管理人员滥用职权犯罪与渎职罪在犯罪行为模式上有相似特点，在此探讨一下渎职罪的因果关系和结果归属问题。渎职罪的因果关系与结果归属具有自身的特点。首先，在因果关系的解读下，对于滥用职权、失职等渎职犯罪行为，我们需要采用条件性的立论。接着，从结果的归结角度看，由于通常会涉及第三方的介入，因此，需要考虑其介入行为的常态，以及国家公职人员对这些介入行为的监管职责的涵盖面。只要国家公职人员有责任监管第三方的介入行为，那么，一般来说，应将其介入行为导致的结果归咎于国家公职人员的失职行为。最后，因为公职失职导致的死伤事件，一般不以杀人、伤人相关罪名处理，而以渎职罪名处理，因此，减少了刑罚的严重性，所以，对于渎职罪的结果归属的判定标准应适当低于常规的杀人、伤人有关犯罪的结果归属的判定标准。

五、本文结论

（一）如何界定犯罪主体

根据刑法分则所述，涉及特定职务和国有企业管理者滥用职权的罪行中，涉及的角色包括：在国家任职的人员，属于国家所有的各类公司、企业、事业单位的工作人员，担任管理国有公司、企业、事业单位的人士，以及国有公司、企业或其高级管理部门的负责人，这些人都具有特殊的职务地位。

本文认为，国企管理人员滥用职权犯罪的主体认定问题的解决思路，可以参考国家工作人员的主体认定方法。对照《刑法》第 93 条的内容，我们可以明确在国营公司、企业工作，或被国营公司、企业派遣至非国营公司、企业工作的员工，都被视为国家公职人员。通过对刑法和法规的解读，我们可以看到，依法从事公职工作是被定义为国家公职人员的关键因素。“依照法律”中“法律”这个词在这里指的是广泛意义上的法律，其在本质上涵盖了人的职位、地位、职责以及公职行为等方面都应具备法律依据。“从事公务”，是指执行国家机构、公共机构或其他合法公共组织的事务。公务通常涉及大部分人甚至不特定多数对象的利益；公务也可以被理解为由国家组织或其他合法的公共机构或公共团体（比如国营公司，公共事业单位，人民团体等）组织或安排的各项事务。[①]

依据有关法律规定和法律实践，我们应当在识别国家工作人员时采取以公务论处的处理方式。任何由政府、国有企业、商业机构或公共机构推选、推荐、指定或批准，并在由国有经营或参与的公司及子公司中履行公务职责的人，都应被视为国家工作人员。

---

① 张明楷：《刑法学（上）》（第六版），法律出版社 2021 年版，第 173 页。

委任的具体机构和过程并不影响我们对国家工作人员身份的判断。在国有出资的企业中，凡是获得批准或决定，在负责管理和监督国有财产的机构中、国有参与或主导的公司及子公司中行使机构、领导、监管、管理业务的工作的人，也应一样视为国家工作人员。在国有出资的企业内，被认定为国家工作人员的个人，无论他们是否自持股份或同时受非国有股东委任，均不会影响他们被认定为国家工作人员。国有出资的企业包括国家投资的全资国有公司、全资国有事业单位，及国有资本主导或参与的公司。[①] 可见采取公务论认定的国家机关工作人员，该行为人从事公务必须源于国家机关、国有企业、人民团体等单位的指派、委任、请托等。

笔者认为，只要其实际从事的是公务，不论其是否系临时招聘的人员或者合同制人员，都应当认定为国家工作人员。反之，如果系行为人自行从事某种公共事务的，则不属于国家工作人员。另笔者以为国家工作人员的认定，不受行为人取得国家工作人员身份或者取得从事公务的资格的途径正当性影响。

另一方面，由于国家工作人员属于违法身份或非责任身份，因而需要与“利用职务上的便利”“滥用职权”等相关要素结合起来判断。[②]

综合以上认定国家工作人员的要素考虑，在界定国企管理人员滥用职权犯罪的犯罪主体时，本文倾向于采取以职务为主要判断依据，犯罪主体实际从事国企管理事务，其工作性质是以国企管理事务为核心、工作内容是国企管理事务的具体延展、职责权限是围绕着国企管理事务来划定，则可以认定犯罪主体属于国企管理人员。行为人从事国企管理事务的权力必须源于国家机关、国有企业、人民团体等单位的任命或委派，行为人取得国企管理人员身份或者取得从事国企管理事务的资格的途径是否正当，则不影响国企管理人员的认定。另一方面，由于国企管理人员属于违法身份，表明行为的法益侵犯性，而非责任身份，因而需要与“利用职务上的便利”“滥用职权”等相关要素结合起来判断。

本文认为，为适应经济形势发展和司法实践的需要，关于国有公司、企业中国家工作人员范围的规定，有必要作出进一步明确，在已明确的主体范围基础上，增加国有控股、参股公司、企业中承担管理职责的工作人员，以强化对企业国有资产的保护。

通过对刑法关于国企管理人员滥用职权犯罪相关条文的用语观察，国企管理人员滥用职权犯罪的有关规定中，存在一个鲜明的高频词——“利用职务便利”。因此，本文认为，在办理国企管理人员滥用职权犯罪案件时，在界定犯罪主体方面，应着重考虑犯罪主体的职务，主要以职务来定位犯罪主体的性质、职权、地位及责任。

---

① 2010年11月26日“两高”《关于办理国家出资企业中职务犯罪案件具体应用法律若干问题的意见》。

② 张明楷:《刑法学（上）》（第六版），法律出版社2021年版，第174页。

（二）如何理解犯罪行为

理论解决的是因果关系在刑法中如何以及根据哪些规范将具体的行为成果归入特定构成要件的问题。所以，明确行为的定义是判断因果关系的基础。从法规的视角来看，构成要件的行为是一种违法行为的形式。因此，在决定国有企业管理人员的行为是否构成滥用职权之前，我们需要先对行为进行分类。一般认为，滥用职权是指非法使用职责权限的行为，即在从事国家职能人员的职责事务中以行使权力的表面行为进行实际的、具体的非法或不适当的行为。①

2014 年至 2018 年，五大常见罪行都和过度或不当使用权力有紧密的关联，即主要是腐败犯罪。我国的刑法中，主要涉及了对滥用职权这一罪行的规定，尤其是第 168 条关于国有公司、企业、事业单位人员滥用职权的条款，以及第 397 条关于滥用职权的条款。据我国现行的《刑法》第 168 条的详细条文，如果国有公司、企业、事业单位的人员因过分疏忽或滥用职权，使国有企业破产或遭受重大损失，对国家利益形成重大损害，即触犯了滥用职权罪。该罪行属于社会主义市场经济秩序罪一章，主要是违反了国家市场经济管理规定，破坏社会主义市场经济秩序，对市场经济发展造成重大损失的行为。这一章的犯罪侵害了国家、社会以及市场参与者的经济利益，以情节严重、数额较大为构成要件要素是本罪的重要特点，大部分责任形态为故意。②

首先应当确定的是，公职人员对常规或法定的，以及因国家环境或当前状况及其他特定情况赋予的职责与权力的滥用，即滥用职权。须强调的是，滥权只是反映在行为表面，实则却是违法乃至不当，这本质上违背了职责的目标。根据司法实践，滥用职权主要表现在以下方面：一是越权行事，自主处理未被赋予权力的事项；二是恣意妄为，对问题进行任意决定或处理；三是故意不尽职，或是无端放弃职责；四是利用职权谋取私利，错误执行职责。滥用职权罪的性质是故意，涵盖了直接和间接故意，其中，犯罪者清楚自己滥权行为将导致国家公共机构法律公正和有效执行被损害的结果，却仍放任或期望此结果发生。至于“公共财产、国家和人民利益受重大损失”的后果，应当被视为客观超出范围的因素，无需将其视为行为者故意之认识与意愿。

国有企业管理者滥用职权犯罪的违法行为主要体现在滥用职权行为中，也就是说，他们通过非法途径执行职务行为，或为达成不正当目标而执行职务行为。根据行为理论及现行的法律解释，本文认为，滥用职权的行为包括积极活动和消极活动。积极活动指的是行为人实施了法律所禁止的行为，该行为具有导致结果发生的危险性，侵犯了刑法所保护的法益。个体在主观意识上必须清楚其行为已逾越了自身本应具备的，或由法律授予或接受的权利，或者清楚自己在没有依照法律进行行为，这就属于违背了法律规定而决定、处理那些其没有权力决定、处理的事件，或者在不遵守法律约束下不正确地进

① ［日］山口厚：《刑法各论》（第 2 版），有斐阁 2010 年版，第 607 页。
② 张明楷：《刑法学（下）》（第六版），法律出版社 2021 年版，第 943 页。

行公务活动。滥用职权行为的要素主要是积极的越权行为，而“违规”则是这种越权行为的核心特征，主要体现为：超出权限范围，独断专行，坚守错误决策，坚决执行违反规定或者违反公司章程的行为。[①] 消极活动指的是行为人未实施法律所要求的行为，或者法律赋予其职责和义务而其并未履行的行为，即故意不履行应当履行的职责。我们要求那些滥用职权，损害社会主义市场秩序或妨碍国家机构正常运行的国有企业管理者，必须承担起责任，但并不强制他们必须深入理解、期望或放纵那些已经被划定为可以受到制裁的具体的不正之举及影响。

此外，“利用职务便利”也是国企管理人员滥用职权犯罪一系列相关条文中出现的高频词，因此需要对此予以充分解释。通过运用岗位所带来的益处，也就是说，行为人基于他们特别的职位、权力以及地位，得以获得主管、管理、运营，以及经手公共资金或特定款物等优越性和便利条件，从而这些有利条件就成为其犯罪行为的基础或工具。

我国刑法对单位犯罪的处罚规定，常把“直接负责的主管人员和其他直接责任人员”作为处罚对象。在特定的国有企业管理人员滥用职权犯罪的情况里，如果出现前述规定，只有这两种类型的人才会受罚，其他参与单位犯罪的人，即便他们在事件中起到了一定作用，也会免于任何惩罚。处理单位共谋犯罪的方式，应遵循刑法总则对于共犯和单位犯罪的相关法律法规。对于单位共同犯罪，应根据每个参与者在共同犯罪中的实际行为和贡献度，明确判断为主犯、共同正犯和从犯，并以此为基础进行相应处罚；对于单位犯罪中的直接负责的主管人员与直接责任人员，也需要以同样的方式区别主犯、共同正犯和从犯，并使用不同的处罚规则进行处罚。[②]

应当认为，刑法与司法解释所称的主犯，包括正犯与共同正犯。如果行为人的教唆、命令或指挥，不仅引起了他人实施犯罪的意思，而且行为人对于如何实施犯罪进行了具体的出谋划策、组织安排，那么属于共谋共同正犯，应按照正犯处罚；起组织、领导作用的，则作为犯罪集团首要分子处理。

本文主张，有关国有企业管理人员集体滥用职权犯罪的案件中，具有组织、指挥角色的人员，需按照部分行为全部责任的原则，承担全部的犯罪责任，所有该案件相关的犯罪行为都需要他们负责。所有的犯罪行为包括以下几点：一是那些安排指挥者并未知晓，但其他成员仍在滥用职权的大框架下实行的罪行；二是其他成员超出最初确定的犯罪界限，首次实行其他犯罪，而指挥者默许或者同意之后，其它成员所实行的同类犯罪；三是在安排指挥者并未明晰划定具体的犯罪内容情况下，其他成员实行的，在安排指挥者指令范围内的犯罪；四是在安排指挥者发布指令后，其他成员因误会而犯罪，指挥者需在犯罪本质匹配的情况下承担责任；五是若安排指挥者策划的犯罪能轻易改变，

---

① 张小荷、侯军：《挪用公款罪与国有企业人员滥用职权罪适用辨析》，载《中国检察官》总第302期。

② 张明楷：《刑法学（上）》（第六版），法律出版社2021年版，第613页。

其他成员在执行过程中转变为更严重的罪行的；六是其他成员实行基础犯罪导致更严重结果的。至于具体执行犯罪的成员，需要综合评估他们在犯罪行为中的角色地位、参与程度、具体行为的形态以及对结果的影响等因素来决定他们的罪责和处罚。擅自超越职权的，承担超越职权所触犯罪名的刑事责任；不正确行使职权的，在各自职权范围内按照所触犯罪名追究刑事责任。

（三）如何认定因果关系

不同的犯罪有各自的特点，因此在司法实践中要注意此罪与彼罪的区别，准确合理界定。但有些不同的犯罪存在一些共性，可以综合考虑具有近似的构成要件的不同犯罪，以此罪的理论认知和办理成果，推动彼罪的分析、理解和处理。国企管理人员滥用职权犯罪与渎职罪在构成要件方面有部分重合的内容，例如部分行为主体、侵犯的法益、滥用职权的行为等。本文认为，在认定国企管理人员滥用职权犯罪的侵害结果和因果关系时，可以借鉴渎职罪的侵害结果和因果关系的认定思路。

在确认侵权影响的过程中，国有企业的工作人员滥用自身的职权，实施了犯罪行为，即认定为结果犯。实际出现的危险结果必须作为构成犯罪的条件，换言之，产生的重大损害是评价该行动是否属于犯罪的关键标准。在国有企业的工作人员滥用权力的犯罪过程中，行为者的主观意愿是故意的，但他们并无意图使国家利益承受巨大损失，这需要真正发生损失，而非可能产生损失。由于滥用权力的侵权效应并非具体形态，相关法律为限定犯罪边界，对侵害结果的描述要求则须更清晰和具体。

最高检 2023 年 8 月 22 日公布的第四十七批指导性案例中，第 188 号桑某受贿、国有公司人员滥用职权、利用未公开信息交易案，办理要旨之一：在办理国有公司人员滥用职权犯罪案件时，要客观认定行为造成公共财产损失的范围，对于国有公司应得而未获得的预期收益，可以认定为损失数额。渎职犯罪造成公共财产损失的范围包括国有单位因错失交易机会、压缩利润空间、让渡应有权益进而造成应得而未得的收益损失。实践中，渎职犯罪造成公共财产的损失范围一般为国有单位现有财产的实际损失，但在金融领域渎职犯罪案件中，介入交易规则变化、收益分配方式调整等因素，可能导致国有单位压缩利润空间、让渡应有权益，进而造成国有单位预期收益应得而未得。检察机关应当注重审查造成损失的原因是市场因素还是渎职行为，渎职行为的违规性、违法性，是否具有徇私舞弊情节等要素。对因渎职行为而不是市场因素造成预期收益损失的部分，一般应当计入公共财产损失范围。

本文主张，在对侵害结果作出判断和评估时，必须进行客观全盘的考量，尤其是对于国企管理者滥用权力导致的“经济损失”的认定，应以案件立案时已经实质性发生的财产损失为准。为了挽救犯罪行为所导致的损失而产生的各类花费和费用，同样应当纳入考虑。此类通过滥用职权产生的经济损失，还应扩大到在案件立案之后到公诉提出之前不断产生的经济损害。

如果债务人已经通过合法途径被判定为破产，债务人逃避或者身处不明，或者因为责任方的责任超过了法律允许的时间限制等原因，导致债权无法被实施，那么这部分无法实施的债权应当被视为国有企业管理者滥用权力导致的经济损失。

当国有企业的管理人员滥用职权犯罪或涉及相关罪行被侦破后，无论是管理人员自己或其亲友弥补的经济损失，或是司法部门和犯罪者所在的单位以及其上级管理部门的追偿，甚至是因为一些无法控制的因素导致的经济损失的减少，都不应该被扣除，但是可以作为考虑轻判的因素。

在因果关系和结果归属的认定方面，可考虑采取条件说和缓和的结果归属判断标准。一般情况下，如果国有企业的管理者的滥用权力行为导致了有害的后果，我们应确立这种滥用权力犯罪和其产生的有害后果之间的因果关系。简单地说，如果满足这一条件，我们就会把有害结果归因于管理者的滥用职权犯罪行为，让他们为此负责。同时，由于这个结果的归因条件较为宽松，所以在刑事责任的承担上，一般来讲，国企管理者因滥用权力犯罪而导致的结果的刑事责任，会比基于通常的结果归因而承担的刑事责任要轻。

六、总结

国有经济作为我国经济发展的主要动力，是社会主义市场经济的重要组成部分，也是新时代发展的重要经济基础。搞好国企的改革与发展，不仅是一个经济问题，更是一个社会问题。[①] 然而，由于各种因素，国有企业逐步转变为腐败的主要区域，国有企业的高级管理人员频繁涉及重大案件，案件涉及的金额巨大，造成的损害深远，严重打乱了企业的正常运营秩序，甚至影响了社会的稳定和谐以及社会主义市场经济的良性发展。准确界定和把握好国企管理人员滥用职权犯罪的主体、行为、侵害结果及因果关系的认定问题，有助于加强刑事法律治理，强化外部法律规制，维护公司、企业的管理秩序，保护国有资产和国家利益，发挥检察职能，助推经济社会发展。

---

① 陈柳眉:《国企高管职务犯罪问题研究》，华东政法大学2012年硕士学位论文。

试析刑事犯罪中"隐秘的角落"

王 萌*

摘 要 未成年人被侵害的案件是社会关注的热点问题，关乎未成年人保护。本文以基层检察院实践为视角，结合Z市X区基层未检工作，梳理性侵类案特点、工作难点；以问题为导向，探索未成年人保护的优化路径，以案例总结类案应对措施，总结基层未检工作中检察机关如何承担主导责任及解决面临的难点问题。

关键词 未成年人保护 性侵案件 优化路径

近年来，未成年人被侵害的案件成为人们关注的热点问题，尤其是性侵和家暴的问题。未成年人作为被害人的案件时有发生，被害人往往因年幼无法自我保护，侵害未成年人案件就容易成为刑事案件中"隐秘的角落"，个案的披露才能引起社会的关注。性侵和家暴行为均对学生身心发展造成严重危害，也使被害家庭承受巨大压力，影响社会稳定。部分案件中既折射出社会管控、校园管理和家庭防范的疏漏，也反映出法律惩戒不足、个人自我保护意识淡薄等问题，未成年人合法利益被侵害，存在哪些共性特点，检察机关应当如何承担主导责任，如何有效监管及保护，值得认真分析。笔者所在基层检察院近几年也办理了多件辖区内未成年人被性侵或家暴案件，现以最高检"一号检察建议"和"双向保护原则"在基层的落实为切入点，结合Z市X区基层未检工作实践梳理类案特点、工作难点，以案例总结类案应对措施，总结基层未检工作中检察机关如何承担主导责任及面临的难点。篇幅有限，本文仅就未成年被害人保护作为讨论重点，讨论检察机关在刑事诉讼中的主导责任。

一、基层侵害未成年人利益特殊类案总体情况分析

（一）基层性侵类案总体情况

1. 案件数量情况

2019年6月至2020年8月，笔者所在基层检察院共受理性侵未成年人案件共有21

---

* 王萌，广东省珠海市香洲区人民检察院第二检察部二级检察官。

件 22 人；其中仅 2020 年 8 个月就有 14 件 15 人。因部分案件未结案，现仅以 2019 年 5 月前的案件为样本进行分析。

2016 年至 2019 年 5 月，笔者所在基层检察院共受理审查起诉性侵未成年人案件 40 件 43 人（参考图 1），起诉 35 件 35 人（参考图 2），不起诉 1 件 1 人。受理审查起诉案件量逐年上涨。

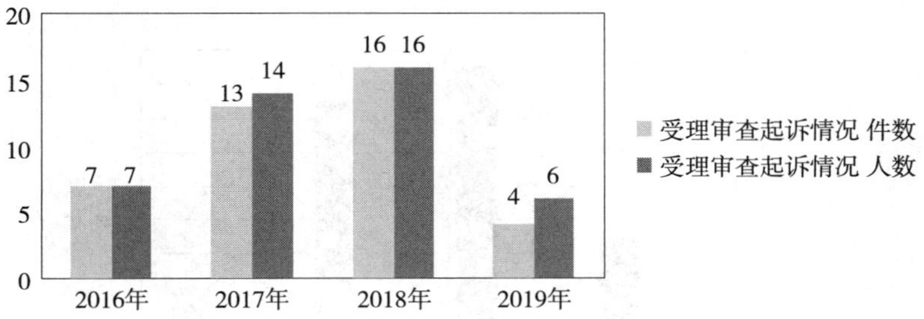

图 1　受理审查起诉情况

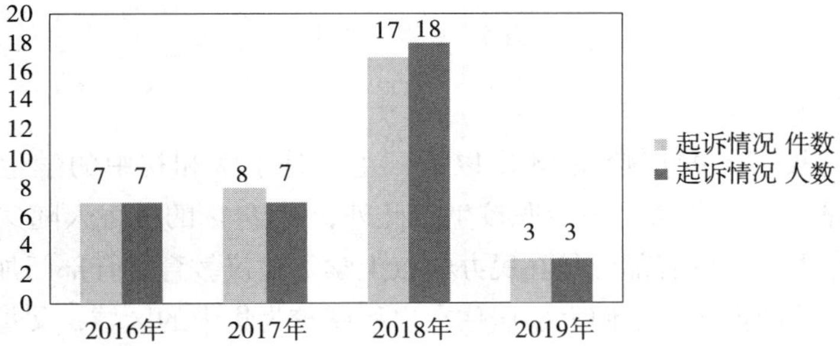

图 2　起诉情况

2. 案件类型情况

性侵案件中按照罪名类型统计，强奸案 20 件，猥亵儿童案 18 件，强制猥亵案 2 件。在性侵未成年人的案件中，以强奸与猥亵儿童为主，占整体案件量的 95%。各案件类型均有不同程度的浮动上涨。（参考图 3）

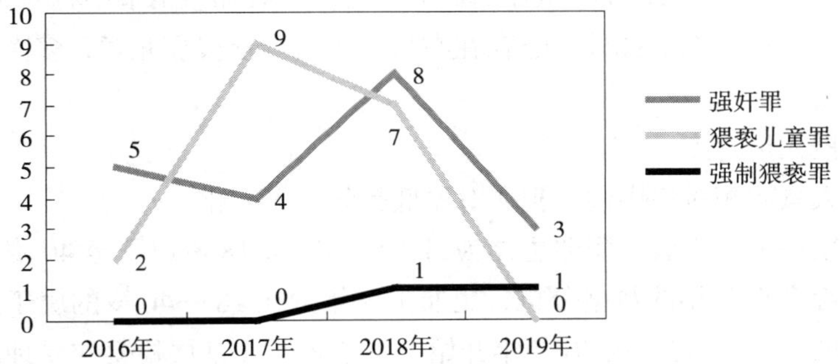

图 3　犯罪类型

（二）基层性侵类案相关特点

1. 被性侵人员特点

（1）受侵者多为女童

性侵未成年人案件的被害人虽仍以女性为主，占被害人总数 96%，但值得注意的是，笔者所在基层检察院 2018 年受理的案件中，出现了 2 名被害人是男童的案例（参考图 4）。

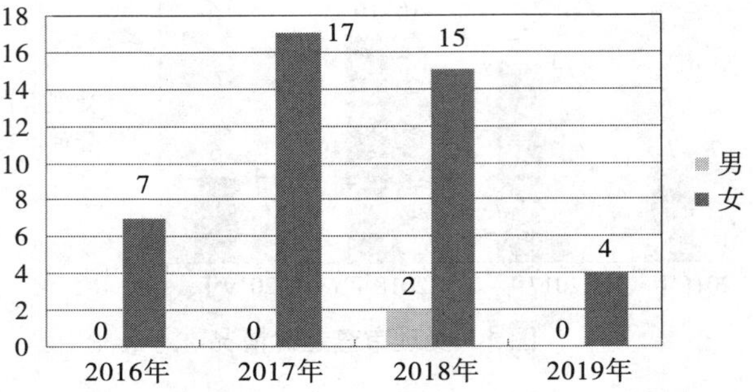

图 4　被害人性别

（2）受侵者年龄偏低

超过 7 成的被害人的年龄在 14 岁以下，主要是小学和初中的学生。同时，还有 10% 的被害人是学龄前儿童、中专职校生。此外，有 24% 的被害人随父母打工外迁来到 Z 市的未成年人，其中有部分是在民办学校上学。建议教育主管部门加强对这些学校的管理及教育资源的投入，他们大多居住在出租屋较为集中的区域，父母也因工作疏于看顾。因 X 区外来人口较多，所以暂未发现留守儿童被性侵的案例。

（3）受侵者多为非本市户籍

非本市户籍的被害人占 70%，本市户籍被害人占 27%。另有一名 A 特别行政区户籍的被害人，占 3%。

（4）性侵特殊情节分布

通过分析犯罪情节，我们注意到，对未满 12 周岁以下儿童实施强奸、猥亵的这一犯罪情节较为突出。综合 2016 年至今的数据来看，所有加重情节中，有 19 名未成年人属于这一情况，占比 72%。此外，还存在在公共场所当众猥亵儿童，多次猥亵儿童的情况发生。

2. 实施性侵人员特点

（1）犯罪人具有相对集中性，犯罪对象低龄化、多人化

从目前的案件情况来看，犯罪主体为男性，年龄从 18 岁以下至 40 岁以上不等，年龄跨度较大。综合近几年的数据分析，犯罪主体年龄在 18—40 岁的属于此类犯罪集中人群，占整体的 65% 左右。从 2017 年开始，在笔者所在基层检察院受理的案件中，出现未成年人实施性侵犯罪的现象，需引起高度重视。

（2）犯罪人的犯罪行为具有隐蔽性、长期性和中和性

犯罪人的犯罪行为相对隐蔽，他们与被害人接触的途径主要有以下 3 种：一是在出租屋较为集中的区域，与被害人为邻居；二是在大街上随意寻找性侵对象；三是在 2018 年及 2019 年的案件中发现，新型犯罪增长迅速，通过社交软件等网络途径寻找性侵对象，短暂认识后实施犯罪。17% 的本市户籍犯罪主体主要是在熟人里作案，如同学的家长，父母的同事等。值得注意的是，笔者所在基层检察院受理了 2 起校外培训机构老师性侵学生的案件，2019 年未发现有学校内的教职工性侵学生案件。

二、基层维护未成年人利益特殊类案难点归纳

（一）证据固定难

证据固定难体现在，由于自身年龄认知等限制，未成年人维护自身权益的意识不够或能力不足，无法在案发后第一时间告知父母或信任之人自己受侵害的事实，又或者父母因忙于生计未能关注到孩子微弱的求救信号，甚或是有些侵害就是来源于父母或是父母允许的（包括性侵和家暴）。被害人寻求公权力介入之时，往往已经时过境迁，证据难以恢复或保存。能够获取的一般只有言词证据，一旦犯罪嫌疑人内心确信客观证据无法找寻，就会更加肆无忌惮地予以否认，甚至有些曾经供认的也可能在任何诉讼过程中翻供。例如，某性侵幼女案件中，被害人是案发后十多天才报案，案发当天母亲听说屁屁疼时也未引起重视，所以事后证据固定的难度可见一斑。而在基层性侵案件的办理中，一线取证人员的专业水平和职业素养亟须提高，提取生物痕迹不全面、提取时间不及时导致证据灭失的情况也不鲜见。 甚至部分案件中，关于被害人可能未满十四周岁的相关聊天记录、生活照片等书证都没有及时固定，错失良机。

（二）证据采信难

即使部分案件能够及时采集证据，年幼被害人的陈述效力能够被认可，但实际证据采信中天然处于弱势地位。不同的司法人员对于证据的采信有着截然不同的标准，譬如上两起性侵案中，法官对于“处女膜陈旧性裂伤”这一事实的理解就有着不同的理解，成功抗诉的阿栋案（见后文）中法官就是将该鉴定意见与其他证据印证得出强奸的结论的，而有的案件中法官认为既然是陈旧性裂伤，就不能肯定是被告人所为，切断了因果关系。以上情况，比比皆是，更不论如果未成年被害人的陈述与被告人辩解发生矛盾时，经常适用的是存疑有利于被告人的原则，而较少分析辩解的实际价值。其实这涉及的就是法的价值取向问题了，见仁见智。

（三）法律适用难

证据固定得不错，采信得也基本公平的情况下，就一定能够准确适用法律吗？并不尽然。曾经办理的一宗当日报案的性侵案，7 岁的被害人下体流血不止，就医时案发，看起来有有罪供述，证人证言能证实属于经营中的培训场所，被害人也能准确陈述案发

经过，鉴定意见证实处女膜新鲜破裂，会阴撕裂导致轻伤二级，这样清晰的事实应该能够准确认定犯罪事实了吧？然而，一审法院却未以“公共场所当众”等情节认定“奸淫幼女情节恶劣”，这体现了案情清晰时对于法条理解的偏差。虽然该案后来通过抗诉改判十年以上，但其中过程不可谓不艰辛。同时，猥亵儿童罪中“公共场所当众”如何具体认定；究竟什么能够评价为“其他恶劣情节，处五年以上”中的“恶劣情节”；导致幼女处女膜破裂能否认定为“恶劣情节”；针对幼女的性侵案件中，猥亵和强奸究竟如何区分，其实都是司法实践中的难点。

（四）修复伤痛难

因被害人身心受损严重，司法实践中修复其伤痛存在不少的难点。首先，未成年被害人家属理解难。部分未成年被害人的监护人对于未成年人所遭受的心理伤害不能完全理解，在学识阅历的局限下，难以真正理解被害人作为未成年人所承担的心理压力，对于检察机关主动提供的心理疏导也往往不能理解，不愿意接受，所以虽然现在笔者所在的基层检察机关做到了对所有性侵或家暴案件的未成年被害人询问是否需要心理疏导的相关工作，但实际同意并积极配合的并不算多。其次，未成年被害人较难坚持参加疗愈。涉案的未成年被害人往往年幼，处于学龄阶段的孩子因为种种原因，包括时间、精力、兴趣等方面的原因，很难坚持参加疗愈，加之年幼孩子报案的时间一般较晚，如错过最佳恢复期，也很难起到较好的疗愈效果。

三、基层检察机关维护未成年人利益的路径探索

侵害未成年人利益的特殊案件，以基层检察院办理的居多，在维护未成年人合法权益中，基层未检检察官摸索了一套有效方法。本文以下面两宗被害人为未成年人的案件，总结类案处理过程中的部分共性，以期对部分类似情况有一定的指导意义。

（一）性侵幼女案成功抗诉，打击性侵人员嚣张气焰

1. 案例简介

一宗被害人为幼女的强奸案，该基层检察院以强奸罪起诉后，一审以猥亵儿童罪判处有期徒刑四年。宣判后，笔者所在基层检察院提出抗诉，发回重审后改判，以强奸罪判处被告人阿栋有期徒刑八年，有效保障了未成年被害人的合法权益。

2. 办理思路

对于成功办理涉及未成年人利益的抗诉案件获得了以下一些启发：

（1）发挥体制优势，形成抗诉合力

在上级院的指导下，笔者所在基层检察院始终坚持全面审查，注重检察机关内部协作，各级机关对于该宗涉及幼女的强奸案十分重视。一审判决后，承办检察官积极组织内部讨论，多方征求相关专业技术人员的意见（包括但不限于医生及鉴定人员等）。最后经过检委会讨论，决定抗诉。与此同时，第一时间积极将该案件汇报至上级院，获得

了支持。抗诉阶段，上级检察院及时将支持抗诉意见书送达该市中级人民法院。该案件抗诉过程中体现了上下级检察机关齐心协力，排除万难，形成抗诉合力，取得良效。

（2）选准抗诉要点，创新出庭模式

首先，该案抗诉阶段，检察机关积极走访，补充了相关重要证据，包括多名目击证人的证言，被告人数十年前手法一致的性侵前科资料，有效补充了一般幼女强奸案相对薄弱的证据。

其次，在抗诉要点选择上，主要选取了被害人病历显示“处女膜较松，12点有可疑陈旧裂伤”等证据印证被害人陈述；目击证人证实当日被告人在被害人母亲面前亲口承认“强奸三次”并有长时间下跪求饶等细节予以佐证；被告人数十年前有以相同手法性侵幼女的前科，参考性变态心理相关理论知识印证性侵幼女再犯可能性。

最后，在庭审阶段，安排侦查人员出庭作证，对于辩护律师提出的“被害人陈述语言不符合幼女认知水平、痕迹物证缺失”等问题给予了合理说明，当庭排除了合理怀疑，增强了审判人员的内心确认，切实体现了“审判为中心”的指导思想。同时，在当庭讯问被告人及询问证人时，设计连环问答，突出其辩解的不合理性，排除被害人及家属与其有矛盾进而诬告陷害的可能。发表公诉意见时，在梳理证据，强调抗诉要点的前提下，运用常理总结，代入被害人及家属心理活动常情分析，法理并蓄，情法交融，达到了较好的庭审效果，公诉意见及抗诉要点全部被法院采纳。

（3）维护法律权威，化解社会矛盾

本案的发生，恰在多部门2013年底联合下发《关于依法惩治性侵害未成年人犯罪的意见》（以下简称《意见》）之后，也正值全国各地相继发生性侵害幼女恶性案件的多事之秋。如何关注幼女身心健康，依法严厉打击性侵害幼女的恶性犯罪，维护法律权威，便成了正确办理此案的重大意义。一审判决后，判决罪名及适用刑罚均不能体现《意见》对性侵害未成年人犯罪依法惩治的精神，也不符合普通民众的一般价值取向，因而被害人及家属情绪激动，社会矛盾激化，甚至因为幼女陈述证明力等相关问题对于社会有误导的倾向。本案的办理早于最高检十一批指导案例颁布之前，无独有偶，检察官的大胆抗诉思路与指导案例中对于未成年被害人陈述的采信原则不谋而合，这或许也是抗诉成功的一个重要原因。

本案检察机关坚决抗诉信念，乃至抗诉成功的结果，有效遏制了社会不良思想蔓延，在惩治个案犯罪的基础上也达到了预防的重要作用，给予了抱有侥幸心理的潜在人员沉重打击。维护了幼女这一弱势群体作为性侵被害人的基本权益，同时化解了社会矛盾，达到了法律效果和社会效果的统一。

（4）推动类案办理，积累未检经验

本案的发生，除了被告人原因外，被害人因年幼防范意识差，家长对孩子的安全教育严重缺乏也不容忽视。被害人因年幼无法自救，但事后也没有向父母、老师、邻居呼救，导致未能及时发现、阻止被告人的犯罪行为。因此，该案的成功抗诉也能积极促进类案的办理，同时警示未成年人的家长和学校应该加大对未成年人自我保护意识的教育力度，加强家庭、学校、社会对未成年人共同保护，避免类似悲剧发生。此案成功抗诉过程中，为预防和减少此类案件的发生，未检承办人也运用心理学知识安抚被害人及家属，结合性侵幼女案件的特点，有针对性地向家长提出了建议，同时为办理被害人为幼女的未检案件积累了经验。

（二）家暴少女案维护权益，呵护特殊人群健康成长

1. 案例简介

阿勇在某出租屋内，因为家庭琐事与妻子发生争吵，随后阿勇对妻子实施暴力，到厨房拿起一把菜刀将妻子身体多处砍伤，女儿小雪上前阻拦，阿勇将女儿小雪（14 岁）头部、手部也砍伤。案发后阿勇自杀未遂，被接报到场的民警抓获。经鉴定：妻子所受损伤为重伤、小雪所受损伤为轻伤。

2. 办理思路

（1）心理疏导，缓解紧张情绪

因本案发生时未成年被害人小雪正值初三升学关键时期，未检办检察官得知该情况后特意多次上门了解，评估其家庭情况与个人意愿。在“儿童利益最大化”的原则的指引下，与其母亲商量达成共识，在取得小雪及法定监护人同意后，为其聘请心理咨询师对其进行心理疏导，帮助其度过中考前遭遇家庭变故的关键时期。在心理咨询师介入后，利用专业的手法帮助其缓解紧张，随后小雪的紧张情绪明显得到缓解。

（2）温暖陪伴，助力平稳过渡

在笔者所在基层检察院未检办的协调帮助下，专业的社工和心理咨询师与小雪形成了稳定的陪伴关系，多次与小雪会面辅导或线上联络，针对小雪遇到重大事项的个人应激反应与中考压力这关键的两项内容进行有效的沟通，确保将该案对小雪的影响降到最低。最后小雪也不负众望，考上当地重点高中，在小雪高中开学前夕，笔者所在基层检察院未检办特意为小雪举办一场温馨的升学礼，利用这种特殊的关爱方式，鼓励其走出伤痛，积极把握美好人生。小雪事后也对这场特殊升学礼的举办也表示特别开心，称这场升学礼也增强了其内心继续求学的信念。同时针对其母亲部分不正确的教育方式，也进行了亲职教育，效果良好。

（3）司法救助，解决燃眉之急

丈夫入狱，被害人家庭一时间失去了经济来源，被害人妻子因本案手部受伤大大降低了劳动能力，后续治疗还需大笔费用，且家中还有 14 岁的女儿（本案被害人小雪）和 2 岁的儿子需要抚养，笔者所在基层检察院未检办将线索及时移交控申部门，会同多部门同事多次到其家中走访问候，为被害人家庭申请救助款 4.8 万元人民币，积极协调其他社会救助，有效缓解燃眉之急。

（4）安排会见，修复家庭关系

办案初期，依法告知被害人相关诉讼权利，并询问其生活状况时，妻子表示自己很纠结，因手受伤致残无法工作，但孩子尚小需要抚养，自己暂时不知该如何处理，经过

审慎考虑，妻子希望法官从轻判处。承办检察官理解被害人的谅解决定，并特意为其与法院联系、协调，亲情会见事宜，阿勇看到亲人无比悔恨，这次会见有效促进了家庭关系的修复。

（5）跟踪回访，确保影响降低

案件判决后，针对青春期少女的情绪波动特点和新生入学适应难点，未检办开启了第二期的心理跟踪咨询服务，继续对小雪采取一对一的跟踪辅导，将跟踪回访落到实处。根据最新消息，小雪现已平稳度过了遭受家庭暴力后的第一个高中学期，状态良好。未检办后续已安排在合适的时间以朋友的身份对其进行拜访，将未检办的这份特殊的爱继续传递下去。

Z 市 X 区检察院作为 Z 市第一批 G 省“青少年维权岗”单位，一直将青少年的权益放在首位。不仅有多维度救助家暴被害人的案例，还有克服种种压力全力抗诉性侵被害人的成功案例；不仅帮助未成年人被害人抹去泪水，也为未成年被害人带来欢笑。

综上所述，司法机关应当在案件办理中有效固定证据，合理采信证据，准确适用法律，积极维权保护；在案外注重保护未成年人隐私，利用专业心理疏导帮助被害人，必要时申请司法救助，利用多位一体模式保障未成年被害人的相关权益。

四、关于社会各界共同维护未成年人利益的建议

在维护特殊未成年人的艰难征程中，除了检察机关的单打独斗，还需要联合社会各界力量，形成保护合力，方能有效保障未成年人的合法权益。

（一）更新司法理念，统一证据标准

在证据收集、固定、采信及法律适用方面，公检法三家各自标准存在些许分歧，希望能够出台相关的司法解释。在相关司法解释没有出台的情况下，应当建议基层公检法一线办案人员及上级机关定期召开联席会议，对于三方证据标准及法律适用存在的分歧、问题产生的原因、如何统一证据采信标准、法律适用等进行研讨，力求统一相应标准。同时，根据形成的统一标准，进行相关一线办案人员的培训，提升一线办案人员的理论和实务水平，避免产生错过证据收集的最佳时间、证据没有及时固定、法律适用不准确等可以避免的错误。

（二）借助社会力量，完善环境监管

通过多年案件办理可知，仅靠检察机关无法顾全所有工作，亟须与其他部门形成合力，共同保护未成年人。例如，在近期办理的未成年被害人的刑事案件中，发现案发现场往往是酒吧、KTV、小旅馆等地点。如果检察机关能够和工商管理部门、文体旅游监管部门等共同形成监管合力，不定期对于上述易发案地点进行抽查、惩处，能够对于违反未成年人保护法规的相关行为，包括但不限于“允许未成年人出入营业性场所”“未按规定进行身份登记”等行为进行惩处，可能能够很大程度保护未成年人。

同时，建议与司法局等联签未成年被害人法律援助相关文件，保障未成年被害人的诉讼权利，能够一定程度引导未成年被害人保护证据，维护自身合法权益。

建议与教育部门等形成联动机制，对于有性侵未成年人前科的犯罪嫌疑人不予聘用，最好能够形成全国性的性侵前科查询系统，避免再犯。

（三）扩大宣传力度，坚持法治教育

当然，基层检察机关在保障未成年人被害人的过程中，应当积极行使检察机关在刑事诉讼中的主导责任，坚持扩大宣传力度，坚持长期法治宣传。司法实践中，我们不难发现，很多未成年被害人在案发后不能及时得到求助，告知家人后无法获得正确的指导，甚至在部分猥亵儿童案件中，家人得知猥亵事实后竟然听信其他人的指导，采取酒精消毒的方式予以消毒，导致物证第一时间灭失。在不断夸大宣传力度的基础上，采用新媒体等易为青少年和家长接受的方式进行法治宣传，不定期开展家长课堂和青少年法治讲堂，确保未成年被害人在遭遇不幸时能够积极自救，家长也能通过孩子的轻微异常举动、身边不明财物等细节来了解孩子是否遭遇侵害。

总而言之，在未检工作中，检察机关必须踏实履行刑事诉讼中的主导责任，纵使存在证据固定难、证据采集难、法律适用难、修复伤痛难等众多难点，但仍然要履行检察官客观公正立场，全面落实“双向保护”原则，不断更新司法理念，统一证据标准；借助社会力量，完善环境监管；扩大宣传力度，坚持法治教育，切实保护好每一个未成年被害人的幼小心灵。

相信在所有未检检察官的不断努力下，能够真正实现检察机关的主导责任，能够铲除那些危害未成年人的“隐秘的角落”，让每一个曾经受到伤害的孩子都能够重展笑颜，成为那个“眼里有光，心中有爱”的快乐少年！

论刑事诉讼证人出庭作证制度

张 颖*

摘 要 刑事诉讼证人出庭作证的制度价值首在保障人权，同时也有利于发现真实。实践中，证人出庭作证始终面临难题与困境，通过比较法视野研究，分析原因主要在于对质权未予明确规定和传闻证据、直接证据原则的证据规则没有确立。为充分发挥必要证人出庭作证的价值、作用，应转变理念，从确立对质权制度、规定拒绝作证后果承担、确立相应证据规则、加强证人出庭作证保障等方面予以完善。

关键词 证人出庭作证 对质权 传闻证据规则 直接证据原则

在我国刑事司法实践中，证人出庭作证问题，是一个长期饱受诟病的问题。庭审中，证人较少出庭作证。这和西方国家证人出庭作证是刑事审判的常态截然相反。那么，证人出庭作证是否确有必要，有什么理论基础和价值追求？本文试图通过比较法的视角，审视我国司法现实中证人出庭作证的困境和症结，提出改善和构建完善制度的初步思考，以期抛砖引玉。

一、证人出庭作证概述

（一）证人出庭作证的理论基础

英美证据法的集大成者威格默曾说："谁要想依赖于这个社会，就必须让社会也能够依赖于他。"这是证人作证义务的基本考虑。在西方社会，任何人皆有义务向法庭作证，这是一个普遍的公理。如果没有证人作证，法庭将无法正常运转，对正义的运送只能停止，社会也将趋于崩溃。因此，在需要的时候，以自己亲身感知的知识向法庭作证，这是每个人的基本义务，是订立社会契约时所做的基本承诺。①

在现代社会，刑事诉讼虽然以实现刑罚权为己任，但是由于相对于强大的国家、政府而言，个人的力量是弱小的，因此，刑事诉讼法应当是对国家权力进行约束和控制，主要目的是保障人权，通过程序正义加强裁判的正当性。现代刑事诉讼中很多制度的设

* 张颖，广东省珠海市金湾区人民检察院第二检察部主任、一级检察官。

① 易延友：《刑事诉讼法——规则、原理与应用》，法律出版社2013年版，第339页。

置，都是为了这一价值的实现。比如，无罪推定原则的确立、不被强迫自证其罪、自由选聘律师、迅速审判、公开审判、对质权（通过强制程序要求有利于己的证人出庭作证）、反对双重规定等等，都是为了程序正义、保障人权目标的实现。有时，在程序正义和发现真实的目标发生冲突时，往往会以牺牲发现真实为代价来实现程序的正义和保障人权。这是现代诉讼文明的体现。正如拉德布鲁赫所言，“自从有刑法存在，国家代替受害人施行报复时开始，国家就承担双重责任：正如国家在采取任何行为时，不仅要为社会利益反对犯罪者，也要保护犯罪人不受受害人的报复”。① 司法审判的功能绝不仅仅限于对过去发生之历史事实的发现，而是要通过这一过程建立起犯罪与刑法、过错与责任之间的联系，从而为公民传递一种应当如何行为的信息。因此，司法审判必须具有权威的效力，这种权威的效力应当来源于其可接受性，而不是简单诉诸武力。裁判事实的可接受性应当是任何一种诉讼程序和证明过程的核心概念，也是司法程序和诉讼证明理当追求的中心目标。②

对于证人出庭作证制度而言，也当然应当秉持这种诉讼理念。证人出庭作证，可能对于积极发现真实而言，并无多大益处，甚至，从某种意义上说，是降低发现真实效率的。在司法实践中，证人出庭作证耗费的时间和程序更为繁复，相比较而言，通过庭外的、书面的证言笔录反而是一种更为便捷的方式。并且在很多情况下，由于证人的紧张、对庭审的天然的畏惧感，导致本来稳定的证言在庭审中出现反复和波动。这对于发现真实、提升司法效率而言，并非一个最佳的选择。但是为什么证人出庭作证在西方国家受到普遍的重视和接受，形成了一种常态呢？其关键原因就在于证人出庭作证能够保障被告人的人权，实现程序公正，实现裁判的正当性，特别是英美法系对抗式诉讼模式下，将程序正义和人权保障视为刑事诉讼的首要价值追求，所以，势必通过多种制度和规则确保证人出庭作证。因此，可以说，追求保障人权和程序公正是证人出庭作证的价值基础，同时虽然不是制度设计的目标，但在某种意义上也可以促进发现真实。

1. 证人出庭作证有利于保障人权

联合国通过的《公民权利和政治权利国际公约》第 14 条第 3 款之规定：“在判定对他任何之刑事指控时，人人完全平等地有资格享有以下的最低限度的保证：……（讯问或者业已讯问对他不利之证人，并使对他有利之证人在与对他不利之证人相同的条件下出庭并受讯问。”③《欧洲人权公约》第 6 条第 3 款明确规定：“被诉刑事违法的任何人均享有下列最低限度的权利……对不利于他的证人进行质询，并在与不利于他的证人相同

① ［德］拉德布鲁赫：《法学导论》，商务印书馆 2013 年版，第 96 页。

② 易延友：《刑事诉讼法——规则、原理与应用》，法律出版社 2013 年版，第 11 页。

③ ［澳］布莱恩·伯德金：《亚太地区国家人权机构》，王建玲等译，中国政法大学出版社 2010 年版，第 168 页。

的条件下，使有利于他的证人出庭接受交叉询问。”① 美国宪法第六修正案规定，在所有的刑事指控中，被告人享有与不利于自己的证人对质的权利。② 我国《宪法》第33条第3款规定：“国家尊重和保障人权。”由此可见，证人出庭作证保障了被告人的人权，或者说被告人的对质权本身就是人权的一部分，确立证人出庭作证当然有利于实现被告人的人权保护。

2. 证人出庭有利于实现程序正义

刑事诉讼中，证人出庭作证有利于保障程序的公正，通过确保控辩双方平等地参与刑事诉讼，使被告人能够和不利于己的证人当庭对质，可以使被告人直接感受到审判程序的公正性，也使法官能够直接面对证人，通过对证人的神情、举止的观察，加强裁判认定事实的正当性。正如日本学者谷口安平所言，程序正义的观念即使不是赋予裁判正当性的唯一根据，也应当被认为是其重要依据之一。③

3. 证人出庭在某种程度上有利于真实的发现

虽然发现真实并非证人出庭作证制度的目的，并且如前所述，有时可能还会降低对真实的发现。但是，在某种意义上说，通过证人出庭作证，控辩双方对证人进行交叉询问，可以加强法官的心证，也有利于发现证人证言中的虚假成分和矛盾之处，因此，至少可以说，有利于消极真实主义的实现，即保障无辜的人不受刑事追究。

（二）必要概念之厘清

研究证人出庭作证，首先有必要对一个基本的概念进行厘清和界定。那就是此处讨论的“证人”是指什么？大多数文献中记录的中国司法实践中证人出庭率都相当低，基本不超过5%。但实际上，“证人出庭率”这个概念正在被滥用。首先在刑事诉讼中，只有在当事人对证人存在对质需要时证人才必须出庭。因为证人出庭作证本质上涉及的是被告人对质权保障的问题（这个问题将在接下来的部分详细探讨，此处不予赘述），对于控辩双方都认可的证人的证言，当然没有出庭的必要，否则只是一种形式的追求和资源的浪费。因此，有学者认为，所谓证人出庭问题，实际上应当替换为必要证人出庭问题，并且基于同样的理由及排除比较法上的障碍，应当将被害人纳入到证人概念中予以考察，并通过实证考察，运用社会学研究方法和法解释学，得出必要证人出庭率为25%的结论。④ 笔者赞同这种观点，从我国2012年修改后的《刑事诉讼法》第187条第1款“公诉人、当事人或者辩护人、诉讼代理人对证人证言有异议，且该证人证言对案件定罪量刑有重大影响，人民法院认为证人有必要出庭作证的，证人应当出庭作证”的规定来看，我国刑诉法事实上采取的也是“必要证人应当出庭”的规则。因此，本文所指

---

① 易延友：《眼球对眼球的权利——对质权制度比较研究》，载《比较法研究》2010年第1期。

② 胡燕、郑旭：《对质条款在中国的实现》，载《北华大学学报》2012年第3期。

③ ［日］谷口安平：《程序的正义与诉讼》，王亚新、刘荣军译，中国政法大学出版社1996年版，第11页。

④ 易延友：《证人出庭与刑事被告人对质权的保障》，载《中国社会科学》2010年第2期。

证人出庭制度，就是指必要证人的出庭作证。

（三）比较法之视角

在西方国家的刑事诉讼中，主要通过三项制度保障证人出庭和当事人交叉询问机会的实现：传闻规则、对质权制度和直接原则。[①]

对质权最早可追溯至古罗马时代，明确作为被告人的一项基本权利则是17世纪的英美法系。如前所述，美国宪法第六修正案、《欧洲人权公约》均规定了被告人享有的对质权。英美法系中，对质权是专门指被告人享有的，针对不利于己的证人的权利。对质权是指受刑事指控之人与提供不利于己证言的证人当庭对质的权利。该项权利包括三项权能：一是被告人由始至终出席法庭审判的权利；二是有与证人当庭、面对面、眼球对眼球质证的权利；三是对证人进行交叉盘问的权利。[②] 可以说对质权已经成为西方国家普遍遵循的刑事诉讼原则，根本原因在于它有利于实现程序公正，加强裁判的正当性和促进真实发现。对质权通过让被告人与不利于己的证人当庭对质，可以真正实现审判的公开，并且成为法官自由心证的前提。在对质权不能获得保障的情况下，警察和检察官通过秘密访问证人，直接在法庭上使用对证人秘密询问获得的证人证言，法庭审判必然沦为所谓的“案卷笔录中心主义”，[③] 难以实现法官中立审判和公正审判。同时，对质权能够降低证人作伪证的可能性和提高法官心证的可能性，所以也能保障真实的发现。

英美法系除了明确对质权的宪法权利属性外，还配套使用传闻证据规则加强对对质权的保障。传闻证据规则是指应当将非在法庭上作出的、无法证明该陈述中所包含的断定内容的真实性的陈述用语予以排除的规则，这一规则要求证人必须出庭宣示作证，只有在符合法定的例外情形时才允许采纳证人庭外陈述。大陆法系确立了直接原则，要求证人原则上应当出庭以口头的形式陈述事实或表达意见，所有在审判程序以外获取的意见类材料不得作为判决的基础。

因此，可以看出，虽然英美法系和大陆法系确立了不同传闻证据规则和直接原则，但是都赋予了被告人对质权。只有对质权制度通行于大陆法系和英美法系，因此，在促使证人出庭接受交叉询问的制度中，对质权是最有普遍性的制度。[④] 更重要的是，西方国家设立了对质权无法实现的救济和惩罚，以保障证人出庭作证义务的实现。在美国，如果被告人的对质权没有得到保障，救济主要有三种方法：一是排除证据；二是被告人可以以此为由提出上诉，要求撤销有罪判决；三是当直接询问中的证词对被告人造成的损害过大，即使法官命令排除，但陪审团已受影响而事实上不可能忽略该证词所含信

---

① 易延友：《证人出庭与刑事被告人对质权的保障》，载《中国社会科学》2010年第2期。

② 易延友：《眼球对眼球的权利——对质权制度比较研究》，载《比较法研究》2010年第1期。

③ 陈瑞华：《刑事诉讼的中国模式》，法律出版社2008年版，第三章，转引自易延友：《眼球对眼球的权利——对质权制度比较研究》，载《比较法研究》2010年第1期。

④ 易延友：《证人出庭与刑事被告人对质权的保障》，载《中国社会科学》2010年第2期。

息，此时法院应宣布判决无效。[①] 此外，拒不服从法庭命令的证人还有可能构成藐视法庭罪。正如有学者总结，英美法系的传闻规则和大陆法系的直接原则的功能对于证人履行作证义务而言，没有直接的强制性，只具有间接功效，传闻规则、直接言词原则都是关于证言的规则，证人作证义务、强制程序等则是关于证人的规则，是对证人本身提出的要求。[②] 此外，西方国家还有一系列配套的便利证人出庭机制和补偿、保护制度以保障证人出庭。可以说，西方国家诉讼中，为了保障证人出庭作证，进行了全方位的制度建设和法律规定，而对质权制度无疑是其中最为核心的制度。

二、我国之现实困境

应当说，我国理论和实务界都对证人出庭问题给予了大量关注，对证人不出庭作证的原因进行了诸多探讨。有人从文化、社会的角度进行分析，认为中国社会是熟人社会，特别是一些基层小案件，有些证人碍于情面不愿意出庭作证，且没有证人出庭作证的文化传统；有人从证人个人的角度出发，认为证人的法制意识不强，没有认识到出庭作证的重要性；有人从法律规定的角度出发，认为相关保障制度没有建立，导致证人出庭的积极性不高等等。前述分析部分地指出了证人不出庭作证的原因（甚至有的是毫无客观事实依据，只是主观臆断，事实上，中国古代刑事审判中证人都是强制出庭作证，说中国缺乏证人出庭作证的文化传统完全站不住脚），但都没有切中要害，或者说在刑事诉讼语境下，有些原因的阐释意义不大。

如果说 1996 年《刑事诉讼法》对证人出庭作证相关制度的规定尚较为笼统，2012 年《刑事诉讼法》修改后对证人出庭作证制度予以了重要关切，进行了极大的完善。从修改后的《刑事诉讼法》来看，其对证人出庭作证制度的规定较为系统，明确了必须出庭作证的证人范围，确立了配偶、父母、子女间的证言特免权制度，确立了强制证人出庭作证制度并规定了违反后的处罚措施，确立了证人保护制度及经济补偿权利，专门规定了警察出庭作证的义务等。可以说，从法律规定的角度来看，我国关于证人出庭作证制度的规定其实较之以前有了极大的改善，特别是强制证人到庭制度的确立，可以说填补了上述分析提出的问题。但在司法实践中，虽然刑诉法修改后，作为控方的检察院对这一制度和规定相当重视，作为辩方的被告人为了避免败诉的风险，也有一些应对的准备和措施，但事实上，证人出庭作证的案件还是数量较少。

因此，追溯更深层次的原因，在于我国虽然目前已经确定了一系列保障证人出庭的制度与规定，但是我国依然缺乏对被告人对质权的明确规定，也没有确立传闻证据或是直接言词原则这样的间接性效果的证言规则，在强制证人出庭方面实务操作跟立法规定相去甚远。

---

① 廖耘平：《对质权制度研究》，中国人民公安大学出版社 2009 年版，第 209 页。

② 易延友：《公众有权获得任何人的证言》，载《法律科学（西北政法大学学报）》2015 年第 5 期。

（一）我国现行法律并未明确规定被告人享有对质权

1996年《刑事诉讼法》第47条规定，“证人证言必须在法庭上经过公诉人、被害人和被告人、辩护人双方讯问、质证，听取各方证人的证言并且经过查实以后，才能作为定案的根据”。2012年刑事诉讼法修改后，基本保留了这一规定，第59条规定，“证人证言必须在法庭上经过公诉人、被害人和被告人、辩护人双方质证并且查实以后，才能作为定案的根据”。

《刑事诉讼法》尽管规定了证人证言需要在法庭上质证，但是这并非“对质权”的规定。在此“证人证言”完全可以认为包括书面的证人证言和当庭言辞的证人证言，所以，刑诉法所确立的是一种职权主义的查明事实的对质，而不是被告人的对质权。如前所述，对质权在刑事诉讼的语境下，基于控辩双方力量悬殊的考量，应当专指被告人针对与不利于己的证人的当庭对质权，体现对被告人人权的保护和程序正义的理念，但前述规定并没有明确当庭作证，只是规定“证言”。

此外，最高人民法院针对1996年《刑事诉讼法》和2012年《刑事诉讼法》先后做出了《解释》，对1996年刑诉法的《解释》第134条规定“对于共同犯罪案件中的被告人，应当分别进行讯问。合议庭认为必要时，可以传唤共同被告人同时到庭对质”，2012年《解释》第199条规定“讯问同案审理的被告人，应当分别进行。必要时，可以传唤同案被告人等到庭对质”。司法解释虽然明确提到“到庭对质”，但是必须看到仅是在共同犯罪中被告人之间进行当庭对质，显然与证人出庭作证和被告人对质权不是同一概念。

所以，梳理法条规定，可以看到，我国法律并没有明确规定被告人的对质权，未对这一权利进行宣示，从司法解释来看，发现真实的诉讼目标和职权主义模式依然占据上风。没有诉讼理念的根本转变和价值追求的优先，证人出庭作证制度难以得到真正的落实和保障。

（二）我国现行法律没有确立传闻证据规则或者直接言词证据原则

1996年的刑诉法和相关司法解释对证人出庭制度的规定还很不完善，受到了广泛的批评。2012年刑诉法修改后，证人出庭作证制度有了很大的完善。《刑事诉讼法》第187条规定，“公诉人、当事人或者辩护人、诉讼代理人对证人证言有异议，且该证人证言对案件定罪量刑有重大影响，人民法院认为证人有必要出庭作证的，证人应当出庭作证。人民警察就其执行职务时目击的犯罪情况作为证人出庭作证，适用前款规定”，明确了必要证人出庭规则；第188条规定了“经人民法院通知，证人没有正当理由不出庭作证的，人民法院可以强制其到庭，但是被告人的配偶、父母、子女除外。证人没有正当理由拒绝出庭或者出庭后拒绝作证的，予以训诫，情节严重的，经院长批准，处以十日以下的拘留”，确立了强制证人出庭制度及违反后果；《刑事诉讼法》第61条、62条、63条还相应地规定了证人保护制度、证人作证补偿制度等。

最高人民法院2012年对刑事诉讼法的《解释》第78条第3款进一步规定：“经人

民法院通知，证人没有正当理由拒绝出庭或者出庭后拒绝作证，法庭对其证言的真实性无法确认的，该证人证言不得作为定案的根据。”第206条对证人可以不出庭的情形及替代性作证方式做了补充规定：“证人具有下列情形之一，无法出庭作证的，人民法院可以准许其不出庭：（一）在庭审期间身患严重疾病或者行动极为不便的；（二）居所远离开庭地点且交通极为不便的；（三）身处国外短期无法回国的；（四）有其他客观原因，确实无法出庭的。具有前款规定情形的，可以通过视频等方式作证。”

从第187条规定的必要证人出庭规则来看，对必要证人出庭的范围限制过于严苛，尽管已经是对定罪量刑有重大影响的必要证人，还需要法院认为必要，法院在实践中以此为由将很多提出证人出庭的申请予以拒绝，导致实务中的执行效果大打折扣，没有达到立法规定的目的。同时，由于没有规定传闻证据规则或是直接原则，针对证言没有此类形式上的要求，无法对证人不出庭书面证言的后果作出否决——《解释》的相关规定还留有余地，即法院认为真实性难以确认的才予以排除，因此对于应当出庭而拒不出庭的证人，其证言笔录仍有可能被合法地采纳为定案的根据。这种程序性法律后果的缺乏，难以保证强制证人出庭的效果。

三、证人出庭作证制度之完善路径

通过前述分析论证，我们已然明确，证人出庭率低的根本原因在于被告人对质权的缺失和相关证言规则的缺位。因此，要真正保障证人出庭作证，势必需要从以下几个方面着力：

（一）转变诉讼理念

现代国家，刑事审判并不是仅仅是为了发现真相。程序正义，裁判正当已经成为了更为重要的目标和价值追求。程序的公正和合理是自由的内在本质，如果可能的话，人们宁愿选择通过公正的程序实施一项暴厉的实体法，也不愿通过不公正的程序实施一项较为宽容的实体法。[①] 在现代刑事诉讼中，保障人权和程序正义，丰富裁判的正当性来源已然是司法文明的体现。在我国传统的职权主义诉讼模式下，难免残留有以追求实体真实为刑事诉讼首要目标的思想，但这种观念应当转变，只有转变诉讼价值追求，才能确保具体制度的合理性和现实实现。

（二）确立对质权制度

对质权的确立既是对被告人人权保护内容的具体阐释，也能够直接解决现实中证人出庭难的问题。

2012年，我国刑诉法修改，虽然将保障人权明确写入刑诉法中，但是没有对质权

---

① 陈瑞华：《刑事审判原理论》，北京大学出版社1997年版，第57页。

明确予以宣示和规定。如前所述，被告人对质权在《联合国政治和人权公约》《欧洲人权公约》、美国宪法修正案中都明确加以规定，普遍得到承认。因此，我国刑诉法应当考虑将其作为被告人的一项基本权利，与无罪推定、获得辩护等基本原则和权利一样，明确予以规定，这也是实现程序正义、加强裁判正当性的有利途径。

同时，被告人对质权是证人出庭作证制度的根本保障。如果明确规定被告人对质权，司法实践中将减少法院以没有必要为理由拒绝必要证人的出庭作证而使庭审流于形式化的情况，可以使庭审的对抗性增强，强化程序的正当化和公正性，也可以更好地确立司法权威。

（三）确立侵犯对质权无效和拒绝作证的证言规则

若只设定对质权，不规定对侵犯对质权的后果，权利的设置将会形同虚设。西方国家确立了对质权制度，也确立了侵犯对质权的救济制度。侵犯对质权的后果应当同其他违反审判正当程序的后果一样，被认定为无效，应发回重审。

对强制证人出庭作证制度也是如此。虽然我国刑诉法已经规定了强制证人出庭作证制度和相应惩戒措施，但是对证人处罚后，其之前提供的书面证据如何处理，法律并没有明确规定。对证人的强制到庭及惩罚是直接针对证人的规则，对证言本身并没有约束后果，应当在对人的直接规则外建立起对证言的间接规则。也恰恰是对证言本身的规则，将在很大程度上约束程序违反的后果。如果对之前作出的书面证言一概采纳，那么法律所规定的证人出庭作证实际上又会沦为一纸空文，失去意义。

（四）确立传闻证据规则或是直接原则

如前所述，在西方国家刑事诉讼中，传闻证据规则或是直接原则都是对质权制度的配套使用规则，或者说与对质权制度是并不冲突而相辅相成的。传闻证据规则或是直接原则主要目的在于提高证人证言的可靠性和法庭认定事实的精确性，其辅助效果则是顺便加强了法庭审判的对抗性和公正程度。[①]

（五）全面落实便利证人出庭制度和补偿、保护措施

当然，还要在实践中全面落实便利证人出庭制度及补偿制度、保护制度等。事实上，尽管证人出庭作证是一项强制性的义务，但毕竟是一种社会义务的体现，减少证人由此承担的重担，保护证人的安全也是国家应当关注的范畴。只有这样才能彻底打消证人作证的顾虑，才能推动证人积极出庭作证。

证人出庭作证问题一直是理论和实务关注的热点问题。2012 年刑诉法修改以来，对证人出庭制度作出了全面的完善，但司法实践中证人出庭作证难的问题仍然存在。

---

① 易延友：《公众有权获得任何人的证言》，载《法律科学（西北政法大学学报）》2015 年第 5 期。

证人出庭作证保障制度的落实与“庭审实质化”、审判制度改革息息相关，也与被告人的基本权利保障紧密相连，应当重视被告人对质权，并以此为切入点，构建相应的证言规则，以真正在实现证人出庭作证的普遍化，促进诉讼理念的转变和司法文明的建设。

司法改革

共同犯罪案件认罪认罚及量刑建议精准化实现路径思考

韩树军　王　非*

摘　要　刑事诉讼法以及《关于适用认罪认罚从宽制度的指导意见》没有明确规定共同犯罪案件如何适用认罪认罚从宽制度。实务中共同犯罪案件认罪认罚适用率和量刑建议的精准率相对较低，有必要进行深入研究。认罪认罚作为独立的认罪制度和量刑情节，具有其独立的适用条件，坦白并非认罪认罚的必要不充分条件。共同犯罪案件的认罪认罚适用条件和单独犯罪并没有本质上的差异。共同犯罪案件精准量刑具有独特的价值功能，必须从完善共同犯罪理论、赋予量刑建议的拘束效力、建立控辩审三方沟通协作机制、提升检察官的精准量刑能力、建立案例指导制度以及发挥智能辅助系统的科技支撑作用等路径实现。

关键词　共同犯罪认罪认罚　适用条件　量刑建议精准化

认罪认罚从宽制度作为刑事诉讼的一项基本原则，于2018年10月26日正式写入刑事诉讼法，对我国的刑事司法理念和诉讼模式带来深远影响。2019年10月24日，“两高三部”发布《关于适用认罪认罚从宽制度的指导意见》（以下简称《指导意见》）对认罪认罚从宽制度的基本原则、适用范围和条件、从宽幅度、律师参与、当事人权益保障、量刑建议等作出了具体规定，为检察机关全面贯彻认罪认罚从宽制度提供了有效指引。但是，由于刑事诉讼法和《指导意见》对于共同犯罪案件如何适用认罪认罚从宽制度基本没有提及，理论和实务界对此也鲜有研究，再加上受制于共同犯罪案件的复杂性以及相关量刑指引的模糊性，实践中共同犯罪案件认罪认罚从宽制度的适用率相对较低，相关量刑建议精准率与最高检提出的80%以上的精准化目标之间也存在一定差距，因此有必要对共同犯罪案件认罪认罚问题进行深入研究。本文从共同犯罪案件认罪认罚的适用条件以及量刑建议精准化的实现路径两个维度展开论述，以期对共同犯罪案件如何准确适用认罪认罚从宽制度的司法实践有所裨益。

---

* 韩树军，广东省珠海市香洲区人民检察院党组书记、检察长；王非，广东省珠海市斗门区人民检察院党组成员、第一检察部主任。

一、共同犯罪案件认罪认罚的适用条件

刑诉法第15条规定："犯罪嫌疑人、被告人自愿如实供述自己的罪行，承认指控的犯罪事实，愿意接受处罚的，可以依法从宽处理。"因此，认罪认罚的适用条件可以简单归结为："认罪+认罚"。

（一）关于共同犯罪案件认罪认罚之"认罪"问题

《指导意见》第6条规定：认罪认罚从宽制度中的"认罪"，是指犯罪嫌疑人、被告人自愿如实供述自己的罪行，对指控的犯罪事实没有异议。承认指控的主要犯罪事实，仅对个别事实情节提出异议，或者虽然对行为性质提出辩解但表示接受司法机关认定意见的，不影响"认罪"的认定。

但是《指导意见》对"如实供述自己的罪行"的内涵没有作出明确规定，客观上给共同犯罪案件适用认罪认罚从宽制度造成了困难。为此，最高人民检察院苗生明专委将其解读为"可以参照相关司法解释如《关于处理自首和立功具体应用法律若干问题的解释》《关于处理自首和立功若干具体问题的意见》《关于办理职务犯罪案件认定自首、立功等量刑情节若干问题的意见》等对'如实供述'的规定参照把握"。[①] 依据苗生明专委的解读意见以及上述相关司法解释精神，共同犯罪案件认罪认罚从宽制度中的"认罪"条件，可以表述为：共同犯罪人除如实供述自己的罪行，还应当供述所知的同案犯，主犯则应当供述所知其他同案的共同犯罪事实，才能认定为"认罪"，这客观上赋予了共同犯罪案件认罪认罚从宽制度与自首或坦白制度在"自愿如实供述自己的罪行"方面同样的内涵。

正是基于上述认罪认罚从宽制度中的"认罪"，与自首或坦白情节在"如实供述自己的罪行"方面有一定的联系性，实务中有观点认为："认罪认罚从宽与坦白从宽在法律精神上应是一致的。若犯罪嫌疑人、被告人构成认罪认罚的，则必定构成坦白；而认定坦白的，则并不意味着一定构成认罪认罚。因此，坦白情节是认罪认罚程序的必要不充分条件。"[②] 这在客观上使共同犯罪案件认罪认罚从宽制度实践中，共同犯罪人"认罪"之"如实供述自己的罪行"，被直接援引共同犯罪人"如实供述自己的罪行"加以认定，适用条件极为严格[③]。

笔者认为，上述解读及相关观点，违背了认罪认罚从宽制度的立法初衷，不仅与我国刑法、刑事诉讼法规定的其它认罪制度相悖，也限缩了认罪认罚从宽制度的适用空间。

---

① 参见苗生明、周颖：《认罪认罚从宽制度适用的基本问题——〈关于适用认罪认罚从宽制度的指导意见〉的理解和适用》，载《中国刑事法杂志》2019年第6期。

② 徐世亮、赵拥军：《坦白情节是认罪认罚程序的必要不充分条件——兼论认罪认罚从宽程序作为独立的从宽因素之必要性》，载《人民法院报》2019年8月15日。

③ 刘仁琦：《共同犯罪案件认罪认罚从宽制度的适用问题研究——以诉讼客体单一性原理解析》，载《西南民族大学学报》2020年第5期。

首先，从刑法及相关司法解释规定的自首和坦白认罪制度的相关规定来看，自首“如实供述自己罪行”的时间节点，是行为人未被侦查机关抓获之前主动投案（特殊自首除外）并且要求到案即供，这在司法实践中没有任何争议。而坦白“如实供述自己罪行”的时间节点，刑法和司法解释没有作出明确规定，但实践中一般认为，是犯罪嫌疑人被公安机关抓获归案后及时如实供述，至迟在检察机关提起公诉前。之所以这样理解，一是从法条的规定来看，《刑法》第67条第3款规定：“犯罪嫌疑人虽不具有前两款规定的自首情节，但是如实供述自己罪行的……”从立法机关的用词就不难得出，是“犯罪嫌疑人”而不是该条第2款规定的“犯罪嫌疑人、被告人和正在服刑的罪犯”。由于在刑事诉讼中，只有在案件侦查和审查起诉阶段，行为人的身份才谓之“犯罪嫌疑人”，到了审判阶段，“犯罪嫌疑人”的称谓已经变成了“被告人”；二是从自首、坦白制度的价值功能来看，到了审判阶段，行为人的犯罪事实已经基本查清，此时再认定坦白已经难以发挥该项制度的应有价值功能，因此不能认定为刑法意义上的坦白法定情节；三是从《指导意见》的相关规定来看，《指导意见》第5条规定“认罪认罚从宽制度贯穿刑事诉讼全过程，适用于侦查、起诉、审判各个阶段”，第49规定“被告人在侦查、审查起诉阶段没有认罪认罚，但当庭认罪，愿意接受处罚的，人民法院应当根据审理查明的事实，就定罪和量刑听取控辩双方意见，依法作出裁判”。从上面的相关规定来看，行为人即使没有坦白情节，但当庭认罪认罚的，审判环节也可以适用认罪认罚，此环节适用认罪认罚从宽制度的前提或者说条件是“具有当庭认罪情节”，而不是坦白，更不是自首，故“坦白情节是认罪认罚程序的必要不充分条件”的观点显然是站不住脚的。

其次，从制度的价值来看，不能将共同犯罪人“认罪”之“如实供述自己的罪行”等同于自首、坦白情节之“如实供述自己的罪行”。自首和坦白是法定从轻或减轻处罚情节，这两项认罪制度设立的目的是有利于迅速破案，查清案件事实，避免或者减少司法资源的损失。而认罪认罚从宽制度是宽严相济刑事政策的具体化和制度化，具有保障实体从宽、程序从简的独立价值，目的是激励被刑事追诉人认罪认罚的积极性，促使其认罪悔罪，实现推动刑事案件繁简分流，节约司法资源，化解社会矛盾，具有推动国家治理体系和治理能力现代化目的。因此笔者认为，从认罪认罚从宽制度的价值出发，应当把认罪认罚作为单独评价的从宽处罚情节。一方面，只有对认罪认罚单独评价，给予一定幅度的从宽，犯罪嫌疑人、被告人才更易接受，才能更好地鼓励其认罪认罚，从而凸显制度功能和价值；另一方面，认罪认罚虽然与坦白、自首等有交叉，但还包括了对愿意接受处罚的内涵（即“认罚”），包括积极赔偿被害人的经济损失、认可检察机关的量刑建议等，具有自首或坦白等其他认罪制度无法涵盖的诉讼分流、节约司法资源等重要价值，因此具有自身独立的内涵。

再次，从《指导意见》相关条款的语境来看，“认罪认罚的从宽幅度一般应当大于仅有坦白，或者虽认罪但不认罚的从宽幅度。对犯罪嫌疑人、被告人具有自首、坦白情节，同时认罪认罚的，应当在法定刑幅度内给予相对更大的从宽幅度”（《指导意见》第

9条），该条当中“犯罪嫌疑人、被告人具有自首、坦白情节，同时认罪认罚的，应当在法定刑幅度内给予相对更大的从宽幅度”的相关表述，本身涵摄了“犯罪嫌疑人、被告人不具有自首、坦白情节，但认罪认罚”的情形。

因此，笔者认为，认罪认罚从宽制度是独立与自首或坦白之外一个新的独立量刑情节，虽然与坦白、自首有交叉和联系，但并不以坦白或自首为基础，或者说以坦白作为必要条件。对于共同犯罪而言，共同犯罪人不具有自首或坦白情节的，完全可以适用认罪认罚从宽制度，换言之，共同犯罪人只要自愿如实供述其本人的罪行，承认指控的犯罪事实，愿意接受处罚的，客观上虽然不符合自首或坦白的条件，但仍然可以适用认罪认罚从宽制度，可以依法从宽，享受一定的刑罚减让幅度，并不要求如实供述其所知的其他同案犯的犯罪事实。因为是否如实供述其所知的其他同案犯的犯罪事实，是自首或坦白制度的调整范围。当然，共同犯罪人既具有自首或坦白情节，同时又认罪认罚的，应当在法定刑幅度内给予相对更大的从宽幅度。因此，笔者认为，共同犯罪与单独犯罪在“认罪”的内涵上应该说并没有本质上的差异。如果过于强调内涵的差异、人为扩大“认罪”的内涵，客观上就会限缩认罪认罚的适用空间，违背了该项制度的立法本意。

（二）关于共同犯罪案件认罪认罚之“认罚”问题

《指导意见》第7条规定：“认罪认罚从宽制度中的‘认罚’，是指犯罪嫌疑人、被告人真诚悔罪，愿意接受处罚。”“认罚”，在侦查阶段表现为表示愿意接受处罚；在审查起诉阶段表现为接受人民检察院拟作出的起诉或不起诉决定，认可人民检察院的量刑建议，签署认罪认罚具结书；在审判阶段表现为当庭确认自愿签署具结书，愿意接受刑罚处罚。“认罚”考察的重点是犯罪嫌疑人、被告人的悔罪态度和悔罪表现，应当结合退赃退赔、赔偿损失、赔礼道歉等因素来考量。

1. 关于退赔和赔偿损失概念的厘清

应当说“退赃”“退赔”“赔偿损失”“赔礼道歉”四组概念都是法律用语，但由于法律和司法解释没有对这四组概念作出具体解释，在司法实务中，“退赃”和“赔礼道歉”的内涵很容易理解，“退赔”及“赔偿损失”的适用却比较混乱，影响了认罪认罚工作的质效。例如，笔者在办理某共同盗窃、诈骗犯罪案认罪认罚过程中，被害人在出具谅解书、被告人在签署具结书时，均对诈骗所得到底是“退赔”还是“赔偿损失”提出质疑，因此有必要对这两组概念予以厘清。

笔者认为，要准确界定退赔、赔偿损失，必须回归相关法条和司法解释。我国《刑法》第64条规定“犯罪分子违法所得的一切财物，应当予以追缴或者责令退赔”，最高人民法院《关于适用〈中华人民共和国刑事诉讼法〉的解释》（以下简称《解释》）第139条规定“被告人非法占有、处置被害人财产的，应当依法予以追缴或者责令退赔”，《刑法》第36条规定“由于犯罪行为而使被害人遭受经济损失的，对犯罪分子除依法给予刑事处罚外，并应根据情况判处赔偿经济损失”，《解释》第138条规定“被害人因人身权利受到犯罪侵犯或者财物被犯罪分子毁坏而遭受物质损失的，有权在刑事诉讼过程中提起附带民事诉讼”。因此，从上述法律和司法解释的相关规定来看，“取得型、占有型、处置型”侵财类犯罪，司法机关在适用认罪认罚时，应当适用“责令退赔”；而“毁坏型”侵财犯罪以及公民人身权利受侵害所引发的侵权损害赔偿，应当适用“赔偿损失”。

2. 关于共同犯罪案件退赃退赔、赔偿损失的责任承担问题

如上所述，在我国，刑事案件的退赃退赔问题，相关法律依据是《刑法》第 64 条以及《解释》第 139 条；而赔偿损失的法律依据是《刑法》第 36 条以及《解释》第 138 条。但是由于法律和司法解释对共同犯罪人的退赃退赔和赔偿损失问题并没有作出明确规定，司法实践中各犯罪人应承担的赔偿或退赔份额以及相互之间是否负有连带责任存在较大的争议，实务中认识和处理不统一，不但影响了被害人的财产权益保护，也直接影响了共同犯罪人认罪认罚从宽的适用和刑罚执行问题。实务中有以下三种具有代表性的观点：

一是“连带说”，认为共同犯罪案件的退赃退赔、赔偿损失，各共同犯罪人对违法所得或损失总额承担连带的追缴、退赔或赔偿义务。理由是我国刑法认同共同犯罪的本质为“犯罪共同”①，并不区分不法与责任，不区分正犯与狭义的共犯，仅判断共犯人是否实施了共同的犯罪行为，而不分别考察共犯人的行为与结果之间是否具有因果性②，在发生了结果的情况下，所有共同犯罪人的行为与结果之间都具有“心理因果关系和物理因果关系”③。而《侵权责任法》第 8 条规定“二人以上共同实施侵权行为，造成他人损害的，应当承担连带责任”，《民法典》第 178 条也规定“二人以上依法承担连带责任的，权利人有权请求部分或者全部连带责任人承担责任。连带责任人的责任份额根据各自责任大小确定；难以确定责任大小的，平均承担责任。实际承担责任超过自己责任份额的连带责任人，有权向其他连带责任人追偿”。从共同犯罪的本质以及侵权责任法、民法典的相关规定来看，共同犯罪人系共同侵权人，应当承担连带民事责任，权利被侵害人可以向任何一个侵权人提出赔偿损失的要求，共同侵权人承担连带赔偿的责任，这体现了法律对受害方的充分保护。因此，连带退赔责任的承担与共犯理论、民事共同侵权连带责任的承担具有理论上的一致性。④ 若共犯人承担的追缴或退赔数额超出自己实际违法所得的部分，可通过向其他共犯人追偿的方式平衡⑤。二是“独立说”，认为各共同犯罪人之间退赃退赔、赔偿损失的责任是独立的，不承担民事共同侵权连带责任。

---

① 张明楷：《共犯的本质——“共同”的含义》，载《政治与法律》2017 年第 4 期。

② 张明楷：《刑法学》（第五版），法律出版社 2016 年版。

③ 刘仁琦：《共同犯罪案件认罪认罚从宽制度的适用问题研究——以诉讼客体单一性原理解析》，载《西南民族大学学报》2020 年第 5 期。

④ 刘晓峰、卞艳飞：《共同犯罪中各共犯人应当承担连带退赔责任》，载《人民法院报》2018 年 5 月 5 日，第 6 版。

⑤ 梅传强、欧明艳：《共同犯罪违法所得处理研究——以共同犯罪人之间是否负连带责任为焦点》，载《中国人民公安大学学报》（社会科学版）2020 年第 1 期。

理由是前者属于刑事诉讼的范畴，后者属于民事诉讼范畴，应以各共同犯罪人实际违法所得为限。三是“两分说”，该观点认为，退赔或赔偿被害人的才能适用连带责任，而追缴或退赔的违法所得上缴国库的则不适用连带责任。理由为：首先，根据民法相关规定，仅教唆、帮助他人或者共同实施侵权行为的承担侵权赔偿的连带责任，因此只有违法所得最终归属为返还被害人的，才有适用连带责任的余地；其次，上缴国库的违法所得，实行连带责任意味着由国家选择实际承担的责任主体及责任份额欠缺程序正当性，将公法债权转化为私法债权也欠缺正当性[①]。

对共同犯罪案件退赃退赔、赔偿损失的责任承担问题，笔者同意“独立说”的观点。退赃退赔、赔偿损失是与刑事责任相关的法定义务，共同侵权与共同犯罪分别属于侵权法与刑法中两项不同的法律，各自有不同的调整范围，分别通过民事诉讼法和刑事诉讼法不同的诉讼程序解决。侵权责任，是民事主体因实施侵权行为而应承担的民事法律后果，体现的是平等民事主体之间的关系；刑事责任，是行为人因违反刑事法律而构成犯罪所依法应承担的刑事法律后果，体现为个人对国家承担的责任，是国家权力的行为。

如上所述，司法机关对“取得型、占有型、处置型”侵财类犯罪，应当适用“责令退赔”，该种情形下司法机关完全可以根据各共同犯罪人取得、占有、处置被害人财产的份额来确定责令退赃退赔的具体数额；而对“毁坏型”侵财犯罪以及公民人身权利受侵害所引发的侵权损害赔偿，司法机关应当适用“赔偿损失”，此时确定各共同犯罪人的赔偿数额，也可以按照各共同犯罪人在共同犯罪中所起的作用和地位、对造成危害结果的原因力来确定各自的赔偿比例，当然，各共犯人自愿主动超比例或全额退赔也会受到允许并鼓励，并且有权向其他行为人追偿超出部分的金额，否则对积极退赔的被告人有失公允，当然至于其是否有权向其他共同犯罪人追偿或者是否行使追偿权，是当事人意思自治以及民事诉讼法调整的范畴。

因此，笔者认为，对共同犯罪的认罚进行认定时，首先需要每个认罪认罚的共同犯罪人认同共同犯罪内部各自承担的份额。检察官在确定共同犯罪人内部赔偿责任份额时，应当依据各行为人过错程度与原因力大小进行划分，并在认罪认罚具结书上对每个共同犯罪行为人应承担的赔偿份额予以明确，这样有利于实现对受害人与行为人的双向公平，充分保障被害人实现求偿权，防止行为人相互推诿、拖延履行赔偿责任的情形，最大限度弥补受害人的损失，从而使恢复性司法理念切实得以彰显。

但是作为刑事诉讼范畴的认罪认罚从宽制度，毕竟不同于民事或者刑事附带民事诉讼，如果按照民法典或者侵权责任法，各行为人显然承担连带责任，而不是按份责任或者补充责任，这样显然不利于共同犯罪人认罪认罚。我们认为，对认罪认罚从宽制度的

---

① 邓光扬：《追缴共同犯罪之违法所得不能一概适用连带责任》，载《法律适用》（司法案例）2018 年第 22 期。

认罚，应当按照按份责任，也就是说，各共同犯罪人只要履行了按份赔偿责任，就应当认为行为已经具备了认罚的条件。

二、共同犯罪案件量刑建议精准化的实现路径

共同犯罪案件是较为复杂的社会现象，对共同犯罪案件的精准量刑，更能实现认罪认罚从宽制度的立法初衷。我国《刑法》第 25 条规定："共同犯罪是指二人以上共同故意犯罪。"学界普遍认为，我国刑法关于共同犯罪人的分类，采取了正犯与共犯相区分的"二元参与体系"①，将共同犯罪人分为主犯、从犯、胁从犯、教唆犯四种，并分别在《刑法》第 26 条、第 27 条、第 28 条、第 29 条对各自刑罚进行了具体规定。这样的分类方法，贯彻执行了区别对待原则，较好地体现出各共同犯罪人在共同犯罪中的罪责，便于依法正确地定罪量刑②。共同犯罪案件精准量刑对检察官而言，是一项相当复杂的系统工作。"量刑，从来就复杂，一直被低估……在认罪认罚程序一路高歌猛进的过程中，更应对量刑的复杂性保持警惕……如果量刑没有理念和方法，不懂得瞻前顾后，精准量刑就无从谈起"③。因此，精准量刑是一个综合性问题。对共同犯罪案件认罪认罚精准量刑目标的实现，需要多层次、多途径、全方位的共同努力④。

（一）规范共同犯罪案件的量刑方法和程序

就司法实务具体案件而言，司法机关认定二人以上的行为是否成立共同犯罪，是为了解决二人以上行为的结果归属（客观归责）问题。所有共同犯罪理论的研究，归根到底都旨在通过司法裁判过程来实现对各共同犯罪参与人的定罪量刑。大致而言，都在解决三个层面的问题：第一个层面旨在确定共同犯罪的成立范围，涉及共同犯罪的本质问题。第二个层面旨在解决共同犯罪的定性问题，即共同犯罪构成何种犯罪。第三个层面归结为解决各犯罪参与人的刑事责任问题⑤。

1. 明确共同犯罪的成立范围

共同犯罪成立要件是确定共同犯罪成立范围的基础。根据主客观相一致的原则，首先，在客观方面，各共同犯罪人必须具有共同的犯罪行为，即各共同犯罪人的行为都是指向同一的目标，彼此联系、互相配合，结成一个有机的犯罪行为整体。其次，在主观

---

① 参见陈兴良：《共犯论：二元制与单一制的比较》，载《刑事法热点问题的国际视野》，北京大学出版社 2010 年版，第 139 页。

② 苏惠渔：《刑法学》，中国政法大学出版社 2007 年版，第 78 页。

③ 周光权：《量刑何以更精准》，载微信公众号"青苗法鸣"，2020 年 4 月 11 日，https://mp.weixin.qq.com/s/EYKsltpRbPUziixUkYrSUA。

④ 参见王秀梅、陈志娟：《认罪认罚案件的精准量刑探究》，载《中国人民公安大学学报》2020 年第 2 期。

⑤ 李迎春：《我国犯罪参与体系下共同犯罪定罪量刑问题——对 H 省 100 份刑事判决的分析》，载《安阳师范学院学报》2015 年第 1 期。

方面，各共同犯罪人必须有共同的犯罪故意，即要求各共同犯罪人均认识到他们的共同犯罪行为会发生危害社会的结果，并决意参加共同犯罪，希望或放任这种结果的发生。再次，各共同犯罪人的行为都与发生的犯罪结果具有因果关系。

犯罪的本质是侵害或者威胁法益，对法益造成危害结果或者危险结果，而引起或支配这种结果发生的人正是正犯。根据共犯从属性的原理，对共犯的认定依赖于正犯。因此，在处理共同犯罪案件时，要先确定正犯，在正犯的行为具有该当性（符合构成要件）且违法的前提下，帮助行为才成立犯罪。在正犯行为不法时，认定共犯是否成立，需要查明共犯行为是否与正犯的不法具有因果性。如果具有因果性，在不法层面便成立共犯，进而判断参与人是否具有故意。换言之，在帮助行为与正犯结果具有因果性的场合，只要帮助者认识到正犯的行为及其结果，即使事前没有与正犯通谋，也成立帮助犯。在依据上述方法，确立共同犯罪的成立范围之后，再根据分工分类法，确定谁的行为符合分则的构成要件规定，谁的行为依附于正犯，从而准确地认定各共同犯罪人的地位以及作用大小。

2. 确定共同犯罪案件的性质

对于任何一个共同犯罪案件的处理，都必须坚持定性在前，量刑在后。危害行为是一切犯罪构成的必要要件。共同犯罪是刑事犯罪的常见形式之一，以实行行为为基础的刑法分则构成要件是定罪的依据，共同犯罪案件的性质应当依据实行犯（正犯）而不是主犯的行为性质来确定，这是共同犯罪案件定性的基本原则，理论和实务中基本不存在什么争议。

3. 规范共同犯罪案件量刑方法和步骤

《刑法》第 61 条规定："对于犯罪分子决定刑罚的时候，应当根据犯罪的事实、犯罪的性质、情节和对于社会的危害程度，依照本法的有关规定判处。"因此，量刑需要考量以下因素：一是犯罪的事实。共同犯罪案件中各行为人只对其参与的犯罪事实承担刑事责任，犯罪事实是共同犯罪人承担刑事责任的基础。二是犯罪的性质。即行为人所犯罪行在法律上属何种性质，应定何种罪名。性质越严重，量刑越重，性质越轻，量刑越轻。犯罪性质是确定量刑起点的因素。三是犯罪的情节。是指行为人是否具有从重或者从轻、减轻处罚的情节。一般而言，在共同犯罪中，根据分工与所起作用不同，可以将共同犯罪行为人分为主犯与从犯（有的共同犯罪案件不予区分）。根据"部分行为，全部责任"原则，从犯虽然要对其参与的全部犯罪事实承担刑事责任，但在共同犯罪中起次要或者辅助作用的，应当从轻、减轻处罚或者免除处罚。除此之外，共同犯罪人具有自首、立功等情节的，可以从轻或减轻处罚；具有累犯等从重情节的，可以从重处罚。犯罪情节是调节基准刑的要素。四是犯罪的社会危害性。社会危害性是由综合行为人、被害人、社会影响等各方因素而判定的，从行为人的角度看，行为人到案后坦白交代所犯罪行，并有悔罪表现，可以认定行为人再犯的可能性较低，社会危害性较低；从被害人的角度看，被害人的损失在案发后可以追回，或者行为人积极弥补被害人因犯罪行为所遭受的损失的，该犯罪行为对被害人的社会危害性亦大大降低。因此综合行为人、被害人、社会影响等各方面因素考量，共同犯罪的社会危害性大大降低的，量刑亦可以予以从轻或减轻。

综上，在共同犯罪中，各共同犯罪行为人共同参与的犯罪事实不尽相同，因此对各共同犯罪人的量刑应依据各行为人所参与犯罪的事实、性质、情节及社会危害性分别予以综合判定。定性问题解决的是罪与非罪、此罪与彼罪以及确定量刑起点的问题；而量刑问题，则解决的是各共同犯罪人的罪责问题。我国的共犯体系设置按照作用类型将行为人进行了主犯、从犯的划分，并在此基础上决定了处罚原则。可以说作用分类标准下的主犯与从犯，承载着量刑功能，直接决定和评价行为人的刑罚轻重。共同犯罪的量刑原则，当前最普遍的观点就是“主犯决定说”，即以主犯的基本特征决定共同犯罪的基本特征，司法实践及司法解释大多持此观点。主犯内部为体现罪刑均衡，也有必要依据作用大小做出酌定区分。各共犯及其量刑是从属于主犯的，在大多数情况下共犯都是作为主犯的帮助犯、教唆犯、胁从犯出现的。因此，对各共同犯罪人的量刑，应坚持罪责刑相适应以及量刑均衡原则，严格执行量刑指导意见确定的量刑方法、步骤和标准，坚持“以定性分析为基础，结合定量分析”的量刑方法，分别对各共同犯罪行为人所参与的每起犯罪事实，依次确定个罪的量刑起点、基准刑、量刑情节的调节比例，先确定个罪所应判处的刑罚，再依法实行数罪并罚，决定执行的刑罚。

司法实务中，尽管最高人民法院和一些地方高级人民法院制定了相关量刑指导意见及实施细则，但因当时还没有认罪认罚从宽制度，未能将认罪认罚纳入量刑因素考虑。此外，现有的量刑指导意见，即最高人民法院《关于常见犯罪的量刑指导意见》只涵盖了常见的23种犯罪，显然已无法满足推进认罪认罚从宽制度精准量刑的改革要求，而学界所倡导的责任主义量刑原则在司法实践中又不具有可行性。因此，为了实现认罪认罚从宽案件的精准量刑，建立规范统一的量刑指导意见已成为当前一项迫在眉睫的任务。在规范统一的量刑指导意见出台前，各地检察机关可以和相应的人民法院共同会签精准量刑的相关规范性文件，为检察机关提出精准量刑建议奠定制度基础，也让精准量刑建议工作有章可循，从而统一各地的量刑标准，促进量刑均衡化和司法公正。

（二）构建控辩审三方沟通协作机制

一是控辩协商机制。量刑建议的精准化和确定化必须建立在控辩双方充分协商的基础之上。认罪认罚从宽制度改革在诉讼模式上要求由对抗式转变为合作或协商式。协商越有效、越充分，量刑建议就越精准。这就要求检察官除了要对案件事实、量刑情节以及量刑规则准确把握外，还要充分保障共同犯罪行为人知情权和选择权，认真落实值班律师制度，确保律师的阅卷权、会见权，提升法律帮助工作的质效。值班律师制度的价值功能主要体现在以下三个方面：其一，在委托律师介入前，值班律师帮助共同犯罪人在第一时间充分了解认罪认罚从宽制度，并协助其尽早作出认罪认罚的理性选择；其二，值班律师在充分了解案件事实的基础上，可以根据法律专业知识及量刑规则提出实质性的量刑意见，进而辅助检察官作出精准量刑；其三，值班律师的参与，不仅有利于保障共同犯罪人认罪认罚的自愿性、真实性，而且可以帮助共同犯罪人更好地理解与接纳检察官提出的精准量刑建议。因此，实行认罪认罚从宽，不仅是宽严相济刑事政策的制度兑现，更重要的是对犯罪嫌疑人、被告人诉讼主体地位的肯定和尊重，即处于被追究一方的犯罪嫌疑人、被告人可以通过自己的意思表示，通过自身诉讼权利的行使，来影响诉讼方式、影响诉讼进展、影响诉讼结果。从这一角度上说，精准量刑建议是控辩双方协商的产物，也是诉讼合意的结果。

二是量刑沟通机制。量刑沟通机制主要表现为司法机关之间的沟通。要想实现共同犯罪案件量刑建议的精准化，检察机关加强与法院的沟通至关重要。这就要求对复杂的共同犯罪案件，检察机关在与辩方协商前，就要加强与法院的沟通，认真听取法院的意见。因此量刑沟通机制既有利于提高量刑协商的有效性和精准性，更有利于复杂共同犯罪案件的量刑整体均衡和个案平衡，确保司法公正目标的实现。

三是量刑调节机制。即检察机关对审判环节出现新的事实和情节，比如部分共同犯罪案件被告人退赃退赔、赔偿经济损失、被害人谅解等，就要及时向法院发出《量刑建议调整书》，以书面形式对原有的量刑建议予以变更。调整后的量刑建议仍然应当计入精准量刑的范围。

（三）赋予精准量刑建议的法律拘束力

精准量刑建议是控辩双方协商的产物，也是诉讼合意的结果，因此对检察机关、被告人以及人民法院均应当具有相应的约束效力。其中，对于检察机关而言，应当遵守量刑协商的结果，非因出现新的量刑情节等法定原因，不得随意变更量刑建议内容；对于被告人，应当认识到其自愿签署的具结书具有拘束力，非因法定事由不得反悔；对于法官，应当尊重和支持控辩双方“诉讼合意”的结果，精准量刑建议没有明显不当的，就应当依法予以采纳。只有量刑建议存在明显不当时，法官才可以书面建议检察机关调整量刑建议并说明理由，并且在检察机关不同意调整明显不当的量刑建议时，法官才能依法直接作出判决。法院判决没有采纳量刑建议的，应当在裁判文书中充分阐述裁判理由。只有赋予精准量刑建议的刚性拘束力，才能保障检察机关依法行使审判监督权，不断提高量刑建议的质量，才能确保被告人、被害人充分了解量刑建议的内容和量刑依据，减少上诉、申诉情形。

（四）提升检察官精准量刑的能力和水平

精准量刑建议是认罪认罚从宽制度价值的重要追求和集中体现，是优化司法资源配置，实现诉讼程序快慢分道、繁简分流以及量刑规范化工作的重要保障。作为制度执行者、推进者的检察官群体，要正确认识检察机关的主导作用与以审判为中心刑事诉讼制度改革的辩证统一关系，将认罪认罚从宽制度的实体和程序价值，切实体现在司法公正与司法效率的双赢上。一要提升担当意识。适用认罪认罚从宽制度办理案件，与传统办案程序相比，不但没有简化反而增加了检察机关的工作量。但认罪认罚从宽制度充分凸显了检察机关在刑事诉讼中的主导作用，给检察工作发展带来了新的发展机遇。因此，刑事检察官群体要积极适应改革，自觉自我加压，切实担当起精准量刑的主导责任，做优刑事检察工作。二要转变司法理念。刑事检察官要与时俱进，树立恢复性、合作式司法理念，变对抗为合作，摒弃重定罪轻量刑的观念，克服畏难情绪，全面强化规范量刑意识，认真学习量刑指导意见，研判量刑规律和标准，切实提升量刑建议的精准率。三要加强沟通协作。注重加强同法院的沟通协调，认真听取共同犯罪行为人、值班律师、被害人及其诉讼代理人的意见，坚持“兼听则明”，坚守客观公正立场，提升量刑协商工作的质效。

（五）建立案例指导制度

一个案例胜于一打文件。案例指导是加强精准量刑指导的重要形式，也是一种最直接的指导方式。利用指导案例深入解读共同犯罪案件认罪认罚的量刑方法，解决量刑规范化和实施认罪认罚从宽制度过程中遇到的疑难和争议问题。2019 年 10 月 24 日，最高人民检察院召开以“准确适用认罪认罚从宽制度”为主题的新闻发布会，会上发布了 3 件检察机关适用认罪认罚从宽制度的典型案例，对检察机关在适用认罪认罚从宽制度过程中如何发挥主导作用、如何准确适用认罪认罚案件范围、如何精准量刑进行了深入的解读，充分发挥了案例指导在认罪认罚从宽制度司法实践中的引领作用。建议最高检适时发布关于共同犯罪案件认罪认罚如何进行精准量刑的相关指导性案例。

（六）发挥智能辅助系统的科技支撑作用

智能辅助系统是大数据时代司法办案的有效辅助手段。大数据分析技术能够在智能抓取相关量刑情节基础上，对刑期进行数据归纳、分析和智能输出，智能辅助系统为共同犯罪案件量刑精准化提供了有力的科技支撑。实践中不少地方检察机关都在积极探索量刑建议智能辅助系统。当然，值得注意的是，实践中由于共同犯罪案件情况比较复杂，各地在量刑起点和刑罚量增减的幅度、并处罚金数额等方面千差万别，就是同一地区的不同检察官和法官之间也存在一定的差异，再加上量刑智能辅助系统涵盖的罪名数量有限，归纳和分析的数据样本范围不够精准，因此智能辅助系统具有一定的局限性，只能发挥量刑辅助而非替代作用，仍需检察官发挥主观能动性，在参考智能辅助系统的计算方法和量刑结果的基础上，全面、综合把握案件事实和情节，提出符合个案实际的精准量刑建议。各地唯有立足本地办案数据，精雕细琢，搭建符合本地量刑标准的精细化办案智能辅助系统，才能真正为精准量刑提供科技支撑。

重罪案件取保候审强制措施适用合理化提升探究

崔少波　刘保珠*

摘　要　取保候审强制措施是我国刑事诉讼强制措施的重要组成部分，发挥着保障刑事诉讼过程顺利进行的功能价值。基于重罪案件的特殊性，取保候审适用率相对较低属必然现象。本文以Z市为观察样本，反映出取保候审在重罪案件中具有相当程度适用提升空间，在重罪案件选择强制措施时应立足于宽严相济基本刑事政策，防止重罪案件的过度羁押，也要防止非羁押措施的过分适用。针对不合宜的原因，从理念认识、制度理解、运行规范等多方面对症施策，精准适用取保候审强制措施，促进取保候审强制措施在重罪案件中适用的合理化。

关键词　重罪案件　取保候审　适用　合理化

一、重罪案件划定标准的基本厘清

在探讨重罪案件相关问题时，"何谓重罪"是不得不探讨的问题，这直接关系我们研究的的样本对象。轻罪与重罪无论是法律规定还是学界理论并无明确且一致的划分标准，对于进入刑事诉讼程序视野的案件，何谓重罪案件、何谓轻罪案件也无明确的划分标准。值得注意的是，重罪、轻罪在我们司法语境下并非陌生词汇，无论司法还是理论界均在自己的语境下划分重罪和轻罪，这反映出对轻罪、重罪的划分标准具有较强主观性。

（一）域外轻重罪标准划分实践

从世界范围来看，多数国家以自由刑的期限来划分重罪与轻罪，期限界限划分有一年、三年、五年或十年不一。如德国刑法典将犯罪分为重罪和轻罪，德国现行《刑法典》第12条规定，重罪是指最低以1年或者1年以上的自由刑相威吓的违法行为；轻罪是指最低以更轻微的自由刑或者以罚金刑相威吓的违法行为。将重罪与轻罪自由刑界

---

* 崔少波，广东省珠海市人民检察院第一检察部主任、四级高级检察官；刘保珠，广东省珠海市金湾区人民检察院三级检察官。

限定在1年为界点。在美国，重罪同样采用了1年自由刑的标准,《模范刑法典》将犯罪细分为重罪、轻罪、微罪和违警罪，轻罪的刑罚期限不超过1年的监禁，微罪则不超过30天监禁，违警罪则无需剥夺自由，仅能处于罚款、没收等处罚。当然美国又将重罪划分为一级、二级、三级重罪，但整体而言1年以上监禁就可评价为重罪范围。美国三分之二州的刑法典均是以《模范刑法典》为蓝本制定的，其具有较强代表性。反观法国刑法典规定“刑事犯罪，依其严重程度分为重罪、轻罪和违警罪”，同时进一步细化规定，犯罪当处无期徒刑或者终身拘押，或者当处30年、20年或15年有期徒刑，此种犯罪则为重罪；在犯罪当处“矫正刑”刑罚时，也就是科处最高刑为10年监禁，罚金至少为25000法郎刑罚时，此种犯罪是轻罪；如果特别法条规定，除累犯之情形外，对某一犯罪仅可处不超过10000法郎的罚金，则这一犯罪是违警罪①。法国将重罪与轻罪以10年作为划分界点。而现行俄罗斯刑法规定，依照行为性质和社会危害性的程度，犯罪分为轻罪、中等严重的犯罪、严重犯罪和特别严重的犯罪，各犯罪分别以剥夺自由2年、5年以及10年为界点进行划分②。整体来说国外依据自由刑期限来划分重罪与轻罪并无一致标准。

（二）国内学界轻重罪划分争论

在我国学界，有学者认为对于轻罪重罪的区分，只能坚持法定刑的形式标准，认为法定刑之设立就考虑了行为的危害程度，没有必要在法定刑之外再去寻找所谓的实质标准③。并有学者具体提出，从《刑法》第7条属人管辖、第8条保护管辖、第72条缓刑等规定看，可以考虑将法定最低刑为3年以上有期徒刑的犯罪称为重罪，其他犯罪则为轻罪，而重罪则是指应当判处3年以上有期徒刑、无期徒刑以及死刑的犯罪④。还有学者认为，鉴于我国整个刑罚设置偏高偏重的现状，可将应处5年有期徒刑作为重罪轻罪的分水岭，即应处5年以上有期徒刑、无期徒刑或者死刑的犯罪为重罪，应处5年或者5年以下有期徒刑、拘役或者管制的犯罪为轻罪⑤。除此之外，有的学者还提出“1年说”“10年说”多种刑罚划分标准。以上主要是主张以刑罚轻重来划分重罪与轻罪的，可称其为形式划分说。除此之外还有学者主张重罪轻罪要进行实质判断，要考虑犯罪的性质、社会危害程度等犯罪内在特质进行综合考量来判断属重罪还是轻罪，法定刑体现了犯罪罪行这一要素，而不能完全体现犯罪性质，所谓罪行，是指刑法规定的具有特定构成要件并且配置有相应具体法定刑幅度的行为⑥，犯罪性质与罪行轻重也并非毫无关

---

① ［法］卡斯东·斯特法尼等:《法国刑法总论精义》，罗结珍译，中国政法大学出版社1998年版，第182—183页。

② 《俄罗斯联邦刑法典》，黄道秀等译，中国法制出版社1996年版，第8页。

③ 陈兴良:《轻罪治理的理论思考》，载《中国刑事法杂志》2023年第3期。

④ 张明楷:《刑法学》(第五版)，法律出版社2016年版，第92页。

⑤ 卢建平、叶良芳:《重罪轻罪划分及其意义》，载《法学杂志》2005年第5期。

⑥ 郑丽萍:《轻罪重罪之法定界分》，载《中国法学》2013年第2期。

系，犯罪性质是影响罪行轻重的重要因素之一。犯罪的性质愈严重罪行愈严重，犯罪性质愈轻罪行愈轻，这种对应关系并不完全成立，在某些情况下，犯罪性质和罪行轻重没有必然联系[①]。由此看来只依据法定刑来划分重罪与轻罪并不能全面反映出犯罪的轻重。

（三）重罪检察实务语境下划分的相对合理性

反观我国检察机关内设机构改革后，从国家到地方四级检察机关设立重罪检察部门，重罪检察部门承担办理危害国家安全、公共安全犯罪，故意杀人、抢劫、毒品等犯罪案件的审查逮捕、审查起诉、出庭支持公诉、抗诉以及检察监督等检察职责。2020年7月份最高检进一步调整刑事检察各条线业务管辖范围，将危险驾驶罪、交通肇事罪调整到普通刑事犯罪检察部门管辖，对重罪检察部门管辖的罪名进行了优化。可见在重罪检察实务语境下，对重罪案件的划定采取了既兼顾犯罪性质又兼顾犯罪法定刑综合判定的标准。虽然目前仍然存在进一步调整的余地，但笔者认为该划定的标准比采取单纯的形式标准或实质标准均更加符合刑事检察工作实际，具有相对合理性，且在该标准下的有关探讨也具有较强实务指导意义。

二、重罪案件诉讼各阶段适用取保候审情况

我国刑事诉讼具有惩罚犯罪和保障人权的双重目的，刑事强制措施的选择与适用应具有目的的符合性，应防止在羁押必要性审查时有违我国宽严相济刑事政策，出现“应宽不宽、应严不严”情形。依法准确适用取保候审强制措施，也是对着力推动我国人权司法保障制度、推动国家治理体系和治理能力现代化在刑事诉讼领域的有力应答。本文以G省Z市自2018年至2023年6月的重罪案件强制措施适用情况[②]为观察样本，以窥知在重罪案件中取保候审强制措施适用的基本现状。

（一）重罪案件审查逮捕阶段强制措施适用基本情况

从2018年1月至2023年6月期间审查逮捕整体数据情况来看，审查逮捕的重罪案件中被逮捕人数占总受理人数的77.67%，其中因曾经故意犯罪、可能判处十年以上有期徒刑而迳行逮捕的仅占15%，其余均属具有社会危险性被逮捕情形。在不予逮捕的人数中，因证据不足不捕占比为78.39%，因无社会危险性不捕仅占13.57%，且不捕后直接予以释放人员占比69.25%，不捕后变更为取保候审强制措施仅占23%。从各年份的被逮捕人数占比受理审查逮捕人数情况来看，2018年占比75.07%、2019年占比80.04%、2020年占比82.28%、2021年占比82.72%、2022年占比76.53%。

① 黄开诚：《我国刑法中的轻罪与重罪若干问题研究》，载《现代法学》2006年第2期。

② 重罪案件相关数据范围以检察机关重罪检察业务部门管辖罪名为依据，以保证本文相关探讨与业务实践的一致性。

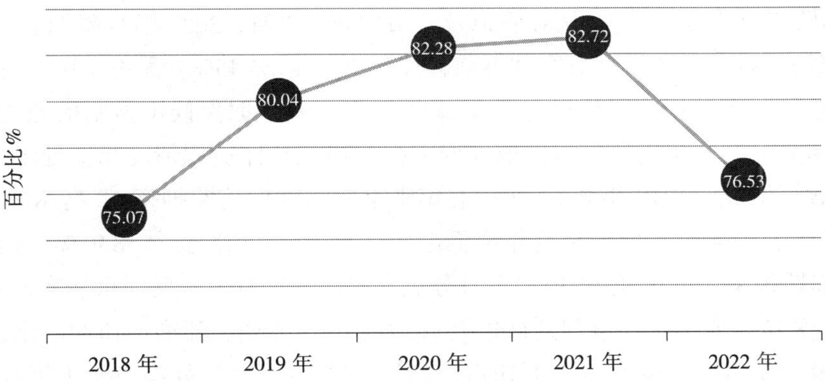

重罪案件批准逮捕率

从总体数据上观察，重罪案件审查逮捕案件绝大部分犯罪嫌疑人被采取逮捕强制措施，且大部分以具有社会危险性予以逮捕，反映出检察机关对重罪案件从严把握的基调。不予逮捕人员大部分因证据不足予以不捕，且不捕直接予以释放具有一定数量。从各年份来看，重罪案件在审查逮捕阶段的高逮捕率表现具有一致性。

（二）重罪案件审查起诉阶段强制措施适用基本情况

从 2018 年至 2023 年 6 月 Z 市审查起诉数据总体情况看，受理时被逮捕犯罪嫌疑人占比 85.07%，受理时被采取取保候审强制措施的人员仅占 12.39%，监视居住（含指定居所监视居住）和刑拘占比 2.04%，未采取任何强制措施人员占比仅为 0.50%。

从各年份数据情况看，2018 年至 2023 年 6 月各年受理时逮捕占比和取保候审占比分别是，2018 年为 94.44% 和 3.13%，2019 年为 90.73% 和 6.5%，2020 年为 86.26% 和 12.86%，2021 年为 75.53% 和 23.16%，2022 年为 58.91% 和 33.66%，2023 年上半年为 53.03% 和 46.97%。

从近年审查起诉案件羁押数据的整体情况看，重罪案件羁押率处于高位水平，取保候审适用率则处于低位；但从年度走势来看重罪案件的羁押率逐年降低，相比 2018 年 2022 年羁押率下降 35.5 个百分点，取保候审与之呈此消彼长态势。

（三）重罪案件强制措施适用与刑事案件整体情况比较

从全国数据来看，2021 年全年不批捕 38.5 万人、不起诉 34.8 万人，比 2018 年分别上升 28.3% 和 1.5 倍，诉前羁押率从 2018 年 54.9% 降至 2021 年 42.7%[①]；2022 年不捕率从 2018 年 22.1% 升至 43.4%，不诉率从 7.7% 升至 26.3%，诉前羁押率进一步降至 26.7%[②]；至2023年上半年全国检察机关不捕率已升至46.2%，不诉率升至27.1%[③]，诉

① “最高人民检察院工作报告”，2022 年 3 月 8 日发布。

② “最高人民检察院工作报告”，2023 年 3 月 7 日发布。

③ “最高人民检察院 2023 年 1 至 6 月全国检察机关主要办案数据”，载微信公众号“最高人民检察院”，2023 年 7 月 26 日，https：//mp.weixin.qq.com/s/LZZ-5-jH732es_xyrDWkMQ。

前羁押率仍处于低位运行[①]。从G省以及Z市的数据来看，2022年G省刑事案件诉前羁押率下降至30.8%[②]，Z市刑事案件诉前羁押率下降至24.45%。无论全国、省还是市的刑事案件总体羁押数据情况均已经降至30%以下，基于取保候审强制措施适用率与羁押率的负相关关系，相应刑事案件取保候审强制措施总体适用情况相应处于增长趋势。反观Z市数据情况，2018年至2022年五年来重罪案件诉前羁押率[③]高达86.93%，其中2018年高达94.44%，此后呈逐年降低趋势，至2022年降至为58.91%，相比刑事案件整体诉前羁押率24.45%超出30多个百分点，多出一倍有余。反观重罪案件判决情况，近五年来，Z市重罪案件一审判处被告人10年以上、无期、死刑刑罚的占比仅为15%，判处拘役及3年有期徒刑及以下刑罚占比高达68.50%，而判处拘役及1年有期徒刑及以下刑罚占比44.14%；2022年Z市重罪案件一审判处被告人10年以上、无期、死刑刑罚的占比仅为27.05%，判处拘役及3年有期徒刑及以下刑罚占比为44.27%，而判处拘役及1年有期徒刑及以下刑罚占比31.97%。可见在重罪案件中对犯罪嫌疑人取保候审强制措施仍有较大适用空间。

三、重罪案件取保候审强制措施低适用率原因分析

（一）功能认知错位和适用逻辑倒置

1. 强制措施功能认知错位

刑事强制措施如何适用，必然要求对其设立的实质功能价值具有充分认知，否则在实践中必定会面临功能异化的风险。强制措施作为刑事诉讼程序规则中的重要内容，其功能价值首先服从于刑事诉讼程序功能，即保障刑事诉讼过程的顺利进行，进而服从于刑事诉讼程序对刑法实现的保障功能。在刑事诉讼过程中，如果完全不对犯罪嫌疑人人身自由进行必要限制，刑事诉讼程序顺利推进往往面临挑战，刑事诉讼对刑法实现的保障功能则无从实现，刑法打击犯罪保证人权的目的必然沦为一纸空文。在实践中对刑事强制措施功能有时又产生反向误解，刑诉法中关于“羁押期限届满，案件尚未办结”适用取保候审情形、“因为案件的特殊情况或者办理案件的需要”适用监视居住的情形的规定，以及刑法关于适用逮捕、指定居所监视居住强制措施可以按照规则折抵刑期，使得少数司法者错误认为强制措施具有刑罚惩罚的功能价值。基于这一错位认知，在具体选择强制措施类型时，司法者有时以刑罚结果的预判来指导强制措施的选择，势必降低了羁押措施的适用条件，重罪案件刑罚结果的严重性使得这一情况更甚。

---

① 最高人民检察院未在2023年1至6月全国检察机关主要办案数据中进行公布，但依据不捕率进一步升高的趋势，诉前羁押率则处于低位运行。

② “G省人民检察院工作报告”，2023年1月7日发布。

③ 因统计数据局限，本文以受理时被逮捕数据作为诉前羁押数据参考。

2. 强制措施适用审查逻辑的倒置

刑诉法第81条规定了刑事案件逮捕条件，除了迳行逮捕和违反取保规定需要逮捕外，对于犯罪嫌疑人需要逮捕必须满足有证据、可能判处徒刑以上刑罚、有社会危险性，三者缺一不可。《人民检察院刑事诉讼规则》第135条以及最高检、公安部《关于逮捕社会危险性条件若干问题的规定（试行）》均规定了公安机关提请逮捕嫌疑人时，应当移送证明嫌疑人具有社会危险性的证据，检察机关审查嫌疑人是否具有社会危险性要以公安机关移送的证据为依据。根据以上规定，刑事案件审查中，除定罪量刑需要证据进行证实外，嫌疑人的社会危险性仍需要证据予以证实，然而在司法实务中将社会危险性作为涉嫌犯罪人员的自然属性，适用取保候审等非羁押措施不至于发生社会危险性则作为需要证据证实的事项，重罪案件嫌疑人的社会危险性更是作为默认模式，显然强制措施适用在证据审查逻辑上出现倒置。

3. "宽严相济"理念在重罪案件中的出现单向"屏蔽效应"①

"当宽则宽、当严则严、宽严相济、罚当其罪"是我国在刑事领域的政策，随着经济社会发展，社会矛盾的不断变化，尤其是近年来严重暴力犯罪比例持续下降，判处3年有期徒刑以下案件占比攀升。不可否认刑事犯罪结构发生深刻变化，"当宽则宽"标尺在羁押必要性上拥有了更多的衡量空间，但值得注意"当宽则宽"并非仅限于普通犯罪案件中适用把握，包括重罪案件在内全类型刑事案件以及逮捕、羁押、起诉、判决刑事诉讼全流程均需考量贯彻，即在重罪案件中依然要求我们进行实质性审查，对嫌疑人的社会危险性、羁押必要性以及适用非羁押措施保证诉讼过程的有效性均应作出实践回应。实践中在贯彻"宽严相济"刑事政策实践中，衡量是否具有羁押必要，有时将"当宽则宽"更多集中体现在普通案件中进行发力，而在重罪案件中出现一种单向"屏蔽效应"，更多着重于"严"的基调。

（二）实务中重罪案件的现实困难与客观需要

1. 重罪案件特点使然

重罪案件相对于普通刑事案件具有其本身的特殊性，表现多为案情复杂疑难，危及国家安全、社会安全或他人生命安全，严重影响群众安全感，相对具有社会影响较大、关注度高及易被督办或舆论跟踪的特点。与之相应的，重罪案件证据类型较全且复杂，导致证据收集难度变大、标准变高，尤其受到上级督办或广泛社会关注度的案件随时面临全面检验，证据要求和操作标准随之更高更严。基于重罪案件这种特殊性，为了保证案件证据的全面收集和妥善办理，尽量保持对犯罪嫌疑人的羁押状态，对于案件侦办难度来说的确具有相当程度的降低。

---

① 注："屏蔽效应"是物理学名词，是指由于其他电子对某一电子的排斥作用而抵消了一部分核电荷对该电子的吸引力，从而引起有效核电荷的降低，削弱了核电荷对该电子的吸引。此种借用以比喻。

2. 重罪案件政策从严把握的叠加效果

从刑事政策的角度来说，危害国家安全、危害公共安全、故意杀人及毒品等类型犯罪历来一直作为从严打击的对象。在从严惩治的政策导向下，刑事司法机关出于对国家安全、社会稳定、公民安全感的保障等多方面因素的考量，加之重罪案件在刑事诉讼全流程羁押适用的司法惯性效果的叠加，一定程度上出现人为限缩重罪案件适用取保候审强制措施的情况。

3. 重罪案件适用取保候审社会接受程度低

刑事案件的办理力求政治效果、法律效果和社会效果的统一，在重罪案件办理中表现尤为突出。重罪案件案件本身的所具有社会关注度，决定了在案件重要处理环节往往要注意社会效果的把握，强制措施的适用在普通群众中传递的信号往往意味着犯罪嫌疑人是否能够被定罪，重罪案件往往会受到各方关注，尤其是涉案人员较多甚至集团案件，即便可能判处的徒刑属相对较轻的情况，在诉讼过程中采取取保候审往往也不被社会接受，为避免社会舆论削弱案件社会效果，取保候审强制措施适用空间被压缩。

（三）检察官办理重罪案件的风险规避心态

在刑事案件办理时，承办人员会根据案件具体情况来预估案件办理风险，承办人在面对普通轻罪案件和重罪案件时可能处于两种不同的办案心态。办理普通轻罪案件往往游刃有余，适用取保候审强制措施犯罪嫌疑人不到案风险较小，而重罪案件中承办人往往谨小慎微，在保证证据质量、嫌疑人到案、满足各方期待中力争办成“铁案”，多重因素加持下嫌疑人羁押状态似乎更能达成以上目标。严格适用非羁押措施，能捕就捕、能押就押，给了承办人一层心理保护。

四、重罪案件取保候审强制措施合理适用路径

取保候审强制措施在重罪案件中的较低适用率存在其主客观原因，在提升取保候审适用占比时，应立足于重罪案件对涉罪人员惩处当严则严、当宽则宽、宽严相济的基本刑事政策，在强制措施适用上相应体现，而非过分强调非羁押措施的适用。在合理提升取保候审强制措施适用率时，针对不合宜的现象，需从理念认识、制度理解、运行规范等多方面对症施策，探索重罪案件取保候审强制措施合理适用的路径。

（一）制度认知回归和理念认识提升

1. 摆正强制措施制度的功能价值定位

促使取保候审强制措施适用符合应有期待，必然要求对强制措施制度功能价值认知回归。强制措施对诉讼过程顺利开展的程序保障功能是其重要价值，袪除强制措施的存在惩罚机能的错误理念。赋予强制措施惩罚机能与“禁止有罪推定”刑法基本原则相背离，我国刑诉法规定“未经人民法院依法判决，对任何人都不得确定有罪”，从法律规范上对有罪推定进行否定，强制措施惩罚机能没有理论和规范支撑。而“羁押折抵”制

度则是基于保证诉讼进程，人身自由提前被剥夺时对判决效力的追认，其本质是一种补偿制度，不可转果为因。基于此，在逮捕审查或羁押必要性审查时，必要性的判断则作为被证明对象，而不应将羁押非必要性作为证明对象。防止审查逻辑倒置，从而在制度价值和审查逻辑上摆正取保候审强制措施功能定位。

2. 厘清“从严”与“从宽”的关系

我们要坚持国家对危害国家安全、危害公共安全、毒品犯罪等重型犯罪从严打击的总体刑事政策，但我们不能对刑事政策进行机械理解和执行。对重型犯罪从严打击并非对重罪案件涉案嫌疑人不加区分一律从严，在具体执行中仍需按照在犯罪中的地位、性质、情节、认罪悔罪、刑期情况等逐一判断，当严则严、当宽则宽。这就意味着，重罪案件“当宽则宽”并非“效力禁区”，宽严相济刑事政策的“严”和“宽”在重罪案件中均需要全面遵循。

（二）重罪案件适用取保候审制度分层处理

在制度价值和理念厘清基础上，重罪案件中取保候审强制措施适用更需形成有效的操作机制。在案件事实有证据足以证实的情况下，对于涉案人员是否采取取保候审强制措施，操作适用时应分层处理，有序适用，确保不致发生社会危险，保证诉讼顺利进行。

1. 首要分子、主要人员从严适用，一般分子、次要人员从宽适用

在重罪案件中有些危害国家安全、危害公共安全犯罪是有组织犯罪，如分裂或煽动分裂国家、颠覆或煽动颠覆国家政权、组织领导参加恐怖组织等犯罪，组织中的首要分子指挥、策划、组织，整体操纵犯罪进程，甚至对组织成员进行思想控制，恶性极深，积极参加者在实施犯罪时作为主要人员，惟首要分子命是从，发挥重要作用，难以改造。一般参加者在组织中层次较低，犯罪时作用较小，甚至被胁迫参与犯罪。在认定时应厘清犯罪组织结构框架，逐个分析社会危险性层度，对于一般分子、次要人员积极坦白、真心悔罪认罪的，如果可以取保候审则尽量适用，通过宽严对比，最大程度挽救、减少对立面，同时充分分化瓦解犯罪组织，从严打击首要分子、积极主要人员。

2. 故意犯罪从严适用，过失犯从宽适用

在重罪案件中，大部分犯罪是故意犯罪，但是仍有部分犯罪属过失犯罪，且主要集中在危害公共安全犯罪章节，如过失损坏交通工具、交通设施、电力设备，失火、过失决水、过失爆炸、过失投放危险物质等过失犯罪。主观心态直接反映出主观恶性，对于积极追求或放任心态的重罪案件，嫌疑人恶性大、危险性高，应当依法从严，当捕即捕；对于过失心态尤其是疏忽大意导致犯罪的，嫌疑人恶性较小，在积极悔罪、尽力挽救损失情况下，在非羁押状态下能够防止社会危险性的发生，应从宽适用取保候审强制措施，也有助于动员嫌疑人积极弥补过错，最大程度挽回损失。

3. 实害犯从严适用，危险犯从宽适用

在危害公共安全犯罪中，较多严重犯罪分两档科刑，一档是“致人重伤、死亡或致

使公司财产遭受重大损失”的实害犯，一档是“尚未造成严重后果”的危险犯，实害犯处刑基本为10年以上有期徒刑直至死刑，而危险犯刑期处刑基本为“三年以上十年以下有期徒刑”。需要看到的是，两档处罚标准是以是否有实害后果为标准，而在危险犯中犯罪时危险程度则为主要权衡标准，危险犯相对实害犯必然是社会危险性的逐渐降低，是否需要羁押仍需要对其社会危险性进行评价，因此在把握时针对实害犯[①]坚持从严适用，危险犯在适用取保候审强制措施时应予以从宽把握。

4. 自然人犯罪从严适用，单位犯罪从宽适用

在重罪案件中，如非法制造、买卖、运输、邮寄、储存枪支、弹药、爆炸物罪，非法出租、出借枪支罪等一些罪名存在单位犯罪的情况，单位犯罪则需要直接负责的主管人员和直接责任人员承担刑责。需要指出的是单位犯罪和自然人犯罪的责任主体的主观恶性程度是有实质差别的，自然人犯罪时自然人应承担的刑事责任直接反映其本人主观恶性程度，而单位犯罪中责任人承担的刑事责任则主要基于单位犯罪后果程度，单位行为往往是一种集体意志，责任人在其中主要基于职务责任，主观恶性相对自然人犯罪往往较小。在适用取保候审强制措施时应对是否为单位犯罪予以着重关注，自然人犯罪从严适用，单位犯罪对直接负责的主管人员和直接责任人员应从宽适用。

以上并非单一考量因素，而是在办理案件时将案件按照以上标准做好分层划分，综合考量案件具体情况和每一个嫌疑人主观恶性，客观犯罪地位、作用，通盘评测嫌疑人社会危险性和案件办理需要，确定取保候审强制措施的适用。

（三）取保候审案件检察机关依法主动作为

由依托嫌疑人羁押状态来降低证据收集难度，到合理适用取保候审等非羁押强制措施可能面临证据收集阻力，在此种客观变化下，工作核心应着眼于证据收集的准确性和效率性，以及证据体系及时搭建上，发挥检察机关对证据把控和引导实质作用。在保证诉讼进程和诉讼安全的前提下，监督取保候审执行到位，监管到位。

1. 发挥提前介入引导侦查实质作用，推动证据体系及时搭建

检察机关要在重罪案件办理中积极发挥主导作用，尤其在犯罪嫌疑人适用取保候审强制措施的案件中，更要在案件侦办中尽早介入、提前把脉、明确方向，使提前介入案件引导侦查工作更为实质。（1）共建平台，及时介入。公安机关和检察机关设立专责小组和专责检察官，依托专责小组或人员建立重罪案件应急平台，重罪案件一旦出现自动响应，专责检察官自动对接介入，提高介入案件及时性；（2）全面介入，提前甄别。重罪案件的案发数量相对较少，一旦出现往往无法准确预判案情走向，检察机关对重罪案件应进行全面介入，提早了解案情，甄别案件性质，指引侦办方向；（3）定期研判，随

---

① 对于实害犯可能判处的刑罚应进行实质把握，对于有证据证明犯罪事实，可能判处10年以上有期徒刑的应径行逮捕，具有法定减轻情节在法定刑以下量刑的可能10年以下有期徒刑的仍应从严适用取保候审强制措施。

时反馈。检察人员在案件介入过程中要根据案件情况，定期研判证据状况，及时搭建证据体系，引导侦查人员证据收集方向，侦查人员与检察人员随时沟通随时反馈；（4）侦查引导与侦查监督并重。重罪案件不仅在案件事实关、证据关有更高要求，在案件程序关也更为严格，检察机关在提前介入案件中要将证据收集合法性、侦查活动规范性放到案件侦破、事实查明、证据体系搭建同等重要位置，确保案件高质效办理。

2. 监督取保候审有效执行，确保公安机关监管到位

公安、检察机关需立足强制措施功能作用，既要防止出现“一捕了之”，又要防止出现“不捕任之”，对于依法适用取保候审的，将强制措施工作的重点转移到公安机关依法落实取保候审执行监管措施上，严格落实对被取保候审人定时报到、报告、审查申请事项及监督禁止令执行，实质考察、监督遵守规定情况，及时全面掌握被取保候审人活动情况。检察机关提高对取保候审执行监管情况的监督意识，防止执行机关监管不到位，甚至出现书面监管的情况，督促执行机关对被取保候审人实质监管，防止出现毁灭、伪造证据或者串供甚至脱逃等妨害刑事诉讼正常进行的情形，为合理适用取保候审措施解除后顾之忧。

3. 全程把脉案情，动态评测犯罪嫌疑人羁押必要性

检察机关在刑事诉讼过程中积极发挥主导作用，提升依职权启动羁押必要性审查的主动性。由于重罪案件案情的复杂性，检察官需要全程把脉案情变化，对于犯罪嫌疑人的羁押必要性应进行动态评测，对于处于羁押状态的犯罪嫌疑人，经审查认为变更为取保候审足以防止社会危险性的，应及时启动羁押必要性审查程序予以变更为取保候审。需要指出的是羁押必要性审查对犯罪嫌疑人强制措施变更并非单向变更，对于已采取取保候审强制措施的犯罪嫌疑人，如果出现应当予以逮捕的情形，检察机关应当进行逮捕。

4. 完善检察人员保护机制

推动取保候审强制措施在重罪案件中适用的合理化提升，需要通过完善机制打消检察人员的心理负担，消除以“严”表“廉”的心态。（1）优化线索举报制度，对于检察人员的举报线索应提供线索材料予以佐证，不能仅凭一纸陈述，就启动对检察人员的调查程序；（2）强化对检察人员诬告追责意识，对于进行不实举报导致检察人员可能被纪律处分甚至刑事追责的，应一律严肃追究，对于因诬告导致检察人员晋升延迟应予以相应补救；（3）完善检察人员考核机制。对于重罪案件中取保状态的犯罪嫌疑人发生脱逃等情形，应综合案件当时证据情况、执行机关监管情况等客观对承办人作出不逮捕决定进行评查，经评查承办人决定作出具有合理性，则不在考核中进行负面评价。

（四）提高被取保候审人员遵守规定自觉性

1. 科技赋能取保候审监管

各地对非羁押监管手段进行了积极有益探索实践，以“非羁码”“智能手机”为代表的科技赋能取保监管，实践证明科技手段赋能对提升执行机关监管措施执行的高效性，被监管人落实监管要求的便捷性，防止脱逃、禁令落实有效性上均有显著效果。

2. 发挥保证金和保证人实质作用

在取保候审强制措施中，被取保候审人提供保证金或保证人是对其遵守规定承诺的首位保证，对于提供保证金进行取保的，应综合考虑案情和犯罪嫌疑人经济状况，在确定保证金额度时以额度达到被取保人实质约束为限，基于重罪案件的特殊性，在以上基础上适当提高综合确定保证金额度。对提出保证人的，应对保证人保证能力进行实质审查，在重罪案件中适当提高保证人条件，如对有固定收入条件提出收入标准要求，再如保证人不履行保证义务导致被保证人不履行被取保候审人义务的罚款金额予以提高，促使保证人履行保证人义务的自觉，必要情况可以要求提出二名以上的保证人。

3. 探索取保候审表现奖励制度

“两高”《关于常见犯罪的量刑指导意见（试行）》规定“对于被告人在羁押期间表现好的，可以减少基准刑的10%以下”，该规定是刑法功利主义理论的具体体现，取保候审期间表现情况应参照适用，提升犯罪嫌疑人取保候审服从监管的自觉性。

检察机关实质性化解行政争议研究

王　斌　李远军*

摘　要　"实质性解决行政争议"的命题源自行政审判实践，是新形势下行政检察监督制度创新的具体内容，实质性化解行政争议具有特定的内涵。检察机关在实质性化解行政争议中有特定角色定位，不能逾越权力的边界。检察机关实质性化解行政争议确立了行政诉讼功能的基本导向，是做实行政检察的必然选择和丰富社会治理体系的内在要求。开展实质性化解工作存在法律规定不明确、司法认知分歧等问题。检察机关应当在深入总结成熟经验的基础上，革新行政监察理念，完善行政检察监督，探索新型化解方式。

关键词　行政争议　实质性化解　价值追求　完善进路

当前，我国改革正进入攻坚期和深水区，利益冲突日益加剧，社会面临不少风险，由各种利益冲突引发的社会纠纷已经成为影响社会稳定的突出问题。习近平总书记在2020年5月29日中央政治局学习民法典重要讲话中指出："畅通司法救济渠道，保护公民、法人和其他组织合法权益。"行政争议是关系到人民群众切身利益的大事，有些行政案件程序空转，长期得不到实质性化解，老百姓对此反应强烈。解决行政争议既是立法赋予检察机关行政检察监督的重要任务，也是检察机关司法能力的体现。博登海默说："只有那些以某种具体和妥切的方式将刚性与灵活性完美结合在一起的法律制度，才是真正伟大的法律制度。"① 实质性化解行政争议是新形势下行政检察监督制度创新的具体内容，有助于减少对抗性裁决机制和机械适用法律的弊端，对于增加共识、提高社会凝聚力、促进社会和谐具有重要意义。

---

* 王斌，广东省珠海市人民检察院法律政策研究室主任、四级高级检察官、全国检察理论研究人才；李远军，广东省珠海市人民检察院法律政策研究室一级检察官。

① ［美］博登海默:《法理学、法哲学与法律方法》，邓正来译，中国政法大学出版社2004年版，第424页。

一、检察机关实质性化解行政争议概述

（一）实质性化解行政争议的提出

2014 年修订的《行政诉讼法》在总则中将“解决行政争议”新增为一项立法目的，并置于“保护公民权利”和“监督依法行政”之前，对于这样一项修订，得到了社会各界特别是法学界的普遍认同。而在之前的 1989 年《行政诉讼法》并没有“解决行政争议”的功能设定或者表述，更多强调的是对行政权的维护和监督，这也是受当时法治思想和法治环境的影响所决定的。新修订将“解决行政争议”放在总则第一条，体现了新时代的法治思想和理念，将化解行政争议和维护依法行政权威放在同等重要的位置，是对行政诉讼化解行政纠纷功能的理性回归，有学者认为，其现实意义“远不仅仅只是宣示，还起到了对总体架构的整备和对具体制度的完善的统领作用”。[①]

《行政诉讼法》为什么要做这样的修订，既是我国法治思想的发展和进步，也是迫于现实的考量。很长一段时间以来，行政诉讼效率低下、效果不好、“程序空转”已成为行政审判实践中的“顽瘴痼疾”。行政案件呈现出“两高两低”的特点，即上诉率高、申诉率高；实体裁判率低、原告服判息诉率低，行政诉讼不能从根本上起到定分止争的目的，这一现象严重制约了司法的效能，削弱了司法公信力，对法院行政审判工作造成很大困扰。正如时任最高人民法院副院长江必新所说：“老百姓到医院就医，希望药到病除；老百姓到法院诉讼，讲究案结事了。行政审判如果不能实质性解决争议，就不可能得到人民群众的真正认同，就不会得到人民群众的信任。”[②]

对于这一“顽疾”，国家高层显然也有所洞察。2006 年 9 月，中共中央办公厅、国务院办公厅就人民法院具体审判工作专门下发文件，联合印发《关于预防和化解行政争议、健全行政争议解决机制的意见》，督促行政诉讼制度的功能从维护和监督依法行政向同时注重定分止争转型。根据意见要求，最高人民法院于 2007 年 4 月印发《最高人民法院关于加强和改进行政审判工作的意见》，将“化解行政争议”正式与“保护合法权益”“促进依法行政”“优化司法环境”一起作为我国行政审判工作的主要任务之一。而最高人民法院 2009 年 6 月印发的《关于当前形势下做好行政审判工作的若干意见》更是首度提出“争议的实质性解决”。2010 年 4 月，全国法院行政审判基层基础工作座谈会提出，“我们所追求的目标应当是法治而不是律制，是纠纷的实质性解决而不是程序性结案”，[③] 开始全面推行“行政争议实质性解决”的行政审判新理念，将行政纠纷

① 李广宇：《新行政诉讼法逐条注释》（上），法律出版社 2015 年版，第 12 页。

② 江必新：《标本兼治推动行政审判健康发展——在全国法院行政审判工作座谈会上的讲话》，载最高人民法院行政审判庭编：《行政执法与行政审判》（总第 49 集），中国法制出版社 2012 年版，第 8 页。

③ 赵大光：《夯实基层，打牢基础，苦练基本功，全力推动行政审判工作迈上新台阶——在全国法院行政审判基层基础工作座谈会上的讲话》，载最高人民法院行政审判庭编：《行政执法与行政审判》（总第 40 集），中国法制出版社 2010 年版，第 6 页。

实质性解决作为人民法院行政审判工作的职能定位。

从上可以看出，正是基于对行政审判“案结事不了”“程序空转”现象的深刻反思，最高人民法院及时提出了行政争议实质性解决新理念，并作为提升行政审判权威性和公信力的重要手段。近 10 年来，“行政争议实质性化解”频繁出现于法院各类报告、文件和司法解释中，时任最高人民法院副院长江必新提出：“实质性解决行政争议是最高法院最近几年特别强调的一个命题，围绕这个命题进行了一系列的制度创新和工作机制的改革和完善。回想一下，近年来最高法院出台的有关行政审判的司法解释以及指导性规范文件都是围绕这个命题展开的。因此，抓住行政争议实质性解决，对于我们理解最高法院在行政审判方面出台的方针政策有重要意义。”① 这一理念已经成为引领人民法院行政审判工作发展的指导思想。

（二）检察机关确立实质性化解行政争议理念

经由行政审判实践倒逼的行政争议实质性解决理念，在最高人民法院的强力推动下逐渐成为具有引领性的司法政策。虽然由于司法特性的不同，这一课题首先由法院提出，但检察机关作为专门的法律监督机关，很快就给予了足够关注，在检察改革中把化解行政争议作为行政检察“保护权利”和“监督权力”的结合点和落脚点加以推进，并作为新时代检察工作的主要任务之一。

检察机关在履行行政检察监督职责中发现，一些行政案件“案结事不了、程序空转”问题突出，反复纠缠于法院是否应当受理、立案，经过一审、二审、再审，有的还要发回重审，当事人的合法正当诉求得不到重视和满足。针对这一现象，2019 年 9 月全国检察机关行政检察工作座谈会首次提出“以诉讼监督为基石、以化解行政争议为‘牛鼻子’、以非诉执行监督为延伸”的行政检察工作格局。同时，最高人民检察院首次发布六起行政检察典型案例，指导开展行政争议实质性化解工作。2019 年 10 月，最高人民检察院在全国部署开展为期一年的“加强行政检察，监督促进行政争议实质性化解”专项行动，将行政争议实质性化解工作列为行政检察的核心任务，行政检察在解决行政争议方面的功能首次被明确提出和倡导，并对两批共 45 件行政争议实质性化解重点案件进行挂牌督办。② 最高人民检察院工作报告和《“十四五”时期检察工作发展规划》也连续写入相关内容，实质性化解行政争议逐渐成为检察机关一项常态化工作。

2021 年 6 月，中共中央印发《关于加强新时代检察机关法律监督工作的意见》，要求检察机关“在履行法律监督职责中开展行政争议实质性化解工作，促进案结事了”。同时，最高人民检察院加强行政争议实质性化解规范化、制度化建设，修订了《人民检察院行政诉讼监督规则》，对推动实质性化解行政争议这一目标予以明确，在原有规定

---

① 江必新：《论行政争议的实质性解决》，载《人民司法·应用》2012 年第 19 期。

② 参见闫晶晶：《如何解决行政争议实质性化解“老大难”问题？》，载《检察日报》2020 年 3 月 8 日，第 2 版。

上增加了实质性化解行政争议的原则、方式等内容，为实现实质性化解行政争议奠定了制度基础；制定了《人民检察院开展行政争议实质性化解工作指引（试行）》，指导工作实践。至此，标志着检察机关实质性化解行政争议理念在法律层面上的正式确立，该项工作走上规范化发展的快车道。

（三）实质性化解行政争议的基本内涵

尽管实质性解决行政争议的提出已历时10余年之久，但“两高”从未在权威司法文件中对其内涵作出明确界定，2014年修订的《行政诉讼法》也没有使用“实质性”的表述，导致这一司法新理念在贯彻中缺乏抓手。法学界对实质性解决行政争议已有一些研究，对实质性解决行政争议内涵的表述各有不同，也各自存在局限性。有学者把行政争议实质性解决的内容分解为三个层面，即纠纷解决的妥善性、一次性和迅速性。[①]该论点表述较为抽象空洞，没有提出争议解决的实际标准，在司法实践中，行政争议的实质性解决往往需要做多方面的工作，一次性和迅速性大多很难做到，虽然是实质性解决追求的目标，但不是其终极价值，是否妥善也要受到法律、政策和经济条件等多种制约。有学者认为，行政争议实质性解决的内涵分为三层意思：一是案件已经裁决终结；二是当事人之间的矛盾真正得以解决；三是通过案件的审理，明晰了此类案件的处理界限，行政机关和社会成员能够自动根据法院的判决调整自身行为。[②]该论述三层意思层层递进，不仅强调个案纠纷的解决，也放大到类案解决争议的途径，但其仅仅基于行政审判的角度解读实质性解决行政争议的内容，不能包容实质性解决行政争议的全部内涵，而且要让行政机关和社会成员能够自动根据判决调整自身行为，也具有较强理想化色彩。还有学者将行政争议实质性解决的内涵分为两个方面：一是行政诉讼程序终结后未再启动新的法律程序，即程序上实质终结；二是行政实体法律关系经由行政诉讼程序获得实质处理，即原告权益获得实质救济。[③]该论点目前得到较多的支持，但和上述几种观点一样，出发的视角也一直放在审判机关身上，而忽视了检察机关参与实质性化解行政争议的法定职责，而且在司法实践中，也存在部分案件的当事人权益并没有实质改变而争议纠纷解决的事实，如通过检察听证，当事人息诉息访的。

实质法治理论为界定检察机关实质性化解行政争议的内涵提供了重要理论支撑。“‘形式上的法治’国家概念固然具有认识价值和重要性，但实质上的法治国家才是中国法治国家建设的终极目标。”[④]实质法治在形式法治提出的“有法可依、有法必依、执

---

① 参见贾亚强：《论行政诉讼实质性解决行政争议的实现——以争讼行政法律关系的确定为研究进路》，载《法律适用》2012年第4期。

② 参见江必新：《论实质法治主义背景下的司法审查》，载《法律科学》2011年第6期。

③ 参见王万华：《行政复议法的修改与完善——以“实质性解决行政争议”为视角》，载《法学研究》2019年第5期。

④ 邵建东：《从形式法治到实质法治——德国“法治国家”的经验教训及启示》，载《南京大学法律评论》2004年第2期。

法必严、违法必究”的基础上要求“良法善治”，即立法上反映和体现人民意志，执法司法和行政管理上要以人民为中心。从实质法治理论出发，作为行政检察工作“牛鼻子”的实质性化解行政争议工作不仅是对传统意义上以行政审判与执行为核心的行政诉讼监督制度的反思与调整，更要体现行政检察“保护权利”和“监督权力”的结合，实现既保护当事人权益，又促进依法行政，达成案结事了、政通人和的目的，最终实现良法善治。

实质性化解行政争议对于检察机关和审判机关有着不同的关注侧重点，但不论是哪一机关，实质性化解行政争议概言之就是“案结事了、息诉罢访、政通人和”，包含两个方面的意思：作为行政机关一方真正做到依法行政；作为行政相对人一方诉求得到有效解决，不再缠讼缠访，而是自愿息诉息访。当然，如果当事人过一段时间后悔了，又继续申诉上访的，只能说明行政争议在当时并没有得到实质性解决。

二、检察机关实质性化解行政争议的价值追求

（一）确立行政诉讼功能的基本导向

1. 实质性化解行政争议是行政诉讼基本功能的理性回归

美国学者达玛什卡曾经提出过两种理想类型的国家与法律程序目的观，一种是把政府视为社会总管的“能动型国家”，司法活动致力于贯彻国家的纲领、执行国家的政策，谓之“政策实施型司法”；另一种是政府仅仅负责维持社会平衡的“回应型国家”，司法活动的目的在于解决冲突和纠纷，谓之“纠纷解决型司法”。[①] 长期以来，由于法治理念制约、司法资源不足等多方面原因，我国行政诉讼功能更多局限于第一种功能，导致行政诉讼“程序空转”“空心化”等问题突出，部分行政案件“案结事未了”，行政争议得不到实质解决，这显然与司法机关在国家治理体系中所处的重要地位不符。

面对社会主要矛盾的变化和行政国家时代任务形态的扩张，行政诉讼制度的功能定位应当与时俱进。2014 年修订后的《行政诉讼法》将实质性解决行政争议视为我国行政诉讼制度的基本功能，要求行政诉讼向二种功能兼具的“混合型”司法发展。行政诉讼能不能发展，关键要看行政诉讼活动本身存在的问题以及治理是否需要行政诉讼监督来发挥独特的功能、作用价值。[②] 目前的行政审判仍然难以从实质上解决行政争议问题，导致司法资源浪费，甚至损害司法权威和司法公信力。在此状况下，检察机关积极开展实质性行政争议化解工作，从行政检察监督的角度，无疑可以倒逼实现《行政诉讼法》的立法目的、激活行政诉讼解决行政争议的基本功能。正如有学者所言，行政诉讼检察监督与法院行政审判是同属《行政诉讼法》框架下的司法制度，将“解决行政争议”作

① 参见［美］米尔伊安·R. 达玛什卡：《司法和国家权力的多种面孔——比较视野中的法律程序》（修订版），郑戈译，中国政法大学出版社 2015 年版，第 14—15 页。

② 参见张雪樵：《坚持司法为民做实行政检察》，载《人民检察》2019 年第 19—20 期合刊。

为价值追求和工作方向既是题中之义，又是必然要求。[①]

2. 实质性化解行政争议是诉讼终局原则的有力保障

从权力制度设计和司法运行的客观规律来看，司法机关是所有纠纷的最终裁决机关，一切案件或纠纷，一旦进入司法程序，由司法机关依法作出生效的判决、裁定或决定，便应得到最终解决或平息，任何机关和个人都不应再作处理，以维护法律的权威，维护社会关系的稳定。一个运转有序的社会，其纠纷解决机制的理想设置是，大量的矛盾纠纷在进入诉讼程序前经由政府、社会和各种纠纷解决机制已经消除，只有少量其他方式都解决不了的纠纷，才进入诉讼渠道，由司法机关发挥一锤定音终局解决争议的根本职能，成为化解矛盾、守护正义的“最后防线”，体现司法所具有的崇高权威性和公信力。但现实中，法院从“最后防线”变成了“首道防线”，各级人民法院案多人少矛盾日益突出，大量行政诉讼案件直接“赤裸裸”地呈现在司法机关案头。一些当事人利用法律规定疏漏非理性地行使诉权，频繁提起不解决实际问题、无端耗费资源的“连环诉讼”“同类诉讼”；[②] 在政府信息公开领域，当事人要求公开“会议纪要”“政府领导行程安排”“领导签字”“拆迁补偿明细”等行政案件逐年增多。[③] 这些现象干扰了法院正常审判工作，无助于案件核心的纠纷解决，降低了法院的权威性，最终对法治社会建设造成破坏。

习近平总书记指出，“我国国情决定了我们不能成为‘诉讼大国’”。[④] 因此，必须扭转法院从纠纷解决的“最后防线”变成“首道防线”的局面，检察机关的行政检察可以发挥应有的积极作用。传统的行政检察监督以启动再审程序而非追求实体效果为其运行的主要特征，纠纷的解决仍然要重新交回法院，没有做到真正解决纠纷。而以实质性化解行政争议为主要特征的新时代行政检察监督，可以将工作重心前移，在继续强化诉讼监督的基础上，主动采用“以抗促和”、促成和解等实质性化解行政争议的手段，寻求各方可以接受的合法、公正的解决方案，把行政争议消灭在行政诉讼之前，彻底改变行政司法之困境，从而推进纠纷解决的司法供给侧改革。

（二）做实行政检察的必然选择

1. 行政检察“补短板”的迫切需要

一直以来，在检察机关内部，相比于刑事检察，行政检察长期处于较弱的地位，特

---

① 参见闫俊瑛、张昊天：《推进行政争议实质性化解的理论根据与职责定位》，载《检察日报》2020 年 11 月 23 日，第 3 版。

② 参见蔡超等：《“连环型诉讼”与“同类型诉讼”引发“程序空转”的困境与出路——以中部某省 2013—2017 年五年数据为样本》，载最高人民法院行政审判庭编：《行政执法与行政审判》总第 73 集，中国法制出版社 2019 年版，第 43 页。

③ 参见河南省高级人民法院行政庭：《2015—2017 年河南省法院行政案件司法审查报告》，载最高人民法院行政审判庭编：《行政执法与行政审判》总第 76 集，中国法制出版社 2019 年版，第 229 页。

④ 习近平：《坚定不移走中国特色社会主义法治道路，为全面建设社会主义现代化国家提供有力法治保障》，载《求是》2021 年第 5 期。

别是在反贪、反渎部门转隶之后，监督行政机关依法行政的能力更加薄弱，行政检察监督起不到应有的作用。2019 年，检察机关内部机构改革，提出“四大检察”[①] 全面协调发展，为行政检察与刑事、民事、公益诉讼检察提供了并行发展的机遇，行政检察监督在整个检察职能体系中的地位有了跳跃式的提升。行政检察实质性化解行政争议工作以其贯穿于行政执法、行政诉讼全过程的特性，让行政检察回归法律监督宪法职责的本质，通过对行政违法行为的监督，督促行政机关正确行使权力，成为检察机关“补短板、强弱项”，实现“四大检察”全面协调充分发展的重要举措。

2. 行政检察由虚向实的必由之路

2019 年，全国检察机关共受理行政诉讼监督案件 17981 件，提出抗诉和再审检察建议 109 件。可以看出，传统的行政诉讼监督耗费了行政检察大量人力物力，但并没有起到很好的效果，大量的行政争议仍然得不到解决。据不完全统计，行政抗诉案件经法院再审后的平均改变率不足 30%，即使法院改判，多数案件还不能定分止争，仍陷于“程序空转”而不拔。[②] 在行政检察的格局构造中，行政诉讼监督是基石，实质性化解行政争议是关键，必须把行政检察从繁复的诉讼监督中解救出来，要“抓前端、治未病”，从全链条上做实实质性化解行政争议工作，反过来也可以促进减少诉讼监督案件数量，从根本上切实减少“程序空转”。从办案量看，根据 2020 年 5 月 25 日最高人民法院工作报告显示，2019 年全国行政诉讼一审案件 28.4 万件，2019 年全国行政复议案件量达 19.4 万件，而 2019 年 11 月至 2020 年 12 月全国检察机关实质化解 6300 余件行政争议案件，且百分百实现案结事了，充分反映出检察机关在行政争议化解数量上还有很大增长空间，而且大有可为，是行政检察实现由虚向实的关键。

3. 提供做实行政检察的必要手段

修订后的《人民检察院组织法》第 20 条明确规定了检察机关“对诉讼活动实行法律监督”“对判决、裁定等生效法律文书的执行工作实行法律监督”等职权，关于如何履行好这些职权，则在第 21 条赋予了调查核实权，为开展实质性化解行政争议工作提供了手段。此外，在工作中，检察机关还可以就发现的行政违法行为发出检察建议、召开联系座谈会商讨、参加多元纠纷解决机制等方式，督促行政机关正确履职，促进行政争议得到有效解决。《“十四五”时期检察工作发展规划》强调要“做实行政检察”，检察机关以常态化开展行政争议实质性化解为指引，迈向全面审查、实质调查、精准监督，为做实行政检察提供了路径指引和必要手段。从检察机关开展“加强行政检察监督促进行政争议实质性化解”专项活动来看，全国检察机关在一年多的时间共实质性化解行政争议 6300 余件，人民群众对行政检察工作的获得感明显提升，行政检察本身的存

---

① “四大检察”的概念是 2018 年 7 月时任检察长张军同志在大检察官研讨班上首次提出的。“四大检察”指刑事检察、民事检察、行政检察和公益诉讼检察。

② 参见张雪樵:《星星之火可以燎原——持续推进行政争议实质性化解工作》，载《人民检察》2020 年第 20 期。

在感也明显提升。

（三）丰富国家治理体系的内在要求

1. 行政检察监督是国家治理体系现代化的重要内容

国家治理体系和治理能力是国家制度和制度执行能力的集中体现。检察机关作为宪法规定的法律监督机关，是中国特色社会主义制度体系的重要组成部分，在国家治理体系与治理能力现代化的进程中发挥着重要的保障作用。检察机关通过行使行政检察权，以解决权力与权利冲突造成的行政争议为履职切入口，将法律监督贯穿于审判权、行政权运行始终，对行政权形成制约与监督，规范行政执法、司法活动，倒逼行政机关依法行政、人民法院公正司法，从而使监督制度更加完善，完全契合党的十九届四中全会通过的《中共中央关于坚持和完善中国特色社会主义制度推进国家治理体系和治理能力现代化若干重大问题的决定》所提出的治理体系和治理能力现代化的要求。

2. 行政检察监督推动法治政府建设

行政检察监督的创新发展不仅丰富了行政法治的内涵，也符合国家治理体系和治理能力现代化的要求。[①]“法治的精髓就是制约和监督国家行政机关及其工作人员。”[②]检察机关作为法律监督机关，其根本价值在于保障法律的统一正确实施，对行政机关的行政执法行为进行监督是其应有之义。在法治政府建设方面，行政检察既可以通过对行政审判的监督间接推进行政机关依法行政，也可以通过检察建议等手段直接监督行政机关依法行政。实质性化解行政争议是行政检察创新的重要内容，其将对行政权的监督延伸拓展至行政诉讼之前，强化了行政检察监督职能和效果，有利于与其他监督方式形成合力，促进法治政府建设。

3. 行政检察监督丰富社会治理手段

在国家治理方法体系中，主要有法律、行政、经济、道德、教育、协商六大治理手段，而法律手段是首先需要采用的方法。[③]行政检察无疑是法律或法治的手段。以实质性化解行政争议为核心的行政检察，既促进行政机关及时纠正违法或不规范的行为，为行政相对人合法权益救济筑起“最后一道司法保护屏障”，又提供了应对国家和社会治理需求的、形式多样的治理范式和方法手段。检察机关把实质性化解行政争议融入多元纠纷解决机制，是对社会治理模式的极大创新，彰显了检察机关在推进国家治理体系和治理能力现代化中的担当。针对发现的社会治理工作存在的问题，检察机关可以综合运用抗诉、检察建议、检察听证、调查核实等监督手段，及时向党委政府提出社会治理建议和意见，优化公共决策，推动普遍性、倾向性问题系统治理、依法治理、综合治理、

---

① 参见马怀德主编：《行政法前沿问题研究：中国特色社会主义法治政府论要》，中国政法大学出版社2018年版，第552页。

② 张文显：《法哲学范畴研究》，中国政法大学出版社2001年版，第166页。

③ 参见陶希东：《国家治理体系应包括五大基本内容》，载《学习时报》2013年12月30日，第A6版。

源头治理，从源头上促进依法行政、减少行政争议，缓和社会矛盾，进一步提升社会治理效果。

三、检察机关实质性化解行政争议的现状探析

2019 年 11 月全国检察机关开展“加强行政检察监督促进行政争议实质性化解”专项活动以来，G 省检察机关充分发挥行政检察监督职能，综合运用监督纠正、促成和解、司法救助等方式，深入推进行政争议实质性化解，共实质性化解行政争议案件 1186 件，集中解决了一批人民群众的操心事、烦心事、揪心事，切实维护人民群众合法权益，维护社会和谐稳定，助推国家治理体系和治理能力现代化取得了积极成效。

（一）上下联动，协同发力，构建一体化争议化解机制

坚持和发扬新时代“枫桥经验”工作方法，依托检察机关“一体化”办案模式积极探索构建“一体化”争议化解机制，形成化解行政争议的合力。充分发挥省级院指挥协调作用，对重大案件进行领办督办。G 省院通过“一体化”办案模式化解最高检挂牌、督办重点案件 2 件，化解行政争议 15 年以上案件 5 件。省院通过对口督导的方式，及时发现各地市级院在开展行政争议实质性化解工作中存在的问题，精准施策，为下级院开展专项工作出主意、解困惑、排阻力。在检察官绩效考核中，适当增加对实质化解行政争议、公开听证、调查核实、司法救助等工作的加分权重，鼓励检察官积极办案的同时，转变传统“坐堂审案”办案模式，主动查明事实、化解行政争议。

（二）注重沟通，有效衔接，形成行政争议化解合力

检察机关行政检察部门主动向当地党委及其政法委、人大报告专项活动情况，争取党委、政府和法院的支持与配合，形成行政争议化解合力。一是加强制度建设，搭建行政争议化解平台。主动联合省司法厅在全国率先出台了《关于加强行政检察与行政执法监督衔接工作的规定（试行）》。[①] 全省各市分院也积极与同级行政执法单位对接、建立衔接机制，凝聚监督合力。省检察院与省法院建立联席会议制度，搭建行政检察与行政审判实质化解行政争议交流协作平台。二是依托司法办案，争取党委政府的支持与配合。如，在省、市、县三级联合办理的黎某撤销承包经营权登记行政纠纷申请监督案中，L 市院副检察长带队协调有关党委和行政机关，成立了多部门组成的争议化解工作专班，积极协调黎某与第三人就土地分配达成民事和解，圆满化解争议 6 年的行政争议。三是发扬“枫桥经验”，建立多元化解矛盾机制。某区院联合法院建立行政争议多元化解工作室，整合检法两院和地方综治的调解优势，将联合解纷的触角延伸到基层治

---

① 该《规定》的出台，有效整合了法律监督与行政机关内部的层级监督，实现了检察监督与行政机关内部监督的有机贯通，解决了以往外部监督与内部监督衔接不畅甚至相互脱节的问题，有效提升了行政检察监督穿透性，减少监督盲区，凝聚行政争议化解的合力。

理的“末梢神经”，促进行政争议实质性化解。

（三）积极探索，多措并举，真正实现案结事了政和

在办案中树立“穿透式监督”理念，整体把握案件争议问题，审查行政行为合法性与人民群众合法权益并重，对审查中发现生效裁判和行政行为存在违法的，加大监督力度，以监督促进争议化解。专项活动开展以来，全省共提出再审检察建议3件，提出抗诉5件，向行政机关提出改进工作检察建议19件。加大调查核实力度，以公开公正促进争议化解。如，C市院在全省率先制定检察机关民事行政案件听证制度，并针对薛某某与该市卫生健康局、人力资源和社会保障局因不履行法定职责提起的四宗申请行政检察监督系列案举行了2场公开听证会，对促进行政争议的化解起到了积极的推动作用。对行政裁判和行政行为并无明显不当的，加大释法说理力度，促使当事人息诉罢访。如，R市院在办理欧阳某某不动产登记行政纠纷案中，一方面会同相关部门帮助当事人解决实质诉求，另一方面对当事人开展释法说理工作，当事人表示接受检察机关的意见。对当事人因多年诉讼确有生活困难的，检察机关解决协调司法救助、民政救助、社会救助，帮助当事人解决生活困难。

四、检察机关实质性化解行政争议的优化路径

检察机关开展行政争议实质性化解专项活动，取得预期成效，但是从检察机关办案具体实践来看，仍然存在法律规定不明确、司法认知有分歧、化解争议难度大、探索深度需拓展、转化效能待提升等诸多亟待解决的问题和症结。行政争议的纷繁复杂性，行政复议和行政诉讼等解决行政争议的制度、机制和程序的专业性，都对检察监督化解形成了高难度挑战。检察机关应当在深入总结和传承成熟经验的基础上，继续探索和完善实质性化解行政争议的新路径。

（一）筑牢基石：行政诉讼检察监督

1.积极探索并适用行政监督调解、和解制度。检察机关将调解、和解嵌入诉讼监督，主要依靠双方当事人的参与、合作以及法院的支持配合，打破“非此即彼”的零和思维，鼓励双方当事人在法律范围内创造性地寻求更加合理与建设性的解纷途径和处理结果[①]。第一，行政监督调解制度。行政诉讼监督调解制度是推动行政争议实质性化解的必由之路，是检察机关融入国家治理体系与治理能力现代化建设的重要举措，也是“四大检察”平衡发展背景下监督理念变革给检察机关提出的新的要求。基于此，检察机关在行政诉讼监督案件中，应当比照《行政诉讼法》第60条的规定引入诉讼调解制度。但需注意的是，行政监督调解案件类型范围应当严格限定在行政机

---

① 傅国云:《将调解嵌入行政争议实质性化解》，载《检察日报》2019年12月10日，第3版。

关具有一定自由裁量权的具体行政行为，即行政赔偿案件、行政补偿案件、行政机关依法行使自由裁量权的案件，并在行政赔偿案件中将调解重点放在赔偿方式、赔偿项目及赔偿数额的认定上。行政补偿案件主要是法律、法规明确规定可以协商订立补偿协议的情形，如《国有土地上房屋征收与补偿条例》中所规定的补偿协议方式、金额、期限，以及产权调换房屋的地点、面积、拆迁费、停产停业损失等。兜底性条款中行政机关行使自由裁量权的行为，主要是指在行政处罚案件中行政机关在一定幅度内对罚款数额的自由裁量。第二，行政诉讼监督和解制度。行政诉讼监督和解制度是在行政诉讼案件监督过程中，申请监督人与被申请人就诉讼标的相关事项达成合意，经检察机关审查并未损害国家利益、社会公共利益及他人合法权益时全部或者部分终结诉讼的制度。行政诉讼监督和解制度不仅可以达到迅速解决纠纷、节约司法资源、降低诉讼成本的目的，还可以起到“案结事了”、实质性化解行政争议的作用，是检察机关发挥法律监督职能，通过个案促进法律效果与社会效果有机统一的有益性尝试。那么，检察机关在行政诉讼监督案件和解制度中的地位该如何界定？笔者认为，检察机关作为国家公权力机关，应当以“指导者”或“引导者”的身份助推当事人协商并达成和解，其主要完成的是一些程序性事项，如在当事人申请监督时，有义务告知当事人可以和解，在申请人同意和解的情况下，可以通知被申请人、第三人参加和解。但是对于行政诉讼监督案件的和解协议，检察机关要坚持“合法性审查”原则，应当重点聚焦于和解协议是否损害了国家利益、社会公共利益及第三人利益；是否有违意思自治；是否违反了法律、行政法规的强制性规定。在当事人达成和解协议的情况下，据此作出案件监督决定书。

2. 充分运用调查核实措施，由个案监督向类案监督延伸。目前，大多数检察机关的行政诉讼监督仅仅局限于人民法院的审判活动，尚与“穿透式”行政检察监督的工作理念存在一定差距，对行政机关作出的具体行政行为存在不敢监督、怠于监督的情形，更不用说通过个案监督拓展、延伸至类案监督。如对于行政征收中的强制拆除行为，如果存在一起违法强拆的行为，检察机关就应对特定范围内的同批次案件逐一进行审查，这样才能保证行政检察监督目的的实现，充分发挥行政检察监督的能动性。对于在个案监督过程中发现的社会治理深层次问题，检察机关可以在探清缘由的基础上向行政机关提出改进工作、完善社会治理的检察建议，推进解决行政执法活动中存在的普遍性、共性违法难题。“上下一体化”的检察监督理念原本是为了解决检察机关民行监督的“倒三角”问题，是基于案件数量纵向平衡与质量良性发展的双向考量而提出来的。但是在做实行政检察监督的新时代工作要求中，对其价值意蕴应作更为广义的理解。在行政检察监督工作中，“上下一体化”的办案机制不仅仅是为了合理分派案件数量，在案件办理过程中，上级检察机关应当给予下级检察机关专业支持，如果实践中有行政机关抵触检察监督，同级检察机关囿于职级等各种条件的限制而监督效果不佳时，上级检察机关应当积极采取挂牌督办的方式，助推行政纠纷得到实质性化解。

3. 改变传统“坐堂办案”的模式，积极依法履职担责。依据《行政诉讼监督规则》第5条、第9条的规定，检察机关对行政诉讼的监督分为依申请和依职权两种类型，除了对损害国家利益或社会公共利益以及审判、执行人员违法等情形应当依职权进行监督外，其他一律适用依申请监督的情形。但是在如述规定中，审判、执行人员违法情形既适用于依申请监督，也适用于依职权监督。基层检察机关行政诉讼监督困境无法突破，与检察人员长期形成的“被动性监督”思维有关，长期“坐堂办案”，认为“无申请，则无监督”，这在一定程度上有碍于行政争议的实质性化解，也难以适应新时代法律监督格局的变革。行政诉讼不同于民事诉讼，检察机关充分发挥法律监督职能不会打破“两造平衡”的诉讼地位，也不会出现帮助行政相对人调查取证的“非议”。从诉讼监督的布局上来看，市州分院一级检察机关主要负责对生效判决、裁定、调解书的监督，其必然严格依据《行政诉讼监督规则》第5条所规定的依申请模式。但是对于基层检察机关而言，执行监督与审判违法监督是其进行行政诉讼监督的主要职责，因此可以对《行政诉讼监督规则》第9条第2项中的“等”字做适度扩大的理解，也可以依据第3项的兜底性条款重点对执行活动开展依职权监督。但是，目前基层检察机关对于行政案件进行监督的效果并不理想，因此，应转变思维，从“被动受案”向“走出去”转变，充分发挥基层检察机关化解冲突、消弭矛盾的重要作用。

4. 发展新时代“枫桥经验”，推进公开听证制度化。“枫桥经验”作为政法战线的一面旗帜，在不断发展的过程中其内涵和外延都在实践经验的基础上愈加完善，其对检察机关行政争议实质性化解具有重要的指导意义。检察机关在办理行政诉讼监督案件的过程中，要根据实际情况采取公开听证的方式，通过邀请与案件无利害关系的人大代表、人民监督员、相关领域专家等，引入社会力量促使行政争议的化解。采取“多条线、多样式”的释法说理方式，做好当事人的息诉服判工作。在对检察官进行绩效考核时，不能单纯以行政诉讼监督案件办理数量作为单一标准，应将“实质性化解行政争议”纳入考核范围，并提高其考核权重，鼓励检察官将实质性化解行政争议作为行政诉讼监督案件办理的价值追求。对于双方当事人争议大、涉及关系复杂的案件，要充分发挥检察长的“头雁效应”，各地检察机关应当积极探索，将检察长参与行政争议实质性化解作为一项政治任务，力促将行政诉讼监督做得更实。

（二）拓展职能：行政非诉执行检察监督

近年来，行政非诉执行案件数量大幅度上升，在部分区域其案件数量已经远远超过行政诉讼案件，伴随而出的执行难问题也日益凸显，成为司法领域影响全面依法治国成效的短板。由于行政非诉执行重点集中于征地拆迁、非法占用土地等矛盾、冲突易发领域，执法风险大、社会关注度高，因此，检察机关应对其加强监督，以有效破解行政执法“最后一公里”难题。

1. 完善行政非诉执行信息共享、移送机制。做实行政非诉执行，关键在于对案源渠道的拓展及相关信息的及时获取。从司法实践来看，检察机关获取案件线索大多来自相关当事人的检举。但如果部分案件不存在具体的受害人，通过依申请监督的方式便会遭遇瓶颈。因此，检察机关要做好以下工作：第一，着力构建行政执法信息与行政非诉执行监督共享平台，畅通检察机关获取案件线索的渠道。第二，理顺检察机关内部线索移送机制，刑事部门等其他部门在案件办理过程中如发现涉及行政非诉执行线索的，要及时移送。第三，着力完善与社区的沟通联络机制。大部分的行政非诉执行案件，其执行主体都以社区等基层单位为主。检察机关应健全与基层社区等单位的联络机制，在参与社会治理、促进行政争议实质性化解的过程中，充分发挥社区的引领作用，形成信息及时共享、线索迅速移送的良性运行机制。

2. 聚焦重点领域，适时开展专项监督。受制于行政非诉执行案源线索获取途径的单一性，检察机关通过依职权介入的方式很难全方位覆盖所有行政非诉执行案件。从司法实践来看，常见的行政非诉执行监督案件主要有如下类别：第一，根据《行政强制法》第56条、57条之规定，人民法院应当对行政强制执行申请在五日内受理，自受理之日起七日内作出裁定。实践中，人民法院基于认识分歧及矛盾转移的双重考量，往往长期搁置非诉执行申请，导致部分行政处罚案件难以进入执行程序，由此造成行政行为的公信力严重受损。第二，囿于执行力量及执行难度方面的原因，部分人民法院在作出准予执行的裁定后，往往未采取执行措施或者采取措施不力，仅仅局限于查询被执行人的银行账户，使得案件久拖不决或者以未有可供执行的财产为由终结执行。第三，有的人民法院在根据行政决定作出执行裁定后存在部分执行或者未依法全面足额执行的现象。具体表现为在被执行人一次性缴纳罚款存在困难而申请分期或者延期缴纳的情况下，人民法院仅执行了一部分罚款，或者被执行人由于延期缴纳产生滞纳金时，人民法院只执行了罚款本金。第四，人民法院在行政非诉执行过程中的其他错误、瑕疵行为。此处检察机关应当关注送达程序是否规范，执行是否导致被执行人家庭生活困难，执行费的计算是否合规等。除此之外，由于部分案件涉及罚款数额较小，行政机关在作出处罚后怠于申请人民法院强制执行，检察机关能否对此类案件直接进行监督，虽然尚有争议，但实践中应积极探索，且检察机关在监督过程中应尽可能避免将单个案件进行立案审查，这样既浪费了司法资源，也不契合司法效益原则。因此，检察机关应当将监督视野聚焦于人民群众关注度较高的食品药品、环保等领域，通过开展专项活动的方式，集中进行类案办理；也可以选择将监察工作与行政公益诉讼工作结合起来，通过行政非诉执行监督与公益诉讼的良性互动，实现法律监督与维护国家利益的有机结合。在行政机关怠于履职与不依法履职的行政非诉执行案件中，对于个案、类案所反映出的行政机关在执法过程中的共性问题，检察机关还可以通过发送改进工作检察建议的方式，助推其依法行政、规范执法。

3. 规范制度设计，注重专业发展。从立法层面来看，关于行政非诉执行检察监督的规范性制度设计主要散见于《行政诉讼法》《民事诉讼法》《行政诉讼监督规则》中。虽然其法律位阶较高，但都是一些抽象性、原则性的规定，其在司法实践中的整体性、协调性及操作性不强，办案流程及工作机制尚待进一步完善。因此，应借助2020年最高人民检察院修订的《行政诉讼监督规则》，细化行政非诉执行在化解行政争议方面的具体内容及程序、效力等事宜。基于新时代诉讼类型的复杂化以及检察机关内设机构优化的需求，检察官充当“多面手”的角色已经难以适应“高精专”的专业发展要求，行政非诉执行大多涉及行政管理领域事项，这就亟须在行政检察监督领域加强专业化队伍建设，补足自身短板。

检察机关对公安派出所刑事侦查活动监督工作的思考与完善
——基于Z市侦查监督工作室运行情况的实证研究

刘韵倩　陈　霞　李尔冰*

摘　要　检察机关对公安派出所刑事侦查活动监督工作有利于加强监督制约、确保严格执法、促进公平正义。Z市检察机关通过侦查监督工作室、巡回监督和会商监督三种模式相结合的形式，对全市公安派出所的立案活动和侦查活动进行监督，并亟须从拓展多渠道的线索来源机制、构建多层次的监督纠正机制、规范提前介入和案件指导机制、完善与公安派出所的协作配合机制等方面对该项工作进行完善，以克服监督线索发现难、监督深度不够、考评考核机制待完善、检警办案理念分歧等困难，从而实现政治效果、法律效果、社会效果的有机统一。

关键词　侦查活动监督　检警关系　协作配合　运行机制

党的十八大以来，中央对全面依法治国，包括对执法司法活动的监督工作高度重视，党的十八届四中全会召开后，中共中央办公厅、国务院办公厅联合下发通知要求“建立对公安派出所刑事侦查活动监督机制”。习近平总书记就加强新时代公安工作强调了六个方面问题，其中重要一条就是“严格规范公正文明执法”，要求“完善执法权力运行机制和管理监督制约体系，努力让人民群众在每一起案件办理、每一件事情处理中都能感受到公平正义”。进入新时代，人民群众对公正司法的期待成为美好生活需求的重要组成部分，本文立足Z市侦查监督工作室的实际运作情况，探讨如何完善对公安派出所的刑事侦查活动监督机制，以期对司法实践有所裨益。

---

*刘韵倩，广东省珠海市人民检察院第七检察部副主任、一级检察官；陈霞，广东省珠海市金湾区人民检察院第二检察部三级检察官；李尔冰，广东省珠海市人民检察院第七检察部副主任、二级检察官。

一、检察机关开展对公安派出所刑事侦查活动监督工作概要

（一）监督内容

学界认为检察机关对公安派出所刑事侦查活动监督的内容和范围主要包括以下内容：一是对公安机关应立案而不立案问题的监督，二是对公安机关不应该立案而立案问题的监督，三是对侦查违法活动的监督，① 四是刑罚的执行，五是公安派出所人员的渎职等职务犯罪行为 ②，六是引导侦查取证。③ 当下，Z 市检察机关开展对公安派出所刑事侦查活动监督工作已覆盖以上六个方面，具体如下：（1）立案监督，即对公安机关应当立案侦查而不立案侦查，不应当立案侦查而立案侦查，以及行政机关移送公安机关涉嫌犯罪案件立案侦查情况的监督。（2）侦查活动监督，即对公安机关采取刑事拘留、取保候审、监视居住等限制人身自由强制措施的情况，采取讯问、询问、勘验检查、鉴定、辨认等侦查行为的情况，采取查封、扣押、冻结等财产性强制措施的情况，以及对检察机关提出的提前介入意见、捕后继续侦查取证意见、补充侦查意见的落实情况的监督。

（二）监督原则

对公安派出所刑事侦查活动的监督，应遵循以下原则：一是职权法定原则，检察机关在监督的范围、方式、途径、职权等方面都要依照法律规定实行。二是有限监督原则，不随意拓宽法定监督范围，不越位干预。三是重点监督原则，检察机关在派出所监督中，应注重公正与效率相统一，④ 对普遍存在的、屡次不改的、直接影响案件的问题进行重点监督 ⑤。四是监督与配合并重原则。⑥

Z 市检察机关对公安派出所监督的工作原则体现了以上几个原则的精神，如问题导向原则，与重点监督原则有异曲同工之处，强调从群众反映最强烈、问题最严重的领域着手以求监督实效，如加强协作配合与相互制约原则，体现了依法监督、有限监督、监督与配合并重的精神。除此之外，Z 市检察机关在该专项工作中增设因地制宜原则，注重立足本土刑事侦查工作实际情况发现问题和解决问题。

（三）监督方式

国内对公安派出所监督主要有七种比较典型的模式：一是驻所检察官办公室模式；

---

① 郭秋杉：《论检察机关对公安派出所监督机制的构建》，载《法学研究》2012 年第 26 期。

② 李栋：《公安派出所刑事侦查活动监督机制研究》，载《中国人民公安大学学报（社会科学版）》2017 年第 5 期。

③ 梁艳：《探索对公安派出所刑事侦查活动监督机制的完善——以 P 县人民检察院改革试点工作为例》，载《广西政法管理干部学院学报》2017 年第 5 期。

④ 于丽艳、杨文：《检察机关对公安派出所监督机制研究》，载《河北法学》2012 年第 4 期。

⑤ 梁艳：《探索对公安派出所刑事侦查活动监督机制的完善——以 P 县人民检察院改革试点工作为例》，载《广西政法管理干部学院学报》2017 年第 5 期。

⑥ 伦朝平、张新宪等：《检察机关对公安派出所监督机制实证研究》，载《人民检察》2013 年第 9 期。

二是片区检察官模式；三是镇街（社区）检察室模式；四是在公安局（分局）派驻检察官办公室；五是在公安局（分局）设立派驻侦查监督办公室；六是设立内设联络员（小组），定期开展日常法律监督[①]；七是会商模式。

目前，Z市检察机关主要采取了侦查监督工作室、巡回监督和会商监督三种模式。其中，侦查监督工作室设立于各个派出所，检察机关定期到派出所提前介入侦查、查询办案情况、参加案件讨论、召开联席会议等。巡回模式，指检察官对划定片区检查、定期巡查等方式进行监督。会商模式，指检察机关根据工作需要或应公安机关邀请，与辖区内公安派出所及有关部门建立案件会商机制，依托列席会议、通报情况、业务培训等方式开展针对性、系统性的类案监督。笔者认为，侦查监督工作室模式与各地采取的派驻检察官办公室、派驻侦查监督办公室大同小异，巡回模式与片区检察官模式类似，而会商模式则是对前两种监督模式的补足，推进监督格局的全覆盖。

二、检察机关对公安派出所开展刑事侦查活动监督的必要性和可行性

（一）检察机关法律监督的职能定位

《宪法》第134条规定，中华人民共和国人民检察院是国家的法律监督机关，《刑事诉讼法》第8条规定，人民检察院依法对刑事诉讼实行法律监督，第100条规定了在审查批准逮捕工作中纠正公安机关违法侦查活动的权力，第113条对公安机关开展立案监督作了规定，第134条规定了人民检察院可以派员参与复验复查。《人民检察院组织法》第20条规定，人民检察院对诉讼活动实行法律监督。《人民检察院刑事诉讼规则》第256条对人民检察院适时介入作了规定，第567条对侦查活动监督作了规定，第562—564条对立案监督作了规定。《公安机关办理刑事案件程序规定》第6条明确规定，公安机关进行刑事诉讼，依法接受人民检察院的法律监督。故，人民检察院对公安派出所刑事侦查活动践行监督，是法律所赋予的工作职能。同时，为实现检察机关与侦查机关在刑事诉讼中的权责平衡，检察机关享有对侦查权的控制权，也是诉讼规律的必然要求。[②]

（二）提升办案质效的社会需求

侦查阶段是刑事诉讼中控制犯罪与保障人权两种利益最容易冲突的阶段，[③]而随着警权下沉，派出所的办案量不断增多，成为办案的“主力军”。一方面，我国检察机关从最高检到地方各级检察院的设置，与公安机关的设置基本相对应，但对应于公安机关基层派出所的检察机关却处于缺位状态，导致存在监督盲区，检察机关的监督只有下沉

---

① 章蓉、陆宋颖、李兴军：《检察机关对公安派出所监督模式的思考与探索》，载《福建警察学院学报》2018年第5期。

② 司郑魏：《派驻检察室对公安派出所监督机制研究》，载《中国检察官》2015年第10期。

③ 宋英辉、吴宏耀：《刑事审判前程序研究》，中国政法大学出版社2012年版，第112页。

并延伸至基层派出所，才能适应监督的需要；[①] 另一方面，尽管派出所的总体执法水平不断提高，但受制于警力不足、素质参差不齐、专业化水平不高等因素影响，部分派出所民警在办案中还不同程度存在证据意识薄弱、取证能力不足、办案不够规范等问题。检察机关对公安派出所的刑事侦查活动开展监督，将以审判为中心的诉讼制度改革要求传导至侦查前沿，引导一线民警牢固树立以审判为中心的执法理念，促使其提升办案能力和执法水平，从而在源头上加强监督制约、确保严格执法、促进公平正义，实现政治效果、法律效果、社会效果有机统一。

（三）已厘清的几个问题

一是摸清派出所执法数量和执法质量情况，在开展对派出所监督工作时，检察机关对公安派出所监督的范围、力度应与派出所承担的刑事执法任务、数量和执法质量相当，从而确定好监督的方式和重点。如Z市Q派出所、K派出所、P派出所三个案件量大、执法办案问题较为突出，市检察院第一、二、三检察部将另派员派驻监督指导，助力基层院对派出所刑事侦查活动监督工作。二是检察机关内部有关职能部门的协调配合，如Z市由市检察院统筹推进，各区院成立工作专班并明确责任领导，各级检察机关同步派出联络员负责对派出所相关案件办理的衔接工作。三是落实其他配套保障，为检察机关开展刑事侦查活动监督工作提供必要的便利。如Z市公安机关由派出所提供办公场所，挂置统一制作的牌匾标识，配置办公工具，配齐配强派出所法制员，配合检察官开展监督工作。

三、Z市检察机关开展对公安派出所监督的实践探索和现实困境

（一）实践探索

1. 推进情况。2019年8月16日，Z市检根据省检与省公安厅联签文件的精神，与Z市公安局会签了《Z市人民检察院 Z市公安局关于推进侦查活动监督构建新型检警关系工作实施方案》。另，市检察院根据考察学习的情况制定了《侦查监督工作室工作细则》《侦查监督工作室检察官履职规范》等相关制度，后各区根据辖区实际选择性制定了相应的试行文件。

Z市检察机关对公安派出所刑事侦查活动监督工作分为三阶段推进：

第一批试点期（2019年6月至12月），全市研究选取10个试点。以上10所均为办案量大、执法办案问题较为突出的重点所，故采取驻所监督模式，员额检察官固定每周半天的时间，定期到派出所提前介入侦查、查询办案情况、参加案件讨论、召开联席会议等；2020年1月，市检与市公安局商定推出第二批试点，并将治安、经侦、刑警3个支队纳入，实现了对市、区两级一线办案单位的同时派驻监督，疫情期间，派驻检

① 孙曙生、沈小平、陈平：《检察机关对派出所刑事执法监督的法理分析与制度构建》，载《西南政法大学学报》2011年第4期。

察官与民警通过微信、电话等日常沟通联络及提前介入、引导取证工作；2020 年 3 月，市检根据全市各派出所的案件数量和执法办案情况，经征求各基层院与公安机关的意见，最终确立了对 4 个支队和 17 个派出所实行驻点监督、12 个派出所实行巡回监督、15 个派出所实行会商监督的全市监督格局，2020 年 5 月，全市公安派出所刑事侦查活动监督工作正式全面推开。

2. 工作内容。一是查看办案台账和警综系统，登录 G 省警务综合应用平台对派出所的警情、案件情况进行了解。二是提前介入案件，对疑难、复杂案件从侦查方向、主要证据的收集、法律适用提出侦查取证建议。三是捕前分流和诉前分流工作，对于犯罪嫌疑人不构成犯罪、没有社会危险性或者犯罪情节轻微的，引导公安机关做好捕前分流工作，对于批捕后发现犯罪嫌疑人不构成犯罪、没有社会危险性或者犯罪情节轻微的，引导公安机关做好捕后变更强制措施、诉前分流工作。四是跟踪取证和落实监督工作，监督公安机关对取证意见和规范执法建议的执行情况，了解侦查活动监督意见建议的落实情况。五是数据收集工作，对接该专项工作的联络员定期收集派出所各项刑事数据并上报。六是调阅案件资料，针对公安机关报送信息数据的具体情况，调阅相关案件材料，重点监督应当立案而不立案，不应当立案而立案，违法适用查封、扣押、冻结等财产性强制措施，违法适用限制人身自由强制措施，随意变更强制措施等情形。七是日常监督的其他事宜。

（二）现实困境

一是监督线索发现难。第一，开展监督工作的途径比较狭窄，侦查监督工作室值班检察官大部分时间以坐班的形式进行，且坐班时间主要用于帮民警答疑解惑，目前还无法做到查看办案的流程和全貌，监督的全面性、深入性、有效性还不够，难以发现真正发现公安派出所执法中的源头性、根本性、基础性的问题。第二，出于公安机关信息保密的需要，目前警综系统的共享出现了一定的阻碍，值班检察官目前暂时是借用派出所民警的 KEY（密钥）登录警综系统，且部分派出所未能及时将案卷材料录入警综系统，部分侦查活动中存在的问题也无法在案件系统中显示出来，导致检察官获取信息不全面，监督深度难以满足现实需要。第三，部分派驻检察官的监督水平有待提高，对违法、瑕疵证据的辨别能力不强，被动式通过案件审查发现问题多，主动式发现线索的监督少。

二是监督深度不够，部分工作流于形式。以数据报送工作为例，目前各基层院的联络员负责督促派出所每周书面通报刑事发案、报案、受案、不立案、破案、适用和变更强制措施、撤案、释放等信息，每月报送立案、不立案、刑拘未报捕、撤案等案件的简要案情和理由，后基层院的联络员每月月初向市检察院报送派出所的各项刑事数据和有关监督数据。一方面，这两块的数据统计表有所交叉和重复，加重了派出所联络员的工作负担，在警力不足、案件繁多的情况下，该项工作的执行力就会减弱，导致对这些数据的复核与审核不严，有时数据出现前后矛盾的情况，另一方面，派驻检察官对数据背后所蕴含的问题挖掘不够，如目前尚未针对证据把关不严导致的不捕案件数据较为严峻等问题制定和实施有效的专项整改措施，也就失去了数据统计最初的意义。

三是考评考核制度有待完善。目前，对各区院工作台账的抽查、通报情况和典型案例等工作都有待深入，亦未将对派出所刑事侦查活动监督工作中提前介入、立案监督和侦查活动监督的情况纳入检察官绩效考评及区院考核的指标，干警参与监督的主动性与积极性有待进一步增强。

四是工作范围把握难。侦查监督工作室设立后，试点派出所对值班检察官十分支持，同时也出现了在刑事案件的定性和证据情况把关上过度依赖检察官的现象，而对于案件的定性和把关，严格意义上属于公安机关法制部门（现珠海公安机关案审部门已并入法制部门）的工作职能范围。如果值班检察官越俎代庖，不仅违背设立侦查监督工作室的初衷，也不符合新型检警关系发展的方向。

四、完善检察机关对公安派出所刑事侦查活动监督工作的纾解路径

（一）拓展多渠道的线索来源机制

一是丰富监督方式。检察机关的监督方式应该多样化、灵活化、机动化，既包括一般的阅卷，调取系统数据、资料，也包括走访当事人、受理举报，以及参与公安机关的案情分析会、通报会等，注重在办案或检查中发现上级交督办、投诉举报中反映的违法问题。

二是建立例行巡查和专项巡查相结合的巡查机制。主动深入公安派出所办案一线，定期或不定期对公安派出所在立案、侦查环节的执法活动进行巡视、检查，特别是对审讯监控录像、留置室使用、扣押物品、强制措施变更等执法环节中的常发、易发问题开展监督，并视情抽查案卷。

三是协同公安机关，继续着力解决信息共享的问题。依托信息技术，推动建立刑事案件信息共享平台，获取监督信息，拓宽案源渠道，如无锡市 B 区检察院经与公安、法院协调，建立公检法信息共享平台，将平台系统接入公安视频网，建成侦查审讯监线专线，对公安派出所的审讯实时监控。

（二）构建多层次的监督纠正机制

一是完善全程动态监督机制，改变传统“点对点”监督方式，以审查逮捕作为界点，将刑事侦查监督向捕前、捕后延伸。一方面，落实不立案、刑拘未报捕、撤案等案件的报备制度。另一方面，完善对检察机关发出文书的督促落实与跟踪反馈机制，对发出的《要求说明立案理由通知书》《要求说明不立案理由通知书》《通知立案书》《通知撤销案件书》《逮捕案件继续侦查取证意见书》《不批准逮捕案件补充侦查提纲》《纠正违法通知书》《侦查活动监督通知书》《检察建议书》等法律文书的落实情况进行跟踪，可要求公安机关每月通报反馈一次进展情况，确保检察监督的刚性。

二是建立侦查监督工作室轮岗机制，有效避免检察人员长期在某个派出所工作所导致的人情案、关系案，确保侦查监督工作室检察官廉洁从检，规范履职。

三是充分发挥新版侦查监督平台的功用，指导驻所检察官全面熟悉操作手册和监督事项，进一步依托侦查监督平台把从派出所监督工作中发现的线索转化为监督成果。

（三）规范提前介入和案件指导机制

以审判为中心的刑事诉讼制度改革，要求坚持证据裁判原则，做到以证据为核心。为提升基层派出所的刑事案件侦办质量，一方面，根据引导侦查情况，有针对性地开展类案监督，对辖区内高发的刑事案件研究形成证据标准指引；另一方面，充分发挥捕诉一体的优势，加强对引导侦查意见的督办落实，确保介入侦查和引导取证的方向更准、效果更实，实质性推动以审判为中心的刑事诉讼制度改革。

（四）完善与公安派出所的协作配合机制

第一，改进数据报送工作，保留每周督促派出所报送有关数据的工作，在月底不再重复要求派出所再次报送发案、报案、受案、不立案、破案等各项基础数据，其他诸如每月报送不立案、刑拘未报捕、撤案等案件备案工作暂时不变。

第二，畅通日常沟通渠道，保持良好互助协作。检察机关每月定期向公安机关通报侦查活动监督中发现的问题，对问题进行分类汇总，并根据具体的违法行为提出相关的整改意见。每半年定期召开联席会议，建立案件点评机制，全方面将存在问题反馈给公安机关，共同研究整改方案。

第三，以培训为依托切实提高派出所监督工作水平。对警综信息平台的操作不熟是制约监督工作水平的重要因素，通过举行专题培训、经验交流等方式加强对该项工作的督促与指导，不断加强检警队伍专业化职业化建设。

第四，推动建立科学合理的考评机制。检察机关可在基本办案数量、质量基础上，将检察官监督的质量、效率纳入考评体系，并适当加大考评权重系数，如对监督立撤案数、纠正漏捕、书面纠正违法等情况赋予合理的考核评分值，以激励检察官将侦查活动监督作为一项重要的日常性工作。公安机关同步建立相应的考核机制和奖惩机制，但是数据考核制度应当给予一定的缓冲期、适应期，以最大限度地增强检警打击犯罪的合力，提升办案水平，规范执法行为。

反思与提倡:“捕诉一体化”谱系构建

康 沛*

摘 要 受监察体制改革产生的多米诺效应波及，检察院“捕诉一体化”改革应时而现，各方围绕“捕诉一体化”的该当性展开论辩，但这并不能揭示“捕诉一体化”肇现的根本原因。为此需从现象诘问、理论基础及谱系构建三方面展开理解，即该现象的产生是对检察权、批捕权的新认识，是监察体制改革下的自我完善举措；同时此举还是对检察权内部整合理论、司法效率法定化及检察官职权主义理论的优化；在未来谱系构建上，应注意与监察权的边界，突出其司法权属性，落实检察官负责制，同时还应与刑事审前程序的诉讼化改造同步。

关键词 捕诉一体化 检察院 检察权 监察体制改革

2018年7月25日，时任最高人民检察院检察长张军在最高人民检察院组织的“大检察官研讨班”指出，目前检察机关存在刑事检察与民事、行政、公益诉讼检察发展不平衡等问题，将以内设机构改革为切入点，设立专门的民事检察、行政检察和公益诉讼检察机构或办案组，以办案组的形式实现检察院内部权力的集中统一。实践证明，实行捕诉一体办案机制，质量与效率都能够得到进一步提高，将会改变过去存在的批捕的时候是熟悉的案件，到了起诉的时候又变成一个新的案件之境况。除了官方的肯定，从实践方面来看也有其必要性，在检察院反贪职能转隶以后，《检察院组织法》仍规定有14个罪名的侦查权由检察机关行使，在职务犯罪侦查权划出后，单设一个部门去行使其余侦查权显得务实高效。毋庸讳言，未来实行捕诉一体，其质量、效率都能够得到进一步保障与提高。

此后学界对这一问题进行了激烈的讨论，虽然学者们起初多是以“捕诉合一”的称呼讨论之，但这并不影响在捕诉一体化的语境下对其讨论进行审视并发现其价值。叶青指出，“捕诉合一”超越了审查逮捕和审查起诉两个程序、两项职能的简单叠加，成为一场牵一发而动全身的整体性变革，对检察工作体制机制产生多方面积极影响，推动“捕诉合一”，关键在于坚持正确的改革方向，整合检察职能资源，同步推进检察机

---

* 康沛，广东省珠海市人民检察院第三检察部副主任、四级高级检察官、法学博士。

关内设机构改革、业务专业化建设和刑事审前程序的诉讼化改造。[①] 张建伟指出，“捕诉合一”是检察机关进行内设机构调整和具体职能整合而采取的措施，在诉讼法理上并无障碍，“捕诉合一”与“捕诉分离”各有利弊，无论哪一种模式，都属于检察权内部的权限分工，在诉讼法上的效力并无二致。[②] 洪浩指出，从司法实践层面看，“捕诉合一”模式在实现诉讼目的、提高效率、强化监督和两法衔接等方面具有重要作用。[③] 郭烁指出，通过员额制、办案质量终身负责制及逮捕程序诉讼化的相关改革，尤其是在新设国家监察机关使得检察机关权责发生很大变化的情况下，逐渐探索完善，使“捕诉合一”——或者说“捕诉调整”趋于常态化、科学化，是检察制度自身完善进而提高中国人权保障水平的重要契机。[④] 沈海平指出，审查批捕和审查起诉究竟应当分离还是合一，这不只是检察机关的内设机构、职权配置之争，更关乎检察制度的发展和法治正义的实现，需要加以认真思考和抉择，捕诉合一确实具有超越于捕诉分离的一些功利性价值，但是更为重要的是，需要通过合理的制度设计，使其获得法理上的正当性基础。[⑤]

总体来看，学者们普遍认为，将批捕与公诉职能设置在同一部门，交由同一职能部门内的同一检察官或检察官办案组负责，实行“谁批捕谁起诉”的捕诉合一办案机制，已成为检察机关内部改革的重要内容之一，捕诉合一办案机制的适用，不但可以缓解因捕诉分离带来的“案多人少”的压力，而且在强化侦查监督、提高诉讼质量、保障人权等方面有着制度设计层面的天然优势，值得加以探讨研究。

一、现象诘问：“捕诉一体化”肇现之必然性

（一）“捕诉一体化”解决了检察权双重属性的逻辑悖逆

本质而言，我国检察权具有司法权和行政权的双重属性，其中，具有司法属性的审查逮捕权和兼有行政属性的公诉权是当下检察机关的主要权能。就现实而言，我国长期将检察院的权能属性定性为司法属性，认为其包括诉讼监督职能、公诉职能以及司法监督职能。持主要权能为诉讼监督职能观点的学者认为，我国检察机关的法律监督范围主要限于诉讼监督领域，包括对刑事、民事、行政诉讼的监督，对此应该以现行法律规定的检察机关的职权为论证依据，因为检察机关的所有职权尚未超出诉讼监督的范围。持主要权能为公诉职能与司法监督职能观点的学者认为，根据《人民检察院组织法》与《刑事诉讼法》的规定，检察机关的主要职能包括侦查、公诉和监督，区别于西方国家

---

① 叶青：《关于“捕诉合一”办案模式的理论反思与实践价值》，载《中国刑事法杂志》2018年第4期。

② 张建伟：《“捕诉合一”的改革是一项危险的抉择？——检察机关“捕诉合一”之利弊分析》，载《中国刑事法杂志》2018年第4期。

③ 洪浩：《我国“捕诉合一”模式的正当性及其限度》，载《中国刑事法杂志》2018年第4期。

④ 郭烁：《捕诉调整：“世易时移”的检察机制再选择》，载《东方法学》2018年第4期。

⑤ 沈海平：《捕诉关系的辩证思考》，载《国家检察官学院学报》2018年第4期。

检察机关仅限于公诉机关，我国的检察机关还具有侦查权与诉讼监督权。与此同时，因为公诉权是检察人员代表国家追诉犯罪并维护国家治权的一项权力，公诉权行使的结果将映射到国家治权的视域并体现着治权的需要。显然，“捕诉一体化”模式的出现是要中和检察院的司法属性与行政属性。

（二）“捕诉一体化”是对批捕权的新认知

一般来说，检察院行使批捕权会有以下几个方面的考量，一是对逮捕的理由与必要性进行审查；二是透过批捕权的行使对侦查活动或调查活动的合法性进行审查；三是对证据获取的合法性进行审查，但是对于最终批捕与否仍缺乏具体的参考标准，办案检察官多是依靠经验而为之。根据我国刑事诉讼法律规定，检察官要行使批捕权需要同时具备三个条件才可，分别是有确切证据证明有犯罪事实、对方可能被判处徒刑以上刑罚、有逮捕的现实必要，按照逻辑推理来看，这三个条件之间是“且”的关系，三者缺一将会导致逮捕权出现“木桶效应”，因而消解逮捕权正当性。“捕诉一体化”推行后，检察院对犯罪嫌疑人行使审查起诉权昭示着犯罪嫌疑人有逮捕的必要，也意味着案件的严重程度较大，将有利于促使逮捕必要性长效审查机制的形成，最终改变“以羁押为原则、以取保为例外”的司法现状，有利于保障犯罪嫌疑人的人权。

（三）“捕诉一体化”改革亦是对监察权力外溢的“条件反射”

根据先前改革试点方案及修改后的《宪法》内容来看，新成立的监察委员会将实现对所有国家公职人员监察的全覆盖，其具有与一府两院同等的宪法地位，这必然会导致“一府两院”对其监督效果不甚明显。同时，当前的监察委员会以调查权的形式行使检察院原来的职务犯罪案件侦查权。当前的监察委员会逐渐形成了以调查权为核心的行权体系，《监察法》赋予监察委员会能够履行监督、调查、处置 3 项职权和可以采取的 12 项执行措施，且享有预防腐败的调查权、审计权、警示权、建议权、对涉及违法违规行为的调查权、处分权以及对腐败犯罪的侦查权、预审权等，这一规定类似香港廉政公署的调查权、搜查权、扣押权、拘捕权、获取资料权等规定[①]。作为与监察委员会业务关联最紧密的检察院需要有“紧迫感”，适时调整自己的状态，发挥对监察委员会的制约监督作用。

由于监察委员会与检察院行权依据分属于《监察法》与《刑事诉讼法》，二者的程序运用上分别是监察程序与刑事诉讼程序，对于完成调查的职务犯罪案件在移交检察院之后，检察院只有很短的时间进行立案审查并决定是否批捕。决定批捕与否显示了检察院对案件整体情况的深刻认知，但是由于批捕权与审查起诉权分属不同部门行使，从决定批捕到决定审查起诉亦需要经过一定程序，“捕诉一体化”的行权模式将分属于检察院两个部门的权力整合为一个部门统一行使，有利于检察院对监察委员会调查权予以及

① 赵增彦：《香港特区廉政建设的基本经验》，载《理论探索》2011 年第 1 期。

时回应与监督。

二、理论诉说："捕诉一体化"的理论伸张

（一）"捕诉一体化"是对司法实体正义、程序正义追求的法定化

就形式上来看，"捕诉一体化"契合中国传统上对于司法中实体正义的追求，也是具体落实"谁办案谁负责、谁决定谁负责"的检察官办案司法责任制的有效举措。毋庸讳言，实体正义是与程序正义相对应的，程序正义具体外化为法律的正当程序，英国的丹宁勋爵将正当法律程序描述为"法律为了保持日常司法工作的纯洁性而认可的各种方法，促使审判和调查公正的进行，逮捕和搜查适当的使用，法律援助顺利的取得，以消除不必要的延误等"。[①] 虽然如此，但其毕竟只是一种程序上的追求，且此处我们所强调的是被追诉者的一种程序性权利。程序正义虽然为英美法系所推崇，但也应该看到其不及实体正义的一些表现，比如，程序正义会拖拽案件的应有进程，贻误对案件证据的及时求证，不利于对犯罪嫌疑人及时采取强制措施，甚至由于法律正当程序的限制，对于一些明知的案件事实与证据也不能适用。实体正义则表现得更"接地气"，其更多的是对案件本身是非曲直的关注，对案件当事人权利义务分配的关注，不会因为程序的限制而让犯罪嫌疑人逍遥法外，至少会为了保证既有实体结果的兑现，对犯罪嫌疑人采取必要的措施，对于证据的获取与认定持更加积极与开放态度，力求达到惩治犯罪、保障人权的目的。

（二）"捕诉一体化"是对检察权的内部整合

孟德斯鸠认为，"每一个拥有权力的人都容易滥用它，并且会一直用尽他的权限为止"。换言之，由于制度本身附随着权力，权力自身有导致腐败的基因，对于任何具有行使正当性的权力，都不能排除其会诱发腐败的可能。权力最大的特征在于具有公共利益代表性，权力是一种被赋予的，代表公共利益的名分、主体资格和行为的正当性条件。对于权力来讲，由于是他人或公共的事务，属于他人或者公共的利益，当事人在取得授权的同时，就具有了运用该权力的资格，鉴于公共利益边界的相对模糊性，处理涉及公共利益的事务必须具有相对强势的权力，以获得处理事务的支配权，以求能够提高效率。对检察权的观察与检视应该放在整个国家权力监督体系中并以辩证的视角来审视，即检察机关在实施法律监督的同时也应该接受其他权力机关的制约，检察院工作人员在进行检察工作时也应该按照程序为之，在程序之下进行权力的实践。就检察机关而言，其并不具有实体上的处分权，法律规定公、检、法三个机关是分工负责、相互配合

① ［英］丹宁勋爵：《法律的正当程序》，李克强、杨百揆、刘庸安译，法律出版社 1999 年版，第 1—2 页。

与相互制约的关系，也为我们展示了他们之间的特殊的诉讼监督关系。[①]

其实，从另外层面看，“捕诉一体化”的改革也符合办案检察官自我进行权力约束，倒逼检察官自我克制权力的新的权力制约机制与设想。在“捕诉一体化”的模式之下，作为践行该模式的检察官可谓“压力巨大”，集中后的捕诉权更有利于检察官提高办案效率，少了一些掣肘，但会因为权力集中而导致权力腐败的发生概率上升。

在改革之前，批捕权与审查起诉权由隶属于检察院的批捕部门与公诉部门分别行使，一般流程是检察院案件管理部门在收到案件作出简单的形式审查后，即将案件移交批捕部门审查逮捕，待批捕部门决定批捕并由侦查机关再侦查后，公诉部门才会着手进行审查起诉的相关工作。也就是说，对于一个案件批捕与否，公诉部门的检察官是无法直接预知的，需要批捕部门行使批捕权的检察官来做出决定，公诉部门的检察官无权干涉，其只能待前面程序完成后移交到公诉部门后对案件是否公诉提出自己的意见。改革之后的批捕权与审查起诉权被合并到检察院一个部门统一行使，“捕诉一体化”案件办理模式实施后，将原公诉部门、侦查监督部门重新整合，设立刑事检察部，实行一件案件由一个办案组或一名员额检察官负责到底，统一履行介入侦查、审查逮捕、补充侦查、审查起诉、提起公诉和立案监督、侦查活动监督、刑事审判监督职责的办案模式。为确保“捕诉一体化”工作顺利进行，特别对需要制作捕诉一体化审查报告及不需要制作审查报告的情形进行明确，以期既保证办案质量，又提高办案效率，最终实现检察官办案“放权”与“控权”的平衡。

（三）“捕诉一体化”是对检察官职权的中国化运用

一般来说，检察官客观义务理论是以实体的真实主义和职权审理主义为基本原理的德国法学产物，检察官为了发现真实情况不应该站在当事人立场上，而应该站在客观的立场上进行活动。检察官的客观义务细致来分有三个层面的含义，一是检察官应该尽力追求实质真实，二是在追诉犯罪的同时要兼顾维护被追诉人的诉讼权利，三是应通过客观公正手段对案件事实做出评价以追求法律的公正实施。其实，检察官的客观义务就是指检察官在刑事诉讼中应当超越当事人立场，担当起法律守护人的角色，以追求法律的正确实施与案件的公平正义为归旨。检察院推行“捕诉一体”，是对检察官的权力与权利做出新的分配，目的是让检察官在权力与权利之间保持一个平衡，不能为了权力行使而忽视权利的保障，也不能为了权利的保障而“压抑”权力的行使。将检察院批捕部门与审查起诉部门合二为一以后形成刑事检察部，在刑事检察部内每一个具体的刑事案件都由具体负责的检察官全程负责，有利于刑事案件的“客观性”彰显，有利于办案检察官对案件做连续性、整体性把握，让检察官客观义务不再是静态的书面规定，而是逐渐变为体系化的多维度客观义务的实践。

---

① 朱秋卫:《我国检察权的定位及职权配置研究》，中国政法大学出版社2012年版，第71页。

深层次看，检察官客观义务理论也暗含了检察权的独立性要求，“捕诉一体化”映射到检察体制改革的向度之一就是使检察权的独立性由有名向有实转变。检察院独立行使职权已经被世界上很多国家确定为一项宪法原则，葡萄牙《宪法》第224条第2款规定，“检察署享有独立地位”，西班牙《宪法》第124条第2款规定，“检察机关通过自己的机构，根据行动统一、下级服从上级、在任何情况下均服从法制和公正的原则，行使其职权”。美国学者琼雅比认为，人们曾经倾向于认为检察官是警察或者法院的助手而不把它看成一个拥有自由裁量权的独立官员，然而明显的是他有他本身的任务和独立的目标，美国地方检察官的一个最大特点是由当地选举产生的，因而其有独立的权力来源，他享有不受审查的自由决定起诉的权力。[①] 国内理论基于检察官客观义务所延伸的检察权独立性论述较为宽泛，一般认为，出于保障检察权独立的要求，检察官的客观义务贯穿于从侦查到裁判终结的整个诉讼过程，要求办案检察官应该全面搜集与保全证据，在审查起诉阶段不得违背证据和公平原则进行差别追诉。

“捕诉一体化”也让我们从实质意义上看到国家对检察一体化原则的尝试性落实。检察一体化原则要求检察机关作为一个统一的整体独立于其他国家权力主体和一般非权力主体。检察一体化主要体现在人员的可替代性、行动的协调性和命令的服从性等特征上，这些特征集中反映到检察官的整体性上。根据检察官客观义务理论，检察官办理案件只服从法律与证据，办案检察官只需要对当事人负责，而不必考虑过多的外在因素。

三、“捕诉一体化”的谱系构建

毫无疑问，作为当前检察体制改革的重要组成部分，“捕诉一体化”模式的出现将为监察体制改革背景下检察院权能发挥产生实质性影响，将有利于检察院与监察委员会形成有效衔接。从司法实践层面看，“捕诉一体化”模式在实现诉讼目的和提高效率、强化监督和两法衔接等方面具有重要作用。鉴于改革处于起步阶段，应更多地注重从理论角度进行可行性论证，对其未来在实践中可能会遇到的问题善尽节点提示与规范塑造义务，以期改革能够带来良法善治之效果。

（一）“捕诉一体化”可以监察权为改革参照系

“捕诉一体化”作为检察权能运行体制改革的重要部分，监检衔接直接关系着职务犯罪案件的办理质效，其改革模式的实践必须与监察权互相照应，毕竟检察院面临与监察委员会的工作协调问题。就监察权而言，其与检察院密切关联的具体权限就是职务犯罪案件调查权，新成立监察委员会与纪委合署办公，形成“两块牌子、一班人马”的格局。就机构设置而言，纪委设置属于党的领导性质的机构，如办公室（厅）、组织部、宣传部、纪检办公室等主要部门，监察委员会则设置反贪污贿赂、处理职务犯罪案件、

① 张建伟:《刑事司法体制原理》，中国人民公安大学出版社2002年版，第203页。

预防腐败、收集信息情报以及政策指导等相关职能，体现其职能特色的部门都在履行一般意义上的监察权。而检察院的刑事检察、民事行政监督、案件侦查、执行监督、公益诉讼等职能则是在履行检察权。二者共同关注与履职的焦点在职务犯罪案件的办理，有鉴于此，关于职务犯罪案件在完成调查后必然会进入检察院展开刑事司法程序，在检察院推行“捕诉一体化”办案模式情况下，有必要将履行批捕权与审查起诉权的刑事检察部与监察委员会履行调查权的职务犯罪调查部进行职能上的对照比较，使二者之间能够做到自洽衔接。

在当代社会，法治控权的现状决定了一个法治国家法治秩序的总体面貌，[①]“捕诉一体化”所属的检察权与调查权所属的监察权必须坚持法治控权的原则。检察权与监察权作为法治秩序形成的必备要素，是法治秩序运作效能良好与否的重要参考因素，二者之间除了要做好职能上的自洽衔接，还需要做好程序上的具体衔接。即二者要从微观着手，对它们互相之间的具体行为进行协调，其中主要的就是关于职务犯罪案件调查完成以后，相关证据将被移送到检察院，检察院刑事检察部门对于移送而来的案件材料应明确接收与审查流程，对发现存在问题的证据材料应建立快速沟通机制，对业已完成调查的案件在正式进入刑事司法程序之前再次经过审慎检查。这样的考虑是检察院刑事检察部的批捕权与审查起诉权的集中行使将涉及被调查人的实体权利保障问题，在“捕诉一体化”办案模式下，可能会发生不可逆转的刑事结果，对此需要格外谨慎以防出现冤假错案。

（二）“捕诉一体化”应以司法权属性为行权边界

无论检察权是否兼具行政权与司法权属性，但就“捕诉一体化”模式来说，其若希望得到良好的适用就必须坚持其司法权属性。就传统而言，检察权的本质是追诉，检察机关与警察机构一样履行的是控诉职能，检察机关在司法活动中要对犯罪嫌疑人、被告人的行为性质和应否追究刑事责任做出判断，审查起诉中还要基于自己的判断做出起诉与不起诉的决定。一般认为检察官为此行使的权力是迫于国家追诉权所致，即使被害人一方收到犯罪侵害后不愿意起诉，由于国家公权力的介入，检察院也必须主动介入，故而被视为对行政权的妥协，带有一定的行政权属性。这种理解显然是过度解读，根本上是由于司法与行政之间的界限模糊，当“司法”一词的特定含义被置换之后，司法或司法机关的外延也会随之发生变化，造成一些原来在行政机关范围内的机关被纳入司法机关的范畴，结果是司法的特点被湮没并造成司法权的贬抑。

“捕诉一体化”作为检察体制改革的成果，是为了厘清检察院针对刑事案件办理程序不畅、解决案件办理时因权力不集中所导致的效率低下问题。同时，“捕诉一体化”回归单一司法权属性有利于排除行政权力的干扰，比如关于逮捕措施的运用，通常会带

① 蒋德海:《控权型法律制度研究》，人民出版社2012年版，第134页。

来长期羁押的法律效果，会严重影响个人的基本生活，为了防止逮捕措施的滥用，加强对公民人权的保护，新《刑事诉讼法》对逮捕条件予以细化，使逮捕的适用具体化，明定了逮捕应同时具备的三个条件，明确了七种应该逮捕的情形和一种可以逮捕的情形。殊不知这些规定是为避免司法擅断而来，其关注更多的是批捕权在司法运行中的姿态。因此，批捕权实际上是一种判断权，而判断权是司法权的基本属性，因此在审查批捕问题上应该尽量采用司法化的审查方式。[①]

（三）“捕诉一体化”应与刑事审前程序的诉讼化改造同步

实行“捕诉一体化”办案模式后，审查批捕阶段将会成为庭前程序中检察审查案件最重要的一个阶段，同时也必将成为辩护权行使最为重要的阶段。由于批捕权与公诉权合并到一个部门行使，在侦查和审查逮捕过程中，检察官对案件事实都已经有了系统的了解与把握，自己的认识也已经形成，因此，“捕诉一体化”情况下检察机关对案件审查的重心必然会发生前移，同时，检察官会把审查起诉的标准，甚至法庭审判定罪的标准提前到逮捕审查阶段，对案件作整体的考虑，而不是过去侦监、起诉各司其职的模式。因此，应将“捕诉一体化”置于刑事审前程序中来考量，使“捕诉一体化”与刑事审前程序的诉讼化改造同步进行，唯有如此，“捕诉一体化”才不至于在审判阶段产生不适。

四、结语

捕诉一体或分离并不涉及合法性的问题，法律把批捕权和起诉权交给检察机关，它没有限定检察机关行使权力的方式，即无论合或分都是合法的，不用对其进行合法性的质疑。1996 年刑诉法修改后不久，最高检就开始着手推进捕诉分离的改革，此后这两项权力的配置一直处于分离的状态，直到本轮改革重新合一。捕诉关系的改革涉及权力的优化配置问题，涉及程序的合理性和正当性的问题，也涉及权力的属性问题——不同性质的权力应当采用不同的行使模式——批捕权如果是司法权，就不能用行政化的方式去行使。同时，我国公诉实行法定主义，公诉不仅有法律条件上的限制，更应当遵循客观义务原则，即公诉应当坚持中立立场，检察官应当不偏不倚地对待犯罪嫌疑人和被告人，因而由负责公诉的检察官行使批捕权，不会影响批捕权行使的中立性，更不会影响对人权的保障。相反，改革会更有利于犯罪嫌疑人的权利保障，因为实行捕诉一体化后，检察官以起诉的预期来把握批捕，会更加全面地把握批捕的证明标准，这就意味着犯罪嫌疑人不批捕的可能性更大，从而更有利于保障人权。

① 韩旭:《检察官客观义务论》，法律出版社 2013 年版，第 161 页。

轻罪治理背景下羁押必要性审查的再检视

周 洋*

摘 要 随着我国犯罪结构的变化，轻罪日益成为犯罪治理的主要对象。羁押必要性审查在本质上追求司法办案与法律监督的有机融合，重视检察官的客观公正立场，强调检察官在刑事诉讼中的主导责任，有利于释放轻罪治理效能，缓解轻罪治理末端压力，控制轻罪诉前羁押溢出效应。通过形成持续性审查闭环、明确"优势证据"证明标准、构建"异议＋听证"救济机制、优化检察官业绩考评，羁押必要性审查能够更加贴近轻罪治理的实践需求，为构建现代化犯罪治理体系提供必要支撑。

关键词 轻罪治理 宽严相济 羁押必要性审查 捕诉一体

一、问题的提出

依据行为性质、情节及其对应的刑罚轻重，可以将犯罪划分为不同层次，轻罪与重罪的区分则提供了一种常见的二分法视野。我国的犯罪总量在 2015 年达到顶点以后开始回落，其内部结构也发生了明显变化，轻微犯罪成为主体，暴力犯罪沦为次要且其总量和占比不断下降。[①] 随着犯罪结构的上述变化，轻罪已逐步成为我国犯罪治理的主要对象，宽严相济刑事政策在实践中得到不断深化，审慎适用刑事强制措施、减少非必要诉前羁押成为犯罪治理的程序标配。根据最高人民检察院工作报告披露的情况，2022 年我国诉前羁押率已突破性地降低至 26.7%，堪称新中国成立后有司法统计以来最低。但是仍有以下问题值得深思：随着"政策红利"的消退，短时间内迅速下降的诉前羁押率是否存在反弹的风险，目前被控制在合理区间的诉前羁押率能否维持?

正确发挥刑事强制措施的程序保障功能、把诉前羁押率控制在合理区间，除了在刑事诉讼程序的前端严格把握审查批准逮捕的条件，在刑事诉讼推进的过程中精准适用羁押必要性审查也不可或缺。近期，最高人民检察院、公安部联合印发《人民检察院、公

*周洋，广东省珠海市人民检察院办公室副主任。

① 卢建平:《轻罪时代的犯罪治理方略》，载《政治与法律》2022 年第 1 期。

安机关羁押必要性审查、评估工作规定》(以下简称《工作规定》),首次将羁押必要性审查从检察机关自身办理刑事案件的一项程序性职能,拓展为检察机关和公安机关在规范适用羁押性强制措施领域的共同任务,再次强调了双方“分工负责、互相配合、互相制约”的履职关系。就检察机关而言,“捕诉一体”办案模式为刑事检察工作构建了全新平台,也深刻影响着羁押必要性审查制度的运行状况。本文尝试提升羁押必要性审查的运行质效,激活羁押必要性审查的综合功能,使之与轻罪治理更加匹配,从程序角度丰富我国轻罪治理的机制供给。

二、羁押必要性审查的实践逻辑

自2012年正式在法律层面确立以来,羁押必要性审查制度伴随着我国刑事诉讼法律法规的历次修改而不断调整完善。最高人民检察院在2022年将羁押必要性审查专项活动贯穿全年,将审查的案件范围扩大至全部在办羁押案件,再次体现了刑事司法实践对该项制度设计初衷的高度肯定,以及对进一步实现其功能预设的热切期待。在检察机关“捕诉一体”办案模式下,羁押必要性审查的制度价值得到了进一步肯定,实践逻辑也日渐清晰。

(一)追求司法办案与法律监督的融合

我国检察机关是带有司法属性的法律监督机关,我国检察工作的最大特点就是司法职能与法律监督职能的结合,中国特色社会主义检察制度的基本规律就是通过司法职能实现法律监督。[①] 通过将“捕”和“诉”两种不同职能归于同一主体行使,“捕诉一体”办案模式将司法办案与法律监督作为履行刑事检察职能的一体两面,实现对刑事案件的高效办理和全流程把握,使得检察官在办理刑事案件时,既着力于依法追诉犯罪,也着眼于对侦查、审判等活动的法律监督,体现了“在办案中监督,在监督中办案”的检察工作理念,旨在通过实实在在的办案将检察机关的法律监督职责具体化、程序化。羁押必要性审查具有鲜明的法律监督属性,与“捕诉一体”办案模式在创立意图和功能指向上一致,具备同向发力、相互促进的基础。实施“捕诉一体”后,刑事检察部门的检察官集捕诉职能与监督职能于一身,对同一案件实现羁押必要性审查与审查逮捕、审查起诉的一体化办理,有利于化解不同诉讼环节、不同办案主体对及时开展羁押必要性审查造成的客观限制,推动由被动依申请、静态化审查转变为主动依职权、动态化审查,更加符合羁押适用条件可能会随着刑事诉讼程序推进而发生变化的司法规律。

(二)以检察官的客观公正立场为基础

客观公正立场与检察机关法律监督属性高度契合,是协调、融洽控诉职能和诉讼监

① 谢鹏程:《坚持“在办案中监督、在监督中办案”的检察理念》,载《检察日报》2021年1月22日,第3版。

督职能的重要纽带。将坚持客观公正立场作为检察官依法履职的核心要义，既要求检察官要超越案件当事人的零和博弈思维，坚持以公平中立的态度维护公共利益，又强调检察官在办案中要摒弃基于某种个人利益考量或价值取向偏好的主观因素，以法律秩序的统一和案件事实真相为追求。"捕诉一体"办案模式将审查逮捕与审查起诉的办案主体合而为一，显著拓展了同一检察官在同一刑事案件上的"履职半径"。由于捕诉工作惯性、业绩考核和司法责任追究等一系列因素的影响客观存在，"捕诉一体"办案模式对检察官秉持客观公正立场提出了更高要求，需要检察官对案件实体问题和程序问题并重，全面考虑有利和不利于犯罪嫌疑人或被告人的种种因素，而不能仅仅站在案件诉讼当事人的角度考虑指控成败与否。羁押必要性审查是对逮捕后有无必要继续限制犯罪嫌疑人、被告人人身自由的再次审视，与被追诉方相比，检察官享有完整的决定权和更加丰富的刑事诉讼资源，唯有以客观公正的立场予以中立审查，才能维护这一法定机制的正当性和严肃性，促进实现诉前羁押的独立价值。

（三）强调检察官在刑事诉讼中的主导责任

刑事诉讼中检察官的主导责任，是指检察官对程序的控制、引导乃至对程序事项作出决定的责任，检察官对程序的走向乃至实体问题有一定的控制作用。[①] 以同一位检察官或同一个办案组为纽带，"捕诉一体"办案模式在遵循程序规范的前提下将审查逮捕职能和审查起诉职能适度整合，有效提升了刑事案件审前程序的整体性，显著增强了审前程序与审判程序之间的压力传导关系。倘若侦查环节的程序瑕疵甚至违法问题未能被及时发现并纠正，都会由承办该案件的同一位检察官传递至审判程序，在庭审现场指控证明犯罪不力的负面结果也会由其直接面对，从而促使检察官在刑事诉讼中以更加审慎的态度履行主导责任。从批准逮捕到法院作出判决，特别是在案件移送法院之前，检察官是可以改变犯罪嫌疑人、被告人羁押状态的唯一主体，集保障诉讼程序顺利进行和维护被追诉方合法权益之重要职责于一身，应当对羁押措施的必要性持续展开比例性考察，以确保羁押措施属于为了保障刑事诉讼程序的顺利进行而不得不采取的最后手段。

三、羁押必要性审查对轻罪治理的功能回应

在刑法理论层面，目前通常认为轻罪的界定应当以法定最高刑为依据，将法定最高刑为 3 年以下有期徒刑的犯罪作为轻罪看待，贯彻"轻轻"刑事政策。[②] 刑事司法实践也倾向于将可能判处 3 年以下有期徒刑或免予刑事处罚的案件视为轻罪案件。该类案件的犯罪嫌疑人通常罪责不重、社会危害较小、认罪悔过态度较好，且回归社会较快、社会关系修复预期较好。如果由于案件办理初期对案件事实和人身危险性的认识存在局限

① 韩旭：《刑事诉讼中检察官主导责任的理论考察》，载《人民检察》2020 年第 5 期。
② 肖中华：《轻罪的范围界定、设置原则与认定规则》，载《贵州大学学报（社会科学版）》2022 年第 1 期。

而导致了羁押，检察机关就要通过羁押必要性审查作出建议释放或者变更刑事强制措施的决定，为涉嫌轻罪的犯罪嫌疑人提供合乎比例原则的程序处遇，进而延伸轻罪治理链条，深化轻罪治理效果。

（一）推动释放轻罪治理效能

较之于重罪治理，轻罪治理考虑的内容从“犯罪行为”拓展到“犯罪行为人”，并且突出刑事诉讼活动的“训诫功能”。对于轻罪案件，刑事诉讼活动的目的是通过刑事诉讼活动真正化解社会冲突，促使犯罪嫌疑人、被告人悔过自新，自觉认识其行为的违法性。[①] 可见，实现轻罪治理目的，需要在收集固定证据证明犯罪行为的基础之上，充分考虑犯罪行为人的要素，并进一步思考是否与刑事诉讼活动之应有目的相匹配。羁押必要性审查既着眼案件实体的变化和对诉讼程序的预判，又聚焦犯罪嫌疑人、被告人的主观恶性、悔罪表现、身体状况等主客观情况，在制度设计逻辑上与轻罪治理的要求相互契合。此外，在逮捕后再次检验限制人身自由的必要性，持续及时地发现需要终止诉前羁押的情形，羁押必要性审查本身即是在以平等保护个人合法权益的方式促进轻罪行为人自省反思，进而实现社会冲突化解和矛盾根源的深度治理。

（二）降低轻罪治理末端压力

刑事司法领域目前采用的轻罪区分标准，通常基于检察机关提出的量刑建议或法院判决的宣告刑。在具体案件的刑事诉讼程序中，随着侦查措施的持续适用，证据逐渐收集固定到位、案件事实趋于明朗，可能出现犯罪嫌疑人从涉嫌重罪到涉嫌轻罪的位阶变化。站在动态的认识论角度，羁押必要性审查为由于案情和证据情况发生变化、涉嫌犯罪的轻重变化等原因及时调整刑事强制措施，提供了必要的缓冲和“余地”。例如，对于即将在轻罪的幅度内建议量刑的案件，可能造成判决期限小于诉前羁押期限，且本身符合其他非羁押性强制措施，检察机关应立即作出不具有羁押必要性的审查结论，结束犯罪嫌疑人、被告人的诉前羁押状态并变更刑事强制措施。如此便有助于避免出现刑期与诉前羁押期限倒挂，把更多的司法资源用在案件审理上，而非浪费在折抵刑期或应对国家赔偿等问题之上。

（三）控制轻罪诉前羁押溢出效应

在我国犯罪记录封存制度、前科消灭制度、复权制度以及政审制度改变完善之前，行为人及近亲属仍会因轻罪而遭致与重罪完全相同的附随后果，不利影响无疑是巨大的。[②] 轻罪案件的刑罚特点，决定了犯罪行为人会较快回归社会，把努力继续原来的生活作为首要目标，而较长时间诉前羁押带来的负面影响不会简单地随着案件的终结而消

---

① 卢建平、吴宏耀、刘辰：《轻罪治理现代化的推进路径》，载《人民检察》2023 年第 1 期。

② 刘恒源：《成年人轻罪案件附条件不起诉的现实需要、理论基础与制度构建》，载《南海法学》2023 年第 2 期。

失。从社会层面来看，较长时间的诉前羁押经历会使轻罪行为人在回归社会后更容易被贴上“犯罪标签”，给其本身及近亲属的工作、学习和生活带来诸多不便。因为受刑事司法传统、刑罚报应理念等多种因素影响，社会公众容易把刑事拘留或逮捕等同于追究刑事责任，将诉前羁押与判处有期徒刑及以上刑罚予以关联，甚至犯罪嫌疑人、被告人在变更为非羁押性刑事强制措施后仍被判处有期徒刑，在一定程度上会引起对刑事诉讼程序的质疑。与此同时，就犯罪行为人自身的心态而言，轻罪羁押的消极影响也不容忽视。作为一段“生活中懊悔的插曲”，轻罪行为人所经历的刑事诉讼活动却会给他们留下难以磨灭的深刻印象，其间的经历，不仅会影响他们对警察、检察官、法官、律师等法律职业群体的评价，甚至会决定他们今后对待法律和法治的态度和信念。[①] 通过适时改变强制措施，及时缩短诉前羁押时间，羁押必要性审查制度对控制轻罪诉前羁押的上述溢出效应有着积极意义。

四、羁押必要性审查与轻罪治理的耦合路径

羁押必要性审查在功能方面对轻罪治理作出了有效回应，一定程度上弥合了轻罪治理与刑事诉讼程序之间的间隙。结合羁押必要性审查当前面临的实践困境，要充分考虑该项制度的功能设定和内在逻辑，不断优化完善其基本要素的配置与运行，使羁押必要性审查成为实现轻罪治理更为有效的制度工具。

（一）形成持续性审查闭环

为动态评估据决定羁押的条件在刑事诉讼程序中有无变化，无论犯罪嫌疑人、被告人一方申请与否，检察机关都应当持续开展羁押必要性审查。要形成持续审查羁押必要性的程序闭环，不能忽视每一位检察官身上不同程度存在的“人案矛盾”。一位检察官经常需要同时办理多起不同类型的刑事案件，每起案件繁简程度、所处阶段、办案期限等情况大相径庭，而阅卷、提讯、复核证据等体现司法亲历性的工作却一项也不能少。若检察官在轮案中刚好分到了疑难复杂案件，时间精力的分配略有失当，便会出现多米诺骨牌效应，导致多个案件的办理期限告急。开展羁押必要性审查容易出现“蜻蜓点水”匆匆而过，和选择性审查“挂一漏万”两种极端，均有悖于应当持续关注羁押必要性的要求。浙江绍兴等地探索出的“重点案件提示单”经验，为实现羁押必要性的持续审查提供了启示。[②] 其核心要义在于开展审查逮捕工作时，同步筛选出虽然当时因不具备采取非羁押强制措施条件而批准逮捕，但是后续满足相关条件的可能性较大的案件，

① 卢建平、吴宏耀、刘辰：《轻罪治理现代化的推进路径》，载《人民检察》2023 年第 1 期。

② 对于羁押必要性审查的频次也应当作出规范。例如，对可能判处 3 年有期徒刑以下刑罚的案件，应当在捕后 1 个月内至少审查一次，此后每隔 1 个月审查一次；对可能判处 3 年有期徒刑以上刑罚的案件，应当在捕后 2 个月以内至少审查一次，然后在每次批准延长羁押期限时再次进行审查；案件进入审查起诉、一审、二审阶段，应当至少分别审查一次。

例如后续犯罪嫌疑人与被害人一方达成和解的可能性较大，以填写“重点案件提示单”等形式标记跟踪，注明犯罪嫌疑人后续可能满足的变更强制措施条件，提醒及时跟进羁押必要性审查工作。在现行归口审查制度下，该提示单可一式两份，形成“复线”式审查机制。一份提示单随案附卷，便于负责捕诉的检察官准确高效了解相关条件变化情况，适时作出变更强制措施的决定或建议；另一份提示单交刑事执行检察部门掌握，由其将收到提示单的案件列为重点关注对象，在负责捕诉的检察官因办案压力过大等因素出现疏漏时，刑事执行检察部门以移交线索的方式确保及时启动羁押必要性审查。

（二）明确“优势证据”证明标准

刑事诉讼是由浅入深、由表及里的递进式认识过程，在此期间案件证据也经历了由不够充分到相对充分再到确实充分的层层蜕变。基于刑事诉讼程序的顺序性和批捕起诉功能的差异性，在“捕诉一体”办案模式下，同一检察官对同一刑事案件事实的证明标准也经历了从低到高，直至排除合理怀疑的过程。与针对定罪量刑的实体法判断不同，羁押必要性审查所求证的并不是犯罪嫌疑人、被告人是否确实实施了某种犯罪行为，而是在诉讼程序意义上有无继续羁押的必要，即是否存在毁灭证据、威胁证人、逃避诉讼、实施其他犯罪等特定行为的可能，属于程序性证明。羁押必要性审查的证明对象为逮捕后犯罪嫌疑人、被告人自身的情况和案件证据、事实等两个层面是否至少有一个发生了特定变化，属于程序法事实。当谈到作为羁押理由之一的“逃亡之虞”时，克劳思·罗科信教授曾指出，对于是否确信有逃亡之虞，不需要抽象的证明标准，只应当由法官逐案判断，考量被告已知不利证据之分量、被告人格、被告的私人关系。[①] 综上，羁押必要性的证明没有必要受到“排除合理怀疑”等实体法事实证明标准的限制，可考虑采用“优势证据”标准，即只要在两种可能性之间经过全面深入的比较，能够确认其中一种可能性大于另一种可能性即可。因为对于程序法事实的证明是保障诉讼顺利进行的，而对于实体法事实的证明则是影响犯罪嫌疑人、被告人定罪量刑的，两者落脚点的不同也决定了对于两者的证明不应该适用同一证明标准。[②] 申言之，检察官依据现有证据，内心确信不继续羁押犯罪嫌疑人、被告人不会影响刑事诉讼程序正常进行，且再次犯罪危害社会的可能性小于相反情况的可能性，就可得出不具备羁押必要性的结论，进而作出变更强制措施的决定或建议。

（三）构建“异议＋听证”救济机制

目前审查逮捕、羁押必要性审查及延长羁押期限的主要方式仍然是书面审查、行政性审批，被追诉人及其辩护人的知情权、参与权比较有限。羁押必要性审查涉及人身自由这项公民基本权利，应当保障犯罪嫌疑人、被告人对审查结果不服时可以稳定地获得

---

① 林志毅:《论羁押理由与羁押事实》，载《政法论坛》2013 年第 2 期。
② 张琳:《捕后羁押必要性审查之证明规则研究》，载《中国刑事法杂志》2017 年第 5 期。

救济。检察机关应当把听取犯罪嫌疑人及其律师的意见作为审查批准逮捕、进行羁押必要性审查和延长侦查羁押期限的必经程序。

首先，要畅通对审查结果提出异议的途径。可确立以下办案规则：在依申请作出羁押必要性审查决定后，检察机关应在2日内将书面决定送达犯罪嫌疑人、被告人一方，告知其若对审查决定有异议，可在3日内申请复议，若对复议结果不服，可以向上一级检察机关申请复核。另外，要将听证作为救济实质化的核心举措。考虑到司法资源的有限性，《人民检察院羁押听证办法》第3条把运用听证开展羁押必要性审查的案件限定为“在事实认定、法律适用、案件处理等方面存在较大争议”，犯罪嫌疑人、被告人一方申请复议复核的案件通常在此之列。听证为犯罪嫌疑人、被告人提供了就涉及自身基本权利的事项充分发表意见的机会，对于社会危险性争议较大、社会关注度较高的刑事案件，还可以邀请羁押场所监管人员和犯罪嫌疑人、被告人所在单位、所居社区和属地公安派出所的代表到场或以视频连线的形式发表意见，并接受主持听证检察官或听证员的质询。以听证这种近似“两造对抗”的形式审查羁押必要性，有利于检察官跳出捕诉业务的线性思维，增强审查主体的中立性；有利于检察官站稳客观公正立场，以更为全面的视角审视羁押条件的变化情况。经过听证得出的复议或复核结论，无论改变原先审查决定与否，在权威性和可接受性方面都会有更好的表现。

（四）优化检察官业绩考评

羁押必要性审查以情势变更原则为法理依据，既不是对审查逮捕的简单重复，也不是对逮捕决定的全盘否定。在“捕诉一体”办案模式下考评羁押必要性审查的成效，要充分体现该项工作独立的程序价值，努力从外部卸去检察官变更强制措施的桎梏。一方面，要注重客观评价羁押必要性审查的工作成果。随着对案件质量和程序规范化要求的不断提高，刑事检察部门的检察官倾向于将更多时间和精力放在审查批准逮捕、审查起诉和开展认罪认罚等工作上，对羁押必要性审查的积极性还不够高。应将通过羁押必要性审查成功变更强制措施作为检察官业绩考评的正向指标，对通过羁押必要性审查变更强制措施的案件予以加分，真正把羁押必要性审查作为和审查逮捕和审查起诉同等重要的工作来抓。对于审查后认为无羁押必要性而依法变更强制措施，后由于监管不到位等问题导致犯罪嫌疑人、被告人难以按时到案或再次犯罪的，不宜对负责羁押必要性审查的检察官追究司法责任。另一方面，要改变唯最终判决结果衡量羁押必要性审查工作质量的考评导向。在刑事司法实践中存在这样一种倾向性认识：若判决结果仅为管制、拘役或缓刑，决定或建议改变强制措施的羁押必要性审查结论通常会得到赞同肯定；若判决结果为有期徒刑，被告人还需被收监执行剩余刑期，则没有维持强制措施不变的羁押必要性审查结论会被给予“不严谨”甚至“错误”的负面评价。这实际上是混淆了程序法事实和实体法事实，也无法用“以审判为中心”解释其合理性。“以审判为中心”实质上是“以审判活动为中心”，是指在包括侦查活动、起诉活动、审判活动、辩护活动、裁判执行活动在内的诸项诉讼活动中，审判活动是控、辩、审三方依照法定程序共同参与，并在法庭主持下对案件事实进行调查审理，并由法官或合议庭对被告人的定罪量刑问题作出裁判的活动。[①] 因此，在具体考评指标的设置上，要聚焦羁押必要性审查本身的正当性和有效性，淡化审查结果与判决结果的反向关联，让检察官在"捕诉一体"办案模式下拥有相对独立的思考空间，允许检察官在办案过程中视客观情况变化调整思路，避免羁押必要性审查沦为判决结果的附庸。

结语

轻罪案件数量众多、涉及面广，涉及的罪名几乎普遍为刑法意义上的法定犯，行为人在构成犯罪的同时也涉及行政违法，往往关乎罪与非罪的定性，关涉人身自由与财产归属。实施轻罪治理既要防止刑法过度干预社会生活，又要回应群众对公平正义的关切，最大限度实现政治效果、法律效果和社会效果的统一。羁押必要性审查不仅为实现诉讼程序的快慢分道、案件实体的轻重分流提供了必要保障，而且有力促进了矛盾和冲突的化解，是实现轻罪治理不可或缺的制度设计。检察机关应当秉持"高质效办好每一个案件"的司法理念，在刑事诉讼程序中履行承前启后的重要职责，通过完善羁押必要性审查的运行机制，更加深刻地认识轻罪案件刑行交叉的基本特点，聚焦刑行双向衔接。

---

① 顾永忠：《一场未完成的讨论：关于"以审判为中心"的几个问题》，载《法治研究》2020 年第 1 期。

论检察机关认罪认罚从宽制度执法风险防控

邓培旺 *

摘　要　随着检察机关员额制改革、捕诉一体化和认罪认罚从宽制度的广泛推行，多重改革交织重叠，检察工作迎来了新的机遇，同时也面临巨大的挑战与风险。本文以新的检察制度改革为背景，以检察机关在办理认罪认罚从宽案件中面临的执法风险为研究对象，提炼了检察执法风险的基本特征，阐明了导致检察执法风险的因素及现实样态，并有针对性地提出了检察执法风险防控的有效方式及途径。

关键词　认罪认罚从宽制度　检察执法风险　风险防控

自2014年10月党的十八届四中全会作出完善刑事诉讼中认罪认罚从宽制度的重大改革部署以来，2016年9月，十二届全国人大常委会第二十二次会议通过了《关于授权最高人民法院、最高人民检察院在部分地区开展刑事案件认罪认罚从宽制度试点工作的决定（草案）》，正式授权最高法、最高检在包括北京、上海、广州等在内的18个城市率先开展刑事案件认罪认罚从宽试点工作，由此拉开了启动认罪认罚从宽工作的序幕。2018年新修订的《刑事诉讼法》第15条明确规定：被追诉人自愿如实供述自己的罪行，承认指控的犯罪事实，愿意接受处罚的，可以依法从宽处理。从而将认罪认罚从宽提升至立法层面，由此奠定了认罪认罚从宽制度的法律基础。进而，这项制度在全国各地普遍推行开来，成了当前司法改革的热点问题，受到了广泛关注。认罪认罚从宽制度作为一种非对抗性的制度，旨在通过对认罪认罚的被追诉人依法给予程序上从简或者实体上从宽的处理，以实现有效惩治犯罪、强化人权司法保障、提升诉讼效率等目的。由于检察机关在认罪认罚从宽制度中履行主导责任、发挥主导作用，由此新的检察执法风险也应运而生。检察机关在办理认罪认罚从宽案件过程中可能面临哪些新的执法风险？如何合理约束其自由裁量权并进行必要的监督以保障检察权的正确实施？本文试论之。

---

* 邓培旺，广东省珠海市金湾区人民检察院第二检察部副主任、二级检察官。

一、检察执法风险的概念及特征

风险，是行为者面临的不确定性或行为实际结果与预期结果的不相一致状态。它具有不确定性、客观普遍性、可预测性、发展性等特征。

执法风险有广义和狭义之分，广义的执法风险包括外部环境和内部工作机制对执法办案造成的不当干扰及执法办案过程和执法办案结果对社会产生的不良影响。狭义的执法风险仅指执法办案过程和执法办案结果对社会产生的不良影响，包括引发信访、群体性事件或者突发性事件等[①]。

检察执法风险，是指检察机关执法人员在执法过程中，不按照或不完全按照法律规定办案，或者因其作为和不作为导致侵权，引发法律后果或社会后果，需要承担刑事责任或行政、民事责任的各种不良执法行为及法治危害，或者因其不当办案行为导致办案质量下滑，引发当事人上访或负面舆论等严重影响检察机关执法公信力的情形。检察执法风险除具有一般风险的基本特征外，还具备如下特征：

（一）不均衡性

由于检察执法风险伴随着检察执法的始终，且易受时间、地域、执法主体及对象等因素影响，因此表现出较大的不均衡性。在横向层面上，同时期、同地区检察执法的各个环节的风险数量、频率、检出度等不一致；在纵向层面上，不同时期、不同地区在进行同一检察执法时的风险特征也不尽相同。

（二）影响广泛性

检察机关作为国家的法律监督机关，在行使国家检察权的过程中不可避免地伴生着执法风险，由于检察执法的行为影响区域可以是某个特定的对象，也可以是较大范围内的不特定对象，具有一定的广泛性，因此，检察执法风险倘若不能有效地防范和避免，不仅可能影响到公民的人身、财产权的保障，损害检察机关的整体形象，甚至可能影响到社会的和谐稳定。

（三）可控性

尽管检察执法风险分布不均衡、影响广泛，但是其产生一般有迹可循，也是可控的。通过严格管理检察执法行为，及时发现并采取有效措施，对症下药，积极进行检察执法风险防范及控制，可使其降至最低。

---

① 天津市北辰区人民检察院课题组:《检察环节执法办案风险评估预警机制研究》，载《法学杂志》2013 年第 2 期。

二、认罪认罚从宽制度及其执法风险

（一）认罪认罚从宽的相关概念

1. 认罪

何谓“认罪”？“两高一部”《关于适用普通程序审理“被告人认罪案件”的若干意见（试行）》第1条规定：“被告人对被指控的基本犯罪事实无异议，并自愿认罪的第一审公诉案件，一般适用本意见审理。”根据该规定，认罪即对被指控的基本犯罪事实无异议，并未提及是否需要对司法机关指控的行为性质和罪名同样表示认可。那么，在认罪认罚从宽制度语境中，如何对“认罪”进行法律语义上的解读？学界对此持有两种不同的观点，其中一种观点认为，被追诉人的认罪应当是被追诉人自愿承认被指控的行为构成犯罪，但不包括被追诉人对自己行为性质（罪名、犯罪形态等）的认识，可将之简称为“概括认罪”[①]。另一种观点则认为被追诉人要符合认罪标准，则不仅要承认司法机关指控的犯罪事实，承认其实施了被指控的犯罪行为，还要对司法机关认定的行为性质和罪名均没有异议，即被追诉人对检察院指控的犯罪事实和罪名均给予了认可[②]。如果只承认犯罪事实，而不认为自己行为构成犯罪或者构成的是其他罪名的，不能构成认罪认罚意义上的“认罪”。

笔者同意第一种观点，即对“认罪”作广义上的理解，这也是普遍意义上的对于“认罪”标准的主流观点。要构成认罪认罚从宽语境中的“认罪”，需要同时具备两个要件：一是被追诉人认可指控的犯罪事实，也就是大家通常所理解的“如实供述自己的罪行”；二是被追诉人承认自己的行为已构成犯罪，但是对行为性质、犯罪形态的认识以及究竟触犯了何种罪名不应作严苛要求。即只要被追诉人在认可指控的犯罪事实的基础上承认自己的行为构成犯罪即可，并不要求其清晰、准确地认识到自己的行为性质以及构成此罪而非彼罪，也就是说，只要达到这种概括性的认罪就可以认定其符合认罪认罚意义上的“认罪”标准。

2. 认罚

“认罚”，是指被追诉人在认罪的基础上，自愿接受因认罪而可能招致的不利后果。在认罪认罚的语境中，认罚的前提是认罪，只有先符合了认罪这一先置条件才能进一步谈认罚。需要注意的是，这里的“罚”并非仅指刑罚，还应包括一些程序性的处理，如强制措施、提起公诉等。更有学者认为，“认罚”还包括对诉讼程序简化的认可，从而放弃部分在普通程序中所享有的诉讼权利[③]。由此看来，被追诉人认罚的具体表现因其所处的刑事诉讼的不同阶段而有所区别，在侦查阶段，认罚主要表现为接受因认罪而可能带来的法律后果，如被适用羁押或取保候审等强制措施、被提起公诉或者不起诉以及

---

① 陈光中、马康：《认罪认罚从宽制度若干重要问题探讨》，载《法学》2016年第8期。
② 陈瑞华：《“认罪认罚从宽”改革的理论反思》，载《当代法学》2016年第4期。
③ 陈卫东：《认罪认罚从宽制度研究》，载《中国法学》2016年第2期。

法院可能判处的刑罚；在审查起诉和审判阶段，则表现为接受检察机关提出的量刑建议或者法院最终可能判处的刑罚。当然，这些都是一种对于未来可能出现的法律后果的提前接受，最终的刑罚必须通过法院裁判来决定，但是显而易见，“认罚”在“认罪”的基础上更进了一步，被追诉人对其自身行为的认知更深刻了，也代表其人身危险性和社会危险性进一步降低。

3. 从宽

“从宽”包括实体法上的从宽和程序法上的从宽两层含义。实体法意义上的从宽，主要是指相对于不认罪认罚的情况下，在量刑上给予一定程度的宽缓，譬如量刑建议的刑期在原来的基础上减少10%，以此使得被追诉人获得更轻的刑事处罚，因此实体上的从宽主要发生在审判阶段；而程序法意义上的从宽，则主要体现在刑事诉讼进程上的高效，以及适用强制措施上的从宽，譬如适用取保候审等非羁押性措施。此外，作出撤销案件、不起诉等程序上的终结性决定，以及向法院提出较轻的量刑建议，也属于程序上的从宽，在审判阶段前的从宽一般均属于程序意义上的从宽。从宽包括从轻处罚和减轻处罚两种形态。当然，认罪认罚与从宽之间，并不是必然的关系，并且从宽应该是“可以”而非“应当”从宽，也就是说，被追诉人的认罪认罚并不必然带来实体法上的从宽的效果。当司法机关作出从宽决定时，首先应满足罪刑法定、罪责刑相适应等原则，并且兼顾被追诉人认罪认罚的阶段、退赃退赔以及刑事和解的程度等因素，切不可为了从宽而放纵犯罪，弃法律而不顾。

（二）认罪认罚从宽制度中存在的检察执法风险

罗尔斯在《正义论》中说道:“判断一个社会优劣的标准，除了正义的标准之外，还有其他的标准，例如效率和稳定。”认罪认罚从宽制度作为一种非对抗性的制度，在保证司法公正的前提下，兼顾诉讼效率，通过控辩双方的协商、合作来解决诉讼纠纷，能够更好地实现诉讼各方的共赢。认罪认罚从宽制度自推行以来，效果和成绩已经凸显。根据最高人民法院、最高人民检察院向全国人大常委会提交的关于刑事速裁程序试点情况的中期报告，在全国人大常委会授权试点该项改革的18个城市的基层法院和检察院，适用认罪认罚从宽并采取速裁程序的刑事案件的审查起诉周期大大缩短，平均节约两周时间；开庭审理的时间由过去的30分钟缩短为10分钟以内。同时，检察机关所提出的适用缓刑、管制等从宽处罚的建议，法院均予以采纳，适用非监禁刑的案件已占三分之一以上，被告人的上诉率仅为2%左右[①]。

认罪认罚从宽这一制度的优越性已经凸显，同时其带来的风险和挑战也不容忽视。由于认罪认罚从宽制度适用于所有刑事诉讼程序，给予了司法机关较大的自由裁量权，在执法过程中如果把握不好，可能会出现暴力取证、一味追求效率而舍本逐末、被害人

① 徐日丹:《刑事速裁试点：检察机关办案周期平均缩短14天》，载《检察日报》2016年2月29日，第1版。

质疑处理结果的公正性而上访等，还可能滋生权权交易、权钱交易等司法腐败问题。这些问题有的在于执法人员自身原因，有的在于其他诉讼参与人等，有的产生于执法过程中，有的则有待于认罪认罚从宽制度相关配套设计的完善。

1. 为追求办案效率而降低证明标准

实体公正作为现代刑事诉讼所追求的重要价值目标，在与程序公正没有冲突的情况下，理应也是司法机关追求的首要价值目标。对检察机关而言，依靠充分的证据以形成完整的证据链，进而达到案件事实清楚的目标，即《刑事诉讼法》规定的“案件事实清楚，证据确实充分”，这也是传统办案的证据证明标准和办案模式。但是学界对于认罪认罚制度的证明标准一直存在较多争议，概括说来形成了两大阵营，一方认为，认罪认罚案件大多因被告人自愿认罪而事实清楚、证据扎实，这类案件由于达到证明标准的难度较低，所以程序相应简化，并非程序简化故而可以降低证明标准[①]，也就是坚持证据标准不能降低，和传统审查案件的模式不变。另一种观点认为，如果对于认罪认罚案件与不认罪案件在证明标准和证据要求方面不做区别把握，则两种类型案件的办案模式事实上不会有区别，提高办案效率的目的也就没有了实现的基础，因此主张在原来的证明标准上有所限缩或降低，因此一时间形成了“证明标准降低说”“证明对象限定说”“证明责任减轻说”[②]等多种学说，无论最终采用哪一种学说，都至少认为，诉讼效率的提高必然要通过适度限缩证明标准来实现。

对此，笔者赞成第一种观点，认罪认罚从宽，目的是在坚守司法公正的前提下，施行刑事案件办理的繁简分流、难易分流，以达到节约司法资源，提高司法效率的目的，而不能以牺牲实体公正为代价，因为无论是降低证明标准还是对证明标准进行不同程度的限缩，都可能影响承办人员对实体真实的发现，进而影响司法公正，而如何在不降低证明标准的前提下实现效率的提高，这也确实是检察机关面临的重大难题之一。

2. 协商过程不透明可能滋生腐败

认罪认罚从宽制度可以存在于刑事诉讼过程的每个阶段，它的实施可能让被追诉人带来程序上和实体上的双重利益，同时为办案人员带来了更多的自由裁量权。就检察机关而言，检察官在刑事办案过程中的作用和地位进一步凸显，导致权权交易、权钱交易等风险因素也随之增加。而随着认罪认罚从宽制度的广泛推行，在 2019 年 8 月底召开的全国刑事检察工作会上，最高人民检察院明确提出到年底，全国检察机关认罪认罚从宽制度当月适用率要达到 70% 左右的目标，并通报了全国各省市检察院在办案中适用这一制度的具体比例，其中部分检察机关认罪认罚从宽制度的适用率达到了 90% 以上。随着这一制度的普遍推广施行，认罪认罚案件占了刑事诉讼案件总量的绝大部分，检察机关的不起诉权进一步扩大是必然趋势，加之在立法层面也确立了法院对检察机关的量

---

① 唐亚南:《司法改革背景下刑事诉讼制度的完善》，载《人民法院报》2017 年 11 月 29 日，第 6 版。

② 李辰:《认罪认罚从宽语境下职务犯罪案件协商机制的构建》，载《法学杂志》2017 年第 9 期。

刑建议在无特殊情况下一般都应采纳，结合员额制改革、捕诉一体化带来的案件办理模式上的改变，检察官在大多数案件的决定捕诉与否、强制措施的实施与变更、量刑建议的提出等方面均享有更大的权力，由此产生了滋生腐败的条件。由于认罪认罚协商的过程除了检察机关，一般只有被追诉人及律师在场，过程和内容都不是公开透明的，可能导致滥用职权、放纵犯罪、司法腐败等问题，这就造成检察机关有背离认罪认罚从宽制度初衷的风险。

3. 被害人对案件处理结果的公正性产生质疑

由于在执行认罪认罚从宽制度的协商过程中，参与者一般只有检察机关、被追诉人和律师，律师一般分为值班律师和被追诉方委托的辩护律师两种，无论哪种律师，在一般人看来，其立场和原则都是和被追诉方一致的，被害人（或其诉讼代理人，下文略）是被排除在协商的主体之外的，那么，认罪认罚从宽的协商过程看起来就像是一场指控方和被指控方的私下交易，加之程序上的不透明操作模式，很容易让包括被害人等在内的人员产生质疑，而对于某些不想通过刑事和解来化解矛盾的被害人而言，他们想要的是法律对被追诉人绳之以法，严厉打击，至少不希望被追诉人通过这种方式获得从宽处理，他们往往也很难接受检察机关与被追诉人在没有他们参与也没有中立第三方参与的前提下达成的这种处理结果，进而怀疑案件处理的公正性。

4. 导致同案不同判的因素增加

我国刑事司法向来存在“重定罪、轻量刑”的问题，而全国各地法院量刑不规范，量刑标准也不统一，法官自由裁量权较大，同案不同判现象较为严重。伴随着认罪认罚从宽制度的广泛推行，绝大多数刑事案件都将适用这一制度，定罪不再是办案的难点，量刑成了案件办理的重中之重。量刑建议体现了公诉权对审判权的制约，亦是检察机关行使审判监督职能的重要途径之一。但是，只要量刑标准的不统一、量刑不规范的根源仍然存在，同案不同判的现象就不可能得到本质改变。而施行认罪认罚从宽制度以后，新刑诉法规定对于自愿认罪认罚的，“可以”依法从宽处理[①]。需要注意的是，这里采用的是“可以”而非“必须”。也就是说，被追诉人“认罪认罚”不必然从宽。而且对于从宽幅度也没有特别明确的规定，而是要综合考虑认罪认罚的具体情况，依法决定是否从宽、如何从宽。这就增加了一系列不确定因素，可能会使得“同案不同判”的情况发生。

同时，新《刑事诉讼法》第176条第2款规定，犯罪嫌疑人认罪认罚的，人民检察院应当就主刑、附加刑、是否适用缓刑等提出量刑建议。但对于量刑建议的内容是相对确定还是绝对确定，并没有作明确限定。从实践来看，不仅各地区检察机关在对适用认罪认罚从宽案件是提出幅度量刑建议还是精准量刑建议，标准大不相同，即使就同一检

---

① 《中华人民共和国刑事诉讼法》（2018修正版）第15条：犯罪嫌疑人、被告人自愿如实供述自己的罪行，承认指控的犯罪事实，愿意接受处罚的，可以依法从宽处理。

察机关内部而言，不同承办检察官的做法也不尽相同。提出精准量刑建议，对于长期习惯了提幅度量刑建议的检察官们而言，无疑提出了新的挑战，在较长一段时期内还需要进一步适应并不断学习审判经验。

因此，在目前全国各地量刑标准不统一、量刑不规范的情况下，认罪认罚从宽制度的施行又为量刑带来了上述诸多不确定因素，“同案不同判”现象仍将继续存在，因此，建立较为完善的量刑及从宽标准势在必行。

三、认罪认罚从宽制度的执法风险防控

对于认罪认罚从宽这一新制度带来的执法风险，可能还远远不限于上文所述，值得注意的是，目前实践中尚未建立起可靠的防控体系。鉴于此，如何有效地进行认罪认罚从宽执法风险防控，保障认罪认罚从宽制度的高质、高效推行，确保检察权的正确实施，具有十分重要而紧迫的现实意义。

（一）明确认罪认罚从宽的适用标准、范围

虽然认罪认罚从宽制度贯穿刑事诉讼全过程，适用于侦查、起诉、审判各个阶段，没有适用罪名和可能判处刑罚的限定，所有刑事案件都可以适用，但“可以适用”不是一律适用，检察机关在主导实施这一制度的过程中必须严格遵守其适用标准。

首先，“认罪认罚”的主体必须是具备刑事责任能力（包括限制刑事责任能力）并已进入刑事诉讼程序，即被确定为犯罪嫌疑人、被告人，如果公安机关尚未立案，或者是犯罪嫌疑人不具备刑事责任能力，那就失去了认罪认罚从宽的基础。

其次，认罪认罚意愿的达成必须以“明知”“自愿”为前提。这一点是由认罪认罚从宽制度的适用基础决定的，通过上文对“认罪”“认罚”的概念界定也都可以看出，只有被追诉人“自愿”承认被指控的犯罪事实，认识到其行为构成犯罪，并“自愿”接受由此带来的法律后果，才可能适用认罪认罚从宽制度。正是因为被追诉人认识到自己行为的错误，表示愿意悔过自新，接受法律的惩罚，悔罪态度明显，因而可以得到实体和程序上的从宽处理。同样，被追诉人一旦同意认罪认罚，在检察机关的主导及值班律师或辩护律师的见证下签订了认罪认罚具结书，享受了认罪认罚带来的“从宽”惠利，也应受到相应的法律约束。基于此，检察机关在执行这一制度的过程中应充分保障被追诉人的知悉权，确保被追诉人是基于真实的意思表示而做出的认罪认罚决定。

关于认罪认罚从宽制度的适用范围，“两高三部”在2019年10月24日颁布的《关于适用认罪认罚从宽制度的指导意见》（以下简称《指导意见》）中明确指出：犯罪嫌疑人、被告人虽然表示“认罚”，却暗中串供、干扰证人作证、毁灭、伪造证据或者隐匿、转移财产，有赔偿能力而不赔偿损失，则不能适用认罪认罚从宽制度。即法律已明确将包括串供者、有能力赔偿而拒不赔偿等人员排除在认罪认罚从宽制度的适用范围之外，而在以往的办案过程中，检察机关更加重视案件行为性质如何定性、定罪的证据是否充

分、是否和被害人达成刑事和解，往往容易忽略被追诉人是否有与他人串供以及其是否有赔偿能力这方面的证据和事实审查，因此，在办理认罪认罚从宽案件过程中，对检察机关审查案件事实和证据的宽度和深度均提出了新的更高的要求。

（二）把握好“从宽”的适用条件及幅度

对于认罪认罚之后的从宽，法律明确规定了“可以从宽”，同样，“可以从宽”也不是一律从宽，《指导意见》明确规定，对犯罪性质和危害后果特别严重、犯罪手段特别残忍、社会影响特别恶劣的犯罪犯罪嫌疑人、被告人，认罪认罚不足以从轻处罚的，依法不予从宽处罚。

再者，对于从宽幅度的把握必须遵守相关法律规定。从宽处理既包括实体上的从宽处罚，也包括程序上的从简处理。“两高三部”在《指导意见》中明确规定：认罪认罚的从宽幅度一般应当大于仅有坦白，或者虽认罪但不认罚的从宽幅度。对犯罪嫌疑人、被告人具有自首、坦白情节，同时认罪认罚的，应当在法定刑幅度内给予相对更大的从宽幅度。认罪认罚与自首、坦白不作重复评价。值得注意的是，《指导意见》并没有明确规定从宽的具体幅度比例，从实践来看，各地区司法机关的做法也不尽相同，一般将从宽的幅度限制在减少基准刑的30%以内，随着认罪认罚制度的深入推行，相信立法层面上会对其作出更为细致的规定。

《指导意见》还规定了对从宽的把握要结合对被追诉人的罪行、人身危险性、是否有犯罪前科等情况来进行综合考量，并区分认罪认罚所处的不同诉讼阶段、对查明案件事实的价值、认罪是否稳定等。因此，检察机关在办理认罪认罚案件的执法过程中，应当严格依照刑法、刑事诉讼法及司法解释中关于自首、坦白、自愿认罪、达成和解等法定、酌定从宽情节的有关规定，结合《指导意见》的相关规定，综合案件事实、情节及其危害程度，被追诉人认罪认罚的具体情况，依法决定是否从宽以及从宽幅度，确保宽严相济、于法有据，避免案件处理不当而有失公允。

（三）坚守法定的刑事诉讼证明标准不动摇

我国刑事诉讼法对刑事诉讼证明标准有着明确的法律规定，即“犯罪事实清楚，证据确实、充分”，尽管其因所处诉讼阶段的不同而对具体要求有所区分，但它是衡量公、检、法在刑事案件处理过程中均必须达到的总体要求和具体尺度。就检察机关办理审查起诉刑事案件而言，一般是指达到以下要求：（1）据以定案的每个证据都必须查证属实；（2）每个证据必须和待查证的犯罪事实之间存在客观联系，具有证明力；（3）属于犯罪构成各要件的事实均有相应的证据加以证明；（4）所有证据在总体上已足以对所要证明的犯罪事实得出确定无疑的结论，并排除了其他一切可能性[①]。

在认罪认罚从宽案件中，对被追诉人给予一定程度上的实体上的从宽量刑，并合理

---

① 缪戎：《源于“犯罪事实清楚，证据确实充分”的几点思考》，载《法制与社会》2010年第11期。

简化该类案件的诉讼程序，对进一步优化司法资源配置、提高诉讼效率，缓解案多人少的矛盾有着积极而重要的现实意义。程序从简，看上去检察机关在法庭上的举证责任被显著降低，但这并不代表检察机关对于刑事案件起诉的证明标准被降低。坚持法定证明标准是检察机关办理刑事案件的生命线和可靠保障，它与检察机关就证据较为薄弱的案件与被追诉人及其辩护人进行认罪认罚协商并不矛盾，与检察机关根据案件性质、难易程度、刑事和解情况等灵活选择合适的审理程序并不矛盾，任何时候都不能动摇。相反，认罪认罚从宽制度的施行，被追诉人放弃不必要的社会对抗，放弃对司法机关的对抗，自愿认罪认罚，最大程度地提供证据支持，使得证据体系进一步完善，使得案件事实更加清楚，证据更加确实、充分。

需要注意的是，对于被追诉人认罪认罚的案件，检察机关在办理时要进一步加强对认罪认罚自愿性、真实性、合法性的审查。具体而言，要通过被追诉人不同时期的供述、各证据之间的关联、印证关系等进行综合判断，做好认罪认罚从宽制度的释法说理工作，认清每一名被追诉人认罪认罚的心理根源，同时提高值班律师或辩护律师对认罪协商过程的参与度，完善被追诉人撤回认罪认罚的救济机制，最大程度地降低冤假错案或事后反悔的可能性。

（四）加强被害人在认罪认罚从宽制度中的权益保障

被害人作为刑事案件法定的重要诉讼参与人，从实践来看，其在认罪认罚从宽制度中的参与度并不高。其参与范围主要体现在于对被害人诉讼权利的知晓、对案件处理发表意见、提起刑事附带民事诉讼等，检察机关在办理认罪认罚从宽案件时会审查当事人双方的和解程度，并参考被害人意见，并据此衡量量刑时是否适用“从宽”以及“从宽”的幅度，但是值得注意的是，被害人并不能参与认罪认罚协商的过程，被害人不同意对被追诉人从宽处理或提出异议的，也不影响认罪认罚从宽制度的适用，这样一来，就可能导致被害人因认罪认罚协商过程的不透明而质疑检察机关执法的公正性、合理性。笔者认为，为有效防范风险，认罪认罚从宽制度应加强被害人的权益保障及进一步提高其参与程度，具体而言，检察机关在执行认罪认罚从宽制度过程中应注重保障被害人的知情权、发表意见权、获得赔偿权等，同时建议将被害人纳入认罪认罚协商的主体。

将被害人纳入认罪认罚协商主体，不仅有助于保障被害人的权益，帮助其更好、更快地实现获得赔偿的权利，而且也应是认罪认罚从宽制度本身的应有之义，能充分体现认罪认罚从宽制度的正当性、程序合法性，大大降低检察机关在认罪认罚从宽制度执法过程中的风险，并且对实现恢复性司法与协商性司法的有效统一都具有十分积极而重要的价值。只有将被害人纳入协商的主体，赋予其直接参与协商过程的权利，让被追诉人面对面地与被害人进行交流，深刻反思自己的行为给他人带来的伤害，在自己能力范围内积极赔偿、真诚道歉，尽其所能减少给被害人带来的生理、心理以及财产上的损害，才可能获得被害人谅解。诚然，如果被害人一方不愿意直接面对被追诉人，其同样享有放弃参与协商过程的权利。这种建立在被害人充分享有参与权基础上的认罪认罚从宽协商过程，才最能体现被追诉人真诚悔罪、积极改造，才能最大程度地恢复业已损坏的社会关系，降低被害人因质疑案件处理而不断上访的可能性，将认罪认罚从宽制度的执法风险尽可能降低。

（五）完善检察执法监督制约机制

随着检察机关员额制改革、捕诉一体化和认罪认罚从宽等多重改革的交织重叠，检察官在是否适用认罪认罚从宽、强制措施的决定与变更、犯罪事实和罪名的认定与增减、证据的采信、决定起诉或不起诉、量刑建议的提出等方面均具有决定权。检察机关在执法过程中的廉政风险也越来越大，因此，必须加强监督制约，建立起行之有效的风险防范体系，将权力关进制度的笼子，对执法违法、违纪者“零容忍”，防止出现“灯下黑”。

1. 坚持内部监督与外部监督相结合

首先要增强自我监督的能力和水平。“打铁还需自身硬”，在认罪认罚从宽制度的执法过程中，如何避免出现放纵犯罪、滥用职权、司法腐败等问题？要不断加强党的政治建设，增强“四个意识”，坚定“四个自信”，坚决做到“两个维护”，严格依法履职；从严从实加强检察队伍建设，不断提升办案水平以适应新的改革形势要求；完善检察官联席会议制度，加强检委会对检察办案的执法监督，在执行认罪认罚制度执法过程中，坚决杜绝刑讯逼供、非法取证或者权权交易、权钱交易、放纵犯罪等情形，分管领导和相关部门负责人、检察官都要切实遵守相应的权力清单、责任清单，用好权而不越权。

其次，还要自觉接受党和人民监督。不断丰富和拓展外部监督渠道，健全监督制约机制，不断规范检察执法行为，努力提升执法公信力。建议建立起一套行之有效的认罪认罚从宽案件评查体系，将办案质量、办案效率、当事人评价（包括检察机关执法行为是否廉洁、规范、文明，认罪认罚的自愿性、合法性以及对实体和程序从宽的满意度等）以及上诉、上访率等纳入评查指标，对调查认定违法、违规、不规范司法行为予以问责。

2. 坚持公检法互相配合、互相制约

在办理认罪认罚案件过程中，公、检、法三机关应当分工负责、互相配合、互相制约，在保证各诉讼阶段均做到严格遵守相关法律规定、被追诉人认罪认罚均系自愿作出的同时，加强彼此间的制约，建议建立起一个适用于公检法三机关的、全国统一的办案信息库，对于适用认罪认罚从宽的案件，将相关证据材料及法律文书、认罪认罚的相关过程以及产生的具结书等进行资源共享，并合理地接受包括被害人在内的其他诉讼参与人、社会公众的查询，这将极大地增强认罪认罚从宽制度执法过程的透明度，降低执法风险，同时也是在不降低证明标准的前提下提高诉讼效率的有效途径之一。

（六）建立权、责、利相统一的执法问责倒逼机制

检察机关案件管理部门要通过全国统一业务应用管理平台对每个案件的受理、批

捕、起诉等流程的关键环节监督，对案件流程的每一个节点进行集约化管理并进行动态监督，充分利用好现代化管理工具和平台，对超期办理、越权审批、违反程序等不规范行为及时预警。通过定期开展案件质量评查、个案同步审核机制等多种途径，加强对检察官司法办案情况的检查，实事求是地评价办案质量和效果。对于未能尽职审查被追诉人的认罪认罚自愿性、真实性、合法性，或者对于程序的适用、量刑建议的提出有故意或重大过失的，应追究其责任。通过以评促检和建立权责利相统一的执法问责倒逼机制，不断提升执法水平，维护检察机关公正、廉洁、文明执法的良好形象。

四、结语

坚持和完善中国特色社会主义制度，不断推进国家治理体系和治理能力现代化，构建系统完备、科学规范、运行有效的制度体系，是党的十九大报告提出的新要求。深化司法体制综合配套改革，全面实施认罪认罚从宽制度，在检察执法的过程中贯彻“为大局服务、为人民司法、为法治担当”，在保障公平正义的同时，不断优化司法资源配置，进一步提高诉讼效率，是时代赋予检察人新的责任与使命。面对新的机遇和挑战，唯有不断增强执法风险防范意识，不断提升执法办案水平和社会治理能力，建立起行之有效的执法办案风险评估机制，最大限度地降低执法风险，保障检察权的正确实施，以满足深化司法体制改革的需求，实现改革与法治的和谐统一。

论未成年刑事被害人的保护
——以检察工作为视角

房莹珍　索小敏[*]

摘　要　随着未成年人司法保护在我国的力度越来越大，在刑事诉讼过程中，无论是从立法规定、司法保护还是配套措施等对未成年犯罪嫌疑人各方面权益保护都有了长足的进步，反观对未成年刑事被害人的关心和保护却较少，未赋予未成年刑事被害人对等的刑事诉讼保护。作为刑事诉讼过程中的绝对当事人，建立和完善未成年刑事被害人司法保护机制，是构建和谐司法的本质要求，也是构建和谐社会的应然之义。

关键词　未成年刑事被害人　检察机关　权益保障　多元综合救助体系

一、未成年刑事被害人保护的必要性及可行性

（一）未成年刑事被害人的定义

刑事被害人即指其人身权利、民主权利、财产权利和其他权利直接遭受犯罪行为侵害的自然人。① 故本文所论述的未成年刑事被害人是指人身、财产等合法权益遭受犯罪行为直接或间接侵害的未满18周岁的刑事案件被害人。

（二）未成年刑事被害人保护的必要性

1.心理学角度分析。心理学家弗洛伊德认为，心理问题的产生都可以从童年找到根源。根据社会心理发展理论，应激相关障碍又称创伤后应激障碍，是指一组主要由心理、社会（环境）因素引起的异常心理反应而导致的精神障碍。而当患者在遭受强烈的或灾难性精神创伤事件后，延迟出现、长期持续的精神障碍，这时如果不及时干预，将在其成长过程中伴随品行障碍，甚至产生恶逆变心理。从应激反应的心理反应角度看，未成年因受到危险的或出乎意料的外界事件刺激可能会产生一系列反应，如出现认知障

---

* 房莹珍，广东省横琴粤澳深度合作区人民检察院一级检察官；索小敏，广东省横琴粤澳深度合作区人民检察院四级检察官助理。

① 卞建林：《中国刑事司法改革探索——以联合国刑事司法准则为参照》，中国人民公安大学出版社2007年版，第135页。

碍、焦虑、恐惧、愤怒、抑郁的情绪，或者采取某种行动缓解紧张。[①] 应激反应若不能及时的调整和缓解，会导致障碍的易感状态或众多疾病，严重影响未成年人健康成长。从发展心理学的角度看，未成年人大脑皮层功能尚未完善，内抑制力较差，大脑的分化能力不足，所以受到惊吓后，情绪很容易泛化。特别是受到性侵害的未成年人，如果没有及时介入，他可能错误地认为自己是坏的，不被人需要的，因此就埋下抑郁、焦虑以及低自尊的种子。

2. 法律法规角度分析。《刑事诉讼法》规定，人民法院、人民检察院和公安机关应当保障犯罪嫌疑人、被告人和其他诉讼参与人依法享有的辩护权和其他诉讼权利。未成年刑事被害人作为直接当事人，是诉讼参与人的重要组成部分，其诉讼权利依法应当得到全面的保障。我国出台的相关指导意见、法律法规均规定要加大对未成年人刑事被害人的保护，如 2014 年出台的《最高人民法院、最高人民检察院、公安部、民政部关于依法处理监护人侵害未成年人权益行为若干问题的意见》、2017 年颁布《最高人民检察院关于依法惩治侵害幼儿园儿童犯罪全面维护儿童权益的通知》、2018 年施行《最高人民检察院关于全面加强未成年人国家司法救助工作的意见》、2020 年《最高人民检察院关于加强新时代未成年人检察工作的意见》，上述意见基本均从从严惩治侵害未成年人犯罪及事后救助角度规定了对未成年刑事被害人的权益保护。

3. 国家政策角度分析。首先，加大对未成年刑事被害人的保护是国家的基础性、战略性工程。《中国儿童发展纲要（2011—2020 年）》《中长期青年发展规划（2016—2025 年）》从维护未成年人合法权益、预防青少年违法犯罪等方面加以规定，让“关心未成年人就是关心未来”的理念深入人心。其次，是深化改革的要求。最高人民检察院制定的《2018—2022 年检察改革工作规划》（以下简称《改革规划》），从六个方面共四十六项任务进行规定，对新时代的检察改革做了系统规划。其中，《改革规划》第 15 条就明确提出推行未成年刑事被害人“一站式”询问、救助机制，建立健全性侵害未成年人违法犯罪信息库和入职查询制度。如今，在具体政策的明确引导下，各地区未成年刑事被害人救助工作取得了实质性进展。最后，党中央历来高度重视未成年人保护工作。党的十九大明确提出，要把人民对美好生活的向往作为奋斗目标，把幼有所育等作为保障和改善民生的重要内容，把优先发展教育事业作为提高保障和改善民生水平，加强和创新社会治理的重要举措。习近平总书记也多次强调，“少年儿童是祖国的未来，是中华民族的希望”，“全社会都要了解少年儿童、尊重少年儿童、关心少年儿童、服务少年儿童，为少年儿童提供良好社会环境”。以上均为未成年人保护工作奠定了基础、指明了方向、提供了前所未有的发展机遇。

---

① 中国就业培训技术指导中心、中国心理卫生协会：《心理咨询师》，中国劳动社会保障出版社 2017 年版，第 73 页。

（三）未成年刑事被害人保护的可行性

1. 报复主义到修复主义的价值本位转变。刑罚报应主义是重刑主义理论之一，其起源于原始社会的血族复仇，即用等同或超过犯罪危害程度的刑罚对犯罪人予以制裁，以起到威慑作用。在国外以康德和黑格尔的报复主义刑罚学说为基础，在我国很典型的就是“杀人偿命”。报复主义在很长的一段时间统治着国内外的司法模式。在这个时期，诉讼关注的焦点是如何对犯罪人施以惩罚，以重刑达到改造罪犯、预防犯罪的目的，而被害人仅作为证人角色存在，勿论考虑对其的救济。直到 20 世纪 70 年代，在加拿大安大略省基陈纳市发生的一个刑事案件将恢复性司法带入刑事司法的主流。其定义是指在一个特定的案件中，关涉各方共同解决犯罪问题，处理犯罪后果的过程及其对未来的意义。该诉讼理念的转变，促使犯罪人主动承担个体责任，而被害人的主体地位得到彰显，其物质和精神方面的利益得到救济、补偿，有助于犯罪嫌疑人早日回归社会，并尽量修复受损的社会关系。

2. 衡平理念下的程序正义。美国学者约翰 . 罗尔斯在《正义论》中提出，社会正义离不开公正的法治秩序，而法治取决于一定形式的正当程序。公民的诉权在民事侵权行为领域中是完整的，由原告完整地行使法律赋予的权利，如控告权，物质损害赔偿、精神损害赔偿请求权、物上请求权，以及诸如消除影响、恢复名誉、赔礼道歉等人格权的请求权。而在刑事领域中，因为犯罪行为不仅侵犯了公民个人的权利，还危害了社会的秩序，所以把公民的控告权（除自诉案件外）通过立法的方式集中过渡到国家，自此，起诉权被一分为二——公诉权和私诉权。笔者认为，在公诉案件中，如果仅因为控告权的分离而使得被害人其他诉讼权被削弱甚至剥夺，实质上是变相地对被害人进行第二次侵害。

3. 儿童利益最大化原则。儿童最大利益原则是保护儿童的一项国际性指导原则，该原则要求：关于儿童的一切行为，不论是由公私社会福利机构、法院、行政当局或立法机构执行，均应以儿童的最大利益为首要考虑。少年司法以儿童利益最大化为原则，其理应作为未成年刑事被害人保护工作之准则。我国刑事政策对涉罪未成年人进行了充分的特殊保护，但对未成年刑事被害人权益的保护却有所忽视。在双方均为未成年人的刑事案件中，作为“冲突中的伙伴”，对未成年被告人与未成年刑事被害人的保护存在悬殊和不均衡，[①] 违背了儿童最大利益原则。未成年刑事被害人在刑事政策中应当享有特殊权利并受到特殊保护的倾斜。

4. 国家亲权理论。国家亲权原则是儿童福利制度的重要理论基础，是未成年司法保护的重要理念，根据该理论，国家是未成年人的最高监护人，强调保护未成年人是国家责任，国家亲权高于父母亲权，是超越父母以未成年人自身利益、健康发展为本位的一

---

① 龙敏:《未成年刑事政策中未成年刑事被害人因素的考量》，载《青少年犯罪问题》2018 年第 4 期。

种国家保护屏障。检察机关作为国家法律监督机关，是参与未成年人司法保护全诉讼过程的司法机关，新时代未成年人检察工作在国家未成年保护大格局中具有特殊重要的责任。未成年检察开展的全面综合司法保护、参与未成年人保护社会治理、保护救助未成年刑事被害人等工作与国家亲权理论的思想和初衷不谋而合，检察机关立足承上启下的诉讼地位，可推动形成全社会保护未成年刑事被害人的合力。故而，改进和完善未成年刑事被害人司法保护制度有坚实的理论基础，其推行和发展必然具有很强的操作性和实效性。

二、域外未成年刑事被害人保护模式的借鉴

（一）国际公约、准则的规定

联合国《儿童权利公约》确立了儿童的最大利益原则等四项基本原则。1985 年的《为罪行和滥用权力行为受害者取得公理的基本原则宣言》确立了对受害人保护准则，主要有四个部分：一是要求对被害人给予同情并尊重其尊严，得到公平待遇；二是要求解决对被害人因罪行而遭受损失的赔偿问题；三是要求在加害人不能赔偿的情况下设立国家补偿机制；四是要求对被害人提供援助，包括法律、物质、医疗、心理和社会方面的援助等。[①] 2005 年的《关于在涉及罪行的儿童被害人和证人的事项上坚持公理的准则》规定，由于未成年刑事被害人、证人身心的特殊性，需要相适应的特别保护、援助和支持。而专业人员在接触时必须遵循以下普遍原则：尊重、不歧视、保障儿童的最大利益及参与权。以上三份重要性文件均倡导各国全面保护未成年刑事被害人，不仅要保护外部安全，也要保护心灵健康。

（二）域外立法对未成年刑事被害人的保护

1. 英国对未成年刑事被害人的立法保护。英国法律赋予被害人在侦查过程中享有知悉权、参与决定是否起诉的权利和获得国家赔偿的权利，特别是检察官在决定是否提起公诉前，还要充分考虑被害人的利益。

2. 日本对未成年刑事被害人的立法保护。日本已基本形成了具有系统性、实效性的未成年刑事被害人保护制度，专门建立了少年咨询专用窗口、少年支援中心、补偿金支付制度、被害人援助制度等。此外为避免诉讼活动可能对被害人造成二次伤害，还采取了及时告知刑事信息、保护隐私、减轻作证心理负担等保护措施。[②]

3. 韩国对未成年刑事被害人的立法保护。韩国近年已构建了较为完善的被害人保护制度，主要有以下三个方面：一是完善国家补偿制度，国家在被害人无法得到赔偿时，对于因犯罪行为遭受重伤、伤残或死亡的被害人及其近亲属予以金钱补偿；二是

---

① 陈光中等:《联合国刑事司法准则与中国刑事法治》，法律出版社 1998 年版。

② 张义健:《日本刑事被害人权利保护制度及其启示》，载《刑法论丛》2017 年第 1 卷。

建立被害人援助制度，为被害人提供法律咨询和帮助、治疗和居住救助、心理咨询和治疗以及精神医疗等方面支援；三是加强保护被害人隐私权、扩大陈述权、知情权等程序参与权。[①] 除此之外，韩国《电子脚环法》规定性侵未成年人或有多次性侵犯罪史的罪犯在刑满释放后，要佩戴电子脚环接受监控，同时将“化学阉割”作为惩戒手段，对性犯罪者实施性冲动药物治疗，防止性暴力犯罪者再犯。[②] 韩国通过创新惩治手段遏制对未成年犯罪的同时也给予了未成年刑事被害人最大限度的保护和帮助，具有借鉴意义。

三、我国未成年刑事被害人保护的现状以及存在的问题

（一）我国未成年人刑事被害现象频发

根据最高人民检察院发布的《未成年人检察工作白皮书（2014—2019）》，当前侵害未成年人犯罪多发高发，犯罪数量连年上升，尤其性侵害、暴力伤害未成年人问题突出。据统计，自2017年至2019年，全国检察机关批准逮捕侵害未成年人犯罪分别为33790人、40005人、47563人，提起公诉47466人、50705人、62948人。2019年，未成年被害人主要集中在强奸、寻衅滋事、猥亵儿童、抢劫、聚众斗殴、故意伤害六类案件，这些暴力性犯罪对未成年人的身心健康造成了严重伤害，对我国未成年刑事被害人保护的司法实践和法律规制现状提出了挑战。

（二）未成年刑事被害人保护的立法规定不健全

我国现有法律体系中没有专门的《被害人保护法》，涉及未成年刑事被害人保护的法律法规散见于《刑法》《刑事诉讼法》《未成年人保护法》、司法解释和指导意见中，所涉及条文都较为原则和笼统，可操作性不强，有的规定不够全面存在疏漏，立法保护方面明显薄弱。在《刑事诉讼法》“未成年人刑事案件诉讼程序”一章中，所列条文基本上均是保障涉罪未成年人的诉讼权利的行使以及强调对涉罪未成年人的保护，也从侧面反映了我国在未成年刑事被害人保护和救济方面的疏漏和不足，相关法律制度亟待完善和体系化。

（三）未成年刑事被害人权益的司法保护相对薄弱

1. 未成年刑事被害人诉讼权利的缺失及保障不到位

被害人在刑事诉讼程序中扮演着至关重要的角色，但在刑事诉讼程序中却往往只将被害人当作犯罪的举报者、案件事实的调查协助者，除了侦查、审判程序有证据收集需

---

① 金昌俊:《韩国新的犯罪被害人保护制度及其启示——以实质性保护犯罪被害人为视角》，载《河北法学》2011年第11期。

② 兰跃军:《性侵未成年刑事被害人的立法与司法保护》，载《贵州民族大学学报（哲学社会科学版）》2019年第4期。

要到案、到庭说明外，对未成年刑事被害人特殊保护的制度设计却较少，公平正义不仅适用于犯罪人，同样也应适用于被害人，如此的刑事诉讼程序设计有失平衡，且有不足。

（1）知情权和参与权未得到有效保障

知情权与参与权是未成年刑事被害人的基本诉讼权利，贯穿于立案、侦查、起诉、审判、执行整个诉讼环节。《刑事诉讼法》《人民检察院刑事诉讼规则》《公安机关办理刑事案件程序规定》规定了对案件作不立案、撤销案件、不起诉决定有义务告知被害人，但上述规定较为简单，此外，被害人仅能对案件结果知情，但对具体案件情况却无法知晓，在司法实践中，知情权主要依赖于办案机关的主动告知，若司法机关告知不及时或不告知，则直接导致未成年刑事被害人无法参与诉讼过程，进而影响诉讼权利的全面行使。

（2）未赋予未成年刑事被害人独立上诉权

未成年刑事被害人作为当事人之一，要依附于检察机关才能实现上诉的请求。但由于二者出发点和追求的价值不一致，检察机关一般不会轻易提出抗诉，被害人的诉求则无法实现，这与被告人的诉讼地位不相称。

（3）未成年刑事被害人未充分享有庭审参与权

在审判阶段，除了被害人提起刑附民或极少案件需要被害人出庭外，法院并不会通知未成年刑事被害人到庭参加诉讼。未成年刑事被害人不知道案件何时开庭、如何判决，更谈不上在庭审过程中充分发表自己的意见，提出个人的请求。这既不利于查明案件事实，更不利于对未成年刑事被害人心理的宣泄。

2. 未成年刑事被害人行使法律帮助权有限

（1）法律援助严重缺位

《刑事诉讼法》仅规定了对未成年犯罪嫌疑人、被告人指定辩护权，而对同是诉讼当事人的未成年刑事被害人却未作出明确的法律规定，显然违背了公平与正义原则，更未体现对未成年刑事被害人的特殊保护。

（2）诉讼代理人诉讼权利受限

根据《刑事诉讼法》，诉讼代理人在审查起诉阶段才可介入诉讼活动，时间晚于辩护人，并且两者在权限范围上也不对等，辩护人可以直接查阅、摘抄和复制案卷材料，但是诉讼代理人阅卷权的行使却要经检察院、法院的许可，无疑增加了诉讼代理人阅卷的难度。

此外，法律还赋予辩护人特定情况下有申请调查取证的权利，但是诉讼代理人却没有此方面的权利。

3. 未成年刑事被害人的“二次伤害”

未成年刑事被害人作为案件的亲历者和当事人，是案件信息的重要来源，其在整个诉讼活动中会面临不同办案人员的多次询问、作证，被迫反复回忆和再现被侵害场景，而且时常会因不当言行、报道、办案和庭审方式遭受“二次伤害”。

（四）未成年刑事被害人保护的救济制度不完善

1. 现行救助方式和手段单一

国家与社会对侵害未成年人犯罪的关注点主要集中在严厉打击和犯罪预防，在一定程度上忽视了犯罪发生后对未成年刑事被害人的救助。虽然《最高人民检察院全面加强未成年人国家司法救助工作的意见》中为未成年刑事被害人救助工作提出了要求和参考，但在实践中仍存在不足和缺陷。一是我国并没有专门负责未成年刑事被害人救助的专门机构；二是救助并非强制性规定；三是方式和手段单一，基本为经济救助，甚少考虑到被害人的心理健康方面。

2. 精神损害赔偿缺失

我国《刑事诉讼法》只赋予了被害人请求赔偿物质损失的权利，未将精神损害赔偿纳入刑事附带民事诉讼的赔偿范围。反观民事案件中，对于侵权行为造成的损害则可提起精神损害赔偿，对比两类案件的社会危害程度，犯罪行为对被害人造成的精神损害和心理创伤远比民事侵权行为严重，未成年刑事被害人为修复心理创伤、走出被害阴影所付出的代价远远超过其身体和物质上的损失。① 若采取一刀切的方式对未成年刑事被害人精神损害赔偿请求不予支持，则必然导致大部分被害人无法获得足够的赔偿用于医疗和心理康复，其合理诉求的无法实现将会影响其未来的健康成长。② 也会使未成年刑事被害人的家庭生活陷入困境。法律不支持被害人提起精神赔偿不利于抚平被害人及其家人的创伤，也不利于公平正义的彰显，会直接影响对未成年刑事被害人保护的实质效果和办案效果，不能因对被告人判处刑罚而剥夺被害人获得应有赔偿的权利。

四、完善我国对未成年刑事被害人保护的构想

（一）树立未成年刑事被害人保护工作的新理念

随着侵害未成年人犯罪占比不断提高的态势，检察机关应深入落实新时代未成年人特殊检察制度，树立平衡保护（平衡犯罪嫌疑人、被害人、公诉方代表的三方利益）、全面保护（物质方面、精神方面）、特殊保护、及时救助的工作理念。

（二）完善立法、司法对未成年刑事被害人诉讼权利的保护

1. 确定双重原告原则，适当扩大未成年刑事被害人参与诉讼的权利

根据传统的控、辩、审的三方庭审模式，检察机关要树立大控方格局，把未成年刑事被害人纳入大控方主体，赋予其补充诉讼及参与诉讼的权利。

---

① 李洁晖：《论刑事未成年被害人的司法保护》，载《天津大学学报（社会科学版）》2016 年第 6 期。

② 黎立：《未成年刑事被害人权益保障的问题与路径》，载《中国检察官》2018 年第 11 期。

（1）扩大知情权和参与权范围

在法律层面赋予被害人在刑事诉讼各阶段中均享有充分的知情权和参与权，能够使被害人全面有效的参与到刑事诉讼过程中，完整地表达意见和诉求，既有利于查明案件又有利于社会关系的修复。

此外，检察机关应赋予未成年刑事被害人对被告人加大处罚的指控权以及从轻处罚的请求权的补充诉讼权利。

（2）确立强制性法律援助

首先，考虑到未成年人“优先保护、特殊保护”的原则，同时为与涉罪未成年人指定辩护权对应，法律应当对未成年被害人创设指定援助权（获得律师帮助的权利），以实现对未成年人的平等、双向保护。其次，将未成年刑事被害人委托诉讼代理人和获得法律帮助的阶段前移至侦查阶段，赋予未成年刑事被害人在刑事诉讼活动中可随时委托诉讼代理人的权利。最后，赋予诉讼代理人与辩护人对等的诉讼权利，如阅卷权，调查取证权，以便于在刑事诉讼层面实现对犯罪嫌疑人和被害人的平等保护。

（3）积极探索未成年刑事被害人的上诉权、监督权

法律应探索在检察机关不起诉、不抗诉的前提下，被害人救济途径的延展，使未成年被害人与被告人权利范围保持平衡。

当然是否行使上述权利，仍以被害人意愿决定，并尊重未成年刑事被害人选择放弃的权利。相比成年被害人而言，大多数情况下未成年人往往需要通过法定代理人去实现上述权利，若法定代理人怠于行使则不利于对未成年刑事被害人相关权益的保护。笔者认为应当根据个案的不同，如案由、未成年人的年龄综合判断上述权利以何种方式实现。

2.“一站式办案取证专区”的设立及落实

2017 年 3 月，最高检出台《未成年人刑事检察工作指引（试行）》，第 129 条、第 130 条都对避免重复询问未成年人提出明确的要求，并为各地推动建立“一站式”询问机制提供了制度基础。实践中，有的是检警联合在侦查机关或在检察机关设立，有的是检警联合医院在医院设立，均取得了良好的成效，但不可否认，当前“一站式”询问机制发展不平衡，社会支持体系不充分的问题仍然严峻。

由于未成年人身体发育不成熟，心理发育不健全，导致其有敏感、易激惹的特点。为避免反复询问对未成年刑事被害人造成二次伤害，检察机关应当主动作为，推动侦查机关建立多部门共同参与的“一站式取证”办案专区，通过建设专门的办案场所（询问取证区、心理疏导区、人身检查取证区），联签相关协议，在相对集中的时间和空间内，一次性完成对未成年刑事被害人的询问、人身检查、伤情鉴定、物证提取、辨认指证等侦查取证工作。特别是对于性侵害未成年人案件，落实每案提前介入机制和同步录音录像规定，保证在保护未成年刑事被害人的同时完成对证据的收集，保证案件质量。

3. 司法实践中注重对未成年刑事被害人隐私的保护

为避免对未成年刑事被害人的二次伤害，同时也是为了更好地修复被害人与社会的关系，办案机关在办案过程中要注意不能故意或过失泄露未成年刑事被害人的隐私。卷

宗材料中涉及未成年被害人信息可以代号标记，专页记载与代号相对应的真实信息，只限司法办案人员查看，其他人员不得查阅复制。对未成年人出庭作证的，应建立隐蔽出庭及出庭作证专家辅助人制度，并邀请心理专家介入，最大限度保护未成年刑事被害人。

（三）构建我国未成年刑事被害人多元综合救助体系

为做好对未成年刑事被害人的保护工作，应构建专业化办案、社会化帮护、多元化预防“三位一体”的综合保护机制。

1. 检察机关牵头建立未成年刑事被害人救助体系

在西方国家，未成年人司法以法院为中心，检察机关未成年人司法的功能较弱。而我国检察机关在未成年人司法中发挥重要的、特殊的职能作用。[①] 检察机关牵头建立救助体系具有先天优势，从检察机关的主责主业来看，检察机关不仅是法律监督机关也是少年司法的核心机关；从诉讼参与程度看，检察机关贯穿刑事诉讼全过程，是当然的主体；从机构设置人员配备看，经过几年实践操作，未成年检察部门相对成熟，专业性较强，堪当重任。

未成年被害人救助是一项社会性很强的系统工程，要解决其方方面面的问题，单靠一家单打独斗难以胜任，检察机关要充分整合各方资源，调动全社会积极性，建立由党委领导、政府支持，检察机关主导，其他司法部门配合，民政、医疗、工青妇等部门群团协助，学校、家庭、社区积极参与的未成年刑事被害人救助体系才是最优模式。

2. 救助方式多元

一是以经济救助为主。无论域外还是我国，经济救助是最直接的方式，其内涵包括基本的医疗费用、生活费用以及因开展其他救济产生的费用。笔者认为，由于未成年刑事被害人的特殊性，在特殊的案件类型中应当考虑放宽一定额度的精神损害赔偿金。

二是辅以心理救助。未成年刑事被害人身体在遭受侵害后，心理上、精神上也往往会受到创伤和打击，不会因犯罪行为得到处罚而自行恢复，如果不及时进行心理疏导会造成被害人在回归正常生活和学校时存在一定障碍。检察机关应积极开展未成年刑事被害人心理救助，通过向市场和社会“借力融智”，以政府购买公共服务的方式与专业心理咨询机构合作，规范地开展为未成年刑事被害人提供心理咨询、心理疏导、精神治疗等救助工作。

三是选择转学、就业、监护等救助。基于对被害人隐私的保护及身心健康需要，帮助有需求的未成年人刑事被害人转校复学，或者对有劳动、就业意愿的适龄未成年刑事被害人提供职业技能培训甚至是就业机会，助其重返社会。抚养救助，针对抚养人失职的，开展家长亲职教育，如果是遭受监护侵害的，帮助其申请变更监护，为未成年刑事

---

① 龙宗智：《未成年人司法改革的意义与方向》，载《人民检察》2011 年第 11 期。

被害人提供一个健康的成长环境。

总而言之，每个未成年刑事被害人的情况不一样，决不能一个处方走到底，特别是要避免“给钱了事”的简单粗暴做法，因人施策，精准帮扶，不断扩大救助的外延和模式，才能提升我国未成年人司法救助水平，有效地帮助未成年人回归正常的社会生活。

3. 救助启动的运行模式设计

根据报案，公安机关作为第一个接触案件的主体应当切实落实报案后 24 小时通报机制，尽快邀请检察机关提前介入。检察机关一方面就案件办理，从证据采集、侦查活动规范化两方面引导侦查机关办案；另一方面立即启动未成年刑事被害人司法救助程序，以书面或口头的方式告知被害人及其法定代理人有权向检察机关提出启动司法救助程序的权利。特别指出，不管案件是否立案、能否被定罪，只要是符合条件的未成年被害人都有权利得到及时救助，避免伤害持续的后果。

一旦被害人启动救助程序，检察机关要以方便、快捷的原则进行受理审查。符合条件的，立刻以“一案一委托”的形式通过政府购买服务的方式安排固定的社工全程跟踪，根据联签机制协助未成年刑事被害人及其法定代理人向相关部门申请相应的救助。而检察机关要定时跟进，随时监督申请的流程。

4. 国家设立未成年刑事被害人救助基金

被害人救助基金对于被害人遭到犯罪行为侵害后，因案件没有侦破、无法找到嫌疑人、或嫌疑人无力承担损害赔偿责任等情形具有重要意义，是保障未成年刑事被害人基本权益，维护公平正义的关键一环。国家可从财政资金划拨、接受社会公益性组织的捐赠等角度设立专门未成年刑事被害人救助基金。对于因犯罪受到伤害无法通过其他途径获得赔偿并且经济困难的未成年刑事被害人，国家应实行特别救助制度，为被害人提供基本生活、医疗、教育、心理治疗等方面所需的费用，及时为未成年刑事被害人提供最为实际也最有力的保护。

（四）检爱护苗，预防为先

1. 没完没了抓好“一号检察建议”监督落实

“一号检察建议”针对校园安全管理、预防性侵幼儿园儿童以及中小学学生违法犯罪提出明确的要求，检察机关应当多措并举督促教育行政主管部门认真履职，为未成年人学习生活创造一个健康的成长环境。

2. 构建多层次普法新模式

检察机关作为普法的当然主体，要与公法司、教育部门、校园、团委、妇联、普法办等部门群团加强合作，积极探索未成年人法治宣传新模式。根据对象年龄层次，研发专门课程，通过互动小游戏、情景模拟、线上线下法治讲座、模拟法庭、“检察开放日”活动等构建多层次普法宣讲模式，完善未成年人违法犯罪体系化预防机制。

3. 助推入职查询制度和强制报告制度的落地

为有效预防性侵害未成年人违法犯罪的发生，检察、公安、教育部门要加强配合，实现信息交流与共享，完善学校、幼儿园、培训机构等单位密切接触未成年人的工作人员的管理和准入制度，防止曾因实施性侵害受到行政、刑事追究的人员入职。

加快推进、完善侵害未成年人案件强制报告制度，督促有关部门、密切接触未成年人行业的各类组织及其从业人员，在工作中发现未成年人遭受或疑似遭受不法侵害以及面临不法侵害危险的，严格履行向公安机关报案或举报，筑牢未成年人健康成长的“防火墙”，检察机关还要加强对执行情况进行法律监督。

结语

依法保护未成年人健康安全成长，免受犯罪行为侵害，涉及亿万家庭的幸福，事关社会稳定和国家未来发展。本文以心理、政策、法律等理论为依托，阐释了对未成年刑事被害人保护的必要性和可行性，并结合域外未成年刑事被害人保护模式的情况，对我国未成年刑事被害人保护的构建与完善从国家立法、司法实践、社会帮护、检察机关工作机制等角度提出了一些建议，仅供参考。对未成年刑事被害人的保护依然任重而道远，需要党政机关、司法机关、社会力量的共同努力与协同互助，合力撑起法治保护伞，推动完善未成年人保护法律体系，为未成年人的健康成长保驾护航。

刑事附带民事公益诉讼实践面向研究

卢 晶*

摘 要 刑事附带民事公益诉讼作为一项新的诉讼类型和监督方式，是新思想新战略整体框架下公益保护的“中国方案”，兼具司法效益性和实践优越性价值。本文以司法实践运行为视角，结合一线办案经验，通过界定诉讼角色、建立协同办案机制、构建修复性司法等方式寻求制度运行障碍的解决路径，以期稳步推进刑事附带民事公益诉讼工作创新发展，拓宽检察机关法律监督职能外延，为新时代“四大检察”并行发展注入新引擎。

关键词 刑事附带民事公益诉讼 现实障碍 应对策略

检察机关提起刑事附带民事公益诉讼制度，是刑事附带民事诉讼和民事公益诉讼两种诉讼制度优势的融合，在一定程度上矫正了浓厚的刑事检察职能角色，是检察机关在新背景框架下调整法律监督职能的重心和方向，着力破解重刑轻民态势，从传统刑事犯罪指控向全面诉讼监督和公共利益保护方面转化，形成四大检察全面协调发展新格局作出的有益探索。

一、刑事附带民事公益诉讼的实践探索与价值分析

（一）司法实践探索

刑事附带民事公益诉讼孕育于刑事附带民事诉讼制度，是其衍生与发展。世界各国法律对因犯罪行为导致损害而引发的民事诉讼采取不同的方式，我国沿袭大陆法系国家立法体例，采取附带式诉讼模式，在刑事诉讼过程中一并提起附带民事诉讼，这种诉讼模式的确立符合当代诉权趋势，也为刑事附带民事公益诉讼的检察起诉权奠定了理论基石。

2014年党的十八届四中全会作出检察公益诉讼制度的重大改革部署，检察机关公

---

* 卢晶，广东省珠海市斗门区人民检察院第五检察部负责人、一级检察官。

益诉讼历经两年试点到全面推开，但在试点期间仅有一例刑事附带民事公益诉讼，并未像其他两类公益诉讼得到有效开展。2017 年修改《民事诉讼法》及 2018 年“两高”《关于检察公益诉讼案件适用法律若干问题的解释》发布后，为此类诉讼提供了实践法律依据，检察机关开始以“公益诉讼起诉人”身份开展诉讼活动，刑事附带民事公益诉讼案件大幅度增加，折射出检察公益诉讼办案格局正发生深远改变。2018 年 1 月至 12 月 G 省检察机关共受理公益诉讼案件线索 6782 件，立案 5186 件，提起公益诉讼 188 件，其中刑事附带民事公益诉讼 160 件，占比 85.11%，案件类型主要集中在三个领域，食品药品安全领域 43.62%，国有财产保护领域 2.13%，生态环境和资源保护领域 54.26%。时至今日，检察机关提起刑事附带民事公益诉讼工作成果斐然，已初步形成了刑事附带民事检察公益诉讼的制度构架。

（二）功能价值分析

1. 司法效益性

诉讼本身是消耗社会资源的活动，控制并降低诉讼成本成为整个社会诉讼制度改革的价值取向和基本动因。在程序价值上，刑事附带民事公益诉讼主要体现在两个维度：一是节约司法成本，提升办案效益。由刑事案件管辖的法院一并审理附带民事公益诉讼，双管齐下解决刑民责任，避免重复性诉讼活动，有节约司法资源、减少诉累的意义。二是刑民证据共享，合力追责。[①] 检察机关借用刑事侦查手段收集和固定证据，与民事部分实现共享，用以证明行为人主观、侵权行为、损害事实等内容，从而确定民事侵权责任，这极大地减轻附带民事公益诉讼的举证压力，成为检察机关办理此类案件的通用做法和策略选择。

2. 实践优越性

刑事附带民事公益诉讼具有激发基层检察机关积极性、释放办案活力的实践优越性。一是管辖权下沉到基层检察机关，极大丰富了案件线索来源。基层检察院在实践中有庞大的刑事案件基数，刑检部门内部发现并移送的案件线索成为主要案源，是刑附民公益诉讼案件大比例增加的前提。以 2019 年 1 月至 6 月 G 省数据为例，全省检察院办理刑附民公益诉讼 117 件，占公益诉讼起诉案件的 87.31%。二是避免刑民责任脱节，及时恢复社会关系。由同一审判组织审理的制度设定，不仅有利于保持裁判的一致性和协调性，而且能够考量被告的悔罪表现和民事赔偿状况作为刑事量刑依据，全面有效恢复被侵害法益，促进社会矛盾的化解。

---

① 龙婧婧：《检察机关提起刑事附带民事公益诉讼的探索与发展》，载《河南财经政法大学学报》2019 年第 2 期。

二、刑事附带民事公益诉讼的现实障碍

尚处于起步探索阶段的刑事附带民事公益诉讼，基础理论研究成果阙如，制度构建尚不成熟，在实践运行中仍是困难丛生，在审前与庭审程序中面临着诸多棘手问题亟待解决。

（一）诉讼地位与主体资格争议

检察机关提起公益诉讼的主体身份在理论及实务界一直饱受争议，具代表性的有法律监督说、公益代表人说、原告人说、双重身份说等。虽然“两高”司法解释将检察机关的身份明确为“公益诉讼起诉人”，但是公益起诉人并非既定法律概念，是一种创设性的诉讼主体资格，没有对应的传统诉讼角色与程序设置。值得注意的是，即便在司法解释通过后，据裁判文书网的统计，法院在判决中将检察机关表述为“公益诉讼起诉人”约为 84%，其他 16% 裁判文书称为附带民事公益诉讼原告等不同称谓。[①] 主体称谓实质上是对性质的不同界定，为检察机关诉权履行与司法运行一致性带来难题。

其次，毋庸置疑只要诉讼就存在败诉风险，倘若检察机关一审败诉将以原告身份上诉还是以法律监督者身份行使抗诉权？若上诉则会出现下级检察机关出庭二审，是否有违法检两家平级诉审原则？涉及检察机关公益起诉人与法律监督者身份之间的冲突问题。例如，笔者办理的李某污染环境案，法院一审判决书将检察机关表述为“公诉机关即附带民事公益诉讼起诉人”。被告上诉后，原审检察机关出庭，由于系辖区首例刑附民公益诉讼二审案件，上级法院当庭讨论检察机关在二审中的称谓问题。

（二）调查取证权缺乏刚性

“两高”《关于检察公益诉讼案件适用法律若干问题的解释》赋予检察机关的调查核实权过于原则简单，在实践操作中处于薄弱环节。在刑事附带民事公益诉讼中，检察机关虽然可以依照诉讼法的相关规定进行证据保全，但是不能采取查封、扣押、冻结及限制人身自由等具有强制性的措施，往往只能建议法院保全，缺乏刚性的保障和有效的操作指引，限制了检察机关的调查取证能力。

其次，囿于证明标准和证明内容上存在差异，刑附民公益诉讼与刑事诉讼收集证据的侧重点不同。例如，笔者办理的肖某某非法采矿案中，需要在附带民事公益诉讼部分举证其非法采矿行为造成环境损害费用、鉴定费用、整治复绿费用，难点在于证明其非法盗挖山泥的数量与价值认定，证明内容与刑事部分不重叠。实践中负责刑事侦查的公安机关和移送案件的行政部门，往往只注重刑事层面的证据收集，甚至不予配合《补充侦查意见书》涉及附带民事诉讼取证部分的意见，可能导致案件错过取得和固定证据的

---

① 姜保忠、姜新平：《检察机关提起刑事附带民事公益诉讼问题研究——基于 150 份法院裁判文书的分析》，载《河南财经政法大学学报》2019 年第 1 期。

最佳时机。现阶段案件主要集中在食品药品安全和环境资源保护领域，这些领域极具专业性和技术性，单纯依靠检察机关自身力量难以调查取证，一定程度需要依赖于行政机关、公安机关的配合，才能更好地调查和固定证据，依法追究被告民事责任。

（三）判决执行难度大

执行一直以来是司法领域的薄弱项，虽然大部分刑事附带民事公益诉讼案件获得法院的判决支持，但在执行环节却没有利于执行的特殊制度设计，如何监督公益诉讼赔偿金的执行，如何有效弥补国家和公益损失，是检察机关在此类诉讼中已然面临的现实障碍。例如，J省C市许某仙、许某惠环境污染刑事附带民事公益诉讼案，为最高人民检察院指导性案例，但在判决生效后长达半年时间未能开展实质性执行。[①]

其次，诉讼责任与被告的生产经营效益状况有直接联系，往往需要被告付出高昂的败诉成本。特别是生态资源和环境保护领域，涉及应急费、鉴定费和修复费用数额巨大，修复周期长、难度大，被告对履行判决有抵触情绪或者经济状况无力承担等问题困扰司法实践。例如笔者办理的程某、李某污染环境案，经有资质的机构鉴定本次事件造成的环境损害费3026347元，生态损害费2340951元，应急处置费335396元，鉴定等事务性费350000元，合计6052694元。两名被告是从事废旧机油收集的个体户，对于巨额费用确实无力承担，法院也难以执行到位。此外，在追究被告民事责任后，如何处理公益诉讼赔偿金，归属哪个管理部门，如何持续监督生态环境的修复成效，如何验收，也是实践中的执行难题。

三、刑事附带民事检察公益诉讼的应对策略

（一）明确界定诉讼角色

刑事附带民事公益诉讼解决的是平等主体之间法律关系，检察机关不再担任国家公诉人角色，因此有学者认为检察机关与传统民事诉讼的原告无异，与被告具有平等的诉讼地位，不能因为检察院的特殊身份改变在诉讼中的法律地位，而检察机关作为法律监督者也会影响刑事附带民事诉讼的公正审判。[②]

从司法实践的角度出发，笔者认为检察机关的诉讼地位应有别于传统原告，理由在于：一是检察机关与诉讼本身无直接利害关系，是基于维护公益而非维护自身的合法权益提起诉讼，代表国家对刑事附带民事法律关系进行必要的干预，不应当界定为普通原告。二是检察机关通过起诉权的方式履行法律监督的职能，但不以法律监督者的身份参与诉讼，在一审败诉的情况下应当提起上诉而不是抗诉，此时应由原审检察机关出庭参

---

① 最高人民检察院第八检察厅编：《民事公益诉讼典型案例实务指引》，中国检察出版社2019年版，第107页。

② 程建玲：《检察机关提起刑事附带民事公益诉讼的现实困境与制度完善》，载《检察调研与指导》2019年第1期。

与诉讼。只有在发现法院在诉讼过程中存在违法情形时，检察机关才以法律监督者身份提起抗诉，由上级检察机关派员出庭，这种事后监督的方式避免了“既当运动员又当裁判员”的角色错乱和冲突。因此，作为公益诉讼起诉人的检察机关在诉讼地位和具体程序上仍需立法进一步予以界定与厘清，准确进行角色定位才得以促进程序正义。

（二）完善刑民衔接机制

刑事附带民事检察公益诉讼需要在一个庭审活动中将民事和刑事两种不同性质的诉讼紧密衔接、自然过渡。检察机关需要凝聚合力，做好公益诉讼部门与刑事检察部门的衔接工作。

一是建立检察机关内部联动协作机制。加强公益诉讼部门与刑事检察部门在共同协查、线索移送、证据共享、庭前准备等方面的资源共享、衔接配合，尤其充分利用刑事程序已经取得的证据，提高附带民事公益诉讼证据的转化适用率。通过完善双向线索移送和密切协作机制，统一研判线索、统一调配办案力量，充分发挥一体化办案优势。

二是建立“三检合一”的诉讼审查模式。民事行政检察官在刑事案件立案后需要对可能涉及附带民事公益诉讼的案件及时提前介入，并从民事、行政角度分析研判其能否作为案件线索。建立“三检合一”诉讼审查模式，对案件进行多角度多领域的审查并提起诉讼，更有利于精准办案、精准监督，及时发现社会治理漏洞，全方位发挥检察机关法律监督职能。

三是建立与公安机关、行政职能部门外部配合机制。借助“两法衔接”平台，搭建信息共享、线索移送平台，通过大数据方式打通与行政机关的信息壁垒。司法解释应明确公安机关负有收集附带民事公益诉讼所需证据的职责，探索建立刑事检察部门以退查方式引导公安机关全面收集损害赔偿、修复费用评估鉴定等证据材料的常态化工作机制，必要时检察机关与公安机关、行政职能部门开展协同调查取证。

（三）构建修复性司法的诉讼新模式

在生态环境和资源保护领域的刑事附带民事公益诉讼，如果赔偿范围局限于物质经济损失，则无法对生态价值和环境公益进行有效修复和救济。

一是应当树立修复性司法理念。检察机关在办理此类案件时应依据不同的侵害对象，建议行政机关出具系统性的生态修复方案，详细列明损害现状、修复手段与修复费用，并以此为据确定诉讼请求基数，要求行为人承担为修复生态而产生的实际费用。此外可以通过技术手段拟制出生态功能损失费，以涵盖环境遭受破坏至功能恢复原状的生态损失费用。

二是建立生态环境修复专项基金账户。采用专门资金管理人市场化运作方式，提高账户资金利用效率。公益诉讼判决获得的损害赔偿款直接转至基金账户，检察机关诉前鉴定等费用由基金垫付，还可用于采购生态修复服务。目前已有部分省市开始探索，例如 2019 年 11 月 G 省 T 市检察机关会同中级人民法院、市生态环境局共同发起设立全省首个环保公益专项账户，将生态环境赔偿金专款用于恢复环境、修复生态。笔者建议为解决公益诉讼赔偿金的去向存疑问题，应当自上而下推动建立环境公益修复专项基金账户，同时应当加强账户监管，及时将资金使用情况公开，接受社会公众的监督。

三是建立成熟的生态修复机制。生态环境修复涉及种类多、周期长，对于不适宜原地恢复原状或者恢复难度大、修复成本明显高于产生效益时，建立“异地补种公益林”机制，以弥补环境公益损失。若被告拒不履行补种义务，由法院或者行政主管部门委托第三方进行“替代性修复”，所产生费用由被告承担。同时建立修复跟进监督机制，科学设计监督程序，修复情况定期向检察机关报送，认为生态修复程度或内容未达标准的，可以发出检察建议进行执行监督。

（四）设立调解纠纷解决机制

刑事附带民事公益诉讼能否借鉴民事公益诉讼以调解或者和解结案，学界在理论上对调解机制的正当性存在质疑。主流观点认为：检察机关作为“形式上当事人”有公益属性，并非所主张权利的所有者，不具有让渡或者放弃公共利益的权力，必须以判决形式在法律层面确认，不宜适用调解程序。

笔者认为公共利益和国家利益的维护不能寄希望于单一的判决途径来实现，设立多元化的纠纷解决机制才能适应时代发展需要。诉讼调解兼具高效性与灵活性，可以弥补程序尚未完善的弊端，既能保障社会公共利益的实现，又考虑到行为人的实际赔偿能力，实现公益诉讼双赢、多赢、共赢的监督效果。囿于公共利益特殊属性，设立调解机制不能照搬民事诉讼，需要在程序启动、适用范围等方面予以严格限制。

一是探索建立庭前会议先行调解机制，在庭前会议上对附带民事公益诉讼部分先行调解，将侵权行为人承担民事赔偿责任的积极性和表现，作为刑事部分量刑的综合考量因素，以达到罪责刑相适应。

二是建立调解协议公告机制。调解协议应当向社会进行公告，以保障公众的知情权与监督权，对公益诉讼进行及时有效监督。例如，山东省平度市检察机关在一起食品安全领域刑事附带民事公益诉讼案中运用调解结案，两名被告自愿认缴惩罚性赔偿金 11 万余元。

三是诉前侵权行为人主动提出和解请求，检察机关可以通过公开听证程序，邀请行业主管部门、相关专家参与听证，进行诉前和解，高效化解社会矛盾。例如，J 省 J 市在处理一起染料油墨公司非法处置危险废物的附带民事公益诉讼案中，运用公开听证进行诉前和解，取得良好的社会效果。[①]

（五）实现多元化责任承担方式

刑事附带民事检察公益诉讼有其特殊公益属性，责任承担应当从私法债权领域的补

---

① 卢志坚、宋世明、袁丹：《诉前和解办结民事公益诉讼案》，载《检察日报》2019 年 7 月 29 日。

偿性价值向公法债权领域追求惩罚性价值延展，需进一步丰富诉讼请求类型。在破坏生态环境领域案件中，检察机关可以提出包括停止侵害、恢复原状、消除潜在危险等一系列多元化责任承担方式，例如根据《森林法》相关规定，要求盗伐林木的行为人以所盗数量10倍的林木承担补种责任。

目前实务界所聚焦的热点问题是食品药品领域能否适用惩罚性赔偿金。立法未明确，但笔者认为在食药领域探索建立“惩罚性赔偿金制度”符合检察机关法律监督职能定位，也是顺应由私益保护向社会公益救济的社会变革趋势。一是食品药品安全问题与公众切身利益息息相关，若仅仅围绕赔偿实际损失提出诉讼请求，没有对高额收益的经营者进行经济惩罚，不能有效震慑违法经营者，遏制食药领域侵害公共利益行为发生。二是食品药品属于特殊侵权，个体消费者有权根据法律的强制性要求经营者支付超过实际损害后果、具有剥夺性的惩罚性赔偿金。检察机关代表众多不特定消费者提出惩罚性赔偿的诉讼请求，有利于发挥公益诉讼的“利剑”作用和法律的惩戒功能。例如，笔者办理蓝某等八人生产、销售不符合安全标准的食品案，要求八名被告依法承担销售病死猪所得价款的10倍惩罚性赔偿金，共计61万余元。惩罚性赔偿金获得法院采纳，对到场观摩庭审的猪肉经营商户、行政执法人员形成有效的警示教育作用，真正达到“办理一案、震慑一方、教育一片”社会效果与法律效果的统一。

结语

我国刑事附带民事检察公益诉讼通过先实践后立法的方式，已锻造出一条极具中国特色的公益保护司法之路，在制度设计层面体现立法者对解决新型社会矛盾的适应力以及检察机关对公共利益受损矛盾剧增下的社会责任担当，但在实践中仍需不断加以摸索和完善，逐步契合我国国情与司法承受能力，才能在服务大局中彰显检察公益诉讼价值，成为检察公益诉讼新发力点。

轻罪治理现代化背景下检察机关对刑事诉讼分流机制的优化
——裁量不起诉的适用及扩张

黄岱武　黄冯清*

摘　要　积极刑法立法扩大了犯罪圈，“严而不厉”正成为我国刑法的改革方向。犯罪结构随着立法结构的变化而变化，以宣告刑为有期徒刑三年以下的轻罪正成为我国犯罪的主要治理对象。轻罪案件数量急剧上升，表明社会治理进入新阶段，人民群众对刑事司法质量、人权保障水平也有了更高要求。检察机关应当依法履职，充分运用不起诉裁量权，畅通轻罪案件出罪机制，优化轻罪案件审前分流，以实现轻罪治理现代化，实现刑事诉讼法治现代化与国情相适应、与社会相对接、与时代相呼应。

关键词　检察机关　不起诉裁量权　出罪机制　审前分流

一、问题的提出

随着我国经济社会平稳发展，平安法治建设取得显著效果。在积极刑法观主导下，立法通过不断增设新罪名、降低犯罪门槛，扩大了犯罪圈，通过设置更加轻缓的刑罚以及严密法网调整我国刑事立法的结构，使得犯罪态势和犯罪结构发生显著变化，表现为严重暴力犯罪数量与重刑率下降、轻微犯罪数量与轻刑率上升、呈现“双降双升”的现象。① 基于社会发展的现实，轻罪案件占据甚至是超过刑事案件的“半壁江山”，成为当前犯罪治理的主体，未来我国轻罪案件的数量和占比可能进一步上升，随之而来的难题是刑事司法如何应对轻罪案件数量激增，以及犯罪圈扩大与人权保障如何平衡、罪刑罚相适应等问题。

我国学者揭示了我国刑法合理的改革方向是严而不厉。② 新设轻罪可以明显地反映出立法机关对于采用刑事手段参与社会治理的积极态度，但刑法作为防卫社会的最后手

* 黄岱武，广东省珠海市斗门区人民检察院综合业务部负责人、一级检察官；黄冯清，广东省珠海市斗门区人民检察院第一检察部五级检察官助理。

① 参见卢建平：《轻罪时代的犯罪治理方略》，载《政治与法律》2022 年第 1 期。

② 参见陈兴良：《轻罪治理的理论思考》，载《中国刑事法杂志》2023 年第 3 期。

段，刑罚的严厉性决定了其参与社会治理存在一定的局限性。轻罪案件在总体上具有较低不法性与可责性，轻微违法行为入罪与刑法的谦抑性原则存在一定矛盾。此外，司法资源的有限性也决定了进入诉讼程序的犯罪案件应具有一定的限度。在我国当前入罪路径不断扩张的背景下，应当建立合理的刑事诉讼分流机制以应对激增的大量轻罪案件，畅通与完善出罪路径。否则，在立法规模性地降低犯罪门槛时，将难免导致惩罚的大量增加和刑罚适用的酷苛。[①] 刑事司法现代化应助力推动国家治理现代化，满足人民群众对于公平正义的新期待。检察机关主导的认罪认罚从宽制度为推进案件繁简分流、轻重分离、快慢分道提供了样本，鉴于此，本文立足于我国轻罪治理背景，着力检察机关不起诉裁量权为依托的程序出罪机制，充分发挥审前把关和分流作用，优化我国刑事诉讼机制，以期对我国轻罪治理现代化有所助益。

二、轻罪治理现代化对出罪机制的要求

（一）轻罪类型划分标准的厘清

轻罪治理的前提是对轻罪的范畴做一个划分。犯罪现象是复杂的立体结构，内部既有横向分类，又有纵向分层。根据犯罪的严重程度，纵向地将犯罪划分为不同层次的方法，称为犯罪分层。[②] 域外如大陆法系中，德、法两国均采用罪分三类的立法模式，将犯罪分为重罪、轻罪与违警罪。但二者对轻罪的法律评价不同，法国刑法典规定的轻罪是指科处最高刑为 10 年监禁或者罚金至少为 25000 法郎的矫正刑的犯罪，重罪是指应当判处终身监禁或者 30 年、20 年、15 年监禁的犯罪。德国刑法典规定，重罪是最低刑为 1 年或者 1 年以上自由刑的犯罪，轻罪是最高刑为 1 年以下自由刑或者科处罚金刑的犯罪。[③] 另外还有重罪和轻罪的二分法，重罪、次重罪、轻罪、微罪的四分法等。我国刑法并没有区分轻罪和重罪的传统，而且现行刑法中也并不存在轻罪和重罪的区分。刑法理论界对根据某种犯罪的法定刑确定轻罪和重罪的区分标准获得广泛认同，一般将最高法定刑为 3 年以下有期徒刑的犯罪，认定为是轻罪。但以法定刑最高 3 年以下划分轻重罪，无法涵盖司法实践中实际宣告刑为 3 年以下有期徒刑的轻微犯罪。陈兴良教授则提出“纯正的轻罪”与“不纯正的轻罪”分类，纯正的轻罪指法定刑 3 年以下有期徒刑的犯罪，而不纯正的轻罪是指有多个量刑幅度，其中最低量刑幅度含 3 年以下有期徒刑的犯罪，[④] 例如盗窃罪分为 3 年以下，3 年至 10 年，10 年以上三个量刑幅度。针对纯正、不纯正轻罪进一步提出不同的治理方式。另有学者将司法实践中的轻刑化案件进一步划分为三类：一是只有一个量刑幅度且法定最高刑为拘役的轻微犯罪。二是只有一个

---

① 王迎龙：《轻罪治理背景下出罪模式研究——实体与程序路径的双重反思》，载《比较法研究》2023 年第 4 期。

② 卢建平、吴宏耀、刘辰：《轻罪治理现代化的推进路径》，载《人民检察》2023 年第 1 期。

③ 参见陈兴良：《轻罪治理的理论思考》，载《中国刑事法杂志》2023 年第 3 期。

④ 陈兴良：《轻罪治理的理论思考》，载《中国刑事法杂志》2023 年第 3 期。

量刑幅度且法定最高刑为3年有期徒刑的犯罪。即一般意义上的轻罪。三是虽然有多个量刑幅度或法定最高刑高于3年有期徒刑，但最终宣告刑为3年有期徒刑以及更轻的刑罚。即轻罪案件包含提出量刑建议为3年以下有期徒刑、拘役、管制、单处附加刑或者免予刑事处罚的案件。此类轻罪是司法机关根据具体案件情形所作的实质判断，属于司法上的轻罪①。本文认可以宣告刑3年以下有期徒刑的作为划分轻罪的标准。宣告刑是在法定刑的基础上针对个案具体情节作出的综合评判，是充分考量个案被告人主观恶性和社会危害性之后得出的结论。以此突破了法定刑3年对于犯罪类型的硬约束，使得轻罪治理可以延伸到几乎所有的犯罪类型，更加契合当前我国犯罪治理。

（二）实体出罪和程序出罪的辨析

当犯罪化成为现代刑法发展的主基调，更加值得思考的是如何通过出罪机制的有效运行限制刑罚权的过度扩张。轻罪入刑，不能一入了之，为了发挥刑法的风险预防和社会控制功能，我国刑事司法应摒弃“一律追诉”思维，围绕增强社会治理功能，采取必要的配套措施，借助销案、不诉、定罪免刑等出罪出刑机制，以控制日益扩大的犯罪圈，提高司法宽宥和社会宽容的程度。建立与入罪机制相协同的出罪机制以合理限制刑罚权，也是贯彻落实实质罪刑法定原则以及人权保障理念不可或缺的重要环节。从司法负荷来看，轻罪办理若经科学分流，也是司法系统可以承受的；同时推行刑罚轻缓化与制裁多元化，在扩大入罪与畅通出罪两端发力，实现“入口”与“出口”的动态平衡，也可大大缓解监狱压力。

刑事出罪是一个既包含立法也包含司法，既包括实体也包括程序的体系。在这一体系中，实体出罪分为了立法出罪与司法出罪两个层面。立法层面的实体出罪是指通过刑法立法将某些轻微违法行为排除出犯罪圈，司法层面的实体出罪则是指在犯罪论体系内部依据犯罪构成理论不认定为犯罪而出罪；程序出罪则限于司法层面，是在行为人已经构成犯罪的前提下，由司法人员运用裁量权对构成犯罪的行为不予追究刑事责任。但实体出罪其实严格意义上不能叫出罪。所谓的出和入是相对的，是已经构成犯罪然后再出罪，而实体上的无罪根本不构成犯罪。实体出罪限定犯罪圈，即罪与非罪的区别。从我国现行刑事政策看，认罪认罚从宽制度聚焦于既有的起诉裁量制度。在出罪的路径选择上，青睐于能够制衡刑事立法与刑事司法关系的起诉裁量制度，并没有采用以司法规范提升入罪门槛的方式实现司法绝对出罪。因此，在司法层面研究如何出罪更具有现实意义。

（三）域外出罪机制的借鉴

域外轻微犯罪的出罪主要通过程序机制实现，典型的做法是通过不起诉等制度构建，赋予检察机关不起诉的自由裁量权，在审查起诉阶段实现程序出罪。德国检察官

---

① 卢建平、吴宏耀、刘辰：《轻罪治理现代化的推进路径》，载《人民检察》2023年第1期。

的起诉裁量权即为适例，2013 年德国检察官所受理的案件中不起诉的高达 90%，其中，24% 是由于犯罪情节轻微而不予起诉，12% 是采取了非刑罚性的替代措施（处罚令），另有 5% 是检察官和被追诉人达成了协议而附条件不起诉。

目前我国轻罪案件的程序出罪体现于公安机关的立案环节和检察机关的不起诉环节，根据《刑事诉讼法》第 112 条规定，侦查机关认为“犯罪事实显著轻微，不需要追究刑事责任的时候，不予立案”。第 177 条第 2 款规定，检察机关认为“犯罪情节轻微，依照刑法规定不需要判处刑罚或者免除刑罚的”，可以酌定不起诉。这意味着，对原本已经构成犯罪的行为，通过立案阶段作出的不立案决定和审查起诉阶段作出的不起诉决定，规避了有罪判决。另外，基于检察机关对侦查权的监督，在公安机关立案侦查阶段，检察机关可以进行立案监督，要求公安机关撤案或终止侦查。检察机关不起诉权，则具体表现为五种不同类型的刑事不起诉，分别为法定不起诉、裁量不起诉、存疑不起诉、附条件不起诉和特殊不起诉。检察机关对法定不起诉和存疑不起诉案件必须作出不起诉决定，没有裁量权；对特殊不起诉裁量权极其有限；附条件不起诉最终也表现为裁量不起诉。因而，不起诉裁量权主要体现在裁量不起诉案件。程序出罪实际上是将出入罪的权力交由司法人员行使，在赋予司法人员更多裁量权的同时，也面临自由裁量权可能被滥用的质疑。

三、检察机关程序出罪的主体作用

认罪认罚从宽制度的全面适用，凸显出检察机关在刑事诉讼领域的主导作用，对推进案件分流、轻重分离、快慢分道提供了样本。同样，也为检察机关进一步发挥优化刑事诉讼分流的主体作用注入强大动力。检察机关依法享有的不起诉裁量权是贯彻宽严相济刑事政策、促进刑事案件分流的重要制度手段之一。实践中，即便公安机关认为可以作不起诉处理，也必须移送检察机关审查起诉，由检察机关对案件作出法律上的处理。在现行刑事诉讼制度下，侦查阶段几乎不具有刑事案件的程序分流能力。刑事审前分流主要通过检察机关的不起诉制度进行。

程序出罪是推动刑事诉讼分流的重要途径。刑事诉讼分流包含两个维度：一是以检察机关不起诉裁量权为依托的刑事审前程序分流；二是以多层次刑事审判体系为依托的审判程序分流。自认罪认罚从宽制度全面、深入适用后，大部分刑事案件中犯罪嫌疑人均认罪认罚，从而可以适用简易程序进行审判，认罪认罚从宽制度的实施为审判程序分流起到了重要作用。概言之，检察机关是我国刑事诉讼中前承侦查、后启审判的“程序中枢”地位，在我国刑事诉讼分流机制中具有举足轻重的主导地位。在某种程度上，检察机关通过行使法律赋予的不起诉裁量权和起诉裁量权，将在实质意义上决定着具体案件的诉讼走向甚至是最终结果。

我国奉行法定起诉为主、起诉便宜为辅的基本原则，决定了不能过度依赖检察机关自由裁量权的行使。但从目前来看，以酌定不起诉为代表的程序出罪机制远远未

“物尽其用”。不起诉自由裁量权的滥用风险当然要予以重视，检察机关自由裁量权的行使需要进一步规范，但这并不足以成为限制程序出罪体系发展的理由。根据 2019 年最高人民法院、最高人民检察院、公安部、国家安全部、司法部《关于适用认罪认罚从宽制度的指导意见》（以下简称《指导意见》）第 30 条规定：“完善起诉裁量权，充分发挥不起诉的审前分流和过滤作用，逐步扩大相对不起诉在认罪认罚案件中的适用。对认罪认罚后没有争议，不需要判处刑罚的轻微刑事案件，人民检察院可以依法作出不起诉决定。”起诉裁量制度是“对犯罪的治理由单纯的实体惩治转向实体惩治与程序治理相结合”的产物，酌定不起诉有着与实体惩治不同的、独立于实体规范的程序治理价值。

检察机关不起诉裁量权本身应当发挥案件分流的作用，审查起诉阶段是审前程序分流的最主要场域。程序分流是手段而非目的。在我国刑事司法制度改革中，应当通过有效疏解轻罪案件，为以审判为中心的刑事诉讼制度改革奠定坚实基础。根据刑事诉讼起诉便宜原则，法律不要求检察官将所有犯罪案件都提起诉讼，而是可以根据案件的具体情况决定起诉还是不起诉，即检察官享有起诉裁量权。起诉便宜原则蕴含着这样的理念，即国家行使刑事追诉权应考量刑罚的目的性。起诉便宜原则体现了诉讼效率价值。

检察机关借助立法赋予的不起诉裁量权，在审查起诉阶段对轻罪案件予以分流，可以更有效地贯彻宽严相济刑事政策，并实现节约司法资源之目的。法律授予国家公诉机关在确定是否对犯罪进行追诉时一定的自由裁量权。一旦公诉机关认为没有必要追诉而作出不予追诉的决定时，一方面“犯罪嫌疑人可避免审前拘留、起诉的污名以及避免监禁可能带来的不利后果”，得到了“便宜”；另一方面，可使一些本该适可而止的刑事案件不再进入下一阶段，避免程序拖延，从而减轻过量的法院负担，节约国家有限的司法资源并促使其进行有效配置，整个司法系统也从中得到了“便宜”。刑事案件在检察机关和法院之间分流，可以说是刑事诉讼制度改革中成本最小、阻力最小、收效明显的措施。检察机关对没有争议、不需要判处刑罚的轻微刑事案件作出不起诉决定，就可以避免大量刑事案件进入审判程序，节约司法资源，缩短刑事案件的诉讼周期，提高诉讼效率。另一方面可以减少对犯罪嫌疑人、被告人的羁押和判刑，化解社会矛盾，及时保障人权。

四、轻罪治理中畅通程序出罪的优化路径

人权保障目标是以实质出罪来实现的，这就意味着司法机关首先要树立实质出罪的理念，充分运用好样态丰富的不起诉裁量权。

（一）检察人员要与时俱进革新理念，充分发挥不起诉制度的应有功能

出罪思维的根基在于刑法的罪刑法定原则和刑事诉讼法的无罪推定原则。新时代良法善治的总体要求不仅在于核心价值、共同价值、传统美德相融合，还在于自治、法治、德治相融合。因此，不放纵犯罪、不伤及无辜、罪责刑相适应必须是“三位一体”并重推行。轻罪案件往往是老百姓身边发生的“小案”，本质上属于人民群众的

“内部矛盾”。在诉讼观念上，应当体现一种更能彰显人文主义关怀的轻罪司法理念。且轻罪案件的刑罚较轻，判决生效后，行为人将迅速回归社会，恢复正常的生活。因此，在注重正当程序保障的同时，还应当从轻罪案件的特点出发，注重程序的人文关怀，让行为人受到刑事制裁的同时依然能够感受到司法机关的善意。基于此，检察机关的检控理念也应与时俱进，即不能简单地将犯罪嫌疑人视为打击惩罚的对象，应当最大程度上释放司法善意，从教育改造的立场出发，既让其感受到法律的严肃性，感受到法治的力量和公正，也要帮助其充分回归社会。对轻罪案件即可能判处 3 年有期徒刑以下刑罚的案件，检察机关应以“是否具有起诉必要”为标准，为充分发挥审前程序的分流和过滤作用，检察机关应立足于《指导意见》第 30 条规定，对认罪认罚后没有争议，不需要判处刑罚的轻微刑事案件，依法作出不起诉决定。这实际上要求，在以轻罪为主的犯罪结构下，检察机关应先就诉与不诉进行考量，对符合法定条件的充分适用相对不起诉，发挥审查起诉的审前分流功能。

（二）推动刑事审判程序分层，适用非监禁化刑罚

非监禁化是指对于符合缓刑条件的短期自由刑的受刑人可以适用缓刑，采取社区矫正。至于管制，其本身就是一种非监禁刑。通过司法解释扩张轻罪范围、限缩重罪范围，从而限制重刑的适用，以此实现刑法重刑结构下的刑罚轻缓化是一条可行之路。同时，检察机关应以“是否可能适用缓刑”为标准，在速裁程序与简易程序之间作出选择。确定的量刑心理预期是激励犯罪嫌疑人、被告人认罪认罚的关键。根据现有法律规定，立法者虽然创设了有别于普通审判程序的简易程序和速裁程序，但在适用范围上，却并未对简易程序和速裁程序作出合理的功能区分。对此，在认罪认罚从宽制度实施过程中，检察机关应当通过自身的努力，争取在审判程序选择与宣告刑之间建立一种较为稳定的对应关系，从而推动刑事审判程序分层。根据《指导意见》第 7 条，即便是认罪认罚的案件，犯罪嫌疑人、被告人依然享有程序选择权，而且不同意适用速裁程序、简易程序的，不影响认罚的认定（即犯罪嫌疑人、被告人依然有权获得法定的量刑减让）。而一旦在速裁程序、简易程序适用与宣告刑之间形成某种稳定的对应关系，这无疑会促使犯罪嫌疑人、被告人积极选择适用速裁程序，可以最大程度地节约司法资源。因此，对于可能判处 3 年有期徒刑以下刑罚的案件，检察机关应当根据适用缓刑的可能性进行程序分流，逐渐在速裁程序与适用缓刑之间建立一种稳定的对应关系。

（三）健全对不起诉决定的释法说理机制

目前检察机关作出不起诉决定，存在简单罗列法条的现象，释法说理程度不够成为不起诉决定被申诉的主要原因。根据最高人民检察院 2021 年工作报告，检察机关作出不起诉 34.8 万人，辅以公开听证、释法说理、司法救助等措施形成共识，公安机关提出不同意见、提请复议复核下降 37.4%，被害人不服提出申诉下降 11.2%。显然，通过公开听证、释法说理等方式是提高不起诉决定的接受度的重要途径，应当加强不起诉决定说理

性，全面推行不起诉听证程序。根据《听证工作规定》，对于检察官拟作出不起诉决定的案件，只有存在较大争议，或者有重大社会影响才需要举行听证，而且需要经检察长批准，这严重限制了听证程序功能作用的发挥。基于听证程序对不起诉制度的重要意义，可以适当简化不起诉听证程序，在听证会中向当事人、侦查人员详尽阐明认定事实、证据采纳、法律依据，以为群众所接受的方式说明不起诉理由，或可在送达不起诉决定书时对不起诉决定进行释法说理，简要听取当事人及其辩护人、代理人的意见，以充分发挥听证程序对不起诉决定的监督制约作用，同时提高当事人对不起诉决定的接受程度。

（四）建立不起诉案例指导制度

逐步提高不起诉的使用率，还需要检察机关加强对认罪认罚案件的量刑研讨，可以由最高人民法院整理一批具有指导性意见的依法不需要判处刑罚或者可能判处免予刑事处罚的轻罪案件，指导、约束检察官正确行使“不起诉决定”自由裁量权。可以在鼓励检察官大胆作出不起诉决定的同时，促使检察官更谨慎综合全案正确行使裁量权。在目前我国各地区之间因经济发展不平衡所导致司法标准不统一的背景下，借助案例指导制度，有利于检察机关以相对一致的事实认定和法律评价的标准，形成具有类似性和确定性的前后一致的法律决定，从而保证法律的统一适用。同时也可以使不起诉决定在相对正确性的基础上，提升司法公信力，实现司法的正义和公平要求，获得人民的认同感和信任感。

五、结语

轻罪案件具有社会危害较小、罪责轻的特点，犯罪嫌疑人认罪悔过可能性较大、重新融入社会较快，社会关系修复较好。轻罪治理体现着宪法法律尊重和保障人权原则、国家治理现代化发展水平、司法为民办案理念，具有促进民生福祉、促进共治善治、厚植党的执政根基等重大意义。轻罪治理需摒除“一捕了之”“一诉了之”司法惯性，亦不能简单地“不诉了之”，不能将不诉等同于“不罚”，而是着眼完善轻罪预防和惩戒体系。检察机关在面对轻罪治理中的挑战时，要立足法律监督者的角色定位，一方面要审慎提起公诉，另一方面要推进案件快慢分道，实现刑事诉讼法治现代化与国情相适应、与社会相对接、与时代相呼应。

专题调研

粤港澳大湾区公益诉讼制度比较与启示

李红平　罗　成　王冰萍*

摘　要　粤港澳大湾区和横琴粤澳深度合作区建设是国家发展战略重要部署，旨在进一步密切内地与港澳交流合作，建成国际一流湾区。检察公益诉讼是以法治化方式推进国家治理体系和治理能力现代化的重大制度安排，是新时代检察机关服务保障粤港澳大湾区建设的重要切入点和着力点。基于"一国两制三法系"背景，粤港澳公益诉讼制度存在明显差异。结合检察职能，探析粤港澳公益诉讼制度，思考检察机关创新区际司法协作促进公益保护的可能路径，是一个具有重要现实意义的研究问题。本文通过对比三地公益诉讼各自制度优势，为大湾区尤其是横琴粤澳深度合作区公共利益协同保护提供借鉴意义，积极发挥检察机关服务大湾区的社会治理效能。

关键词　粤港澳大湾区　公益诉讼　比较　协作

一、研究背景和问题提出

粤港澳大湾区是党中央部署的重大国家发展战略。2019年，中共中央、国务院印发了《粤港澳大湾区发展规划纲要》（以下简称《规划纲要》），旨在进一步密切内地与港澳交流合作，建成国际一流湾区[①]。为深度创新发展大湾区，2021年，中共中央、国务院印发了《横琴粤澳深度合作区建设总体方案》（以下简称《总体方案》）。

最高人民检察院高度重视大湾区建设，制定出台了《关于充分履行检察职能依法服务和保障粤港澳大湾区建设的意见》。广东省人民检察院制定了《关于充分发挥检察职能服务保障粤港澳大湾区建设的意见》《广东省检察机关服务保障粤港澳大湾区建设行动计划》。珠海作为大湾区重要参与者，珠海检察机关有义务为大湾区尤其是横琴粤澳深度合作区建设贡献检察力量。从大湾区层面，《规划纲要》对大湾区的战略定位之一是"加强多元文化交流融合，建设生态安全、环境优美、社会安定、文化繁荣的美丽湾

---

*李红平，广东省珠海市人民检察院党组副书记、副检察长；罗成，广东省珠海市人民检察院第七检察部主任、四级高级检察官；王冰萍，广东省珠海市金湾区人民检察院检察官助理。

① 参见《粤港澳大湾区发展规划纲要》，载新华网，http：//www.xinhuanet.com/politics/2019-02/18/c_11241314 74.html。

区”，共建“宜居宜业宜游的优质生活圈”。从检察制度层面，我国检察公益诉讼制度自党的十八届四中全会被党中央提出以来就振奋人心。“公益司法保护中国方案备受瞩目”[①]，尤其是在推进社会治理现代化方面扮演着无可替代的重要角色。所以，探索如何发挥检察公益诉讼职能，当好公共利益的“看护人”，通过协同配合，为湾区尤其是横琴深合区形成保护公共利益的强大合力[②]，是检察机关为湾区和横琴深合区建设提供精准检察智慧的重要着力点和独特优势。

但是在公益保护方面，生态环境与理想目标差距明显。无论是大湾区还是横琴深合区，生态环境标准距离国际化标准的理想目标仍有差距，尤其是“生态保护和污染防治任务仍然繁重”[③]。囿于法治结构差异，当前公益保护标准和三地公益诉讼制度存在差距。当前粤港澳就公益诉讼层面缺乏统一共识和协同发展。湾区城市群作为利益和生态共同体，在公益保护尤其是生态系统和公共卫生等领域必须整合资源优势促进协同治理，实现一体化可持续发展。

二、粤港澳公益诉讼制度现状

（一）广东省公益诉讼制度

在我国内地，检察机关既是法律监督机关，也是“公共利益的代表”[④]。我国检察公益诉讼是指检察机关依照法律授权，对损害国家利益、社会公共利益的民事违法行为或者行政违法行为向人民法院起诉的制度，包括民事公益诉讼（刑事附带民事公益诉讼）和行政公益诉讼。当前我国的公益诉讼办案领域以法定领域为主。检察民事公益诉讼的法定领域包括生态环境和资源保护、食品药品安全、英雄烈士保护、未成年人保护、军人地位和权益保障、安全生产、个人信息保护、反垄断等领域损害社会公共利益和国家利益的行为。其适用的法律程序包含诉前程序和提起诉讼。检察行政公益诉讼的法定领域包括生态环境和资源保护、食品药品安全、国有财产保护、国有土地使用权出让、英雄烈士纪念设施保护、未成年人保护、军人地位和权益保障、安全生产、个人信息保护等领域负有监督管理职责的行政机关违法行使职权或者不作为，造成公共利益受到侵害的行为。与民事公益诉讼类似，其诉讼程序也包括诉前程序和提起诉讼。但是，其“诉前程序”是指人民检察院在提起行政公益诉讼之前，人民检察院应当先向相关行政机关提出检察建议，督促其纠正违法行为或者依法履行职责。“提起诉讼”是指经过诉前程

① 《最高人民检察院工作报告》，载最高人民检察院官网，https：//www.spp.gov.cn/spp/gzbg/202203/t20220315_549267.shtml。

② 徐彪：《服务粤港澳大湾区建设的检察实践》，载《中国检察官》2019 年第 23 期。

③ 《2019 年国务院政府工作报告》，载中国政府网，http：//www.gov.cn/zhuanti/2019qglh/2019lhzfgzbg/index.html。

④ 2017 年 9 月 11 日，习近平总书记在致第 22 届国家检察官联合会年会的贺信中指出：“检察官作为公共利益的代表，肩负着重要责任。”

序，行政机关不依法履行职责，公共利益仍处于受侵害状态的，人民检察院应当提起行政公益诉讼。

我国内地的检察公益诉讼制度理念有三个：一是追求在诉前程序实现保护公益的和谐司法；二是追求双赢多赢共赢的办案效果；三是跟进监督损害公共利益的行为，持续保护公共利益。

（二）中国澳门特别行政区公益诉讼制度

由于历史背景，澳门的法律体系归属于大陆法系。回归后的澳门法律即便本土化，也离不开原本适用的葡萄牙法律的影响[①]。在澳门法律体系中，没有关于公益诉讼的专门法律。与公益诉讼保护相关的法律规定分四个层面的建构。（1）《澳门特别行政区基本法》（以下简称《澳门基本法》）赋予了公民基本权利，为公共利益保护提供了最高效力的法律根据。（2）国际公约。根据《澳门基本法》第40条规定，澳门回归前已适用的国际公约中与《澳门基本法》不冲突的条款继续适用。其中，澳门加入的与公益诉讼保护较密切相关的国际条约有人权类（如《公民权利和政治权利国际公约》和《经济、社会及文化权利国际公约》）、资源环保类（如《关于持久性有机污染物的斯德哥尔摩公约》）、卫生类（如《国际卫生条例（2005）》）等。（3）与公益诉讼有关的法律。如《民事诉讼法典》《行政诉讼法典》和《行政程序法典》等规定了公益诉讼办案类型和程序。（4）与公益诉讼保护的客体有关的实体法（单行法律），如《环境纲要法》。

根据澳门特区《司法组织纲要法》第60条规定，当检察院代表大众利益或集体利益时，其参与形式为主参与。当检察院不代表大众利益或集体利益，但诉讼之目的在于实现其利益时，检察院的参与为辅助参与。在澳门，检察公益诉讼不是主要类型，为了尽可能全面介绍澳门公益诉讼制度，将从公益诉讼概貌和检察公益诉讼两个层面进行介绍。（1）民事公益诉讼。澳门《民事诉讼法典》第59条为维护大众利益之诉讼的条款，规定："对于尤其旨在维护公共卫生、环境、生活质素、文化财产及公产，以及保障财货及劳务消费之诉讼或保全程序，任何享有公民权利及政治权利之居民，宗旨涉及有关利益之社团或财团，市政厅以及检察院，均有提起以及参与之正当性。"参与公益诉讼的公民不需要与公益保护有直接利害关系，只要享有公民权利及政治权利即可。聚焦检察民事公益诉讼层面而言，除了澳门《民事诉讼法典》第59条规定了检察院有权提起民事公益诉讼外，《司法组织纲要法》第56条注明了检察院的职责，规定了检察院代表集体利益或公众利益提起特别民事诉讼，保障澳门特别行政区的合法权益。（2）行政公益诉讼。葡萄牙《宪法》第52条赋予了民众和社团可以基于造成公共卫生、环境、文化财产或生活质素等损害的行政违法行为启动司法追究和请求损

---

① 罗智敏：《澳门行政诉讼中的民众诉讼：立法与司法实践》，载《吉林大学社会科学学报》2016年第6期。

害赔偿的权利。回归后的澳门在《行政诉讼法典》第36条也规定了行政公益诉讼，并且扩大了原先公益诉讼范围和提起主体，增加了住屋、教育、地区整治以及兜底条款“任何属公产之财产”[①]。提起主体除了民众，还有责任法人和市政机构。适用程序为司法上诉程序。司法上诉程序是澳门行政法院、中级法院和终审法院均设有的法定诉讼程序类别之一。根据澳门《司法组织纲要法》第56条、60条及63条的规定，检察院可以基于集体利益或公众利益或为了不确定人等进行司法诉讼。根据《行政诉讼法典》第33条规定，检察院、拥有民众诉讼权人等五类群体是可以依法提起司法上诉的法定主体。检察机关在行政公益诉讼的角色参与具体有以下两个方面：一是可以基于公众利益，向法院提起关于行政合同之诉。根据《行政诉讼法典》第113条第2款规定，关于行政合同全部或部分有效性之诉，检察院是有权提起者之一。第113条第3款规定当行政合同条款系为公众利益而订立时，检察院有权提起关于执行合同之诉。二是根据《行政诉讼法典》第132条规定，检察院可以对违法行政行为请求法院勒令有关行政机关、私人或特定人作出或不作出特定行为。根据该条款推测，当行政行为造成公共利益损害，检察院认为行政行为违法时，有权就该行政行为提起司法上诉的诉讼程序，要求法院撤销行为或宣布无效。

（三）中国香港特别行政区公益诉讼制度

由于历史原因，香港的法律制度体系属于普通法系。与香港公益诉讼相关的法律制度主要来自以下五个层面的建构：（1）《香港特别行政区基本法》（以下简称《香港基本法》）是效力最高的法律。同时，全国人大常委会对基本法的解释，与基本法具有同等效力。《香港基本法》第3章主要是关于公民基本权利的规定，为公益诉讼案件提供立法依据。（2）国际公约。香港作为一个国际都市，签署的部分国际公约是关于公民权利的保护，也为公益诉讼案件提供了法律根据，如《公民权利和政治权利国际公约》《经济、社会及文化权利国际公约》等。（3）成文法。成文法是立法机关根据法定程序而制定的法律，分为条例和附属条例，附属条例的法律位阶低于条例。成文法作为判例法的补充，一般都是原则性或者概括性规定。在公益诉讼制度方面，条例和附属条例作为本土的成文法为公益诉讼提供法律依据。例如《香港人权法案条例》第383章是香港法院审判包括公益诉讼案件在内的权利案件强有力的法律基础，也常在司法复核案件中被援引[②]。（4）判例法。“判例可以是对成文法的条文作出解释，也可以是对普通法的一些原则作出阐释、演绎或推广，以及决定怎样将这些原则应用到案件的具体情况上。”[③]普通法国家如加拿大、澳大利亚等的司法判例也可以在香港法院的裁判文书中引用，具有一定的参考价值。在公益诉讼领域，如环境公益诉讼保护案件 Ng Ngau Chai v. The

① 澳门特别行政区《行政诉讼法典》第36条。
② 蔡廸雲、林峰：《香港公益诉讼制度概述》，载《中国法律》2015年第3期。
③ 陈弘毅、张增平等：《香港法概论》，三联书店（香港）有限公司2015年版，第43页。

Town Planning Board（2007）[①] 等著名案例为公益诉讼提供了法律参考。（5）习惯法和在香港特别行政区运用的全国性法律也是香港的立法渊源。

在香港，承担类似我国内地检察职能的部门是律政司，律政司不是司法机关，而属于香港政府部门。由于律政司本身是代表政府，自然没有权限行使类似我国的检察机关向行政机关提起的检察行政公益诉讼。但是，"律政司司长同时肩负维护公众利益以及保障孤儿弱小及慈善基金的宪法责任 ...... 当公众利益与政府利益有冲突时，律政司司长必须以公众利益为重"[②]。在民事公益诉讼领域，在"在某些情况下，律政司司长可代表公众循民事途径以促讼人诉讼的形式去起诉被告人"[③]。

三、粤港澳公益诉讼制度的异同点比较

粤港澳公益诉讼制度总体差异明显（见表格 1），尤其是在检察公益诉讼制度领域。

（一）立法比较

我国内地各省适用统一的法律制度，即属于中国特色社会主义法系，总体与大陆法系相对接近。澳门法律受葡萄牙影响，属于大陆法系，而香港属于英美法系。相同的是三地的公益诉讼都有成文法规定。广东的公益诉讼法律规定都属于成文法，几乎不会适用国际条约。除了宪法，现阶段适用的规范包含《民事诉讼法》《行政诉讼法》、最高人民检察院、最高人民法院修改通过的《关于检察公益诉讼案件适用法律若干问题的解释》及最高人民检察院公布的《人民检察院公益诉讼办案规则》。在具体办案领域，也有相应领域的实体法支撑。澳门公益诉讼法律与我国内地一样，也属于成文法。现阶段的法律适用，除了《基本法》，还有《民事诉讼法典》《行政诉讼法典》《行政程序法典》等法律。在检察机关履行公益诉讼司法职能的法律依据还包含《司法组织纲要法》。与我国内地不同的是，澳门国际化程度更高，其签署的国际条约如资源环保类和卫生类也会影响公共利益的保护。由于澳门公益诉讼案件寥寥无几，与广东公益诉讼相比，其法律规定相当于沉默的条款。香港公益诉讼适用法律除了实体法规定和国际条约，主要是判例法，且外国的判例法在香港的裁判中有参考价值。与我国内地不同，香港和澳门均没有一部专门的关于检察公益诉讼的法律法规。只有我国内地的检察公益诉讼是进行了试点办案取得成效后才进行正式立法。此外，最高人民检察院还颁布了指导性案例。公益诉讼办案情况还列入到每个检察院的年度检察工作报告。澳门公益诉讼法律更新缓慢，不受法律工作者的重视，相关法规和配套机制没有得到支持，缺乏办案指导和司法保障，导致法律条文沦为"纸上的条款"，并没获得实际适用[④]。可见，和香港和澳门

---

① 参见［2007］HKEC 1207。
② 陈弘毅、张增平等:《香港法概论》，三联书店（香港）有限公司 2015 年版，第 59—60 页。
③ 陈弘毅、张增平等:《香港法概论》，三联书店（香港）有限公司 2015 年版，第 307 页。
④ 欧志丹:《论澳门环境公益诉讼困境》，载《澳门法政杂志》2019 年第 2 期。

相比，我国内地的检察公益诉讼制度备受重视，在立法考虑上更全面，法律更新更及时，具体办案指导更丰富具体，相关法律完善还在不断探索中。

（二）公益诉讼定义

三地的公益保护都是关注大众利益。不同的是，我国内地聚焦的是国家和社会层面的公共利益，办案中关注的是受损害的不确定大众和国家利益，所以办案初期重心是生态环境和食品药品安全领域。随着办案经验丰富和制度完善，也越来越关注小范围群体利益，如英雄烈士或未成年人的权益。澳门公益诉讼除了兼顾大众，主要关注小范围群体的利益，尤其是公共财产性质的权益。香港保护大众和部分群体的基本权利，但实践中更多是关于群体（community）性质的权益[①]。

（三）诉讼类型和主体

粤港澳三地都有民事公益诉讼和行政公益诉讼。第一，三地的两种公益诉讼提起主体和范围均有差异。无论是民事还是行政公益诉讼，澳门公益诉讼提起主体范围最广泛，其主体除了有利害关系的社团、财团，还包含任何有公民权利和政治权利的澳门居民、市政机构和检察院。中国内地民事公益诉讼的起诉主体范围相对少一些，包含有利害关系的组织、有责任的机关和检察院。在行政公益诉讼，检察机关是唯一适格主体。香港的公益诉讼起诉主体范围则更窄，包含受到损害且有诉讼必要性的公民、组织和律政司。香港的公益诉讼尤其是检察公益诉讼与广东省的制度差异明显，律政司不能作为行政公益诉讼的提起主体，反而是在行政公益诉讼中代表特区政府或行政机关作为被告进行应诉。第二，虽然我国内地和澳门的检察机关均能作为公益诉讼提起主体，但是我国内地检察机关可以提起行政公益诉讼的情形最广泛，包括行政不作为和违法行政行为。而澳门检察机关的行政公益诉讼主要是关于侵害到公众利益的行政合同和明显违法的行政行为，不包括行政不作为。这也许是粤澳两地检察机关提起行政公益诉讼案件数量差距悬殊的原因之一。

（四）司法程序不同

我国内地检察公益诉讼分为诉前程序和提起诉讼两个阶段。诉前程序设置的目的是减少法庭诉讼带来的对抗性，以柔性的方式推进公共利益保护，实现双赢共赢的效果。实际上，绝大多数案件是诉前程序结案，即在诉前程序已全部或部分解决公共利益问题，减少法庭诉讼带来的对抗性。检察机关在办理公益诉讼案件中，为充分听取各方意见，提升认可度，促进司法公平、公开、公正，积极探索、适用了公开听证程序。澳门行政公益诉讼是司法上诉程序，属于诉讼程序的一种，对判决结果不服可以依法上诉。

---

① 参见 Yap, P.（2008）. Understanding public interest litigation in hong kong. Common Law World Review，37（3），p.257–276。

澳门民事公益诉讼是一般的诉讼程序。香港公益诉讼适用的是司法复核程序，有前置的复核许可程序。根据香港高等法院条例的规定，司法复核程序属于民事法律程序。司法复核程序设置的目的是减少司法资源的浪费，提高司法效率。在程序设置上，广东检察公益诉讼制度更人性化、科学化，注重多方参与、智库支持、柔性办案的和谐效果。

（五）办案领域

虽然粤港澳公益诉讼制度的法定办案类型不同，但有相同点。生态环境资源保护、公共卫生（食品药品领域）、公共财产的公益保护是三地主要的法定保护领域。不同的是，广东公益诉讼侧重国家和社会公共利益，法定类型范围最广，且还在逐步探索扩展中。澳门公益诉讼法定类型有限，更多关注对公共财产的保护。香港公益诉讼案例源于群体对个人权利的重视，没有具体的法定类型的成文法规定。

（六）检察机关角色

根据我国《宪法》的规定，我国内地的检察机关是法律监督者和公共利益代表。澳门检察机关是司法机关，具有法律监督职能，维护特区的公共利益。香港承担检察职能的是律政司，不属于司法机关，但有维护公共利益的职能。涉及行政公益诉讼时，律政司代表香港政府或行政机关进行应诉。在民事公益诉讼，可以为特区公共利益作为原告参与诉讼。如上文所述，我国内地检察机关具有民事公益诉讼的原告主体资格，同时也是公益诉讼兜底保护角色和支持者，而澳门的检察机关和香港的律政司不具备兜底保护职能作用。在行政公益诉讼，无论是从重视程度、立法完善、程序设置、办案理念、人员和机构配备，只有我国内地的检察机关充分履行了保护公共利益的法律监督职能，发挥了显著的检察智慧和检察力量。

（七）办案理念

我国内地追求的是双赢多赢共赢的和谐办案效果，在维护公共利益的同时，注重以柔性方式督促行政机关的积极履职。从澳门立法规定的起诉主体的广泛性可见其注重培养公民天下为公的社会情怀，鼓励居民都主动积极参与社会治理，维护公共利益。香港注重程序正义的法治化。从司法复核许可程序和典型案例分析，香港的公益诉讼的底层逻辑更多体现的是对个人权利及法治秩序的尊重和维护。

（八）办案数量

三地办案数量悬殊，仅是2021年，广东检察机关共立案办理公益诉讼案件10429件，其中，民事公益诉讼立案1441件，行政公益诉讼立案8988件，占立案数86%。开展诉前程序8513件，占立案数81%。提起公益诉讼567件[①]，占立案数5%。经生效判

① 《2021年全省检察机关主要办案数据》，载广东省检察院网，https：//www.gd.jcy.gov.cn/basj/202203/t20220321_3591850.shtml。

决、调解书等确认损害赔偿金额33.5亿元[①]。仅就横琴深合区自2017年来共立案25件，涵盖生态环境、海洋资源保护、国有土地使用权出让、英烈保护、个人信息保护、无障碍环境建设等领域，向行政机关发出诉前检察建议12份，开展诉前磋商8件，举行公开听证3件。但是根据学者统计，澳门至今只有7宗公益诉讼案件，均是民众公益诉讼，不是由检察机关提起的公益诉讼。其中，4宗由于原告不是公益诉讼的适格主体而败诉[②]。香港公益诉讼案件数量目前暂未有官方统计公布或学者研究的统计。课题组经在香港裁判文书公开网上查询，自1992年以来，迄今不超过100宗。所以，从办案数量的对比可得出，在检察机关维护公共利益职能上，广东检察机关充分阐释了公共利益保护的检察担当和办案力量，公益保护效果彰显。

表1　粤港澳公益诉讼制度比较

类别		广东	澳门	香港
法系		中国特色社会主义法系	大陆法系	普通法系
法律渊源		成文法	成文法、国际条约	成文法、国际条约、判例法
基本法律规定		《民事诉讼法》《行政诉讼法》《两高关于检察公益诉讼案件适用法律若干问题的解释》《人民检察院公益诉讼办案规则》、具体领域单行法律	《澳门基本法》《民事诉讼法典》《行政诉讼法典》《行政程序法典》《司法组织纲要法》、国际公约、特定领域单行法律	《香港基本法》、国际公约、法例、附属条例、司法判例、习惯法
公益诉讼的定义	相同点	维护公共利益（公民基本权利）；行政违法；诉讼		
	差异	利益范围广：国家和公共利益 客体：民事违法行为或行政违法或不作为行为 目的：督促行政机关及时依法有效履职	利益主体：大众 客体：民事违法，行政违法，不包括行政不作为 目的：鼓励天下为公的社会关怀和培养有公民德行的公民社会	利益主体：群体 客体：政府或公共机构的行为、立法或政策的合法性（合宪性） 目的：群体合法权益不受侵害；监督公权力行为合法性
诉讼类型和主体	相同点	民事公益诉讼		
	差异	只有检察机关可以提起行政公益诉讼	公民都可以对行政机关的行为合法性基于公共利益提起公益诉讼	仅有利害关系的民众、组织可以对行政机关的行为合法性基于公共利益提起公益诉讼。被告是行政机关，一般律政司作为代表应诉
诉讼类型和主体	差异	民事公益诉讼，检察机关的角色是在规定的机关和有关组织之后的兜底起诉；检察机关可以支持起诉	民事公益诉讼提起主体广泛。检察机关没有兜底起诉或支持起诉规定	民事公益诉讼，除了有利害关系的个人或组织，律政司司长可以作为原告起诉，没有兜底保护角色

① 《2022年广东省人民检察院工作报告》，载广东省检察院网，https：//www.gd.jcy.gov.cn/tjbg/jcbg/202202/t20220208_3547339.shtml。

② 欧志丹：《论澳门环境公益诉讼困境》，载《澳门法政杂志》2019年第2期。

续表

类别		广东	澳门	香港
司法程序	相同点	诉讼		
	差异	1. 行政：诉前程序后才能诉讼（诉前程序能解决行政不作为或行政违法行为问题，则不会进入到下一个程序）； 2. 公益诉讼公开听证	1. 司法上诉审查程序； 2. 没有诉前程序	司法复核程序：批准许可申请后才能正式地进入实质性诉讼
办案领域	相同点	环境；公共卫生；公共财产		
	民事	生态环境和资源保护、食品药品安全、英雄烈士、未成年人保护、军人地位和权益保障、安全生产领域、个人信息保护、反垄断以及其他侵害社会公共利益行为	公共卫生、环境、生活质素、文化财产及公产，以及保障财货及劳务消费之诉讼或保全程序	环境保护、权利案件、文化遗产维护、选举、宪法问题
	行政	生态环境和资源保护、食品药品安全、国有财产保护、国有土地使用权出让、英雄烈士、未成年人保护、军人地位和权益保障、、安全生产领域、个人信息保护等其他侵害社会公共利益和国家利益行为	公共卫生、环境、生活质素、文化财产及公产、教育、地区整治、住屋。	无
检察机关角色		检察院：司法机关（法律监督机关和公共利益代表）	检察院：司法机关（法律监督机关和维护公众利益）	律政司：承担法律职能的行政机关（维护公众利益职能）
检察机关可以提起公益诉讼		民事公益和行政公益诉讼（不作为和违法作为）	民事公益诉讼和行政公益诉讼（执行合同之诉和行政行为的违法性）	民事公益诉讼
办案理念		双赢多赢共赢的办案效果	维护社会正义的公民社会	程序依法优先

四、未来展望：横琴粤澳检察公益保护协同创新治理的思考

通过对上文粤港澳三地公益诉讼制度的比较，可得出三区域的检察公益诉讼制度规定差异明显、办案数量和成效差距悬殊。制度的融合和借鉴任重道远。目前阶段，具有现实意义的、可以积极探索的是在初步梳理了公益诉讼相关制度已存在以及将来可能出现的冲突和异同点前提下，结合各自制度的优势及不足，思考检察机关在横琴深合区公共利益保护问题的协作，形成协同发展更加顺畅的公益诉讼制度环境。

（一）探索公益保护的协作范围

在横琴深合区的公益保护过程中，不可避免会面临跨境问题。例如在食品药品公益保护领域，会面临损害公共卫生的食品药品的生产地在澳门，但产品在横琴销售，亦或是在横琴生产，而在澳门销售等情形。又如在生态环境资源领域，由于横琴与澳门很难进行空间物理上的切断，在生态保护领域的损害势必会相互关联和影响。所以跨境公益

保护的协作是将面临的棘手问题。探索琴澳检察机关在跨境公共利益保护中可以启动协作机制的案件类型，联合开展公共利益保护。根据上文粤澳公益诉讼制度的对比，生态环境资源和食品药品公共卫生是粤澳两地共同的法定公益诉讼保护范围，可以将这两类公益诉讼作为起点探讨检察公益保护的协作，等经验成熟后再逐渐尝试拓宽扩展至其他领域案件办理。

（二）探索建立跨境公益保护的办案协作机制

目前，粤澳的司法合作都是在民商事领域的文书送达、调查取证、判决相互认可和执行的司法协助[①]。可以探索两地检察机关在公益诉讼案件管辖、线索移送、调查取证、会商研判、资源共享等层面建立协作机制，从而提高公益保护的力度和效果。但是在协作办案的思考上，首先不可忽视两地公益诉讼制度的差异和检察机关的不同职能角色。由于澳门的检察行政公益诉讼是基于作出的行政行为的违法性或行政合同违反公共利益，与我国内地的检察行政公益诉讼实际办案的主要类型有明显差距，所以，在检察行政公益诉讼的合作领域，由于横琴检察机关的行政公益诉讼范围较广，除了行政行为的违法性，还包括行政不作为，并且程序上主要以柔性的双赢方式协助行政机关积极履职，所以，在检察行政公益保护的跨境办案中，以横琴检察机关为主要办案单位，澳门检察机关在调查取证、线索提供等方面给予协助。

同时，积极争取合作区党工委、横琴办的支持，建立合作区检察机关与合作区执行委员会法律事务局、民生事务局、城市规划和建设局等部门之间的合作交流机制。通过横琴检察机关对行政机关的柔性监督，帮助行政机关积极履职，促进合作区公共利益保护。在此基础上，可以加大宣传，加强对合作区检察公益诉讼办案工作的宣传力度，提高认知和认可度，激活澳门特别行政区“沉默已久”的检察公益诉讼制度。澳门检察公益诉讼制度虽不及我国内地发展完善，但澳门检察院有权向澳门政府提供法律意见书等形式改善公共利益问题，助力澳门更深层次融入粤港澳大湾区发展建设。这也许是横琴检察机关完善保护公共利益检察职能可以思考的方向。例如，在检察公益诉讼的诉前程序中增加以提供法律意见书的形式促进公共利益的保护，既实现了公共利益的检察保护，又以共赢的柔性方式帮助了合作区相关机构重视对公共利益保护的依法执法。

而在横琴合作区和澳门的检察机关公益诉讼的协作或协助中，未来可以加大探索检察民事公益诉讼领域的协作办案。因为两地的检察民事公益诉讼具有在环境和公共卫生领域的相同办案类型，检察机关在办案资源、专业水平、调查取证上有天然的优势。此外，澳门检察院承担维护群体和大众利益的民事职能。可以探索建立跨境案件的立案管辖协商机制，提升跨境案件在调查取证、法律文书宣告与送达、涉案证据移送等司法协

---

① 我国内地与澳门的司法合作有：我国内地与澳门签署了《关于内地与澳门特别行政区法院就民商事案件相互委托送达司法文书和调查取证的安排》《关于内地与澳门特别行政区相互认可和执行民商事判决的安排》。

作及协助的效率。具体而言，首先，在案件管辖问题上，可以建立案件管辖交涉机制，涉及跨境公益损害，以属地管辖为主。如果双方均有管辖权，本着利于案件办理和解决损害问题的原则协商解决。进一步探索在我国内地的涉澳跨境公益诉讼案件可以统一由横琴深合区检察院管辖。其次，在线索证据移送上建立协助移送机制。明确两地检察机关对工作中发现和掌握的涉及跨境的公益保护案件线索及证据进行及时通报、管理、分析、处理等协助或协作机制，互相移送、通报属对方管辖的案件线索情况。

（三）推进数字智慧检务建设，共建司法信息交流平台

在当下大数据人工智能时代，在公益保护领域，为促进高效、全面、准确的办案，可以搭建公益诉讼大数据应用平台，促进信息即时交流，实现横琴深合区与澳门检察院在公益保护领域的线索信息互通、资源共享，让承担公共利益保护职能的两地检察机关高效掌握有效的司法信息。运用数字技术推进司法智慧监督，探索建立公益诉讼办案模型，提高发现、防范公益被损坏的能力，促进两地公益协同保护的制度化和规范化。具体可以借鉴已有的《广东自由贸易试验区海洋生态环境保护检察公益诉讼协作工作意见》，可以首先在生态环境资源和食品药品公共卫生保护方面，与澳门检察机关探讨，根据工作需要可以适时召开线上专题会议，重点围绕公共利益损害高发易发的系统性、领域性问题，共同探讨治理经验和保护措施。对于达成一致的事项，形成两地联动协作机制。

（四）成立首家粤港澳公益诉讼研究中心，提高专业化水平

根据《规划纲要》《框架协议》《总体方案》提出的创新、引领、合作、先行示范等合作原则，粤港澳大湾区和横琴深合区的发展将带来更多的司法协同发展，大湾区法律工作者应具备专业化、全面化的素养。在公益诉讼文化、制度、办案规则差异明显的客观背景下，可以探索成立专门的大湾区公益诉讼研究中心，依托该平台，汇聚粤港澳三地司法人员、行政执法人员、学者、律师等法律工作者保持交流培训和合作，持续加强对前沿理论研究，全方位提高专业化水平，深化对粤港澳乃至国际不同公益诉讼制度的认知和共识。此外，目前全国部分检察机关分别与高校建立了公益诉讼研究中心或基地，如上海市检察院和华东政法大学于2017年共建的国内首家公益诉讼研究中心，河北省检察院与中国政法大学共建中国政法大学检察公益诉讼研究基地。在广东检察公益诉讼领域的研究中心有：广东省检察院与广东外语外贸大学于2020年成立的民事、行政、公益诉讼检察综合研究基地；广东省人民检察院与暨南大学于2020年共建广东省检察公益诉讼研究基地；广州市从化区检察院2020年挂牌成立了全省首个公益诉讼观察站。但是，在广东省、香港、澳门和全国其他省市及地区，暂未成立由检察机关主导或参与的粤港澳大湾区公益诉讼研究中心或基地。所以，为进一步加强粤港澳大湾区公益诉讼理论与实务的研究，提高专业化水平，凝聚共识，完善公益诉讼协作机制，可以尝试在珠海市检察机关成立全国首家粤港澳公益诉讼研究中心，不定期邀请专家学者、

粤港澳公益诉讼办案检察官分享理论和实务经验，打通粤港澳公益诉讼办案难点痛点问题的“任督二脉”，为学界和实务界的建言献策提供一个交流与合作发展的专门平台，通过智库支持完善检察公益诉讼制度。

（五）探索立法顶层设计，统一协作机制

最后，可以尝试在立法层面思考突破。由于粤港澳公益诉讼制度各不同，缺乏统一的司法适用，必然会面临法律冲突问题，可以尝试探索通过全国人大及常委会顶层立法，在特定领域构建实体法规范，同时构建制度性的协商合作机制，但要注重平衡和协调不同的利益诉求。例如，可以首先在两地密切联系的生态环境和食品药品公共卫生领域立法，进行联防联治。结合已有的《2017—2020年粤澳环保合作协议》《框架协议》《规划纲要》和《总体方案》的内容，在公益保护具体领域的行业标准、责任承担等立法方面作出一定的变通，体现一定的澳门元素，迎合澳门居民的需要，制定统一标准和检测体系以及公益司法保护衔接机制，从而完善合作区检察公益诉讼工作的法律保障。

干股受贿数额认定标准之反思与重构

叶祖怀　刘韵倩　何永福*

摘　要　干股型受贿的犯罪对象具有特殊性，在认定受贿数额时应考虑多种因素。将股权是否进行了转让这一客观要素作为认定干股受贿数额的唯一标准，未能体现出受贿犯罪的本质，也有悖主客观相统一原则，且难以实现罪责刑相适应，实有反思之必要。准确认定干股受贿的数额，首先应当判明所谓“红利”的性质，并基于受贿犯罪的本质属性及主客观相统一原则，综合考虑干股的市场价值、受贿人因持有干股所获得的实际利益、受贿人与行贿人达成对价关系的具体内容等因素予以认定，以做到罚当其罪。

关键词　干股受贿数额　认定标准　反思　重构

“两高”《关于办理受贿刑事案件适用法律若干问题的意见》（以下简称《意见》）第2条明确了干股及干股受贿的含义。司法实践中，按照《意见》规定认定干股受贿数额并不存在困难，只要查明股权是否进行了转让登记或是否发生了实际转让即可。但不可否认的是，干股受贿案件虽然都具有未实际出资的共性，实践中却存在诸多不同情形，不考虑各种复杂的主客观因素，仅以股权是否进行了转让这一客观要素作为认定受贿数额的唯一标准就显得过于武断，特别是在股份价值与受贿人的实际获利数额相差悬殊的情况下，许多司法人员更是感到困惑，进而引发对干股受贿数额认定标准的反思。

一、干股受贿数额认定标准之实践困惑

根据《意见》的规定，“干股转让的”，受贿数额按转让行为时股份价值计算，所分红利按受贿孳息处理；“干股未转让的”，以股份分红名义获取利益的，实际获利数额应当认定为受贿数额。但是，《意见》的起草者承认，可能存在“红利数额往往大于干股价值，意味着极可能出现收受空股的处罚重于实际收受干股的情形，这将导致事实上

* 叶祖怀，广东省珠海市人民检察院党组成员、副检察长；刘韵倩，广东省珠海市人民检察院第七检察部副主任、一级检察官；何永福，广东省珠海市人民检察院第三检察部一级检察官。

的处断不公”的问题。[①] 有学者认为，“《意见》对干股型受贿数额的认定主要围绕股权转让和未实际转让两种情形进行，但实际情况并非如此简单，如此简单的分类规则缺乏可操作性”[②]。还有学者认为，《意见》第 2 条规定的干股受贿数额认定标准存在“自相矛盾”“违背《刑法》的明确规定”“实践中可能造成严重失当”等问题。[③]

从近年来的司法实践来看，对一些干股型受贿案件，在受贿数额的认定问题上也一直存在较大争议。

在某市委秘书长何某受贿案中，行贿人出资 77.6 万元将其公司 20% 的股份转让给何某妻子梁某，之后在该公司经营遇到困难时行贿人均会找何某出面解决拿地建仓库等问题，何某每年享受干股分红，共分得 1500 万元。经数次增资扩股后，该公司被某上市公司收购，何某获得干股变现款 4800 万元。如何认定何某的受贿数额，存在五种不同意见：第一种意见认为，应严格适用司法解释，将 77.6 万元认定为受贿数额，分红及干股变现所得均为受贿孳息；第二种意见认为，应将实际获利数额认定为受贿数额，即将干股价值、分红款和干股变现款共计 6377.6 万元均认定为受贿数额；第三种观点认为，应将干股价值和分红款共计 1557.6 万元认定为受贿数额，干股变现款 4800 万元为受贿孳息；第四种观点认为，应认定干股和干股变现款共计 4877.6 万元为受贿数额，1500 万元分红款为受贿孳息；第五种观点认为，应认定干股价值和退出干股后仍享受的分红款共计 477.6 万元为受贿数额，其余所得均为受贿孳息。[④]

在张某受贿案中，张某在某政府金融办任职期间，为他人收购相关公司提供帮助，收受他人赠送该公司 10% 的干股，但该公司未实际经营，后该公司被收购，张某获得干股转让款 360 万元。一审法院认定张某的受贿数额为 360 万元，判处其有期徒刑十年二个月，并处罚金 60 万元。二审法院针对张某的上诉作出驳回上诉、维持原判的裁定[⑤]，裁判要旨认为，“对于行为人在接受没有任何实际经营活动的空壳公司价值较低的干股后，利用自身审批权帮助公司获取市场稀缺的经营资质，基于公司转让获取巨额溢价从而取得高额股权转让时，应当以实际获利数额认定受贿数额”，[⑥]“对本案受贿金额不应以股权转让登记时的价值认定。从主客观相一致的角度出发，被告人的受贿金额应

① 刘为波：《〈关于办理受贿刑事案件适用法律若干问题的意见〉理解与适用》，载《人民司法》（应用）2017 年第 15 期。

② 方明：《干股型受贿罪中几个疑难问题的辨析》，载《政治与法律》2016 年第 10 期。

③ 魏东：《“收受干股型”受贿罪的刑法解释适用》，载《法学论坛》2015 年第 1 期。

④ 关于何某干股受贿案的详细情况，参见李涛：《干股受贿数额认定分歧及应对策略》，载《法治论坛》第 53 辑。

⑤ 关于张某受贿案的详细情况及分析，参见朱冠琳：《张某某受贿案——干股型受贿犯罪中的受贿金额如何认定》，载最高人民法院中国应用法学研究所编：《人民法院案例选》，人民法院出版社 2022 年版，第 47—55 页。

⑥ 朱冠琳：《张某某受贿案——干股型受贿犯罪中的受贿金额如何认定》，载最高人民法院中国应用法学研究所编：《人民法院案例选》，人民法院出版社 2022 年版，第 47 页。

当按照实际获利金额人民币 360 万元认定。"[①] 这一裁判观点，已经偏离了《意见》第 2 条的规定。

在杜某受贿案中，杜某利用职务之便为李某等人的公司在业务承揽等事项上提供帮助，于 2003 年收受李某赠送的该公司 10% 的干股，并于 2005 年至 2007 年收到分红款共计 15 万元。2008 年，该公司注册资本由 110 万元增至 500 万元，杜某所占股份被稀释至 2.2%。2008 年至 2014 年，杜某收到该公司分红款共计 70 万元。一审判决认定杜某的受贿数额为 85 万元，但未说明认定理由，仅称"根据在案证据综合予以认定"。[②] 针对杜某的上诉意见，二审法院经审理认为，上述涉案股份发生了实际转让，且没有证据证明杜某所分红利超出其持股比例所对应红利，根据《意见》第 2 条规定，应认定杜某的受贿数额为 11 万元，其所获 85 万元为受贿孳息，从而对一审改判[③]。该案中，有多名证人指证在 2008 年后公司固定按每年 10 万元给杜某分红，那么，杜某所收受的 70 万元可能并非全部是公司的红利，似不应将该 70 万元均认定为受贿孳息。

二、干股受贿数额认定标准之反思

干股型受贿的犯罪对象具有特殊性，其犯罪数额的认定受到多种因素影响。因干股受贿数额在判断干股受贿犯罪的不法中具有十分重要的作用，仅以股权是否进行了转让这一客观要素作为认定受贿数额的标准，而全然不考虑犯罪发生时行受贿双方的主观合意内容、干股红利与孳息的区别等因素，实际上未能体现出受贿犯罪的本质，也有悖主客观相统一原则，且难以实现罪责刑相适应，可能会导致认定事实错误及量刑严重失当，难以实现准确打击受贿犯罪的目的。

（一）未能体现受贿犯罪的本质

我国学界对受贿罪的法益没有形成一致观点。张明楷教授认为，应根据受贿罪的不同类型来分别阐释特定类型的受贿罪的保护法益，如普通受贿罪的保护法益为职务行为的不可收买性，斡旋受贿的保护法益是被斡旋的国家工作人员职务行为的公正性，以及国家工作人员的职权或地位所形成的便利条件的不可收买性，利用影响力受贿罪的保护法益是国家工作人员职务行为的公正性，以及对国家工作人员职务行为不可收买性的信赖。[④] 劳东燕教授认为，"由于无法通过体系融贯性与合目的性的双重审查，无论是职务行为的公正性，还是职务行为的不可收买性说，都并非解决受贿犯罪法益问题的妥当理论"[⑤]，进而提出"受贿犯罪的法益应当是公职的不可谋私利性，其在不法构造上不以

---

① 朱冠琳：《张某某受贿案——干股型受贿犯罪中的受贿金额如何认定》，载最高人民法院中国应用法学研究所编：《人民法院案例选》，人民法院出版社 2022 年版，第 49—50 页。

② 江苏省连云港市中级人民法院刑事判决书，（2015）连刑二初字第 00013 号。

③ 江苏省高级人民法院刑事判决书，（2018）苏刑终 4 号。

④ 张明楷：《受贿犯罪的保护法益》，载《法学研究》2018 年第 1 期。

⑤ 劳东燕：《受贿犯罪两大法益学说之检讨》，载《比较法研究》2019 年第 5 期。

形成交易关系为必要"[①]。上述见解虽有不同，但均将受贿罪的"法益内容聚集于贿赂与职务行为或与职务密切相关的行为之间的对价关系上"[②]。受贿财物的数额"体现的是行为人利用公共职位谋取私利的程度，故对受贿犯罪的不法判断至关重要"。[③] 根据我国刑法和"两高"《关于办理贪污贿赂刑事案件适用法律若干问题的解释》等的规定，受贿犯罪的数额不仅是受贿犯罪的构成要件，而且还是决定量刑的主要因素，体现受贿犯罪保护法益的特性。

根据《意见》起草者的解读，干股型受贿分为两种类型，一种是收受有资本依托的干股即进行了转让登记或实际转让，一种是收受无资本依托的干股即未进行转让，而后者不属于严格意义上的干股，并认为如果进行了登记或者进行了实际转让，则权钱交易的对象为股份价值，后续的分红属于资本的正常衍生品，应作为受贿孳息，若将红利认定为受贿金额有重复评价之嫌；如果未进行转让，则属于无价值的名义上的干股，权钱交易的对象是红利等实际获取的经济利益，红利则应认定为受贿金额。[④] 笔者认为，仅以干股是否转让来判断权钱交易的对象并以此作为认定受贿数额的标准，未能准确把握干股的性质和受贿犯罪的本质，实际上是将受贿犯罪视同正常的市场经济行为，以市场经济规则及正常的市场行为逻辑来评判受贿犯罪。

就普通公民和法人正常的民商事行为而言，干股系对那些未出资的管理者、技术人员或者普通员工的奖励或赠与，但受贿之"干股"却具有截然不同的法律意义。其一，受贿人所支付的对价不是民商法意义上的对价，而是自己手中的公权力，不管股份是否已实际转让，受贿人并不因其获得干股而成为公司真正意义上的股东，进而其获得的所谓红利也不是民商法意义上的孳息。其二，实践中，受贿人在意的往往并不是能否获得股东身份、享受股东权利（如股份所有权、股东表决权、公司经营权等）以及收受的干股是否为行贿人所虚设或者是否具有资本依托，其关注的核心往往是通过收受干股而给其带来的实质经济利益。其三，正常的共同投资行为，一个显著特征就是共担风险、共享收益，而受贿人收受干股或者/以及获得分红权，却只享受收益而不分担亏损风险。

受贿犯罪的本质是权钱交易，所保护的法益是国家工作人员职务行为的不可收买性，也可以说是国家工作人员职务行为与财物的不可交换性[⑤]。对法益侵犯的判断，关键在于受贿人收受的财物与职务行为之间是否具有对价关系，是否为职务行为的不正当报酬。只要受贿人收受的财物不是其依法应当取得的报酬，就属于其职务行为的不正当报酬，即侵犯了受贿罪的法益。对价关系的存在，并不单纯取决于双方的事前约定，即使事前没有明确约定，也可能肯定职务行为与财物之间的对价关系。干股型受贿作为一

① 劳东燕：《受贿犯罪的保护法益：公职的不可谋私利性》，载《法学研究》2019年第5期。

② 李世阳：《论贿赂犯罪的差序法益构造》，载《政治与法律》2022年第8期。

③ 劳东燕：《受贿犯罪的保护法益：公职的不可谋私利性》，载《法学研究》2019年第5期。

④ 刘为波：《〈关于办理受贿刑事案件适用法律若干问题的意见〉理解与适用》，载《人民司法（应用）》2017年第15期。

⑤ 张明楷：《刑法学（下）》（第六版），法律出版社2021年版，第1588页。

种变相的受贿方式，其主要特征是行为人未出资而获得股份，并以此获得经济利益。行为人试图以收受股份并凭借该股份获取分红等形式掩盖受贿本质，但其实质仍是权钱交易。因此，对受贿数额的认定，应当围绕权钱交易的本质进行，关注的焦点和重点应当是国家工作人员的职务行为与请托人交换的经济利益的具体内容是什么，而仅以股份是否转让为标准难以做出准确判断。首先，股份登记只是行为人对股份实际控制的表现之一，而非股份是否存在价值的标准，如收受“空壳公司”的干股，即使进行了转让登记，股份仍然无价值。其次，即使股份已转让，后续国家工作人员据此所获得的分红也不一定就是资本的正常衍生品，仍可能是职务行为的交换条件，是公权力的直接对价，如此就不存在重复评价之说。最后，即使收受的干股已转让，受贿人的真实意图也未必仅仅着眼于当时股份本身的价值，如在公司起始阶段或前期发展阶段收受股份，股份的价值相对较小甚至无价值，受贿人主观上追求的是分红或者股份将来的增值，而非当时的股份价值。

笔者认为，在认定受贿犯罪及干股受贿数额时，应穿透行为的表象去探寻其本质。受贿人利用职权为行贿人谋取利益，并通过收受干股、分红等方式获利，而其中的入股、分红等行为并不遵循市场经济规则及正常的市场行为逻辑。有观点认为，收受干股具有不正当性，但干股分红是行为人依据股东身份获取，并不必然具有不正当性，因此属于犯罪孳息。此观点实是陷入了将犯罪行为视同正常的市场经济行为的误区。理论及司法实践中的争议，如红利应当独立评价还是对股份具有依附性，干股是指享有完全股权的股份还是仅享受红利的股份，干股是否需要有资本依托，股权的转让是否需要符合民商事法律规定的形式要件等，均是用正常的市场经济行为逻辑来分析犯罪行为，而未能把握干股受贿的本质特征，即国家工作人员以其手中的公权力为对价，未出资而获得股份，并藉此获得非法经济利益。至于干股是虚设还是真实存在的股份、干股持有者是否享有完全的股东权利等，都在所不问[①]。

（二）有违主客观相统一原则

主客观相统一原则在定罪上主要表现为“犯罪的主观要件（故意、过失、目的、动机等）与犯罪客观要件（行为、结果、特定的犯罪前提等）的有机统一”，在量刑上具体表现为“一方面在已然之罪上，犯罪是客观危害行为与主观恶性相统一，这也是量刑的前提和主要根据。另一方面，在未然之罪上，行为人的再犯可能即人身危险性（主观的）与罪前、罪中及罪后的各种个人表现（客观的）相统一”。[②] 司法认定中，应将行为人的主观动机、目的与客观危害结果、社会危险性等相结合，避免主观归罪或客观归罪，在定罪和量刑上均应坚持该原则。仅以股份是否转让这一客观要素作为数额认定的

① 魏东:《“收受干股型”受贿罪的刑法解释适用》，载《法学论坛》2015年第1期。

② 聂立泽、苑民丽:《主客观相统一原则与刑事证明标准的层次性研究》，载《法学评论》2011年第2期。

区分标准，则完全无视了行为人的主观要素。在干股受贿中，受贿人真正的目的就是利用公权力获取财产性利益，实践中也鲜有受贿人在收受干股时与行贿人就股东权利、股份是否真实存在、股份是否可以转让等进行详细和明确的约定。实际上，干股是作为输送利益的掩饰工具和分配利益的依据，本质上就是行受贿双方关于权钱交易对象的一种约定，与直接给予"好处费"并无本质区别，至于股权是否转让、是否被国家工作人员实际控制，都只是形式而非实质。因此，在认定受贿数额时，应当具体考察受贿人的意图、以何种方式以及最终是否实现了该利益，如此才不违背主客观相统一原则。受贿人的意图既可能是积极追求有巨额资产做依托的股份价值，也可能并非或者不只是着意于股份价值，而是在意该股份所带来的红利等预期利益，抑或二者兼而有之。至于预期利益的金额，则无论多少均未超出其犯意。

（三）难以体现罪责刑相适应原则

我国《刑法》第5条规定，刑罚的轻重，应当与犯罪分子所犯罪行和承担的刑事责任相适应。罪责刑相适应原则的基本含义有两方面内容：其一，刑罚的轻重应当与犯罪行为的恶意和损害程度相适应，着眼于犯罪事实，根据罪行的严重程度确定刑罚的尺度，力求公平对待各犯罪人，做到同罪同罚，以体现刑罚公正报应的目的；其二，刑罚的轻重应当与犯罪人再次犯罪的危险性程度相适应，着眼于犯罪人的教育改造和犯罪预防。以股份是否转让作为是否将红利认定为受贿数额的标准，将会导致逻辑上的矛盾与定罪量刑上的不公。按照《意见》规定，如果股份已经转让，由于红利具有依附性，因此不能单独评价为受贿数额；在股份未转让的情况下，受贿数额按照红利计算。但问题是，依此逻辑，无论股份是否转让，即使是在股份未转让的情况下，所谓的红利也都是依附于股份而产生的，此时为何要将红利认定为受贿数额呢？尤其应当注意的是，在股份价值与受贿人的实际获利数额相差悬殊的情况下，除了在是否进行了股权转让这个表象上存在差异外，受贿人在贿赂犯罪的主观方面及客观方面均无不同，但在刑罚上却可能有天壤之别，且两相对比，仅从股权是否转让这一点并不能判断出哪种行为一定更具有社会危害性。在股权发生实际转让的情形下，因受贿人既获得了干股的所有权又获得了分红权，此种行为似乎更具危害性，处罚的力度也理应更重。如，"某建筑工程公司给予并转让给国家工作人员干股，股份价值为5万元，每年支付红利4万元，国家工作人员5年共收取红利20万元"，有实务人士即认为，如果只将股份价值计入受贿数额而排除红利数额，"国家工作人员实施受贿犯罪的实际收益与其承受以犯罪数额为依据的刑罚成本之间势必出现严重不对等，显然与罪刑相适应原则相悖"。[1]

---

① 张志平：《干股受贿刑法适用疑难问题》，载《国家检察官学院学报》2008年第4期。

三、干股受贿数额认定标准之重构

笔者认为，股权是否转让不应当成为认定干股受贿数额的唯一决定性因素，而是应当在准确认定干股所分红利性质的基础上，根据受贿犯罪的本质属性及主客观相统一原则，结合受贿人收受股份的时间点及当时的股份价值、受贿人的意图、受贿人利用职务上的便利为行贿人提供帮助的持续时间、行受贿双方给予或收受财物时的具体情形等因素，综合判断认定干股受贿数额，以做到罚当其罪。

（一）准确认定干股所分红利的性质

《刑法》第386条规定，对犯受贿罪的，根据受贿所得数额及情节处罚；《刑法》第64条规定，应剥夺犯罪分子的违法所得，但未对违法所得的范围进行界定。在干股型受贿中，干股所分红利能否认定为受贿数额，关键在于是否能够认定其属于受贿所得数额。

张明楷教授认为，违法所得包括因违法行为所获得的直接财物和因直接财物所产生的收益。[①] 孙国祥教授认为，违法所得是指通过违法行为直接或者间接获得的财物，直接违法所得为通过犯罪行为所直接取得、占有和控制的财产；直接违法所得产生的收益为间接违法所得，包括自然孳息和法定孳息，并且将间接违法所得限缩在“由赃款赃物直接产生”的范围内，不能将混合所得所产生的收益认定为间接违法所得。[②] 将直接违法所得用于违法、“射幸”或投资所产生的收益非间接违法所得，而是犯罪所得。林钰雄教授认为，直接所得是与犯罪行为具有直接关联性的所得，包括产自犯罪而获得的利润或利益等；间接所得是源自直接所得，因介入其他法律或事实行为导致与犯罪行为之间欠缺直接关联性的所得，包括直接所得的孳息等。[③] 孳息是相对于原物而言，是指由原物而产生的物，包括天然孳息与法定孳息。天然孳息是指依物的自然属性所产生的物，如种植果树产生的果实。从归属上讲，孳息物在脱离原物之前，归属于原物所有权人。法定孳息是指物依据法律规定或者当事人的法律行为而产生的孳息，如房屋出租的租金等。法定孳息是将原物提供给他人使用而产生的对价，体现的是用益法律关系，是交易之物，而天然孳息是派生之物。由上可见，区分是犯罪所得还是犯罪所得孳息的关键在于，犯罪所得与犯罪行为具有直接关联性，而犯罪所得的孳息是由犯罪所得直接产生，与犯罪行为之间欠缺直接关联性。

所谓红利，是公司根据累计利润确定向股东分配多少利润，分红的比例根据股东持有的股份比例进行分配，而股东所得红利取决于企业年度经营状况的好坏和企业今后经营发展战略决策等总体安排。红利是公司创造利润时对股东的一种奖励制度，但股东取

---

① 张明楷：《刑法学》（第五版），法律出版社2016年版，第642页。

② 孙国祥：《刑事诉讼涉案财物处理若干问题研究》，载《人民检察》2015年第9期。

③ 林钰雄主编：《没收新制（二）经济刑法的新纪元》，元照出版有限公司2016年版，第280—283页。

得红利还应满足一定条件和遵循一定程序，如，公司有可供分配的利润；股东会对公司分红作出有效决议；在公司通过分红决议但不执行的情形下，股东有权起诉公司要求执行有效决议等。部分观点认为，在股权转让的情形下，红利应作为犯罪孳息处理，主要理由是：红利依附于股份而存在，是股份的派生物，不能将二者割裂开来作独立理解，否则有重复评价之嫌；收受干股实质与收受股票、存款等一样，股票升值、存款利息都不作为受贿数额，而是作为受贿孳息处理。[①] 笔者认为，上述观点未能正确区分犯罪所得与犯罪所得孳息的界限，对干股型受贿中红利的性质判断有误。当行受贿双方对权钱交易的对象明确约定为股份价值，且干股所分红利是公司正常经营的利润分配所得，能够将获取红利排除出受贿人的直接故意范围时，该干股即为受贿人行使权力的对价，所分红利应视为干股孳息而不认定为受贿数额。但是，当行受贿双方对干股及其红利均达成犯罪合意时，或者红利不是基于公司正常经营的利润分配而是受贿人行使职权的直接对价时，该红利亦为受贿犯罪所得，应当认定为受贿犯罪数额。

（二）干股受贿数额认定的原则

受贿罪非难的核心在于，“行受贿双方系以公务员的职务活动，作为给付的显在或潜在对价之不法约定，因此破坏了人民对公务员执行职务之廉洁性、不可收买性的依赖”，[②] “收受型受贿的公务员要成立犯罪，必须同时实现‘已经收受贿赂’以及‘与行贿者达成对价关系期约’两项要素”。[③] 在考察对价关系的内容时，并非要求行受贿双方对对价关系达成全面且详细的约定，而只要求“双方对于彼此交接条件，包括贿赂或不法利益的具体内容，以及公务员因此应为的具体职务行为，在必要重点上达成相互一致的意思合意，且双方皆明知此项合意内容”。[④] 在干股型受贿中，因受贿人所收受的股份系财产性利益，而非现金或其他有形财物，故应综合考察受贿人收受干股的市场价值、受贿人因持有干股所获实际利益、受贿人与行贿人达成对价关系的具体内容等因素，正确判断和认定受贿的具体数额，这不仅符合受贿罪的本质特征，也符合主客观相统一原则，且最能够体现罪责刑相适应原则。具体来说，认定干股受贿数额的原则如下：

1. 市场价值原则。根据受贿时点的干股股价、干股所占股权比例、公司财务状况等因素，来确定受贿人所收受的干股的市场价值或转让价值，并以此作为认定干股受贿数额的基础。

---

① 方明：《干股型受贿罪中几个疑难问题的辨析》，载《政治与法律》2016 年第 10 期；王玉杰：《干股受贿若干问题探讨》，载《河南司法警官职业学院学报》2009 年第 2 期；赵煜：《干股型受贿若干疑难问题研究》，载《中国检察官》2015 年第 5 期；刘敬新：《干股型受贿的几个问题》，载《中国纪检监察报》2012 年 3 月 16 日，第 7 版。

② 林钰雄：《公务员职务贿赂罪之立法刍议》，载《军法专刊》第 64 卷第 2 期。

③ 许达恒：《贿赂犯罪之对价关系及证明难题》，载《军法专刊》第 60 卷第 2 期。

④ 许达恒：《贿赂犯罪之对价关系及证明难题》，载《军法专刊》第 60 卷第 2 期。

2. 实质受益原则。除收受干股的市场价值或转让价值外，还应考虑受贿人通过收受干股所获得的股份分红、股权增值后的转让收益等受贿人因持有干股所获得的实际收益。

3. 结合主观原则。干股受贿数额的认定，还需考虑受贿人与行贿人达成对价关系的具体内容。行受贿双方达成的对价关系合意，既可能是有巨额资产做依托的股份价值，也可能并非股份价值而是该股份所带来的红利等预期利益，抑或二者兼而有之。

根据上述三个原则，综合考量不同案件的具体情况，干股受贿的数额既可能是受贿时干股的市场价值或转让价值，也可能是干股所派生的红利或股权增值后的转让收益，还可能是二者兼而有之。

（三）干股受贿数额认定的常见情形

1. 受贿人主观上为占有股份价值进行了股权转让登记，或者虽未办理转让登记但股权发生了实际转让的，以转让行为时的股份价值认定受贿数额。

此种情形多存在于股份有巨额资本依托的情形，受贿人意图获取股份本身的价值且与行贿人进行了明确约定，并不追求股份后续带来的红利。以一个案件为例：2006年至2014年，甲利用职务上的便利为乙提供帮助。2014年，乙为感谢甲多年的支持，送给甲价值1000万元的公司股份，以保障甲退休后衣食无忧，甲让特定关系人代持。2017年乙公司上市，2018年案发，案发时甲对应股份的总价值为1亿余元。该案例中，甲的受贿犯罪数额最终被认定为1000万元，股份升值部分作为受贿孳息予以收缴。主要原因在于，双方约定的是1000万元对应的公司股份，而非给予甲一定比例的公司股份，前者主要看中的是股份承载的财产性利益，后者是双方约定利益输送的一种动态"计算工具"，看重的不仅是股份价值还有后续的增值利益。此外，甲利用职务上的便利为乙谋取利益的时间为2006年至2014年，其获得1000万元股份价值后未继续为乙提供帮助，股份增值部分与职务行为无直接关联，并非公权力的直接对价。

2. 受贿人主观上是为了获得干股及其预期红利，或者表面是为获取干股但实际上将干股作为利益分配的"工具"。因红利亦为受贿人所直接追求，是公权力的直接对价而非犯罪的附随性结果，则干股价值和红利均应当认定为受贿数额。

实践中，有些案件是以送干股为名，实际上是送分红，且红利数额远超干股本金或干股当时的价值。有的干股虽然进行了形式上的转让，但由于行贿方的控制而不可能进行市场流通或内部再转让，该股份实际上未真正转让给受贿人，受贿人也只能通过分红获得利益。在此情形下，国家工作人员的主观意图主要是股份未来的增值和分红，而非仅为当时股份的价值，干股只是其收受不法利益的掩饰工具和利益分配的依据，后续获取红利包含在受贿人的主观故意范畴之内，属于其预期可得利益。以一个案件为例：2006年至2009年，甲利用职务上的便利，为某医药公司老板乙在药品销售、贷款审批等事项上提供帮助。2009年2月，为感谢甲的帮助，乙将其医药公司5%

的干股（价值 10 万元）送给甲，并告知以后该公司会谋求上市。后乙将 5% 股份登记到甲的妻子丙名下。此后，乙只要生意上有困难都会让甲出面解决，甲陆续获得分红 50 万元。2016 年，该医药公司被某上市公司收购，甲按照 5% 股份获得股权转让款 1000 万元。此案中，甲的受贿数额应认定为 1060 万元，原因即在于甲获得干股在本质上是一种利益输送载体，甲乙双方对于利益输送的标准和模式均有明确认知，即股份价值及后续的增值部分，甲基于该认知持续利用职务上的便利为乙谋利，并对后续的增值部分实施了积极追求的行为。从利益输送的时间、数额及谋利的持续性上也可以看出，甲的意图不仅在于股份价值，甲收受干股后的谋利行为是动态、持续的，而非静态、一次性的。如果将后续增值部分认定为孳息，会出现谋利时间长、体量大，而受贿时间短、体量小的不对等情况，既有悖于双方行受贿合意的内容，也与犯罪行为的实际危害结果不符。

受贿人收受干股后，持续利用职权增加公司利润，并获得公司分红及股权转让价款的，分红和股权转让款均属于受贿人持续行使职权的对价，均应认定为受贿数额。如某市环保局局长收受某环保公司价值 10 万元的 10% 干股，后在十余年时间内利用职务便利，为该公司在承揽环保工程、开展环评业务、推销环保产品等方面谋取巨额利益，累积获取分红 50 万元。后该公司经评估作价 2000 万元整体转让，该环保局长又利用干股转让套现 200 万元，累积获利 250 万元[①]。因该环保局长收受干股的公司从事的是与其职权影响或职务便利密切相关的行业或产业，且其谋求的主要利益就是分红及股权转让利益，应将该 250 万元认定为受贿数额。

3. 受贿人与行贿人商定只是为了获取红利，以所获红利金额作为受贿数额；如果进行了股权转让，受贿人又意图获取股份价值的，因其不是通过正当方式获取该股份价值，而仍然是以公权力为对价，故股份价值与所获红利累计计算受贿数额，最终未能实现的，属未遂。

此种情形下，如果最终因企业经营不善，股份不仅未升值反而贬值，应如何认定受贿数额？或者案发时请托人公司已破产，干股已无价值，是否仍构成受贿犯罪？笔者认为，纵使国家工作人员的主要目的是追求干股将来的升值和分红，但其收受干股时对股份当时的资本价值具有认知，主观上虽非积极追求，但仍具有占有的故意。因此，即使股份贬值，亦应将收受干股行为当时的股份价值认定为受贿数额，如此才不违背主客观相统一原则。以一个案件为例：甲曾利用职务上的便利为某旅游公司法定代表人乙提供帮助，乙为感谢甲，告知甲其经营的旅游公司效益不错，每年可有分红，愿给予旅游公司 10%、价值 10 万元的股份。甲遂让乙将股份登记在其妻丙名下，后丙共获得分红款 30 万元，但案发时公司破产。该案中，甲的受贿数额应认定为 40 万元，其中的 10 万元属未遂。

---

① 吴轶男：《干股受贿犯罪认定管见》，载《中国检察官》2019 年第 7 期（上）。

4. 受贿人主观上是为实现股份价值，与行贿人商定通过干股变现方式实现其利益的，无论是否办理了股权登记手续或股权是否发生了实际转让，均以实际变现金额作为受贿数额。

如前述张某受贿案[①]，张某收受他人给予公司10%的干股，但该公司未实际经营，后该公司被收购，张某获得干股转让款360万元。对于该案，一审及二审判决均将张某的实际获利数额认定为受贿数额，主要理由即在于，该公司在张某的帮助下获取的稀缺资质是该公司能够迅速转让并获得高额溢价的根本原因，而张某与行贿人之间权钱交易的合意也不限于股份价值，还包括该公司变更经营范围后可能带来的高额溢价，无论最终转让价格是多少，均在受贿人的主观预期之内，能够为行受贿双方的合意所涵盖。张某对此有明确认知，按照其获得的转让溢价认定受贿数额，并未超出其主观犯意。

① 江苏省连云港市中级人民法院刑事判决书，（2015）连刑二初字第00013号。

涉港澳跨境金融犯罪惩防机制研究

叶祖怀 陈 强 何亚军 朱 敏*

摘 要 珠海市因毗邻港澳的特殊地理位置，涉港澳跨境金融犯罪问题突出，呈现出案件类型集中、数额大、犯罪手段多变等特点。粤港澳三地属于不同法域，在金融监管、办案方式等方面存在较大差异，加之司法协作不足，限制了对此类犯罪的惩治力度。随着粤港澳大湾区建设和横琴粤澳深度合作区建设不断推进，有必要进一步深入探索跨境金融犯罪个案协作方式，并逐步建立起常态化、规范化的刑事司法协作机制，推动形成协调联动的惩防一体机制，进而实现对跨境金融犯罪的综合治理。

关键词 涉港澳 跨境金融犯罪 惩防机制

跨境金融犯罪是一个特定的交叉概念，是金融犯罪和跨境犯罪两个概念的交集。依侵害的具体法益及行为方式等的不同，涵盖了跨境实施的危害货币管理、银行管理、证券管理及金融欺诈等犯罪。跨境金融犯罪实质是金融犯罪活动在地域上的扩展和延伸，是金融犯罪的特殊表现形态。所谓粤港澳大湾区之跨境犯罪，主要是指跨越广东省九市与香港、澳门不同法域之“境”。香港和澳门回归以来，粤港澳交流活动和人员往来日益频繁，经贸联系不断深化，跨境实施走私、电信诈骗、非法赌博、操纵卖淫、偷越边境犯罪及毒品犯罪等呈多发态势[①]，跨境金融犯罪问题亦日益突出。为建立和完善跨境金融犯罪惩防工作机制，切实维护我国金融安全，本文以近年来珠海市检察机关办理的涉港澳金融犯罪案件为研究样本，对该类犯罪的现状、特点，以及打击和预防方面存在的问题进行实证分析，并提出相应的对策建议。

---

* 叶祖怀，广东省珠海市人民检察院党组成员、副检察长；陈强，广东省珠海市人民检察院第三检察部主任、四级高级检察官；何亚军，广东省珠海市人民检察院第三检察部副主任、四级高级检察官；朱敏，广东省珠海市人民检察院第三检察部检察官助理。

① 李哲：《粤港澳大湾区跨境调取刑事电子证据的困境及其解决思路》，载《法律适用》2023年第2期。

一、涉港澳跨境金融犯罪现状及特点

（一）类型相对集中，涉澳犯罪突出

2021 年至 2023 年，珠海检察机关共办理涉港澳跨境金融犯罪案件 37 件 129 人，罪名分布为：涉组织、领导传销活动类案件 7 件 51 人（集资诈骗同案犯），涉非法经营类案件 11 件 30 人，涉非法吸收公众存款类案件 4 件 29 人，涉洗钱类案件 11 件 11 人，涉集资诈骗类案件 3 件 7 人，涉信用卡诈骗类案件 1 件 1 人。此外，2023 年 8 月在中国裁判文书网上，笔者共查询到涉港澳金融犯罪跨境取证有关裁判文书 14 份，主要集中于集资诈骗、非法吸收公众存款、信用卡诈骗、金融凭证诈骗四个罪名。在上述案件中，存在的涉港澳因素主要包括涉案款项通过非法途径流向港澳地区，涉案公司、平台或人员在港澳地区，部分犯罪行为在港澳地区实施或者犯罪结果发生在港澳地区。

2021 年至 2023 年，全市检察机关审查起诉的涉“地下钱庄”刑事案件中，有 13 件存在涉澳因素，主要有三种类型。一是现金交易型。主要在口岸等地区以开设商铺为掩护，使用现金非法买卖外汇，目标客群为来往珠海和澳门的常住居民和旅游散客。二是跨境对冲型。目前较为常见的为“地下钱庄”交易，通常是不法分子与澳门“地下钱庄”串通，在境内收取人民币，在澳门交付澳门币，通过境内外资金对冲的方式实现资金平衡，目标客群以出境进行赌博的赌客或者向境外支付款项的境内买家居多。在柯某某等人走私普通货物、洗钱、非法经营案中，柯某某将走私犯罪所得转至他人的支付宝和银行卡，再通过“地下钱庄”以境内外资金“对敲”的方式将款项转移至香港，同时柯某某、郑某某还以同样方式协助他人将钱款转移至香港。三是虚拟币跨境兑换型。由于各个国家和地区对比特币等虚拟货币的监管政策存在差异，通过境外虚拟货币服务商、交易所可实现虚拟货币与法定货币的自由兑换，虚拟货币正成为跨境清洗资金的新手段。在何某走私、洗钱案中，何某多次向刘某某购买虚拟币，再将虚拟币转移至境外供货商提供的虚拟币钱包用于支付走私货款。

（二）犯罪手法多变，监管难度较大

跨境犯罪的手法不断迭代更新，监管和打击难度日趋增大。一方面，传统、常规的犯罪手段和模式仍大量存在。犯罪分子利用港澳和内地法律制度不同、信息获取不及时不对称的特点，在港澳或内地成立公司、设立平台，对境内外居民实施非法吸收公众存款、集资诈骗等犯罪，并将款项转移至港澳。如在王某东等人集资诈骗、非法吸收公众存款、洗钱案中，犯罪分子在珠海成立公司并进行“包装”，对外假称有强大的澳门投资背景，向不特定人群非法高息吸收投资款，再通过“地下钱庄”将大部分款项转至澳门用于赌博等活动；另一方面，犯罪分子的犯罪手段不断更新，呈现出科技化、智能化、网络化特点。如犯罪分子利用网络银行、第三方支付、虚拟币等实施洗钱犯罪，加大了司法机关追查洗钱犯罪活动的难度。此外，就多发的非法买卖港币、澳门币类案件而言，犯罪分子通常是以个体经营的商铺为掩护，利用多人、多个境内外银行账号从事

非法兑换外汇行为，且多为“一对一”交易或“对敲型”交易，隐蔽性强、收集证据难，对认定主观认知及犯罪数额等均带来较大困难。

（三）社会危害严重，影响金融安全

随着案件数量不断增长，涉案金额越来越大，跨境金融犯罪已成为危害国家金融安全的重大隐患，“地下钱庄”则成为走私、诈骗、贪腐等犯罪分子转移涉案资金的洗钱工具，不仅给依法惩治相关犯罪带来不利影响，也严重扰乱了金融管理秩序，危害国家金融安全。有些涉众型跨境犯罪，如非法集资、非法吸收公众存款等犯罪，还严重影响社会稳定，危害性极大。从近年来办理的涉众型传销、集资诈骗、合同诈骗类犯罪案件看，传统的传销、诈骗犯罪分子转战互联网，庞氏骗局、非法集资、非法传销等各种犯罪手段交织，部分案件还涉及港澳两地，社会关注度高，影响恶劣。如在吴某某等人网络传销系列案中，吴某某等人在澳门、珠海分别注册成立公司，打着互联网理财等幌子，以短期高回报为诱饵，在境内招揽会员通过其公司网上理财平台进行投资。该传销组织发展的传销架构层级多、会员人数众多、金额特别巨大，最终吴某某等人被法院以集资诈骗罪或组织、领导传销活动罪追究刑事责任。

二、涉港澳跨境金融犯罪的惩防难点

随着粤港澳大湾区和粤澳深度合作区建设不断推进，三地在金融、贸易、知识产权等各领域的合作愈发深入，已从紧密型合作走向深度合作，但不可否认的是，三地在司法协作、行业监管等方面的互助协作未能与之同步发展。

（一）粤港澳跨境司法协作路径不畅

内地与港澳地区的法律体系存在较大差异，在解决区际法律冲突方面目前仍缺乏明确可操作的宪法性授权规范。虽然《中华人民共和国香港特别行政区基本法》《中华人民共和国澳门特别行政区基本法》都规定了“特别行政区可与全国其他地区的司法机关通过协商依法进行司法方面的联系和相互提供协助”，澳门《司法警察局的组织及运作》中还明确澳门特别行政区司法警察局由其内设机构国际刑警组织中国国家中心局澳门支局负责与内地警方的合作事宜，并收集提供相关刑事证据[①]，但实践中缺乏可操作性，仍需具体的合作协议以协调相互不兼容的法律程序。在打击跨境犯罪的刑事司法协作方面，公安部与香港有关部门曾就“区际逃犯移交”进行协商，但因在法治原则、法律衔接等问题上的分歧，至今亦未能形成明确且具有实际可操作性的司法协作规范。又如，内地和港澳之间目前尚缺乏制度性的赃款认定及返还途径，在对转移出境的赃款进行追缴或者内地返还协助港澳查扣的资金方面，均存在法律上的障碍。可见，在不同的法域

① 参见澳门特别行政区第35/2020号行政法规《司法警察局的组织及运作》。

背景下，制定一套各方满意的区际刑事司法协助协议存在诸多困难，削弱了合作打击跨境犯罪的力度。目前，在具体的司法协作事项上，基层须逐级上报有权机关审批后才可能做出安排，但因信息不通畅、协调不灵活、效率相对低等因素，地方积极性不高，实践中多采用传统的个案协查、双方行政默契等方式，办案周期长，司法成本高，非法律因素影响大，影响案件办理质效。

（二）粤港澳跨境金融监管合作面临挑战

粤港澳跨境金融监管合作，包含对银行、证券、保险及其他金融融资、资金转移等进行的合作监管活动。因粤港澳地区存在“两种制度、三个关税区、三种法律体系”，且监管模式分别为分业管理、相对集中管理和单一管理，在金融监管主体上难以实现“一对一”有效对接，易导致职责不清或合作监管缺位，监管权限、资源、能力及手段上的差异影响跨境金融监管质效[①]。如在跨境外汇监管方面，各法域对外汇资金的流出、流入监管手段和力度不一，可能导致外汇资金游离于银行监控之外。同时，金融业的风险监管依赖于大数据平台，在国家层面虽然大力推进粤港澳三地金融业的信用征信体系建设，但迄今未能建立起统一联合的征信系统、基层金融风险预警系统，无法从数据上建立起良好的金融发展第一道屏障，可控的金融风险因素未能通过统一的大数据平台得到监管，而从风险发现到线索移送、从行政机关查处到司法机关介入、从境内追查到境外取证，涉及的程序十分复杂，各方处理相对谨慎，具有较强的时滞性，难以实现对跨境金融犯罪的及时打击和有效预防。近年来，粤港澳大湾区吸引了越来越多的企业落户，但企业质量也参差不齐。大湾区内广东自贸区的三个片区的特殊经济政策及宽松的监管环境，在有助于增强区域内经济发展活力的同时，也给跨境金融违法犯罪分子以可乘之机，一些犯罪分子利用注册的“空壳企业”“异地企业”实施非法集资、合同诈骗、洗钱等犯罪活动[②]。横琴粤澳深度合作区封关运作后，澳门币流通区域可能扩大，货币兑换需求增大，犯罪分子亦可能通过跨境资金流转和货币兑换、空壳公司和前台公司、离岸公司等方式实施犯罪，增加了跨境金融监管难度。

（三）执法司法理念及方式亟须更新

首先，司法理念有待更新。跨境金融犯罪往往与有大量资金流转需求的上游犯罪密切关联，办案机关在办理走私、毒品、贪污贿赂、恐怖活动等案件过程中，往往只注重于构成犯罪的要素，当资金流向并非证明犯罪所必需时，深挖扩线、继续追查的能动性不足、力度不够，案件进入审查起诉或者审判环节后，往往已错失侦查取证时机。对于涉港澳的跨境金融犯罪，实践中跨境取证的案件较少，办案效率不高，加之证明标准不

---

① 刘慧:《粤港澳大湾区金融监管合作治理模式探索》，载《粤港澳大湾区的法律体系构建》，法律出版社 2019 年版。

② 谢波:《论中国自贸试验区建设中的经济犯罪及其防控机制构建》，载《中国人民公安大学学报（社会科学版）》2019 年第 6 期。

明等因素，导致办案人员对跨境取证的路径、程序以及必要性、可行性认识不足，涉港澳跨境犯罪的案件数量与实际跨境取证的数量相距甚远。在前述 37 个涉港澳跨境金融犯罪案件中，境外取证仅 1 件。其次，资金流向难以追查。一方面，当前办案机关的数据系统未与银联等机构有效整合共享，难以实时掌握数据并开展侦查，仍是采用传统的银行账户查询、推送等方式，与当前经济犯罪的新形势新变化不相适应；内地与港澳的金融数据未整合，办案人员即使掌握了资金跨境流动的线索，也难以进一步追查其去向。另一方面，当前跨境金融犯罪的数据来源主要是海关、证券、税务、银行、微信钱包和支付宝、物流等，数据之间缺少交流及比对，出现数据体量大但实际应用量小的“数据孤岛”问题[①]。同时，缺少社交信息这一重要数据，导致难以查实资金转移的真正通道，也难以挖出资金来往背后的客户真实身份和关系人。再次，证据搜集认定难。广东省公安厅，深圳、珠海等地公安机关均有与香港、澳门警方开展一定程度警务合作的途径，但因内地涉港澳刑事案件办案主体多元，不同主体开展涉港澳取证的程度不一。以珠海为例，除公安机关外，还有大量的涉港澳走私、洗钱等犯罪案件由海关缉私局、海警机构侦办，但这些机关直接对接港澳开展境外取证的路径有限。目前，内地和港澳的海关之间有一定对接渠道，但功能上主要侧重情报分享，而内地公安、海关、海警部门之间亦未形成有效的境外取证协作机制。此外，在境外提取的证据需要在境内的刑事诉讼程序中进行转化方可适用。由于不同法域的法律体系和办案机制不同，双方在证据取得主体、方式、程序以及证据种类及其表现形式、权利保障等方面的法律规则存在差异，导致在境外取得的证据不一定能够满足境内刑事诉讼所需的证据资格和证明力要求。

三、涉港澳跨境金融犯罪的惩防路径

深入推进粤港澳大湾区建设和横琴粤澳深度合作区建设，既需要着力营造一个包容宽松、能够充分激发活力和创造力的营商环境，又需确保经济在法治化轨道上持续健康发展。因此，有必要加大对跨境金融犯罪的惩治力度，积极探索跨境金融犯罪的个案协作方式，逐步建立起常态化、规范化的刑事司法协作机制，推动形成协调联动的惩防一体机制，实现对跨境金融犯罪的综合治理。

（一）深化大湾区九市各相关职能部门协作联动

一是加强部门协作。人民银行、公安、海关、海警、检察机关等应切实增强金融风险防控意识和惩治跨境金融犯罪的主体意识、责任意识，在日常监管及办案过程中强化衔接协作，加大对跨境金融犯罪线索的识别、移送及办理力度。在相关资金流向

① 赵东方:《洗钱犯罪中地下钱庄的治理难点与对策》，载《河南工业大学学报》（社会科学版）2019 年第 6 期。

可能涉及跨境金融犯罪时，人民银行应当根据“两法衔接”工作机制要求，依法及时移送犯罪线索。侦查机关应当增强工作能动性，充分关注走私、跨境贩毒、虚拟币传销等涉跨境犯罪和资金跨境流动的案件，通过深挖扩线追查跨境金融犯罪行为。相关职能部门之间应建立包括跨境取证在内的协作配合机制，充实专门力量，着力解决海关缉私、海警等部门境外取证难题，共同提升打击跨境金融犯罪的能力和水平。检察机关应当切实履行法律监督职责，通过引导侦查深挖犯罪线索，及时查处跨境犯罪行为，确保打击力度和效果，同时加强与人民银行及公安、海关、海警等部门的联系会商，协调解决司法实践中遇到的实际问题，加强调查研究并探索出台类案办理工作指引，明确取证标准和方向，提高类案办理质效。

二是创新监管模式。为适应跨境金融违法犯罪新变化新趋势，监管手段和模式也需要与时俱进。人民银行要发挥金融监管独特优势及反洗钱职能优势，根据侦查机关提供的类案账户资金特征，协调相关商业银行进行有效监测，及时主动筛查涉案线索，积极协助调查取证，通过“行刑惩治”双管齐下提升对金融违法犯罪的惩防效能。2020年5月，中国人民银行联合四部委发布《关于金融支持粤港澳大湾区建设的意见》，明确提出要推动完善创新领域金融监管规则，研究建立跨境金融创新的监管“沙盒”。对于我国而言，采用监管“沙盒”模式作为框架，不仅可以有效预防加密货币洗钱犯罪，而且可以合理限定合规监管范围，避免阻碍数字经济的发展[①]。近年来，珠海市金融部门和公安经侦部门共同建立了“金融风险联防联控工作室”和“非法集资网络监测预警系统”，公安经侦部门还积极探索设立“警银汇联合工作室”，推进形成更加紧密的“合作办案机制”，取得较好效果。

三是加强跨市协作。随着大湾区经济社会一体化发展，大湾区九市互相连接，形成高效的人员、物流和信息流动。从已有案件来看，涉众型经济犯罪团伙化、跨区域化、流动作案等特征明显，涉港澳跨境金融犯罪的惩防也已成为大湾区九市需要共同面对的问题。公安机关可联合协调海关、海警、金融、市场监管等部门，推动建立以大数据为支撑、信息为指导的合作模式，汇总大湾区各市行政执法、刑事司法大数据，融合资金和人员分析、数据对碰，以及图侦、技侦、网警等手段，建立重点区域、重点领域从业人员和经营主体数据库，实现对跨境金融犯罪的精准打击和预防。大湾区各市司法机关还应加强协作配合和经验交流，探索建立涉港澳跨境金融犯罪异地办案协作、类案大数据共享、联席会议研判等工作机制，凝聚合力维护国家政治安全、经济安全和人民群众财产安全。

（二）推动粤港澳执法司法机关跨境个案协作

《刑法修正案（十一）》细化了洗钱罪的行为方式，新增的跨境转移资产、“地下钱

① 赵炳昊：《数字时代加密货币洗钱犯罪的防治》，载《中国刑事法杂志》2022年第5期。

庄”结算等均为跨境金融犯罪的重要获利方式，也是打击的重点和难点。在加强粤港澳金融监管合作的同时，执法司法层面亦应形成有效的协作机制，如此方能推动大湾区金融圈良性发展。

粤港澳金融和执法机构有长期合作历史，实践中已经积累了丰富经验，为深化打击洗钱等跨境金融犯罪合作提供了基础。但为避免“缺少主导、各自接洽”的情况发生，跨境司法协助机制需统一融入于区际之间的刑事司法合作，并为此推动理念、机制、模式等方面的创新和完善。一是更新司法协助理念。在粤港澳大湾区交流和融合高速发展的当代，跨境犯罪手段日趋网络化、智能化，粤港澳之间的刑事司法协助理念，应着重于为防范证据灭失风险而在程序衔接上给予最大的便捷、在行动上确保最高的实效。这就要求在司法协助程序中，具有审查、执行、反馈等职责的执法司法机关须具备快速反应能力、灵活应对能力以及高度协作精神，尽可能缩短审查时间和交接时间，减少不必要的审批程序和推诿限制，尽快完成刑事司法协助的内容。二是完善情报交流分享机制。香港是全球性金融中心之一，也是最重要的人民币结算中心，金融资本流动自由且速度极快。澳门是葡语系国家的人民币清算中心，也承担着监测人民币跨境资本流动的重要职责。在加强金融监管体制机制建设方面，香港、澳门需将跨境支付结算、大规模资金流动作为监管重点，并加强对情报信息的梳理研判，注重对洗钱、非法融资等犯罪的监测和上报，在此基础上，增加相互之间以及与内地主管部门之间沟通交流的广度与深度，建立情报信息交流分享制度，及时交换有价值的情报，如交换金融资本的异常流动、有组织犯罪集团的成员及其活动情况等，从而精准排查犯罪线索，有效防范和打击跨境金融犯罪。三是深化个案协作模式。内地与港澳之间的反贪污犯罪“个案协查制度”为三地合作提供了有效的实践样本，可总结借鉴相关个案协查经验，拓展个案协查范围，在打击跨境犯罪方面建立起更为广泛的个案协查机制。以打击跨境洗钱犯罪为例，可以在粤港澳警务部门之间设立统一的指挥协调机构负责跨境洗钱协查为主的个案侦查协作，并结合实践制定具有针对性的反洗钱侦查策略；同时，横向还可与金融、税务、海关等部门加强沟通协作，使相关部门的反洗钱工作统筹并进、有序配合，形成打击跨境洗钱犯罪的合力，提升个案协作效率，确保个案协作的质量和效果。

（三）建立常态化粤港澳司法协助机制

最高人民法院与香港特别行政区律政司、澳门特别行政区律政司签署的具有约束力的区际民商事司法协助“安排”，为内地与港澳地区在法定框架内开展民商事司法协助提供了依据。但是，多年以来，内地和港澳在刑事司法协助方面的实践主要是采取“个案协商”方式，其本质是“各自立案，共同调查”。即在某一具体刑事案件中，内地和香港、澳门针对某些具体协助事项进行协商，以确定刑事司法协助的具体内容。“个案协商”虽然在解决问题上具有灵活性，但增加了操作难度，不具有示范效应，且易受到政策性影响，难以保证每个案件的协助都能够顺利进行。尤其是随着《粤港澳大湾区发展规划纲要》出台和横琴粤澳深度合作区建设的推进，粤港澳大湾区的发展建设必将迎来新的机遇，跨境金融犯罪案件以及需要司法协助的其他案件可能大量出现，将更加凸显“个案协商”方式工作量大、重复劳动多、浪费司法资源等明显缺陷。如果仍继续以“个案协商”作为刑事司法协助的主要方式，会导致案件难以得到及时处理，影响区际间金融秩序稳定。因此，为适应内地与港澳司法协助的新形势，有必要使“个案协商”的范例进化成为“类案指引”，即充分借鉴近年来内地与港澳在打击跨境犯罪个案协助中积累的经验，在此基础上经进一步充分协商达成一致意见，专项制定打击跨境金融犯罪的“类案指引”，并充分利用“类案指引”的指导性、规范性和稳定性，在一定时期内推动建立常态化的司法协助机制，最终形成优势互补、互利共赢、协调联动、快捷高效的跨境犯罪惩防机制。

行政违法行为检察监督类案办理模式研究

刘 泉 陈燕玲 张 玲 马丽娜*

摘 要 在《中共中央关于加强新时代检察机关法律监督工作的意见》强调全面深化行政检察监督的背景下，Z市检察机关在若干行政执法领域开展了很多有益探索，初步模式也已构建。但面向粤澳深度合作区的发展需求，如何在行政检察工作方面找准服务保障粤港澳大湾区建设的切入点和着力点，我们认为可尝试探究针对行政机关某些特定的违法行为直接提起行政诉讼的可能性，通过在重点行政执法领域开展监督工作，逐步构建行政检察多元监督新模式。

关键词 行政违法行为 检察监督 类案办理模式 监督路径

一、行政违法行为检察监督基本概况

（一）行政违法行为检察监督的概念

行政违法行为在行政法学中有广义和狭义两种不同的概念。广义的行政违法行为既包括行政机关作为行政主体的违法行为，也包括行政相对人的违法行为；狭义的行政违法行为仅包括行政机关的违法，指行政主体违反行政法律法规而未构成犯罪的情况下应当承担的行政责任。本文所指的行政违法行为为狭义的行政违法行为。

检察机关针对行政违法行为开展监督已经进行了多年的探索，特别是中国共产党第十八届四中全会发布的《关于全面推进依法治国若干重大问题的决定》中对检察机关的职责提出了新要求，“检察机关在履行职责中发现行政机关违法行使职权或者不行使职权的行为，应该督促其纠正”。检察机关随即针对行政违法行为开展监督并进行深入的理论探讨。但当时的研究和观点，多是围绕探索建立检察机关提起公益诉讼制度展开的，要求监督要着眼于损害国家利益、社会公共利益或公民、法人、其他组织合法权益

* 刘泉，广东省珠海市人民检察院副检察长；陈燕玲，广东省珠海市人民检察院检委会专职委员、四级高级检察官；张玲，广东省珠海市人民检察院第五检察部副主任、一级检察官；马丽娜，广东省珠海市人民检察院第五检察部四级检察官助理。

是否受到损害，对以行政检察为视角，从行政检察领域开展行政违法行为监督，着笔不多，研究较少。

行政违法行为检察监督将检察权和检察监督的范围从传统的诉讼领域延伸到行政领域，其概念有几种不同的观点，最高检在《行政检察业务》一书中将其定义为“检察机关在履行法律监督职责中发现行政机关违法行使职权或者不行使职权的，可以依照法律规定制发检察建议等督促其纠正[①]”，这是当前最权威的概念定义。此外也有观点认为“检察机关为了有效地支持和促进依法行政，根据宪法授予其享有的法律监督权，以相关法律规定为基础，按照一定的法律规定，监督行政机关行使职权，并对履行监督职责过程中发现的损害国家利益、社会公共利益以及公民法人合法权益的违法行为进行纠正的活动”[②]。有的认为“行政违法行为检察监督等同于一般监督，是宪法和法律规定的检察机关的一项职权，是对行政机关的决议、命令和措施以及国家机关工作人员的行为的合法性实行法律监督”[③]。第二种观点着眼于损害国家利益、社会公共利益以及公民法人合法权益的违法行为，将行政检察监督描述得更像公益诉讼检察，有缩小行政检察的监督边界之嫌。第三种观点将行政机关作出的决议、命令等也纳入法律监督范围。决议、命令等部分可能涉及抽象行政行为，对抽象行政行为是否纳入检察监督的范围还有争议，从最高检对行政违法行为监督案件办理的指引中，认为审查的范围是行政机关是否存在超越职权的行为、行政机关是否存在滥用职权明显不当的行为、行政机关是否履行了法定职责、行政行为适用法律法规是否正确，其中并无对抽象行政行为本身的审查，因此我们认为最高检未将抽象行政行为监督纳入监督范围。

（二）行政违法行为检察监督的政策及法律依据

除《关于全面推进依法治国若干重大问题的决定》（以下简称《决定》）丰富了检察权的内涵外，2021 年《中共中央关于加强新时代检察机关法律监督工作的意见》（以下简称《意见》）提出检察机关在履行法律监督职责中发现行政机关违法行使职权或者不行使职权的，可以依照法律规定制发检察建议等督促其纠正。《意见》是对《决定》提出的改革举措的重申，一份《决定》，一份《意见》，两者一脉相承，都为检察机关开展行政违法行为监督提供了政策依据，体现了检察监督与行政机关履职、纠错有效衔接，优化利用检察机关诉讼和法律监督中的信息资源，改变了通过直接监督法院、间接监督行政机关的诉讼监督模式，为检察权直接作用于行政权提供了强有力的政策支撑。[④]

检察机关履行行政违法行为监督的法律依据，目前主要是《宪法》第 134 条，“中华人民共和国人民检察院是国家的法律监督机关”，仅是原则性的规定，对诉讼外行政

① 杨春雷、万春、姜明安:《行政检察业务》，中国检察出版社 2020 年版，第 23 页。

② 江国华:《行政违法行为的检察监督》，载《财经法学》2022 年第 2 期。

③ 戈晶:《浅谈行政违法行为检察监督的程序构建》，载《民事行政检察专业委员会第七届年会》。

④ 张步洪、张立新、刘浩:《行政检察坚持系统观念，推动行政机关依法履职》，载《中国检察官》2022 年第 8 期。

违法实施监督的职权，法律规定不明确。

（三）行政违法行为检察监督必要性和优势

1. 行政违法行为检察监督的意义

一是服务和保障经济社会发展大局的需要。检察机关作为法治中国建设中的重要力量，开展行政违法行为监督，既是党中央赋予的重大政治责任，也是新时代检察机关以“我管”促“都管”履行法律监督职责的必然要求。检察机关必须将行政检察的发展与法治政府的建设紧密联系，做到同频共振，以行政检察助推“有为政府”“有限政府”“高效政府”“公正政府”“诚信政府”。

二是实质性化解行政争议的需要。行政诉讼案件总体呈上升趋势，产生了大量的行政争议，其中必然有相当部分案件是由于行政机关不当履行行政行为，对行政相对人的合法权益造成损害而产生，这时就需要检察机关履行监督职责，精准监督，靶向施治，指出行政机关行政中存在的问题，促进行政机关依法行政，有利于将行政争议和矛盾化解在源头。

三是推动依法治理，促进依法行政的需要。当前的现实是，部分行政机关自身监督不力、效率缺失、公信力低下，行政机关外部的监督又缺乏合力，往往存在“多龙治水”的情况。检察机关对不规范行为行使行政检察监督权，将原来的“间接监督”转化为“直接监督”，既充分发挥了行政检察职能，又有效抑制了行政违法行为，最终达到了促进社会治理的目的。行政检察监督不仅关注个案，也注重类案监督，从宏观方面分析研究某类问题，总结类案凸显的问题，分析研判并解决行政机关在依法行政、社会治理中存在的突出性、热点性、典型性和难点问题，提出解决对策与建议，以研究报告、分析报告等形式将检察智慧提供给党委、人大、政府等参考决策，实现办理一案，解决一类问题，促进一个领域，促使行政机关修补漏洞，规范行政行为。

四是促进行政机关依法行政的需要。开展行政违法行为监督，目的是发挥法律监督职能，促进行政机关严格执法、依法行政，维护宪法法律权威，维护国家利益、社会公共利益和公民法人及其他组织合法权益。行政机关内部监督不足，外部监督缺乏合力，检察机关履行宪法赋予的法律监督责任，对行政权行使存在不规范之处，行使行政检察监督权，将原来的“间接监督”转化为“直接监督”，可以充分发挥行政检察职能，抑制行政违法行为，促进社会治理。行政检察监督不仅关注个案，也注重类案监督，从宏观方面分析研究某类问题，总结类案凸显的问题分析研判并解决行政机关在依法行政、社会治理中存在的突出性、热点性、典型性和难点问题，提出解决对策与建议，以研究报告、分析报告等形式将检察智慧提供给党委、人大、政府等参考决策，实现办理一案，解决一类问题，促进一个领域，促使进行机关修补漏洞，规范行政行为。

2. 行政违法行为检察监督的优势

一是检察监督的效果优势。自 2015 年以来，各地检察机关逐步探索开展行政违法行为监督，积累了较为丰富的办案经验，办理的案件涉及土地管理、国有财产保护、食品药品安全、交通管理等多个领域。在“检察为民”的理念引导下，检察机关重点关注民生领域，聚焦人民群众的急难愁盼问题，精准发出检察建议，客观公正、直击问题的检察建议也得到了行政部门的认可，行政部门不作为乱作为有效减少，行政违法行为监督的制度价值得以有效体现。

二是主动启动的优势。检察监督具有主动性，与审判机关的“不告不理”被动启动不同，在办案中检察机关可以依职权主动发现，也可以由公民、法人或者其他组织提供线索发现行政机关的违法行为，主动启动监督，以“我管”促“都管”。

三是规范化管理的优势。《人民检察院行政诉讼监督规则》要求依职权启动的案件也要通过案件管理系统录入，以系统化的方式将案件办理过程固定下来，既避免了舆论监督的随意性，也避免了内外部对监督工作可能存在的过问和干预问题，使得监督工作进入法治化、规范化的轨道。特别对于案件线索受理、审查、调查核实等方面的规定，使过程可视化，程序化，规范化。

四是组织优势。检察机关经历内设机构改革后，确定了行政检察的独立地位，行政检察与刑事检察、民事检察、公益诉讼检察共同构成检察工作的“四轮驱动”，各级院均提高了对行政检察工作的重视，不断加强行政检察队伍建设，同时加强培训等工作，使行政检察有了充足的人才保障。此外，检察机关办案一体化，不仅有横向一体化也有纵向一体化。纵向一体化方面，检察机关可以根据监管部门级别权限不同，省、市、区三级检察机关有机衔接，统一配置办案资源、量身分配调查领域、共享调查核实成果、各有侧重发出监督意见。横向一体化方面，检察机关内部不同部门与行政检察部门之间可以互相移送案件线索，同级检察机关也可以互相移送案件线索，相互协调，相互配合，保障监督效果。

二、Z 市开展行政违法行为检察监督基本情况

Z 市检察机关根据最高检、省检的部署和要求，立足本地实际，以依法、规范行使法律监督权为基础，以尊重行政权运行规律和程序为准则，大胆探索行政违法行为监督工作，取得了较好的监督质效。2020 年以来，在住建、人社、人民银行、市场监督管理、农业农村局、不动产登记中心等六大领域开展了一系列行政违法行为监督工作，重点摸排线索 10343 条，依职权立案 320 件，制发类案检察建议 11 件，向市委政法委提交专题报告 1 份，向行政机关提交专题分析报告 4 份，召开案件专题分析会 3 次，行政机关回复采纳率 100%、整改率 100%。

（一）以“横向协作”为抓手，拓宽案源渠道

根据党的政策和检察监督的宪法定位，行政违法行为监督已被最高检行政检察厅确立为行政检察新的业务重点和增长点。为积极探索开展该项工作，Z 市检察机关在强化学习中央和最高检文件精神的同时，定期向党组汇报，并与刑检部门、民事检察部

门、公益诉讼部门、控申等部门开展协作沟通，着力培育院内各部门对行政违法的监督意识，在发现行政违法监督线索上打造横向协作办案模式。2020年以来，Z市依职权立案办理的行政违法行为监督案中，在办理民事生效裁判监督案件中发现线索192件，在“刑行衔接”工作中筛查出5件行政机关未予以处罚涉嫌非法买卖危险物质罪的不捕案件，该批线索均移送行政检察部门办理并成功立案。

（二）以“纵向统筹”为方法，形成监督合力

Z市在开展行政违法行为监督工作过程中，以“横向协作”为抓手拓宽案源的同时，也注重运用“纵向统筹”一体化办案模式，一方面就疑难复杂问题及时向省院请示汇报，另一方面指定专门检察官，从线索摸排到立案办理，再到制发检察建议，分阶段对基层院在办案中的问题及时予以针对性指导，真正实现省市区纵向一盘棋，通过上下联动形成监督合力，让监督呈现立体化质效。如在办理涉住建领域专项活动中，充分发挥省市区一体化办案机制优势，先由市院负责对7309条线索予以筛查、梳理，将114条重点线索交办四个基层检察院，四个基层检察院以促进行政机关正确履职为切入点分别向各区住建部门发出检察建议后，再由市院向市住建部门及市委政法委作出专题报告，并将办案情况向省检汇报，最后省检通过走访省住建厅，决定围绕住建领域携手省住建厅在全省检察机关开展专督活动；又如在办理土地执法领域的案件中，Z市检察院在办理行政生效裁判监督案件过程中发现行政违法行为线索，及时移交D区检办理，并与属地政府及自然资源部门联合召开案件专题分析会，通过对办理生效行政裁判监督案的剖析，对涉案存在的行政违法行为进行分析，共同探讨政府治理现代化对策。

（三）以“共赢”为目的，提高监督质效

检察机关与行政机关执行同一法律体系、追求同一法治目标，维护社会公平正义，维护人民群众合法权益、国家利益、社会公共利益的目标高度一致。因此，Z市检察机关始终以“共赢”为目的，通过运用政治智慧、法律智慧，促进检察监督与行政监管同频共振，不断提高监督质效。一是运用政治智慧，放大行政检察监督效果。Z市检察机关在开展住建领域行政违法行为监督工作时，通过向市政府和市委政法委作专题汇报，积极争取同级党委、政府的支持，市政府研究后专门印发《市政府常务会议决定事项通知》，充分肯定检察机关的监督意见，要求住建部门认真对照专题分析报告，不折不扣整改落实。基于上述案件良好的监督质效，市政府随即邀请Z市检察院多次列席全市行政机关行政案件败诉率分析会，共同推进法治政府建设。二是运用法律智慧，积极探索行政违法监督新模式。行政违法行为监督方式不仅可以发出检察建议，亦应探索更有利于构建检察机关与行政机关良性互动关系的新模式。Z市检察机关在开展土地执法、根治欠薪、规范不动产登记等专项监督工作中，通过召开案件专题分析会，并邀请人大代表、人民监督员参会，搭建监督者与被监督者平等沟通

平台，共同探讨存在的违法行为、怠于履职情形及整改建议，促进行政机关主动依法履职，收到显著效果。如Z市不动产登记中心在会后第二天，即对涉案的288套不动产完善登记产权受限情况；又如人民银行Z市中心支行针对分析会中提出的农民工工资专用账户监管缺失问题，立即督促金融机构规范开设账户458个、排查整改存量账户2418个，全面加强专用账户资金的使用监管。切实以依法监督的“我管”促进职能部门依法履职的“都管”。

（四）以“机制”为保障，强化监督力度

为推进行政违法行为监督工作的可持续性，Z市检察机关在机制建设上开拓创新，以“机制”为保障，强化“检察之治”，助力“社会之治”。一是创设“轻小微急”办案机制。日常生活中常见的行政机关违法行为往往是群众反映较多、但久拖不决的问题，呈现出“事不大、矛盾多、需求急”等特点。X区检创新办案思维，针对民生领域，尤其是食品药品、公共卫生、自然资源、生态环境、安全生产、劳动保障、城市管理、交通运输、教育培训、社会救济等关系群众切身利益领域，在开展行政违法行为监督时，将审结报告表格化，并与行政机关构建案件信息快速移送和办理情况反馈平台，打造“轻小微急”行政违法行为监督案件快办快结、监督结果快速反馈的双向沟通机制。同时，该机制也是全省检察机关《加强新时代检察机关法律监督工作改革创新项目》入选的唯一一个行政检察项目。二是推动建筑领域农民工工资支付行政司法协作配合实施意见的联签。D区检在办理农民工欠薪领域行政违法行为监督案件时，发现治理欠薪工作中过于依赖刑事立案倒逼欠薪主体还款，为充分发挥各相关部门职能作用，D区检积极探索建立从源头上系统根治欠薪的机制与办法，草拟《D区关于加强保障建筑领域农民工工资支付行政司法协作配合实施意见（试行）》，与区公安分局、区人力资源和社会保障局、区住房和城乡建设局、区水务局、区交通运输局进行联签，助推当地政府治理能力和治理体系现代化。

三、行政违法行为检察监督路径思考

Z市检察机关在行政违法行为检察监督领域已进行了很多有益探索，但随着《横琴粤澳深度合作区建设总体方案》正式发布，我们深切地意识到，如何在行政检察工作方面找准服务保障粤港澳大湾区建设的切入点和着力点，是我们迫切需要面对和解决的问题。而在实践中，我们发现行政违法行为检察监督在粤港澳大湾区的实践中还面临着三大困境。

（一）监督依据困境

目前，在内地开展行政违法行为检察监督虽已有政策依据，也符合检察院法律监督机关的宪法定位，但仍需要更加明确的法律依据。此外，Z市检察机关还面临着如何在粤港澳大湾区以及粤澳深度合作区范围内开展行政违法行为检察监督的困境，尤其是在

深度合作区内。深度合作区由于其独特的政策背景和地理位置，在未来合作区民商事规则衔接过程中，作为行政权力运行的法律依据或规章制度，也必然与内地行政行为不一样，如果适用澳门的规则（如行政审批、行政许可、行政处罚、行政强制等方面），如何监督深度合作区行政法律执行和实施缺少立法和政策依据。

（二）监督对象困境

目前，粤澳深度合作区开展具体行政工作的是合作区执委会及其9个下设机构。这些机构具体、细致的职能划分规定尚未最终明确，在繁杂的行政管理中容易出现履职交叉或缺位空白的情况，检察机关在履行行政检察监督职能时，能否依据科学、正确的履职标准，作出是否履职的判断将直接关系到行政违法行为检察监督案件的走向。

（三）监督方式困境

内地检察机关采用较多的是通过制发检察建议或者纠正违法通知书等方式督促行政机关纠正，这种监督形式符合监督的谦抑性，但监督刚性不足。通过研究澳门检察机关开展类似工作的模式，澳门检察机关可以针对行政机关的违法行为通过直接提起诉讼的方式进行监督，这种监督形式刚性十足，但我们需要考虑司法权介入行政权运行的深度和时机。在合作区内，针对行政机关某些特定的违法行为，我们是否也可以参照澳门检察机关的做法直接提起诉讼呢？如何“求同存异”“取长补短”，也是目前我们行政检察在实际工作中遇到的困境。

（四）监督路径及思考

结合上述分析的困境和现状，在新困境下，我们认为可分步骤、分阶段地进行探索并积累经验，逐步打开行政检察监督路径。

1. 加强横向一体化工作建设与配合，形成合力监督模式。检察机关要不断提升主动发现案件背后存在的深层次社会治理问题的能力，将服务保障大局作为校准行政检察职能坐标的重要标准，在办理刑事、民事、控告等案中发现职能部门履责缺位的，应当及时将线索移送行政检察办案组，深入剖析案件反映出的倾向性问题和管理漏洞，及时发出堵漏建制的社会治理检察建议，以依法监督的“我管”促进职能部门依法履职的“都管”，切实解决合作区人民群众的急难愁盼。

2. 运用多元化监督方式，适应深度合作区改革现状。办理行政违法行为检察监督案件时，采取的监督方式为：一是面对面共同商讨改进措施、解决方案的方式；二是发出监督文书《检察意见函》，探索创新的是一种柔性监督方式。由于深度合作区功能定位较为特殊，在对合作区行政机构进行行政检察监督时，我们始终应以坚持服务保障合作区经济社会高质量发展的大局目标，运用灵活的多元化监督方式，既有利于处理好办案与发展的关系，又有利于保证案件的整体效果。实践证明，此种监督方式符合合作区发展的规律，实现了“双赢多赢共赢”的办案目标和效果。

3. 运用案件专题分析方式，以“检察之治”助力合作区“社会之治”。《行政诉讼监督规则》第 121 条规定：“人民检察院办理行政诉讼监督案件，可以对行政诉讼监督情况进行年度或者专题分析，向人民法院、行政机关通报，向党委、人大报告。”由此，在众多困境之下，我们可以将专题分析报告作为合作区行政检察参与推动合作区治理现代化、法治化的重要抓手，针对办案中发现的行业监管缺失问题，可以同时制发兼具刚性、精准性和可操作性的专题分析报告，将检察监督办案职能向社会治理领域延伸，助推合作区行政管理建立长效机制，填补制度管理上的漏洞，达到“办理一案、治理一片”的社会治理效果。

横琴粤澳深度合作区检察机关法律监督质效提升研究

周利人　丁莹莹*

摘　要　新时代、新要求、新任务给横琴合作区检察工作带来了新机遇和新挑战。广东省横琴粤澳深度合作区人民检察院站在了新的起跑线上，任重而道远。横琴合作区检察机关提升法律监督质效是《中共中央关于加强新时代检察机关法律监督工作的意见》提出的重点要求，是贯彻落实《最高人民检察院关于服务保障横琴粤澳深度合作区建设的工作意见》的题中之义，也是新机构成立后需要思考的首要问题。本文将结合横琴粤澳深度合作区开发建设实际，从"四大检察"职能出发，提出横琴合作区检察机关法律监督质效提升的路径方向，以期为横琴粤澳深度合作区开发建设贡献检察智慧和力量。

关键词　横琴粤澳深度合作区　法律监督质效　路径方向

新形势下做好横琴粤澳深度合作区（以下简称横琴合作区）开发开放，是深入实施《粤港澳大湾区发展规划纲要》的重点举措，是丰富"一国两制"实践的重大部署，是为澳门长远发展注入的重要动力，有利于澳门长期繁荣稳定和融入国家发展大局。面对横琴合作区开发建设的新情况、新问题、新形势，横琴的发展和管理模式都已发生重大变化，横琴检察机关的工作重心和主要任务亦随之发生新的变化。新形势下，横琴合作区检察机关主动对接横琴合作区建设的目标和任务，找准切入点和结合点，充分发挥检察职能，依法履行检察职责，努力为横琴合作区建设提供优质的法律服务和司法保障，对横琴合作区战略定位、发展目标的如期实现具有不可或缺的重大意义。

一、新形势下横琴合作区检察机关法律监督质效提升的必要性分析

（一）是深化新时代检察工作的应有举措

2021年6月份，党中央印发了《中共中央关于加强新时代检察机关法律监督工作

---

*周利人，广东省横琴粤澳深度合作区人民检察院党组书记、检察长；丁莹莹，广东省横琴粤澳深度合作区人民检察院二级检察官。

的意见》（以下简称《意见》）。《意见》共19条，其中将近一半的条款（9条）是“全面提升法律监督质量和效果，维护司法公正”。这些措施充分说明了党中央对检察机关履行法律监督职责既高度重视，更寄予厚望，同时提出了明确要求。落点到横琴合作区检察工作，必须以服务保障横琴合作区的开发建设为重点。2021年12月，《最高人民检察院关于服务保障横琴粤澳深度合作区建设的工作意见》正式印发。横琴合作区检察院理应担当重任，创新工作举措、提升法律监督质效，贯彻落实党中央、最高检文件精神，促其落地生根、开花结果，以高质效检察履职有效回应横琴合作区促进澳门经济适度多元发展的新要求、粤澳两地人民群众安居乐业的新期待。

（二）有利于保障和促进横琴粤澳深度合作区经济社会发展

成熟完善的市场经济无不由成熟的法治来保障。在横琴合作区内，政治制度、法律制度、社会行为模式等差异的存在，使得其经济社会的发展必将对法治建设提出更高要求。《横琴粤澳深度合作区建设总体方案》（以下简称《总体方案》）对其发展定位也进行了明确界定：促进澳门经济适度多元发展的新平台、便利澳门居民生活就业的新空间、丰富“一国两制”实践的新示范、推动粤港澳大湾区建设的新高地。可以预见，随着横琴粤澳深度合作区国家战略的顺利推进，琴澳两地融合一体化程度将会达到一个前所未有的高度，同时有关洗钱犯罪、恐怖犯罪、毒品犯罪、环境犯罪、票据诈骗犯罪以及利用网络及计算机技术实施的犯罪等跨境犯罪也有可能呈上升趋势，甚至会出现一些以危害国家政治安全和制度安全的犯罪。违法犯罪活动不仅极大地危害经济发展、破坏社会治安秩序、影响社会投资发展的信心，更重要的是跨境犯罪活动将对横琴粤澳深度合作区治安环境造成非常大的不良影响。横琴合作区检察机关必须立足合作区发展实际，通过提升法律监督质效，有效惩治和防范合作区内违法犯罪活动，为横琴合作区经济发展和居民安居乐业提供良好的营商环境和法治环境。

（三）有利于营造横琴合作区趋同澳门、接轨国际的法律制度环境

《总体方案》提出，横琴合作区的民商事规则衔接澳门、接轨国际，营造趋同澳门及国际的宜居宜业法律制度环境，提升对澳门居民及国际人才的吸引力。从澳门特别行政区政府官方发布信息来看，为配合深合区建设，澳门特别行政区需要在部分领域制定或修订相关法律法规，目前正展开深入研究。毫无疑问，法律层面的“顶层设计”将为横琴合作区改革创新提供充足的法律手段。然而，“顶层设计”不仅需要时间，其在解决现实性、复杂性法律问题上是否能够做到全面、有效也尚不确定。目前，除了澳门大学横琴校区和横琴口岸澳门管辖区，横琴合作区均受内地法律管辖，相关法律规则与澳门及国际有不少差异，澳门居民及国际人才到合作区生活、就业、创业，可能遇到的规则制度不适应问题是现实性的。作为法治的重要力量，检察机关在促进两地规则衔接、服务保障合作区建设方面担负着重要职责，发挥着其他机关无可替代的独特作用。检察机关理应积极作为，积极打造检察工作中法律规则衔接澳

门、接轨国际的检察实践，为横琴合作区营造趋同澳门及国际的制度环境贡献检察智慧和力量。

二、新形势下明晰横琴合作区检察机关司法办案理念促进法律监督质效提升的思考

国家主席习近平曾指出“要用好横琴合作区这个不同规则和机制交错共存的区域，积极探索两地规则衔接和机制对接，为粤港澳大湾区市场一体化探索经验”。澳门特区行政长官贺一诚在接受专访时也表示：横琴粤澳深度合作区并非普通的开发区，无先例可循，对澳门来说是新挑战、更是新机遇。这不是一个简单的深度合作区的问题，而是一项政策，关乎怎么发展，怎么进一步深化改革开放。在横琴粤澳深度合作区这块机遇与挑战并存，新情况与新问题交织的热土，检察机关需要在坚持“不变”的基础上求“变”。“不变”包括坚持党的绝对领导不变、坚持习近平法治思想指引不变、坚持总体国家安全观不变、坚持中国特色社会主义刑事司法制度不变等。在“不变”的原则下，积极探索更新办案理念、创新检察工作机制、开拓新的工作领域等等，以开拓创新的精神积极求变，创造出横琴合作区检察工作新经验。

（一）司法理念上要打击惩治与服务保障并重

改革创新是合作区开发建设的主旋律。在检察执法办案中，要科学把握好依法惩治违法犯罪和全力支持改革的关系，从宽容谦抑的检察执法理念出发，严格把握办案尺度，正确界定适用刑事法律调整的执法边界，正确区分工作探索中的失误与失职渎职等执法界限，为横琴合作区形成鼓励创新、支持改革的环境氛围提供有效帮助。改革必然有代价，试验必然有风险，检察机关应以服务大局为中心，淡化打击惩治色彩，坚持依法打击与谨慎追责相结合，打击惩治与服务保障并重，强化服务保障功能。正确区分执行政策偏差与钻改革空子实施犯罪的界限，在防止区域性、系统性风险的前提下对技术操作层面的试错行为持宽容态度。一方面要依法严厉打击各类经济犯罪，针对利用合作区建设中政策优惠、粤澳两地衔接可能存在的制度漏洞等便利条件进行的经济犯罪，依法严厉打击，例如走私、洗钱、逃汇等金融、知识产权犯罪的案件。另一方面要把握好宽严相济的刑事政策，对改革创新过程中因政策适用偏差、两地法律差异等引发的犯罪，需要适当提高包容性，为合作区建设发展营造开放包容的发展环境。

（二）司法水平上要更加国际化、专业化

可以预见，横琴合作区内破坏边境管理、盗窃、故意伤害等传统犯罪仍将多发。同时随着政策的不断放开，在构建高效自由的贸易、投资机制过程中极有可能伴随着相关新型犯罪，新型走私、骗取出口退税、洗钱、侵犯知识产权等犯罪也将不断衍生新形态，合作区内港澳企业、外资企业，以及涉澳人员犯罪案件也将会逐渐显

露，这对检察机关执法办案专业化提出更高要求。另一方面，合作区民商事规则衔接澳门、对接国际以及合作区“共商共建共管共享”的管理模式对于合作区检察机关民事检察、行政检察来讲是全新的课题，从国际化角度对检察机关法律监督能力提出了新要求。

（三）司法效果上要力争实现“三个效果”统一

“三个效果”相统一是检察机关办案必须坚持的价值取向。合作区检察执法应注重法律效果，树立权威公正的内地司法形象。在世界瞩目聚焦下，合作区检察执法的任何一举一动都会影响区内外企业乃至国际社会对该区法治环境的认知，进而影响对我们党和政府依法治国的认知。合作区内检察执法必须坚持以事实为依据、以法律为准绳的首要原则，同时，应注重政治效果与法的价值理论具有一致性。法的正义、秩序和效率价值，与政治治理的内在逻辑是一致的，与政权建设的需求是吻合的。因此，合作区检察执法应防止“就案办案、孤立办案”，只讲法律效果，不讲政治效果。此外，合作区检察执法还应注重社会效果，在为合作区建设提供检察保障的过程中，还要主动发现问题，做好风险防范预警，促进社会矛盾化解，实现办案的政治效果、法律效果和社会效果的有机统一。

（四）司法模式上要坚持监督制约与协作配合相结合

法律监督不是零和博弈，监督与被监督的目标和任务一致，都是努力让人民群众在每一个司法案件中感受到公平正义。横琴合作区行政管理模式是粤澳联合成立管委会（下设执行委员会）的“共商共建共管共享”的管理体制，有别于单纯的内地模式或者澳门模式，开展检察工作中需突出“共商”“共享”的特点，坚持“双赢多赢共赢”的监督新理念，从构建监督者与被监督者良性互动关系出发，赢得被监督者的支持与配合，赢得社会的信任和理解。另外，无论在诉侦还是诉审关系中，都要加强沟通，既尊重和支持被监督者，又依法履行法律监督职能，共同服务保障横琴合作区发展。

（五）司法格局上要形成粤澳检察双向联动的局面

坚实的法治基础和完善的法治保障，对横琴粤澳深度合作区建立与澳门趋同、国际接轨的营商环境具有重要的作用。无论是澳门还是横琴检察机关，作为两地法治的重要力量，在促进两地深度合作、规则衔接、服务保障合作区建设方面担负着重要职责，发挥着其他机关无可替代的独特作用。两地司法合作也是深度合作的重要内容，作为合作主体，两地检察机关可以从刑事检察、公益诉讼检察等个案出发，做好两地的沟通交流，注重工作经验总结归纳，随后联合出台协作机制，形成协作配合的惯性工作方式。另外，两地检察机关还要做好层次更深、范围更广的人文交流合作活动，争取形成服务保障横琴粤澳深度合作区建设的检察合力。

三、新形势下提升横琴合作区检察机关法律监督质效的路径选择

（一）聚焦刑事案件中的涉澳因素，有效推动刑事检察工作提质增效

1. 依法履行批捕起诉职责，打击刑事犯罪，依法平等办理合作区各类企业涉刑案件

随着合作区建设的大力推进，金融服务、跨境电子商务、离岸业务等经济活动更加活跃，合作区也不断放宽对国际贸易的准入门槛，逐步加大对金融领域的创新，不断扩大对服务行业的开放程度。在宽松的政策下，非法集资、电信诈骗以及洗钱等犯罪可能会有所抬头，并伴随衍生多种新型经济犯罪。特别是在证券期货、投资贸易、银行保险、知识产权等热点领域，可能成为犯罪的高发领域。另外，有关恐怖活动、间谍活动、涉黑涉恶等严重危害国家安全、破坏“一国两制”的犯罪，检察机关也应该保持高度警惕。在依法严厉打击各类犯罪的同时，应该严格区分在推进横琴合作区建设过程中，因先行先试出现的失误同明知故犯的违法犯罪的界限。对于各类企业涉刑事案件，应严格遵循公正平等的司法理念，保护涉案企业的诉讼地位和诉讼权利平等、法律适用和法律责任平等、法律保护和法律服务平等，促进各类企业主体安心经营、放心投资、专心创业。

2. 发挥刑事政策在刑法适用上的调节作用

合作区内，在国家安全、刑事司法由内地管控、适用内地法律的背景下，由于两地法律制度、文化观念等存在的差异，势必会对澳门居民、澳门企业带来一定的冲击和不适应。况且完美无瑕的法律本来就是不存在的，中国自古以来还有“法有限，情无穷”之说，这就是法律的天然缺陷之所在。尤其在合作区内，这些法律的缝隙、法内漏洞、两地法律冲突都需要进行价值填补和调和。发挥刑事政策在合作区内刑法适用上的调节作用，重要的一点就是区分情况、区别对待，体现宽严相济要求，既保证打击犯罪的力度、效率，又最大限度保障人权、减少社会对立面，让合作区刑事检察工作尽量接近澳门居民普遍刑法认知，力求办案法律效果与社会效果相统一。对在合作区内发生的澳门居民、企业涉罪案件，而澳门刑法并未规制为犯罪行为的，综合考虑其犯罪动机和主观心态，慎用逮捕起诉。需要强调的是，对于发生在合作区内恐怖活动、间谍活动、涉黑涉恶等严重危害国家安全、破坏“一国两制”犯罪，走私、电信诈骗、跨境赌博等危害公共安全的犯罪，故意杀人、强奸、绑架等严重暴力犯罪等，应依法从严追诉、从重打击，不断优化合作区宜居宜业宜游的治安环境。

3. 创新建立涉澳刑事案件办理工作机制

成立“涉澳案件检察官办公室”，专门负责办理在合作区经营的澳门企业和合作区生活的澳门居民案件，尤其做好新型案件的办理，为澳门居民和企业提供涉法涉诉涉案咨询、内地法律帮助等法律服务，逐步建立刑事案件24小时通报制度、重大案件及重大事项提前介入、舆情关注应对、犯罪预防、法治宣传等工作机制。对于涉案的澳门企业及个人，符合速裁程序和简易程序适用条件的，依法从速处理，针对案件存在的矛盾点、风险点、提出防范对策，避免引发和加剧涉澳企业经营风险，避免因办案时机或者

方式的把握不当，影响企业正常生产、工作秩序，或者引发群体性、突发性事件。

4. 探索琴澳两地刑事证据互认及鉴定认同机制

虽然目前内地与港澳地区司法协查工作进展较为顺畅，但是双方迄今为止尚未达成全面有效的司法协查协定，由于缺乏法律依据，内地与港澳在协助调查取证、查询犯罪信息等多方面仍然存在诸多问题，如协查效率不高、有些协查难以开展等。积极发挥检察官的主体地位，探索内地与澳门司法机关在具体案件流程中需要信息共享、合作办案、文书传递，证据互认以及鉴定互认或单项认同机制，提高办理涉澳跨境案件能力。另外，要加快熟悉澳门《刑法典》和《刑事诉讼法典》，结合定罪与程序的一些特殊要求，采取“类型化”立法思维，在刑事诉讼程序上完善对涉澳当事人的权利救济。

（二）以涉外民事检察工作为重点，探索民商事规则衔接澳门的民事检察生动实践

1. 以涉外民商事审判监督工作为重点，力求民事检察工作有新的突破

随着合作区的深入推进，境内境外两个市场、两地资源对接更加顺畅高效，各类资源要素更加高效便捷流动，在如此开放型经济新体制下，检察机关更应高度重视涉外民事案件的诉讼监督。例如，除法律规定专属管辖之外，目前珠海市辖区内各基层法院管辖的涉外涉港澳台民商事案件均由横琴新区人民法院集中管辖。《总体方案》还规定“研究强化拓展横琴新区法院职能和作用，为合作区建设提供高效便捷的司法服务和保障”。按照管辖权对等的原则，合作区检察机关必将承担大量的涉外民商事案件的判决与执行的检察监督。涉外民商事案件的成功监督办理影响重大，有利于促进合作区司法公正，吸引国内外的投资与贸易，加强港澳人员对内地司法的认同，发挥着其他机关无可替代的独特作用。

2. 大胆适用澳门民商事法律开展民事审判监督

横琴合作区检察机关在开展民商事审判监督工作中，最令人期待的工作亮点，毫无疑问是探索适用澳门民商事法律开展法律监督。如果深合区民商事主体适用澳门法律，民事诉讼法也相应适用澳门法律，横琴检察机关在民事法律监督方面就要按照澳门的民商事法律制度来运作。2021 年 9 月份左右，横琴合作区法院对原告澳门某银行诉被告周某某、被告尹某某金融借款合同纠纷一案作出的判决发生法律效力，在本案中，横琴合作区法院依法查明并同时适用中华人民共和国《民法典》和澳门《民法典》等法律规定作出判决。一宗案件，两部民法典，该案的审理是横琴法院积极推进域外法查明和适用的有效尝试。对于该类案件，如果需要开展检察监督，检察机关就需要大胆适用澳门民商事法律，着重审查法院在适用澳门法律中是否存在漏洞。通过适用澳门民商事法律成功开展民事检察监督工作，不仅能够有效避免当事人救济无力的情况，充分维护当事人的合法权益，也充分展示了横琴粤澳深度合作区司法规则衔接。

（三）以构建“共商共建共管共享”的管理体制为目标，开展合作区特色的行政检察工作

1. 开展重点领域的行政诉讼监督工作

随着合作区的发展建设，境外投资者和境外人士在合作区的各类活动也必将增加，必定作为行政相对人的身份出现在行政执法的范畴。对于以合作区执委会及其下设机构为被告的行政诉讼不服的申诉，检察机关也要积极研究应对的方式，督促法院依法审判和执行，监督行政机关依法行政，为合作区开发建设营造高效阳光的政务环境。在开展行政诉讼检察监督中，要着重把握监督的重点领域，依法履行对知识产权、金融、自然资源等领域行政诉讼活动的法律监督职能，促进横琴合作区法院依法审判，推进合作区行政机关依法履职，有效维护行政相对人合法权益，通过检察建议等方式督促纠正在履行法律监督职责中发现的行政机关违法行使职权或者怠于行使职权的行为。《总体方案》提出，研究强化拓展横琴新区法院职能和作用，为合作区建设提供高效便捷的司法服务和保障。横琴合作区检察机关更应该从行政审判监督出发，助力横琴法院职能作用的公正、高效发挥。

2. 突出“共商”和“共享”特点，探索建立行政执法与行政检察衔接工作机制

横琴合作区管理模式是粤澳联合成立管委会（下设执行委员会）的“共商共建共管共享”的管理体制。这是全新的行政管理模式，区别于单纯的内地模式或澳门模式，具体如何开展行政检察工作，需要根据管委会及其执委会运作方式来确定。但鉴于其主导方是澳门特区政府，在行政检察监督理念上要与内地行政检察监督有所不同。突出“共商”和“共享”特点，树立“积极作为、柔性监督、共享信息、磋商沟通”的行政检察监督理念，与执委会下属相关局办搭建“两法衔接”信息共享平台，建立行政执法与行政检察衔接工作机制，共同解决行政检察工作开展中发现的问题，促进依法行政。

（四）当好合作区公共利益代表人，营造宜居宜业宜游的优质生活圈

1. 开展公益诉讼检察工作，维护国家和社会公共利益

合作区总面积为106.46平方公里，土地资源极为宝贵。检察机关需要积极践行绿色发展理念，围绕筑牢生态防护屏障、加强环境保护和治理的要求，严格执行环境资源保护法律法规，积极参与“污染防治”攻坚战，依法打击破坏水源、盗伐滥伐林木、非法占用国有土地以及非法排放、倾倒、处置危险废物造成重大环境污染的犯罪。围绕人民群众普遍关注的空气、用水、垃圾处理、食品药品安全等民生热点积极作为，加强公益诉讼检察工作。另外，由于合作区内不同于内地或者澳门的行政管理方式，在合作区内开展行政公益诉讼工作中，要特别注重行政公益诉讼的方式方法，要尽量采取诉前磋商方式解决问题。如确实需要通过行政公益诉讼方式解决，应做好向上级院请示汇报工作，要对等行使法律监督职能。

2. 联合澳门检察院共同推进检察公益诉讼工作

澳门检察院的职责权限包括“代表集体或公众利益提起特别民事诉讼”。澳门《行政诉讼法典》就所有公权力或受法律保护之利益，均设有一种或多种“旨在对其给予有效司法保护之诉讼手段”，其中规定了检察院可以为维护集体或公共利益提起行政诉讼。珠澳共享一片天、同饮一江水，合作区检察机关可以在上级院的牵头下，联手澳门检察机关建立生态环境保护会签工作机制，先从水域环境保护方面着手联合开展公益诉讼工作，逐渐延伸到食品、药品、国有土地保护等其他领域，通过加强沟通联系、互通信息，维护低碳环保、幸福安全的湾区生活。

（五）积极开展法治宣传工作，营造合作区内不同法域法律认识融合的法治氛围

合作区琴澳融合，民商事衔接澳门规则，乃至接轨国际规则，内地居民和企业需要适应境外法律；而刑事法律方面，澳门居民和港澳企业又需遵守内地法律。所以在合作区开展两地法治宣传尤为重要。合作区检察院要按照“谁执法谁普法”的要求，结合检察办案积极开展法治宣传工作，面向在横琴经营的港澳企业和在横琴工作生活的澳门居民采取检察开放日、进企业、进社区、进学校等多种方式，讲好检察故事，宣传两地法律常识，营造法治氛围。

2022 年，合作区检察机关已经制定了《广东省横琴粤澳深度合作区人民检察院 2022 年度法治宣传工作方案》，并计划以以下六个方面为宣传重点开展宣传工作：一是开展以检察职能、检察工作为主要内容的法治宣传；二是利用“两微一端”开展典型案例宣传；三是开展反诈、反欠薪、预防开设赌场、偷越国边境犯罪等专项宣传；四是开展保护知识产权、防范金融风险工作专项宣传；五是开展未成年人法治宣传；六是组织开展检察开放日活动。通过普法工作与检察工作相结合、日常普法与专项普法相结合、线上普法与线下普法相结合等方式，以期为引领合作区社会法治意识，为横琴粤澳深度合作区经济社会高质量发展夯实法治基础贡献检察力量。

（六）以“赶考者”的标准和要求，打造过硬的横琴合作区检察队伍

千古兴业，关键在人。合作区检察干警身处改革创新的最前沿，面临服务保障合作区发展建设的崭新课题和巨大挑战，加强合作区检察机关队伍建设，提高司法履职能力，不断加强系统化的检察人才培养与储备，具有十分重要的现实性和紧迫性。

1. 组建专业化办案机构

从案件类型、难易程度、业务特点等实际出发，灵活组建合作区刑事办案组织，完善专业化办案机构，统筹办理侵犯知识产权、金融秩序、互联网安全等领域的犯罪案件，提升横琴粤澳深度合作区办案专业化水平。

2. 逐步完善学习交流研修制度

邀请检察业务专家，司法、执法、法律服务机构人员，高校专家教授进行专题授

课，培养熟悉两地法律，精于办理涉及两地跨国跨境刑事案件的司法检察人员。

3. 提高检察调研水平

横琴粤澳深度合作区是新生事物，合作区建设过程中将会出台许多改革创新举措，也必然会出现新情况、新问题需要分析研究、提出解决方案。合作区检察机关要注重开展检察调研工作，随时对已出现或可能出现的新问题和新情况进行调查研究，及时提出服务保障合作区建设的方法和措施。

4. 联合澳门检察院开展常态化交流联络工作

一是互派司法人员实习交流，每年互相派遣若干名司法人员到对方单位，开展为期三个月的岗位实习锻炼，通过较长一段时间的岗位学习，深入了解各自的工作运行情况；二是联合举办司法合作调研论坛，每年举办一次司法论坛，共商两地检察合作；三是共建培训基地，以澳门大学等高校为平台，探讨建立联合培训学习机制，举行联合培训活动，互相学习、共同提高；四是加强检察文化交流，开展参与人员更为广泛的交流活动，通过举办丰富多样的检察文化活动，增进相互了解，增强凝聚力，促进合作区检察工作开展。

检察公益诉讼调查核实权的运行与保障机制探究

韩树军　卢　晶　刘世强*

摘　要　检察机关调查核实权具有融合法律监督的权力调查与诉讼担当的权利调查双重权能属性，但更偏向于权力型属性。本文围绕司法运行现状，借助零和博弈理论分析强制性保障措施匮乏、调查证明责任过重、行权方式不均衡、取证能力欠缺等调查权行使受限之问题根源，提出检察机关应充分发挥主导性作用，加大立法供给，细化运行操作规程；引入专家辅助人，弥补办案专业性不足；构建证据调查令制度，明确惩罚性保障机制；建立行业约谈制度，发挥警示教育作用；构建联合惩戒制度，增强调查刚性保障；成立指挥中心，依托智慧科技，提升专业技术性等。通过实施一系列措施，以期科学配置并有效运行公益诉讼调查核实权，健全保障体系，最大限度呈现检察公益诉讼所蕴含的诉讼价值，开创检察职能“四轮驱动”并进新局面。

关键词　调查核实权　检察公益诉讼　运行保障

作为公益诉讼模式下的特殊取证权，检察公益诉讼调查核实权的有效运作，不仅是查明案件事实、精准制发检察建议和提起公益诉讼的先决条件，而且是检察机关充分发挥国家法律监督职能、彰显公益保护重要诉讼价值、契合全面依法治国理念、推动公益诉讼适应新思想新战略的时代发展要求，是检察公益诉讼向纵深发展的必然趋势。

一、检察公益诉讼调查核实权的内涵、外延与权属性质

（一）调查核实权的基本含义

英国法学家边沁（Jereme Bentham）指出，证据为正义之基石，程序法的作用是保证公正判决，必须以确实充分的证据为依据。① 以证据裁判主义为核心的现代诉讼中，探究案件的客观事实及程序正义实现，均有赖于证据的调查运用，亦是一个国家治理体

---

* 韩树军，广东省珠海市香洲区人民检察院党组书记、检察长；卢晶，广东省珠海市斗门区人民检察院第五检察部负责人、一级检察官；刘世强，北京师范大学珠海分校法政学院副教授。

① 赵信会、韩清主编：《检察机关证据调查制度理论与实务》，法律出版社2013年版，第195页。

系和治理能力现代化切实可行的路径选择。立法赋予我国检察机关公益诉讼职能，调查核实权的充分行使成为检察机关依法履行法律监督职责的必要保障，是诉讼监督的当然内容。

检察公益诉讼语境下的调查核实权，是指为达保障国家和社会公共利益之目的，作为公益诉讼调查主体的检察机关依法定程序收集审查证据、查明案件事实而进行的专门性活动。目前，我国诉讼法领域没有明确规定证据调查的具体含义，法律实务界对其内涵及外延的界定仍存在差异化理解，有学者提出证据调查的广义说与狭义说，[①] 也有观点提出调查核实权重点在于对案件事实和证据材料进行核实，以必要性为前提，不应主动收集证据。[②] 但课题组认为，在应然层面，调查核实权涵盖了“证据调查”与“证据核实”两项权能，前者侧重于收集证据，属于立证范围；后者则需要对收集后的证据进行审查、判断，属于判断范围，如《民事诉讼法》第64条之规定，对调查收集的证据，人民法院应当全面客观地审查核实证据，此处核实证据与收集证据的物理概念不同，是一种法律逻辑思维上的判断。故检察公益诉讼的调查核实不应狭义地理解为形式上的被动核实证据，判断调查效力所形成内心确信的依据来源于调查中主动获取的证据，因而具有主动性、全面性，核实证据与收集证据也并非全然割裂的两种形态，在公益诉讼调查的整体阶段是相互联系、相互融合的状态，以更好实现公益诉讼调查取证权的功能价值。

（二）比较视角下公益诉讼调查核实权的辨析

检察公益诉讼调查核实权并非创设性的权力，而是博众家之所长，在吸纳各种既有权能的实践经验和行权规则基础上探索及延展而来。辨析与其他的调查核实权的冲突性与关联性能更准确界定检察公益诉讼调查核实权的外延。

1. 与民事检察调查核实权的对照

民事检察调查核实权附属于民事诉讼监督权，是检察机关围绕民事审判、执行活动等民事诉讼活动是否具有合法性、正当性，为监督法院纠正违法行为而进行调查取证以提出抗诉或检察建议之权力，具有非强制性和必要性的典型特征。检察公益诉讼调查核实权不同点在于：一是从权源对照上，检察公益诉讼调查核实权虽源于诉讼监督权，亦有权力监督制衡之功能，但与民事调查核实权相比，其在权属基础上还具有特殊的当事人诉权性质。二是从行权方式上看，民事调查核实权侧重于查证核实已知证据材料，以“必要性”为权力行使的基本要求，除依申诉人申请外一般不主动对新证据调查，是对民事诉讼裁判或者执行依据消极核查的权力；[③] 公益诉讼调查核实权则重在调查取证，

---

① 何家弘主编:《证据调查》，法律出版社1997年版，第1页。江伟主编:《证据法学》，法律出版社1999年版，第243页。

② 陈宏:《检察机关公益诉讼调查核实权探究》，载《人民检察》2019年第8期。

③ 刁丽嫔、汤博为:《检察机关公益诉讼调查权研究》，载《安徽警官职业学院学报》2008年第2期。

作为诉讼参与方表现出更强的对抗性，即对侵害公益的事实进行全面主动的审查，以充分调查为行权要件，是一种查明事实积极性的调查权能。

2. 与审判机关调查核实权的比较

检察机关与审判机关均为国家司法机关，在证据的调查收集方面均体现了法律赋予的公权力强制性，但存在一定区别。一是在权力设置方面，大陆法系国家审判机关的调查核实权采取的是职权探知主义，作为当事人证据收集及举证能力的一种救济，此种调查权具有补充性与被动性的特征。检察公益诉讼调查核实权旨在在民事和行政公益诉讼中维护国家和社会公益，主动依职权启动调查程序并承担证明责任。相较于审判机关主要在诉讼程序中开启调查权而言，检察机关公益诉讼调查核实权涵盖公益诉讼的每一阶段，具有更广泛、更积极的特性。二是权力行使的保障方面，审判机关的裁判权本身已然内含强制性调查核实内容，可采取查封、扣押等直接强制性措施，调查核实权受阻时还可以采用罚款、司法拘留等一定程度人身强制性保障措施。[①] 然而检察机关公益诉讼调查核实权目前尚未被立法明确授予强制性措施，鉴于其是否具有“强制性”在法学理论上仍存在较大的分歧，检察机关既不能在公益诉讼中自行决定适用或者实施强制性措施，在调查受阻时亦缺乏具体的权力保障配套措施。

3. 与刑事证据调查权的界分

刑事证据调查权作为具有行政属性的司法权，不仅在权属性质构成上比公益诉讼调查核实权更加复杂，存在行政权、司法权、行政权兼司法权三种学说，其内涵与外延也更加宽泛。一是权力配置目的不同，刑事证据调查权旨在查明犯罪事实，惩罚犯罪、追诉犯罪人，在刑事案件中证据的调查取证更多是和人身联系紧密的措施，如拘传、拘留等；而公益诉讼调查核实权设置目的在于维护国家利益和社会公共利益免受侵害，较少出现需要控制人身的紧迫性情况，调查措施的采取更受限。二是从行权的阶段性看，刑事证据调查分为两个阶段，前一阶段主要由公安机关或者监察机关行使侦查权，后一阶段由检察机关公诉部门对已经调查的基本事实和证据进行审查复核，必要时也可以自行补充侦查；公益诉讼调查核实权由检察机关公益诉讼部门作为唯一行权主体，囊括侦查、审核、起诉等阶段与权能。三是在证明责任上，刑事证据调查要达到确实、充分标准，据以定罪量刑的证据要进行合法性、关联性、客观性审查，检察机关对被告人有罪及罪轻罪重承担主动证明责任；而公益诉讼调查核实的证明负担要低于刑事案件，在一些环境污染侵权领域亦存在举证责任倒置之规定，证明责任并非全由检察机关承担。

（三）公益诉讼调查核实权的权属界定

检察公益诉讼调查核实权的现行规定虽汲取了传统民事行政检察“调查核实”的经

---

① 江苏省无锡市锡山区人民检察院课题组：《公益诉讼中检察机关调查核实制度之完善》，载《人民检察》2019 年第 8 期。

验与概念，但在权属性质方面仍有其特殊性，厘清权源正当性是证成公益诉讼调查核实权的基础性步骤。公益诉讼调查核实权虽衍生于检察权，但在法学理论和实务中存在争议，其权属来源是基于法律监督权抑或诉讼角色证明权？借由此派生出的问题是，调查核实是一种法律赋予的权力还是当事人举证的权利？

有观点认为公益诉讼的调查核实权系由私权派生的诉讼权利，因办案需要收集证据从而证明诉讼主张，参照诉讼原告的权利义务与诉讼地位行使证明权；[①] 另一种观点认为，公益诉讼的调查核实权源于检察诉讼监督权，是其下位权力，检察机关为履行法律监督职能而行使调查核实权，是检察权实现的方式之一，权能属性应符合监督权的定位。[②] 课题组认为，公益诉讼调查核实权是一项复合的法律权能，既有检察监督职能的担当性也具有实现公益诉权的目的性，二者兼而有之，但更偏向于权力型调查属性。检察机关基于法律监督职能对损害国家利益和社会公共利益的侵权行为，调查收集证据以证明诉讼主张，与诉讼当事人的证明权有类似之处，在此层面具有权利属性。但从更深层次看，诉讼监督权的宗旨不仅是要实现个案公正，而且要通过检察权的有效运作，协调实现检察机关与行政机关、审判机关之间的功能秩序，在宏观层面检察公益诉讼调查核实权兼有法律监督的权力调查与诉讼角色担当的权利调查融合的双层属性，但更符合法律监督的权力调查属性特征。

二、检察公益诉讼调查核实权的运行障碍

（一）强制性保障措施匮乏，过度依赖配合

调查核实权是检察机关法律监督权的下位权力，代表国家行使公权力，旨在保护国家利益和公共利益，特殊性决定了其属于不能任意让渡或者减损的权力。倘若监督效果全凭被监督对象的自身态度，势必影响检察机关法律监督的权威性。《检察公益诉讼案件适用法律若干问题的解释》第 6 条规定，检察机关可以向行政机关、公民、组织调查收集证据材料，以上主体应当配合。民事公益诉讼与行政公益诉讼办案指南以列举的方式规定，检察机关可以采取查阅、摘抄、复制行政执法卷宗；询问；收集书证、物证、视听资料、电子证据；咨询；鉴定、评估、审计；勘验、检查；其他方式共七项调查方式，同时规定不得采取查封、扣押、冻结及限制人身自由等强制性措施。上述规定虽赋予检察机关公益诉讼一定的调查核实手段，但是未规定在调查受阻或者调查对象拒不配合、故意拖延的情况下，检察机关可以采取何种强制保障措施，致使公益诉讼调查核实权在司法运行中出现饱受诟病的没有强制力后盾，过于柔性状态。

---

① 侯倩倩：《关于检察公益诉讼调查核实措施的几个基本问题研究》，载《上海法学研究集刊——杨浦检察院论文集》2019 年第 14 卷。

② 王育琪：《多元化监督背景下民事调查核实权的法律困境及完善路径》，载《广播电视大学学报（哲学社会科学版）》2017 年第 18 期。

一是在利益冲突较为尖锐的行政公益诉讼中，伴随行政机关的职权交织、职能重叠现象，对于掌握第一手资料的行政机关，有时出现推诿责任、互相扯皮、拒不配合现象；在民事公益诉讼中，处于私益角色的个人和组织对公益诉讼社会认可度较低，对于调查核实更加缺乏协助配合意愿，办案实践中在调查受阻时，对行政机关尚且可寻求上级检察院或者行政机关主管机关予以协助，但是私益的个人和组织由于缺乏督促主体，没有约束力的保障措施则难以顺利开展调查取证工作。

二是公益诉讼调查核实权过度依赖被监督对象的配合。根据零和博弈理论，一旦公共利益侵害者缺少纠正自我错误行为的自觉性，就会对检察机关的调查核实异常敏感，仅凭借国家机关的身份获取调查取证的正当性在办案实践中往往难以奏效。例如，笔者办理一宗侵害公共卫生安全公益诉讼案件中，对多家游泳池进行诉前调查取证时，即便出示证件及函件表明检察机关身份，泳池经营者及工作人员仍不予认可，驳斥检察机关无此调查权限，不配合调查取证工作，甚至拿出手机拍摄执行公务的检察人员，此情形下只能请所属辖区的派出所民警协助才得以完成调查取证工作。

（二）调查取证力量欠缺，证明责任过重

从资源优化配置和权力设置角度分析，调查取证能力与所承担的证明责任应成正相关关系。即诉讼主体需承担的证明责任越重、标准越高，应当赋予的调查手段越多元，刚性越充足，[①] 但是检察公益诉讼调查核实权在司法实践中却呈现负相关关系。一方面现行司法解释及规范性文件为公益诉讼设置了过高的证明标准，另一方面又没有赋予检察机关强有力的取证权限或取证手段，成为检察公益诉讼调查核实权在实践中运作困难的重要原因。

一是检察公益诉讼设置了比其他民事诉讼主体更重的举证责任，需要大量的调查取证工作。在环境污染类民事公益诉讼中，我国《侵权责任法》第66条明确规定，对于环境损害行为与损害后果之间的因果关系，实行举证责任倒置，由污染者对不存在因果关系承担举证证明责任。但是检察机关《民事公益诉讼案件办案指南（试行）》释明在此类案件中仍需调查证实侵权主体、侵权行为、过错责任、损害后果及数额、因果关系等证据，显然这一高标准的证明要求已经超出了现行法律规定，检察机关在实践办案当中也延续了严格的证明责任，被苛以比其他民事诉讼主体更高的证明负担。

二是检察机关并非提起公益诉讼的唯一主体，与提起的同类型公益诉讼的社会组织相比较，在法院诉讼中承担的证明责任也不尽相同。例如，中国生物多样性保护与绿色发展基金会提起的刘某某等12人污染环境民事公益诉讼案，在诉讼举证环节主要向法庭提交了环境损害行为及修复损害费用的证明材料，没有对被告排放污水行为与环境损害之间的因果关系进行证明，也没有证明环境污染的程度及损害的范围。同比例证，H

---

① 樊华中：《检察公益诉讼的调查核实权研究——基于目的主义视角》，载《中国政法大学学报》2019年第3期。

省人民检察院汉江分院起诉利川市某某牧业有限责任公司水污染责任案，在起诉阶段向法庭提交了湖北省环境科学研究院环境损害评估报告、湖北省地质局出具的地质勘探证明、利川市环境监测报告等证据，用以证明被告某某牧业有限公司排放污水的行为与造成生态环境损害后果之间的因果关系及造成的损害程度。[①] 由此可见，以上两个同类型的案例由于诉讼主体的差异所承担的证明责任轻重也存在不同，检察机关在诉讼中承担了更高的证明标准。

三是在行政公益诉讼中，检察机关的证明要求已接近于刑事诉讼或者法院裁判的严格标准。《行政诉讼法》明确规定在诉讼中行政机关承担其行为合法性的证明，相对方只需证明侵权行为与损害后果之间存在一定联系，特别是在环保和食药安全领域更是以此规定。但是，最高检《行政公益诉讼案件办案指南（试行）》释明，检察机关需要依法全面、客观地调查收集证据，提出检察建议需调查事实清楚、准确，起诉达到有充分证据证明的标准。[②] 在司法实践中，检察机关在行政诉讼中为了充分证明行政机关的违法履职，仍然担负全面举证责任，在法律规定之外无疑加重了检察机关的调查取证职责。此举在公益诉讼运行初期有建章立制及约束审慎行使诉权的积极意义，但长此以往变相拔高检察机关的证明标准，甚至裁判者形成惯性思维后，不利于检察机关公益诉讼的良性发展，也给公益诉讼调查核实权带来运行难题。

（三）行权方式不均衡，专业技术性不足

公益诉讼属于检察机关新的业务增长点，案件专业性强、涉及范围广，调查所需力量强，但是目前办案人员的专业化水准及调查专业技术手段亟待进一步提升。以 J 省为例，检察内设机构改革后，106 个基层检察院中仅有 7 个设立了专门的公益诉讼办案部门，基层检察院普遍将原有的民事、行政检察与公益诉讼合并成同一部门，[③] 即使是单列的公益诉讼办案机构，在人员配备与专业知识储备方面也呈现弱势，案多人少的矛盾更加明显，严重制约公益诉讼调查核实权的行使。

一是传统的民事行政检察办案模式与现行公益诉讼调查核实权需求不相适应。囿于传统民行检察的被动审查模式，检察机关主动调查收集新证据力量不足，在线索发现能力和出庭经验上有所欠缺，思维定式转变相对比较慢，容易以座谈办案实现线索发现之渠道，陷入固有的书面审查办案模式。然而检察公益诉讼要求开展实质性的调查取证，特别行政领域法律法规繁杂，调查取证的专业能力和技术性要求更高，取证难度更大，原有的民事行政检察调查核实的规定与经验已不能满足公益诉讼的现实要求，办案人员的法律素质、专业能力亦不能匹配公益诉讼调查核实权的运行，阻碍了办案质效提升。

---

① 最高人民检察院第八检察厅编:《民事公益诉讼典型案例实务指引》，中国检察出版社 2019 年版，第 3 页。

② 胡婧:《行政公益诉讼领域检察调查核实权之理论证成与体系化建构》，载《甘肃政法学院学报》2020 年第 4 期。

③ 汪莉、刘丹:《江苏基层检察公益诉讼实践研究》，载《中国检察官》2019 年第 4 期。

二是调查核实权的行权方式较为单一，难以达到检察公益诉讼制度设置目标。虽然相关司法解释列举了公益诉讼拥有多项调查核实手段，但是在办理行政公益诉讼过程中，检察机关更多采取的是询问相关当事人、证人，以及到执法机关调取书面卷宗材料等简单手段进行核查，至于其他委托审计、损失价值评估、专家意见、损害鉴定等调查核实手段，在司法实践中则较少运用。特别是生态环境类案件取证复杂，为了全面固定山体、江河湖泊的损害事实，经常需要运用航拍器、遥感卫星图片、长焦镜头、现场勘查设备、取样设备等调查器材，但是目前而言，囿于技术限制，这些调查取证手段在大多数基层检察院难以全面实现。

三是专业技术性保障不足势必影响检察公益诉讼的核查证据效率。公益诉讼涉及生态环境、食品药品、国有资产流失等各种专业领域，对于这些领域的公益损害范围及程度，不能凭借检察官的主观臆断或者简单的现场勘查而确定，需要专业的鉴定机构出具鉴定意见和行业专家出具专家意见形成客观有效的证据形式。但是办案人员通常对于鉴定机构的资质、鉴定方向、鉴定程序、鉴定方法都知之甚少，与鉴定机构没有建立起稳定的联络机制，一旦进入鉴定程序，会出现鉴定周期长、鉴定费用高、鉴定经费来源缺乏等一系列实践难题。

三、检察公益诉讼调查核实权的保障路径探向

（一）加大立法供给，细化运行操作规程

良法是善治的前提，正处于初创起步阶段的调查核实权制度，法源供给处于较为短缺的状态、尚未建立完整的法律制度体系、现有的法律规范效力等级较低致使调查核实行权边界模糊，对外威慑力和强制性不足，制约了检察公益诉讼的全面发展。

第一，加强立法跟进是调查核实权的保障。虽然《行政公益诉讼案件办案指南（试行）》和《民事公益诉讼案件办案指南（试行）》对公益诉讼调查核实权有所规定，也是检察机关办案的主要依据来源，但是该规定只是检察机关内部的业务指导文件，规范层级较低，对外调查取证不具有约束力。为防止适用上的地域差异性，应当提升公益诉讼调查核实权的立法规范效力，在法律层面对其适用范围、行使边界、启动程序、核实标准、调查手段等方面制定更细化、更具可操作性的规定。目前可以通过“嵌入”诉讼法或者出台实施细则的形式实现，有学者呼吁在条件具备时应单独制定检察公益诉讼的专门法律，以构建公益诉讼自身调查核实体系。

第二，立法应赋予调查核实权以适度强制性。《人民检察院组织法》（2018 修订）第 48 条规定，人民检察院采取必要措施，维护办案安全，依法追究妨碍行使职权人的法律责任。该条文只是原则性地规定被监督对象有配合调查核实的义务，但是并未同步规定违反法定义务的违法后果和法律责任，在解决具体问题时缺乏可操作性。司法实践中，检察机关通过调查函、介绍信、检察建议等方式难以破解相关行政机关或者个人拒不配合的难题，证据的调取难易往往取决于被监督主体的配合意愿。立法上应当明确相

对义务人、案外人的配合义务，同时参照审判机关的司法强制手段，对拒绝配合的单位和个人依不同程度按照相关法定程序可以采取或启动相应的惩罚性措施：轻度惩罚性措施，如强制传唤；中度惩罚性措施，如拘留、罚款等；严重惩罚性措施，如纪律处分、追究法律责任等[①]，区分不同维度的处罚措施以保障调查核实权的约束性与威慑力。为了限制权力滥用以及过多介入公民权利，从谦抑性角度出发立法，在授予强制性手段同时还应给予相对义务人一定的救济权，例如提出异议权的程序规定。

（二）建立法警配合机制，赋予司法制裁手段

司法警察在检察机关内部具有司法辅助性定位，主要配合保障检察机关法律监督职能的顺利开展，可以在检察机关内部推行建立司法警察配合机制。现行《人民检察院司法警察条例》第二章规定了司法警察可以采取一定程度的强制措施，但是在具体适用上存在两方面的争议：

第一，检察机关司法警察的强制措施以往较多运用在刑事诉讼以及职务犯罪侦查方面，该条例并没有明确司法警察在民事公益诉讼和行政公益诉讼的调查核实过程中能否采取强制措施。在公益诉讼办案人员目前尚不具备强制性手段的情况下，司法警察的刚性权限能否作为公益诉讼调查核实权运行的有力补充，还需立法另行明确授权。

第二，即使司法警察的强制性措施直接可以在公益诉讼领域参照适用，但是援引司法警察条例的相关法律规定，只有遇到拒捕、抢夺枪支、严重危害检察院工作人员人身及财产安全这些暴力行为的时候，司法警察才能采取包括控制、使用警械等处置措施，[②] 即这种制裁手段针对严重阻碍调查权情况下才能行使。但是公益诉讼的办案实践中，出现的并非这种积极妨害行为，更为普遍的是消极拒绝配合，拒不执行或者拖延履行等情形。

司法警察配合制度有利于优化资源配置，弥补公益诉讼威慑力不足的现状，具有增强法律监督刚性的作用。首先，在立法上要确定司法警察的法定职责，在公益诉讼调查的特定情况下拥有紧急处置权限，如证据面临灭失风险、公益损害可能进一步扩大等情况下，司法警察可以进行查封、扣押、冻结、禁止令等物理性的证据保全措施，对妨害调查的相对人采取控制等强制措施。其次，建立司法警察参与公益诉讼调查的协调机制，以内部文件形式明确法警的配合职责以及部门间协作的流转程序，以维护办案秩序、保障办案人员人身安全及调查权的有效运行。例如，在办理畜禽养殖场虚假申报骗取国有资产案中，因案件涉及农村畜禽养殖场清拆、地域环境复杂、人员对抗情绪较浓，办案检察官申请司法警察及驻地检察室人员协助办案，全程携带执法记录仪进行调查取证，最终保障了调查核实工作的顺利进行，有效阻止了320余万元国有资产流失。

---

① 樊华中：《检察公益诉讼的调查核实权研究——基于目的主义视角》，载《中国政法大学学报》2019年第3期。

② 刘加良：《检察公益诉讼调查核实权保障的误判及矫正》，载《检察日报》2020年8月27日。

（三）完善配套工作机制，强化运行保障措施

1. 设立公益诉讼证据调查令制度

调查核实权在行使时，应设置相应的启动程序和制约机制，以规范权力之行使、防止权力之滥用。例如美国1962年《反托拉斯民事诉讼法》明确检察官享有发布“民事调查令”的权力，在诉讼程序前检察官通过调查令要求相关主体提供反托拉斯调查的一切材料。1976年相关主体的范围拓展到任何自然人，美国检察官提起民事诉讼或参与公益诉讼时，被授予强制性取证权，以及要求被调查对象、了解情况的证人回答问题的权力。[①] 我国现有法律并未赋予检察机关强制取证权，为有效破解公益诉讼调查中配合难题，在制度设计上可以借鉴英美法系国家“证据调查令”制度，常规的调查核实措施仍由检察机关自行决定适用，适用具有人身或者物体强制性的措施，可以前置设定向法院申请证据调查令。检察机关凭借法院签发的执行令状进行证据的强制性调查收集，对于拒绝配合调查令状的人，可以参照妨碍民事诉讼相关规定处理，以确保检察机关调查核实权独立审慎地运行。

2. 建立行业约谈制度

检察机关与行政机关可以探索建立行业约谈机制，会签文件、定期召开联席会议，以点对点、面对面形式加强与行政机关的交流，通报公益诉讼履职进展，协调多方职能部门配合。在立案审查和送达检察建议时还可以增加检察听证，在抗辩基础上作出处理决定，以补强检察机关公益诉讼效能。在公益诉讼调查取证过程中不配合的私权益主体，以检察官个人约谈或者行业约谈的方式，在海鲜餐饮行业、食品药品行业、快递外卖行业等典型领域进行约谈，加强经典案例宣导、责任分析、协调配合事宜，充分发挥行业自律力量，引导单位和个人主动配合检察机关调查和整改工作，有效提升检察机关的法律警示与威慑作用。

3. 引入专家辅助人制度

公益诉讼涉及法律规范繁多，涉及行政机关职权交叠复杂，职能常常根据机构改革和时代变迁以政府三定方案、会议纪要等形式重新划分。当出现行政机关对某一事项共同具有监管权，或者出现法定监管职责前后更迭时，涉及的行政主管机关通常更倾向作出有利于自己的职权解读，由此可能产生相互推诿职责的现象。基于上述情况的普遍性，检察机关宜借助有专门知识的人或机构解决调查过程中遇到的专业难题，可以借鉴俄罗斯检察机关“召集权”制度，召集利用行业专家为检察机关提供专业咨询，并在诉讼过程中参与讨论、出庭等办案协助制度。G省J市检察机关在设立专家辅助人方面先行先试，已成立特邀检察官助理工作联络制度。从公益诉讼长远发展角度看，专家辅助人应涵盖国土、环保、财务会计、卫生监管、市场监督等专业知识或行业专家，自上而

---

① ［美］马歇尔·C.霍华德:《美国反托拉斯法与贸易法规》，孙南申译，中国社会科学出版社1991年版，第45页。

下设立统一的专家辅助人咨询平台，参照民事监督咨询平台规范化、常态化运行，在线上平台书面咨询与回复，同时扩大专家辅助人参与范围与层级，明确专家辅助人提供咨询、案件讨论、协助听证、出庭接受询问等方面义务，为办案人员在调查取证和诉讼过程中的专业性问题提供强大的“外脑”支持。

（四）构建联合惩戒制度，增强调查手段刚性保障

增强调查核实权的刚性，无疑要加强外部联动协作配合，不仅需要争取党委、政府和人大的支持，还应加大与监察委员会、公安机关、行政机关的沟通协调，建立协作配合工作办法，探索构建不履行协助配合义务的联合惩戒制度。

一是借助党委政府力量，将行政机关对公益诉讼调查的配合度纳入政府年终考核指标，对配合度较低的建议扣分或者处分。近年来，湖南、湖北等地党政部门相继出台多项措施支持公益诉讼发展，2020 年 7 月广东省人大常委会发布《关于加强检察公益诉讼工作的决定》，明确加强公益诉讼调查取证的保障，对不配合调查的行政机关及工作人员通报本级政府，并建议上级部门或本级监察机关依法问责。例如福建惠安崇武镇簸箕湾海岸线被破坏公益诉讼案，行政机关在期限内未回复整改，检察机关以专项报告形式通报，获得上级人大、同级党委的支持，该单位负责人予以免职处分，推动了被监督事项的有效解决，保障检察建议的刚性。

二是探索与监察委员会、公安机关建立双向衔接机制，公益诉讼调查核实权与刑事侦查权、职务犯罪侦查权形成互补。被调查对象以暴力、威胁等手段妨碍调查取证的，检察机关除了可以采取一定程度处置措施外，必要时可以通报公安机关出警配合，及时依法处理；发现违法违纪线索或者阻碍调查的公职人员，可移交监察委员会进行纪律处分或追究渎职责任，在公益诉讼线索移送和调查惩戒措施方面形成办案协作衔接机制。例如，2018 年 11 月珠海市监察委员会与市人民检察院联合会签《加强公益诉讼协作配合实施办法》，健全了公益诉讼制度化、常态化配合机制，为调查核实权配置强有力的后盾。

三是依托行政机关的地方执法权，与国土资源保护、市场监督管理、生态环境保护、渔业资源保护等专业领域的行政主管机关会签文件，凝聚公益保护的统一战线，形成行政执法与检察公益诉讼互相衔接、互相补充机制。目前部分地市检察机关还开通了与行政管理执法数据库对接监督的平台，充分了解行政执法的相关动态，更有利于证据的调查核实。在检察机关的调查取证过程中，行政执法机关除了在阅卷和调取执法卷宗上给予最大程度的配合外，还可以提供专业的法律意见进行协助。向企业和个人等私权益主体进行调查取证时，遇到配合意愿度较低或者抵抗调查的情况，检察机关可请求有管辖权的行政主管机关提供必要的职权协助，[①] 借助行政执法权的法定性与强制性，增

---

① 曹建军：《论检察公益调查核实权的强制性》，载《国家检察官学院学报》2020 年第 2 期。

强检察机关公益诉讼调查取证的权威性。

（五）依托智慧科技力量，统筹优化取证能力

1. 构建公益诉讼指挥中心

检察公益诉讼是一项全局性较强的工作，既要求开展调查取证、出庭应诉、跟踪执行、协调行政机关与审判机关等综合素质能力，又要平衡政治、法律与社会之间的关系。通过建立公益诉讼指挥中心，借鉴以往检察机关职务犯罪侦查“一体化”模式，整合内外部资源，上下一体，形成公益诉讼办案合力，提升调查核实权的效能发挥。在纵向一体化上，应由省级检察机关为核心主导，以基层检察机关为支点，上下级检察机关在调查资源上联动配合，指挥中心统一对受理案件线索、调查取证、办案组专业分工进行调度，全面整合跨区域办案和办理疑难复杂案件的检察力量，加强案件协调、督导力度，弥补单个基层检察机关调查取证方面的不足，提升公益诉讼整体的专业性与保障性。在检察机关内部，指挥中心可以根据案件需要调度刑事检察、司法警察、信息技术、案件保障等部门，在线索筛查流转方面相互衔接，适时成立跨部门联合调查办案组，① 充分运用各职能部门的专业优势协助办案，探索“一案三查、三诉一体”之办案模式，以“一盘棋”观念打造公益诉讼高效、复合型调查核实团队。

2. 运用现代科技取证手段

公益诉讼调查能力的提高须以智慧科技为依托，才能适应信息化、数据化、科技化的时代要求。除了传统的录音录像、照相机等办案设备外，还应当注重引入管道机器人探测仪、执法记录仪、无人机巡航、无人船、GPS 定位、办案勘查箱、夜视仪、卫星遥感技术等现代先进取证手段。检察机关应通过大数据平台和人工智能技术发展，不断提升公益诉讼调查取证的专业性，例如，H 市检察院联合支付宝蚂蚁区块链合作研发“检察区块链取证设备”，利用区块链去中心化、分布式存储的技术特性破解取证固证难题，并将该技术在三件互联网侵害英烈公益诉讼案中运用，收集的证据得到法院采信。② S 市检察院建立快速检测实验室，配备空气、流体、食药、土壤、噪音五大类快速检测设备，可开展水中氨氮、总磷、化学需氧量、土壤重金属、大气粉尘以及食药品非法添加物等项目的检测，形成自有检测能力，推动公益诉讼调查取证工作。③ 此外公益诉讼的调查领域大多涉及专业鉴定评估，应注重鉴定科技手段在公益诉讼中的运用，对大气、水源、土壤等无形介质，善用现代鉴定技术、微分子鉴别、替代等值分析法、定量分析法等手段科学地进行损害评估鉴定。

---

① 薛正俭：《行政公益诉讼调查核实权运行机制的完善》，载《人民检察》2019 年第 13 期。

② 范跃红：《杭州西湖区检察院“恋”上了“区块链”已用于取证百余次》，载正义网，http：//www.jcrb.com/procuratorate/jcpd/201910/t20191029_2070264.html。

③ 李昌桂：《张雪樵：全国推广复制公益诉讼快速检测实验室建设苏州模式》，载中国网东海资讯，http：//jiangsu.china.com.cn/html/law/political/10642001_1.html。

3. 完善电子数据调查取证

随着科技日新月异，证据种类不断地丰富，电子数据是电子技术产生以后的新型的证据类型。手机 App、微信、电子邮件、音像资料等电子产品承载了大量的公民个人信息，数据化信息时代电子数据的取证工作面临更多的挑战。例如，F 省 F 市杨某杰公益诉讼案，杨某杰于 2019 年 3 月在某论坛网站购买公民个人信息的压缩包文件，下载保存至百度网盘内，经司法鉴定，压缩包内公民个人信息经筛选去重，数量为 19842074 条。[①] 电子证据有其隐蔽性和易篡改的特性，一是建议由技术人员或者委托专业的第三方对网络数据进行提取、分析、储存证据，并要求电子数据的平台方协助调查。二是加强技术部门电子数据取证固证能力，提升取证人员技术水平，并配置专业的电子数据收集取证工具。三是在公益诉讼的调查取证过程中，应当侧重电子数据的规范操作流程，确保取证的本源性、完整性和全面性，可以参考刑事电子数据侦查取证的程序，提高电子数据调查取证的客观性和规范性，以适应检察机关大数据时代需求。

结语

哈耶克在《自由秩序原理》一书曾提出，法律制度作为一种框架，重点应是成功延续的实践，通过积累性的发展逐步形成，而非一开始的构成。[②] 检察机关公益诉讼制度历经两年的试点再到全面推行，以实践证明了它的可行性与正当性。对于调查核实权的运行已经积累了一定的实践经验，但是任何制度的成熟都不可能一蹴而就，需要在理论与实践中发现运行障碍，不断探索、不断磨合、不断改善，才能逐步趋于理性与完善。

---

① 吴亚东:《福建省福清市人民法院审理一起侵犯公民个人信息刑事附带民事公益诉讼案》，载法制网，http: //www.legaldaily.com.cn/zt/content/2020-09/08/content_8301332.html。

② ［英］弗里德利希·冯·哈耶克著:《自由秩序原理》，邓正来译，三联书店 1997 年版，第 64 页。

司法体制改革视阈下检察机关作风考评长效机制建设路径探析
——以珠海检察机关“每月一督察”制度为例

麦　青　何　霜　黄鸿渐*

摘　要　自党的十八大以来，党中央坚持强化机关作风建设。但随着司法体制改革的不断深化，检察权运行机制与环境发生了重大变化，部分检察干警工作作风出现了一些新问题。面对这些作风问题，各单位日常开展的专项行动往往只能发挥“临时性功效”，需要建立长效考评机制，实现持之以恒正风肃纪。本文以珠海检察机关“每月一督察”制度为例，探析检察机关作风考评长效机制的建设路径，以求为检察机关作风考评的体系化、数字化建设铺平道路。

关键词　检察机关　作风建设　长效机制

自党的十八大以来，党中央坚持深化机关作风建设，推出了一系列重大举措：从出台“八项规定”，到开展党的群众路线教育实践活动；从开展“三严三实”专题教育，到开展“两学一做”学习教育；从开展“不忘初心、牢记使命”主题教育，到党史学习教育；[①] 从政法队伍教育整顿，到新时代政法干警“十个严禁”，党中央不断推进机关作风建设向纵深发展。习近平总书记曾强调，纠正“四风”不能止步，作风建设永远在路上。[②] 检察机关作为国家的法律监督机关，其工作作风直接关系国家法律的统一实施，关系党和国家的形象，如何认真学习贯彻习近平总书记重要指示批示精神，下大力气加强检察机关作风建设，有效解决检察队伍中存在的顽疾，忠实履行法律监督职能，为决胜全面建成小康社会、夺取新时代中国特色社会主义伟大胜利提供强有力的司法保障，已成为检察机关当前面临的重要实践课题。

---

* 麦青，广东省珠海市人民检察院检务督察部主任、四级高级检察官；何霜，广东省珠海市香洲区人民检察院政治部四级主任科员；黄鸿渐，广东省珠海市斗门区人民检察院第一检察部五级检察官助理。

① 韩晓雨、孟秀英等：《高校机关作风建设现状及提升途径探究》，载《办公室业务》2022年第22期。

② 郭冠超：《加强检察机关作风建设的思考》，载《党政干部论坛》2018年第3期。

一、现实迷思：司法体制改革视阈下检察机关作风存在的问题与原因分析

以习近平同志为核心的党中央始终坚定不移全面从严治党，坚持不懈正风肃纪。检察机关作为国家法律监督机关，其作风建设是党的作风建设的重要组成部分，但是随着司法体制改革的不断深化，部分检察干警工作作风出现了一些新情况和新问题。

（一）司法体制改革视阈下检察机关作风存在的问题

司法体制改革把检察人员分类管理，角色、岗位、分工的不同也衍生出新的作风问题，少数干警学习意识淡薄、服务意识淡化、缺乏协作精神、干事创业精气神不足。归纳起来，主要存在七个方面的问题：

一是精神不振，主要表现为事业心责任感不强，不思进取，只求过去、不求过得硬；二是畏难苟安，主要表现为畏惧重大复杂工作的艰难，缺乏直面困难的勇气和锐气；三是华而不实，主要表现为工作虚浮，形式主义，服务群众意识不强、不作为、慢作为、乱作为；四是“好人主义”，主要表现为从严管理力度不强，工作之间回避矛盾，批评与自我批评质量不高；五是律己不严，主要表现为未严格遵守工作纪律，自由散漫，作风懒散；六是创新不足，主要表现为能力平庸，因循守旧，缺乏创新能力，工作长期不见起色；七是不愿担当，主要表现为各部门之间相互推诿扯皮，对上级领导的部分决策部署执行打折扣。①

（二）司法体制改革视阈下检察机关作风存在问题的原因分析

1. 制度建设与贯彻落实不到位

其一，方案不够完善。检察机关以司法办案、法律监督为工作中心，业务工作的相关配套机制已基本成熟，但部分检察机关对于检察干警的考核评价制度仍不够完善，尤其是机关作风长效机制建设往往有所不足，考评结果运用也不够科学到位，部分单位虽然出台有年度或季度考核方案，但是缺少对干警日常思想学习、工作作风、工作成果等的量化考评指标，队伍建设存在制度缺失，干警的工作作风和成果等未能获得足够评价。另外，各单位各系统也会出台有关机关作风整治的专项行动，但这些专项行动往往只能在短期内发挥有效作用或“临时性功效”，在制度建设和落实上缺乏长效机制，不能一以贯之抓落实，真正做到长管长严。

其二，落实不够彻底。有的检察机关为图省事，制定的相关制度只是照搬照抄兄弟单位、周边地区的规章制度；② 有的仅仅忙于制度的出台，对于贯彻落实不够重视，或者有些仅仅是为了应付上级机关的检查，制度落实往往流于形式；有的忽视了机关作风

① 刘兵：《高校机关作风长效机制建设路径探微》，载《学校党建与思想教育》2014 年第 18 期。
② 王丽：《浅谈新形势下如何全面深化检察机关作风建设》，载《法制博览》2016 年第 33 期。

建设的长效性，制度刚刚颁布后、领导刚刚到任时、上级要来检查前、有专项治理行动时，制度就执行的比较好，反之则大打折扣；[①] 有的检察机关作风建设规章制度只有原则上的大体规定，并没有具体的实施方案与措施，实际的可操作性不强，缺乏指导性。

其三，执行监督不够严格。有的检察机关内部监督意识薄弱，虽然制定了较为完善的作风建设方面的规章制度，但是在实际执行和操作中，往往不敢动真格，采取“下不为例”等不痛不痒的做法，存在“雷声大雨点小”行为，对责任追究不了了之。监督查处失之于宽、失之于软，必然强化了违法违纪者的侥幸心理，使作风建设长效机制成了一纸空文。[②]

2. 激发干事创业积极性的措施不足

其一，激励机制不足。检察干警主要分为员额检察官、司法辅助人员、司法行政人员、事业编制人员、合同制人员五类，同类干警的薪酬、待遇等区别不大，缺少差别化的激励机制。尤其是对于合同制书记员，其人数占比较高，但薪资待遇仅与其学历、是否通过司法考试、是否获得相应职称有关，无其他有效激励机制。即使有些单位出台了一些激励制度，但与大量的文字工作相比，这些激励措施就显得微不足道了。

其二，上升通道狭窄。员额检察官职务职数有限，中层干部年龄较为集中；员额检察官级别晋升难，检察官助理入额通道狭窄，事业发展前景不清晰；合同制书记员无发展上升空间，存在“干与不干一个样”“干多干少一个样”“干好干坏一个样”的情况。干警干事创业的精气神不足，工作不严谨、不细致、不能做到求真务实，工作懒、散、松，缺乏较强的工作动力，欠缺开拓进取的精神，责任心不强。

其三，岗位割裂明显。司法体制改革后，综合行政岗位人员与司法办案岗位人员割裂现象较为明显。在基层检察院，由于其级别较低，行政岗位需要较长的工作年限才能提拔为四级主任科员；相同的工作年限下，如果从事办案岗位，入额即为三级检察官，之后可逐级晋升至一级检察官，即使未入额，相同年限一样可以晋升为四级检察官助理，待遇上与四级科员并无不同。在市级检察院，由于其入额的难度较大，助理需要到基层岗位锻炼入额后再通过遴选才有机会回到市院，时间成本极高；但是由于市级检察院本身行政级别较高，行政岗位也相对较多，相同工作年限下，从事行政岗位反而较容易提拔。司法体制改革后，对司法与行政进行分类管理，但人员晋升提拔方式仍基本采用传统的按期晋升，对人员评价较为模糊，受单位本身的行政级别影响，使得综合行政与司法办案岗位之间反而存在了明显割裂现象，基层院干警想通过办案入额，不愿意从事行政岗位；市级院干警通过办案入额耗时太长难度太高，反而希望调整至行政部门。岗位割裂造成人员流动不畅，对不同岗位人员的综合评价尺度不明，干警干事创业积极

① 李飞：《机关作风建设的制度困境与制度化出路》，载《重庆行政（公共论坛）》2015 年第 4 期。

② 王丽：《浅谈新形势下如何全面深化检察机关作风建设》，载《法制博览》2016 年第 33 期。

性难以有效提振。

二、实践探索：珠海检察机关“每月一督察”制度建设历程与困境

为把目标管理和队伍建设抓在日常，动态了解情况，精准解决问题，突出实干实绩导向，珠海检察机关创设“每月一督察”制度，由检务督察部每月对各部门的纪律作风情况逐项进行打分并在全院通报，让干警时刻绷紧作风建设这根弦，管出习惯、抓出成效。

（一）制度建设沿革

1. 前期探索

近年来，随着作风建设的不断推进，珠海检察机关作风建设成效初显的同时，也存在诸多不足，主要表现在：个别干警思想政治学习不够实，服务大局意识不够强；人员管理不够精细，有些苗头性的问题，部分部门领导不敢管、不愿管；工作不拘小节、不重细节，报送材料不规范，法律文书制作质量不高；发展平庸化，存在重办案、轻研究的倾向，缺乏敢为人先的锐气和勇气等。珠海检察机关直面作风问题，于2020年起着手制定长效化的机关作风考评制度，围绕奖优、治庸、罚劣为核心的指导思想，确立了以下基本原则：

一是要实现透明化、公开化。将考核方式、过程、分值、结果等向全院公布，广泛征求意见，做好指标解读，让考核的人知道怎么考，被考核的人知道怎么做。

二是要全面、客观、程序化。兼顾各种要素进行全面考核、公正考核，考核指标制定要客观全面，考核过程要程序化。

三是要合理分配考评分值，做到重点突出。机关作风包括多个方面的内容，不同的作风层面，其影响力或作用力十分不同，要不断地将考核、考评的指标量化、细化。[①]

四是要遵循运动式的治理思路。机关作风建设是一个长期的、动态的、不断调整和改进的过程。部分考核指标在制度制定初期可能没有考虑到，或者上级机关提出了新要求，需要及时将其纳入；有些指标经过长期的正风肃纪，已经成为全院干警的自觉遵循，已经不再具有评价意义，可以考虑废除。

五是要强化结果运用。考核结果不只是干警及部门工作作风和工作成效的直观反映，还应当作为奖优罚劣的重要依据，为完善激励和晋升机制起到重要参考：考核结果可以作为干警个人和部门评优评先的参考指标，政治过硬、作风优秀、业绩突出的干部符合条件可以考虑优先提拔使用；作风不实、能力不足、素质低下的要进行追责问责。

2. 正式成文

围绕上述中心思想及基本原则，经过多次座谈、走访、调研、征求意见，G省Z市

---

① 刘兵：《高校机关作风长效机制建设路径探微》，载《学校党建与思想教育》2014年第18期。

人民检察院于2021年出台《机关作风建设考评办法（试行）》，笔者将从制度内容、制度执行、结果运用三个方面对该办法进行简述。

首先，在制度内容方面，该办法全文共14条，内容覆盖党务、业务、事务三类，主要由党建工作、业务工作、作风情况和嘉奖批评等四块内容组成：在党建工作方面，主要包括开展理论学习和思想教育情况、党建工作完成情况、党建品牌创建情况、党建存在不足被通报情况等。在业务工作方面，主要包括重点业务工作排名情况、办案程序规范情况、案件质量管理与评查情况、案卡填录情况、法律文书质量情况、案件线索移交转办情况等。在行政事务方面，主要包括"三个规定"落实情况、诉讼档案归档工作情况、上下班考勤情况、遵守会风会纪情况、落实休（请）假、证件管理、出入境管理制度情况、完成教育培训任务情况、开展调研工作情况、文宣材料投稿情况、公务用车、固定资产、办公用房等管理使用情况、物业管理情况等。在嘉奖批评方面，主要包括获得荣誉奖励情况、办案经验或案例受到采纳或肯定、调研文章发表情况、微信公众号投稿情况、专项工作完成情况、检察人员或部门被追责问责情况、被通报批评情况等。

其次，在制度执行方面，该办法由检务督察部牵头，机关党委、案件管理部门、政治部、驻院纪检监察组等职能部门各司其职，分工协作。各部门每个月机关作风基础分90分，各项加减分值0.1—4分不等，视具体事项与层级不同赋予不同分值，其中国家级为2—4分，省级为1—2分，市级为0.5—1分，个别事项0.1—0.5分。每月5日前，各部门将有关数据报检务督察部汇总，检务督察部联合相关部门对各部门的加减分情况进行核实确认后，将各部门的作风建设情况以及加减分条目明细进行排名，层报检察长审核后挂检察工作网通报，每个部门、每名干警都能看到因何加分减分，规矩越来越明晰，方便易操作，截至目前，共通报排名46期。

最后，在结果运用方面，该制度遵循奖优、治庸、罚劣思想，考核结果送政治部，运用到年度个人、部门评优评先和检察官绩效考核，以及个人晋升提拔的考察中。年底检务督察部进行部门及个人总排名，对排名前3名的部门和前5名的个人进行通报表扬，年度评优评先优先考虑；对排名后3名的部门领导，由驻院纪检监察组进行约谈；对排名后5名的检察人员，由检务督察部进行提醒谈话，原则上不能评优评先。由此，珠海检察机关作风考评长效机制框架已基本形成。

3. 动态调整

经过一年试行后，2022年G省Z市检察机关正式出台《机关作风建设考评办法》，并遵循动态治理的思路，参照收集到的意见建议和形势变化，结合实际执行情况，对考评办法进行优化调整、修订完善。G省Z市人民检察院多次广泛征求收集意见建议，对内号召广大干警将考评过程中遇到问题和意见建议向检务督察部反映，对外不定期走访基层院、公安机关、法院和司法局等相关单位。定期组织部门负责人召开专题会议研究讨论，将部分在初期没有考虑到，或者上级机关提出了新要求的考核指标纳入；有些指标经过长期的正风肃纪，已经成为全院干警的自觉遵循，不再具有评价意义，则将其废除。

2023年，为进一步激励干警担当作为，鼓励创新出精品，确保检察工作高质量发展，G省Z市人民检察院针对干警反映的问题和收集到的意见建议，结合实际工作情况，对《机关作风建设考评办法》进行修订完善，删除了关于“不遵守疫情防控工作”的扣分事项，新增了“违反检察职责”的扣分事项，修改了“微信公众号投稿情况”的分值比重等，并就贯彻执行过程中可能存在的问题，继续收集意见建议，实现动态调整。

（二）运行困境

“每月一督察”制度运行两年并向各基层检察院推广后，珠海检察机关作风发生了较大变化，干警守规矩、讲规矩意识增强，争先创优氛围浓厚，司法活动更加规范，办案效率和质量得到提升，各项检察业务数据在全省排名逐步靠前，“三个规定”落实见效，涌现出一批先进个人和优秀团队，形成了抓作风促工作，抓工作强作风的良性循环，但在实际运行过程中，笔者也发现其中存在着一些问题和困境。

一是对执法办案的监督仍不够深入。目前的“每月一督察”制度仍存在监督浮于表面的问题。检察机关作为国家的法律监督机关，执法办案是主责主业，目前的“每月一督察”制度不能仅仅聚焦在上下班考勤、会风会纪、案卡填录、文书文字瑕疵等形式要件方面的监督，更要把检务督察工作引向深入，强化对司法办案的跟进监督。司法体制改革后，司法责任的“放权”、自由裁量的“加权”、捕诉一体的“集权”、认罪认罚从宽的“主导权”，使得检察官的自由裁量权加大、主体地位凸显，机关作风出现问题的可能性也随之上升。例如，在近期开展的执法司法专项检查中，发现有多宗审查起诉一年以上未作出明确结论的案件，该数据筛查下发后，部分承办人在短时间内即完成了办结，由此可见，部分案件的久拖不决并非该案件真的有疑难杂症，更多的是因为有些检察官在办案过程中效率不足、质量不高、态度不够端正，也是由于部门领导、案管部门等监督履职不够到位导致。

二是激励措施的力度仍需加强。该办法运行两年来，检务督察部每年底对干警个人进行了年度总排名，具体分值分布情况见图1。从图中可以看出，2021年度全年无加分也无扣分的干警有130名，约占全体干警人数的55.3%；2022年度全年无加分也无扣分的干警有91名，约占全体干警人数的40%；该部分干警虽然全年完成了工作及学习任务，无被通报扣分情况，但同时也全年未取得过任何嘉奖或上级肯定，未出精品案件，未向微信公众号投稿，调研文章未被刊载，未向其他部门移送过案件线索等。并不是说这些干警都是“躺平式”干警，但也足以暴露出部分干警工作热情减退，全年基本是在完成基本的本职工作，争取荣誉奖励的意识不够、措施不多，由此也显现出办法中的激励措施还不够全面。

三是部分干警仍处于被动配合阶段，缺乏主动争先创优意识。结合图1可知：2021年度有39名干警全年得分在1分以内，有130名干警不得分，有20名干警为负分；到2022年度全年得分在1分以内的人数上升至55人，不得分人数降至91人，负分人数

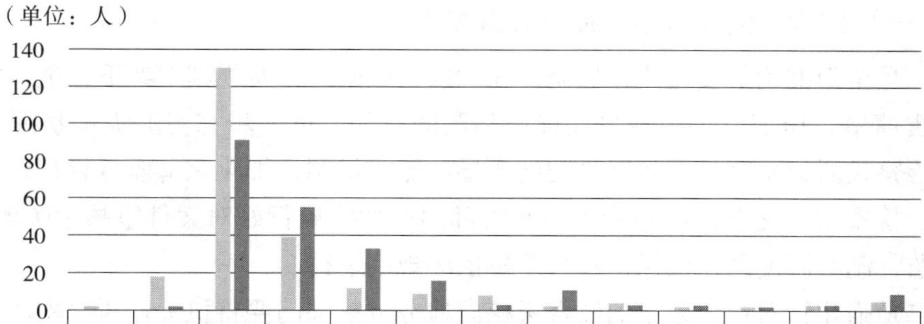

	−2−−1	−1−0	0	0−1	1−2	2−3	3−4	4−5	5−6	6−7	7−8	8−9	≥9
2021 年度	2	18	130	39	12	9	8	1	4	2	2	3	5
2022 年度	0	2	91	55	33	16	3	11	3	3	2	3	9

2021年度 2022年度

图 1　珠海检察机关机关作风考评年终得分分布情况

降至仅 2 人。随着办法的施行，扣分及不得分的人数变少，加分的人数越来越多。办法激励效果初显的同时也应警惕，能够争先创优的干警仍然是个位数，现实情况仍然是有相当一部分的部门或干警目前心态是只求过得去，不求过得硬，只要不扣分，尽量有一点加分，只要年底不是倒数，一切就万事大吉。

四是惩罚措施的威慑性仍有不足。一方面是部分扣分事项持续存在，主要集中在案卡填录、上下班考勤、教育培训完成情况等方面，每月的督察情况通报中总会有些部门因为上述事项扣分；另一方面是部分干警所取得荣誉奖励较多，对于扣分事项并不在意，再加上扣分项目的分值普遍不会很高，其所加分值可以抵消掉被扣除的分数，所以对扣分事项不够重视，这对于其个人的影响可能不大，但对于集体来说，部分指标的落后或者一些工作的失误可能会导致本部门甚至全院干警的努力付诸流水。

五是考评及计分方式仍较为传统。首先，“每月一督察”制度考评事项涉及范围较广，包括党建、业务、事务、嘉奖批评等，考评内容呈现碎片化，统计计分工作量较大，尤其是年底进行个人排名时，需要逐条梳理，计分方式仍比较传统，且一旦出现人事变动，交接工作复杂，容易出现遗漏，造成后续贯彻不彻底。其次，目前“每月一督察”的考评情况通报仍然是一份 Word 文件，一份 Excel 表格，报领导审批后挂单位内网，如有错漏需要分别修改，并在 Excel 表格重新计分排序，后续查阅时也要一个个 Word 文件打开进行查询，工作量大且效率不高。

三、破局进路：新时代检察机关作风建设提升路径

新时代检察机关作风建设需要通过制度的构建与完善，以更优质的队伍管理落实好司法责任制；需要通过思想教育内化于心，让广大干警对良好作风自觉认同、自觉参与、自觉遵守；需要通过制度落实外化于行，让“躺平”者们知敬畏、存戒惧、守底线；更需要与时俱进，通过“数字化”赋能机关作风考评，助力“数字检察”建设。

（一）健全检察权运行制约监督机制

一是全面准确落实司法责任制。在“四大检察”办案规则框架下，进一步完善检察官权责清单，压缩以自由裁量权谋取私利的空间。进一步完善上级检察院对下级检察院、检察长对检察官等上下级之间的领导和监督机制，细化完善监督管理责任范围。检委会、检察长、业务部门负责人、案管部门要切实履行好对案件审核把关的相关职责，织密监督制约制度网，确保检察权严格依法规范运行。

二是强化针对司法办案的监督考核。检务督察部门要将机关作风督察的触角延伸到司法办案的重点岗位、重点领域、关键环节，聚焦认罪认罚从宽等重点领域，有针对性地加强监督管理。继续健全案管部门与检务督察部门之间的衔接、协调、配合机制，针对司法办案实现真正的全流程监督，在“每月一督察”机制中创设更多的督察考核条目，针对发现的问题要及时预警、及时纠正、及时通报，以追责问责倒逼检察官高质量履职。

（二）注重思想教育的引导作用

思想教育是建立作风建设长效机制的核心。教育的训导性质，使教育成为杜绝检察干警不良作风问题的一个重要手段，并在干警内心深处形成约束自身行为的内在力量。

一要坚持以政治建设为统领。一直以来，一些干警和领导干部抱有只要业务工作搞好了，思想政治工作可以放松的错误观念，忽视了检察干警思想政治教育的基础性作用。[①] 需要充分依靠组织优势，通过集体学习、集中研讨、主题党日活动等为载体，规范党内政治生活，积极开展政治理论学习，深入贯彻落实习近平总书记对政法工作提出的一系列新理念、新思想、新战略。着力引导检察干警牢固树立与检察改革要求相适应、与检察干警职责使命相一致的世界观、人生观和价值观，最大限度凝聚思想共识，[②] 不断强化宗旨意识，定期开展警示教育，确保检察队伍的政治属性永不褪色，为机关作风建设打好思想基础。

二要坚持以人民为中心的发展思想。使党员干警牢固树立“为大局服务、为人民司法、为法治担当”思想，通过作风建设督促干警时刻牢记手中的权力是人民给的，要为人民掌好权、用好权，真正把“权为民所用、利为民所谋”体现在各项检察工作之中。把增强干警对群众的深厚感情作为工作重点，把人民群众的需要作为检察工作的根本导向，把执法办案的过程转变为服务群众的过程，把群众满意作为检验作风建设成效的根本标准。

三要坚持发挥先锋模范的带头作用。古人云：“风正，则百官皆守；风不正，则百

---

① 刘兵：《高校机关作风长效机制建设路径探微》，载《学校党建与思想教育》2014 年第 18 期。

② 王立乾：《论基层检察机关作风建设——主题教育活动视野中的再检视》，载《中国检察官》2020 年第 3 期。

弊俱生。”检察机关作风建设效果如何，关键取决于领导干部的重视程度，[①] 领导干部作为“关键少数”，既要当好作风建设的组织推动者，又要当好优良作风的示范践行者，以自身的优良作风和模范行为，营造强大的感召力和影响力，形成上级带下级、主要领导带班子成员、班子成员带一般干警，自上而下、以上率下的工作格局。[②] 另外，也要注重发挥先进典型的示范引领作用，有计划地选育一批作风过硬的“标杆”部门、“先进”个人，打造机关作风建设品牌，发挥示范引领作用，激发全体干警主动改进工作作风的内生动力。

（三）强化制度落实巩固建设成果

其一，完善激励保障机制。单单靠机关作风考评这一套制度包打天下是远远不够的，需要与其他制度协同配合，进一步健全激励保障机制，构建检察干警荣誉体系；破除年龄桎梏，将考评优秀干警的上升通道落到实处，畅通年轻干警的事业发展渠道；[③] 探索建立奖励体系及合同制员工级别晋升体系。引导全体干警树立积极向上的工作目标，坚持以实绩论英雄，让想干事的有动力，会干事的有舞台，干成事的有位置，形成能上能下、能进能出、充满生机活力的用人机制，[④] 提升干警工作干劲，进一步提升检察工作质量。

其二，严格落实惩戒制度。切实做好惩罚机制的贯彻落实工作，领导干部要放弃“老好人”思想，对不称职的干警要视情况及时采取诫勉、待岗、转任或不续签合同的措施。实行“一票否决”制度，对工作作风存在问题或者连续多次扣分造成严重影响的干警，取消其当年参加各种评先评优资格，发生违法违纪问题的要进行严肃处理，决不姑息迁就。

其三，坚持做好内部监督。重制度订立，轻实地落实，已经是当前社会的一个通病，各机关单位其实只要把现有的制度落到实处，很多问题在很大程度上都会得到遏制。事与愿违，不少机关没有这样做，或者是做得还不够，于是制度变成文字被束之高阁，制度的显性要求与实际的贯彻执行成了两张皮。[⑤] 因此，检务督察人员作为制度的执行者，要切实抓好机关作风长效机制的贯彻落实工作，不能将制度停留在纸面，既要对受到嘉奖肯定的部门和干警如实记录加分，也要对违反会议纪律、工作纪律的干警及时进行通报批评，对发现的问题要责令限时整改，切实营造务实肯干的良好氛围。

---

① 郭冠超：《加强检察机关作风建设的思考》，载《党政干部论坛》2018 年第 3 期。

② 王立乾：《论基层检察机关作风建设——主题教育活动视野中的再检视》，载《中国检察官》2020 年第 3 期。

③ 韩晓雨、孟秀英等：《高校机关作风建设现状及提升途径探究》，载《办公室业务》2022 年第 22 期。

④ 李飞：《机关作风建设的制度困境与制度化出路》，载《重庆行政（公共论坛）》2015 年第 4 期。

⑤ 李飞：《机关作风建设的制度困境与制度化出路》，载《重庆行政（公共论坛）》2015 年第 4 期。

（四）以数字化赋能检察机关作风建设

《中共中央关于加强新时代检察机关法律监督工作的意见》中明确提出要加强检察机关信息化、智能化建设，“数字检察”“智慧检务”是未来一段时间检察机关依法履职的新理念、新样态、新模式。自2013年全国检察机关统一业务应用系统部署以来，检察业务工作数字化在刑事、民事、行政以及公益诉讼领域均取得了不错的成果，但是在队伍管理尤其是机关作风建设方面，数字化建设仍属于空白，珠海检察机关计划以“每月一督察”制度为底层逻辑，探索构建机关作风考评“数字化”监督模型，助力“数字检务督察”和“数字检察”建设。

其一，实现考评内容“数字化”。前已述及，目前“每月一督察”的考评情况通报是一份Word文件，一份Excel表格，由检务督察人员将各部门上报的相关凭证审核确认后自行撰写并填录在表格进行计分，之后无论是报领导审批还是全院通报，其实都只是实现了“无纸化办公”而已。建立机关作风考评“数字化”监督模型，首先要将考评内容“数字化”，由各部门在“督察系统”上汇总上报本部门的“加减分事项”“相关人员”“凭证”等项目，再由检务督察人员通过系统实现线上审核、赋分，筛查掉重复上报或不符合要求的事项，最后由系统汇总生成当期情况通报及部门排名并支持导出，由数字化的“系统”代替传统的“人力”，既解决了计分项目过于“碎片化”出现整合难的情况，也方便了年底的部门及个人排名，即便出现人事变动，也便于交接。

其二，实现考评方式“数字化”。当前的机关作风考评仍然是“以结果论英雄”的状态，年底汇总得分并排名后，会分别对靠前和靠后的部门进行表扬或批评。这固然是一种激励与鞭策的手段，但是机关作风考评，扣分不是目的，加减分仅仅是对机关作风的一种量化考评方式，表扬激励与批评教育仅仅是改进工作作风的一种手段。整顿机关干部工作作风，全面系统评价干警，才是机关作风考评的最终目的。“数字检察”时代，不能只把眼光局限于“得分”“排名”这一个“点”上，需要从“点”升级到“面”和“体”去回应检察机关内部监督的格局问题。借助数字技术，可以将检察干警的政治学习、案件办理、案卡填录、案件评查结果、打造优质案例、课题调研信息材料、上下班考勤、会风会纪、立功授奖、参加志愿者活动、完成领导交办任务、业务指标排名、廉洁自律、被信访投诉情况等方方面面的工作内容数据化，最后汇总呈现出来的不再仅仅是得分和排名，而是一名干警各项学习工作生活衍生出的真实数据构成的数字孪生[①]。届时，借助调取、观察数字孪生，可以上升到一个更高的维度回看、评价干警工作作风的全景，对干警工作作风情况开展全流程监督。检察内部监督的对象也将不再受限于某个人或者某个部门，而是从开始到结束、从个人到群体、从局部到全面、从部分到系

① 数字孪生，起源于信息镜像模型，指充分利用物理模型、传感器、运行历史等数据，在虚拟空间完成映射，从而反映相对应的物体或流程的全生命周期过程，起到低成本观察、模拟、实验的效果。

统，[①] 进行一个全流程全方位的内部监督工作。

其三，实现结果运用“数字化”。前已述及，可通过数字技术构建干警学习工作生活作风的数字孪生，在需要时通过检索调取并生成干警“数字廉政档案”，政治部可以将其作为评价干警德能勤绩廉的参考内容，检务督察部可将其作为出具廉政意见的依据，院领导可将其作为人员晋升提拔、评优评先的考察要素。拓展开来可生成部门“数字廉政档案”，可以作为院领导评价分管部门作风情况，进而因材施策的参考依据，可以帮助院领导明晰分管部门干警作风的短板弱项，同时可作为对部门负责人队伍管理能力的重要评价指标，在后续的晋升提拔中作为其中一个参考要素。再进一步拓展开来，可以建立上级院同下级院的上下联动，干警个人“数字廉政档案”可以作为上级院遴选下级院干警的重要参考指标，下级院全院“数字廉政档案”可作为上级院对下级院领导班子进行考核的重要依据。

结语

作风问题具有反复性、顽固性，正如习近平总书记所讲，“贯彻群众路线没有休止符，作风建设永远在路上”。检察机关作风建设是一项系统性、长期性的工作，只有进行时，没有完成时，必须不断完善，常抓不懈。珠海检察机关也将继续坚持全面从严治党、全面从严治检不动摇，大力弘扬“从严、从高、从实”的工作作风，坚持作风建设经常抓持久抓，在坚持中见常态，向制度建设要长效，凝聚起检察机关应变局、育先机、开新局、谋复兴的强大正能量，着力打造一支让党放心、让人民满意的检察铁军。

---

① 鲁建武：《大数据战略背景下检察监督能力提升路径探索》，载《科技与法律（中英文）》2023年第1期。

粤澳刑事司法协作框架的构建
——以粤澳两地检察院为主体的刑事司法协作模式探索

康 沛*

摘 要 粤澳两地刑事司法协作的现状已滞后于两地经济与社会的发展融合，两地刑事司法协作的深度实体化构建已尤为迫切，横琴粤澳深度合作区的成立为解决这一难题提供了历史性机遇。在这一构建中，可以基于两地检察院在各自刑事诉讼体系中的职责定位、司法协助传统等共性，由两地检察院作为主体进行探索。同时，基于求同存异的原则，在协作内容上立足于实践需求及可行性、便捷性、可复制性的要求，遵循由易到难的路径，现阶段则主要集中在客观性证据的调取及互换层面。最终，具体通过两地检察院以证据本地合法性审查、证据的协作调取与互换及推动两地居民异地缓刑适用等形式来实现协作模式的有效运行。

关键词 粤澳两地 检察院 主体 刑事司法协作

一、问题的提出

2008年，中华人民共和国国务院首次以《珠江三角洲地区改革发展规划纲要》的形式明确粤澳区域合作的框架及方向，粤澳合作开始按照中央既定的规划持续不断地深化实化。2019年、2021年中共中央、国务院先后出台了《粤港澳大湾区发展规划纲要》及《横琴粤澳深度合作区建设总体方案》，促使粤澳合作步入发展的快车道，逐步形成了多层次、全方位的合作格局，社会与人员的交流也更为频繁与密切。多年来，粤澳两地的司法协作在两地的融合中已有了一定的发展，[①] 在争议较小、国际化程度较高的民商事司法协作方面，经两地的有效探索与协商，最高人民法院已于2016年颁布了《关于内地与澳门特别行政区法院就民商事案件相互委托送达司法文书和调取证据的安排》，而横琴粤澳深度合作区在建设过程中亦出台了一系列与民商事司法协作相关的政策及规

---

*康沛，广东省珠海市人民检察院第三检察部副主任、四级高级检察官。

① 参见白琳：《粤港澳大湾区法治化营商环境建设》，载深圳市律师协会、深圳市前海深港现代服务业合作区管理局编：《粤港澳大湾区的法律体系构建》，法律出版社2019年版，第222—224页。

定。但目前两地的司法协作构建却仍止步于刑事司法协作而长期驻足停滞不前，其在未得到同步发展的同时，原有的个案协查协作模式却因内地检察机关职务犯罪侦查权的转隶而进一步虚化，导致两地间的刑事司法协作出现了不进反退的尴尬局面。究其原因，除了高度互信的缺乏外，真正的根源在于两地间法律体系、理念和制度上的差异，以及理解和适用刑事司法协助原则的不同，[①] 但上述难以在短期内解决或达成共识的根源性问题不应成为阻碍粤澳两地进行刑事司法协作构建的理由。

据统计，[②] G 省 Z 市检察机关 2021 年办结涉港澳刑事案件 306 件，较 2020 年的 158 件增长了近 95%，涉港澳刑事案件数量几乎成倍数增长。但目前两地现有的司法协作不仅启动难、适用难、认定难，而且协作形式单一，内容空泛，手续烦琐，效率低下。该现状如果无法得以改善，必将成为制约粤澳进一步发展融合的深层次问题。因此，粤澳两地的刑事司法协作实体化构建已刻不容缓，而这一构建应该从实际出发，在充分尊重两地法域、政治法律制度差异化的基础上以务实的态度来开展。[③] 因此，可以遵循先易后难、由简到繁的路径，在现有的法律授权范围内，坚持灵活处理根本性难题的基础上，以横琴深度合作区试点的方式首先解决有无的问题，立足于刑事司法协作的可实质性、可操作性、可复制性，以彻底解决两地在刑事诉讼程序中所遇到的司法实践难题。

二、以粤澳两地检察院为主体的刑事司法协作模式构建

“一国两制”的基本框架下，粤澳两地间的刑事司法协作是一个主权国家内，两个不同法域间的相互司法协作，其与不同主权国家间的刑事司法协助存在着本质上的差异。[④] 国际司法协助应当与区际间司法协作作出严格的区分，中华人民共和国《国际刑事司法协助法》及澳门的《刑事司法互助法》不应也无法在粤澳两地的司法协作实践中适用。[⑤] 但是两者本质上的差异并不能排除或否认形式上存在的相似，因此粤澳两地司法协作的框架构建上可以在类似成熟立法条文的基础上进行借鉴与参考。如果两种不同质的刑事司法协助由同一主体负责，不仅有利于现有司法资源的充分利用，同时也便于原有的负责机构及成熟的操作流程在功能及作用上得到最大化的发挥。目标构建的粤澳刑事司法协作框架，必然会涵盖两地参与刑事司法活动的警察部门、检察机关、审判机关以及司法行政部门等多个机构。众多机构均为刑事司法活动的参与者，也必然将作为

---

① 参见杜磊：《内地与港澳区际刑事司法协助问题初探》，载《江汉大学学报（社会科学版）》2017 年第 3 期。

② G 省 Z 市作为与澳门特别行政区唯一陆地相连的内地城市，有多个出入境口岸联通，且有横琴粤澳深度合作区作为交流与合作的依托平台，因此 Z 市的相关数据在粤澳两地的交往中具有特殊的典型性与代表性。

③ 参见赵国强：《“一国两制”下的中国区际刑事司法协助》，载《广东外语外贸大学学报》2008 年第 19 卷第 5 期。

④ 参见荆洪文：《粤港澳大湾区法治一体化路径研究》，吉林大学 2019 年博士学位论文。

⑤ 参见钟芸：《浅论我国跨境执法司法协助制度的新突破——以〈中华人民共和国国际刑事司法协助法〉出台为例》，载《中国证券期货》2019 年第 2 期。

特定的参与方参加相应的刑事司法协作，但如果在协作模式构建中多个参与方定位出现重合混淆，或主体角色的模糊化、碎片化、零散化，同样不利于两地刑事司法协作的构建与开展。因此，综合分析两地刑事诉讼活动中的检察机关的角色定位，以及两地检察机关涉外刑事司法协助的现状，将粤澳两地刑事司法协作定位为由两地检察机关作为相互对接的协作主体更为适宜。

（一）两地检察院在刑事诉讼活动中的主体责任

内地与澳门的检察制度虽然在不同的法域内经历了不同的历史发展进程，在机构设置及具体职权等方面也存在着一定的差异，但同样作为现代检察制度，两者存在的共性大于差异。最为显著的共性在于两地检察机关均应秉持客观公正的立场，在刑事诉讼活动中发挥相应的主体责任，① 这一主体责任亦均完整地覆盖了两地刑事诉讼活动的全流程及全领域。

根据《澳门特别行政区基本法》、澳门《刑事诉讼法典》及《司法组织纲要法》的相关规定，可以概括出澳门检察院在刑事诉讼中主要承担的六项职责：（1）决定立案；（2）领导侦查；（3）提出起诉；（4）支持起诉；（5）确保法院依法、独立履行其审判职能；（6）促进刑罚及保安处分的执行。② 在上述刑事诉讼的六项职能中，内地检察机关与澳门检察院在基本内涵上是相类似的，只是在外延上各有不同的着重或延伸。而内地的《刑事诉讼法》经过2012年及2018年的两次修订，加上《人民检察院刑事诉讼规则》的两次修改，在内地的刑事诉讼活动中，无论是在传统的法律监督层面，还是捕诉一体化及认罪认罚从宽制度适用等方面，检察机关在刑事诉讼活动中的主体责任亦不断日益凸显。③

（二）两地检察院涉外刑事司法协助的现状

澳门检察院是其法域中涉外刑事司法协助的核心。澳门特别行政区与内地以外的地区或国家开展刑事司法协助，由澳门《刑事诉讼法典》第213条至223条的条文及澳门《刑事司法互助法》作出了相应的规定。其中，澳门《刑事司法互助法》第22条、第23条分别规定向澳门提出刑事司法协助请求及澳门对外提出刑事司法协助请求均由澳门检察院负责流转处理。向澳门提出请求的，由检察院负责接收、传送及处理相关通知事宜，并由检察长针对该请求附具意见书送呈行政长官决定。澳门提出请求的，亦由检

---

① 参见［葡］乔治·德·菲格雷多·迪亚士：《刑事诉讼法》，马哲、缴洁译，社会科学文献出版社2019年版，第224—225页。

② 参见［葡］Manuel Leal-Henriques：《澳门刑事诉讼法教程》上册（第二版），卢映霞、梁凤明译，澳门印务局2011年版，第64—69页。

③ 参见张军：《关于检察工作的若干问题》，载《人民检察》2019年第13期。另在2019年及2020年的全国两会上，检察机关在刑事诉讼活动中应承担并积极履行主导责任的相关表述亦出现在最高人民检察院的工作报告中。

察长送呈行政长官，在行政长官作出决定后再由特区政府遵循外交途径送出。[①] 因此，在澳门的涉外刑事司法协助中，协助与否的决定虽然不是由澳门检察院最后做出，但是其负责了相关请求的全部流转程序，且对接收的请求进行实质审查并提出书面意见。

最高人民检察院是内地法域中涉外刑事司法协助的积极参与者。根据《国际刑事司法协助法》第 5 条第 2 款规定："中华人民共和国司法部等对外联系机关负责提出、接收和转递刑事司法协助请求，处理其他与国际刑事司法协助的相关事务。"第 6 条第 1 款规定："国家监察委员会、最高人民法院、最高人民检察院、公安部、国家安全部等部门是开展国际刑事司法协助的主管机关，按照职责分工，审核向外国提出的刑事司法协助请求，审查处理对外联系机关转递的外国提出的刑事司法协助请求，承担其他与国际司法协助相关的工作。"由此可见，在内地的对外国际刑事司法协助中，负责流转程序的为司法部等对外联系机关，最高人民检察院仅在其职责分工内承担相关涉外刑事司法协助的审核及审查，其他参与者亦在各自的职责分工内参与涉外刑事司法协助。

（三）粤澳刑事司法协作中的构建模式

相较于最高人民检察院而言，澳门检察院在涉外刑事司法协助中的作用更为突出、全面，但这并不妨碍得出两者在该项职能中的最大公约数，即澳门检察院与最高人民检察院均为各自法域内涉外刑事司法协助的重要参与者，而这一共同特征的显现则为在准用涉外法规原则的基础上给粤澳两地刑事司法协作的构建提供了一种全新的可能。[②]

在将来的粤澳刑事司法协作构建中，内地各部门、机关因在刑事诉讼活动中的授权、分工及定位的差异，必然会出现如同涉外刑事司法协助中多部门、机关根据职责分工不同而共同参与的情形，亦只有在多方共同参与的情况下才能真正实现区域刑事司法协作效能的最大化。[③] 但多方参与并不等于各自参与、单独参与，以澳门现有的涉外刑事司法协助而言，其亦排除了在澳门法域内相关参与部门对外的单独参与或各自参与。因此在粤澳刑事司法协作的构建中，内地应该从对接澳门，尊重澳门司法传统以及两地现有刑事司法协助模式、价值最大化的原则出发，由最高人民检察院作为内地方面粤澳刑事司法协作的主体对接澳门检察院开展刑事司法协作。

根据《澳门特别行政区基本法》第 93 条规定："澳门特别行政区可与全国其他地区的司法机关通过协商依法进行司法方面的联系和相互提供协助。"因此，粤澳两地开展刑事司法协作有充分的法理依据。[④] 虽然相关的协作对接为澳门检察院与最高人民检察

---

① 葡萄牙的法律传统对澳门有着重要的影响，该国《刑事诉讼法》第 230 条第 1 款规定："向外国发出的请求书，应当交由检察院发送。"

② 参见郭玉军、徐锦堂：《中国区际法律冲突解决路径探析（下）》，载《时代法学》2008 年第 2 期。

③ 参见李海滢、吕岩峰：《试论中国区际刑事司法协助的职能机关》，载《时代法学》2005 年第 4 期。

④ 参见宋锡祥、王富世：《内地与澳门区际刑事司法协助问题新探》，载《法学研究》2019 年第 10 期。

院，但2000年最高人民检察院已颁布《最高人民检察院关于进一步规范涉港澳个案协查工作的通知》，在个案协查方面对G省人民检察院作出了相应的授权。2020年，最高人民检察院在《关于充分履行检察职能依法服务和保障粤港澳大湾区建设的意见》中明确提出，“支持广东检察机关探索与港澳相关执法司法机构开展交流与合作的途径”。因此，在粤澳刑事司法协作的构建中，可以尝试以澳门检察院与最高人民检察院作为两地相互协作的名义主体，同时基于最高人民检察院的授权，由G省人民检察院的派出院——广东省H合作区人民检察院与澳门检察院进行具体协作事宜的对接，这样不但于法有据，且有地域的优势，也更为有利于协作工作的针对性及高效、便捷地开展，而此种构建亦是粤澳两地在原有个案协查基础上的进一步创新。

三、以客观性证据为重点的粤澳刑事司法协作内容

未来粤澳两地的区域刑事司法协作构建的完整内容应该与两地现有的对外刑事司法协助具有高度的相似性，即同样大致包含了犯罪嫌疑人（罪犯）移交、涉案财产移交、刑事裁判互认、证据调取移交等多个方面[①]。但目前应从两地的司法实践需求出发，遵循先简后繁，先易后难的路径，以构建能满足大部分司法实践共性需求的简易、便捷、高效的类案刑事司法协作框架为主，以解决疑难复杂个性案件经由原有的个案协查模式为辅，以“双线并进”的双轨形式迈出粤澳两地刑事司法协作构建的第一步。

根据2017年1月—2022年4月Z市检察院办理澳门籍人员刑事案件的相关资料预测，如全面开展粤澳两地刑事司法协作，判处3年以下有期徒刑的轻罪案件协作占比将接近95%，在剩余5%的判处3年以上有期徒刑的重罪案件协作中，将近80%为经济类犯罪。据此，可以将粤澳两地刑事司法协作的初步构建限缩在异域的证据取证及互换中，这一领域虽然同样存在着证据采信原则、证据能力标准及证据形式分类等差异，[②]但两地对证据的表述中均采用了广义肯定的原则规定，通过内地与澳门两地刑事诉讼法的比对研究，仍能选取出双方间一致或趋同的共性，因此可以考虑在初期阶段限定在客观性证据的范畴内进行证据间的相互协作。

（一）书证、物证、视听资料与电子资料的分层认定

书证、视听资料与电子资料均为典型的客观性证据，均是以特定载体所记载、表现出来的内容来证明案件事实的证据。[③]粤澳两地对于此类证据所定义的内涵基本一致，但是在刑事诉讼体系中所表现出来的形式存在差异，澳门《刑事诉讼法典》的第150条

---

① 参见林贻影：《检察机关服务保障粤港澳大湾区建设的法律思考》，载《人民检察》2020年第16期。

② 参见赵琳琳：《我国区际刑事司法中跨境取证问题探析——以证据能力的分析为重点》，载《法律适用》2019年第5期。

③ 参见张建伟：《证据法要义》（第二版），北京大学出版社2016年版，第190页、第301页。

至155条以内容与适用为重点作出了相关的规定，内地《刑事诉讼法》中虽仅在第50条作出项目列举，但却通过最高人民检察院、最高人民法院等部门的众多相关司法解释，就该种类证据从证据合法性审查以满足证据能力的角度全面、细致地作出了规定与阐述。① 因此，粤澳两地在刑事司法协作中应当根据不同种类证据在司法实践中的差异分为三个不同层次的协作。

1. 公文书书证的移交采纳。在澳门诉讼法中公文书的概念为“公共当局在其权限范围内、或公证员或被授予公信力之官员在其所获授权之行事范围内依法定手续缮立之文书”。② 其《刑事诉讼法典》第154条规定：“如并无对公文书或认证文书之真确性或其内容之真实性提出有依据之质疑，则该文书所载之实质事实视作获证明。”由上述定义及规定可知，在澳门的刑事诉讼中，公文书因其出具主体具有公权力的特性，故其证明力较一般证据更高，除非提出实质性、有效的质疑，其所证内容应当被采信。

同样，我国内地对公文书的定义与澳门基本一致，其范围为“国家公职人员依职权制作的文书。我国机关、企业事业单位、社会团体在其职权范围内制作的文书均属公文书”，③ 该类证据在刑事诉讼中的实践适用也与澳门基本一致。同时，此类证据在粤澳两地的刑事司法实践中不仅采用的数量多，证明力强，在各类案件中均具有必须性及普遍性，因此该类证据的互换应为两地刑事司法协作的重点，且该类互换证据在诉讼中应该得到直接的采纳。

2. 其他书证、物证、视听资料、电子资料的审查采纳。其他书证、视听资料及电子资料因其出具、产生、形成或持有的原始主体为非公权力，所以其亦不具备因公权力而附随的公信力，但此种公信力的不足不代表证明力的强弱，更不能直接否定其证据能力，④ 粤澳两地在刑事诉讼中亦未对域外相关证据作出排除适用的规定。其中最高人民法院《关于适用〈中华人民共和国刑事诉讼法〉的解释》第77条明确规定了在刑事审判中境外证据的采纳标准：“经人民法院审查，只要相关证据能够证明案件事实且符合刑事诉讼法规定，可以作为证据使用。”澳门《刑事诉讼法典》第112条与114条也规定了澳门法域的刑事诉讼证据采信标准。⑤ 因此这意味着两地在相关证据采纳与否上，

---

① 如:《人民检察院刑事诉讼规则》(2019年)、《关于适用〈中华人民共和国刑事诉讼法〉的解释》(2021年)、《关于办理死刑案件审查判断证据若干问题的规定》(2010)、《关于办理刑事案件收集、提取和审查判读电子资料若干问题的规定》(2016年)、《关于办理刑事案件排除非法证据若干问题的规定》(2010年)、《关于办理刑事案件严格排除非法证据若干问题的规定》(2017年)等，内地刑事诉讼中的其他类型证据亦基本以此类模式来作出相应的规定与阐述。

② 参见［葡］Manuel Leal-Henriques:《澳门刑事诉讼法教程》上册（第二版），卢映霞、梁凤明译，澳门印务局2011年版，第155—156页。虽然澳门《刑事诉讼法典》为对该文书种类作出定义，但其在司法实践中适用该法域《民法典》第356条的相关定义。

③ 张建伟:《证据法要义》(第二版)，北京大学出版社2016年版，第191页。

④ 参见陈瑞华:《刑事证据法学》，北京大学出版社2013年版，第77—79页。

⑤ 澳门《刑事诉讼法典》第112条规定:“凡非为法律所禁止之证据，均为可采纳者。”第114条规定:“评价证据系按经验法则及有权限实体之自由心证为之，但法律另有规定者除外。”

取决于遵循各自域内刑事诉讼的法律规定，对相关证据进行证据能力审查的结果。在确认境外相关证据具备证据能力后，其亦应当然地纳入刑事案件的证明体系中，作为证据适用于证明案件的相关事实，这在粤澳两地的现实司法实践中均有生效刑事判决予以支持。[①]

粤澳两地刑事刑法协作所涉及的判处3年以上有期徒刑的重刑案件将有接近80%为经济类犯罪，该类刑事案件证据组成的一个重要特点即为一般书证及电子资料类证据繁多，所以两地刑事司法协作中无可避免地必须要面对与解决上述证据间的司法协作。全面移交，审查采纳的模式不仅能满足相关刑事案件证明体系的构建，同时亦不违背粤澳两地各自原有的证据采信标准与原则。

3. 域外生效判决的本地证据化适用。域外判决的承认涉及本法域内司法主权的重大问题，因此无论是内地或澳门都在其法域内对域外判决的承认与执行作出了详细的规定，都需要本地法院以审判程序对域外判决作出确认后才能在本地进行刑罚的执行。因此，粤澳两地判决互认此类深层次问题在两地刑事司法协作构建的初期应当予以回避，但两地域外生效判决的本地证据化适用则仅为一个证据互换的协作问题，其不但有利于两地相关刑事案件办理中定罪、量刑的公正合理，同时其亦具有现实的可操作性。

根据澳门《刑事诉讼法典》第218条第1款与第3款规定的差异，表明在澳门的刑事司法实践中域外生效判决的承认与其单独作为刑事案件的证据适用是两个截然不同层次，其并不排除将未确认域外判决作为刑事案件的证据使用。[②] 同时，在我国民事诉讼的司法实践内亦同样存在此种情况，如最高人民法院在其（2015）民提字第150号民事判决中认为："外国法院判决未经人民法院承认，在我国不发生法律效力，故其认定的事实不属于免证事实，但不影响人民法院将该判决作为证据之一，应结合本案其他证据予以认定。"同样，澳门生效判决在内地的证据化适用并不违反我国《刑事诉讼法》的相关规定，仅其判决所认定的事实不属于免证事实，[③] 但在其他证据的印证下，其所认定的事实可以且应当在法庭审理中予以认定。

---

① 如澳门特别行政区中级法院第778/2012号司法上诉裁判书，其在判决中采纳了内地公安机关提取的电子资料作为证据。又如广东省珠海市中级人民法院（2018）粤04刑终8号刑事判决书，该判决中采纳了澳门司法警察在搜查中扣押物证及调取的书证作为认定案件事实的证据。

② 澳门《刑事诉讼法典》第218条规定："一、如基于法律、适用于澳门特别行政区之国际协约或属刑事司法协助领域之协定，非由澳门特别行政区法院宣示之刑事判决应在澳门特别行政区产生效力，则其执行效力取决于预先审查及确认。……三、如该刑事判决在澳门特别行政区法院内被提出作为证据方法，则第一款之规定，不适用之。"

③ 《人民检察院刑事诉讼规则》（2019）第401条规定："在法庭审理中下列事实不必提出证据进行证明……（二）人民法院生效判决所确认并且未依审判监督程序重新审理的事实……"

（二）刑事司法鉴定的限缩与补强 [①]

现代刑事诉讼过程中，通过具有专门知识的人员运用科学技术或专门知识对刑事诉讼中的专门性问题进行鉴别和判断来证明刑事案件的事实已经越来越普遍，内地与澳门的刑事诉讼法均在证据种类中对该类证据作出了相关的规定。虽然司法鉴定的意见或结论带有一定的主观性，但因其鉴定物件及所使用的鉴定规则和标准具有客观性，且此种客观性具有基础性及决定性意义，所以该类证据的互换也应纳入粤澳两地刑事司法协作的构建范畴。同时，司法鉴定的有效性及证据能力的确定取决于鉴定的发起、[②] 鉴定物件来源、鉴定主体、鉴定程序、鉴定依据等方面，就总体而言，两地的共通性远远大于差异，因此在对存在争议的鉴定范围作出一定的限缩及完善相应的鉴定补强方式的基础上，两地的刑事司法鉴定意见在进行证据互换后应当能被采纳进入各自的刑事案件证明体系。

1. 刑事司法协作中司法鉴定内容及种类的限缩。刑事司法鉴定在现代刑事司法实践中的应用越来越广泛，传统的狭义刑事司法鉴定，如法医学类及物证类等鉴定，因其所依据的技术标准、规则或科学规律更为稳定与客观，因此其所得出的鉴定意见分歧更少；新型的广义刑事司法鉴定，如价值鉴定及价格认定等，则因为鉴定的参照标准多变、鉴定体系主观性因素较多而往往得出的鉴定意见分歧较大。[③] 澳门《刑事诉讼法典》第 149 条规定："鉴定证据固有之技术、科学或艺术上之判断推定为不属审判者自由评价之范围。"因此，粤澳两地刑事司法协作中所涉及的司法鉴定的内容及类型应为传统的客观性更强的狭义刑事司法鉴定。

2. 刑事司法协作中司法鉴定主体的限缩。澳门《刑事诉讼法典》第 139 条第 2 款规定："鉴定系在适当之场所、实验室或官方部门内进行；如此为不可能或不适宜，则在法院所存有之鉴定人名单所载之人中指定一名鉴定人进行之；如无该等人或其不可能在有效时间内作出回应，则由诚实可靠且在有关方面公认为有能力之人进行之。"该规定对三种不同鉴定主体资格作出了一个优先级的规定，只有在前一鉴定主体无法或不适宜作出鉴定时方采用后一鉴定主体作鉴定，首选的则是"适当之场所、实验室或官方部

---

① 澳门相关内容规定在《刑事诉讼法典》第 139 条至第 149 条。内地则仅在《刑事诉讼法》中作出了程序上的概括规定，具体详细的规定则分别以一般性司法解释（《关于适用〈刑事诉讼法〉的解释》《关于办理刑事案件严格排除非法证据若干问题的规定》等）及专门性司法解释（《司法鉴定通则》《办理毒品犯罪案件毒品提取、扣押、称量、取样和送检程序若干问题的规定》《涉案文物鉴定评估管理办法》等）来作出。

② 内地《司法鉴定通则》第 11 条规定："司法鉴定机构应当统一受理办案机关的司法鉴定委托。"澳门《刑事诉讼法典》第 141 条则规定得以命令进行鉴定的为司法机构及刑事警察机关。虽然两地一个是以委托的方式发起，另一个是以命令的方式发起，且案件当事人均可以申请进行鉴定，但鉴定程序的发起人均为刑事案件的办理主体。

③ 参见樊崇义:《证据法治与证据理论的新发展》，中国人民公安大学出版社 2020 年版，第 242—245 页。

门”，其代表则为澳门司法警察局的刑事技术厅。[①] 与之相较，内地的刑事司法鉴定主体所强调的必要且充分条件是鉴定机构及鉴定人具有相应的法定司法鉴定资质，而具有相应的资质的机构或人，其鉴定资质必然是官方授予的，但其却并不必然都属于官方机构，现实的情况是官方有鉴定资质的机构与社会有鉴定资质的机构并存。同时，内地法院也会依据规定建立专门的鉴定机构目录，在需要委托鉴定时从中选取。目前内地暂时没有选取无鉴定资质的专业人员作为鉴定人的司法实践。因此，粤澳两地刑事司法协作在刑事司法鉴定中对鉴定主体应当作出一定程度的限制，如将其限缩在刑事司法鉴定的鉴定主体为官方机构时，其鉴定的主体资格的有效性则应能为两地所共同接受。

3. 完善刑事司法鉴定的补强方式。在刑事司法鉴定在作出鉴定报告或意见后，为了确保其能被作为证据纳入案件事实的证明体系，澳门与内地都作出了鉴定人出庭作证的规定。[②] 司法实践中并不是所有刑事案件的鉴定人都会出庭作证，而依申请或依职权确定的鉴定人出庭应为极个别案例，如将司法鉴定作为证据纳入粤澳两地的刑事司法协作构建框架中来，就必须对此种可能出现的情况以证据补强的方式来予以完善。此种补强的方式亦可以采用优先级的设置方式，如首先根据澳门《刑事诉讼法典》第 144 条的规定，在听证前鉴定人以书面的形式对鉴定中各方所异议的问题作出书面的补充解释，其次是可以在听证过程中以远端视频的方式出庭作证，上述两种的可能补强方式可以同样地适用与内地的司法实践，即两地结合本法域内的相关规定进行本地化补强。需要明确的是，如在依申请或职权确定鉴定人出庭作证后，鉴定人未能以相关拟定的方式进行补强，或者相关的方式在完成后未能达到补强原有鉴定建议意见或报告的结果，则两地司法机关应当根据各自的刑事诉讼法律规定来决定相关鉴定意见或报告的采纳与否。

四、以两地检察院为主体的粤澳刑事司法协作形式

以两地检察院为主体的粤澳两地刑事司法协作构建立足于两地现有的刑事诉讼程序，亦立足于有效的微观可操作性、可复制性，更立足于两地检察院最为基本的检察职能。因此，两地检察院在此种模式的刑事司法协作构建中不仅要充分履行检察职能，将现有的法律授权进行最大化的发挥，而且要紧贴司法实践的客观需要，抽取两地检察职能的共性进行协作模式的创设，通过司法协作的形式来提高及推动两地法治建设的协同发展。

---

① 参见邱庭彪：《澳门刑事诉法法分论》（修订版），社会科学文献出版社 2014 年版，第 49—50 页。

②《刑事诉讼法》第 192 条第 3 款规定：“公诉人、当事人或者辩护人、诉讼代理人对鉴定意见有异议，人民法院认为鉴定人有必要出庭的，鉴定人应当出庭作证。经人民法院通知，鉴定人拒不出庭作证的，鉴定意见不得作为定案的根据。”澳门《刑事诉讼法典》第 331 条则规定：“鉴定人之声明系由主持审判之法官听取，其余法官、检察院、辩护人、辅助人律师及民事当事人律师，得建议主持审判之法官要求鉴定人作出解释，或建议主持审判之法官向鉴定人提出对案件作出良好裁判属有用之问题。”

（一）证据移交前的本地法域合法性审查

在粤澳两地司法协作构建中，证据互换将主要集中在客观性证据层面，此类证据主要是以“人以外之物”为证据内容载体的证据，其外部特征、形状及内容等基本稳定，所包含的证据内容受人的主观意志影响较小，客观性较强，[①] 所以该类证据在不同法域中得以采纳的一个重要标准即为其具备证据能力，即在被作为证据所采纳的法域内不会受到证据合法性的负面评价。但是内地与澳门的相关法律在证据合法性方面的规定会存在一定差异，且在两地现有的司法实践中，对涉外刑事司法协助所接受的域外证据亦均需要在刑事诉讼过程中进行合法性审查及评判方能采纳，而此种审查与评判则主要是基于域外证据提供方证据取得的合法性为基础。[②] 因此，在粤澳两地刑事司法协作的证据互换部分，应当由证据提供方在证据移交前完成对该证据的本地法域合法性审查，仅在相关证据均符合本地法域证据合法性要求，具备本地的证据能力后才能将证据移送另一法域，这样不仅有利于证据接收方法域的证据采信，亦有利于维护移送证据方法域的司法权威。基于两地检察院在刑事诉讼中的定位与立场，此项职能应当由检察院负责更为适宜。

1. 合法性的监督定位。内地检察院的宪法定位是法律监督机关，法律监督的职能覆盖了刑事诉讼的全流程，[③] 随着在刑事诉讼中主体责任的不断实质化，内地检察院在刑事诉讼中对证据合法性的审查作用越来越凸显，不仅承担了起诉前非法证据的排除责任，亦承担了庭审中证据合法性的举证责任。同时，澳门检察院的一项重要职责即监督法律的实施，[④] 澳门《司法组织纲要法》第 56 条第 2 款第 5 项规定“监察刑事警察机关在程序上的行为”，结合澳门《刑事诉讼法典》上相关的规定，澳门检察院同样要求其在行使检控权时监督侦查活动的合法性，同时排除非法证据的适用，并监督法院审判职能是否依法履行。

2. 刑事诉讼中秉持的立场。客观公正是行使检察权的根本原则，也是现代检察制度确立和不断发展的基础性原则。[⑤] 粤澳两地法域的渊源存在一定共性，而秉持客观公正立场，对客观性义务的遵循是粤澳两地检察院作为司法机关最大的共性所在。两地检察院在刑事诉讼过程中虽然同样负有对犯罪提起公诉的职责，但其却并非与刑事案件的当事人截然对立。检察院作为社会公义的代表，除了追诉犯罪也要保障人权，同时在刑事诉讼中不但要收集、审查有罪及罪重的证据，同样要求收集、审查无罪及罪轻的证据。

---

① 参见樊崇义：《证据法治与证据理论的新发展》，中国人民公安大学出版社 2020 年版，第 50—52 页。

② 最高人民法院《关于适用〈中华人民共和国刑事诉讼法〉的解释》第 77 条，最高人民检察院指导性案例第 67 号，澳门《刑事诉讼法典》第 111 至第 113 条。

③ 参见张建伟：《刑事诉讼法通义》（第二版），北京大学出版社 2016 年版，第 159—160 页。

④ 参见邱庭彪：《澳门刑事诉法法分论》（修订版），社会科学文献出版社 2014 年版，第 20 页。

⑤ 参见童建明、孙谦、万春主编：《中国特色社会主义检察制度》，中国检察出版社 2022 年版，第 195—203 页。

只有在全面收集、审查证据的基础上，检察院才能客观公正地还原案件事实，通过刑事诉讼中的司法公正进而实现社会公义。

（二）证据的协作调取及移交

根据前文的分析预测，内地所办理的澳门籍人员犯罪案件有近95%为判处3年以下有期徒刑的刑罚，而判处非徒刑刑罚的占比亦高达82%，即未来粤澳刑事司法协作所涉及的刑事案件有很大的可能主要集中在轻罪案件。司法效率的提高亦是实现司法公正的一种形式，烦琐的流转方式与司法程序已经不符合现代诉讼精神，甚至沦为了拖慢诉讼进程及损害人权的元凶，[①] 此种弊端在轻罪案件的处理中则更为凸显。因此，粤澳间应当以更为简单、直接、快捷、有效的出发点来进行两地刑事司法协作的构建，其中一种可行性模式即为建立两地检察院间高效的证据协作调取及移交机制。

1. 两地检察院协作取证的基础。根据澳门《刑事诉讼法典》及《司法组织纲要法》的规定，澳门检察院领导刑事调查与侦查，即刑事案件的侦查行为是由检察院在刑事司法机关辅助下领导进行。[②] 所以，澳门检察院单独就区域司法协作事由在澳门当地调取相关证据并无法律障碍。同样，内地检察院虽然仅对十四个司法工作人员渎职犯罪有直接的立案侦查权，但《刑事诉讼法》亦赋予了检察院在审查起诉、一审、二审及没收违法等程序中的自行补充侦查权，[③] 在不涉及对人及物采取强制措施的情况下，检察院还可以采用调查核实权作为证据提取的补充手段，[④] 所以内地检察院单独就区域司法协作事由在本地调取相关证据亦不存在法律障碍。因此，如果能直接构建两地检察院间的协作取证，无疑将大幅提高粤澳两地刑事司法协作的效率，并能有效地满足绝大部分两地办理互涉刑事案件的需求。

2. 两地检察院证据移交的形式。内地与澳门并无区域间司法协作证据移交形式的明确规定，在澳门《刑事诉讼法典》中与之存在一定关联的仅有在扣押中第169条关于施加封印及解除封印的规定，[⑤] 但2021年最高人民检察院颁布的《人民检察院办理网络犯罪案件规定》却为两地检察院在区域司法协作中的证据移交形式构建提供了有效的参考。该规定第58条对跨国（边）境司法协助的证据移交形式作出了明确的表述，[⑥] 该规定第60条规定："人民检察院办理涉香港特别行政区、澳门特别行政区、台湾地区的网

① 参见李哲:《澳门"刑事诉讼法典"的修订与检讨》，载《人民检察》2015年第18期。

② 澳门《刑事诉讼法典》第42条、第246条,《司法组织纲要法》第56条。

③ 内地《刑事诉讼法》第175条,《人民检察院刑事诉讼规则》第342、343、422、449、523条。

④ 参见万毅、孙军:《检察机关调查核实权之权能分析》，载《人民检察》2020年第18期。

⑤ 澳门《刑事诉讼法典》第169条:"扣押之物件须尽可能加上封印；封印解除时，在加上封印时曾在场之人须尽可能在场，并由其证实封印未受破坏及扣押之物件未被改变。"

⑥ 内地《人民检察院办理网络犯罪案件规定》第58条:"人民检察院参加现场移交境外证据的检察人员不少于二人，外方有特殊要求的除外。移交、开箱、封存、登记的情况应当制作笔录，由最高人民检察院或承办案件的人民检察院代表、外方移交人员签名或者盖章，一般应当全程录音录像。有其他见证人的，在笔录中注明。"

络犯罪案件，需要当地有关部门协助的，可以参照本规定及其他相关规定执行。”因此，根据上述规定参考构建粤澳刑事司法协作的证据移交形式在可行性与可操作性上更易为两地接受，而移交形式的固定化与可复制化确定亦有利于具体刑事司法协作的实质、高效开展。

（三）两地互涉缓刑异地执行的协作

缓刑是在现代刑法基础上发展并在世界范围内普及的一种刑罚制度，其作为弥补短期自由刑弊端的一种措施，可以有效地避免恶性较轻的罪犯在监所内感染恶习，可以使罪犯保持正常的工作及家庭联系，进而避免重返社会的苦难并减少再犯可能性。因为缓刑制度集中体现了刑罚的人道性、经济性以及刑罚个别化、社会化的现代刑罚思想，所以其受到各国立法者的青睐，成为当今世界通行的一种刑罚制度。[①] 根据前文统计的资料显示，澳门籍人员在Z市所涉的刑事案件中，近95%的案件是以作出三年以下有期徒刑的刑罚处理终结，亦即澳门籍人员在Z市犯罪中，有95%的案件大概率符合缓刑适用的基本条件。

G 省 Z 市近五年判处三年以下刑罚适用缓刑的比例

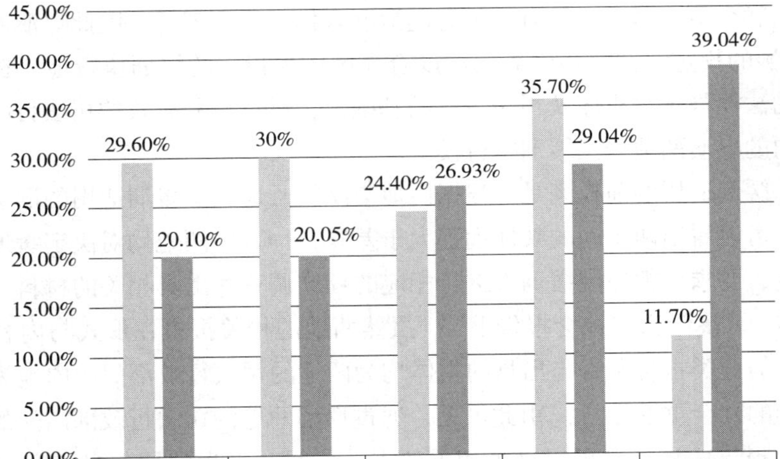

	2017	2018	2019	2020	2021
澳门籍人员适用情况	29.60%	30%	24.40%	35.70%	11.70%
全市适用情况	20.10%	20.05%	26.93%	29.04%	39.04%

表中对五个完整年度中澳门籍人员在Z市适用缓刑情况及全Z市缓刑适用情况进行了列表的比较分析。根据对比分析的结果显示，澳门籍人员在Z市适用缓刑的情况与全Z市刑事案件适用缓刑的情况在2017年至2020年四年间差别不大，且因澳门籍人员所

① 参见冯卫国：《澳门与大陆缓刑立法之比较》，载《政法学刊》2000年第3期。

涉及的刑事案件有近95%均为作出3年以下有期徒刑的处罚，[①] 其在2017、2018、2019年度的缓刑适用率均高于全Z市刑事案件的缓刑适用率，同时，随着2020年内地认罪认罚从宽制度的适用与全面落实，两类情况的缓刑适用率均在该年度中达到了前所未有的高度。但是2021年度的资料却表现出巨大的反差，Z市全市判处3年以下有期徒刑刑事案件的缓刑适用率进一步大幅增长到近40%，但澳门籍人员判处3年以下有期徒刑刑事案件的缓刑适用率却急剧地大幅下降至11.7%。究其原因，主要是在2020年后，内地先后颁布并实施了《社区矫正法》《社区矫正实施办法》等一系列进一步规范缓刑适用及缓刑执行的相关法律，囿于澳门与内地间刑事司法协作的客观情况，导致澳门籍人员难以满足内地在缓刑适用及缓刑执行方面的法律要求，造成澳门籍人员在内地缓刑适用率大幅降低的现状，如果澳门与内地间的刑事司法协作不能取得相应的突破，此种情况则会长期存在，这必将影响粤澳深度合作的建设与融合。因此，在粤澳刑事司法协作的构建中必须对此类情况提出切实可行的解决方案。

目前，不同法域居民的单向本地缓刑适用在内地已有成功的尝试。内地2016年内地出台了《关于对因犯罪在大陆受审的台湾居民依法适用缓刑实行社区矫正有关问题的意见》(以下简称《意见》)，该意见的颁布切实有效地解决了台湾居民在内地的缓刑适用问题。虽然内地并无专门的关于澳门居民在内地适用缓刑的法律规定，但由于内地与澳门联系更为紧密，且有横琴粤澳深度合作区作为依托，因此粤澳两地可以考虑借鉴《意见》的规定，并将横琴粤澳深度合作区作为指定的缓刑执行地，在遵循粤澳地各自目前的法律规定、程序及司法主权的基础上，通过充分有效的司法行政协作来构建并开展双向的粤澳两地居民缓刑执行模式。

1. 缓刑适用的前提满足。根据内地与澳门两地关于缓刑适用的刑法及刑事诉讼相关法律，可以看出两者间的共性远远大于差异，[②] 其中两地均对决定缓刑适用的前提作出了规定，要求对拟适用缓刑人进行相应的社会调查并出具相关的材料，内地为“社会调查报告”、澳门为“社会报告书”。虽然两地的相关报告在形式与内容上会存在着一定差异，但此类报告调查与出具的主体均为两地的司法行政部门，内地为司法局，澳门为法务局的社会重返厅[③]。由此可见，通过粤澳两地的司法行政部门间的相互的社会调查协作及报告的移送既可以满足相关的需求，同时因为横琴粤澳深度合作区的社会治理行政结构既不同于内地亦不同于澳门，其社会治理为粤澳两地分别派员、共同治理的模式，将其定位为双向的粤澳两地居民缓刑执行地更有利于将现有的社会治理模式进一步地发挥。

---

① 澳门《刑法典》第48条第1款、第5款分别规定“一……法院得将科处不超逾三年制徒刑暂缓执行……五、暂缓执行徒刑之期间须在一年至五年之范围内定出……”故澳门与内地缓刑适用的范围及情况基本一致。

② 参见杨兴培、陈柱钊:《中国内地与澳门刑法中缓刑制度的比较研究》，载《华东政法大学学报》2008年第3期。

③ 参见邱庭彪:《澳门刑事诉法法分论》(修订版)，社会科学文献出版社2014年版，第332页。

2. 缓刑执行的具体落实。《社区矫正法》第 17 条第 3 款规定："社区矫正对象的居住地、经常居住地无法确定或者不适宜执行社区矫正的，社区矫正决定机关应当根据有利于社区矫正对象接受矫正、更好地融入社会的原则，确定执行地。"因此完全可以将在 Z 市受审并判处缓刑的澳门籍人员的社区矫正执行地确定在横琴粤澳深度合作区。同样可以双向利用横琴的特有模式，尝试将在澳门受审并适用缓刑的内地人员放在横琴粤澳深度合作区，进行其社会重返计划。此种模式的建立不仅能有效回避"判决互认"等协作的深层次问题，且仅通过异地的司法行政配合即可切实并有效地完成缓刑人员缓刑执行问题。

3. 两地检察院的实质参与。两地检察院均是缓刑决定适用前发起社会调查的适格主体，随着内地认罪认罚从宽制度的进一步适用，对内地检察院提出确定刑量刑建议提出了越来越高的要求，而其中一个重点即为提出确定的刑罚执行方式，因此两地检察院在缓刑的决定适用的阶段既可以充分参与推动两地相关协作的开展，且通过缓刑适用的实现来确保相关协作的有效性。同时澳门《刑事诉讼法典》第 42 条第 2 款 e 项所规定的澳门检察院的其中一项职责即"促进刑罚及保安处分之执行"。内地检察院法律监督的职能亦完全覆盖了刑罚的执行方面，因此两地检察院可以以各自的相关职责为基础，在缓刑执行协作方面对两地司法行政部门进行实质性的推动，确保此种双向模式的构建及构建后的有效运作。

五、结语

就我国现有的司法实践情况而言，我国内部的区际刑事司法协作构建无论是在实践操作层面还是法律规范层面，都明显地落后于涉外刑事司法协助的构建，此种区际刑事司法协作的现状不但会制约我国区域经济与社会深度发展融合，而且其与现实需求脱节的情况更会进一步地演变为加剧矛盾与冲突的深层次问题。澳门与内地虽然存在着法律差异显著、刑事规则衔接难度大，以及区际刑事管辖权协调规则缺位等诸多开展相互刑事司法协作的阻碍，[①] 但两者间所能提取的共性却远远大于差异。相较于其他区际法域，澳门与内地在社会、经济等各层面的联系与融合度最高。因此，我国的区际刑事司法协作应当充分利用横琴粤澳深度合作区建设的契机，以内地与澳门的刑事司法协作构建为突破点，在结合两地刑法、刑事诉讼程序法共性及司法协作传统的基础上，搭建由两地检察院作为主体的刑事司法协作模式，将初期的协作重点集中于难度小、阻力弱、需求急、数量大的客观性证据的证据协助调取与互换范围，并通过证据本地合法性审查、证据的协助调取与互换，以及两地互涉缓刑异地执行协作等形式，实现由两地检察院推动相关协作的实质性开展，最大程度地满足于两地刑事司法实践的需求。

---

① 参见张亮、刘松涛：《粤港澳大湾区区际刑事司法协助制度的构建》，载《苏州大学学报（法学版）》2022 年第 1 期。

刑事审判监督的困境及纾解
——以D区人民检察院工作实际为视角

江　涌　李国斌*

摘　要　刑事审判监督是新时代检察机关深耕法律监督主责主业的重要一环，是法定必须履行的职能。在多重改革叠加推进的背景下，当前刑事审判监督工作有弱化的趋势，本文以D区检察院近年来办理的刑事审判监督案件为视角，分析新时代刑事审判监督工作面临的现实困境，提出加强和完善刑事审判监督的纾解之策。

关键词　法律监督　刑事审判监督　困境　纾解

刑事审判监督，是指人民检察院依法对人民法院的刑事审判活动是否合法以及所作的刑事判决、裁定是否正确进行的法律监督。刑事审判监督作为新时代检察机关深耕法律监督主责主业的重要一环，是法定必须履行的职能，对于保护诉讼当事人合法权益，维护司法公正，保证法律统一、正确实施意义深远。随着司法责任制改革、国家监察体制改革、以审判为中心的刑事诉讼制度改革、检察机关内设机构改革等多重改革的叠加推进以及认罪认罚从宽制度的实施，刑事审判监督工作有弱化的趋势。本文以D区检察院近年来办理的刑事审判监督案件为视角，分析新时代刑事审判监督工作面临的现实困境，提出加强和完善刑事审判监督的纾解之策。

一、司法现状：D区检察院开展刑事审判监督工作情况分析

D区检察院近年来开展刑事审判监督工作基本上是以刑事抗诉手段为主。2017年以来，该院对同级法院确有错误的判决提出刑事抗诉8件，除1件被告人自行撤回上诉，二审法院裁定准许外，其余7件均抗诉成功，二审法院对原审判决予以改判。如该院提起抗诉的陈某某等23名被告人跨国电信诈骗案，该院以一审判决认定事实错误提出抗诉，二审法院宣判部分支持该院抗诉意见，对于第一被告陈某某账户内扣押的100余万元人民币依法认定为违法所得全部发还被害人，维护了粤港两地26名被害人的合法权

---

*江涌，广东省珠海市斗门区人民检察院党组副书记、副检察长；李国斌，广东省珠海市斗门区人民检察院检察委员会专职委员、一级检察官。

益，取得了良好的社会效果。8件抗诉案件的类型涉及诈骗、非法倒卖土地使用权、合同诈骗、强奸、寻衅滋事、强迫交易、盗窃、受贿等罪名。在抗诉理由上，属认定事实错误1件，据以定罪量刑的证据不确实不充分的1件，认定罪名不准确影响量刑1件，重罪轻判、适用刑罚明显不当3件，适用缓刑错误1件。还有两件是认罪认罚案件，一审判决后，被告人以量刑过重提出上诉，D区检察院认为被告人因认罪认罚获得的从宽量刑条件不再具备，一审判决适用认罪认罚从宽制度的基础已不存在，并致量刑不当而提出抗诉。从抗诉的数量来看，D区检察院2017年抗诉1件，2018年抗诉2件，2019年抗诉1件，2020年抗诉3件，2021年至今抗诉1件。该院开展刑事审判监督工作除采取刑事抗诉手段外，未发书面纠正审理违法意见书，未发书面检察建议，从中也可看出，该院对同级法院程序上的违法监督力度不足。

案件名称	抗诉理由	是否抗诉成功	法院是否改判
陈某某等20人诈骗罪	认定事实错误、量刑情节错误	是	是
沈某某等13人非法倒卖土地使用权罪、合同诈骗罪	认定罪名错误	是	是
伍某某强奸罪	证据采信错误、量刑情节错误	是	是
周某某寻衅滋事罪	适用缓刑错误	是	是
蔡某某、刘某某强迫交易罪	量刑情节错误	是	是
黄某某盗窃罪	被告人无正当理由对量刑部分提出上诉，原审判决适用认罪认罚的条件已不再具备，并致量刑不当，依法应当取消因适用认罪认罚从宽制度给予被告人的从宽量刑	是	是
赵某某等4人寻衅滋事罪	被告人无正当理由对量刑部分提出上诉，原审判决适用认罪认罚的条件已不再具备，并致量刑不当，依法应当取消因适用认罪认罚从宽制度给予被告人的从宽量刑	/	被告人撤回上诉
黄某某受贿罪	量刑明显不当	是	是

二、现实困境：刑事审判监督工作呈现弱化趋势

（一）法律对检察机关审判监督职责没有具体规定，对刑事抗诉规定比较具体，对其他监督方式的规定比较含糊，监督刚性措施还需细化

《刑事诉讼法》以专章形式明确规定了“审判监督程序”，但是对人民检察院审判监督职责并没有设立专章或专节进行具体规定，而是散见于若干法条。《刑事诉讼法》第8条规定，人民检察院依法对刑事诉讼实行法律监督。第209条规定，人民检察院发现人民法院审理案件违反法律规定的诉讼程序，有权向人民法院提出纠正意见。第228条规定，地方各级人民检察院认为本级人民法院第一审的判决、裁定确有错误的时候，应当向上一级人民法院提出抗诉。具体开展刑事审判监督工作法律依据主要体现在《人

民检察院刑事诉讼规则》及《最高人民法院关于适用〈中华人民共和国刑事诉讼法〉的解释》相关条文，及最高检下发的《关于加强和改进刑事抗诉工作的意见》《人民检察院刑事抗诉工作指引》《人民检察院办理死刑第二审案件和复核监督工作指引（试行）》。应该说，刑事抗诉仍然是检察机关履行刑事审判监督的主打手段和关键抓手，对刑事抗诉的相关规定也比较具体详细，但对书面纠正意见、检察建议等监督方式规定比较含糊、宽泛，监督刚性不足。如最高法《关于适用〈中华人民共和国刑事诉讼法〉的解释》第315条规定，人民检察院认为人民法院审理案件违反法定程序，在庭审后提出书面纠正意见，人民法院认为正确的，应当采纳，这条就体现监督的刚性不足。若法院认为检察机关的监督意见不正确，不予采纳或置之不理，检察机关怎么办？虽然修改后的《刑事诉讼法》为检察机关保留了在履行法律监督职责的部分侦查权和机动侦查权，《人民检察院组织法》也明确了检察机关的调查核实权以及有关机关的配合义务，但这些刚性的支撑还需进一步细化。

（二）刑事抗诉案件数量下降，抗诉的抗源和抗点较窄

从上述D区检察院近年来办理的刑事抗诉案件数量来看，应该说，抗诉案件每年数量都在1—2件之间，最多不超过3件，其所在市的X区检察院、J区检察院，办理的抗诉案件跟D区检察院差不多。从G省检察机关的案件情况来看，刑事抗诉率也不理想。可以这样说，提起刑事抗诉案件数量逐年减少，刑事抗诉工作在我省检察机关已呈现弱化趋势，与我省办理的起诉案件数量不相称。此外，刑事抗诉的抗源和抗点比较窄，抗源和抗点几乎都集中在量刑明显不当和据以定罪量刑的证据不确实不充分上，而在涉案财产处置以及罚金刑适用上的抗源和抗点很少。

（三）刑事抗诉几乎成为刑事审判监督的唯一监督手段，而对书面纠正违法意见和检察建议等其他监督方式应用很少

从上述D区检察院采用的监督方式来看，刑事抗诉几乎成为刑事审判监督的唯一监督手段，而这也是当前检察机关普遍存在的现象。刑事审判监督方式主要以刑事抗诉为主，这不可否认也无可厚非，刑事抗诉对于促进司法公正维护法律的统一正确实施确实起到了重要作用，但对于刑事审判活动程序上的一些违法行为，因种种原因，检察机关采用发书面纠正审理违法意见书及发书面检察建议等监督手段的情况少之又少，向审判机关发情况通报及检法联席会议提出纠正意见更不多见。

（四）在司法责任制改革及捕诉一体办案机制推行背景下，办案检察官监督理念还未完全转变

当前司法责任制改革正深入推进，“谁办案谁负责，谁决定谁负责”，法律监督和诉讼办案由检察官一肩挑已成为共识。一些检察官对“在办案中监督，监督中办案”“坚持双赢多赢共赢”的检察理念还未完全更新和转变，在办案中把主要精力放在

审查逮捕和审查起诉案件上，认为只要把案件办准不出差错就行了，而对于开展刑事审判监督的积极性不高，对于裁判文书的审查不认真，应付了事。不想监督、不敢监督的情况依然存在。

（五）检察官的素质能力不足，对刑事审判活动是否合法及刑事裁判裁定是否正确发现不了，监督能力不强

捕诉一体改革后，我们的一些检察官的监督意识和专业素质能力还没有完全跟上，不少检察官对抗诉条件和政策的把握不到位，不善于发现抗源和抗点，也不善于寻找审判活动中的一些程序违法点，不会监督的情况大有人在。

三、理性认识：新时代刑事审判监督权

进入新时代，我国检察事业迎来改革发展的新契机，检察机关法律监督功能在新的历史条件下并没有发生根本性的变化，检察机关作为“法律监督机关”的概念进入到现行《宪法》及新修改的《人民检察院组织法》文本之中，并且迄今仍保持了法律语言表述的稳定，这表明检察权的功能角色已经相对成熟定型。一方面，新时代的检察机关以习近平法治思想为方向指引，以“四大检察”为布局，提出了“讲政治与抓业务有机统一”“坚持客观公正立场”“坚持在办案中监督，在监督中办案”“坚持双赢多赢共赢”“坚持政治效果、法律效果、社会效果相统一”等理念，不断适应新的发展要求，以监督、办案作为第一要务，以监督办案的高质量高水平促进检察工作高质量发展，提升法律监督机关的宪法价值。另一方面，党中央以专门印发《中共中央关于加强新时代检察机关法律监督工作的意见》，充分体现了党中央对检察机关法律监督工作的高度重视，这既为加强新时代检察机关刑事审判监督工作提供了重要机遇和有力保障，也对检察机关履行审判监督职责赋予更重责任。可以这样说，新时代刑事审判监督职能的充分履行，将迎来一个发展的春天。

（一）习近平法治思想是新时代刑事审判监督工作的方向指引

张军同志指出：“习近平法治思想是马克思主义法治理论中国化最新成果，是习近平新时代中国特色社会主义思想的重要组成部分，也是引领法治中国建设在新发展阶段实现更大发展的思想旗帜，各级检察机关要坚持以习近平法治思想为引领，为书写法治中国新篇章贡献检察力量。[①]”习近平法治思想对当前和今后一个时期的全面依法治国工作作出了战略部署，为检察机关开展刑事审判监督工作提供了方向指引。刑事审判监督工作的核心价值追求是促进社会公平正义，公正司法是维护社会公平正义的最后一道防线。习近平总书记指出：“所谓公正司法，就是受到侵害的权利一定会得到保护和救

---

① 张军：《坚持以习近平法治思想为引领，为书写法治中国建设新篇章贡献检察力量》，载《求是》2021年第5期。

济，违法犯罪活动一定要受到制裁和惩罚。”习近平总书记曾多次引用英国哲学家培根的话，来说明司法不公的危害性：“一次不公正的裁判，其恶果甚至超过十次犯罪，因为犯罪虽是无视法律——好比污染了水流，而不公正的审判则毁坏法律——好比污染了水源。[①]”其中的道理是非常深刻的。执法司法中万分之一的失误，对当事人就是百分之百的伤害。刑事审判监督承担着对法院刑事审判活动和刑事裁判进行全面监督的职责，尤其需要注重对公平正义的保障，以高质量的监督满足人民群众对“公平正义司法产品”的需求。因此，要进一步强化对刑事审判监督工作重要性的认识，以习近平法治思想为方向指引，把刑事审判监督放在与批捕起诉同等重要的位置，坚持“在监督中办案，在办案中监督”，依法全面履行监督职责，体现检察担当，努力让人民群众在每一个司法案件中感受到公平正义。

（二）正确认识检法两家的关系

检察机关和其他办案机关一样，是执法司法权行使的一个环节，检察机关是中间环节，检察机关实施监督，而非与法院“一较高下”，更非为分出“你输我赢”，也决不能有监督就高人一等的想法，而是通过检法两家共同努力，形成良性、互动、积极的工作关系，实现监督过程中的“双赢多赢共赢”，切实维护司法公正，确保我国宪法法律的统一正确实施。

（三）正确认识监督手段的均衡性

刑事审判监督手段除了刑事抗诉以外，还有再审检察建议、纠正违法和检察建议，因此要审慎把握审判监督对其他公权力的干预及其程度，注重体现均衡性以及政治效果、法律效果、社会效果的有机统一。在具体把握上，主要体现为监督手段的强制性、严厉性程度应当与审判错误或违法的严重程度相均衡或合比例。比如，对于法院判决书、裁定书中存在的某些技术性差错，完全可以通过口头通知或检察建议等要求法院自行纠正，一般不需要书面纠正违法。

四、纾解路径：完善工作机制、提升监督能力

（一）完善立法和司法层面上的条文释义工作，让刑事审判监督工作有更多具体明确的操作指引

建议立法工作者、广大司法实务界及理论界相关人士着力加强对审判监督职责方式、手段等条文的研究和起草工作，以便在下次《刑事诉讼法》修改时，尽可能对人民检察院审判监督职责设立专章或专节进行具体规定，我们检察机关也可以继续出台进一步加强和完善刑事审判监督工作的指导意见，对刑事抗诉工作进行指导。我们检察机关

---

① 中共中央宣传部：《习近平新时代中国特色社会主义思想学习问答》，人民出版社、学习出版社 2021 年版，第 174 页。

出台了相关规定、意见和工作指引，这方面的操作性是比较强的，但对于其他监督方式，规定比较含糊，具体的工作指引不多，一定程度上束缚了刑事审判监督工作的发展，建议最高检可对刑事审判监督工作出台更全面具体的工作意见和工作指引，或以定期发布刑事审判监督指导案例的形式，为办案检察官开展刑事审判监督工作提供更多具体明确的法律依据和工作指引。

（二）转变工作思路和重点，善于发现抗源和抗点

中国特色社会主义进入新时代，人民检察事业在经历职能、机构调整和人员转隶后也进入新的历史时期，刑事审判监督工作要适应新时期变化，解放思想，更新理念，转变工作思路和重点，善于发现抗源和抗点，更加重视对案件定性、法律适用方面的抗诉，尤其是在涉案财产处置以及罚金刑适用上，办案检察官更应特别关注这些有可能成为抗源和抗点的问题。此外，还应关注轻微刑事犯罪、认罪认罚等案件的刑事审判结果，加强对量刑建议未被采纳、认罪认罚的被告人为留所服刑而上诉等案件的分析研判，进而找寻有可能提起抗诉的抗源和抗点。刑事抗诉需以精准化为目标，全面客观审查原判证据事实和理由，找准抗点，提高抗诉的质量和抗诉的效果。张军同志指出，抗诉案件不在多，而在于精，要选择那些具有典型意义、在司法理念方面有纠偏、创新、进步、引领性的案件，抗诉一件可以促进解决一个方面、一个领域、一个时期司法理念、政策、导向的问题，发挥对类案的案例指导作用。① 准确把握抗诉的必要性，通过案件质量评查、刑事裁判文书交叉评查、分类审查机制和专项检查活动，对一段时期内或者一类案件中存在的共性问题进行梳理和分析，强化抗诉案件的类案监督，提升抗诉精准性。对证据体系或者理解适用法律存在认识分歧的，慎重提出抗诉。需要强调注意的是，办案检察官要关注社会各界反映强烈的司法不公案件，容易发生司法人员执法不公、违法犯罪的薄弱环节，把抗诉重点放在对诉判不一情形的审查上，注意发现裁判不公背后可能存在的审判人员违法犯罪，在纠正不公正裁判的同时，依法惩治司法人员职务犯罪。

（三）理性审慎监督，注重监督效果

开展刑事审判监督合法性是前提，办案检察官开展法律监督，既要进行合法性审查，也要进行正当性判断，在多种监督手段并行的前提下，结合案件具体情况，在抗诉、检察建议、纠正违法等多种监督手段中考虑最适合的监督方式。一般来说，对于具有广泛引领意义的个案，应当提出抗诉，建立典型案例的类案指导机制，以个案纠错推动类案统一；对于不具有广泛意义的个案，秉持理性审慎抗诉原则，可以根据实际情况采取发出检察建议、纠正违法通知书等形式进行监督。要进一步认识到办案检察官开展

---

① 北京市人民检察院组织编写:《刑事审判监督办案指引与案例参阅》，中国检察出版社 2019 年版，第 12 页。

刑事审判监督不是为了监督而监督，也并不意味着地位高人一等，刑事审判监督的本质是启动法定纠错程序，提醒、促进办案机关重新审视并自我纠错，共同维护社会公平正义和公共利益，共同推动法律的统一正确实施。刑事审判监督的每一个环节、每一项措施，都要在这一目的指引下，通过依法审慎开展监督，最大限度地争取被监督对象的认同和支持，努力形成工作合力，实现检察监督的双赢多赢共赢，实现政治效果、法律效果和社会效果的有机统一。

（四）建立完善刑事审判监督的工作机制

刑事审判监督工作是一项专业性很强的监督工作，需要基层院和市院加强沟通配合，市院要在充分调研的基础上，考虑出台全市检察机关刑事审判监督工作指引，从监督理念、监督事项、监督方式、监督路径作出指导。在抗诉指导、支持抗诉、补充证据、监督实效等方面，上下级院要加强沟通、配合，保证刑事审判监督案件质量、效果。另外，最高检要求建立刑事裁判文书交叉评查、分类审查机制，此项制度有其存在的必要性和合理性，也具有实效性。刑事裁判文书交叉评查是在基层院内不同检察官之间交叉评查还是由市院统一协调，在各基层院间进行交叉评查？笔者的设想是，一般案件可以在院内不同检察官之间抽取进行交叉评查，对于一些重点案件、类似案件或疑难复杂案件，可以与其他基层检察院之间商讨，互相交叉评查。近年来，D 区检察院与 J 区检察院之间每年就对一些重点案件交叉评查，收到了很好的效果。再者，分类审查又是怎样一个分法？分类审查是加强类案审查的一个重要手段，有必要通过信息化手段加强对类案问题的审查监督，新工作机制的建立需要在充分调研论证的基础上先出台相关意见办法，边试行边总结，待成熟稳定以后再正式实施。此外，在当前进行的检察官业绩考核指标中，建议对有办理过刑事审判监督案件的检察官适当加大分值，以增强检察官加强监督的内生驱动力。

（五）提升检察官的能力素质

毛泽东同志说过，“政治路线确定之后，干部就是决定的因素”。[①] 检察机关的宪法地位决定了员额检察官必须具有高素养。长期的法律监督工作实践表明，检察官能力不足是导致法律监督失之于软、失之于宽、失之于弱的根本症结。当前基层检察院的部分检察官存在着自身能力素质不适应新形势新任务的需要的情况，一定程度上束缚了刑事审判监督工作的高质量发展，要以实务为导向，通过业务培训、庭审观摩、案例推送、经验推广等多种方式，加大对检察官的专业水平、职业素能、沟通协调和释法说理能力等方面的培养力度，提升检察官刑事审判监督能力和水平。作为办案检察官，要深刻认识到，办案就是办别人的人生。要增强职业认同感和责任感，提高学习和钻研业务的自觉性，广泛涉猎刑事法律实务、社会科学等多门类知识，深入了解世情、国情和社

① 《毛泽东选集》第二卷，人民出版社 1991 年版，第 526 页。

情，加强群众工作锻炼，做到“通理论、精实务、善研究”，努力成为法律监督领域的行家里手。此外，作为办案检察官，要有职业担当精神。捕诉一体办案机制实施后，在整个刑事诉讼活动中，检察官承担着审查逮捕、审查起诉、出庭公诉和诉讼活动的监督的职责，可以说，检察官承担着整个刑事诉讼活动的主导责任，也是刑事案件质效的第一责任人，检察官办理刑事审判监督案件，应做到忠于职守，敢于碰硬，勇于负责，善于作为，具体而言，就是要做到“三个善于，三个敢于”，一是善于分析研判，敢于坚持己见，不回避矛盾风险，不盲从他人意见，敢于、善于综合运用法律知识、经验常识和职业良知进行审查判断，并基于自己独立的审查判断形成案件处理决定或者意见；二是善于沟通说服，敢于较真碰硬，迎难而上，坚持到底，直面问题焦点，有效平复质疑，不搞无原则的平衡。主动作为，大胆创新，有理有力地持续跟踪、督促落实，不搞无立场的容让；三是善于宣教普法，敢于面向公众，既善于倾听意见诉求，又敢于坚持原则，维护法律权威，做到有力度，也有温度。开展调研分析，对有社会警示意义的典型事例，“办理一案，教育一片”。

检察机关保障粤港澳大湾区律师执业权利的实践检视与优化

肖　力　朱　园　罗伊淋　张方敏*

摘　要　律师是法治建设中不可或缺的角色，保障粤港澳大湾区律师权利是深化粤港澳大湾区法治建设的必然要求。经过发展，立法、理论研究、实务中已有许多推进粤港澳大湾区建设的有益探索，但是还存在立法不完善、理论研究较少、实践不够深入等问题。因此，应当在现有制度体系允许的范围内，积极探索检察机关保障粤港澳大湾区律师权利的空间。要持续创新保障大湾区律师权利保障工作机制；加强与其他司法机关、司法行政机关的沟通合作，从其他机关已有实践中吸取优秀经验；提高履职的自觉性，主动增强与港澳地区的交流；深化现有的与保障粤港澳大湾区律师参与司法的途径，让其充分发挥其自身优势，提供优质法律服务。

关键词　粤港澳大湾区律师　执业权利保障　检察履职　民事诉讼监督

2019年，中共中央、国务院印发《粤港澳大湾区发展规划纲要》，检察机关主动融入粤港澳大湾区建设国家战略，持续为服务保障大湾区建设贡献检察智慧和检察力量，推动建立具有湾区特色的法律职业共同体，全面提高新时代检察机关法律监督工作水平，在法治轨道上助力国家治理体系和治理能力现代化。

一、检察机关保障律师执业权利的立法现状

（一）检察机关制定的在全国范围内适用的相关规定

2004年2月，最高检首次以司法解释的形式出台《关于人民检察院保障律师在刑事诉讼中依法执业的规定》(以下简称《执业规定》)，全文规定了律师会见犯罪嫌疑人、听取律师意见、律师查阅案卷材料、辩护律师申请收集调取证据和律师投诉的处理五部分，主要保障律师在职务犯罪案件立案侦查和刑事案件审查起诉阶段的执业权利，确认

---

*肖力，广东省珠海市香洲区人民检察院党组成员、副检察长；朱园，广东省珠海市香洲区人民检察院综合业务部主任、一级检察官；罗伊淋，广东省珠海市人民检察院案件管理室副主任、二级检察官；张方敏，广东省珠海市香洲区人民检察院综合业务部司法辅助人员。

与细化《刑事诉讼法》的律师权利保障，发挥了积极作用。2014年12月，最高检印发《关于依法保障律师执业权利的规定》，2004年《执业规定》依法废止。新规全文共14条，将律师执业权利保障的范围从刑事案件扩展到民事、行政诉讼中的代理权，并强调“人民检察院应当切实履行对妨碍律师依法执业的法律监督职责”，对于公、检、法阻碍律师行使执业权利的行为依法提出纠正意见。

2015年9月，“两高三部”联合出台《关于依法保障律师执业权利的规定》，这在律师事业发展史上属首次，该规定以问题为导向，针对以往在律师会见、阅卷、申请调取证据以及庭审辩护中存在的困难和问题，有针对性地提出了保障措施和救济途径。2017年，“两高三部”和中华全国律师协会联合印发《建立健全维护律师执业权利快速联动处置机制的通知》，权利救济措施更具体，进一步明确了各部门对律师执业权利和人身权利的保障职责，突出了畅通渠道、快速受理、联动处置和有效保障四个特点。

2021年，中共中央首次印发《中共中央关于加强新时代检察机关法律监督工作的意见》，明确要求检察机关全面提升法律监督质量和效果，维护司法公正，要加强保障律师执业权利法律监督，纠正阻碍律师依法行使诉讼权利的行为；要健全检察人员职业培训制度，建立检察官与法官、人民警察、律师等同堂培训制度，统一执法司法理念和办案标准尺度。

（二）在粤港澳大湾区内适用的规范性文件

2020年10月，根据《全国人民代表大会常务委员会关于授权国务院在粤港澳大湾区内地九市开展香港法律执业者和澳门执业律师取得内地执业资质和从事律师职业试点工作的决定》，国务院办公厅印发《香港法律执业者和澳门执业律师在粤港澳大湾区内地九市取得内地执业资质和从事律师职业试点办法》（以下简称《内地执业试点办法》），规定“取得律师执业证书（粤港澳大湾区）的人员，可以在粤港澳大湾区内地九市内，办理适用内地法律的部分民商事法律事务（含诉讼业务和非诉讼业务）”。2021年12月，广东省司法厅出台《关于香港法律执业者和澳门执业律师在粤港澳大湾区内地九市执业管理试行办法》（以下简称《执业管理试行办法》），明确港澳律师在大湾区内执业条件、办理程序、业务范围、权利义务和监督管理等内容，为港澳律师的执业和权利保障提供了制度基础。

2020年，最高检为深入贯彻落实《粤港澳大湾区发展规划纲要》，制定实施《关于充分履行检察职能依法服务和保障粤港澳大湾区建设的意见》（以下简称《最高检意见》），提出21条措施，要求检察机关充分发挥职能作用，努力为粤港澳大湾区建设提供优质高效的法律服务和司法保障。同年，广东省人民检察院印发《关于充分发挥检察职能服务保障粤港澳大湾区建设的意见》（以下简称《广东意见》）和《广东省检察机关服务保障粤港澳大湾区建设行动计划》，明确要求把服务和保障粤港澳大湾区建设作为当前和今后一段时期的一项重要项目，要拓展区域司法交流协作，“围绕区域协调发展战略，加强司法交流，增进司法共识，深化司法合作，提升服务大湾区发展的法治化水平”。珠海市人民检察院制定《关于充分发挥检察职能服务保障粤港澳大湾区建设的意见》，探索建立与港澳司法机关之间的常规性协作机制，推动在横琴新区检察院设立粤港、粤澳检察机关合作交流办公室，开辟大湾区司法交流协作新窗口。

二、检察机关保障律师执业权利的实践情况

了解和掌握检察机关保障律师执业权利的情况是对粤港澳大湾区律师执业权利保障进行深入研究的重要前提。结合律师权利保障的立法进程来看，检察机关从较早时期就已经关注对律师权利的保障，并且将立法条文落实到具体司法实践中。

（一）列入最高检工作报告重点内容

从 2019 年起，最高检在全国两会工作报告中均专门强调检察机关保障律师执业权利的工作成效。2020 年全国检察工作报告中指出，“真诚尊重、依法维护律师执业权利。落实全国人大代表建议，以专项监督纠正执法司法机关阻碍律师行使诉讼权利 734 件。推动建立省级检律会商机制；普遍设置律师通道、律师会谈室；办案中认真听取律师意见，共同维护司法公正。邀请 2.9 万余名律师驻检参与接访。检察机关真心欢迎、真诚信赖人民律师”。

（二）开展保障律师执业权利专项监督活动

2019 年 7 月至 2020 年 1 月，最高检决定在全国开展检察机关保障律师执业权利专项监督活动，将保障律师的会见、通信权，阅卷权，调查取证权，人身权利，以及其他妨碍律师依法履行辩护、代理职责的情形等五个方面作为监督重点。

（三）依法办理侵犯律师执业权利案件

2020 年 1 月至 12 月，全国检察机关共计审查办理侵犯律师执业权利控告申诉案件 2021 件，同比增长 63%。其中，已办结 1693 件，占总数的 84%，以案件办理确保律师执业权利保障的刚性。从受理案件情况看，反映“限制律师会见通信”的 664 件，占总数 33%；反映“未送达文书或告知移送情况”的 360 件，占总数的 18%；反映“不允许律师查阅摘抄复制案卷材料”的 292 件，占总数 14%。各地在办案中，依法履行监督职能，查实侵犯律师执业权利案件 1260 件，占办结总数的 74%。在查实的案件中，通知纠正 760 件，发出检察建议 500 件。

（四）继续完善律师执业权利保障制度建设

2021 年 1 月，最高检下发《关于加强检律协作推动建立检律定期会商机制的提示》，要求地方各级检察院与司法厅（局）、律师协会每半年至少召开一次联席会议，合力促进新时代检律良性协作互动。为此，各地积极跟进，陆续出台推动相关工作

的规定，如浙江省院制定《办理阻碍辩护人诉讼代理人依法行使诉讼权利案件暂行规定》。

（五）发布两批保障律师执业权利典型案例

2021年2月，最高检发布首批“全国检察机关保障律师执业权利典型案例”，5件典型案例涉及公安、检察、法院等办案主体，涵盖会见权、知情权等律师执业权利，囊括侦查、起诉、审判等诉讼程序；2023年5月，最高检发布“2022年度保障律师执业权利典型案例”，7件典型案例涉及会见权保障监督、知情权保障监督、调查取证权保障监督等。典型案例的发布，对于各级政法机关规范行使权利、依法保障律师执业、及时开展阻权救济等工作具有较高的指导价值和规范意义。

（六）全面推行“数据跑路”服务措施

2014年10月，“人民检察院案件信息公开网”正式上线运行，律师和当事人家属可以在线上随时随地使用案件信息公开网及微信平台查询案件进展信息、预约办理辩护与代理相关事项。2019年9月，检察机关线上对外服务进行整合优化，案件信息公开网的全部功能整体迁移至综合门户“12309中国检察网”，该网站设“律师执业权利保障专区”。同时，为了应对疫情防控要求，各地创新服务方式，实现异地阅卷服务、互联网阅卷和线上提取意见等；“12309检察热线”专门开通律师维权专线，受理律师可提出执业权利受到侵犯的控告申诉案件。

三、粤港澳大湾区律师在粤港澳大湾区提供法律服务的有关情况

（一）关于粤港澳大湾区律师提供法律服务的性质

“法律服务业是一项特殊的服务行业，具有深刻的主权性、政治性、社会性、专业性、区域性，这是它有别于金融、会计、电子商务等其他服务业的地方。法律服务业的这些特殊属性决定了它的自由化和全球化在很大程度上会对一个国家的主权、政治、社会等带来挑战”[①]。理论上来说，中国法律服务可分为广义和狭义，广义的法律服务包括律师、仲裁、公证、司法工作等，而狭义的法律服务业仅指律师服务业。《律师执业管理办法》第25条明确规定，律师可以从事七类业务，除了可以担当民事行政案件的代理人、刑事案件的辩护人，还可以担任法律顾问、参加仲裁活动和提供非诉讼法律服务等。可以看出，在中国内地采取的“混合模式”，律师执业提供的法律服务是广义的，其与律师服务是包含与被包含的关系。澳门地区律师提供的服务与内地大致相似。可是香港地区承袭了英国传统的司法制度，分为专门从事法庭诉讼辩护的大律师及主要从事非诉业务的律师，亦即是讼务律师和事务律师，讼务律师可依法代表当事人进行诉讼及

---

① 杨立民:《法律服务市场：开放的风险与机遇》，载《WTO经济导刊》2017年第12期。

出庭辩护，而事务律师是不能在高等法院或终审法院代理当事人出庭并发表意见的，香港法律执业者不能同时身兼大律师和律师身份，只能择其一。

本文讨论的被保障的粤港澳大湾区律师执业权利，是基于沿用内地律师的“混合模式”，侧重于广义上的法律服务，即粤港澳大湾区律师可依法参与内地有关诉讼活动，也可以在规定范围内参与到检察机关的办案活动中来，比如粤港澳大湾区律师以人民监督员身份监督检察业务活动，被聘任为检察听证员参与检察听证，作为涉外法治专家库成员参与有关研讨会或论坛等。

（二）保障粤港澳大湾区律师执业权利的规则界定

粤港澳大湾区律师执业权利保障规则，首先需要对“规则”进行界定。对“规则”可以有两种理解：狭义上，指就某一或某些事项所制定的法律文件，主要体现为本地法律法规、各部门行政规章、国家认证的行业标准等，是“书本上的立法”，如《合同法》相关规定、外汇管理相关规定等。广义上，泛指要求大家共同遵守的办事规程或行动准则等，除了上述的法律文件以外，还包括应当遵循的国际公约和行业规范标准、交易习惯、监管理念等非正式制度[①]。基于粤港澳大湾区“一国两制三法域”的特殊性，规则衔接问题较多，要在短时间内解决立法难题、制定法律法规，存在较大难度，因此本次研究针对的是广义上的规则研究，旨在通过基层检察院司法实践推动此类前沿问题的研究和解决。

（三）关于在内地提供法律服务的港澳律师分类

关于“港澳律师”的界限范围，可分为三类：一是在内地执业的港澳律师，即在内地接受法学教育的港澳居民、依照法定程序通过法律职业资格考试，经考核取得内地律师执业资格、在内地执业的港澳律师；二是取得港澳法律执业资格的港澳居民、在广州深圳珠海联营律师事务所执业的港澳籍律师；三是具有港澳法律职业资格的人员通过湾区九市考试，获得粤港澳大湾区律师执业资格的港澳籍律师。

1. 港澳居民律师

2004 年 1 月，司法部颁发施行《香港特别行政区和澳门特别行政区居民参加国家司法考试若干规定》，“香港、澳门永久性居民中的中国公民，可以报名参加在内地举行的国家司法考试”，考试合格的港澳居民，取得内地法律职业资格，可在内地申请律师执业。同年，《取得内地法律职业资格的香港特别行政区和澳门特别行政区居民在内地从事律师职业管理办法》施行，经过 4 次修订后，最新规定“取得内地律师执业证的香港、澳门居民在内地律师事务所执业，可以从事内地非诉讼法律事务，可以代理涉港澳民事案件，代理涉港澳民事案件的范围由司法部以公告方式作出规定”。即港澳居民律师可以是法律顾问，以代理、咨询、代书等方式代理内地非诉讼法律事

---

① 文雅靖、王万里:《论粤港澳大湾区的规则衔接》，载《开放导报》2021 年第 2 期。

务，还可以以诉讼代理人的身份进行涉港、澳婚姻、继承的诉讼法律事务等相关活动。截至2020年8月，广东已有165名香港居民、14名澳门居民取得国家法律职业资格并成为执业律师[①]。

2. 港澳律师

（1）联营律师事务所的港澳律师。根据司法部制定的《香港特别行政区和澳门特别行政区律师事务所与内地律师事务所联营管理办法》，联营是指由已在内地设立代表机构的香港、澳门律师事务所与其代表机构所在区域的一个内地律师事务所，在内地进行联合经营，向委托人分别提供香港、澳门和内地法律服务。截至2023年11月，广东省批准设立粤港澳合伙联营律师事务所19家[②]；落户珠海市的粤港澳联营律师事务所共有5家，其中有港澳律师86名，先后有42名港澳律师通过粤港澳大湾区律师执业考试[③]。根据《广东省司法厅关于香港特别行政区和澳门特别行政区律师事务所与内地律师事务所在广东省实行合伙联营的试行办法》（以下简称《合伙联营试行办法》）规定，"联营律师事务所的律师数量合计不得少于10人。各方派驻律师数量和本所聘用律师数量由联营各方协商确定"。因此，联营所中的香港、澳门律所可以根据需要派驻香港、澳门本地律师在联营所提供法律服务。但是需要注意的是，根据《合伙联营试行办法》规定，联营所的港澳律师不得承办内地法律事务，不得同时受聘内地律师事务所、领取港澳居民内地律师执业证或担任港澳法律顾问，不得同时在本所驻内地代表机构兼任代表，不得同时受聘于外国律师事务所驻华代表机构。广东省司法厅会为其制作和颁发"合伙联营律师事务所港澳律师工作证"，作为身份证明。

（2）受聘于内地律所担任法律顾问的港澳律师。根据《香港法律执业者和澳门执业律师受聘于内地律师事务所担任法律顾问管理办法》规定，在香港、澳门执业满2年的香港法律执业者和澳门执业律师，有内地律所同意聘用的，可以在内地司法行政机关申领香港、澳门法律顾问证，并接受内地司法行政机关的监督和管理。其办理的法律业务范围，仅限于已获准从事律师执业业务的香港、澳门以及中国以外的其他国家的法律事务，并且不得办理内地法律事务，不得同时受聘于外国律师事务所，不得同时在香港、澳门律师事务所驻内地代表机构担任代表。

（3）港澳律所驻内地代表机构的派驻代表。根据《香港、澳门特别行政区律师事务所驻内地代表机构管理办法》，港澳律师事务所可以在内地设立代表处、派驻代表，依法从事法律服务活动。并明确派驻代表不能从事内地法律事务，在管理办法第15条明

① 《港澳居民律师境内执业的发展》，载微信公众号"OTfamily"2020年11月10日。

② 《广东涉外法律服务亮相粤港澳大湾区服贸大会》，载微信公众号"广东商务"2023年12月9日。

③ 《〈珠海经济特区律师执业条例〉将于12月1日起施行》，载微信公众号"中国律师"2023年11月23日。

确了五项业务内容。司法部审核申请资料符合条件的，对派驻代表发执业证书，派驻代表受司法部的监督管理。司法部发布的《2022年度律师、基层法律服务工作统计分析》显示，截至2022年底，“香港律师事务所驻内地代表机构64家”。

3. 粤港澳大湾区律师

根据《内地执业试点办法》《执业管理试行办法》，香港法律执业者和澳门执业律师可报名参加粤港澳大湾区律师执业考试，由广东省律师协会集中培训并考核合格后，经省司法厅批准取得粤港澳大湾区履职执业证书，在大湾区内地九市执业。2022年6月，司法部发布公告决定启用“律师执业证（粤港澳大湾区）”，作为香港法律执业者和澳门执业律师获准在粤港澳大湾区内地九市从事律师职业的有效证件。据有关数据统计，截至2023年11月，共378名港澳律师获准在大湾区内地九市执业，大湾区律师执业实现湾区内地九市全覆盖。本文所讨论的主体就是第三类的“粤港澳大湾区律师”。

表1 在内地提供法律服务的港澳律师分类表

律师分类	颁发律师执业资格的机构	所在的律所性质	执业范围
港澳居民律师	执业所在地的省、自治区、直辖市司法厅	内地律师事务所	从事内地非诉讼法律事务
港澳律师	香港律师会、澳门律师公会	港澳与内地合伙联营律师事务所	执行《香港、澳门特别行政区律师事务所驻内地代表机构管理办法》的规定，并且不得承办内地法律事务
		内地律所	从事律师执业业务的香港、澳门以及中国以外的其他国家的法律事务，并且不得办理内地法律事务
		派驻在港澳律所驻内地代表机构	只能从事不包括内地法律事务的下列活动： 1. 向当事人提供该律师事务所律师已获准从事律师执业业务的香港特别行政区、澳门特别行政区以及中国以外的其他国家的法律咨询，有关国际条约、国际惯例的咨询； 2. 接受当事人或者内地律师事务所的委托，办理在该律师事务所律师已获准从事律师执业业务的地区的法律事务； 3. 代表港、澳特别行政区当事人，委托内地律师事务所办理内地法律事务； 4. 通过订立合同与内地律师事务所保持长期的委托关系办理法律事务； 5. 提供有关内地法律环境影响的信息。
粤港澳大湾区执业律师	广东省司法厅、香港律师会、澳门律师公会	大湾区内地九市的律师事务所，可以是内地律所，可以是港澳与内地合伙联营律所	办理适用内地法律的部分民商事法律事务（含诉讼业务和非诉讼业务）

四、粤港澳大湾区律师执业权利保障中存在的相关问题

（一）法规政策对粤港澳大湾区内的执业律师参与刑事诉讼业务支持不足

自2018年以来，检察机关经历监察体制改革和内设机构改革后，以重塑性、系统性的变革建成新时期“四大检察”的法律监督体系，但刑事检察业务的比例仍是“四大检察”之最。可如上文所述，不管是港澳居民律师、港澳律师亦或是粤港澳大湾区执业律师，是不可以办理内地法律事务的，或者是在一定范围内办理适用内地法律的事务，而且开放范围限于民商事领域，刑事诉讼业务是被禁止的。因此，在检察机关办理刑事诉讼业务过程中，粤港澳大湾区律师无法以律师身份参与进来。

同时，对联营所的内地律师支持力度也有不足，加入到港澳及内地联营律师事务所的内地律师也被限制在刑事诉讼业务之外。根据《合伙联营试行办法》第20条规定，“联营律师事务所可以受理、承办民商事诉讼、非诉讼法律事务以及行政诉讼法律事务，不得受理、承办涉及内地法律适用的刑事诉讼法律事务”，就是说内地律师加入联营所，意味着要放弃内地的刑事诉讼法律业务。允许推行两地合伙联营律师事务所，本质上是回应跨法域的法律服务合作需求，除了鼓励港澳律师事务所及港澳律师执业者进入内地法律市场以外，也不应忽视维护内地律师应然的执业权利。

（二）检察机关保障粤港澳大湾区律师的措施有待增强

一是以规章制度保障的考虑不够。经研究了解，目前在大湾区九市内没有出台专门针对大湾区律师法律服务的有关工作规范性文件，相关工作仍属于理论探讨层面。实践中主要还是依靠《最高检意见》《广东意见》等文件指导工作，在办案中遇到具体问题时，以单独事项或者案件的形式向上请示汇报。比如，横琴粤澳深度合作区检察院积极探索聘任粤港澳大湾区律师作为检察听证员参加听证活动，则以请示的形式逐级层报至最高检。而通过上述涉港澳事项的请示办理，也反映出有关问题需要注意和及时解决。首先是涉港澳业务审批权主体不明。检察听证业务主管部门是案件管理部门，涉港澳事务在最高检主管部门是国际合作局，在广东省院是公共关系处，因此对于涉港澳人员被聘任为检察听证员及开展涉港澳案件听证活动，如何进行规范审批有待明确。其次是粤港澳大湾区律师身份审核程序不明。对于粤港澳大湾区律师如何进行听证员资格审核，是否参照内地人员聘任条件，有无额外需要证明的材料未有明确规范。最后是粤港澳大湾区律师被聘任为听证员后，其权利义务是否与内地听证员一致，如何开展监督管理仍需研究。

二是诉讼服务保障不足。相较人民法院，检察机关提供的涉港澳诉讼服务有较大的提升空间，大多数检察院未设立专门的涉港澳诉讼服务，境外送达、境外当事人联系多依靠境内地址和内地手机号码。而大湾区内地人民法院已做到提供100%跨域立案服务，当事人可通过选择就近的人民法院诉讼服务中心向有管辖权法院提交起诉材料；应用涉港诉讼文书“E键送达”平台，制定《关于涉港民商事案件司法文书转交送达的实

施细则》等。

三是内地检察人员对港澳常用语言使用不熟练。从大湾区律师的角度来看，需要用普通话参加广东省律协组织的执业面试考核，因此大湾区律师能够使用普通话进行日常交流。2017 年以来，广东省每年外地户籍人口迁入人数均在 100 万以上，大湾区九市检察人员来自全国各省市，对于粤语和繁体字不算熟悉，在语言交流、文书制作方面主要使用的是普通话和简体字，服务质效仍有提升的空间。

（三）内地检察机关与大湾区律师互动交流不足

从粤港澳大湾区律师来看，由于执业范围限于民商事领域，因此在业务办理上与内地检察机关交流的机会较少。不清楚了解内地检察机关职能的具体官方媒体平台，港澳地区新闻报道也很少设置专门板块；对于如何以人民监督员或检察听证员的身份参与检察司法办案活动也并不清楚。从内地检察机关来看，湾区九市已有聘任的港澳籍人民监督员，但实际参与检察活动的次数有待提升。“广东检察”公众号专门设置“View & Talk”栏目，发布中英双语新闻，月均更新仅 1.8 条，频次较低；同堂培训、业务交流会、研讨会也是邀请涉港澳专家教授、司法行政机关人员为主，与大湾区律师的合作交流较少。

（四）涉大湾区领域热点问题理论研究、实践活动有待加强

一是相关学术成果较少。在中国知网上搜索关键词“大湾区律师”得到一些学术期刊相关论文，2015 年以来仅有 40 篇，有关学位论文仅 2 篇，且未有以检察机关、检察业务为切入点的研究方向。二是人民监督员实践活动有待加强。2022 年 6 月，珠海市选任全国首批港澳籍人民监督员 3 名，3 名人员均已获得大湾区律师执业证；同年，深圳前海蛇口自贸区检察院就一宗香港籍居民申请的立案监督案件组织听证会，其中邀请了港籍律师的人民监督员参加听证会。三是港澳律师和内地律师的监管方式和部门都有所不同，实践中容易出现港澳律师在内地执业监管疏漏的情况。公益法律服务的需求日益增长，而《关于促进律师参与公益法律服务的意见》中未将粤港澳大湾区律师考虑在内，为了践行“人民律师为人民”的中国特色社会特色法律服务，法律公益服务应当将大湾区律师群体予以充分考虑，比如检察机关的值班律师服务制度。

五、检察机关加强保障粤港澳大湾区律师执业权利的思路

“一国两制”的特点是粤港澳大湾区有别于其他湾区的特殊情况，实现粤港澳大湾区法律服务的有机融合、提高检察机关保障粤港澳大湾区律师执业权利的命题，需要根据本地情况和自身工作实际，切实发挥检察力量。

（一）持续创新服务保障大湾区律师权利保障工作机制

在检察机关内部，一是明确涉港澳请示审批机制，对于涉港澳的业务请示，可以

由国际合作局和有关业务部门内部协商，确定业务办理的审批流程，对于涉具体检察业务的请示，层报最高检业务厅局审批，同时报国际合作局会签；对于涉行政事务、宣传新闻类的，层报最高检国际合作局审批，拟制请示的法律文书和工作文书模板。二是创新符合港澳属性的检察工作机制。根据《最高检意见》《广东意见》等规范性文件，鼓励支持各地拓展区域司法交流协作，湾区九市检察机关可以在此基础上，选择一个业务或领域，探索建立有关工作指引。比如香洲区检察院制定《关于粤港澳大湾区律师代理民事诉讼监督案件工作指引（试行）》，畅通大湾区律师作为该类案件代理人的申诉渠道。

与人民法院、司法行政机关协作共赢。一是共商共建共享，协商司法行政部门建立粤港澳大湾区律师信息共享机制，通过建立线上平台收集和整理律师事务信息，及时推送给检察机关；同时，依托信息共享机制，检察机关可以及时准确了解粤港澳大湾区法律行业的动态，服务政策制定。二是为修法建言献策。立法的科学衔接和协调统一是需要司法实践反复验证的。《合伙联营试行办法》最后一次修订在 2019 年，早于《内地执业试点办法》之前。显然，这对联营所内地律师执业的政策衔接和融合上是滞后的，既对联营所的内地律师造成影响，也对联营所的发展产生影响。从法治统一性的要求来看，《刑事诉讼法》第 33 条对辩护人的禁止性规定为“正在被执行刑罚或者依法被剥夺、限制人身自由的人，不得担任辩护人”“被开除公职和被吊销律师、公证员执业证书的人，不得担任辩护人”，联营所的内地律师均无上述限制性情况，《联营试行办法》作为下位法，缩小了上位法规定的主体范围，有及时修正的必要性。即使从谨慎对待联营所涉港澳因素的角度来看，联营所的发展已经逐步适应和融入中国特色社会主义法治体系，其聘用的内地律师更是以习近平法治思想指导法律工作。而且联营所的内地律师在对涉港澳跨境的法律问题或衔接规则上更有共同研究和实践的优势。三是汲取先进经验。主动到人民法院、司法行政部门调研，认真学习其出台的规章制度；了解大湾区律师成为各部门专业人才库建设情况；了解大湾区律师成为人民陪审员、特约调解员和涉外值班律师等条件和提供的法律服务，汲取可复制可推广的先进经验。

（二）建立常态化的粤港澳大湾区检律沟通协作机制

一是落实定期会商。依托最高检下发的《关于加强检律协作推动建立检律定期会商机制的提示》，大湾区九市检察机关可协调司法部门、律协等单位把粤港澳大湾区律师确定为会商的固定参与人员，创新健全与粤港澳大湾区律师的沟通机制。二是落实检律培训。主动作为，继续推动建立“内地检察 + 大湾区律师”的业务培训长效机制。充分运用好中国与葡萄牙语国家检察交流合作基地，设计符合港澳特色的实训、研讨活动等，帮助港澳律师能够熟悉内地庭审的流程、举证、辩论等方式，以更好地融入内地诉讼事务当中，拓展双方业务交流的模式。同时，加强与司法行政部门的沟通，建议在大湾区律师执业培训课程中设置检察机关的民事诉讼监督业务、检察听证、人民监督员等内容，高效落实法律职业共同体的同堂培训机制。

（三）自觉提高检察机关保障粤港澳大湾区律师执业权利的履职能力

精准对接粤港澳大湾区建设的法治需求，学习广州南沙区检察院打造的涉外民商事检察服务中心的经验做法，在湾区九市检察机关的12309检察服务中心设置大湾区律师专门接待窗口、法律工作站等，为律师办理服务配备必要的硬件设备，畅通大湾区律师的接待渠道。同时，以省检为主体，自主建设跨区域的执业权利保障线上办理模块，包括律师权益投诉处理、法律咨询、培训资源分享等功能，动态更新业界的法律法规，尤其是针对保障律师执业权利监督工作而制发的典型案例，直接对接最高检12309中国检察网，以提供全方位的法律支持和服务，更好地解决大湾区律师在执业中可能面临的问题。建立服务大湾区律师的检察团队，为其提供涉港澳法律服务知识培训、语言培训等课程，参考学习广州南沙区院推行的中英葡三语检察告权服务，提高服务保障的精准度和专业度。打造服务涉港澳专门法治教育团队，由于近几年“港澳车北上”、24小时通关政策等便利条件，从数据上来看，港澳人员的犯罪态势有上升趋势，集中在危险驾驶罪、故意伤害罪和寻衅滋事罪等，利用港车进行走私犯罪的行为也明显增多，检察机关可联同大湾区律师在出入境关口开展针对港澳人士的法律普法宣传活动，引导港澳人士遵纪守法。

（四）研究拓展粤港澳大湾区律师参与检察机关活动的途径

继续深化推动港澳人员选任为人民监督员和检察听证员，发挥港澳籍人民监督员和检察听证员的独特优势，尤其是律师人士熟悉域外法律的特点，在法律适用、纠纷化解等方面可以结合港澳的习惯进行有效的沟通，有助于“高质效办好每一个涉港澳案件”，提高检察机关依法履职的综合素能，在参与办案中以比较研究和交流借鉴完善与港澳地区司法规则的衔接。可以参照福建检察机关对涉台胞的实践探索，自2012年起厦门、漳州两地检察机关设立涉台检察联络室，聘请台胞担任检察联络员。

检察机关应始终坚持“为大局服务、为人民司法、为法治担当”，朝着建设公正高效权威的中国特色社会主义检察制度的方向，以改革的思维、创新的办法，加快推进广东检察工作现代化，以服务保障粤港澳大湾区建设。需要注意的是，在保障粤港澳大湾区律师执业权利的过程中，检察机关必须始终遵循法治原则，确保所制定的机制和政策符合相关法律法规。同时，要不断与各级司法机关、律师协会等相关机构保持密切联系，充分发挥检察机关在法治建设中的作用，为粤港澳大湾区法治建设的深化提供坚实支持。

认罪认罚案件审前程序：制度公正的框架分析

陆而启　卢　晶*

摘　要　认罪认罚从宽制度的正当性不仅仅着眼于效率追求，甚至也不单是契约取向的，还一直保持着程序公正的追求，只不过对公正程序的关注是从审判阶段前移到审前阶段，这与欧洲刑事诉讼从关注审判程序公正的传统观念转向关注审前程序的现代观念相吻合。制度公正要求强化辩护人参与权，意图通过控辩平等对抗，并且以审判作为唯一可以接受的判定证据的场所。然而在侦查程序对案件处理起决定性作用时，使侦查程序满足控辩平等对抗、中立者主持证据审查甚至一定程度的公开等原则要求更符合当事人和公众对制度公正的期待。当代域外两大法系认罪认罚案件正是迎合简化庭审的制度需求，而逐步有让审前程序满足公正制度设计的趋势。我国在认罪认罚案件中实行对非法证据排除、确定或者变更强制措施等实行检察主导的听证制度，并且通过律师帮助强化对当事人参与的保障来正当化程序本身和裁判结果，促进刑事诉讼司法从"治罪"走向"治理"。

关键词　认罪认罚从宽　审前程序　检察主导　律师参与

"二战"以后欧洲刑事诉讼中程序正义和人权保障的理念得到极大的张扬，这也在欧洲人权法院判例对《欧洲人权公约》第6条"公正审判"条款的解释和适用中得到体现。当时欧洲刑事诉讼公正审判的传统一直可以延伸到近代资产阶级革命以来刑事诉讼的发展，其核心内容甚至不是在抽象的人权保障之目的上，而是探寻一种控辩参与、三方组合的程序结构。瑞士学者萨默斯回顾欧陆刑事诉讼程序权利的历史基础，进而前瞻欧洲刑事诉讼共同的价值前景，并由此历史倾向来揭示预埋的欧洲刑事诉讼传统的伏笔。这种寻求程序正当化的共识性程序原则为我国当下如何正确处理普通程序与简易程序，审判前程序和审判程序以及司法人员和当事人之间的互动关系提供了很好的指引。

---

*陆而启，厦门大学法学院副教授、硕士生导师，法学博士；卢晶，广东省珠海市斗门区人民检察院第五检察部负责人、一级检察官。

一、刑事诉讼的欧洲传统：从二分融合到三方组合

从刑事诉讼程序结构而言，有纠问式和对抗式的传统分类，这两种制度形成了当代大陆法系职权主义和英美法系当事人主义的制度底色，因此，有学者研究了职权主义的制度特点，认为我们应该走的刑事诉讼道路是发展和完善职权主义。[①] 其实刑事诉讼制度的发展并不是模式上的立场站队，或许选哪一边都是错误的。如果以帕卡的正当程序和犯罪控制模式来看，模式本身就是一种极化的分析工具，一国的诉讼制度可能既有惩罚犯罪又有保障人权的两种诉讼目标，由此诉讼制度可能不仅仅因应时代和诉讼阶段而做此一时彼一时的选择，更侧重于其诉讼制度的正当性、合法性或者合宪性，这种正当性要依附于程序之上，也因此程序结构要符合底线正义的要求。

（一）“控辩制－纠问制”二分模式的理论缺陷

第一，二分模式无法对应现实中不确定性的制度。在追寻刑事诉讼的欧洲传统时，“控辩制－纠问制”这种二分法可能因为标准不一而言人人殊，此外，这些术语含糊不清、前后不一，甚至毫无意义。萨默斯认为，当事人中心的对抗制和法官中心的纠问制这两种理想类型，已经过时或者落伍了，“当事人的参与度，特别是相对于法官而言的作用，往往是学者们借以对诉讼制度进行分类的决定性因素”。[②] 然而，控辩制下当事人对程序的控制程度，和纠问制下中立官员的作用范围，都有相当的不确定性。

第二，二分模式内涵了非此即彼或者两极对立的选择。传统的“控辩－纠问”式二分法蕴含着当事人和法官谁是庭审的主导者、侦查和审判之间到底如何联系，以及在书面审理和口头审理方式之间如何选择等因素。所谓的“正当程序－犯罪控制”从价值角度出发，或者“科层－协作”理想型从司法权力结构出发，虽然有一个统一的标准，但是这种极化模式并不存在于现实之中，诉讼程序或者不得不兼顾两种对立的价值，又或者在同一程序之中形成了一种亦此亦彼的共生关系。由此，刑事诉讼制度改革的本质不在于是故乡还是远方，更在于其是否有一颗“程序权利”的诗心。

（二）通过程序权利寻求共性基础以及奠定结构基石

欧洲人权法院身披欧洲刑事诉讼程序权利调整者斗篷，淡化了欧洲不同国家刑事诉讼制度的差异，程序权利顺理成章地成了刑事诉讼程序所关注的重心，从而在起点上有别于权力与权利之间的角力，或者单独从权力的结构和功能角度出发的理论构想。[③] 正是由于判例法之中的权利先行，因此，所谓的在欧洲各国可以普遍适用的刑事诉讼程序

---

① 施鹏鹏：《为职权主义辩护》，载《中国法学》2014年第2期。

② ［瑞士］萨拉·萨默斯：《公正审判：欧洲刑事诉讼传统与欧洲人权法院》，朱奎彬、谢进杰译，中国政法大学出版社2012年版，第9页。

③ 不论何种形式都蕴含了一定程度的对权力视角的怀疑，这或许与当时的国家权力正当性根据从神授、君赋乃至契约等观念变化有关，又或许天赋之人权才稳如磐石。

标准就成了一种可以预期的价值追求，也就是说在二分传统之外还可能存在一种共识的传统，萨默斯将大而化之的制度或者传统还原到一种原则的基石。①

（三）控辩式三角结构的基本原则

如果说二分传统是对对立元素的萃取，那“控辩式三角结构”（Accusatorial Trinity）则是对共有原则的提炼或者负载着一种值得期待的价值追求。在19世纪，审判结构包含对立双方（控辩双方）与负责判定指控是否成立的中立法官的概念始之于英格兰、法国和德国，并风靡欧洲。这通过一些原则来体现：

1. 法官中立包含两种要素，一是个人中立要求法官利益无涉、对争议案件不含偏见，二是制度中立，主要在于对法官在程序中职能的限制，其中德法为反对纠问制同一主体兼行控诉和审查双重职能，设置专门机构来代表国家利益专门起诉犯罪，为追求侦查效率抑制了律师介入预审讯问；而英国19世纪之前，在缺失控方律师的审判中主要由法官询问和质疑被告人与证人，被迫肩负起控诉的职责。为了防止法官一身三任，让律师出庭支持控诉，这又刺激了对辩护律师参与的需求。② 因此，德法采控审分权制约模式，英国采用引入律师形成控辩对抗关系。

2. 公开审判原则。19世纪清晰地出现的共识：审判公开进行，侦查秘密开展，反过来会强化将刑事诉讼分为两个阶段的做法。③ 如果质证在审前侦查阶段进行，则其公开的程度较低，所以通过促进控辩审三方积极互动、吸收陪审员参与以及允许公民旁听的正式审判来决定案件，除了能体现审判对公众的教育作用之外，更主要的是保障审判是以公众的名义作出，为人民监督审判提供了渠道，④ 其中还表达了让被告能有效回应国家和法律对他的应有惩罚之意。

3. 直接言词原则。直接言词原则表现为两种禁止接力：⑤ 一是禁止审判接力，要求审判质证时法官亲历审判；二是禁止侦审接力，一般禁止以书面方式将审前收集的证言证据提交给法庭，证词提供人要出庭接受法官和各方质询，书证、物证等在庭审中要当着各方当事人的面以直接原始的方式呈现，法官通过庭审来评判证据。经过19世纪的发展，欧洲已经接受了直接言词原则的审判。直接言词原则的要求看来是建立在这样一个原则上的：质证与认证必须在当事人与法官都在场的情况下进行。“控辩三角结构”代表了唯一令人满意的判定指控的审判结构。

---

① 谢佑平、万毅：《刑事诉讼法原则：程序正义的基石》，法律出版社2002年版，第86页。

② John H. Langbein, The Origins of the Adversary Criminal Trial（Oxford, Oxford University Press, 2002）cha. 1 The Lawyer-Free Criminal Trial; cha. 3 The Prosecutorial Origins of Defense Counsel; and cha. 5 From Altercation to Adversary Trial.

③ ［瑞士］萨拉·萨默斯：《公正审判：欧洲刑事诉讼传统与欧洲人权法院》，朱奎彬、谢进杰译，中国政法大学出版社2012年版，第60页。

④ Antony Duff, Lindsay Farmer, Sandra Marshall and Victor Tadros, The Trial on Trial: Volume 3 Towards a Normative Theory of the Criminal Trial（Hart Publishing, 2007）at 268.

⑤ 林钰雄：《严格证明与刑事证据》，法律出版社2008年版，第43—44页。

二、辩护权的要素变迁和侦审联动

上述控辩式三角结构的原则更侧重于其权力方面的原则，对公正的更一致的理解则要求承认辩护职能对诉讼的制度结构的依赖。纠正诉讼程序结构固有缺陷的重要一环是被告人获得律师帮助权以保障控辩平衡。控审分离的刑事诉讼构造是由司法独立与公诉的当事人化所支撑，由于法官不再负责辩护，就必须赋予被告人自行辩护的机会。审前程序中积极追诉的危险要求审判通过平等武装来背负刑事诉讼程序合法化的重压。①

（一）审判阶段辩护权的行使

其一，随着缺席审判的废除，被告人不到庭，不得进行审判。这可见于德国1877年《联邦刑事诉讼法典》第229条的规定，目的是为保障控辩制的合法性，以严厉处分迫使被告人服从于刑事司法制度的威力（剥夺法律权利，或者剥夺其财产）并接受法庭对其进行的审判。

其二，就被告人的参与权而言，19世纪改革之前欧陆纠问程序采用严格证明、口供中心主义而强迫被告人参与诉讼宣誓作证，随着向“对抗性真实”的观念转变，被告人被允许自由参与，质疑控诉的证据和主张，以确保判决的正确性；辩护律师被看成是被告人的“诉讼密友”及其“法律上的耳朵与嘴巴”，在程序中运用法律帮助被告当事人，确保口头审理得以展开，控辩双方获得说服法官的同等机会，以达到刑事诉讼程序改革追求的控辩平等。

其三，律师帮助的重大意义在于它直接关系到在中立法官面前控辩对抗时辩护职能的发挥。德国1877年《刑事诉讼法典》第246条规定：即使在被告人不能参与的程序中，律师也必须参与。英国1836年通过了《刑事辩护法》，到19世纪30年代有律师辩护的案件比例并无多大改变，大多数的被告人因为贫困被剥夺了律师辩护权。直到19世纪下半叶，当人们日益认识到有必要对控方进行规范，以便促使检察官例行出庭，才相应地考虑到辩护律师的问题。

（二）审判前程序辩护权的程序作用

其一，侦查程序有秘密、书面和单方追诉性特征，其目的是准备证据、支持起诉。在侦查中由预审法官（有时是由检察官）讯问被追诉人，审前限制被告人获得律师帮助的权利，仅仅通过被追诉人的陈述自愿性来确保其公正。19世纪苏格兰对侦查阶段的合法性规范的关注十分明显。理论上，司法审问是由治安法官（magistrate）进行的。但在实务中更为常见的是由地方检察官（procurator fiscal）进行讯问。19世纪欧洲的刑事诉讼法基本上一致地不允许律师介入侦查讯问程序。但是，由于在审前程序也可能最终

① ［瑞士］萨拉·萨默斯：《公正审判：欧洲刑事诉讼传统与欧洲人权法院》，朱奎彬、谢进杰译，中国政法大学出版社2012年版，第77页。

判定证据，从控辩制诉讼程序的角度来看，被告人必须有权利同他的辩护律师一起到场，以便确保辩护权的直接实现，被告人及其律师在场就是至关重要的。

其二，欧洲各种刑事诉讼制度或多或少会将侦查阶段收集、审查的证据以书面的方式提交审判。欧陆刑事诉讼的旧传统表现为侦查纠问和缺席审判的常态化，转变为被告人自愿接受侦查讯问和出庭参与审判的新传统，而其有效性逐渐突出了对辩护人的依赖；在英国则常常是中立的治安法官全程在场进行，对案件情况的调查程序具有重要作用，随着专业控诉律师的引入，当事人获得律师帮助权范围和方式逐渐扩大。

三、当代域外认罪认罚制度：在保证公正的前提下追求效率

（一）域外认罪认罚制度的效率追求

域外国家大体上存在根据犯罪严重程度来将案件分类的制度，从而对应了不同的审判机构和程序类型，其典型是通过省略不同诉讼阶段来提高效率。

1. 审判程序省略或者简化式。世界各国对一些罪行轻微、事实清楚、案情简单的案件都可能简化预审程序分流案件，如法国的替代公诉的刑事调解程序、德国刑事处罚令程序、英国检警对轻微案件被控告人认罪的直接处罚、美国轻罪案件中检察官向初级法院提出指控初次到庭环节的认罪答辩程序、日本的起诉犹豫制度，略式程序和即决审判程序，这些程序可能无需正式审判程序或者简化了审判程序。

2. 大陆法系从职权调查走向控辩合意和量刑优惠。各国正逐渐把认罪协商作为一个刑事诉讼的原则，合意型或者契约型刑事诉讼模式席卷全球。例如，日本 2016 年修改刑事诉讼法，建立了针对特定的财政经济类、药物枪械类等有组织犯罪案件的协商合意制度，犯罪嫌疑人或者被告人就他人的刑事案件提供真实的供述，或者提出证据以及其他必要的协助，以换取检察官给予起诉优待措施，这种制度本质上是不完全依赖调查笔录的获取证据的新方法，[①] 与所谓的污点证人作证豁免或者立功受奖制度有异曲同工之处。刑事合意诉讼模式能包容多元的程序类型，如法国庭前认罪答辩程序主要包含四个阶段，在侦查终结后，检察官依法公诉的，在主审程序开始前和主审程序进行中都可以进行协商。在上诉审程序中，同样可以进行认罪协商。被告人、检察官和法官是协商程序的主体，三者都可以率先提出认罪协商的动议。

3. 英美法系当事人主义的退（认罪答辩）进（辩诉交易）自如。在英国，首次听证时，被告人就有作出有罪或无罪答辩的机会，如果被告人作出了“毫不含糊”的认罪答辩，那么案件直接进入量刑程序，此时治安法官可以听取被告人或其律师陈述犯罪的相关细节，以确保其准确认识犯罪情况，作出恰当的量刑。审前的辩诉交易基本是由控辩双方在私下进行的，直至 2008 年，英国授权严重欺诈案办公室（Serious Fraud Office）在严重欺诈案中与辩方进行认罪答辩的协商，成为英国历史上第一个正式被授权和规制

---

① 丁相顺、许恒瑞:《日本刑事司法协商合意制度评述》，载《人民检察》2022 年第 3 期。

的协商交易制度。但是，当下英国法官和学者认为，辩诉交易可能偏离事实，会损害被告人认罪答辩的自愿性，无论来自控方的压力还是辩方律师的游说，都可能使得被告人的认罪自愿性受到减损，甚至在受胁迫状态下被迫认罪；无辜的被告人可能会陷入两难境地，要么选择审判承受，可能遭受更重量刑的风险，要么无奈承认有罪，以获取较轻的刑罚。[①]

（二）域外认罪认罚程序的公正底蕴

两大法系都在追求诉讼效率的同时，也并未放弃对真相的追求。认罪认罚程序简化了正式庭审程序，仍然非常重视法官的审查核准权力，而其程序正当的保证是将一种三方组合的司法审查提前到初审或者审查起诉阶段，并通过各种措施防止“认罪”的动机损害案件的实质真实。

首先，为了提高效率，除了在庭前作了分流处理的案件外，认罪认罚案件的庭审程序都得到简化或者直接进入到量刑程序，但是，两大法系国家都强调了法官对辩诉交易的审查，这里的审查多聚焦于自愿性。（1）法国庭前认罪答辩程序明确法官审核的要点。依法国宪法委员会的判决，审核法官应着重审查如下三个基本要点：第一，犯罪事实的真实性；第二，检察官提出建议的适当性，即刑是否与犯罪情节及被告的人格相匹配；第三，庭前认罪答辩程序的运作是否合乎公正程序的要求。（2）德国协商程序运用于合适的案件。所谓合适案件一般是指凭被告人的供述就可以查清基本案件事实，而无需进一步证据的案件。因此认罪自愿性也至关重要。（3）美国法官在公开庭审中对认罪答辩和辩诉交易双重审查。美国法官对于认罪答辩的审查体现在：根据《美国联邦刑事诉讼规则》第11（b）条进行以下几种审查，一是知情权审查，二是自愿性审查，三是事实根据审查，以及第四，答辩能力审查。在认罪答辩和出示辩诉协议之前，控辩双方围绕着刑事证据已经展开了激烈的交锋，因此案件的推进并不仅仅依赖于口供。

其次，大陆法系一直强调法官对被控告者权利的职权关照，法官的职权作用从审前贯穿到庭审程序，在认罪程序中更强调律师的强制辩护和有效参与。然而德国刑事司法制度并不放弃追求实体真实，法官主导整个认罪协商程序，承担查明案件事实真相的责任，被告人与检察官达成的协议仅仅是法官作出最终裁判的一个证据而已。第一，法官主导的量刑协商和程序协商。在认罪协商程序中，法官不得通过量刑的“剪刀差”来胁迫被告人达成协商。[②] 第二，法官主导的真相查明和对被告人的关照。法官应当认真审查被告人供述的真实性，并结合案件中的其他证据材料去判断案件的基本事实情况。认罪协商发生主审程序之外，或者在主审程序进行过程中，法院都必须将协商内容（包括

---

① 施鹏鹏等：《司法改革热点问题研究：中国与域外》（Ⅲ），黑龙江教育出版社2019年版，第989—990页。

② 施鹏鹏等：《司法改革热点问题研究：中国与域外》（Ⅲ），黑龙江教育出版社2019年版，第964页。

准备性会谈的过程、具体协商的内容和结果）记录在案，以备上诉程序中的全面审查。

再次，认罪认罚案件中强化了辩护权的参与。法国为了防止检察官利用辩诉交易强迫被告人作出有罪答辩并防止无罪的被告人违心认罪，立法者确立了较完善的律师参与机制。法国《刑事诉讼法典》第 495-8 条第 4 款之规定，“被告不得放弃律师协助权”。英国辩诉交易的透明度极低，往往依赖于控辩双方律师的协商，甚至被告人自己对于此种交易的参与度都极低，难以保障自己的利益。律师在被告人认罪案件中的一项重要职责是确保其认罪答辩不是迫于控方的压力而是自愿作出的。

四、我国认罪认罚从宽制度审前程序的公正框架解释

（一）认罪认罚案件的检察主导责任

欧洲刑事诉讼“以审判为中心”往往是控辩双方激烈对抗的结果，由此需要落实各项原则以达至“公正 = 审判”的追求。我国以审判为中心的刑事诉讼制度改革也同样要通过落实控审分离、直接言词、公开审判原则来实现公正审判。根据 2019 年《人民检察院刑事诉讼规则》（以下简称《检察规则》）第 399 条的规定，公诉人确定举证方式需按照审判长要求，或者经审判长同意。庭审之中要通知关键人员出庭质证，法庭真正成为查明案件事实的中心。

我国认罪认罚从宽处理制度，因为有协商合作成分，庭审对抗退居次位，又由于不具有被动局面，而具有主动因素，因此，在认罪认罚案件中实行检察主导的听证制度，能一步到位，简化对公安机关和法院的异步双控环节，并且通过对当事人参与的保障来正当化程序本身和裁判结果。对于被告人认罪的自愿性问题，也存在着检察院审前监督和庭审法院审核的双重审查。权力的增长和实现需要尽到克制义务，检察机关在犯罪嫌疑人签署认罪认罚具结书的过程中应保障控辩平等性和自愿性，对于不认罪认罚的犯罪嫌疑人应按规定提出量刑建议。其次，检察机关在认罪认罚案件办理中落实主导责任，鲜明体现在审查起诉环节认罪认罚制度较高的适用率和较高的量刑建议采纳率，根据“权责统一”法理基础，须强调检察官客观义务。就审前程序中的角色定位而言，大量诉讼工作由检察官在审前阶段完成，例如证据开示、量刑协商等，检察官既要主导认罪认罚从宽，又要不偏不倚保持中立角色之间的平衡，做到认罪认罚从宽适用率与“罚当其罪”量刑建议提出之间的平衡。《人民检察院办理认罪认罚案件开展量刑建议工作的指导意见》第 24 条第 1 款明确规定“人民检察院在听取意见时，应将犯罪嫌疑人享有的诉讼权利和认罪认罚从宽的法律规定，拟认定事实、涉嫌罪名、量刑情节，拟提出的量刑建议及法律依据告知犯罪嫌疑人及其辩护人或者值班律师”，这要求检察机关在履行客观中立义务时应注意诉讼关照义务，保障被追诉人诉讼权利。检察机关不能为了追求该项制度的适用率而片面“从宽”、一律“从宽”，不仅徒增司法成本，亦有悖于检察官肩负的客观义务。

（二）认罪认罚案件获得律师帮助权

第一，律师参与刑事诉讼的逐步提前和指派辩护范围的逐步扩大。在我国，1979年《刑事诉讼法》要求被告只能于开庭前7日方可委托辩护律师，1996年《刑事诉讼法》修改后，允许犯罪嫌疑人在第一次讯问后或者采取强制措施之日聘请律师（隐含定位为法律帮助人），提供法律咨询、代理申诉控告、代理取保候审。同时将委托辩护人的时间提前到审查起诉阶段，在审判阶段法院为符合条件的被告人指定承担法律援助义务的律师担任辩护人。2012年更是将犯罪嫌疑人聘请律师时间提前到第一次讯问或者采取强制措施之日，将律师身份明确为辩护人，并且相应将法律援助从审判阶段提前到侦查和审查起诉阶段，由公检法机关通知法律援助机构为符合条件的犯罪嫌疑人、被告人指派律师，提供法律援助。早在2005年，个别地方就曾开展过值班律师制度试点工作，[①]但是，值班律师制度主要是随着2014年刑事速裁程序试点和2016年认罪认罚从宽制度试点而得以铺陈和发展。2017年8月29日最高人民法院、最高人民检察院、公安部、国家安全部、司法部发布《关于开展法律援助值班律师工作的意见》，对值班律师职责定位、运行机制和管理保障等作出统一规范。2018年《刑事诉讼法》第36条增加规定了值班律师制度，明确了值班律师的法律地位、参与条件、职责范围以及对值班律师的履职保障。这是值班律师制度的首次入法。2022年《法律援助法》第14条明确“法律援助机构可以在人民法院、人民检察院和看守所等场所派驻值班律师，依法为没有辩护人的犯罪嫌疑人、被告人提供法律援助”；第25条将应当指派律师担任辩护人的援助对象又进一步扩大，增加“申请法律援助的死刑复核案件被告人”，“缺席审判案件的被告人”；某些表述修正为“视力、听力、言语残疾人”，“不能完全辨认自己行为的成年人”；预留了“法律法规规定的其他人员”。

第二，法律援助值班律师和法律援助辩护律师的二元分化和衔接。众所周知，除了一些特殊事由的当事人之外，法律援助制度主要受援对象为经济困难者。2017年司法部、最高人民法院联合发布为期一年在8省市试点的《关于开展刑事案件辩护全覆盖试点办法》，该《办法》侧重规范人民法院的审判阶段，大体而言，除了符合法律援助条件而应当指派律师辩护之外，对普通程序的一审、二审和审判监督程序确立了以“被告人没有委托辩护人”为前提的“应当”通知法律援助机构指派律师提供辩护；对简易、速裁程序确立了以“被告人没有辩护人”为前提的通知值班律师提供法律帮助。2018年《刑事诉讼法》第36条所规定的值班律师制度从认罪认罚案件延展到所有案件，从审判阶段延展到所有阶段，其前提条件是既未委托辩护人，也未获得指派律师辩护，而不以犯罪嫌疑人、被告人的申请为前提，其强制适用带有全覆盖性质。由此可见，法律援助参诉律师的方式和职能分别有两种：

1. 广覆性、补充性的法律援助辩护律师提供辩护。该内容在2022年《法律援助法》

① 王春、汤宇浩：《值班律师法律帮助近7万人次》，载《法制日报》2017年9月9日，第3版。

第 25 条第 2 款规定，“其他适用普通程序审理的刑事案件，被告人没有委托辩护人的，人民法院可以通知法律援助机构指派律师担任辩护人”，转化吸收为不以经济困难为前提的“可以型”指派辩护，这契合了全覆盖试点现状和律师资源实际。虽然这种指派辩护不一定以申请为前提，《法律援助法》第 24 条对“刑事案件的犯罪嫌疑人、被告人”本人及其近亲属可以申请法律援助的前提规定为“因经济困难或者其他原因没有委托辩护人”，容许了经济困难外的其他原因，可参见第 32 条。

2. 前置性（也可能应申请、应急性）的值班律师提供法律帮助。无论是从“两高三部”2019 年 10 月 24 日发布的《关于适用认罪认罚从宽制度的指导意见》（以下称《认罪意见》）第 12 条“引导、帮助犯罪嫌疑人、被告人及其近亲属申请法律援助”和《法律援助值班律师工作办法》（以下简称《值班办法》）第 6 条“帮助犯罪嫌疑人、被告人及其近亲属申请法律援助”，《法律援助法》第 39 条第 2 款规定，“犯罪嫌疑人、被告人通过值班律师提出代理、刑事辩护等法律援助申请的，值班律师应当在二十四小时内将申请转交法律援助机构”。由此可见为不特定当事人服务的法律援助值班律师和“一对一”法律援助辩护律师之间的身份区分和职责差异。《认罪意见》第 10 条第 2 款特别明确，犯罪嫌疑人、被告人自愿认罪认罚，没有辩护人的，人民法院、人民检察院、公安机关（看守所）应当通知值班律师为其提供法律咨询、程序选择建议、申请变更强制措施等法律帮助。符合通知辩护条件的，应当依法通知法律援助机构指派律师为其提供辩护。《认罪意见》第 13 条和《值班办法》第 11 条都规定了“法律帮助的衔接”，即对于被羁押的犯罪嫌疑人、被告人，在不同诉讼阶段，可以由派驻看守所的同一值班律师提供法律帮助。对于未被羁押的犯罪嫌疑人、被告人，前一诉讼阶段的值班律师可以在后续诉讼阶段继续为犯罪嫌疑人、被告人提供法律帮助。《认罪意见》依据第 14 条规定，虽然允许“拒绝法律帮助”，但是审查起诉阶段签署认罪认罚具结书时，人民检察院应当通知值班律师到场。关于值班律师的派驻场所，2018 年《刑事诉讼法》第 36 条仅明确统一派驻到“人民法院、看守所等场所”，在《认罪意见》《值班办法》和《法律援助法》都扩展到人民检察院。根据《认罪意见》第 14 条规定，虽然允许犯罪嫌疑人拒绝法律帮助，但是审查起诉阶段签署认罪认罚具结书时，人民检察院应当通知值班律师到场。《认罪意见》对于未成年人认罪认罚案件规定，要听取法定代理人、合适成年人的意见，以及“法定代理人、辩护人对未成年人认罪认罚有异议的，不需要签署认罪认罚具结书”；未成年人认罪认罚案件，不适用速裁程序，笔者认为其意在追求程序公正。检察机关对于速裁程序审理的认罪认罚案件一般不进行法庭调查和法庭辩论，正是因为被告人认罪后的程序进一步简化，为保障认罪认罚程序的正当化和防范错案发生，更突出强调在检察院的审查起诉环节中律师的有效参与。

（三）认罪认罚案件的申请变更强制措施

被追诉人人身自由的状态既可能部分地体现了“程序从宽”的程序后果，还可能影响认罪认罚的自愿性程度，因而慎重采取羁押措施，以控辩双方地位平等、协商能力平等，真正保障被追诉人认罪认罚之自愿性和真实性。《认罪意见》第19—21条规定了社会危险性评估，逮捕的适用和逮捕的变更，从中可以看到认罪认罚案件的强制措施以“非羁押”为原则。其中第19条明确规定，公检法机关应当将犯罪嫌疑人、被告人认罪认罚作为其是否具有社会危险性的重要考虑因素。这包含在2018年修改《刑事诉讼法》时增加的第81条第2款规定的批准或者决定逮捕时，衡量“社会危险性”的考虑因素“涉嫌犯罪的性质、情节，认罪认罚等情况”之中，对认罪认罚的犯罪嫌疑人所犯之轻罪案件，在赔偿损失、获得谅解基础上，慎重采取羁押的强制措施。

实践中，检察机关一体化贯彻认罪认罚从宽制度和坚持依法少捕慎诉慎押，取得明显成效，诉前羁押率由2020年的59.3%下降至2022年的32.7%。2019年《检察规则》第140条和2021年《最高人民法院关于适用〈中华人民共和国刑事诉讼法〉的解释》第350条都将“认罪认罚”本身作为一种无羁押必要因素或者作为适用非羁押措施的考量因素。根据《值班办法》第9条，犯罪嫌疑人、被告人提出申请羁押必要性审查的，值班律师应当告知其取保候审、监视居住、逮捕等强制措施的适用条件和相关法律规定，以及人民检察院进行羁押必要性审查的程序；犯罪嫌疑人、被告人已经被逮捕的，值班律师可以帮助其向人民检察院提出羁押必要性审查申请，并协助提供相关材料。有学者从程序公正的角度出发建议检察机关在批准逮捕、变更逮捕和延长侦查羁押期限等阶段应当把听取犯罪嫌疑人及其律师的意见作为审查逮捕必要性的必经程序，必要时根据《人民检察院羁押听证办法》进行听证；检察机关的相关决定应当提供理由和法律知识，并且告知当事人或者近亲属。[①]

（四）认罪认罚案件的申请排除非法证据

第一，从设立中立者到强化对立面。认罪认罚案件的证据审查起诉和羁押强制措施很大程度是由作为控诉者的“检察机关”承担，难保其中立性，“原告直接抓被告”的这种程序结构与当今世界的流行趋势不符合，退而求其次是让检察机关实务观念转变为重客观公正、人权保障和司法宽容。在某种程度上我国检察机关和法院一样，基本上都是司法者的角色，甚至比法院更超然中立一些，“捕诉一体”机制模糊了权力界分，并且短时间无法设立第三者，因此强化其对立面是一个必然的出路。然而，当下值班律师的职责难堪保障犯罪嫌疑人、被告人权利的重任。相关法律法规条文（如《法律援助法》第30条，《认罪意见》第12条）一般列举值班律师有提供法律咨询、程序选择建议、申请变更强制措施、对案件处理提出意见等职责。这虽然包括程序性和实体性法律帮助，但本质并非辩护。值班律师比较重要的职责还有见证犯罪嫌疑人、被告人的认罪认罚。

第二，申请排除非法证据：值班律师退隐和法律援助辩护律师递补。近年来，尽管

---

① 孙长永：《少捕慎诉慎押刑事司法政策与人身强制措施制度的完善》，载《中国刑事法杂志》2022年第2期。

对非法证据排除的重视已经上升到前所未有的高度，遗憾的是，“申请排除非法证据”作为辩护方重要的交易筹码，并未被明确列举为值班律师的职责。虽然侦诉审三阶段都可以申请“排除非法证据”，但是排除非法证据的申请主要被具体化到审查起诉和审判的辩护职责之中。在认罪认罚案件中检察机关加强对侦查阶段认罪认罚自愿性、合法性的审查尤为重要，检察机关也可以依职权作出非法证据排除等相应的处理。值班律师单靠阅卷、会见难以恰当地提出排除非法证据的申请。《认罪意见》第 12 条还隐含了值班律师提供的法律帮助的具体方式包括查阅案卷材料、会见犯罪嫌疑人或者被告人。《值班办法》第 6 条也明确规定：“值班律师办理案件时，可以应犯罪嫌疑人、被告人的约见进行会见，也可以经办案机关允许主动会见；自人民检察院对案件审查起诉之日起可以查阅案卷材料、了解案情。”该《办法》第三章、第四章进一步明确规定了法律帮助工作程序和值班律师工作保障。《法律援助法》第 37 条要求公检法机关应当保障值班律师依法提供法律帮助，告知没有辩护人的犯罪嫌疑人、被告人有权约见值班律师，并依法为值班律师了解案件有关情况、阅卷、会见等提供便利。至于我国《刑事诉讼法》中可能隐含的讯问犯罪嫌疑人的律师在场权，虽然有助于保障其认罪认罚的自愿性和合法性，但是在实践难以展开。

我国办理认罪认罚案件坚持证据裁判原则，坚持法定证明标准，侦查终结、提起公诉、作出有罪裁判应当做到犯罪事实清楚，证据确实、充分。一般认为对辩护方意见的听取被认为具有协商性质，但是因为资源、能力不平等，控辩双方很少有平等协商的余地，《认罪意见》第 33 条针对“量刑建议的提出”明确规定了“人民检察院提出量刑建议前，应当充分听取犯罪嫌疑人、辩护人或者值班律师的意见，尽量协商一致”。实践之中往往存在侦查和控诉方利用资源优势强迫、引诱被追诉人接受量刑建议。证据开示，尤其是向辩方的证据开示更有必要有助于实现控辩平等。《认罪意见》第 29 条规定了“人民检察院可以针对案件具体情况，探索证据开示制度，保障犯罪嫌疑人的知情权和认罪认罚的真实性及自愿性”。在我国律师一般是通过阅卷权来实现对控方证据的知悉。因此，值班律师以法律帮助人角色去行使阅卷权可能存在动力不足的问题。证据开示可能的具体操作方式：（1）或许可以要求检察机关在审查起诉期间应当主动通知值班律师或者辩护律师阅卷，配套措施是做好值班律师服务质量考核、法律援助第三方质量评估考核以及纳入律师的年度考核；（2）对犯罪嫌疑人及其辩护人提出非法证据排除申请的、检察机关对定罪有疑问的，或者有翻供、翻证等情形的，检察机关应当主持召开侦查人员和辩护人对相关证据进行质询的公开听证程序。2019 年《检察规则》第 258 条规定，人民检察院讯问犯罪嫌疑人时，犯罪嫌疑人翻供的，应当讯问其原因。犯罪嫌疑人申请排除非法证据的，应当告知其提供相关线索或者材料。犯罪嫌疑人检举揭发他人犯罪的，应当予以记录，并依照有关规定移送有关机关、部门处理。当然在律师阅卷或者听证中，对使用技侦、秘侦方式获取的且开示可能造成严重后果的证据，可以不向被追诉人开示，对证言笔录中证人身份信息应当进行匿名化处理。

实务研究

贿赂案件中认定“谋取不正当利益”若干疑难问题辨析

叶祖怀　刘韵倩　司徒华欣*

摘　要　在行贿及部分特殊类型的受贿案件中，是否属于“谋取不正当利益”，时常成为区分罪与非罪的难点。对于“谋取不正当利益”的内涵，应当根据现行法律、司法解释的规定及刑事政策导向，结合贿赂犯罪的保护法益、要件结构，从实体性不正当利益、程序性不正当利益、违反公平公正原则的利益三个层面予以把握，而“谋取不正当利益”作为必备主观要件，在认定相关犯罪时不可或缺。同时，还需破除诸如“采取行贿手段谋取的利益均属于不正当利益”等认识上的误区，厘清“程序不正当”“规章、政策”“谋取竞争优势”等概念的边界，准确把握认定的原则和标准。

关键词　谋取不正当利益　主观要件　程序不正当　规章政策　竞争优势

我国刑法对于行贿犯罪及某些特殊类型的受贿犯罪，均规定以“谋取不正当利益”为入罪要件。虽然“两高”已多次发文对“谋取不正当利益”的含义进行界定，但理论及实务界在认识上仍多有歧异，以致是否属于“谋取不正当利益”时常成为区分罪与非罪的主要难点。在反腐败斗争持续深入开展以及强力推进“行贿受贿一起查”[①]的时代背景下，为依法、及时、准确惩治贿赂犯罪，需要更加全面、准确地理解和把握“谋取不正当利益”的内涵，需进一步厘清诸如“规章、政策”“谋取竞争优势”等概念的边界。

一、“谋取不正当利益”的基本含义

理论界对“谋取不正当利益”的含义主要存在以下几种不同的解读：一是非法利益

* 叶祖怀，广东省珠海市人民检察院党组成员、副检察长；刘韵倩，广东省珠海市人民检察院第七检察部副主任、一级检察官；司徒华欣，广东省珠海市香洲区人民检察院第一检察部检察官。

① 2021年9月，中央纪委国家监委与中央组织部、中央统战部、中央政法委、最高人民法院、最高人民检察院印发《关于进一步推进受贿行贿一起查的意见》；2022年12月，最高人民检察院印发《关于加强行贿犯罪案件办理工作的指导意见》。

说[①]，以利益本身合法与否来界定利益是否正当；二是不应得利益说[②]，根据法律、法规和政策不应得到的利益为不正当利益；三是手段不正当说[③]，以行为人谋取利益的手段是否正当来界定，并认为采取行贿手段谋取利益可以直接认定为谋取不正当利益；四是不确定利益说[④]，介于“应得利益”与“禁止性利益”之间，同时辅之以谋取利益的手段来判断，并认为以行贿手段谋取的不确定利益均为不正当利益；五是违背职务说[⑤]，以受贿人是否实施了违背职务的行为来判断利益正当与否。“两高”先后于1999年联合发布《关于办理受贿犯罪大要案的同时要严肃查处严重行贿犯罪分子的通知》（以下称1999年《通知》），于2008年出台《关于办理商业贿赂刑事案件适用法律若干问题的意见》（以下简称2008年《意见》），于2012年制定《关于办理行贿刑事案件具体应用法律若干问题的解释》（以下简称2012年《解释》），对“谋取不正当利益”的含义不断进行界定和修正，以期规范实践中的认定标准。

理论界早期对“谋取不正当利益”的解读，于今来看已多有不合宜之处，如：“非法利益”的表述早已被“不正当利益”取代；有的观点只着眼于利益本身是否正当；有的只强调谋取利益的手段；有的仅以受贿人实施的行为来判断利益是否正当，忽视了行贿人的主客观要素，等等。而从前述三个司法文件的演变中可以看出，“不正当利益”的外延在不断扩大，以至于有观点认为，可以认定正当利益的情形极为罕见[⑥]。司法实践中，也确有不断限缩“正当利益”空间的趋势，甚至有部分司法判例认为凡是采用行贿手段获取的利益均属于不正当利益，也有一些判例只笼统地认定行贿人谋取了“不正当利益”，但对利益因何不正当未进行实质性论证。

笔者认为，对于“谋取不正当利益”的内涵，应当根据现行法律、司法解释的规定及刑事政策导向，结合贿赂犯罪的保护法益、要件结构等进行综合判断认定。具体而言，可从三个层面予以把握：实体性不正当利益，即利益本身是否不正当，如果利益本身违反法律、法规、规章、政策的规定，即为不正当利益；程序性不正当利益，即如果利益本身难以判断是否不正当，则考察行为人谋取利益时是否违反了正当程序，如果行为人通过要求国家工作人员违反法律、法规、规章、政策、行业规范的规定提供帮助或

---

① 黄太云、滕炜主编：《〈中华人民共和国刑法〉释义与适用指南》，红旗出版社1997年版，第231页；黄道诚、赵辉：《论行贿罪》，载《河北法学》1998年第3期；李希慧主编：《贪污贿赂罪研究》，知识产权出版社2004年版，第249页。

② 卢雪勇：《行贿罪“不正当利益”规定存在天然缺陷》，载《检察日报》2004年10月7日，第4版；高铭暄、马克昌：《刑法学》（下编），中国法制出版社2007年版，第1141页。

③ 赵秉志主编：《疑难刑事问题司法对策》，吉林人民出版社1999年版，第1848页；郭晋涛：《论行贿罪中的“为谋取不正当利益”》，载《中国刑事法杂志》2000年第6期。

④ 朱孝清：《论贪污贿赂罪的几个问题》，载《人民检察》1998年第3期；邹志宏：《论行贿罪中不正当利益的界定》，载《人民检察》2002年第3期；邹志宏：《以行贿手段谋取的“不确定利益”属于不正当利益》，载《国家检察官学院学报》第2001年第3期。

⑤ 肖扬主编：《贿赂犯罪研究》，法律出版社1994年版，第273页；陈兴良主编：《刑法疏议》，中国人民公安大学出版社1997年版，第640页。

⑥ 苗有水：《解读刑法上的“谋取不正当利益”》，载《人民法院报》2018年4月11日，第6版。

者方便条件从而获得利益，则属于谋取不正当利益；违背公平公正原则的利益，或称谋取竞争优势的利益，即如果难以判断是否属于实体性不正当利益或程序性不正当利益，则考察行为人是否违背了公平公正原则以谋取竞争优势，若是，则行为人谋取的利益亦属于不正当利益。

二、“谋取不正当利益”为必备主观要件

无论是行贿犯罪亦或是某些特殊类型的受贿犯罪，均须符合该犯罪的基本法律规范、具备该犯罪的要件结构，在主观上必须是为了“谋取不正当利益”。在我国刑法体系中，虽然有些条款采用“但书”的形式规定了基本法律规范的一些例外情形①，有部分条款以法律拟制的形式规定了认定某些犯罪时的例外情形②，但也有些条款仅属于注意规定，并未突破基本的法律规范。

（一）“谋取不正当利益”属于主观要件

通说认为，“谋取不正当利益”属于主观要件，无论是否获得不正当利益，只要行为人主观上具有谋取不正当利益的目的，并给予或者收受财物，即构成相应的犯罪。然而，也有学者针对我国《刑法》第389条的规定，提出应区分是主动行贿还是被索贿来认定“谋取不正当利益”是主观要件还是客观要件，认为在被勒索而给予财物的情形下“谋取不正当利益”属于客观要件，因为被索贿时行贿行为是被动的，行为人主观上没有为谋取不正当利益而给予财物的故意，如果没有获得不正当利益则不构成行贿罪。笔者对此持不同看法。

根据《刑法》第389条第3款的规定，行为人如果是因被勒索而给予财物的，构成犯罪还必须具备“获得不正当利益”这一客观要素。但是，这一规定并非排除了行为人的主观要素。在被勒索的情形下，行贿意图虽然是被动产生的，行贿行为也具有被动性，但行为人主观上仍具有选择是否给予财物的自由意志。正是出于谋取不正当利益的目的，行为人才做出了给予财物的选择，如果最终又获得了不正当利益，则其行为构成行贿罪。因此，《刑法》第389条第3款不是对行贿罪基本构成要件的修正，而是考虑到在被勒索的情形下行贿人所处的劣势地位和不利处境，对于那些最终未获得不正当利益的不再苛以刑责。当然，因未实际获得不正当利益而不负刑事责任，并不意味着就否定了行为人目的及行为的非法性；虽未给予财物，但最终获得了利益的，也不意味着行为人获得的利益就具有了正当性。

---

① 如我国《刑法》第7条、第8条、第12条、第13条、第16条、第65条、第101条等。

② 如我国《刑法》第234条之二第2款、第236条第2款、第238条第2款、第241条第5款、第253条第2款、第267条第2款、第269条、第333条第2款、第382条第2款等。

（二）“感情投资型”贿赂案件中的主观故意问题

所谓“感情投资型”贿赂，是指请托人以人情往来名义长期给予国家工作人员财物，但无具体请托事项，而是与国家工作人员建立一定的感情基础，以期国家工作人员将来利用职务便利为其谋利[①]。2016年“两高”《关于办理贪污贿赂刑事案件适用法律若干问题的解释》（以下称2016年《解释》）第13条第2款系规制“感情投资型”贿赂犯罪的依据所在。

传统的受贿犯罪，国家工作人员索取或者收受行贿人财物均以其利用职务上的便利为行贿人谋取利益为对价，其中“为他人谋取利益”包括承诺、实施、实现三个阶段，三具其一即具备为他人谋取利益的要件。如果国家工作人员明知他人有具体请托事项而收受财物，也视为承诺为他人谋取利益。对于“感情投资型”贿赂，由于行贿人未提出具体请托事项，或者尚未表现出要求国家工作人员利用职权为其提供帮助及提供何种帮助，此种情形下国家工作人员是否构成受贿罪也并非没有争议。笔者认为，在符合基本法律规定及2016年《解释》的情况下，将“感情投资型”贿赂行为认定为犯罪并不违背贿赂犯罪的基本规范。一般而言，馈赠或正常的“人情往来”均具有民事法律或社会伦理上的基础，如双方是亲友等关系，财物的价值符合大众的可接受范围，正常的“人情往来”也是双方互有往来而不是单向的。更为重要的是，双方都没有将公权力作为对价。贿赂犯罪的本质是权钱交易，所侵犯的法益是国家工作人员职务的不可收买性，在排除了馈赠及正常“人情往来”的可能性后，国家工作人员索取、收受“具有上下级关系的下属”或者“具有行政管理关系的被管理人员”这类特殊对象的大额财物，就可能会影响其职权行使，也难掩权钱交易的本质。故此，2016年《解释》将“感情投资型”贿赂这类具有迷惑性的新型贿赂形态规定为犯罪，符合贿赂犯罪的本质特征。司法实践中尤其需要注意，有的行贿人以“结拜”“认干亲”等名义进行“感情投资”，在认定时需要考察双方的真实关系、交往基础以及给予财物的时机、金额、次数等，从实质上进行判断。

然而，与一般受贿犯罪的不同之处在于，行贿犯罪及某些特殊类型的受贿犯罪均要求“为谋取不正当利益”，在行贿人尚未提出具体请托事项的情况下，要判断是否具有不正当性确系司法实践中的难点。笔者认为，在某些情形下，若双方之间不具有馈赠或正常“人情往来”的基础，且主观认知方面的证据达到了刑事证明标准，则可以认定行为人具有谋取不正当利益的目的。一是如果行贿人系从事违法犯罪活动，如走私、生产假冒伪劣产品、开设赌场、经营淫秽色情场所等，而国家工作人员具有相应的查禁、管理等职责或者具有相关职务上的便利条件，且双方对此均有明知，则即使行贿人没有提出具体的请托事项，也可以推定行贿人是为了谋取不正当利益。二是如果行贿人系从

---

① 徐宏、朱首章：《“感情投资”型受贿中“可能影响职权行使”的司法认定》，载《中国检察官》2021年5月。

事经济活动，如房地产开发、工程承揽等，其给予负责相关事务的国家工作人员以大额财物，试图影响该国家工作人员正常行使职权的，也可以认定其具有谋取不正当利益的目的。三是在双方系上下级关系时，由于上级对下属存在管理或制约关系，对下属的职权行使、职务升迁等具有决策权或建议权，下属主动给予其上级大额财物的行为因难以体现出其正当性——实践中大多是为了在组织人事等方面谋取竞争优势，达到证明标准的，可以认定为犯罪。

（三）经济往来中行贿案件的主观故意问题

我国《刑法》第 389 条第 2 款规定，“在经济往来中，违反国家规定，给予国家工作人员以财物，数额较大的，或者违反国家规定，给予国家工作人员以各种名义的回扣、手续费的，以行贿论处”。有观点认为，此处之“以行贿论处”并不要求行贿人具有谋取不正当利益的目的[①]。有的司法判例也认为，在经济往来中给予国家工作人员以财物的即构成行贿罪，不需要以谋取不正当利益为前提条件[②]。笔者对该观点持否定态度。前文已述，“为谋取不正当利益”是构成行贿罪的必备主观要件，《刑法》第 389 条第 2 款也不例外。

首先，从法条体系上看，《刑法》第 389 条第 1 款规定了行贿罪的基本罪状，然后将在经济往来中给予国家工作人员以财物及各种名义的回扣、手续费的情形单列一款，同时第 3 款又规定，在被勒索的情况下，如果没有获得不正当利益的则不是行贿。可见，对第 2 款规定中的情形若以行贿论，仍需具备“谋取不正当利益”这一要件，该规定只是一款注意规定而非法律拟制。其次，从规定的内容来看，无论是在经济往来中给予国家工作人员以财物还是给予各种名义的回扣、手续费，均以“违反国家规定”为前提，这就意味着如果没有违反国家规定，则不能以行贿论。第三，从相关司法文件来看，2008 年《意见》、2012 年《解释》所要规范的内容之一，就是在认定发生在“招标投标、政府采购等商业活动中”“经济、组织人事管理等活动中”的行贿犯罪时如何准确把握“谋取不正当利益”，而非只要给予财物就构成行贿罪。从我国《反不正当竞争法》的规定中也可以看出，“谋取交易机会或者竞争优势”是经营者承担行贿法律责任的前提[③]。第四，从社会危害性来看，与其他领域相比，在经济往来中发生的行贿行为并非具有更大的社会危害性和应受刑法惩罚性，只是由于在经济活动中给予财物或回扣、手续费的现象较为普遍，甚至成为许多行业的“潜规则”，为了防止司法人员误将

---

① 周道鸾、张军主编：《刑法罪名精释（下）》，人民法院出版社 2013 年第 4 版，第 1060 页；谢杰、吕继东：《商业贿赂犯罪“经济往来”系列条款研究》，载《中国刑事法杂志》2007 年第 1 期。

② 江苏省宝应县人民法院刑事判决书，（2015）宝刑初字第 00239 号；广西壮族自治区凭祥市人民法院刑事判决书，（2013）凭刑初字第 67 号。

③ 我国《反不正当竞争法》第 7 条规定：“经营者不得采用财物或者其他手段贿赂下列单位或者个人，以谋取交易机会或者竞争优势……经营者的工作人员进行贿赂的，应当认定为经营者的行为；但是，经营者有证据证明该工作人员的行为与为经营者谋取交易机会或者竞争优势无关的除外。”

其视为普遍的规则而不进行处罚而在立法上专门做出该注意规定。

三、程序性不正当利益的认定

根据2008年《意见》和2012年《解释》规定及司法实践，一般说来，对于行为人通过要求国家工作人员违反规定干涉招投标事务、插手组织人事事项，以及干预司法案件正常办理等而获得的利益属于谋取不正当利益，已无争议。但是，实践中还存在一些较具代表性的观点，如凡是通过行贿手段所获得的利益均属于不正当利益，或者违反“正常”办事流程的就属于程序不正当，也均属于不正当利益。为此，有必要厘清“程序性不正当利益”的边界。

（一）准确把握“程序性不正当利益”的含义

按照2012年《解释》，行为人要求国家工作人员违反法律、法规、规章、政策、行业规范的规定，为自己提供帮助或者方便条件的，属于“谋取不正当利益”。该种利益也可称之为程序性不正当利益，即行贿人所要谋取的利益本身可能并无不正当，但要求国家工作人员违背相关规则为其提供帮助或者方便条件，其利益具有程序上的不正当性。如行为人在工程尚未竣工验收的情况下，要求国家工作人员违反合同约定先行支付工程款，在这种情况下，即使工程不一定存在质量问题，工程款也是其依约应得的利益，但其要求国家工作人员违背职责以及合同约定的工程款结算条件为其提前支付款项，那么其所获得的利益即属于程序性不正当利益，如果行为人因此又向国家工作人员贿送数额较大的财物，则构成行贿罪。

实践中有一种观点认为，不管违反了何种程序、违反到什么程度，甚至只要不符合正常的办事流程就属于程序不正当，因此而谋取的利益就属于程序性不正当利益，如去行政机关办事不去“窗口”、不按办事程序找基层工作人员，而是直接去找领导寻求帮助等。该观点看似符合文本规定，实际上却未能准确把握对“程序”的内在要求，将“程序性不正当”的概念泛化，因而是不可取的。如苏某行贿案，苏某在开发房地产项目中，发现已缴纳的建设费用数额计算有误，遂找到相关行政单位的负责人吴某请求帮助，后经重新核定确认之前计算有误，该单位退回了多收款项，苏为此送给吴某“感谢费”20万元。该案中，因相关行政单位工作失误致苏某的合法利益受损，虽然苏某给予吴某财物的行为违法，但其向吴某寻求帮助不是要求吴某违反法律法规等的规定为其谋取利益，而是为了维护自己的合法权益，因而不属于刑法意义上的“程序性不正当”。

上述可见，如果利益本身是合法、正当的，行为人不是要求国家工作人员违背职责为其提供帮助，而是要求国家工作人员依法正当履职以维护其合法权益，则不属于“谋取不正当利益”，其行为也不构成行贿罪。与该情形类似，行为人为实现已被法院生效判决所确认的利益，或是为了履行纳税等法定义务，要求国家工作人员为其提供帮助或者便利条件的，即使其行为不符合一般的办事流程，也不应当认定为谋取不正当利益进而入罪，因为其行为没有侵犯法益。此外，即使是在招投标、组织人事及司法案件领域，若行为人仅是向有关国家工作人员包括单位领导反映招投标过程中存在的问题、咨询组织人事政策或者要求司法工作人员公正司法，没有要求国家工作人员违法或不当履职的意图，也不应当认定为谋取不正当利益。

（二）“程序性不正当”不包括行贿手段

在王某行贿案中[①]，二审法院判决认为，王某是通过行贿手段获取邓某的关照，因行贿行为本身违反法律规定，王某因此而获得的利益属于违法所得。司法实践中，不少司法办案人员亦持该观点。

笔者认为，程序性不正当不包括行贿手段。将行贿手段认定为程序违法，用行贿手段的非法性来判定谋取利益的不正当性，然后再用“谋取不正当利益”去认定犯罪，实际上陷入了循环论证的逻辑错误。如果认为行贿手段即属于程序不正当，则所有行贿案件中所谋取的利益就都属于不正当利益，如此也就没有了正当利益存在的空间，行贿罪中“为谋取不正当利益”的立法设定也就纯属冗余。

程序不正当要求国家工作人员不正当行使职权，此处之违反正当程序行为的实施主体是国家工作人员而非行贿人，所指之程序不正当也并非指行贿人的行贿行为不正当。“为谋取不正当利益”作为行贿犯罪的必备主观要件，着眼于行贿人的行为目的，即是否为谋取违反规定的利益，或者是否具有影响国家工作人员依法行使职权的意图，或者是否违背公平公正原则，意图在经济、组织人事管理等活动中谋取竞争优势。在上述王某行贿案中，之所以应当认定王某属于谋取不正当利益，是因王某出于影响邓某正当行使职权的目的而向邓某提出要求，意图通过邓某的不当履职而在工程项目承揽方面排除其他竞争者，最终王某获得了相关工程项目并获取了利益，其行为构成行贿罪，但认定的逻辑却非如判决所述。

（三）行贿人无需对程序不正当有具体明知

有观点认为，国家工作人员究竟采取何种手段为他人谋取利益，行贿人因未必知晓而难以判断是否具有不正当性，用受贿人实施的行为衡量行贿人谋取利益的正当性，其合理性令人怀疑，甚至可能导致对行为人客观归罪[②]。笔者认为，这一观点并不可取。

国家工作人员履职应当遵守规则，通常情况下，国家工作人员依照规则履职即可，不需要个人进行价值方面的权衡，如果国家工作人员基于请托违背相关规则为他人谋取

---

① 王某为获得国家工作人员邓某在工程项目上的关照，多次向邓某行贿 210 万元。一审、二审判决均认为，王某为谋取不正当利益向国家工作人员行贿，构成行贿罪，但未说明其谋取利益的不正当性所在。在回应王某及其辩护人关于“取得的收益不属于不正当利益”的上诉主张时，二审判决则以王某通过行贿手段获取邓某的关照，因行贿本身违反法律规定，进而认定王某获取的利益属于违法所得。四川省资阳市中级人民法院刑事裁定书，（2020）川 20 刑终 33 号。

② 王建超：《漫谈行贿罪——基于对“不正当利益”的分析》，载《犯罪研究》2011 年第 1 期。

利益，则属于谋取不正当利益。而在行贿罪中，“谋取不正当利益”系主观超过要素，不需要有相应的客观行为与之对应，当行为人主观上有利用国家工作人员的职务违法违规行为获取利益的目的，客观上实施了给付财物的行为，即足以表明其主观上对受贿人违背职责为其谋取利益具有明知。当然，某些情况下，行贿人往往只会向国家工作人员提出想要达到的目的或者谋取的利益，不关心也不了解具体职务行为如何实施，但这并不影响行贿罪的成立，因为国家工作人员实施符合或者违背规则的职务行为均未超出行贿人的主观认识范围，亦即按照一般人的认知，行贿人知道或者应当知道自己获取该利益可能需要国家工作人员违反规则即可，除非确有证据证明行贿人要求受贿人不要为其提供规则所不允许的帮助或者便利，此时行为人主观上不具有收买国家工作人员不当履职的目的，从而阻却其犯罪故意，不具有构成要件的符合性。

四、“规章、政策、行业规范”的界定

行为人谋取不正当利益涉及违反“法律、法规、规章、政策、行业规范”的问题，对于“法律、法规”的含义不存在认识上的分歧，但如何界定“规章、政策、行业规范”的范围却认识不一。

在2008年《意见》和2012年《解释》出台前，即有学者主张对“规章、政策”应作最广义的理解[①]，认为除国家政策和国务院各部门规章外，地方性政策和地方政府规章、单位内部的规章都应当作为认定的依据；也有论者主张，“规章、政策”只包括国家政策和国务院各部门规章[②]。为适应反腐败工作需要,2008年《意见》和2012年《解释》已将1999年《通知》中的“国家政策和国务院各部门规章”修改为“规章、政策”，扩大了“不正当利益”的外延，显然不应再做狭义解释。那么，应当如何准确理解和把握“规章、政策”的含义？是否应当从制定层级、制定主体等方面对“规章、政策”的范围作必要限定？应当如何理解关于“行业规范”的规定？

（一）关于规章、政策的含义

狭义上的规章，仅指行政规章，国务院发布的《规章制定程序条例》，即是关于规范国务院各部门和地方政府制定规章程序的行政法规。此处之“地方政府”，限于省、自治区、直辖市和省、自治区所在地的市以及经国务院批准的较大的市的人民政府，其他不设区的市及县、区、镇级人民政府则不具有制定规章的权限。而广义上的规章，则包括行政规章、组织规章、业务规章和一般规章。

将行政规章纳入“规章、政策”中“规章”的范畴，应当不会有异议。然而，是否也应当将某个组织或团体制定的组织规章（章程）、针对某个专项业务的业务规章（章

① 徐岱:《行贿罪立法评判》，载《法制与社会发展》2002年第1期。
② 冯菁:《行贿罪若干问题的探讨》，载《社会科学》2000年第11期。

程）乃至各类机关、团体、企事业单位制发的一般规章（如各种规定、办法、准则、细则、制度、规程、守则、规则等）均纳入其中？至于政策，其含义更是极为宽泛，从国家政策，到没有行政规章制定权的市及县、区级人民政府及其所属部门，乃至乡、镇级人民政府，都会因工作需要、在其职责权限内制定出台各式各样的政策，如招商引资政策、组织人事政策、便民利民政策等。这些规章、政策是否均属于 2008 年《意见》和 2012 年《解释》中所规定的“规章、政策”，恐怕难以一概而论。

（二）应以“规章、政策”的属性界定其范围

前述两种主张虽不同，但主要着眼于规章、政策的制定层级，笔者认为，应当依据其属性而非制定的层级来界定是否属于“规章、政策”的范畴。对于有关机关、团体、企事业单位针对职权行使特别是公权力行使的事项，依一定程序制定，在一定时期、一定范围内具有公开性及普遍约束力的规范性文件，应当纳入其范畴。

如林某行贿案，某民营企业主林某为向某镇属国有企业拆借资金，请托该镇镇委书记黄某提供帮助，黄某按照镇里的相关规定将该事项提交镇党委会议讨论，但未形成一致意见，林某遂要求其另想办法，黄某于是违反规定程序，自行在审批文件上签署同意拆借意见，林某如愿获得了资金并送给黄某 50 万元。又如甘某利用影响力受贿案，某市属不动产登记中心经研究后出台办法，为具有某些特殊情形的申请人加快办理不动产登记手续，并将该办法向社会公布，后该中心负责人的妻子甘某利用该负责人职务上的行为，为大量不符合办理条件及不符合办法规定的申请人加快办理不动产登记事项，从中索取及收受巨额财物。从两个案例可以看出，无论是某镇一级政府出台的规定，还是某市属事业单位制定的办法，因其都具有规范职权行使的性质，具有权威性和公共性，均应得到遵守，行为人违反相关规定谋取的利益属于不正当利益。

因此，刑法意义上的“规章、政策”，既非狭义的或者完全广义上的规章、政策，也不应仅看其制定的单位或层级，而应注重考察其性质和内容，看其是否具有公共性及约束力，是否对依法正当行使职权具有普遍规范意义。对于那些制定层级虽高但仅具有一般约束力或只是倡导性的规范，则不属于刑法意义上“规章、政策”的范畴。

（三）关于“行业规范”的认定

行业规范是指促进行业发展壮大的，约束行业的行为意识、行业道德、行业准则、行业契约、行业章程、行业法律的总称[①]。行业规范由行业协会制定，以管理行业事务、约束成员行为、调整成员间的市场竞争关系，并借此维护行业秩序。

行业规范属于指导性文件，相较于法律、法规、规章等不具有普遍、广泛的强制性约束力，但其深耕于本行业内，就更细致、特殊的情形、内容进行规范，并对从业者起到约束作用，从业者有义务依照行业规范确立的标准、流程等规范从业。此外，我国

---

① 王运声：《中国行业行为规范初探》，法律出版社 2014 年版，第 41 页。

《民法典》《标准化法》等法律也确立了行业规范的法律地位与作用，如《民法典》第511条规定，在没有推荐性国家标准时，按照行业标准履行合同。据此，如果行为人要求国家工作人员违反行业规范的规定为自己提供帮助或者方便条件，也具有程序不正当性。当然，在入罪时，亦应参照“规章、政策”的界定原则进行综合判断。

五、“谋取竞争优势”的认定标准

一直以来，对“谋取竞争优势”的含义在认识上存在的巨大分歧，对一些案件罪与非罪的认定产生了重大影响，如何某行贿案[①]、任某行贿案[②]等。其中，以任某行贿案最具典型意义，该案历经一审、第一次再审、第二次再审，当事人的命运也随之跌宕起伏。

（一）“谋取竞争优势”的含义

笔者认为，要准确理解“谋取竞争优势”的含义，应着重把握以下几点：一是与有具体规则规定约束的职务行为不同，“谋取竞争优势”所针对的是没有具体规则规定、仅涉及公平公正原则的职务行为；二是将“谋取竞争优势”规定为“谋取不正当利益”的实质在于，在国家工作人员可以自由裁量的情况下，行贿人意图影响其内心评判的公正性，进而影响到其利益取得的正当性；三是虽然2012年《解释》将“谋取竞争优势”从2008年《意见》中的“招标投标、政府采购等商业活动”领域扩充至“经济、组织人事管理等活动”领域，进一步限缩了“正当利益”的空间，但在具体认定时仍应严格遵循法律及司法解释的规定，不应无限扩大“谋取竞争优势”的范围。

（二）“谋取竞争优势”的认定标准

1. 存在竞争性活动

“谋取竞争优势”的前提是存在竞争性活动。是否属于竞争性活动，可从三个方面进行判断。首先，请托的事项是否属于职务行为可以酌情决定的事项。“谋取竞争优势”针对的是缺乏明确规范约束的职务行为，也即具有自由裁量权的、可以酌情决定的职务

---

① 何某为顺利结算工程款而向苟某行贿30万元，宁夏回族自治区中宁县人民法院（2015）中宁刑初字第45号刑事判决书以行贿罪判处其有期徒刑4年；何某以其谋取的利益不属于“不正当利益”为由上诉，二审改判其有期徒刑2年；何某提出申诉，中卫市中级人民法院再审维持原定性，但将量刑改为适用缓刑。

② 2010年，任某通过时任聊城市人民政府副秘书长的胡某给东阿县交通局负责人打招呼，帮李某讨要已到期的修路款，并送给胡某“好处费”人民币6万元。原审判决认定，任某通过胡某打招呼索要的是东阿交通局欠李某的修路款，利益本身合法，其行为不构成行贿罪；第一次再审判决认为，通过贿送钱财讨要工程款的行为属于在经济活动中谋取竞争优势，违背了公平公正原则，任某构成行贿罪；第二次再审判决认为，已有的生效刑事判决认定，胡某虽然收受了任某的6万元，但没有为其谋取不正当利益，不构成受贿罪，从而，任某的行为也不应认定为行贿罪。任某行贿案，山东省冠县人民法院（2018）鲁1525刑再1号刑事判决书。

行为。酌情决定以职务人员有两种以上合法的决策选择为前提，选择的过程包含了价值裁量，且会产生两个以上有不同价值内涵和法律意义的结果。在此前提下，才存在竞争关系，继而存在“谋取竞争优势”的问题。反之，如果职务行为人不具有决策权或者决策权不会影响请托事项的正常运行，则不属于酌情决定。常见的酌情决定事项有：在招投标过程中决定哪个公司能够中标；在政府采购活动中决定采购的范围、对象和费用；在人事方面的招聘、晋级、提拔、岗位调整等。对于实践中存在争议的年度考核、评先评优等活动，由于也具有两种以上的合法选择，可以产生不同的结果，也应认定为竞争性活动。其次，是否存在潜在竞争者。所谓潜在竞争者，是指具有竞争可能性、可能参与竞争但实际暂未参与竞争的竞争者。如，某医药代表已经取得给某医院供药的机会，因医院更换院长或关键岗位负责人，为了不被其他医药代表夺取供药机会而向新任领导行贿，这种情形能否认定竞争的存在？答案是肯定的。显在的竞争结束，但潜在的竞争依然存在，随时会有潜在竞争者成为显在竞争者。医药代表行贿的目的即是排斥潜在的竞争对手，应当认定为“谋取竞争优势”。最后，行贿人是“受益者”还是“受害者”。在竞争性活动领域，行贿人往往是“受益者”，其给予财物的目的就是获取竞争优势并最终实现利益，且实际获得的利益往往大于行贿的支出。但在非竞争性活动中，请托人往往是“不得已”而给予财物，如因国家工作人员怠于履职，请托人被迫给予财物请求其正常履职，此种情况下，请托人为实现应得利益却额外付出了成本，其本人也就成为受贿行为的“受害者”。

2. 所谋取的利益具有不确定性

“谋取竞争优势”涉及的是不确定的利益。利益的不确定性源于其具有的稀缺性，行为人有可能得到也有可能得不到。在竞争结束前，利益归属于何方不能确定；在竞争结束时，将归属于竞争中的实力最优者。竞争的目的，就是通过实力赢得这一不确定性利益。如在政府采购、招投标、组织人事等竞争性活动中，由于不存在必然能获得的利益，该类利益即为不确定的利益。司法实践中需要注意的是，不应将“未实现的利益”一律视为“不确定的利益”，未实现的利益既可能是不确定的利益，也可能是确定的利益；确定的、应得的利益也可能尚未实现，也不必然能够实现。如在工程承包领域，行为人按照承包合同应当获得工程款，该利益属于确定的利益，但也可能因种种原因未获得工程款，尚未实现其利益。有观点认为，即便是确定的、绝对的、必然的利益，只要是未实际到手，就存在着谋取竞争优势的土壤和条件，因此而支付钱款的，即属于谋取不正当利益[①]。照此逻辑，也就没有任何利益可以被认定为正当利益，法律所规定的“谋取不正当利益”也就失去了意义，还将会破坏国家的法秩序。这是因为，行为人既然已经按照约定履行了合同义务，其合同项下的权利就应当受到国家法律的保护，正是因为合法权利无法顺利实现，应得利益无法如约获得，行为人才额外付出“行贿”的财

① 苗有水：《解读刑法上的“谋取不正当利益”》，载《人民法院报》2018年4月11日，第6版。

物成本，此时若再将行为人支付钱款的行为视为“谋取竞争优势”、认定为“谋取不正当利益”，继而对其进行刑事追究，显然会破坏国家法秩序的统一，当然也不符合我国法律的规定。

3. 无需考虑请托人自身是否具有竞争优势

竞争优势具有不确定性。对请托者而言，即使其认为自身存在着明显优势，也不等于一定能够胜出。如企业经营者参与政府采购活动，即使其符合政府采购单位条件也不必然会获准，其为进入采购名单而向有关国家工作人员贿送财物，即属于为“谋取竞争优势”。此外，只要存在竞争状态，谋求初始优势与维持既有优势就都属于“谋取竞争优势”，二者在本质上是一样的。将“谋取竞争优势”视为谋取不正当利益的主要考量在于，其将职务行为置于不公正的危险之下。“谋取竞争优势”的本质是谋取违反原则的职务行为，在可以酌情决定的情形下，职务人员收受财物后会产生“内心负担”，使之很难完全基于客观立场作出决定，即使该决定看起来合理合法，也已将职务行为置于不公正的危险之下，是对公平公正原则的背离。

根据上述标准，就不难判断任某行贿案的是非曲直。首先，承包方之间并非竞争关系。竞争具有排斥性、择一性，如果利益是均应当取得的且相互不冲突，即不存在竞争关系，李某与其他承包方均应当依合同约定获得报酬，只有在发包方濒临破产或资不抵债的情况下，承包方之间才可能产生竞争关系。其次，支付工程款不属于酌情决定事项。对国家工作人员而言，结算工程款属于在既定的规则和决策框架内展开的事务，是按时还是延迟结算不会产生两个有不同价值内涵的结果，其实施的职务行为并没有偏离应有的公平公正原则。再次，任某所谋取的利益具有确定性。对任某而言，结算工程款的数额、时间依据的是李某和发包方签订的合同，是依正当程序应当获得的确定利益。最后，任某并非“受益者”而是“受害者”。任某为帮李某索要应得的工程款已额外付出了成本。可见，任某不属于“谋取不正当利益”，其行为不构成行贿罪。

服务保障横琴粤澳深度合作区建设之检察作为研究

周利人 丁莹莹*

摘 要 新形势下做好横琴粤澳深度合作区开发开放，是深入实施《粤港澳大湾区发展规划纲要》的重点举措，是丰富“一国两制”实践的重大部署，是为澳门长远发展注入的重要动力，有利于推动澳门长期繁荣稳定和融入国家发展大局。坚实的法治基础和完善的法治保障，对横琴粤澳深度合作区建立与澳门趋同、国际接轨的营商环境具有重要的作用。无论是澳门还是广东、珠海和横琴检察机关，作为两地法治的重要力量，在促进两地规则衔接、服务保障合作区建设方面担负着重要职责，发挥着其他机关无可替代的独特作用。两地检察机关理应立足检察职能，积极作为，深入合作，为打造澳门经济适度多元发展新平台，便利澳门居民生活就业新空间，丰富“一国两制”实践新示范、推动粤港澳大湾区建设新高地贡献检察智慧和力量。

关键词 横琴粤澳深度合作区 法治保障 检察作为

一、横琴粤澳深度合作区建设背景形势

2021年9月5日，中共中央、国务院印发《横琴粤澳深度合作区建设总体方案》（以下简称《方案》）。《方案》规定横琴粤澳深度合作区（以下简称合作区）的实施范围为横琴岛“一线”和“二线”之间的海关监管区域，总面积为106平方公里。横琴地处珠海南端，与澳门一水一桥之隔，具有粤澳合作的先天优势，是促进澳门经济适度多元发展的重要平台。2009年党中央、国务院决定开发横琴以来，在各方共同努力下，横琴经济社会发展取得显著成绩，基础设施逐步完善，制度创新深入推进，对外开放水平不断提高，地区生产总值和财政收入快速增长。横琴新区2009—2020年地区生产总值累计实现1825.30亿元，年均增长43%；固定资产投资累计完成3275.99亿元，年均增长30.9%；实际利用外资累计实现65.97亿美元，年均增长92.4%；全口径一般公共

* 周利人，广东省横琴粤澳深度合作区人民检察院党组书记、检察长；丁莹莹，广东省横琴粤澳深度合作区人民检察院二级检察官。

预算收入累计实现1244.43亿元，年均增长64.8%。截止2021年8月底，横琴新区公安局办证中心累计受理澳门居民居住证7884张，澳门居民累计在横琴辖区购买各类物业11712套。横琴新区本岛实有澳资企业4579户。在社会民生方面，“澳门新街坊”项目加快建设，建成后大约可提供4000套住房，容纳的澳门居民预计超1.2万人。澳门单牌车便利入出横琴配额总量增至1万辆。

《方案》明确了横琴粤澳深度合作区四大发展战略：打造促进澳门经济适度多元发展的新平台、便利澳门居民生活就业的新空间、丰富“一国两制”实践的新示范和推动粤港澳大湾区建设的新高地。发展目标是：到2024年澳门回归祖国25周年时，粤澳共商共建共管共享体制机制运作顺畅，创新要素明显集聚，特色产业加快发展，公共服务和社会保障体系与澳门有序衔接，在合作区居住、就业的澳门居民大幅增加，琴澳一体化发展格局初步建立，促进澳门经济适度多元发展的支撑作用初步显现；到2029年澳门回归祖国30周年时，合作区与澳门经济高度协同、规则深度衔接的制度体系全面确立，各类要素跨境流动高效便捷，特色产业发展形成规模，公共服务和社会保障体系更加完善，琴澳一体化发展水平进一步提升，促进澳门经济适度多元发展取得显著成效；到2035年，“一国两制”强大生命力和优越性全面彰显，合作区经济实力和科技竞争力大幅提升，公共服务和社会保障体系高效运转，琴澳一体化发展体制机制更加完善，促进澳门经济适度多元发展的目标基本实现。

合作区的建设需要公平公正的法治保障，无论是澳门还是广东、珠海和横琴，检察机关作为两地法治的重要力量，在促进两地规则衔接、服务保障合作区建设等诸多方面担负着重要职责，发挥着其他机关无可替代的独特作用。粤澳两地检察机关立足检察职能，开展检察合作，有利于为合作区开发建设提供坚实的法治保障，贡献检察智慧和力量。

二、横琴粤澳深度合作区检察机关的职责定位

为加强横琴新区法律监督工作，2013年12月，珠海市人民检察院设立派出机构珠海横琴新区人民检察院，行使县区级检察院职能。作为广东省检察院指定实施综合检察改革试点单位，横琴检察院成立之初的主要任务是先行先试，为司法体制改革探路和提供可复制的经验。经过努力，横琴检察院圆满地完成了这一试点任务。随着广东省横琴粤澳深度合作区人民检察院的挂牌运行，合作区内检察机关的工作重心和主要任务亦将随着进行新的调整。新形势下，广东省横琴粤澳深度合作区人民检察院在聚焦“四大检察”全面协调发展的基础上，更需发挥粤澳检察合作平台作用，结合发挥澳门检察机关的职能作用，取长补短，共同服务保障横琴粤澳深度合作区建设。

在强化法治保障方面，《方案》要求充分发挥“一国两制”制度优势，在遵循宪法和澳门特别行政区基本法前提下，逐步构建民商事规则衔接澳门、接轨国际的制度体系。研究制定合作区条例，为合作区长远发展提供制度保障。用足用好珠海经济特区立

法权，允许珠海立足合作区改革创新实践需要，根据授权对法律、行政法规、地方性法规作变通规定。据此分析，合作区内的刑事规则适用内地统一的刑事法律，而民商事规则衔接澳门、接轨国际需通过内地地方立法方式确立，仍属于内地法律。合作区检察机关仍然需要发挥检察机关法律监督的职能作用，全面履行刑事、民事、行政、公益诉讼四大检察职能，确保法律法规在合作区正确实施。另外，检察机关还需要着重发挥好内地与澳门两地检察联络工作中的平台载体作用，助力打造粤澳共商共建共管共享的新体制，努力为合作区建设创造良好的法治营商环境。

（一）刑事检察职责

管辖粤澳深度合作区内发生的刑事案件，履行批准逮捕、提起公诉职能，打击刑事犯罪；对辖区内侦查机关刑事立案、侦查活动进行监督，对辖区审判机关刑事审判和执行进行监督；立案查办辖区司法人员职务犯罪案件。

（二）公益诉讼检察职责

合作区检察机关在履行职责中发现辖区内破坏生态环境和资源保护、食品药品安全领域侵害众多消费者合法权益等损害社会公共利益的行为，在没有相关规定的机关和组织或者相关机关和组织不提起诉讼的情况下，可以向人民法院提起诉讼；① 在履行职责中发现生态环境和资源保护、食品药品安全、国有财产保护、国有土地使用权出让等领域负有监督管理职责的行政机关违法行使职权或者不作为，致使国家利益或者社会公共利益受到侵害的，应当向行政机关提出检察建议，督促其依法履行职责。行政机关不依法履行职责的，人民检察院依法向人民法院提起诉讼；② 英雄烈士没有近亲属或者近亲属不提起诉讼的，检察机关依法对侵害英雄烈士的姓名、肖像、名誉、荣誉，损害社会公共利益的行为向人民法院提起诉讼。③

（三）民事诉讼检察监督职能

履行合作区内民商事案件的法律监督。对于由合作区内法院审理的民商事案件，尤其是涉外民商事案件，检察机关应落实平等保护的理念，维护法律的统一正确实施。

（四）行政诉讼检察监督职能

对合作区管理委员会及其执行委员会、广东省派出机构在合作区的行为，依照行政法律法规履行相关行政管理职责，依法履行行政诉讼监督职能。

---

① 依据《中华人民共和国民事诉讼法》第 55 条第 2 款之规定。
② 依据《中华人民共和国行政诉讼法》第 25 条第 4 款之规定。
③ 依据《中华人民共和国英雄烈士保护法》第 25 条第 2 款之规定。

（五）粤澳检察联络职责

横琴新区与澳门一河相望、陆路相连，最近处相距仅100多米，两地来往极为方便快捷。在内地特别是广东检察机关与澳门检察机关联系交流方面，广东省横琴粤澳深度合作区检察院区位优越、地位突出、作用明显。横琴检察院在成立之初，积极借鉴港澳司法机关的有益经验和做法，率先在全国检察机关设立了全新的内设机构，探索和推行了系列工作新机制。以往，内地在与澳门检察机关开展个案协查时，广东省人民检察院作为最终联系机关，这种个案协查模式，也让广东省检察机关与澳门检察机关积累了一定的合作基础。近年来，横琴检察院在上级院的组织领导下，先后与澳门检察院、廉政公署开展过多次互访交流，联合澳门检察院组织开展检察开放日等活动。前期工作的开展为两地检察机关进行更深入的沟通交流和工作衔接打下了坚实基础。尤其最高检同意在横琴检察院设立“中国与葡萄牙语国家检察交流合作基地”后，可通过在该基地加挂“粤澳检察官联络办公室”，负责粤澳检察沟通、联络工作，通过共同开展检察理论和实务研讨、检察业务培训，检察文化交流等互动活动，形成服务和保障横琴粤澳深度合作区的检察合力。

三、横琴粤澳深度合作区粤澳检察作为及合作

在合作区，检察机关在扎实履行四大检察职能的基础上，更需要加强粤澳两地检察机关层次更深、范围更广的交流合作，切实服务保障横琴粤澳深度合作区的建设。

（一）广东省横琴粤澳深度合作区人民检察院承担的法律职能

1. 开展刑事检察工作，为大局发展营造良好的法治环境

横琴粤澳深度合作区检察院要承担起辖区内打击刑事犯罪、保障社会安全、维护公平正义的重要职责，在依法认真履行好批准逮捕、提起公诉、诉讼监督等检察职能的同时，要围绕粤澳深度合作区平安建设这个大目标，注意发现分析可能出现的新问题、新情况，维护辖区治安秩序和社会稳定。一是密切关注各类犯罪动态，深入开展反分裂反渗透反恐怖反邪教反间谍斗争，依法打击各类严重危害社会治安犯罪，严厉打击走私、电信诈骗、网络赌博等犯罪，不断优化宜居宜业宜游的治安环境。二是突出知识产权保护，《方案》要求，发展高科技研发和高端制造产业，构建技术创新和转化中心，推动合作区打造粤港澳大湾区国际科技创新中心的重要支点。检察机关要紧紧围绕粤澳深度合作区创新发展重点难点问题，依法严厉打击侵犯商标权、著作权、专利权、商业秘密等侵犯知识产权犯罪。三是坚决打击违法违规金融活动，《方案》要求发展现代金融产业，检察机关要加强薄弱环节监管制度建设，守住不发生系统性金融风险的底线。四是结合合作区实际，注重运用好刑事政策，保护各类企业发展，促进企业主体安心经营、放心投资、专心创业。

2. 开展司法人员职务犯罪检察工作，营造公平正义的司法环境

司法公正是粤澳深度合作区建设顺利开展的最后一道保障。广东省横琴粤澳深度合作区人民检察院明确为广东省人民检察院派出机构后，可赋予其检察机关管辖的 14 类职务犯罪侦查职能，依法查办内地身份的法官、检察官、侦查人员等司法工作人员侵犯公民权利、损害司法公正的犯罪，维护粤澳深度合作区的司法公正。在反腐败领域，加强内地监察委、检察院与澳门廉政公署三方协作，共同打造廉洁高效、公平正义的粤澳深度合作区政务环境和法治环境。

3. 开展公益诉讼检察工作，维护国家和社会公共利益

合作区总面积为 106.46 平方公里，土地资源极为宝贵。《方案》要求，高水平建设横琴国际休闲旅游岛，支持澳门世界旅游休闲中心建设。检察机关需积极践行绿色发展理念，围绕筑牢生态防护屏障、加强环境保护和治理的要求，严格执行环境资源保护法律法规，积极参与“污染防治”攻坚战，依法打击破坏水源、盗伐滥伐林木、非法占用国有土地以及非法排放、倾倒、处置危险废物造成重大环境污染的犯罪。围绕人民群众普遍关注的空气、用水、垃圾处理、食品药品安全等民生热点积极作为，加强公益诉讼检察工作，综合运用检察建议、纠正违法、督促起诉、支持起诉等方式，促进行政机关依法行政、严格执法。对经过诉前程序，有关行政机关没有整改或有关社会组织没有提起公益诉讼的案件，依法提起公益诉讼。

4. 开展民事诉讼监督工作，维护当事人合法权益

随着合作区的深入推进，境内境外两个市场、两地资源对接更加顺畅高效，各类资源要素更加高效便捷流动，在如此开放型经济新体制下，检察机关更应高度重视涉外民事案件的诉讼监督。例如，目前珠海市辖区内各基层法院管辖的（除法律规定专属管辖之外）涉外涉港澳台民商事案件均由横琴新区人民法院集中管辖。《方案》还规定“研究强化拓展横琴新区法院职能和作用，为合作区建设提供高效便捷的司法服务和保障”。按照管辖权对等的原则，合作区检察机关必将承担大量的涉外民商事案件的判决与执行的检察监督。涉外案件的成功办理影响重大，有利于促进合作区司法公正，提高合作区法治化程度，营造出法治化国际化的营商环境，吸引国内外的投资与贸易，发挥着其他机关无可替代的独特作用。

5. 开展行政诉讼监督工作，营造高效阳光的政务环境

随着合作区的发展建设，境外投资者和境外人士在合作区的各类活动也必将增加，必定作为行政相对人的身份出现在行政执法的范畴，对于以合作区执委会及其下设机构为被告的不服行政诉讼的申诉，检察机关也要积极研究应对的方式，监督行政机关依法行政，为合作区开发建设营造高效阳光的政务环境。

（二）粤澳两地检察机关合作开展的工作

目前，内地与澳门的审判、侦查以及其他行政合作交流越来越频繁密切。在审判业务上，内地与澳门签署了《关于内地与澳门特别行政区法院就民商事案件相互委托送达

司法文书和调查取证的安排》，横琴新区法院已经率先尝试委托澳门法院开展司法鉴定。在侦查合作上，内地公安机关与澳门警方合作也已经形成机制性安排，每隔一两年举行工作会晤，双方在情报交流、联合执行行动、刑事专案调查、刑事技术合作、警学学术交流、警务技能培训等方面已经开展了深入合作。在行政机关合作上，横琴新区已经实行与澳门行政机关点对点沟通交流，不需要在上级行政机关的组织下开展，因公出境人员的审批交流只需要珠海市港澳办的审批即可。相比之下，近几年来（内地检察机关职务犯罪侦查职能转隶后），粤澳检察往来更多的属于交流互访，稍有突破性的是2020年澳门检察院与珠海市检察院联合在横琴检察院举办的检察开放日活动。粤澳两地检察交流合作进展缓慢，尚未开展实质性合作。在横琴粤澳深度合作区的大背景下，粤澳两地检察机关可以着力做好以下交流合作工作：

1. 以落实《横琴粤澳深度合作区建设总体方案》为契机，及时启动粤澳检察机关共同调研工作

建议广东省人民检察院成立服务保障横琴粤澳深度合作区领导小组（省检察长任组长、相关分管领导任副组长），下设办公室（珠海检察院和合作区检察机关可纳入办公室成员单位），为检察机关服务保障粤澳深度合作区提供有力的组织保障。粤澳两地检察机关成立联合课题组，开展粤澳检察实质性合作研究。采取粤澳检察官论坛方式，同时邀请知名专家学者参加，进行深入、坦诚、务实、高效的研讨，寻找合作切入点，就合作意向、合作领域、合作举措形成共识，形成可转化为实践的调研成果。例如，粤澳检察机关联合签订合作框架性意见，设立合作组织机构，确定合作原则，界定合作范围，建立联络制度等，为两地开展具体合作事项提供组织和工作机制保障。

2. 立足执法办案，建立操作性强的检察合作机制

（1）两地检察机关以共同打击跨境刑事犯罪（偷越国边境、走私、诈骗、地下钱庄等）、维护粤澳深度合作区社会治安为目的，在区际刑事司法协助制度尚未出台的情况下，可以从小到大、由易到难，先行探索普通刑事案件管辖移交、调查取证、证据转化运用、文书送达、强制措施委托监督的具体合作方式。

刑事案件管辖移交方面：根据内地和澳门相关刑事法律规定，刑事案件两地均采取属地管辖、属人管辖、保护管辖和普遍管辖原则，存在一定的交叉。两地在处理粤澳深度合作区互涉刑事案件时，刑事管辖权冲突不可避免，需要粤澳检察机关共同商定解决冲突。例如，一方已行使了刑事管辖权，并实际控制了犯罪分子或掌握了重要证据，可由该方检察机关来行使管辖权，另一方检察机关应中止已进行的诉讼等司法行为，将其掌握的案件材料按照相应的程序移交给具有管辖权的检察机关，以利于证据收集、犯罪侦查等刑事诉讼活动顺利进行，及时有效惩治罪犯和节约诉讼资源。

文书送达和调查取证方面：文书送达和调查取证的快捷，对高效打击粤澳深度合作区刑事犯罪有着重要意义。目前两地民商事司法文书的送达，由最高人民法院与澳门特别行政区终审法院直接相互委托执行。本着深度合作的原则，粤澳两地检察机关在司法文书的送达上可适当下放权限，由最高人民检察院授权广东省检察院作为与澳门检察

院直接对口的联系机关，办理案件需要向澳门送达司法文书时，可以由横琴粤澳深度合作区检察院直接送达。关于调查取证，根据《澳门司法组织纲要法》第56条规定的澳门检察院职责权限，检察院依据诉讼法律的规定领导刑事调查，监察刑事警察机关在程序上的行为。两地在办理跨境案件时，尤其在内地检察机关办理14种自侦类案件或者自行补充侦查类案件、需要调取澳门境内相关证据时，可以委托澳门检察院代为调查取证，或者由澳门检察院指挥其侦查机关开展调查取证。

在刑事执行的委托监督方面：内地与澳门地区居民如果在非所属方被采取强制措施，则将犯罪嫌疑人移交至其住所地或经常居住地执行，更加有利于犯罪嫌疑人自我改造。犯罪嫌疑人返回内地或者澳门后，关于强制措施的监督执行，两地检察机关可以加强合作，确保强制措施期间严格执行各项规定，嫌疑人及时到案。

（2）联合开展专项犯罪整治。两地检察机关可以针对合作区一定时期某类突出的社会治安问题，如走私、涉毒涉黄犯罪、黑社会组织犯罪、盗窃犯罪、偷渡犯罪等严重危害社会稳定、影响群众安全的犯罪，在广东省检察院牵头下，指定横琴粤澳深度合作区检察院联合澳门检察院密切协作、协调两地警方联合开展专项行动。

（3）联合开展未成年人保护工作。澳门检察院关于未成年权益保护方面，不仅体现在刑事诉讼中，也体现在保护未成年人的民事权利。澳门检察院有关未成年人及家事等检察业务实行专门检察官负责办理，与内地检察机关设置专门机构或指定专职检察官办理有一定相似性。随着横琴粤澳深度合作区的开发建设，在合作区开发居住、就业的澳门居民将大幅增加，在横琴生活、就读的澳门籍中小学生也会越来越多，粤澳两地检察院办理涉未成年人案件的办案团队存在加强合作、共同保护两地未成年人合法权益的现实需要。

（4）联合推进检察公益诉讼工作。澳门检察院的职责权限包括“代表集体或公众利益提起特别民事诉讼”。澳门《行政诉讼法典》就所有公权利或受法律保护之利益，均设有一种或多种旨在对其给予有效司法保护之诉讼手段”[①]，其中，规定了检察院可以为维护集体或公共利益提起行政诉讼。[②] 珠澳共享一片天、同饮一江水，《方案》要求高水平建设横琴国际休闲旅游岛，支持澳门世界旅游休闲中心建设。建立粤澳两地检察机关生态环境保护会签工作机制，先从水域环境保护方面着手联合开展公益诉讼工作，逐渐延伸到食品、药品、国有土地保护等其他领域，通过加强沟通联系、互通信息，维护低碳环保、幸福安全的湾区生活。

（5）联合成立服务澳门企业（居民）检察工作室。本着“涉澳项目推进到哪里、澳门居民生活在哪里，检察服务就跟进到哪里”的思路，粤澳检察机关联合成立服务澳门企业（居民）检察工作室，有针对性地制定服务项目清单和落实服务举措，及时掌握

---

① 澳门特别行政区《行政诉讼法典》第2条。
② 澳门特别行政区《行政诉讼法典》第33条。

澳门企业、居民的法律诉求，为其提供检察服务。例如，两地检察机关可以继续在横琴共同举办检察开放日活动，借助澳门街坊总会横琴综合服务中心便利条件，共同开展法治宣传进澳门企业和澳门居民横琴居住社区的活动。合作区内的澳门企业和澳门居民将不可避免地存在对内地法律认识不到位的问题，有些行为在内地是违法犯罪的，在澳门却是合法的，例如，澳门特别行政区制定了《娱乐场幸运博彩经营法律制度》，对符合法律规定的博彩行为进行了合法规定，而在内地，赌博行为是被严厉禁止的，可能触犯刑法的行为；有些行为在澳门是违法的，在内地却是合法的。这些都要求合作区司法机关，包括检察机关，加强法治宣传工作，让合作区内的居民在法律意识和认知上尽快形成共识。

3. 借力平台载体，开展常态化交流联络工作

一方面，推动部分涉澳审批权限下放，便捷两地交流沟通。目前，有关涉澳事项审批依据是 2000 年最高检出台的《最高人民检察院关于进一步规范涉港澳个案协查工作的通知》，个案协查外的涉澳事项参照该通知也形成了相应的惯例。个案协查、检察人员公务出境和涉澳事项均需层报最高人民检察院。层层审批严重影响了工作效率，不利于两地交流来往，影响粤澳深度合作区内粤澳两地检察交流合作的开展。这就需要广东省检察院争取最高检支持，将广东地区部分涉澳事项审批权限下放到广东省院，由广东省院授权横琴粤澳深度合作区检察院开展两地检察交流工作，提升粤澳检察合作效率。

另一方面，根据《方案》充分发挥澳门对接葡语国家窗口作用的要求，两地检察机关要充分发挥“中国与葡萄牙语国家检察交流合作基地”平台作用，畅通粤澳两地检察机关交流合作渠道。一是互派司法人员实习交流，每年互相派遣若干名司法人员到对方单位，开展为期三个月的岗位实习锻炼，通过较长一段时间的岗位学习，深入了解各自的工作运行情况；二是联合举办司法合作论坛，每年举办一次司法论坛，共商两地检察合作；三是共建培训基地，以澳门大学等高校为平台，探讨建立联合培训学习机制，每年举行一次为期一周的联合培训活动，互相学习、共同提高；四是加强检察文化交流，开展参与人员更为广泛的交流联谊活动，通过举办丰富多样的检察文化活动，增进相互了解、增强凝聚力，促进粤澳深度合作区检察工作开展。

行政非诉执行类案监督办案模式探索

陈燕玲　张　玲*

摘　要　行政非诉执行监督既是行政检察工作的重要内容，也是行政检察开展法律监督新的业务增长点，具有“一手托两家”的监督效果。为做实做强行政非诉执行监督工作，Z 市人民检察院以理念变革为引领，立足办案实践，分别在交通运输、自然资源、人力和社会保障、食品药品以及住房和城乡建设五大领域开展类案梳理，针对执法中典型的行政违法行为进行类案监督，创造性地构建强摸排 + 重审查、强领导 + 重整合、强统筹 + 重跟进的“三 +”办案模式，有效提升了行政非诉执行监督的检察质效，取得了卓越的监督效果。

关键词　行政非诉执行　类案监督　办案模式

在坚持和完善中国特色社会主义法治体系，推进国家治理体系和治理能力现代化，建设法治国家、法治政府、法治社会的背景下，“四大检察”新格局赋予了行政检察重要地位和广泛的职能。习近平总书记在《关于〈中共中央关于全面推进依法治国若干重大问题的决定〉说明》中指出：“检察机关在履行职责中发现行政机关违法行使职权或者不行使职权的行为，应该督促其纠正。作出这项决定，目的就是要使检察机关对在执法办案中发现的行政机关及其工作人员的违法行为及时提出建议并督促其纠正。”2021 年 6 月 15 日，《中共中央关于加强新时代检察机关法律监督工作的意见》也指出：全面深化行政检察监督。检察机关依法履行对行政诉讼活动的法律监督职能，促进审判机关依法审判，推进行政机关依法履职，维护行政相对人合法权益；在履行法律监督职责中发现行政机关违法行使职权或者不行使职权的，可以依照法律规定制发检察建议等督促其纠正；在履行法律监督职责中开展行政争议实质性化解工作，促进案结事了。

行政非诉执行监督作为开展行政检察工作的新的业务增长点，如何长期并且有质效地开展该项工作，充分发挥“一手托两家”的监督作用，是各级检察机关需要不断思

* 陈燕玲，广东省珠海市人民检察院检委会专职委员；张玲，广东省珠海市人民检察院第五检察部副主任、一级检察官。

考、不断探索的。Z市人民检察院近两年在开展行政非诉执行监督工作中，进行了大胆的探索，从行政非诉执行案件的特点分析，在众多成功案例的基础上总结办案模式，以期能为行政非诉执行监督工作提供一些实践经验和参考。

一、行政非诉执行案件的特点

行政非诉执行是行政检察工作的重要内容及新的业务增长点，加强行政非诉执行监督，在促进法院依法履职、促进行政机关依法行政的基础上，更有利于维护国家利益、社会公共利益的合法权益。从办案实践来看，行政非诉执行案件通常具有以下特点。

第一，行政非诉执行案件数量大，近年来呈逐年上升态势。通过表1、表2数据可知，虽然Z市两级法院2015—2020年行政非诉执行案件受理数呈不规律发展，但全省三级法院受理行政非诉执行案件总数确呈逐年快速增长态势。

表1　2015—2020年G省行政案件情况（单位：件）

	2015年	2016年	2017年	2018年	2019年	2020年
一审行政案件	16031	15599	18170	21442	23149	22004
行政非诉执行审查案件	25442	25931	29433	33129	40623	52538

（数据来源于G省法院网权威发布《G省行政诉讼情况报告》）

表2　2015—2020年Z市行政案件情况（单位：件）

	2015年	2016年	2017年	2018年	2019年	2020年
一审行政案件	118	109	139	247	170	216
行政非诉执行审查案件	305	991	330	32	13	1233

（数据来源于中国裁判文书网）

第二，行政非诉案件涉及范围广，且地域和类型分布高度集中。2018年，全省行政非诉审查案件类型中，土地、公积金、环保和交通4类案件占全部非诉审查案件的72%。2019年，上述4类案件占全部非诉审查案件的66%，全省40623件行政非诉执行审查案件中，84%的案件量来自大湾区内的九个地市。

第三，行政非诉执行案件的裁定准予执行率反映出行政机关作出的行政行为存在较多实体或程序问题。

表3　2015—2020年G省行政行为裁定准予执行率（单位：件）

	2015年	2016年	2017年	2018年	2019年
行政非诉执行审查案件	25442	25931	29433	33129	40623
裁定准予执行案件	20386	19782	22913	25658	33908
准予执行率	80.13%	76.29%	77.85%	77.45%	83.47%

（数据来源于G省法院网权威发布《G省行政诉讼情况报告》）

第四，行政非诉执行对象中，财产类相对较为容易执行，如罚款、没收违法所得、没收违法财物等；行为类案件则存在执行难的困境，如拆除违法建筑、责令恢复原状等。

二、以类案监督模式开展行政非诉执行监督的办案实践

根据党的十九届三中全会《关于深化党和国家机构改革的决定》，我国行政执法机构将整合为五大综合执法队伍：市场监管综合执法、生态环境保护综合执法、文化市场综合执法、交通运输综合执法、农业综合执法。通过办案实践及探索，针对行政非诉执行案件的特点，Z市人民检察院分别在交通运输、自然资源、人力和社会保障、食品药品以及住房和城乡建设五大领域开展类案梳理，针对执法中典型的行政违法行为进行类案监督。2020年以来，共与九大领域的行政机关召开座谈会，重点摸排类案监督线索8654条，调查核实线索327条，依职权立案281件，制发类案检察建议11件，并实现了三个100%：行政机关回复采纳率100%、整改率100%、定期通报率100%，形成衔接工作机制及会议纪要3份，向市委政法委提交专题报告1份。

第一，以专项监督和专题报告的形式聚焦自然资源领域执行困境。Z市人民检察院以行政非诉执行专项监督为突破口，主动筛查涉自然资源领域行政非诉执行案件54件，针对法院怠于执行的违法行为发出类案检察建议，促使法院立案执行16件，并对长期未执结的22件案件采取了多项措施推进执行进程，10000多平方米被非法占用的农用地得以恢复原状；与此同时，积极探索通过行政磋商的形式，促成属地政府积极配合法院执行，并深刻剖析导致涉自然资源领域执行困境的原因，以专题形式向市委政法委做报告，对“执行难”问题提出解决路径，助推国家治理体系和治理能力现代化。检察建议作出后，Z市自然资源部门定期向检察机关通报申请法院强制执行的数据21件。

第二，逐案筛查，发出检察建议，开展交通运输执法领域的类案监督。Z市人民检察院在履职过程中发现交通运输管理局在执法过程中存在多种违法行为情形。通过调取法院近两年裁定驳回或不准予执行的案件176件，并进行逐案筛查，最终发现Z市交通运输局在23个申请强制执行的案件中存在执法不规范情形：主要是事实认定不清、执法文书当事人姓名记载不一致类、提交材料不齐全类、送达程序错误类、程序违法类。针对交通运输管理局在执法环节存在的普遍性问题，Z市人民检察院开展了类案监督并发出检察建议。检察建议作出后，Z市交通运输部门建立了非诉执行案件跟踪回退机制，并定期向检察机关通报申请法院强制执行的数据851件。

第三，全面调查核实，规范行政处理决定，畅通人力资源和社会保障领域非诉执行渠道。[①] Z市人民检察院在履职过程中发现，人社局在办理用人单位拖欠劳动者、农民

① 张玲：《“检察为民办实事”——行政检察与民同行系列典型案例（第四批）》，载《检察日报》2021年12月22日。

工工资的案件过程中，要么移送公安机关处理，要么让劳动者、农民工自行申请仲裁和诉讼，长达十余年未再依法作出责令用人单位支付工资的决定并申请法院强制执行，即有行政强制权却怠于行使，致使劳动者、农民工的维权周期和诉累大大增加。通过调取行政机关和法院的办案卷宗，走访市区两级劳动监察部门、市劳动仲裁委员会，并听取市区两级人民法院行政庭法官的意见，[①] Z市人民检察院在认真调查核实的基础上决定向Z市人社局发出检察建议，协同人民法院共同畅通了人社部门就行政处理决定申请法院强制执行的渠道。

Z市人社局收到检察建议书后，针对检察建议提出的问题进行了深入研判，并及时印发《关于进一步加强和规范作出行政处理决定的通知》，要求全市各级劳动保障监察机构做到“三个依法”：必须依法办理未足额支付劳动报酬案件，必须依法根据案件进展情况作出行政处理决定，必须依法及时向法院申请强制执行。通知发出后，Z市人社局对四家用人单位依法作出了责令用人单位支付工资的决定，并依法及时向法院申请行政非诉执行，法院依法受理后也随即作出准予执行裁定。至此，Z市人社局就解决拖欠劳动者、农民工工资行政处理决定申请法院强制执行的渠道彻底畅通。

第四，监督行政机关自查自纠，统一执行程序，督促食品药品领域非诉执行案件限期执行。Z市人民检察院在履职过程中发现市场监督管理局在执法过程中存在多种违法行为情形。通过调取法院2017—2020年所有行政非诉执行类案件中裁定不准予执行及裁定驳回的全部卷宗，并进行逐案筛查，最终发现市场监督管理局存在处罚后申请法院执行不及时的问题。检察机关向市场监督管理局发出类案检察建议后，市场监督管理局立即开展了自查自纠，对所有积案进行全面梳理，统一执行程序，规范办案文书编号和编制规则并建立办案台账，确保办案及时完成。至今，再未出现超期申请法院强制执行的情况。

第五，梳理案件材料，规范执法行为，加强对建设工程监管力度，促进住房和城乡建设领域非诉执行案件的问题解决。2021年，Z市人民检察院在履职过程中发现，住房和城乡建设局在执法过程中存在多种违法行为情形。通过调取相关案件材料，并进行逐案筛查，最终发现Z市两级住房和城乡建设局存在执法不规范情形：一是建筑工程未取得工程竣工验收备案即交付使用；二是建设工程竣工验收后未依法在15日内办理工程竣工验收备案，住建部门对此未依法予以行政处罚；三是商品房竣工备案文件内容不齐全即完成竣工验收备案。

房屋建设工程质量安全问题关系广大人民群众的人身和财产安全，是建设工程项目开发的重中之重。国务院通过多个行政规章及文件强调建设工程竣工验收以取得备案为标准，旨在通过有效强化政府部门对建设工程各环节的监管力度，防止不合格工程项目

---

① 张玲：《“检察为民办实事”——行政检察与民同行系列典型案例（第四批）》，载《检察日报》2021年12月22日。

交付使用，切实维护民生利益。针对住房和城乡建设局在执法环节中存在的问题，检察机关开展了类案监督并发出检察建议。

三、类案监督办案模式构建

Z市人民检察院立足上述办案实践，根据最高人民检察院、G省人民检察院的部署和要求，以理念变革为引领，大胆探索类案监督工作，创造性地构建“三+”办案模式。

第一，强摸排+重审查。一是加强线索摸排力度。线索是开展工作的前提和基础，做好线索经营，再抓住筛查、研判、评估等环节，能为类案监督成功率和办案质效打下坚实的基础。Z市人民检察院一方面积极开拓案源，依托最高人民检察院、G省人民检察院部署开展的各个专项活动，通过联系市民热线、查询裁判文书网等手段，有针对性发函给相关行政单位来获取线索；另一方面精细审查，对线索进行多次、逐项分类梳理，归纳总结线索存在的问题，不遗漏每个监督点。在线索摸排的基础上，进一步筛查研判，确定监督的方向。二是重视对线索的调查核实力度。“工欲善其事，必先利其器”，充分行使调查核实权，是保证检察建议权威刚性的重要手段和保障。Z市人民检察院因案施策，逐案调查，全面、深入挖掘线索背后的原因，确保检察建议有的放矢，掷地有声。三是通过充分行使调查核实权为类案监督夯实基础，进而实现精准监督。类案监督的最高的价值在于能够通过监督促进社会治理，而监督的精准度直接影响社会治理效果。Z市人民检察院要求市区两级检察院把充分行使调查核实权思维贯穿办案全过程，宽视野，深摸排，在办案中精细审查，发现深层次、具有共性的司法执法和行政管理问题，实现办理一个类案、治理一片的效果。

第二，强领导+重整合。一是强化组织领导。院领导带头积极参与办案，对排除办案阻力，理顺各种办案关系，能起到关键作用。Z市人民检察院立足精准监督，由分管院领导带队走访Z市九大行政机关，破题开局扫清阻力后，最终锁定在交通运输、人力资源、自然资源、食品药品、住房和城乡建设五大领域开展类案监督。二是重视整合办案力量和资源。四大检察如何均衡发展，整合力量和资源显得尤为重要。为使“四大检察”全面协调充分发展，一方面整合全院办案力量，选任具有丰富办案经验的检察官充实行政检察办案队伍；另一方面整合部门资源，组建办案小组，设立由分管院领导任组长，与三名检察官及一名助理组成办案组，在正常办理民事监督案件的同时，专门办理行政检察案件，以专业化为导向提高监督质效。三是通过市区一体化办案机制提升类案监督质效。在类案监督办案实践中，Z市区两级检察院通过协作联动一体化办案机制，不仅提高了办案效率，实现行政违法线索上下移送顺畅，更大大提升了办案质效，促进当地政府依法行政。

第三，强统筹+重跟进。一是强化统筹工作。Z市人民检察院运用“分阶段法”强化统筹力度，从线索摸排到立案办理，再到制发检察建议，由市检察院分阶段对各区院的工作进行统筹，确保工作进度及监督质效。在办理上述五大领域的类案过程中，均由市检察院全程统筹各区院的办案情况，并根据办理情况进行逐案指导，破解办案难题。二是注重跟进监督效果。监而不督，则检察质效难以落地。2020 年，Z 市人民检察院在五大领域向法院和行政机关发出类案检察建议后，督促交通运输部门建立了案件回退跟踪机制，按季度向 Z 市人民检察院通报申请法院强制执行案件共 1112 件；督促自然资源部门建立了信息沟通机制，定期通报申请法院强制执行 18 件，并主动申请检察监督；督促人社局依法作出责令用人单位支付拖欠工资的决定，并主动申请法院强制执行；督促食药监部门对相关责任人予以教育和警示，至今再未出现超期申请法院强制执行的情况。

四、类案监督办案模式的价值分析

类案监督旨在纠正并防止共性问题，开展类案监督对于提升行政检察的监督质效具有重要意义。Z 市人民检察院在办案实践中，针对类案监督办案模式进行了梳理分析，总结了类案监督办案模式具备多种价值和优势，可在行政非诉执行监督工作中强化其运用。

一是有利于破解基层检察院行政检察案源少的困境。根据行政诉讼法的规定，大多数经过再审的行政案件，当事人申请检察院监督时，这些案件都将集中到了市级以上检察院，且 G 省各地法院对行政案件进行了集中管辖，基层检察院的监督作用难以发挥。基层检察院以类案监督的办案模式开展行政非诉执行监督，即可破解案源困境，又可发挥基层检察院的监督作用。

二是有利于实现双赢多赢共赢。行政检察“一手托两家”的职能定位，要求行政检察在开展工作时要坚持政治效果、法律效果和社会效果相统一，在监督中赢得法院和当地政府对监督工作的支持。类案监督办案模式最大的特点就是可以达到“办理一批案件，治理一个领域”的效果，也更容易与审判机关和行政机关达成共识，实现双赢多赢共赢的效果。

三是有利于推动法治政府建设。行政检察工作对于全面推进依法治国，建设法治国家、法治政府和法治社会具有重要作用，而行政非诉执行监督作为行政检察工作的重要内容和新的业务增长点，通过类案监督办案模式开展行政非诉执行监督工作，有利于针对监督过程中发现的社会治理方面存在的问题和漏洞，精准地进行研究并提出对策建议，进而向相关职能部门和法院提出加强社会治理的检察建议，达到提高当地政府依法执政的效果。

五、未来工作思考

行政检察是科学有效的权力运行制约和监督体系的重要组成部分，行政检察监督工作能否落到实处，不仅影响到能否通过监督督促行政机关依法行政、保障公民合法权益，也直接影响到法治政府、法治国家的进一步建设与发展。2021 年,《中共中央关于加强新时代检察机关法律监督工作的意见》中，着重强调了要全面深化行政检察监督，在此背景下,《“十四五”时期检察工作发展规划》也提出：检察工作要有力服务经济社会高质量发展，促进提升国家治理效能。行政检察部门将进一步通过有效开展行政非诉执行监督，促进提升国家治理效能。

第一，作为执行同一法律体系、追求同一法治目标的国家机关，审判机关、检察机关和行政机关价值追求是一致的，有必要在开展行政非诉执行监督工作中尝试与人民法院建立协同联动机制，在信息互享、线索移送、办案协作、人员培训等方面建立交流合作机制，实现监督合力，发挥司法机关职能作用，共同推进国家治理体系和治理能力现代化。

第二，行政检察在开展行政非诉执行监督业务过程中应不断优化监督方式与思路，注重监督办案质效。检察监督并不直接解决社会治理问题，更多的是通过督促和评价，促使行政机关严格规范公正文明地执行法律，进而推动社会发展。因此，行政检察在监督方式方面，可以采取多元化的监督方式，在制发检察建议之外，还可以根据《人民检察院行政诉讼监督规则》第 121 条，以年度或者专题分析的形式，向人民法院、行政机关通报，向当地同级党委、人大报告。

第三，行政非诉执行监督应充分尊重行政机关履行职责的规律。检察机关开展行政非诉执行监督应当在尊重法院和行政机关裁量权的基础上，严守检察权的边界，在法律框架内积极稳妥履行监督职责，加强与法院和行政机关的沟通，争取同级党委支持，推动检察机关法律监督与行政机关纠错机制有效衔接。因为监督不是高人一等，不是零和博弈，而是为了争取双赢多赢共赢，共同推进国家治理体系和治理能力现代化。

检察机关自行补充侦查的审视与完善

王 斌*

摘 要 刑事诉讼法和监察法均明确赋予检察机关开展自行补充侦查的权能。自行补充侦查特征鲜明，具有追诉犯罪、诉讼监督、保障人权等价值功能。应当在重新审视检察机关自行补充侦查价值定位的基础上，寻求破解自行补充侦查的实践难题，建立规范化的自行补充侦查机制，为检察机关全面履行法律监督职责提供刚性保障。

关键词 自行补充侦查 价值定位 运行考察 完善路径

一、定位：检察机关自行补充侦查的重新考量

1979年刑事诉讼法首次规定，检察机关审查案件，“对于需要补充侦查的，可以自行侦查”。此后刑事诉讼法虽然历经三次修订，仍然保留检察机关的自行补充侦查职能，同样，监察法也明确授予检察机关自行补充侦查权。这说明自行补充侦查始终是法律赋予检察机关的一项重要监督职权。但基于立法粗疏等因素，检察机关在司法实践中较少行使自行补充侦查职权，以致自行补充侦查制度沦为“沉睡”的条文。[①] 在检察机关“重塑性变革”的新时代背景下，应当重新审视并激活自行补充侦查制度，促进检察机关更加全面充分地履行法律监督职能。

（一）何谓自行补充侦查

对于检察机关自行补充侦查的内涵及外延，理论界和实务界一直众说纷纭，尚未形成共识。综观各方观点特别是现有法律规定，自行补充侦查主要是指检察机关对监察机关或者侦查机关移送起诉的案件，经过全面审查后认为犯罪事实不清、证据不足，或者有遗漏罪行和其他需要追究刑事责任的情形，影响认定犯罪事实和审判的，在原有侦查的基础上，依照法定程序主动继续进行调查，补充收集证据材料的诉讼活动。其特征主要有：

---

* 王斌，广东省珠海市人民检察院法律政策研究室主任、四级高级检察官、全国检察理论研究人才。

① 何胤霖：《检察机关自行补充侦查制度研究》，载《湖北警官学院学报》2020年第1期。

一是责任主导。检察机关作为自行补充侦查的主体，与其在刑事诉讼中的主导责任密不可分。在以审判为中心的刑事诉讼新格局下，强调庭审以证据为中心，没有证据就没有庭审。检察机关承担指控证明犯罪的法定职责，在必要时理应自行补充侦查，在原有侦查不足的基础上，继续补充收集影响定罪量刑的证据，补正瑕疵证据，排除非法证据，完善证据体系，以发挥好在庭审中的主导责任，使以证据为中心的庭审落到实处。

二是阶段特定。在刑事诉讼法及其相关司法解释中，涉及不同诉讼阶段的条文中都有“补充侦查”的规定。根据《刑事诉讼法》第175条、第204条，《人民检察院刑事诉讼规则》第342条、第343条、第344条、第350条、第422条、第423条等具体规定，检察机关的自行补充侦查主要体现在提起公诉阶段和第一审程序之中。因为检察机关的自行补充侦查权作为公诉权的当然组成部分，①对刑事追诉在某种意义上起着直接的决定作用，即自行补充侦查是刑事追诉权的继续，从属于和服务于公诉权。当检察机关认为案件事实不清、证据不足时，理应选择自行补充侦查，进一步收集补充证据，查明事实真相，提升指控质量，实现准确惩罚犯罪的目的。

三是程序法定。这是现代刑事诉讼的基本原则，因为“坚定地遵守严格的程序，是我们赖以实现人人在法律面前平等享有正义的主要保证。”②检察机关自行补充侦查作为刑事诉讼中的一种回溯性程序，是侦查的一种非常规形态，必须遵守刑事诉讼法有关规定，严格按照刑事诉讼法及其司法解释规定的程序和措施进行侦查活动，在法定期限内侦查终结。应当秉持客观公正立场，全面收集犯罪嫌疑人、被告人有罪和无罪的各种证据；严格依照法律规定的程序和条件，采取传唤、拘传、逮捕、查封、扣押、冻结等强制措施，避免侵犯犯罪嫌疑人、被告人的人身、财产权等合法权益；侦查过程中一般应当允许辩护律师为犯罪嫌疑人提供法律帮助，代理申诉、控告等，保障其依法执业；对于自行侦查活动违反法律规定的，必须承担相应的法律后果。

（二）自行补充侦查的价值功能

一是追诉犯罪。现代各国普遍以代表国家和代表公益的检察机关提起公诉，作为刑事诉讼的主要形式。我国检察机关承担着追诉犯罪的主要职能。根据法律规定，“检察院对涉及国家和社会利益且需要采用专门侦查手段的刑事犯罪，采用公诉程序追诉”。③为准确认定经侦查终结的刑事案件是否应当提起公诉，检察机关应当对侦查机关确认的犯罪事实和证据进行全面审查核实。在检察机关认为犯罪事实不清、证据不足或者遗漏罪行、遗漏同案犯罪嫌疑人等情形需要补充侦查的，在必要时可以自行补充侦查，进一步收集证据材料，查明案件事实，弥补前期侦查取证的缺陷，更好地履行控诉职能，发挥检察机关在刑事诉讼中的主导作用，提升办案质效。

---

① 参见易延友等：《检察机关补充侦查权的运行与完善》，载《人民检察》2018年第21期。
② 陈瑞华：《看得见的正义》，中国法制出版社2000年版，第4页。
③ 龙宗智：《检察制度教程》，中国检察出版社2010年版，第196页。

二是诉讼监督。我国检察机关是国家的法律监督机关，根据刑事诉讼法的规定，检察机关有权对刑事诉讼实行法律监督，这决定了检察机关在行使公诉权的过程中，同时也行使着法律监督职权。检察机关审查起诉、提起公诉和支持公诉等行使刑事诉权的同时，还要在符合法律规定条件的情况下采取特定形式对侦查活动和审判活动是否合法实行监督，确保刑事诉讼活动依法有序进行。自行补充侦查不仅是实现侦查活动监督的方式，也是对刑事诉讼活动进行法律监督的抓手。① 检察机关通过自行补充侦查，发现侦查机关的原有侦查活动违反法律规定，有权向侦查机关提出纠正意见；对于侦查违法收集的证据，必须予以排除。因此可以说自行补充侦查是检察机关行使诉讼监督职能的重要途径和方式。

三是保障人权。刑事诉讼法的两大目的是保障人权和惩罚犯罪。② 检察机关在追诉犯罪的同时必须保障人权。这决定了检察机关特别是检察官必须站在法律的立场，客观公正地执行职务。即检察官应当客观地审查案件，通过自行补充侦查全面地调查案件事实，既要注意对犯罪嫌疑人、被告人不利的情况，也要注重收集有利的证据，以使案件得到公正的处理，充分维护犯罪嫌疑人、被告人的合法权益。

二、解析：检察机关自行补充侦查的运行考察

为适应以审判为中心的诉讼制度改革和监察体制改革，充分发挥检察机关在刑事诉讼中的主导作用，避免司法实践中“滥用退回补充侦查权”，③ 致使退回补充侦查程序功能异化、衍生检警矛盾④ 等现状，2017 年 8 月以来珠海市检察机关积极推进自行补充侦查试点工作，先后制定《自行补充侦查工作指引》《关于开展自行补充侦查工作的规定（试行）》等规范性文件，与市中级法院、公安局等联签了《关于建立检察机关自行补充侦查协作机制的意见》，对 20 件刑事案件启动自行补充侦查程序，着眼于提高指控能力，增强监督刚性，在探索中取得一定成效。但是自行补充侦查在实际运行中仍然存在诸多亟待解决的问题。

（一）自行补充侦查意识不足

依照刑事诉讼法及相关司法解释的规定，检察机关对于需要补充侦查的刑事案件，“可以退回侦查机关补充侦查，也可以自行侦查”。“可以”的特定用语鲜明地赋予检察机关及其办案人员充分的选择权。根据监察法规定，监察机关移送审查的职务犯罪案件，需要补充核实证据材料的，检察机关应当退回监察机关补充调查，只有在“必要时”才能自行补充侦查。这里的“必要时”则明确限制了检察机关的选择权。受上述两

---

① 刘卫刚：《必要的自行侦查有积极意义》，载《检察日报》2014 年 2 月 14 日，第 3 版。
② 陈卫东：《刑事诉讼法》，中国人民大学出版社 2012 年版，第 131 页。
③ 吴宏耀、范仲瑾：《检察机关补充侦查权的规范化运用》，载《人民检察》2018 年第 14 期。
④ 何胤霖：《检察机关自行补充侦查制度研究》，载《湖北警官学院学报》2020 年第 1 期。

种截然相反的立法倾向影响，特别是在对自行补充侦查的定位及其价值功能缺乏理论探讨和实践指引的现状下，检察机关及其办案人员囿于固有办案思维和办案压力，自行补充意识几乎阙如，在案件需要补充侦查时，多会优先选择适用“退回补充侦查”或者“退回补充调查”。据统计，珠海市全市检察机关退回补充侦查或调查案件5084件，而自行补充侦查案件仅占前者的0.39%。检察机关自行补充侦查的案件数远远少于退回补充侦查（调查）的数量。

（二）自行补充侦查界限模糊

刑事诉讼法、监察法对检察机关自行补充侦查进行了原则性规定，未明确区分可以自行补充侦查和退回补充侦查（调查）的案件类型或者需要补充侦查的事项及情形，在司法实践中难以具体把握。《人民检察院刑事诉讼规则》试图弥补这方面不足，在第344条规定监察机关移送起诉的案件，具有规定的三种情形之一的，检察机关可以自行补充侦查，对职务犯罪案件自行补充侦查的范围进行了限定，即个别言词证据的补充完善及物证、书证等证据材料的补充鉴定等，由检察机关查证更为便利和更有效率的情况下，可以进行自行补充侦查，其他情况一般应当退回监察机关补充调查。最高人民检察院、公安部共同制定的《关于加强和规范补充侦查工作的指导意见》第11条对检察机关在审查起诉过程中，可以依法自行开展侦查工作的四种情形进行了规定，但这一规定依然比较粗疏，致使检察办案人员难以在实践中全面把握自行补充侦查和退回补充侦查二者的界限，成为制约检察机关自行补充侦查的重要因素。

（三）自行补充侦查程序欠缺

自行补充侦查是刑事诉讼程序的重要组成部分，在追查遗漏犯罪嫌疑人、补充收集涉嫌犯罪事实、完善证据指控体系、保护被追诉者合法权益等方面都具有程序性保障作用。依法科学规范地运用补充侦查程序，对于检察机关指控犯罪和法律监督都十分重要。但目前有关检察机关自行补充侦查的规定主要零星散见于刑事诉讼法、监察法、《人民检察院刑事诉讼规则》等法律及司法解释中，并没有关于自行补充侦查程序的具体规定，包括自行补充侦查的启动标准、补充侦查的范围和对象、补充侦查的方式、补充侦查的流程和期限等，自行补充侦查主要由检察机关在实践中积极探索，自主创新开展，随意性比较强。即使有的检察机关结合实际制定了有关自行补充侦查的规范性文件，因其层次效力低，在实践中依然难免受到质疑。

（四）自行补充侦查措施有限

目前刑事诉讼法并无检察机关自行补充侦查如何适用侦查措施的相关规定。《人民检察院刑事诉讼规则》进行了补正，在第422条规定自行补充侦查“适用本规则第六章、第九章、第十章的规定”，[①] 也就是说检察机关自行补充侦查可以依法适用拘传、取保候审、监视居住、拘留、逮捕等强制措施以及全部侦查手段，但实践中仍存在诸多困惑。2017 年以来珠海市检察机关对 20 件公诉案件自行补充侦查，主要是针对案件证据存疑、排除非法证据、纠正违法办案或者侦查机关怠于行使侦查权等情形，采用的主要方式为讯问犯罪嫌疑人、查找被害人和重要证人、复核关键证据以及现场勘查、侦查实验等。限于侦查人才及侦查设备缺乏等诸多因素，侦查手段相对传统和滞后，缺乏高科技支撑，收集和调取的言词证据高达 46.6%，基本上未采取强制措施，技侦手段的使用及侦查保障措施存在障碍。

（五）自行补充侦查能力不足

随着监察体制改革的完成，“精于侦查之道的检察人员也被划归监察机关”。[②] 检察机关办理普通刑事案件的经验和技能本来相当匮乏，在职务犯罪侦查人员基本转隶的现实情形下，普遍缺乏侦查人才，同时也缺乏侦查技术的支持，开展自行补充侦查实在勉为其难。尽管检察机关内设机构已经进行“重塑性变革”，但捕诉部门的职责决定了办案仍侧重于对案件进行书面审查，包括证据“三性”、证据证明力、证据链条完整性等，即使在办案过程中有提讯、询问、现场勘查等侦查活动，却无法从客观上改变书面审查案件的实质。这种长期形成的固有办案模式钳制了检察机关自行调查取证的能力，无论是侦查技能或者侦查经验，相较于公安等侦查机关都没有优势。检察机关长期侧重于审查而非侦查的办案模式，致使检察机关始终未配置相应的人员、设备等侦查资源。自行侦查虽然有别于普通侦查，投入时间及人力物力少于普通侦查，但仍需要在侦查技术、侦查手段、侦查技巧等方面有所保障。

三、重构：检察机关自行补充侦查的完善进路

加强自行补充侦查是检察机关正确履行法律监督职责的客观需要和必要手段。[③] 检察机关要主动适应新形势和新变化，在重新审视自行补充侦查价值定位的基础上，寻求破解自行补充侦查的实践难题，建立规范化的自行补充侦查机制，进而增加法律监督的刚性。

---

① 最高人民检察院、公安部《关于加强和规范补充侦查工作的指导意见》第 12 条规定：“人民检察院自行侦查，适用《中华人民共和国刑事诉讼法》规定的讯问、询问、勘验、检查、查封、扣押、鉴定等侦查措施，应当遵循法定程序，在法定期限内侦查完毕。”这与《人民检察院刑事诉讼规则》的规定有差异，主要是限缩了侦查措施的使用。

② 陈小炜、吴高飞：《监察体制改革背景下自行补充侦查和退回补充调查关系论纲》，载《西南政法大学学报》2019 年第 3 期。

③ 洪春、丁建玮、陆秀勇：《检察机关自行补充侦查权的制度设计》，载《人民检察》2019 年第 10 期。

（一）自行补充侦查模式之选择

检察机关办理刑事案件，应当充分发挥检察职能在刑事诉讼中的主导责任。特别是在刑事案件审前及庭审过程中，检察机关依照以审判为中心及推动庭审实质化要求，强化自行补充侦查意识，对证据收集、判断和运用发挥着主动引导作用。根据《人民检察院刑事诉讼规则》第342条的规定，检察机关自行补充侦查，“必要时可以要求公安机关提供协助”，《关于加强和规范补充侦查工作的指导意见》第12条规定检察机关通过自行侦查方式补强证据的，“公安机关应当依法予以配合”。这表明自行补充侦查并非完全是检察机关独立补充侦查。由检察机关独立自主进行补充侦查，当然是纯粹意义上的自行补充侦查。在检察机关主导下，有公安机关等侦查机关提供协助开展侦查，则是广义的自行补充侦查，即检察机关主导式自行补充侦查。这种模式既有利于检察机关以追诉理念、思维、标准提升补充侦查的质量，又有利于发挥公安机关等侦查机关的侦查技能、侦查经验等优势，具有更好的适用性和生命力。这种模式也可以适用于职务犯罪案件的自行补充侦查，检察机关“可以商请监察机关协助”，相对容易协调和实施。据统计，在珠海市检察机关自行补充侦查的20件案件中，有13件为主导式自行补充侦查，占总数的65%。纯粹的检察机关自行侦查只占少数。实践证明，主导式自行补充侦查作为一项机制创新，将来也应当是检察机关自行补充侦查的主流选择模式。

（二）自行补充侦查范畴之界定

根据《刑事诉讼法》第175条第2款之规定，检察机关对于需要补充侦查的案件，原则上都可以自行补充侦查，但并非代替侦查机关进行侦查，其前提是“对于那些自己侦查没有困难，可以节省办案时间和自行侦查有利于正确认定事实和取得真实的证据的案件，可以自行侦查”。[①] 毕竟侦查机关仍然是补充侦查的主要力量。检察机关对于需要补充侦查的案件，只有在案件不适宜退回侦查机关补充侦查时，才可以自行补充侦查，以凸显自行补充侦查的必要性和可行性。自行补充侦查的案件范围主要包括：一是应当自行补充侦查的案件。主要是侦查机关采取刑讯逼供等手段违法取证的案件和侦查人员涉嫌职务违法犯罪的案件。在这两种情况下，侦查机关已经不再具有依法客观收集证据的可能性，退回补充侦查毫无实质意义，必须由检察机关自行补充侦查。二是有必要自行补充侦查的案件。主要是指经过退回侦查机关补充侦查而效果不理想的案件，侦查机关因与检察机关对案件认识分歧等因素不作为或者怠于作为，消极履行职责，致使补充侦查未达到预期效果且仍有补充侦查空间时，检察机关有必要自行补充侦查，以最少的诉讼资源赢取最优的诉讼效果。

---

① 王爱立、雷建斌主编:《刑事诉讼法立法精解》，中国检察出版社2019年版，第313页。

（三）自行补充侦查程序之规范

程序是检察机关自行补充侦查规范运行的重要保障。在全面实行司法责任制的背景下，自行补充侦查程序至少包括启动、运行、监督等方面内容。首先要明确启动条件，在检察官权力清单已经明确授权的情况下，对于不需要其他部门或人员配合的自行补充侦查，一般由承办检察官自行决定启动补充侦查；需要其他部门或人员配合的补充侦查，由承办检察官提出，部门负责人审核后报分管检察长决定；重大、疑难复杂案件由检察长决定。其次要明确运行程序，自行补充侦查作为特殊形式的侦查，依然要严格遵守刑事诉讼法及《人民检察院刑事诉讼规则》的相关规定，依法使用各种侦查方式，慎重使用强制措施，严格控制办案期限。最后要强化监督，发挥检察机关统一业务应用系统的功用，设置自行补充侦查模块，具体增设侦查启动、侦查方案、侦查方式、侦查终结报告等流程节点，并配置讯问笔录、询问笔录、勘验检查、鉴定等相关法律文书，使整个补充侦查过程在应用系统中运行，全程留痕，强化对自行补充侦查的监督与管理。

（四）自行补充侦查措施之把握

根据《人民检察院刑事诉讼规则》第422条的规定，检察机关在自行补充侦查过程中，可以依法适用全部的强制措施以及侦查手段。但自行补充侦查毕竟有别于普通刑事侦查，应当围绕补充侦查的主要目的及任务来选择恰当的侦查措施，破解侦查手段受限及滞后的难题。在鼓励支持检察人员大胆灵活采取侦查措施的同时，强化侦查硬件设施建设，探索建立省级政法大数据运用平台和省级检察情报信息库，使大数据运用为自行补充侦查提供更为丰富多元的侦查方法和侦查方式，最终使自行补充侦查收到事半功倍的效果。为适应自行补充侦查中司法鉴定常态化的需要，可以尝试在有条件的地市级检察机关建立专业化鉴定机构，[①] 拓展检察机关自行鉴定业务范围，改变大部分鉴定由侦查机关内设鉴定机构负责处理的被动局面。及时跟踪了解侦查技术发展动态，适当引入先进的勘验、检查设备，使检察人员能够方便地利用高科技设备制作勘验、检查笔录，增强还原勘验、检查现场的效果，提高自行补充侦查技术水平。

（五）自行补充侦查能力之提升

自行补充侦查需要在侦查手段、侦查技巧、侦查人才、技术信息等多方面予以支持和保障，但是关键还在于侦查人才。借助检察机关内设机构重塑性变革的契机，优化捕诉部门检察人员配置，可以考虑将曾经从事过职务犯罪侦查而未转隶的侦查人才调整到捕诉部门，发挥其侦查经验丰富的专长及传帮带作用，提升捕诉部门检察人员的侦查

---

① 珠海市检察院根据检察工作发展需要，建立电子数据鉴定实验室并获得中国合格评定国家认可委员会的CNAS认可，制定《电子证据鉴定工作管理规程（试行）》，积极开展电子数据取证业务，全方位服务检察机关及其他侦查机关的司法办案。

技能。探索建立检察机关内部协助补充侦查机制，特别是在已经单独设立司法人员职务犯罪侦查机构的情况下，可以尝试与捕诉部门建立自行补充侦查协作机制，并考虑将司法警察纳入侦查团队，[①] 最大限度地发挥人才互补优势和资源整合效能。强化检察人员的侦查技能培养，包括侦查意识、侦查思维、侦查知识等全方位的培训，探索检察机关与侦查机关建立人员交流培养机制及侦查经验交流渠道，定期召开类案侦查经验交流会议，提高收集证据能力，不断丰富检察机关侦查人员的办案经验，提升捕诉部门检察官的侦查能力和水平。

① 徐贞庆:《强化自行补充侦查工作》，载《人民检察》2018 年第 14 期。

检察业务数据质量监管研究

罗伊淋 *

摘　要　以检察业务应用系统为载体的检察数据业务数据对分析研判工作态势和进行工作部署都有积极作用，是案件质量好坏的直接体现。检察业务数据统计工作随时代发展不断科学化、合理化，但是检察业务数据填录工作仍存在虚假、错误、遗漏、迟延填录等问题。本文以检察业务数据填录存在的问题为导向，提出优化检察业务数据核查的方法。

关键词　检察业务应用系统　检察业务数据　案卡填录　数据核查

在信息化引领前进的今天，我们以检察业务应用系统为载体，实现了全国四级检察机关业务数据的实时、动态贯通，业务数据在分析研判工作态势和进行工作部署中发挥着极大的作用。并且，从 2019 年起，最高检确立了每季度向社会公布检察机关主要业务数据的常态化机制，每次公布的业务数据项平均在 180 项以上，让人民群众可以通过实实在在的数据，切实感受到执法司法的公平、公正、公开。如何能够在办案过程中确保业务数据质量，做好统计数据监管工作，这是新时代案件管理的“三大监管”的重要命题之一。结合实践中检察业务数据质量监管工作情况，笔者将围绕业务数据的基本概念、重要意义，业务数据填录工作存在的突出问题，以及数据质检工作方法要点四大方面进行深入阐述。

一、检察业务数据的基本概念

（一）检察业务数据统计工作的演变

自 1978 年检察机关恢复重建以来，统计数据工作有着“翻天覆地”的变化，数据质量监管工作随着数据产生机制的演变而不断地“进化”。笔者认为，可以分成三个阶段。

第一阶段，纯手工阶段（1978—2003 年）。2003 年以前，数据都是靠统计专员手工登记的，即便报表已经在 1985 年实现了计算机填报的方式，但不能掩盖数据产生方

---

* 罗伊淋，广东省珠海市人民检察院案件管理室副主任、二级检察官。

式依然是手工的这个本质，只是对数据用笔写在纸上还是用键盘敲打输入的区别而已，对于“本年度向法院提起公诉 X 人”的这个“X”数据本身，是由统计员向公诉部门的内勤专门“问”来的。

第二阶段，半自动半手工阶段（2003—2015 年）。2003 年，最高人民检察院决定在全国检察机关全面推行 AJ2003 检察机关案件管理系统（以下简称“AJ2003 系统”），设计有案件登记卡 15 种，统计报表 29 种 38 张，[①] 实行以填录案卡信息为手段，用特定公式将案卡信息进行数据处理后生产报表数据，这是检察统计的重大变更，突破了传统二维报表数据指标有限的“瓶颈”，拓宽了数据获得的有效方式，后面在 2013 年还升级迭代到“AJ2013 系统”。但是笔者认为此阶段“手工”的特性仍比较明显，第一层“手工”的表象是，仍有 10% 的报表是人工填录非系统自动计算的；第二层“手工”的表象是此阶段案卡信息的填录是与办案行为相分离的，是两个生产线上的不同产物，生产主体不一样、生产方式不一样，填录案卡信息依然是“故意而为之”，由案管人员或内勤专门填录。

第三阶段，自动阶段（2015 年至今）。2014 年是检察信息化的重大历史节点，检察业务应用系统（以下简称“业务系统”）在全国检察机关正式上线运行，大部分的办案行为都从“线下”转到“线上”，业务系统集业务办理、管理、统一于一体，业务数据全面、实时、动态交换，并创设性地建立了“流程—文书—案卡”三要素的新型办案模式。为切实减轻基层院从“AJ2013 系统”手工填录案卡信息工作中解放出来，直接将办案数据信息生产为统计数据，2013 年，最高检组织专门力量对“AJ2013 系统”和业务系统中的数据进行全面对接，2015 年，终于成功实现了全国各级检察机关统计衔接工作，此阶段，以办案行为过程中形成的真实数据信息，成为统计数据的最直接、最原始的生产资料。

（二）检察业务数据的含义

1. 检察业务数据的概念

2020 年底，最高检专门出台《检察业务数据管理办法》（以下简称《数据管理办法》），对检察业务数据这个概念做了一个概括，“本办法所称检察业务数据，包括检察业务统计数据以及可产生该数据的相关案件信息”。从这一概念中可以看出，检察业务数据包括两类：一是各种数字，如案件数量、涉案数额、毒品克数等；二是案件信息，如案件是否涉黑涉恶、有无追捕追诉、检察建议采纳等情况，这些案件信息经过统计分析产生需要的数据。应当说，对办案人来讲，检察业务数据大量的是案件信息，少量的才是数字；对统计人员来说正好相反，首先接触和运用的是大量数字，然后要进行深入分析的时候才会映射数字背后的信息。

---

① 王拥政：《检察业务统计实务》，中国检察出版社 2019 年版。

2. 狭义和广义的检察业务数据

可以看出，检察业务数据内涵之大，目前我们只作列举式的概括，针对我们管理中存在的数据，我们可以将数据范围分为狭义的业务数据和广义的业务数据两大类。狭义上的检察业务数据范围，应当仅指生产库案卡的数据项数据。顾名思义，生产库就是数据的最初来源，是办案过程中办案人员需要填录案卡项信息。与生产库案卡相对应的概念是统计库案卡，广义上讲，检察业务数据范围包括案卡填录、流程节点、法律文书制作等业务办理过程中统计分析产生的各类数据，内容可包含四类。第一类是上文所述生产库案卡和统计库案卡数据，后者是指为了统计需要而建立的案卡，通过一定的公式和规则将生产库案卡信息进行运算，形成有效的统计案卡数据，由案管部门统计人员处理和分析所用。第二类是统计报表产生的各类数据。第三类是流程节点产生的数据。承办人员在业务系统的关键节点办案行为会被系统一一记录，并依据法定规则形成办案期限，这也是流程监管中预警和纠正办案超期的依据。第四类是法律文书产生的数据，主要是涉案罪名、法律文书创建日期、落款日期等内容。

本文论述的核心，检察业务数据质量监管工作的对象，既不完全是狭义的业务数据，也不是所有广义的业务数据，而是两者都有包含，根据不同的使用场景有所区分。因此，要做好“数据质检”工作，应该要从生产库案卡数据、流程节点产生数据和法律文书的数据这三类入手，才能确保后续统计报表数据的真实、准确，从而通过数据来展现我们的业务质量。

3. 检察业务数据的生产方式

检察业务应用系统从 1.0 迭代升级到 2.0，目前生产数据主要是依靠填录案卡项来完成，细分有四种方式：第一种方式是填录，主要是案管人员和办案人员填录。案管人员在接收案件时填录案件和嫌疑人的基本情况，办案人员在办案中同步填录案件办理各环节的案卡数据。第二种方式是选择，就是案卡数据项已经列出选项，填录人员用鼠标选择即可。严格讲，选择也是填录的一种方式。而且选择实际上应该是负担不太重的一种方式，但在督查中发现也是极容易出现敷衍、随意、错误选择数据项的情况，因此，我们将它单列。第三种方式是自动生成，就是在上一环节已填录的数据，系统通过算法可在下一环节生成相关案卡项信息，比如填录嫌疑人身份证号码后可自动生成出生年月和年龄，但是自动生成也需要承办人员仔细核查。第四种方式是回填，就是业务系统通过识别法律文书、电子卷宗等相关内容可以自动回填到案卡数据项的设计。

《数据管理办法》第 14 条规定：“案件信息由承办检察官录入或者由检察官助理、书记员协助录入。检察官助理、书记员对录入的信息依据本人职责承担相应责任，检察官承担指导、审核责任和最终责任。”通过全面了解业务数据的范围和生产方式，我们得知，承办人员在业务系统中以填录案卡项、制作法律文书、操作流程节点来完成案件的线上办理，并生成检察业务数据，案件承办检察官要对自己办理的案件信息负责到底。

二、检察业务数据质量的重要意义

（一）从办理案件上看，业务数据填录是办案工作的有机组成部分

2014 年起，全国检察机关自上而下全员、全面、全程运用检察业务应用系统，办案流程从线下转为线上，包括业务办理、审核、审批、监督管理等操作。特别是在 2020 年初最高检下发相关文件明确了所有案件无一例外、没有理由必须线上流转，彻底解决线上线下案件办理“两张皮”的不规范现象，这也为业务数据的线上集中生产、管理奠定了基础。《数据管理办法》第 14 条明确规定，案件信息填录应当准确、规范、同步、完整，与案卷材料、法律文书内容吻合，与实际业务办理同步进行，并在实际业务办理完成的当月填录完毕。可以明确，填录数据就是线上办案业务的有机组成部分，并且是重要组成部分。同时还原检察官日常工作场景，受理案件、办理案件、领导审阅等办案过程在线上全程留痕，形成了无数的数据和信息，这也是客观事实。检察人员，尤其是主办检察官必须树立数据填录就是办案的意识，数据填录不是额外负担，更不是可有可无，是规范性文件上的明确要求，要从根本上重视数据填录工作。

（二）从规范工作上看，业务数据质量是直接体现案件质量的一个重要方面

我们可以在检察院工作报告中通过各项数据了解一个院或一个地区的办案情况和质量，但不能通过一个个离散的案件来说明案件质量，典型个案只是整体业务情况的一个浓缩示例。因此，业务数据可以作为规范办案工作的最客观、直接的“标尺”。但光有数据仍不够，必须是高质量的业务数据才能是过硬的指标，通过伪造正面评价数据或隐瞒负面评价数据等行为显现出的办案质量高，本质和办冤假错案一样。在政法队伍教育整顿工作查纠整改顽瘴痼疾环节中，许多地区检察机关增加“案卡数据填录不准确被通报”这一项，作为查处纠正的重点内容，案卡信息填录质量被纳入作为办案行为质量的一个考量标准，优质案件同时必须是数据填录质量高的案件，缺一不可。因此，检察人员要树立从案件质量意识来看待数据的填录，正确认识到案件质量和数据质量之间的紧密关系，办案人员才能把数据填录落到实处，全面填录、规范填录、同步填录，确保业务数据真实、准确、有效。

（三）从成果运用来看，检察业务数据是开展其他重点工作的合法依据

首先，业务数据是开展案件质量评查的依据。根据《人民检察院案件质量评查工作规定（试行）》第 13 条规定，“对于本院或下级人民检察院办理的下列案件，应当作为重点评查案件，逐案进行评查”，案件管理部门通过业务系统筛选符合捕后不诉、撤回起诉、判决无罪等重点案件特征的数据，及时掌握此类案件的动态，便于在三个月的期限内完成案件质量评查。因此，符合重点案件特征的文书信息和案卡信息所形成的数据是开展评查工作的重要基础。其次，根据最高人民检察院《关于开展检察官业绩考评工作的若干规定》第 6 条规定，检察业务工作质量要重点考评包括信息录入等情况，第

23 条规定，检察官业绩考评以统计子系统采集的数据为主要依据，分别印证了案卡信息填录是办案工作的一部分，以及数据业绩考评的重要依据。广东省检察官业绩考评系统已全面上线试运行，系统包含有自动计算指标和人工填录指标，自动计算指标均链接的统计子系统数据或者是办案中形成的文书、节点信息，力图实现“应当做什么工作”和“考核什么内容”直接对接起来，实现业绩考评的客观性和公正性。这些都说明了监督管理各项重点工作均依赖于检察业务数据，是开展其他重要工作的评判依据。

（四）从指导工作上看，高质量的业务数据是对检察工作进行分析研判会商的基础

2018 年 6 月，最高检正式建立业务数据季度分析研判会商机制，以印发《最高人民检察院业务数据分析研判会商工作办法》为标志。时隔两年，《最高人民检察院业务数据分析研判会商工作办法》进行修订和完善，内容更加丰富。同时，广东省在 2020 年也明确要求，市、县两级检察院要建立月度业务数据分析研判会商机制，每个月举行一次会商。会商的对象是检察业务工作，基础是真实准确的业务数据，业务数据的准确性，直接体现了业务数据与业务工作的内在联系，通过业务数据为导向正确认识业务工作，为检察工作开展提供科学的指导。会商的成果转化需落脚于分析研判报告中，而一份优秀的分析研判报告必须建立在优质的数据来源之上，要从指导检察工作正确发展的高度来认识数据质量的极端重要性。

（五）从案件管理职责上看，业务数据质量管理是案件管理的重要组成部分

数据的表现形式很多时候都只是“数字”，作为案件管理部门的检察官，必须透过数字看本质，将数字转化为监督管理的一把利剑。最高检案管办明确提出当前和今后一个时期检察机关案管工作的总体思路是“一个定位、两个理念、三个监管、四个服务、五个机制”，其中，三个监管是办案程序监管、办案实体监管和统计数据监管。程序监管主要靠案件流程监控来实现，实体监管主要靠案件质量评查来实现，而数据监管就是要靠日常和专项数据质量督查来实现，这是与实体、程序监管并重的三大监管之一，是新时期案件管理的重要部分。因此，案管部门的检察官要把提高检察业务数据质量作为履行案管职责的高度来认识、践行，并且要持之以恒、一以贯之。

三、检察业务数据填录工作存在的问题

当前，检察业务数据质量总体良好，但也存在一些突出问题：一是数据的精准性不够；二是一些关键数据如判决无罪等数据与实际数据相差较大。从 2019 年全国检察业务数据督查工作中我们可以看到，填录案件信息存在的突出问题，概括起来就是“假、错、漏、迟”。具体有以下四种情况。

（一）虚假填录

一是数据“瘦身”。部分地区存在瞒报撤回起诉、无罪案件等重要案件信息的情况。比如，有的承办人在线下制作撤诉文书后，在线上制作虚假刑事裁判审查表，填录虚假的判决结果，用虚假判决掩盖撤回起诉；有的承办人在线下制作撤诉决定文书，不在系统上操作撤诉流程，让流程一直停留在出庭公诉节点，故意不让撤回起诉数据生成；有的承办人在收到法院无罪判决书后，不在业务系统中填录无罪判决，或者填录虚假的有罪判决，致使无法生成无罪数据。

二是数据“注水”。部分地区没有按照填录标准规范填录案卡项，为了考核加分等虚造数据。实地督查中发现近一半被抽查地区“水分”达七成以上。比如，对于纠正漏捕漏诉，系统上有登记、有数据，但是核查相关文书中未发现任何追捕、追诉的信息。有的直接将未被追捕、追诉的同案犯一并填入案卡；有的将拘留期限未届满的犯罪嫌疑人登记为追捕，将实际已起诉的被告人登记为追诉。

有一种错误的认识是，数据问题造“假”，只是一个数字的错误，不是办错案，不影响涉案人的权利保障，改正即可。这种观念应当要纠正，尤其是结合今年政法队伍教育整顿工作要求，数据造假是查纠整改的重点内容之一，这是纪律作风问题，是司法不规范问题，必须高度重视。

（二）错误填录

近年来，围绕中央一系列决策部署，最高检在业务系统中增加采集了一些涉及服务大局、社会关注的信息，如案件是否涉及黑恶势力、是否涉及扶贫领域、是否涉医犯罪等，这些数据信息对于充分反映检察机关服务经济社会发展成效、供领导决策参考有重要价值。在数据督查中发现，部分办案人员大局意识不强，认为这些判断内容与办案不相关，对新增的案件有关情况随意填录，不认真判断，有的甚至将所有选项全选为“是”，造成填录内容与实际情形不符。比如，在对影响非公经济发展提起公诉的数据中，查出不少危险驾驶犯罪数据；涉及家庭暴力犯罪中，查出盗窃罪等侵财类犯罪的数据；起诉侵害未成年人权益犯罪数据中，查出少量贪污贿赂罪、渎职侵权罪等数据。

（三）遗漏填录

受到传统办案行为的影响，承办人员大多着重于制作法律文书，对于非节点控制项数据，即选填案卡项，疏漏填录的情况还是比较常见。而由于业务系统中的案卡项及项目内容具有紧密的业务逻辑关系，如果相关内容漏填，会直接造成数据无法生成。比如，漏填嫌疑人案卡信息，导致批捕、起诉数据有“件数”无“人数”，或者“件数”大于“人数”的异常情况。在督查中发现，民事检察、行政检察监督案件，由于承办人在办结后不填“结案日期和结案情况”，导致民行结案率与实际结案情况远不相符。还有一种典型情况，提起一审公诉检察院在抗诉后未跟踪上级院审查抗诉结果，以致撤回抗诉决定后未填录一审判决生效情况，直接导致判决生效数据失真。

（四）迟延填录

《全国检察业务应用系统使用管理办法》明确规定，承办人的办案活动、信息填录必须同步在业务系统上完成，这既是办案流转的客观需要，也是保证数据准确性和时效性的需要。从 2017 年统计子系统上线后，业务数据每日自动生成，迟延填录会造成历史数据频繁变动，特别是跨月补录案卡项，情况十分普遍。案管部门统计人员每天的工作之一就是审核系统拦截的异常数据，部分承办人在系统内填录办案信息与具体办案行为相脱节，比如，突出的是迟延填录一审判决案卡情况，尤其是无罪判决。迟延填录，会导致每天查询的业务数据都不一样，这种情况体现到各种工作分析报告、总结和宣传材料中，会极大影响检察数据权威性，损害检察机关形象。

四、数据质检的“六大法宝”

检察业务应用系统中案卡项数量多、体系复杂，案管部门需统筹核实“四大检察”的重要数据，对填录问题点要及时发现要求整改，并总结归纳形成工作办法，转化为长效工作机制。对此，结合对业务学习和实践经验，笔者总结出一套数据质检工作的“法宝”，分别是以下六大项工作方法。

（一）案卡项比对法

业务系统中的案卡项是围绕检察业务流程开展而设计的重点采集内容，由各环节的承办人负责填录，而由于业务逻辑、流程节点之间环环相扣，部分数据可以通过案卡项进行比对来判断准确性。其中可从以下四个角度着手进行核查。

一是从犯罪构成要件入手核查。比如，通过【审结罪名】案卡项，当填录为故意伤害、故意杀人、过失致人死亡等侵犯公民人身权利的罪名，或交通肇事危害公共安全的罪名，法律明确上述罪名犯罪构成要件要达到伤害以上或者死亡的结果，因此能够基本确定这些案件中涉及【伤亡情况】案卡项需要填录，而且有些罪名构罪结果必须是重伤或死亡。因此，对于刑法规定构罪有伤亡条件的，需核查是否填录【伤亡情况】案卡项，其次需确定填录是否准确，如当一个案件中产生有多种伤亡结果时，取最重的结果进行填录。

二是从案卡项的定义入手核查。比如，《关于在统一业务应用系统中补充收集检察工作有关情况的通知》中对“涉外”“涉台”“涉港澳”犯罪案件的定义为犯罪主体、侵害对象，或者犯罪行为发生地、结果发生地是否涉及“外国”“台湾地区”“港澳地区”。因此我们可以通过核查嫌疑人或被害人的【户籍所在地】【主要作案地】等信息，当填录为“香港 / 澳门 / 台湾 / 外国”时，要重点核查该案的【是否涉港澳犯罪案件】【是否涉台犯罪案件】【是否涉外犯罪案件】有无正确填录。

三是从公检法环节信息入手核查。比如当受理阶段嫌疑人的【前科】填录为“刑事处罚”的，承办人要结合前科具体细节，在案件审结时审查嫌疑人是否构成累犯，如果是，需要在【认定的法定情节】案卡项填录“一般累犯”或“特殊累犯”；如果审结处理结果为提起公诉，一审判决时承办人要审查【裁判认定法定情节】是否构成“一般累犯”或“特殊累犯”并进行填录。审结处理时认定法定情节准确与否是反映案件办理质量的相关数据，通过侦查、审查起诉、审判环节依次推进的诉讼进程记录真实的办案情况，足以见得数据是案件质量的直接缩影。

四是以互斥案卡项比对核查。在相关数据核查中经常发现由于承办人对法律概念本身定义的理解不透彻而导致的填录失误，此处以纠正漏捕、纠正漏诉概念作为典型，笔者梳理了四种明确的互斥情况，应引起高度重视。其一，不能同时将犯罪嫌疑人认定为纠正漏捕和纠正漏诉对象，即【纠正漏捕的犯罪嫌疑人】和【追诉的对象】不能同时填录为“是”。其二，检察机关履行立案监督职责后侦查机关立案移诉的犯罪嫌疑人，不作为追诉对象，即【为立案监督对象】和【追诉的对象】不能同时填录为“是”。其三，不能将公安机关已经发出追逃令未到案的嫌疑人列为检察机关纠正漏捕的对象，即【在逃】和【纠正漏捕的犯罪嫌疑人】不能同时填录为“是”。其四，在审查起诉阶段决定逮捕的犯罪嫌疑人不能认定为追捕对象，即【强制措施】为“逮捕”且【是否自行决定】为“是”时，【纠正漏捕的犯罪嫌疑人】不能填录为“是”。

（二）文书案卡比对法

核查案卡项数据本身，只能发现漏填、迟填、乱填数据的情况，而要真正发现错误填录数据的问题，重要的方法是要把案卡项信息与法律文书相比对。根据《全国检察业务应用系统 2.0 填录标准和说明》，许多案卡项的填录标准就是其对应的法律文书的内容或日期。因此，文书案卡比对法是数据质检最常用且最重要的方法。

一是通过文书名称即可判断填录问题。以撤回起诉情况为例，承办人在一审公诉案件中制作《撤回起诉决定书》，但核查【撤回起诉日期】和【撤回起诉原因】为空，属于漏填；如果上述案卡项为空，且填录了【法院退回日期】和【法院退回事由】，属于错填。以上漏填和错填都直接导致撤回起诉数据失真。

二是通过文书具体内容判断填录问题。文书名称承载的内容有限，更多的信息需要通过文书内容进行判断，比如《量刑建议书》必须要看到正文内容方能得知具体的量刑情节以及量刑建议详情。通过比对《不批准逮捕决定书》《不予逮捕决定书》和案卡项【不捕情形】，发现将不捕情形“不构成犯罪不捕”错填为“其他不捕”，导致不构成犯罪不捕数据缺失，其他不捕数据虚增；或属于“刑事和解”的不捕，只填录了“无社会危险性”不捕，导致刑事和解数据缺失。

（三）法律文书比对法

通过不同形式法律文书及文书承载的信息化数据比对，可以核查出办案不规范或者办理凑数案件的情况。

1. 线上文书与线下文书相比对，看记载内容是否一致

目前大部分地区的线上办案只在本系统内形成纵横贯通的体系，未与侦查机关、审判机关形成互联，因此线上文书和线下文书不一致的情况时有发生，尤其是容易修改落款日期以满足法律办案期限的要求，且案卡项对应的日期是人工填录的。因此，对于重点核查的办案行为，应调取线下文书与线上文书及案卡项信息进行逐一比对，确保真实准确。

2. 将线上流程文书创建时间与文书落款时间相比对，看是否存在造假情况

线上办案的一个最重要的优势就是所有的操作都可留痕，如同无数双眼睛在时刻监督着每一个检察官。法律文书的落款时间与创建、制作、入卷的时间如果明显不一致，且没有备注任何说明时，有合理地怀疑数据是否准确以及法律文书是否真实。如在业务系统中《要求说明立案理由通知书》的制作时间晚于公安机关撤案日期，但送达文书上显示的落款日期均早于公安机关撤案日期，就能轻易发现法律文书倒签、监督造假行为。单纯地看线上记录，或者单纯地看线下记录，都不能发现问题，即使两相比较也不能发现问题，因为线上落款时间与卷宗落款时间是一致的，但线上创建时间和落款时间的不一致，就让这种作假显出了原形。

（四）期限跟踪法

1. 案件办理流程与时间次序相比对，核查办案行为是否存在逻辑问题

最典型的就是立案监督案件，一个立案监督案件，从报案、受理审查、要求公安机关说明不立案理由、公安机关回复不立案意见、承办人提出审查意见、召开检察官联席会议或检委会研究、制发《通知公安机关立案通知书》、公安机关研究立案等环节，最快一般也要一周以上的时间。从系统中比对立案监督案件的【受理日期】【要求公安机关说明（不）立案理由日期】【通知公安机关立案 / 撤案日期】等数据项，如果日期间隔仅有两三天，甚至一两天，那这些案件就要重点核查，很有可能是凑数案件。

2. 将法律的办案期限规定结合业务数据，跟踪办案行为是否规范合法

一是跟踪承办检察官是否履行法律监督职责。比如，根据《检察建议工作规定》第25条，检察官向有关机关发出社会治理类《检察建议书》后，需积极督促跟进被建议单位落实检察建议，因此案管部门可以比对【检察建议送达日期】和【收到回复日期】期限间隔超过两个月的案件，如果属于漏填案卡项实际被建议单位已回复的，督促检察官及时补正；如果属于实际未回复的，应督促检察官及时履行法律监督职责。二是跟踪承办检察官是否在期限内办结诉讼活动。通过文书或卷宗来核查日期类案卡项是否准确填录，以确定数据真实有效，如审查起诉案件中作出撤回起诉决定的，核查《不起诉决定书》落款日期和【撤回起诉后处理日期】是否一致。在数据真实基础以上，将有办案期限的日期类案卡项进行比对，借此判断诉讼活动是否在期限内办结，如上述情况需继续比对【撤回起诉日期】与【撤回起诉后处理日期】期限间隔，应当在30日以内，属于依法期限内办结。

（五）侦审比对法

“跳出检察看检察”，这个方法论用在数据质量督查工作中，也是行之有效的。督查工作不能拘泥于线上或线下、检察机关内部，一些深层次问题主要是通过与侦查环节、审判环节对比才能发现。

数据与公安机关的法律文书相比对，常见的数据质量问题有以下三种。一是错误追捕。认真审查公安机关的缉捕文书和呈捕意见书，对于公安机关已经立案并被刑拘在逃的犯罪嫌疑人，在没有抓获之前，检察机关不应制发《应当逮捕犯罪嫌疑人建议书》并纳入纠正漏捕的数据中，属于错误追捕。二是错误追诉。认真审查公安机关的《起诉意见书》，属于分批移送审查起诉的犯罪嫌疑人，并且检察机关无任何追诉文书的，不能认定为追诉对象，否则导致纠正遗漏同案犯数据虚增。三是监督立案假案。认真审查立案监督中检察内卷与公安机关侦查卷中的立案决定书，是否存在瑕疵或虚假文书，认定为监督立案成功，导致立案率虚增。

数据与审判机关的法律文书相比对，常见的数据质量问题有以下三种。一是不填录。对提起公诉后超过六个半月未有判决情况的，属于“久诉未判”数据。可从法院调取该案的审判进度资料来核查是否遗漏填录、迟延填录情况。不管是法院超期未送达判决，或是检察官收到判决不及时填录，都是未尽到谨慎的审查义务，导致生效判决数据缺失。二是不及时填录。规避负面评价指标数据的一种常用方法，从法院统一调取无罪判决的文书或数据，以核查检察机关是否“应填未填”。常见的有两种情况，因上级院审查撤回抗诉，原检察院未跟踪到位，导致生效无罪数据缺失；或者拖延时间跨年倒填往年生效日期，导致无罪数据“两边不靠”。三是不准确填录，利用案卡项生成规则的特点，故意不准确填录，导致生效无罪数据缺失。比如，对无罪判决在【宣告刑】填录“有期徒刑”，【宣告刑刑期】投机取巧填录为“0年0月0天”，导致该案生效无罪数据缺失。

（六）法律比对法

将案件相关数据与法律规定比对，核查是否存在错案的情况。在核查数据过程中，发现数据本身没有问题，法律文书比对也没有发现问题，内外比对也非常正常，但是将有些数据与法律规定相比对，可能会发现更深层次的问题，这种比对方式需要督查人员有高度的责任心，且熟悉法律和业务知识，可透过数字挖掘办案行为本质合法性和规范性。

一是错误量刑建议。根据《刑法》第73条第1款的规定，拘役的缓刑考验期为原判刑期以上一年以下，但是不能少于二个月。因此核查若发现缓刑考验期量刑建议数据少于二个月时，应提出纠正。

二是错误判决。根据《刑法》第73条第2款的规定：“有期徒刑的缓刑考验期限为原判刑期以上五年以下，但是不能少于一年”。核查中若发现法院一审宣告刑是有期徒刑且缓刑考验期少于一年的数据，案管部门可将监督线索移送承办检察官，及时履行监督职责提出抗诉或提出纠正违法意见予以纠正。

三是错误审结处理。对起诉和不起诉重点数据以外的其他审结处理结果，也应当进行排查，可结合“退回补充侦查”及“延长审查起诉期限”等数据，重点关注“久拖不决”案件办结情况。如承办检察官对移送审查起诉案，经过“两退三延”后仍认为证据不足，应根据法律规定直接作存疑不诉处理决定，若发现有其他处理结果的，应结合实体情况适时启动案件质量评查进行评定。

横琴粤澳深度合作区建设下的知识产权检察保护新思考

谢 楠*

摘 要 检察机关作为国家法律监督机关，应当为横琴粤澳深度合作区知识产权保驾护航，但受限于两地知识产权规则衔接、机制对接问题；知识产权案件刑事、民事、行政审判管辖部分不统一问题；欠缺便捷、灵活、高效的司法协助机制、合作机制与配套的检察监督机制，致使横琴粤澳深度合作区检察院（以下简称合作区检察院）知识产权检察保护职能未能充分发挥。对此，需通过组建专业化办案组，合理划分区际刑事管辖权，调整知识产权审判管辖，形成常态化刑事协作机制，注重对澳门企业、居民进行普法宣传以破解现有检察保护不充分的困境。

关键词 横琴粤澳深度合作区 知识产权 规则对接 检察保护

一、横琴粤澳深度合作区知识产权检察保护的重要性

（一）党和国家对横琴粤澳深度合作区有关知识产权发展的要求

《横琴粤澳深度合作区建设总体方案》（以下简称《总体方案》）是对《粤港澳大湾区发展规划纲要》深入实施的重点举措，在具体发展促进澳门经济适度多元的新产业中，总共有四大产业，分别是科技研发和高端制造产业、中医药等澳门品牌工业、文旅会展商贸产业、现代金融产业，前两个产业又分别提出构建技术创新与转化中心，推动合作区打造大湾区国际科技创新中心的重要支点，大力发展集成电路、电子元器件、新材料、新能源、大数据、人工智能、物联网、生物医药产业；建立具有自主知识产权和中国特色的医药创新研发与转化平台。

（二）检察机关对知识产权检察保护的本职所在

检察机关是国家的法律监督机关，在推进全面依法治国、建设社会主义法治国家中发挥着重要作用，是营建合作区营商环境市场化、法治化、国际化，护航澳门多元化发

---

* 谢楠，广东省珠海市人民检察院法律政策研究室检察官助理。

展的重要力量与本职所在。2020 年，最高检制定实施《关于充分履行检察职能依法服务和保障粤港澳大湾区建设的意见》，强调加强知识产权司法保护，服务保障粤港澳大湾区国际科技创新中心建设。广东省检察院出台《广东省检察机关服务保障粤港澳大湾区建设行动计划》，由省院多部门牵头分工负责强化企业知识产权司法保护。2021 年 6 月，《中共中央关于加强新时代检察机关法律监督工作的意见》出台，再次强调检察机关要加强知识产权司法保护，服务保障创新驱动发展。

二、横琴粤澳深度合作区知识产权检察保护的现有困境

（一）两地知识产权规则衔接、机制对接存在问题，影响涉澳知识产权检察监督工作开展

1. 司法理念存异影响规则衔接、机制对接，带来刑民不协调，最终影响检察监督职能发挥

虽然澳门也属于大陆法系，但其以葡萄牙法律体系为基础，深受葡萄牙法律文化影响，与内地司法理念有诸多不同，[①] 自然也导致司法原则、规则存在差异，势必不同程度上影响合作区与澳门民商事、刑事规则的对接。所幸的是由于民法、商法属私法范畴，调整平等主体的民商事法律关系，重意思自治，所以知识产权民商事方面，通过比较研究，尊重平等自愿下，合作区可以衔接适用澳门规则，这点在《总体方案》中也得以明确："在遵循宪法和澳门特别行政区基本法前提下，逐步构建民商事规则衔接澳门、接轨国际的制度体系"。然而刑法属公法范畴，目的在于惩罚犯罪，保护人民，属地属人保护色彩浓厚，不能突破"一国两制两法域"，再加上《总体方案》明确了合作区属地管理工作属于广东省，刑事司法要履行好属地管理职能，所以合作区内的涉澳刑案无论是从政策文件还是现有法律规定看，均不能适用澳门刑法典（内地与澳门在民商事、刑事原则、规则上的差异见表 1）。

表 1　内地与澳门民商事、刑事原则、规则差异比对

	内地	澳门
民商事	1. 知识产权合同争议方面：适用当事人意思自治原则及最密切联系原则 2. 知识产权权属及侵权争议：知识产权权属和内容适用被请求保护地法；侵权适用被请求保护地法，但在一定条件下允许当事人通过意思自治原则选择法院地法 3. 管辖：主要以住所地或经常居住地为依据对案件取得管辖	1. 同内地 2. 著作权及工业产权适用提出保护要求地法 3. 管辖：一是案件所涉法律事实发生在澳门；二是被告有住所或者居所位于澳门
刑事	属地、属人、保护、普遍管辖	属地、属人（犯罪嫌疑人身在澳门）、保护（犯罪嫌疑人身在澳门）、普遍管辖

① 谢耿亮：《法律移植、法律文化与法律发展——澳门法现状的批判》，载《比较法研究》2009 年第 5 期。

结合表 1，一方面，若合作区法院审理的知识产权民事案件适用澳门民事规则，那么合作区检察院以内地公权力依据内地规则介入澳门民事规则适用审查也是有正当性等疑问的，此外，对合作区检察院的检察官也是不小的考验，需要熟悉澳门民事规则；另一方面，两地知识产权刑事管辖的冲突可能会导致合作区与澳门地区要么都积极争抢管辖，要么都消极放弃管辖，整体不利于合作区检察机关知识产权刑事检察职能的发挥。

2. 知识产权刑事定罪量刑的较大差异给刑事协助带来一定挑战

如表 2 所示[①]，两地在知识产权犯罪打击上，一是整体内地打击力度严厉过澳门，澳门可能不会移交犯罪嫌疑人；二是罪名不同，两地要求协作收集移交证据时也会有理解偏差。

表 2　内地与澳门刑事定罪量刑比对

商标及专利刑事定罪量刑		
	内地	澳门
依据	刑法	第 97/99/M 号法令［工业产权法律制度］
罪名（量刑）	1. 假冒注册商标罪（三年以下有期徒刑，并处或者单处罚金 / 三年以上十年以下有期徒刑，并处罚金） 2. 销售假冒注册商标的商品罪 3. 假冒专利罪	1. 假造、模仿及违法使用商标（处最高三年徒刑或科九十日至一百八十日罚金） 2. 将产品或物品出售、流通或隐藏 3. 侵犯及违法使用原产地名称或地理标记 4. 侵犯专利权或半导体产品拓撲图 5. 侵犯设计或新型之专属权 6. 恶意取得之工业产权证书
著作权及其有关权利（邻接权）刑事定罪量刑		
	内地	澳门
依据	刑法	经第 5/2012 号法律修改第 43/99/M 号法令 ［著作权及有关权利之制度］
罪名（量刑）	1. 侵犯著作权罪（三年以下有期徒刑，并处或者单处罚金 / 三年以上十年以下有期徒刑，并处罚金） 2. 销售侵权复制品罪	1. 作品、录音制品或录像制品的滥用：①剽窃作品；②侵犯不发表的权利；③假造作品、录音制品或录像制品；④假造复制品的交易；⑤未经许可透过电脑网络提供受保护作品。【其中，①②④⑤处最高二年徒刑或科最高二百四十日罚金 / 最高三年徒刑或科最高三百六十日罚金；③处最高四年徒刑】 【非经告诉不得进行刑事程序：①③⑤】 2. 技术措施的保护 3. 管理权利的电子信息的保护

① 因篇幅有限，量刑上只列取部分，不一一详述量刑。

续表

商业秘密刑事定罪量刑			
	内地	澳门	
依据	刑法	商法典	刑法典
罪名（量刑）	1. 侵犯商业秘密罪（三年以下有期徒刑，并处或者单处罚金 / 三年以上十年以下有期徒刑，并处罚金） 2. 为境外窃取、刺探、收买、非法提供商业秘密罪	第一卷第十编：企业主之间之竞争规则 第二章第一百六十六条规定商业秘密；第一百七十二条规定损害赔偿	第七章 侵犯受保护之私人生活罪 第一百八十九条（违反秘密）未经同意，泄漏因自己之身份、工作、受雇、职业或技艺而知悉之他人秘密者，处最高一年徒刑，或科最高二百四十日罚金 第一百九十条（不当利用秘密）未经同意，利用因自己之身份、工作、受雇、职业或技艺而知悉之有关他人之商业、工业、职业或艺术等活动之秘密，而造成他人或本地区有所损失者，处最高一年徒刑，或科最高二百四十日罚金

3. 刑民不协调容易影响司法公信力、互信力

《总体方案》要求合作区定位之一是便利澳门居民生活就业的新空间。然而，民商事规则趋同对接澳门，刑事无法趋同，会让合作区澳门居民产生法律适用的刑民不协调的混乱感，会破坏合作区司法公信力、互信力。

（二）知识产权案件刑事、民事、行政审判管辖部分不统一，限制知识产权检察职能统一集中行使

实践中，由于知识产权疑难复杂专业化的特性，存在刑事、民事、行政各条业务线的不同的指定管辖、跨区域管辖。相应地，不同地区检察机关对“四大检察”的部分职能存在“名存实无”的错觉。

表 3　发生在合作区内的常见知识产权管辖（一审）

权利内容	法院	检察院
著作权及其有关权利、商业秘密（经营信息）、商标（驰名商标认定除外）	刑：合作区法 民：合作区法 行：合作区法	刑：合作区检 民：合作区检 行：合作区检
发明专利、实用新型专利、植物新品种、集成电路布图设计、商业秘密（技术秘密）、计算机软件的权属、侵权纠纷、垄断纠纷	刑：合作区法 民：广州知产法 行：广州知产法	刑：合作区检 民：广州铁检 行：广州铁检
外观设计专利、驰名商标认定	民：珠海中法 行：珠海中法	民：珠海市检 行：珠海市检
不服国务院部门作出的涉及知识产权授权确权的行政行为的。	北京知产法	北京检四分院

通过表 3 可以很清晰地看到，合作区检察院的知识产权检察保护职能实际发挥范围不同程度受限。这使得澳门居民和企业在合作区寻求知识产权检察保护时存在极大的不便捷，极容易给合作区的澳门企业和居民造成内地检察推诿不作为的局面。

（三）欠缺便捷、灵活、高效的司法协助机制、合作机制与配套的检察监督机制

1. 刑事领域协助机制欠缺，适应不了合作区建设

（1）目前内地与澳门开展刑事司法协助内容主要涉及相互通报、协助调查取证以及移交被判刑人等领域。[①] 司法实践中，主要以个案协查机制开展刑事区际协助，但这种以个案协查为主要方式的刑事司法协作没有形成规范化的常态机制，制约着刑事司法部门对跨境犯罪的打击力度。[②] 而且，根据最高检《关于进一步规范涉港澳个案协查工作的通知》，开展个案协查工作需经过最高检层级才能有效开展，也势必影响协查开展效率，不利于人权保障。（2）粤澳两地检察交流合作进展缓慢，尚未开展实质性合作。[③] 合作区检察机关身处合作区深度融合发展前沿，充分发挥战线"桥头堡"作用，创建了"检护'琴·澳'"特色党建和业务工作融合品牌，[④] 但对于实质性的与澳门检察机关合作共谋通过刑事打击犯罪保护澳门产业上，在缺少顶层设计下难有建树。

2. 民商事协助机制虽有，但散见于各规定中，且欠缺检察监督

澳门回归以来，内地与澳门特区司法协助工作有序推进，两地民商事司法协助实现全覆盖迈出了坚实步伐。[⑤] 2020 年合作区法院委托澳门送达司法文书 101 件，委托澳门调查取证 4 件。[⑥] 整体看随着合作区开发建设深入发展，合作区与澳门开展司法协助更加频繁紧密，但是通过合作区检察院的历年工作报告，均看不出检察机关在民商事协助方面开展检察监督的工作成效。

3. 行政及公益诉讼领域协助欠缺文件依据及实践探索，存在检察监督空白

由于权力结构不同带来的政府部门不同、职能不同等原因，没有最高法、最高检与澳门法检针对行政领域协助机制的正式文件，更不用说内地才刚兴起数年的公益诉讼。因此，在没有规范性文件或者先例可循的情况下，合作区检察机关对行政及公益诉讼协助方面被迫存在监督空白。

三、横琴粤澳深度合作区开展知识产权检察保护的困境破解

知识产权是横琴粤澳深度合作区建设的重要内容，必须提高政治站位，深入学习领

---

① 宋锡祥、王富世：《内地与澳门区际刑事司法协助问题新探》，载《学术交流》2019 年第 10 期。

② 黄维玉：《检察机关服务保障粤港澳大湾区建设探略》，载《珠海特区报》2020 年 4 月 13 日，第 6 版。

③ 周利人、丁莹莹：《横琴粤澳深度合作区司法衔接中的检察作为研究》，载《第十五届广东省法学会检察学研究会年会论文集》。

④ 《新时代"五好"基层院建设：珠海检察服务保障湾区建设的"隐藏技能"》，载微信公众号"广东检察"2021 年 9 月 13 日。

⑤ 《关于不断完善内地（珠海）与澳门民商事区际司法协助的几点浅显认识》，载微信公众号"叹伶仃洋"2021 年 4 月 14 日。

⑥ 《庆祝回归 共谱新篇——横琴法院立足司法职能，优化粤澳合作营商环境》，载微信公众号"横琴粤澳深度合作区人民法院"2020 年 12 月 20 日。

会《总体方案》，切实把思想和行动统一到党中央的决策部署上来，进一步增强服务保障横琴粤澳深度合作区建设的政治责任感和历史使命感。[①] 基于上文分析，笔者认为可以考虑从以下几个方面破解合作区知识产权检察保护的困境。

（一）组建专业化办案组，精准开展知识产权法律服务

合作区检察院共有46人，其中员额检察官7人，司法辅助人员8人，司法行政人员5人，合同制工作人员26人，[②] 整体规模较小，目前适合合作区检察院的是成立专业化办案组，可以抽调1名员额检察官搭配1名司法辅助人员或书记员组成“合作区检察院知识产权办案组”，专攻知识产权检察保护方向。借助中国与葡萄牙语国家检察交流合作基地，常态化组织对澳门知识产权相关法律规定的集体学习，在此基础上，和澳门大学等高校、司法执法部门合作联合开展“两地知识产权研习班”，以提高理论水平和实践技能。同时成立内地与澳门知识产权民商事、刑事原则规则梳理小组，找准找全两地民商事、刑事的原则、具体规则、法律适用的相同与差异。弄清弄透合作区可以适用澳门知识产权民商事的规则，以及两地在刑事打击犯罪的合作切入点，并加强证据收集标准、取证程序、权利告知等方面的合作，以确保合作区检察机关能够有效参与合作区创新保护工作，发挥专业化优势，不至于面对合作区内澳门企业针对两地知识产权法律差异前来咨询或寻求保护时，无法提供专业化意见。

（二）合理划分区际刑事管辖权，推动确立犯罪地为主、有效打击犯罪为辅的管辖原则

有学者认为，横琴（合作区）实行独创型司法模式，刑事司法管辖应当具有专属性，即对于发生在横琴（合作区）的各类刑事案件，实行专属司法管辖，只在特殊情形下才移交各自本土处理。[③] 笔者认为此种方式不可取，等于是“一国两制三法域”下再设置一个合作区法域，有违宪之嫌疑，且还得单独创设一系列程序法，难度可想而知。笔者认为，可以合作区为平台，坚守“一国”之本，善用“两制”之利，大胆创新，先行先试，以务实便捷可操作性出发，由中央牵头，全国人大常委会授权最高法与澳门特别行政区签署《关于横琴粤澳深度合作区与澳门特别行政区区际刑事管辖权冲突解决的意见（试行）》，对合作区与澳门的刑事管辖权划分确立以犯罪地为主、有效打击犯罪为辅的管辖原则，以便于合作区检察院开展知识产权刑事犯罪打击。

---

① 《广东省检察院党组书记、检察长林贻影莅临横琴检察院调研指导工作》，载微信公众号“横琴检察”2021年9月22日。

② 数据查询自广东省横琴粤澳深度合作区人民检察院官网：简介。

③ 梁玉霞：《横琴新区之刑事司法管辖与法律适用探索》，载《暨南学报（哲学社会科学版）》2012年第2期。

（三）调整知识产权审判管辖，适用“四检合一”模式全方位开展知识产权检察保护工作

首先，由于《总体方案》提到的发展科技研发和高端制造产业（四大支柱产业之一）中涉及知识产权的集成电路，以及必然包含的专利等，合作区法院均无民事、行政、刑事方面的管辖权，是无法满足合作区大力发展知识产权需要的，更加不便利澳门企业在合作区寻求知识产权法律保护，与《总体方案》精神相违背。因此，必须由最高法去推动审判管辖调整，将所有与合作区知识产权相关的民事、行政、刑事案件管辖权“放还”到合作区法院。如此，合作区检察院的知识产权民事、行政、刑事检察职能的对应和履行也有了正当性和“着落”。

其次，知识产权审判管辖问题解决后，合作区检察院应当紧跟上级珠海市人民检察院的步伐，学习并适用市院高新区知识产权检察室探索的“4+5”知识产权检察保护新模式，所谓“4+5”即实行知识产权领域刑事、民事、行政、公益诉讼“四检合一”和打击、监督、预防、服务、研究“五位一体”的工作模式。① “4+5”模式完全符合新格局下知识产权的检察职能综合保护。再结合上文所述的合作区检察院内部组建“合作区检察院知识产权办案组”，可与市院高新区知识产权检察室职能对应，形成上下共振的工作格局，共同发挥检察生产力、创造力。

最后，立足新时代新阶段信息化社会特点，充分运用信息化，综合分析研判合作区知识产权各类型案件疑难点、频发区域、企业知识产权管理漏洞，向科学管理要检察生产力、战斗力，切实增加检察人员自觉履职，体现知识产权检察保护特色和实效。

（四）深度开展知识产权方面的刑事协助和交流合作，形成便捷高效经济的常态化刑事协作机制

1. 探索适用合作区与澳门深度开展区际知识产权刑事协助的协议

当前，建立内地与港澳三地刑事司法协助协议已具备一些可行性基础，包括“一国两制”的政治基础、特别行政区基本法的法律基础、三地已有的民刑司法合作实践基础、三地特殊地缘关系的社会基础等。② 按照《总体方案》要求，可以充分发挥合作区实行的粤澳共商共建共管共享的新体制优势，由广东省政府与澳门特区牵头，省级司法机关与澳门司法机关共同平等协商签订适用于合作区与澳门特区深度开展区际知识产权刑事协助的协议，就有关调查取证、赃款赃物移交、联合打击跨境犯罪方面进行深入推进。

2. 建立便捷高效经济的常态化刑事协作机制

一是可以尝试简化个案协查要求审批，放权直接经广东省检线上审批同意即可开展；二是有必要利用“智慧城市技术和手段”，探索智慧化、信息化和便利化的区际刑

---

① 曾命辉、李炜娟：《构建“4+5”知识产权检察保护新模式之思考》，载《第十五届广东省法学会检察学研究会年会论文集》。

② 林贻影：《检察机关服务保障粤港澳大湾区建设的法律思考》，载《人民检察》2020 年第 16 期。

事司法协助路径；[①] 三是两地配置精通两地知识产权刑事犯罪差异的专门检察人员，在情报交流、法律法规政策通报与咨询上加强协作，以确保协作不畅通时及时沟通反馈，提出专业处理意见。

（五）注重知识产权领域普法宣传，增强司法公信力

合作区建设不是“独角戏”“单人舞”，而应是“一河两岸”携手共跳“双人舞”。[②] 要把“双人舞”跳好，必须尊重两地知识产权领域民商事、刑事规则的差异。检察机关必须相应调整法律监督方式方法。首先，通过多途径消除澳门企业和居民对知识产权民商事（适用澳门规则时）与刑事保护方式方法不协调的顾虑，防止因不了解不熟悉两地法律差异造成行为触犯刑事法律的情况；其次，合作区检察机关注重提高知识产权领域法律监督水平，做到民商事法律监督不越位，刑事精准适用，行政检察和公益诉讼检察有突破有进展，彰显检察实效，让合作区企业和居民体会到公平与正义；最后，依托“两微多端”，及时主动向社会发布和通报企业反映强烈的涉澳知识产权案件办理情况，通过定期发布知识产权典型案例，切实做到增强司法公信力，真正实现让澳门企业、居民放心、安心、顺心进入合作区开展研发创新工作和安稳定居生活。

---

① 《粤港澳大湾区区际刑事司法协助机制的完善》，载微信公众号“湾区法商研究院”2020 年 7 月 3 日。

② 武汉大学横琴粤澳深度合作区研究课题组：《横琴粤澳深度合作区创新驱动发展研究》，载《中国软科学》2021 年第 10 期。

横琴粤澳深度合作区行政检察问题研究

陈志刚　张　玲　罗伊淋　伍嘉文*

摘　要　横琴粤澳深度合作区作为实施国家战略的重要平台，必须把法治保障列入至为重要的内容。在粤澳两地规则衔接机制对接中，进行横琴粤澳深度合作区行政检察问题研究，是检察机关贯彻落实《中共中央关于加强新时代检察机关法律监督工作的意见》，履行"全面深化行政检察监督"的重要责任，更是检察机关为促进澳门经济适度多元发展新平台、便利澳门居民生活就业新空间、丰富"一国两制"实践新示范、推动粤港澳大湾区建设新高地目标如期实现的有力保障。

关键词　横琴粤澳深度合作区　行政检察　规则衔接　监督路径

一、内地与澳门检察机关行政检察履职的对比

（一）监督内容的区别

两者的共同点是都具有监督法律实施的职能，不同点有三个方面：一是内地检察机关不以行政机关的代表参与到行政诉讼中，由《行政诉讼法》第26条对行政诉讼中不同情形的"被告"作出详细规定。二是监督法院审判职能的范围不同。内地检察机关对行政裁判结果监督，对行政审判活动和审判人员违法行为监督，对行政诉讼执行监督；澳门检察院对行政审判职能的监督范围较之要窄。三是澳门检察院未具体开展行政争议实质性化解工作，但会以参与诉讼的方式在行政诉讼中检阅后提出意见建议，供法院参考，维护人民群众、社会公共利益。

（二）履职主体的区别

从检察机关和办案主体两个维度来分析。

一是两地检察机关设置的区别。（1）架构区别。内地检察机关共四级，最高检是我国最高国家检察机关，下设32个省级检察院，全国市县级检察院约3600个，每一个检

---

* 陈志刚，广东省横琴粤澳深度合作区人民检察院党组副书记、副检察长；张玲，广东省珠海市人民检察院第五检察部副主任、一级检察官；罗伊淋，广东省珠海市人民检察院案件管理室副主任、二级检察官；伍嘉文，广东省横琴粤澳深度合作区人民检察院检察官助理。

察院根据自身情况设立行政检察部门或者办案团队。澳门检察架构是整个特区仅一个检察院，即“一院建制、三级派任”，共五个派驻法院办事处。据2021年相关工作统计，内地四级检察机关通过各种方式提起行政检察监督约4.8万件，开展行政争议实质性化解9100件；澳门检察院驻行政法院办事处新收案件134件。（2）地位区别。内地检察机关接受同级人大及上级检察机关的监督和领导，与政府、法院形成“一府两院”的体系，澳门检察院与澳门行政长官、立法会和法院地位是平行的。（3）专门检察机关区别。澳门检察院驻行政法院办事处负责参与行政、税务和关务的诉讼案件，驻终审及中级法院办事处未设置独立部门或专门办案团队；最高检行政检察厅负责指导全国检察机关办理行政检察业务，省市县三级检察机关根据业务开展情况有条件设置行政检察内设机构，但未设立专门行使行政检察职能的独立检察院。

二是办案主体的区别。（1）称呼的区别。澳门地区适用《司法官通则》，检察官和法官统称为司法官；内地司法机关未使用“司法官”。（2）主任检察官的内涵区别。最高检《关于完善人民检察院司法责任制的若干意见》第4条规定健全检察机关办案组织形式，内地检察机关实行独任检察官或检察官办案组，主任检察官是检察官办案组的负责人，承担案件的组织、指挥、协调以及对办案组成员的管理等工作，在职权范围内对办案事项作出处理决定或提出处理意见，所有检察业务均可采用办案组形式。澳门检察院的主任检察官基本不从事行政检察业务，根据《司法组织纲要法》第64条规定，“除上条规定外，主任检察官同时负责协调检察官处理属合议庭管辖权的案件和维持检察院驻第一审法院办事处的专责小组及刑事诉讼办事处的专责小组的良好运作”。（3）检察官职级的区别。澳门检察院司法官职级分别为检察官、助理检察长、检察长，《司法官通则》第8条、第9条规定，“检察院司法官具等级从属关系”“等级系指下级司法官依据本法规定从属于上级司法官，前者因而有义务遵守所接获的指示”。因此，“检察长有权向全部的助理检察长和检察官发出一般或特定的工作指示，助理检察长在征得检察长同意下也可向检察官发出具体的工作指示”。[①] 内地检察机关在司法责任制改革后，实行检察官办案责任制，强调检察官可对其职权范围内直接对案件作出决定，但同时，根据《中华人民共和国检察官法》第9条，“检察官在检察长领导下开展工作，重大办案事项由检察长决定”。

（三）管辖的区别

一是管辖范围。澳门行政诉讼的一审管辖是广义的，既包括基本法专门设立的行政法院管辖一审案件，也包括中级法院及终审法院享有不同范围之行政诉讼管辖权，比如局级以上的可诉行政行为，由中级法院一审管辖，行政法院无权受理。内地检察机关行政诉讼监督以层级对应管辖为主，主要看监督对象或者被监督主体的级别，一般原则为人民法院所在地同级人民检察院负责监督。

---

① 何超明：《澳门司法检察制度的改革与创新》，载《人民检察》2014年第2期。

二是集中管辖。澳门检察院驻行政法院办事处专门负责相关行政诉讼业务。内地检察机关对行政诉讼监督实行集中管辖，但同时允许多种灵活办案方式。最高检制定《关于做好行政诉讼监督与人民法院跨行政区域集中管辖行政案件衔接工作的意见》，确立“以对应监督管辖为原则，以有利于行政争议实质性化解指定管辖为补充”，并且可根据案件具体情况灵活运用交办、提办等方式，上级检察院可统一调动辖区内办案力量组成临时办案组织。以珠三角为例，深圳市中级人民法院成立内地首家行政审判中心，实行行政案件集中管辖，并率先探索将部分涉港澳行政案件交由基层法院管辖。[①] 珠海市中级人民法院发布《关于实施行政案件全面集中管辖的公告》，从 2017 年 7 月 1 日起珠海市基层法院对行政案件实施全面集中管辖，由金湾区人民法院对全市的一审行政诉讼案件和行政非诉案件进行集中审理和执行。

（四）监督手段的区别

一是内地行政检察的监督方式多样化，检察机关根据《行政诉讼法》《行政诉讼监督规则》等规定，以提出抗诉、发出再审检察建议、提出检察建议、制作行政诉讼监督年度报告和专项监督活动等履行行政检察监督职能。在开展行政争议实质性化解工作上，还可探索运用多种手法化解争议。二是澳门检察院主要以参加行政诉讼的方式，以提出撤销违法行政行为或宣布行为无效的诉求，没有建立检察建议工作相关制度。

二、合作区行政诉讼情况

（一）合作区行政诉讼基本情况

横琴合作区法院管辖合作区行政诉讼案件、行政赔偿案件（不包括司法赔偿案件）和行政非诉案件（包括审查及执行工作）的第一审案件。横琴合作区法院自揭牌以来，截至 2022 年 6 月 30 日，横琴合作区法院共受理各类行政诉讼案件 12 件（结案 5 件，分别为判决 1 件、裁定移送管辖 1 件、撤诉 3 件），行政非诉执行案件 12 件（执结 11 件），行政赔偿案件 0 件（具体数据见表 1）。

表 1　横琴合作区法院受理行政诉讼案件[②]

案件类型	受理数	结案数	办结率	案件分类				
				不服罚款	不服不履行法定职责	不服政府信息公开	不服工商登记	不服征缴税款
行政诉讼	12	5	41.67%	2	5	1	3	1
行政非诉	12	11	91.67%	/				
行政赔偿	0	/						

① 参见《人民法院服务和保障粤港澳大湾区建设情况报告（2019—2022）》。

② 表格数据来源于横琴合作区法院，时间截止于 2022 年 6 月 30 日。

（二）行政诉讼被告资格认定

经调研，在横琴合作区法院受理的行政诉讼案件中，对于行政诉讼被告资格的认定遵循的基本原则为“谁有执法证，谁就是执法主体，也就是被告”，换言之，谁有行政处罚权，谁就具备行政诉讼案件的被告资格。上述原则符合法理，即行政诉讼被告具有合法的行政权力、以自己名义实施职权、具备承担责任的能力三个要素。在合作区特有的“大部制”体制下，行政管理与行政执法分离，合作区综合行政执法职能大部分归属于横琴粤澳深度合作区SS局。因此，现阶段合作区行政诉讼案件的被告以及行政非诉强制执行的申请人均为该局。

（三）救济方式

目前，诉讼当事人不服合作区行政诉讼判决或行政执行的，可通过以下途径进行救济。

1. 上诉或提起再审

当事人不服横琴合作区法院第一审行政诉讼判决（裁定）的，可以在判决书送达之日起十五日内（裁定为十日内）向珠海市中级人民法院提起上诉。

当事人对已经发生法律效力的横琴合作区法院行政诉讼判决、裁定，认为确有错误的，可以向珠海市中级人民法院申请再审，但判决、裁定不停止执行。

2. 法院内部纠错

横琴合作区法院设有督察室和审判管理办公室，对审判和执行活动进行内部监督。内部监督既可以由当事人投诉举报启动，也可以是法院发现违法违规情形后自行启动。

横琴合作区法院院长对本院已经发生法律效力的行政判决、裁定，发现有《行政诉讼法》第91条规定[①]情形之一，或者发现调解违反自愿原则或者调解书内容违法，认为需要再审的，应当提交审判委员会讨论决定。上级法院发现有前述情形，有权提审或者指令再审。

3. 检察院法律监督

横琴合作区检察院对横琴合作区法院已经发生法律效力的行政判决、裁定，发现有《行政诉讼法》第91条规定情形之一，或者发现调解书损害国家利益、社会公共利益的，可以向横琴合作区人民法院提出检察建议；也可以提请珠海市人民检察院向珠海市中级人民法院提出抗诉。

横琴合作区检察院对行政诉讼审判监督程序以外的其他审判程序中审判人员的违法

---

① 《中华人民共和国行政诉讼法》第91条规定：“当事人的申请符合下列情形之一的，人民法院应当再审：（一）不予立案或者驳回起诉确有错误的；（二）有新的证据，足以推翻原判决、裁定的；（三）原判决、裁定认定事实的主要证据不足、未经质证或者系伪造的；（四）原判决、裁定适用法律、法规确有错误的；（五）违反法律规定的诉讼程序，可能影响公正审判的；（六）原判决、裁定遗漏诉讼请求的；（七）据以作出原判决、裁定的法律文书被撤销或者变更的；（八）审判人员在审理该案件时有贪污受贿、徇私舞弊、枉法裁判行为的。”

行为，也可以向横琴合作区法院提出检察建议。

三、合作区行政检察监督困境

（一）法律适用困境

现阶段合作区主要适用属地法律。《总体方案》第26条也明确提出，充分发挥“一国两制”制度优势，在遵循宪法和澳门特别行政区基本法的前提下，逐步构建民商事规则衔接澳门、接轨国际的制度体系。研究制定合作区条例，为合作区长远发展提供制度保障。合作区检察机关由于其独特的政策背景和地理位置，能够在适用我国内地的行政诉讼活动中发挥监督作用，但是在未来合作区民商事规则衔接过程中，作为行政权力运行的法律依据或规章制度，也必然与内地行政行为不一样，如果适用澳门的规则（如行政审批、行政许可、行政处罚、行政强制等方面），如何监督澳门行政法律执行和实施缺少合作区立法依据？另外，珠海作为经济特区和合作区的“双重”坐落地，具有设区市的立法权和由全国人大授予并经《立法法》确认的经济特区立法权，也是《总体方案》中强调要“用足用好珠海经济特区的有利因素”之一。期待通过特区立法解决与澳门规则衔接的行政监督依据问题，但立法需要一定的时间。

根据《总体方案》，省委和省政府派出机构抓好党的建设、国家安全、刑事司法、社会治安等工作。前述四项属地管理职能里的“刑事司法”涉及刑事检察职能，但并没有提及另外的民事、行政、公益诉讼三大检察职能。

（二）监督形式困境

如本文第一部分所述，澳门检察院体现“行政检察”职能的形式除了以原告提起行政诉讼，制作意见书或作为代理人等方式参与行政诉讼，以及监督行政诉讼审判活动之外，还包括针对政府各级行政官员的行政行为提起司法上诉，就行政法规的规范违法提起争议等。

与之不同，内地检察机关除了行政诉讼监督外，同样可以对行政机关违法行为进行监督，只是监督方式与澳门不一样。内地检察机关仅能通过制发检察建议或者纠正违法通知书等方式督促行政机关纠正，此外，内地检察机关还可以开展行政争议实质性化解工作。但澳门检察机关针对行政机关的违法行为可以通过直接提起诉讼的方式进行监督。

通过对比可见，澳门检察机关与内地检察机关的行政检察职能“有同也有异”，在不同的法律规定的情况下，如何“求同存异”，促进形成监督共识也是目前合作区行政检察实际工作中遇到的困境。

（三）履职局限困境

由于合作区执委会及其9个下设机构，功能定位较为特殊，严格意义上并不完全等同于内地的行使行政管理权限的行政职能部门，且目前这些机构具体、细致的职能划分规定尚未最终明确，在繁杂的行政管理中容易出现履职交叉或缺位空白的情况，横琴合作区检察院在履行行政检察监督职能时，能否依据科学、正确的履职标准，作出是否履职的判断将直接关系到行政检察案件的走向。此外，澳方依据法律规定履行监管执法职责，按照权责统一的原则承担相应责任，其中体现的行政执法理念之一是“尽职免责”，即发生责任事故后，责任人应当承担法律责任，但由于相关责任人已在职责范围内做出并做好应做的事，可以部分或全部免除其法律责任，也就是不实际承担法律责任，以维护行政机关及行政执法人员的合法权益。要保证尽职免责机制发挥积极作用，防止跑偏，必须全面理解、准确界定含义，不能简单理解为免除全部责任，而应根据履职尽责的情况，综合分析主客观因素、方式方法、后果与损失之间的因果关系等情况，确保在法律范围内得到有效规范。因此，如何更好更合适地监督，合作区执委会职能部门需要上级进一步明确。

合作区行政机关机构人员配置尚未齐备。前期，横琴合作区检察院走访了合作区执委会下设的一些机构，专题围绕合作区检察机关未来如何履行法律监督职责开展调研。了解到：一是执委会内设机构人员尚未完全配备到位，工作处于起步阶段，尚未完全开展。二是人员身份问题。按照《总体方案》要求，到2024年澳门回归祖国25周年时，合作区琴澳一体化发展格局初步建立。未来三年过渡期内，合作区执委会内地公职人员身份可能会改变为聘任制，是否具备我国内地行政执法主体资格也是需要考虑的问题。

根据工作规定，地方各级检察院办理的案件需请香港、澳门检察院及有关部门协助的，需由所在省、自治区、直辖市检察院报最高检审批。派员赴港、澳时，还需持最高检批件在当地外事部门办理赴港、澳通行证。根据最高检批复，横琴合作区检察院作为广东省检察院的派出机构，行使基层检察院职权。因此，横琴合作区检察院在与澳门检察院的沟通对接上还需层报最高检，存在审批手续烦琐、耗时长等实际问题，一定程度上影响和制约了粤港澳司法协助交流的正常开展，不利于沟通对接常态化、长效化机制的建立。

（四）后续救济困境

目前，横琴纪检监察工委尚未正式挂牌，日常工作由横琴粤澳深度合作区纪检监察机构筹备组负责，如立案侦查需由省纪委监委授权，不利于工作及时开展，存在一定的局限性。此外，合作区管理委员会目前也未设置专门的纪检监察或审计部门，横琴纪检监察工委能否直接监督执委会及其机构也尚未进行明确规定，亟须规范。

在合作区特有的“大部制”下，因机构精简、职能“多合一”，合作区的职能部门与其他政府机构往往有所区别，不是完全的一一对应，行政相对人如何向上一级行政机关申请行政复议进行有效监督救济，也是现实存在的救济困境。

由于合作区行政主体地位并不属于一级政府，可能不再成立合作区人大及其常委会作为权力监督机关，且现有横琴镇人大因为层级不对等，也无法对合作区进行监督。另外，横琴镇目前在办理撤销审批手续，横琴镇撤销后，镇人大也会随之撤销。人大对合作区权力运行的监督和制约的问题也需关注。

四、合作区行政检察监督路径

（一）前期，以学习调研澳门检察机关履职规则为基础，尝试建立粤澳两地挂职锻炼制度，稳步打开合作区行政检察工作局面

通过研究两地检察机关在检察履职方面的现状，分析内地和澳门检察如何开展行政检察监督工作，我们发现两地检察机关在行政检察工作方面监督内容不同、监督主体不同、监督手段也不同。澳门检察机关根据《司法组织纲要法》、澳门《行政诉讼法典》相关规定，参与行政诉讼主要有四种方式：一是依法监督行政案件的审判程序；二是当利害关系人针对政府提起行政诉讼时，在维护合法性的前提下为政府辩护；三是以违反合法性为理由，针对政府各级行政官员的行政行为提起司法上诉，要求法院撤销行政行为或宣告无效；四是以从属方式参与到行政诉讼中，通过对卷宗检阅的方式进行意见发表和提出建议。由此可见，相较于内地开展行政检察工作的方式而言，澳门检察机关在监督法院行政审判和行政机关依法履职方面，角色更多元，方式也更能体现“监督”与“支持”。鉴于合作区行政管理和执法对象中有许多涉澳企业和公民，如何保护涉澳企业和公民的合法权益是我们需要思考和研究的。

由此，本文认为首先要加强学习调研澳门检察机关的履职规则与方式，可尝试与澳门检察机关、各大高校开展合作，成立行政检察研学基地，一是定期邀请两地行政法领域的学者进行讲授，提高理论知识储备；二是建立粤澳两地挂职锻炼制度，定期选派检察人员进行短期交流任职，以特聘检察官助理的身份参与两地检察机关实际办案，为合作区行政检察工作的开展提供实践数据及反馈；三是借力合作区涉外公共法律服务中心的“外脑”，邀请澳门法律专家对合作区行政检察案件进行研判分析，为合作区行政检察工作的精准监督提供支持。

（二）中期，以尊重珠澳两地行政权运行规律和程序为准则，逐步尝试在重点领域开展监督工作

由前文数据可知，合作区各工作机构已有效行使行政权并作出相应行政决定，行政相对人认为行政决定违法之时，通过提起行政诉讼来进行权利救济，行政相对人没有履行法定义务之时，没有强制执行权的行政机关可申请人民法院强制执行。有权利就有救济，有权利就有监督，合作区行政检察可以此为切入点，在重点行政领域开展行政违法行为监督。近一年来，横琴合作区检察院聚焦合作区农民工拖欠薪、问题楼盘等社会治理、执法司法难点堵点问题，尝试办理了一批行政违法行为检察监督类案，在助推合作区治理体系和治理能力现代化方面起到了有效作用。

1. 农民工欠薪行政违法行为检察监督类案

2022 年 3 月，针对合作区内群众投诉反映强烈的有关建筑领域拖欠薪问题开展行

政检察监督。经进一步调查核实，并与有关职能部门进行座谈交流、调阅相关资料及询问相关当事人等，发现农民工欠薪问题在工程建设领域较为突出，涉及的人数多、金额大，引发的欠薪纠纷和信访成为影响劳动关系和谐稳定的突出因素。针对核查出来的某些建筑工程存在违法分发包、未按规定设立和使用农民工工资专用账户、未落实用工实名制和开展安全生产培训等问题，建设职能部门对建筑工程及建筑工人等具有法定的监管职责。为进一步强化履行建筑工程行业监督管理责任，规范合作区建筑市场秩序，横琴合作区检察院行政检察办案组坚持以服务大局为导向，以双赢多赢共赢理念为引领，向合作区建设职能部门发出《检察意见函》，面对面与其共商解决措施，强化源头治理，凝聚协作合力，取得良好效果。

2. 问题楼盘行政违法行为检察监督类案

当前合作区建设开局中面临商办楼盘问题突出的境况，并由此引发一系列信访矛盾纠纷和社会风险隐患。商办项目“类住宅”化，不仅影响城市规划和公共服务设施基本功能，导致社会公平缺失，更可能引发开发企业违规销售、虚假宣传、误导购房者等现象，冲击房地产市场，影响房地产政策的有效执行。横琴合作区检察院在参加合作区商办楼盘项目治理工作领导小组会议中发现问题线索，合作区有较多商办项目未按照建设工程规划许可，擅自违法加建给排水管道及烟道等设施，严重影响城市规划，给合作区发展带来了不良影响。横琴合作区检察院行政检察办案组精准围绕合作区当下问题楼盘现象，通过调取相关执法材料、前往楼盘实地查看等方式，发现行政执法不及时、执法效果不佳等问题，随后及时启动行政违法行为监督立案调查工作，向合作区执法职能部门制发《检察建议函》，有效促进了问题楼盘整治工作。

（三）后期探究针对行政机关某些特定的违法行为直接提起行政诉讼的可能性，逐步构建合作行政检察多元监督新模式

通过解读《总体方案》的内容可知，国家鼓励在合作区“解放思想、改革创新”，但前提是“坚持‘一国两制’、依法办事”，国家不仅要组建合作区管理委员会，履行合作区的国际推介、招商引资、产业导入、土地开发、项目建设、民生管理等职能，还成立省委和省政府派出机构，履行好属地管理职能，积极主动配合合作区管理和执行机构推进合作区开发建设。因此，合作区行政检察工作的开展可以紧紧围绕横琴合作区法院行政审判执行（含非诉、行政赔偿）、执委会机构、省委和省政府派出机构的行政权运行来开展监督，构建合作区行政检察多元监督新模式。

本文认为，一方面，可以加强两地检察机关构建合力监督模式，依法纠正大湾区建设中的行政不作为、乱作为等问题，促进合作区治理能力现代化。如两地检察机关在办理刑事、民事、控告等案中发现合作区职能部门履责缺位时，可将线索移送合作区行政检察办案团队，共同剖析案件反映出的倾向性问题和管理漏洞，及时发出堵漏建制的社会治理检察建议，或结合澳门检察机关开展监督的方式，探索针对行政机关某些特定的违法行为直接提起行政诉讼的可能性，以依法监督的“我管”促进职能部门依法履职

的“都管”。另一方面，还可以充分运用案件专题分析方式，以“检察之治”助力合作区“社会之治”。《行政诉讼监督规则》第121条规定：“人民检察院办理行政诉讼监督案件，可以对行政诉讼监督情况进行年度或者专题分析，向人民法院、行政机关通报，向党委、人大报告。”在面临众多困境之下，我们可以将专题分析报告作为合作区行政检察参与推动合作区治理现代化、法治化的重要抓手，针对办案中发现的行业监管缺失问题，同时制发兼具刚性、精准性和可操作性的专题分析报告，将检察监督办案职能向社会治理领域延伸，助推合作区行政管理建立长效机制，填补制度管理上的漏洞，达到“办理一案、治理一片”的社会治理效果。

检察建议实体化运作模式探索
——以H区检察院类案监督模式为切入点

韩　平　史月迎*

摘　要　在我国的监督体系中，检察机关的法律监督以手段的专门性、对象的特定性、效果的法定性，一直发挥着独特作用。2018年10月26日，第十三届全国人民代表大会常务委员会第六次会议修订《中华人民共和国人民检察院组织法》，首次将“检察建议”与“抗诉”“纠正意见”并列为人民检察院行使法律监督职权的重要手段。检察建议，作为检察机关履行法律监督职能的重要手段，在国家和社会治理体系中发挥着越来越重要的作用。本文的目的，就在于试图寻找一种充分发挥检察建议“柔中带刚”的监督特性的路径，进而将“在办案中监督，在监督中办案”的要求落到实处，最终使得法律监督具有实体化运作的意义。

关键词　检察建议　类案监督　实体化运作

一、新时代检察建议的制度价值与制度困境

（一）新时代检察建议的制度价值

“检察建议”最早是以一般监督的形式出现于1954年《中华人民共和国人民检察院组织法》。① 2012年全国人大常委会修订民事诉讼法，在法律监督章节中增设“检察建议”制度，这是“检察建议”在国家法律层面的首次出现。② 2018年，全国检察机关

---

* 韩平，广东省横琴粤澳深度合作区人民检察院副检察长；史月迎，广东省横琴粤澳深度合作区人民检察院检察官。

① 1995年《中华人民共和国检察官法》第33条关于奖励检察官提出检察建议的规定，肯定了检察建议是检察机关履行法律监督的方式；2001年最高人民检察院《关于刑事抗诉工作的若干意见》和《人民检察院民事行政抗诉案件办案规则》将检察建议确立为诉讼监督的方式；2009年《人民检察院检察建议工作规定（试行）》，将检察建议作为参与社会治安综合治理、预防和减少违法犯罪的延伸性工作方式；2012年修订的《民事诉讼法》和2014年修订的《行政诉讼法》在审判监督程序中增加规定了检察建议，正式从立法上将其确立为检察机关履行诉讼监督职责的方式。参见高琳：《做好法律监督“守夜人”让检察建议发挥更好的作用》，载《人民法治》2019年第6期。

② 《历史回顾：从无到有的“检察建议”》，载民主与法制网2019年5月22日。

共提出各类检察建议252966件，相关单位已采纳208438件，采纳率82.40%。[①] 检察建议作为检察机关履行法律监督职能、参与社会治理的重要手段，已存在于检察工作的方方面面。2018年10月26日，第十三届全国人民代表大会常务委员会第六次会议修订《中华人民共和国人民检察院组织法》，将“检察建议”与“抗诉”“纠正意见”并列为人民检察院行使法律监督职权的重要手段，并明确规定对人民检察院依法提出的检察建议，有关单位应当予以配合，并及时将采纳检察建议的情况进行书面回复。2018年10月，最高人民检察院发出“一号检察建议”。这是最高人民检察院历史上的第一份检察建议。最高人民检察院在认真分析办理的性侵幼儿园儿童、中小学生犯罪案件基础上，针对校园安全管理规定执行不严格、教职员工队伍管理不到位，以及儿童和学生法治教育、预防性侵害教育缺位等问题向教育部提出检察建议。

“从无到有”“从弱到强”的历史飞跃，彰显出检察建议在新时代全面深化依法治国实践的背景下，在国家监察体制改革、司法体制改革、诉讼制度改革的改革叠加期，在检察机关法律监督总体布局中所具有的独特生命力。有效提升检察建议监督刚性，将检察建议落到实处成为全国检察系统亟须解决的命题。

（二）检察建议的制度困境

2019年2月26日，最高人民检察院发布《人民检察院检察建议工作规定》（以下简称《规定》），进一步加强和规范检察建议工作，提升检察建议的质量和实效，以期适应人民检察院组织法赋予检察建议的新功能和新要求。《规定》共五章32条，八方面内容：明确了检察建议性质、制定了制发原则，限定了检察建议的类型及适用范围，强调对检察建议事项应当进行调查核实，规范检察建议制发程序，为提升检察建议的刚性提供制度保障及尊重被建议单位的异议权，完善内部监督。《规定》的出台，回应了长久以来被理论界与实务界反复诟病的检察建议适用范围不清，定位不清晰，制发和管理不规范，存在重数量轻质量等问题。但《规定》是否能解决检察建议刚性不足问题值得探讨。

检察建议要具备刚性，一是必须提高质量，注重专业性；二是要有协调落实的方式方法，其中做成刚性是做到刚性的前提条件。相应地，《规定》第三章在提高检察建议刚性的措施方面也分为“调查办理”和“督促落实”。以提高质量“调查办理”部分为例，第13条、14条、15条规定检察建议发出前应“调查核实，做到事实清楚、准确”

① 于潇:《2018年全国检察机关制发检察建议252966件》，载最高人民检察院官网2019年2月26日。

及调查核实的方法、时限；[①] 第16条、17条规定检察建议书应“明确具体、说理充分、论证严谨、语言简洁、有操作性”。[②] 可见，关于本部分的条文多为原则性要求和程序性规定，对于用何种方式开展检察建议、在哪种监督模式下发挥检察建议的功效、检察建议的量化评价机制如何实现等问题未有明确的规定，这些问题的思考关系着是否能够从根本上解决检察建议刚性不足、切实提高检察建议质量。

认识论告诉我们，人的思维是至上性的，同时又是非至上性的。恩格斯对此作了精辟的论述，他指出：“一方面，人的思维的性质必然被看作是绝对的；另一方面，人的思维又是在完全有限地思维着的个人中实现的。这个矛盾只有在无限的前进过程中，在至少对我们来说实际上是无止境的人类世代更迭中才能得到解释。”[③] 笔者认为，恩格斯对思维的论述，揭示了思维的“点性”与思维的“线性”。点性思维，对事物的认识是一个孤立的、静止的、局限的；而线性思维，对事物的认识则是动态的、连续的、无限前进的。当然，点性思维是线性思维的基础，线性思维不能脱离于点性思维独立存在。

但在司法实践中，过多运用“点性”监督即个案监督，不重视“线性”监督即类案监督，是造成检察建议刚性不足、质效不高的重要原因。具体表现如下：一是个案监督下的检察建议缺乏制度评价的量化评价机制。粗放型监督模式导致检察建议的监督效率低。粗放型经济增长方式是指主要依靠增加生产要素的投入来实现增长，成本高，产量低。每一个案件都有其特定的时空性，是具体的，其侦查活动也具有独特性，不可复制性。“个案”监督模式局限于个案的时空性，往往容易“一叶障目”，监

---

①《人民检察院检察建议工作规定》第13条规定：“检察官在履行职责中发现有应当依照本规定提出检察建议情形的，应当报经检察长决定，对相关事项进行调查核实，做到事实清楚、准确。”第14条规定：“检察官可以采取以下措施进行调查核实：（一）查询、调取、复制相关证据材料；（二）向当事人、有关知情人员或者其他相关人员了解情况；（三）听取被建议单位意见；（四）咨询专业人员、相关部门或者行业协会等对专门问题的意见；（五）委托鉴定、评估、审计；（六）现场走访、查验；（七）查明事实所需要采取的其他措施。进行调查核实，不得采取限制人身自由和查封、扣押、冻结财产等强制性措施。”第15条规定：“检察官一般应当在检察长作出决定后两个月以内完成检察建议事项的调查核实。情况紧急的，应当及时办结。检察官调查核实完毕，应当制作调查终结报告，写明调查过程和认定的事实与证据，提出处理意见。认为需要提出检察建议的，应当起草检察建议书，一并报送检察长，由检察长或者检察委员会讨论决定是否提出检察建议。经调查核实，查明相关单位不存在需要纠正或者整改的违法事实或者重大隐患，决定不提出检察建议的，检察官应当将调查终结报告连同相关材料订卷存档。”

②《人民检察院检察建议工作规定》第16条规定：“检察建议书要阐明相关的事实和依据，提出的建议应当符合法律、法规及其他有关规定，明确具体、说理充分、论证严谨、语言简洁、有操作性。检察建议书一般包括以下内容：（一）案件或者问题的来源；（二）依法认定的案件事实或者经调查核实的事实及其证据；（三）存在的违法情形或者应当消除的隐患；（四）建议的具体内容及所依据的法律、法规和有关文件等的规定；（五）被建议单位提出异议的期限；（六）被建议单位书面回复落实情况的期限；（七）其他需要说明的事项。”第17条规定：“检察官依据本规定第十一条的规定起草的检察建议书，报送检察长前，应当送本院负责法律政策研究的部门对检察建议的必要性、合法性、说理性等进行审核。检察建议书正式发出前，可以征求被建议单位的意见。”

③ 罗庞德：《通过法律的社会控制、法律的任务》，商务印书馆1984年版，第75页。

督效率低。类案监督的视角能够使检察监督脱离时空的束缚，使各具特色的类案组成类型基本相同的类案，通过数据对比分析、利用量化评价模式，能很快发现侦查活动存在的违法情况，进而为实现制度再生打下坚实的量化基础。二是个案监督下的检察建议缺乏制度再生的宏观视野。就案论案的监督模式导致检察建议的影响力小，个案监督是一切监督的基础，但就案论案的监督方式将眼光局限于具体个案，“头痛医头，脚痛医脚”，指出的问题缺乏普适性，对原因的分析也多用“意识不强”“制度不完善”“责任心不高”等概括性、模糊性的语言，很难发现问题背后的深层次原因，提出的对策措施也缺乏针对性与可操作性。三是个案监督下的检察建议缺乏制度再生的动态活力。孤立静态的监督模式导致检察建议的预防效果弱，个案监督的视角必然造成监督的静态化，这种“纠正问题”式的事后监督，无法破解侦查“不作为”的监督难题。再加之检察建议与生俱来的“建议”柔性，违法成本低，威慑力不足，难以实现一般预防的目的。

二、检察建议实体化运作模式——类案监督模式的路径优势

从检察机关法律监督机关的定位看，其监督性质与人民代表大会的“一般监督”，监察委员会的“对人监督”不同，具有专门性、具体性和专业性，主要侧重从办理刑事案件的角度对国家机关和国家工作人员是否依法行使职权进行法律监督，其主要职责在于监督法律实施，维护国家法制的统一。[①] 检察机关作为法律监督机关的性质决定其所行使的法律监督职能不能脱离案件的办理。根据法律规定，检察机关的法律监督方式主要有三种：抗诉、纠正意见及检察建议。[②] 显而易见，“抗诉”及“纠正意见”的监督方式针对性强，注重结论性评判，更像是教师在批改学生的试卷，是对具体案件提出的纠错性监督，个案特征明显，缺乏普适性。而“检察建议”具有“建议”属性，相较于前两者在监督刚性上略显不足，但却能够将今后的“纠错对象”转化为当前的“建议对象”。检察建议这种具有自身特色的法律监督形式，与类案监督这种监督路径或方法具有天然的内容与形式的契合度，是深化新时代法律监督价值的最好的“试验田”，两者的紧密融合，有效将“头痛医头”的个案监督变成“标本兼治”的类案监督，充分发挥杠杆作用，扩大检察监督实效。

（一）有利于锻造精细化监督模式

个案监督的视角使检察机关的监督受时空束缚明显，且多局限于个案案卷材料，由于缺乏对照样本，无法通过“对比”分析问题及原因，缺乏深入的调查核实和调研论证基础，造成监督关注点停留于表面、监督效率低等问题。类案监督模式下的检察建议

---

① 陈瑞华：《论检察机关的法律职能》，载《中外刑事法前沿》2018 年第 1 期。

② 《人民检察院组织法》第 21 条规定：“人民检察院行使本法第二十条规定的法律监督职权，可以进行调查核实，并依法提出抗诉、纠正意见、检察建议。”

监督，一方面得益于研究样本数据量大，监督时效性长，涉及面广，能够精准地发现问题；另一方面得益于以业务实践经验和大数据为支撑，提出的解决建议于法有据、合情合理，可行性、操作性强。类案监督模式助推检察建议在说理性和可行性上实现质的飞跃，就是将检察建议“做成刚性”。

同时，由于类案监督模式下的检察建议着眼于解决一个方面、一个领域、一个时期执法司法管理工作，说理性和可行性有较大提升，影响力大。检察机关适用新出台的《人民检察院检察建议工作规定》第18条规定的“宣告送达”底气更足，邀请人大代表、政协委员或者特约检察员、人民监督员等第三方人员参加效果更好。必要时还可适用第20条“涉及事项社会影响大、群众关注度高、违法情形具有典型性、所涉问题应当引起有关部门重视的检察建议书”的规定，将检察建议抄送同级党委、人大、政府、纪检监察机关或者被建议单位的上级机关、行政主管部门以及行业自律组织等，就是将检察建议“做到刚性”。

（二）有利于创设动态监督体系

法，作为社会关系的调整器，其统一正确实施，有赖于执法者在执法过程中不断通过问题的发现和解决来实现，其过程是动态发展的。以刑事法律为例，其调整的社会关系是一种基于犯罪构成与刑事责任而形成的权利义务关系。刑事法律关系的不断变化，集中体现于各类新型犯罪的不断涌现，使得刑事侦查、起诉、审判工作面临新挑战。作为法律监督机关，检察机关的监督工作也处于不断发展变化之中，只有创设动态监督体系，才能与时俱进。

个案监督，是对已经完结的个案事项的监督，监督对象的完结状态，决定了监督工作的静止状态，具有天然的滞后性。而类案监督模式下的检察建议，其监督对象是一类案件，监督对象“数据库”的不断变化，决定了其在监督个案的基础上，能够及时发现趋向性问题，掌握发展的动向，实现监督体系的“新陈代谢”，化静态为动态，具有强劲生命力。

（三）有利于集成监督云数据，检察建议走上“快车道”

2015年12月16日，侦查活动监督平台正式在广东省上线运行，平台对每个侦查监督项目按照违法违规严重性等因素赋予0.1至1不等的分值，分值越高，违法违规程度越高，该平台覆盖了以往以口头纠正为主的轻微违法情形至须发出《纠正违法通知书》的严重违法情形。[1] 平台的上线运行标志着检察机关法律监督工作与信息化运用大趋势的融合已经展开，奠定了类案监督模式下检察建议监督“云数据”的基础。

类案监督模式下的检察建议监督“云数据”，强调“类案属性”，由各级检察机关

---

① 《广东：依托侦查活动监督平台加强法律监督》，载最高人民检察院官网，https：//www.spp.gov.on//dfjcdt/201701/t20170109-177883.shtml。

根据本地检察工作办理情况及案件类型，细分监督事项，实现“精细化”监督。“精细化”一词多用于管理学，“精细化管理”强调落实责任。以各地检察工作实际为基础的检察监督“云数据”，通过“类案监督”模式实现个性化定制，将规范化与精细化相结合。同时，通过细分监督事项，运用一个时期的类案数据，科学反映案件侦查人员工作态度与水平，落实责任，提升监督效率。这种“精耕细作”的检察建议监督模式，能够助推检察建议质效提升，走上监督“快车道”。

（四）有利于打造监督与被监督者的共赢格局

监督者与被监督者的关系是对立统一的。监督，通俗地讲，就是在“挑错”，是对被监督者行为的不认可，其对立关系不言自明。两者关系的统一，则体现在其目的的一致性。具体到法律监督工作，监督者与被监督者的终极目标均是“保障宪法法律的统一正确实施”①，只有认识到这一点，才能形成监督与被监督者的良性互动。以检察机关对侦查机关的监督为例。典型意义上的控辩审刑事诉讼构造决定了侦查机关与检察机关共同构成刑事诉讼的“大控方”，这种“大控方”的刑事诉讼格局，在“以审判为中心”的刑事诉讼制度改革背景下更加明晰。从监督者检察机关的角度看，侦查质量无疑是公诉质量的生命线，侦查、取证问题最终都可能转化成公诉问题。② 从被监督者侦查机关的角度来看，“以审判为中心”的诉讼制度改革无疑对其取证行为的合法性提出了更高的要求。因此，检察机关与侦查机关虽然是监督与被监督的关系，但进一步提升办案质量，维护国家法律权威，是侦查机关与检察机关的共同目标。只有在监督工作中，充分体现两者的目标一致性，才能较少对立，打造共赢格局。

检察机关法律监督职能的定位，决定其监督离不开案件的办理。“抗诉”及“纠正意见”对个案的纠错式监督，容易凸显监督关系中的对立面。而类案监督模式下的“检察建议”，不再简单追求对监督对象的否定性评价，而更多地着眼于如何有效利用“类案”大数据，发现多发性、普遍性的问题。这种监督模式能够倒逼检察机关换位思考，从被监督者的角度深入分析论证，查找问题原因，提出对策建议，指引作用明显，彰显监督关系中的统一性，从而赢得被监督者的认同，提高检察建议的采纳率。

三、类案监督模式下检察建议实体化运作的实践表达——以H区检察实践为例

Z市H区人民检察院于2014年12月正式挂牌成立，作为国家司法改革试点的重要单位，在成立之初就实行了“捕诉一体”和“主办检察官制度”，扩大了检察官的授权范围。司法改革的持续推进肯定了H区检察院的改革探索，H区检察院在法律监督工

---

① 杨兴培：《论刑事法律关系》，载《法学》1998年第2期。
② 沈丙友：《公诉环节侦查活动监督若干问题研究》，载《检察研究》2018年第2期。

作中，特别是在类案监督模式下开展的侦查活动检察建议监督工作的经验值得借鉴。

（一）类案监督模式下的检察建议实体化运作已初见成效

H 区，在地理位置上与港澳地区毗邻。自 2009 年 12 月 16 日 H 区挂牌成立以来，作为中国内地改革开放最前沿的阵地，珠港澳三地经济融合和人员往来加快，各项基础设施及大型工程建设项目如火如荼。在此背景下，运送他人偷越边境、偷越边境等妨害边境秩序案件，非法捕捞水产品案件，拒不支付劳动报酬案件及危险驾驶（醉酒驾驶）案件多发。该院检察官根据承办案件的类型及特点，统筹规划，分工负责对上述案件开展类案监督的检察建议工作。截至 2018 年 12 月，该院已发出运送他人偷越边境、偷越边境等妨害边境秩序案件类案监督检察建议 3 篇，非法捕捞水产品类案监督检察建议 2 篇，拒不支付劳动报酬类案监督检察建议、危险驾驶类案监督检察建议各 1 篇。此外，根据刑事案件办理工作实际，该院还发出盗窃类案监督检察建议及电信诈骗类案监督检察建议各 1 篇。建院 4 年来，该院发出的类案监督检察建议已初具规模。2019 年 6 月，经过对类案监督工作梳理总结，该院编纂印发了《Z 市 H 区人民检察院类案监督及取证指引》用于业务交流，汇集了类案监督工作的思路、方式方法、经验材料及科研成果，全面反映了该院对检察建议实体化运作的探索。

（二）量化考核，有理有据，“类案”检察建议监督权威落到实处

该院在充分借鉴侦查活动监督平台考核方式的基础上，结合类案监督检察建议工作，建立了侦查机关类案办理情况执法档案，动态掌握侦查机关侦办案件情况，实现对侦查机关办案质效的量化考核，做到检察建议的发出有理有据，维护法律监督权威。

该院制作的执法档案分为三个副表，分别从办案程序、办案能力及是否涉嫌违法犯罪三个角度对侦查机关及侦查人员进行评价。如在对讯问犯罪嫌疑人这一取证方式的考核方面，办案程序表主要从讯问时间、讯问地点、讯问人员、首次讯问是否告知权利义务、送达看守所 24 小时内是否进行讯问等角度进行考核；办案能力表则主要从讯问的逻辑是否清晰、讯问内容是否全面、对嫌疑人数份笔录供述的不同之处是否重点讯问、笔录记录是否语言规范，成分完整；是否涉嫌违法犯罪则主要考查是否发现侦查人员有刑讯逼供等不文明侦查行为线索等情况。2017 年 9 月，该院在侦办李某某、陈某某等运送他人偷越边境，偷越边境案件过程中，发现侦查人员制作讯问笔录虽符合各项程序性规定，但讯问笔录存在讯问逻辑混乱，缺乏对案情总体性描述，笔录记录语言不规范等问题，随后该院向侦查机关发出检察建议，并定向跟踪了后续同类案件的侦办工作，发现侦查机关在犯罪嫌疑人讯问工作中充分落实了检察建议要求。

此外，该院在对非法捕捞水产品案件开展类案监督过程中，文件对行政执法权限的区域划分与形事管辖范围往往并不完全一致，尤其是涉及海域、水域的两法衔接案件，究竟属于何地管辖较为模糊，侦查机关在具体个案办理中往往忽视了管辖证据的重要性。该院结合工作实际，在 2017 年 1 月非法捕捞水产品类案检察建议中要求侦查机关

注重收集管辖权证据并将该类证据的收集工作明确在执法档案“办案程序表”应当收集的书证项下。2018年11月，该院检察官在承办姚某某非法捕捞水产品案件中，发现侦查机关仍存在不随案移送管辖权证据的问题，该院再次在非法捕捞水产品类案监督检察建议中指出侦查机关落实不到位。论述了人民检察院管辖问题有其特定的管辖原则，且还须与法院审判管辖相对应，明确检察机关管辖问题不受侦查机关立案管辖相约束。如侦查机关不能及时完整收集管辖权证据，必将延长案件办理期限，浪费司法资源。侦查机关收到检察建议后，在两单位联席会议中明确表示将加大力度完善非法捕捞水产品类案件的侦办工作。[①]

（三）持续推进，与时俱新，“类案”检察建议监督活力落到实处

类案监督模式决定了检察建议工作的开展是持续进行状态，能更好地适应司法实践需求。该院在开展监督工作过程中，及时跟进立法司法新动态，快速发现侦查监督活动的新问题，调整类案监督检察建议，强化监督活力。以该院非法捕捞水产品类案监督工作为例。2016年12月，该院检察官在承办李某甲、李某乙非法捕捞水产品案件时发现，侦查机关在办理此类“两法衔接”案件时普遍缺乏对行政执法与刑事司法程序区别的认识，未树立将行政证据转化为刑事证据的意识。针对此种情况，该院及时出台类案检察建议，要求侦查机关树立证据转化意识。检察建议从行政执法与刑事司法的属性区别入手，详细论述了证据转化的必要性，转化过程应当遵守的原则及不同类型证据转化的具体方法。同时，根据非法捕捞水产品案件渔获物不易保存的特点，重点强调了物证固定、提取及转换的方式与时间节点问题。检察建议发出后，侦查机关在非法捕捞水产品类案侦办能力上有了很大进步，H区人民法院审判人员也在业务座谈会上对侦查机关的进步予以了肯定。

2018年7月19日，G省海洋与渔业厅、省公安厅、省人民检察院共同研究决定，印发《关于加强G省海洋与渔业涉嫌犯罪案件移送和办理工作的意见》（以下简称《意见》），从加强组织管理、严格执行案件移送程序、加强部门协作、完善制度建设等多个方面对海洋与渔业涉嫌犯罪的移送办理作出了规定。2018年11月，该院检察官在承办姚某某非法捕捞水产品案件中，发现侦查机关主要存在如下问题：一是未发现犯罪嫌疑人姚某某提交的涉案船舶证件系伪造等问题，对掩饰、隐瞒犯罪所得，伪造、变造、买卖国家机关证件等非法捕捞水产品上下游犯罪打击力度小，二是本案系当场抓获，案

---

① 2019年7月，该院就2018年12月14日发出的检察建议中要求侦查机关在办理可能涉及刑事犯罪案件的民事纠纷或行政处罚案件时，应明确告知民事主体或行政相对人若案件涉及刑事犯罪，应主动到案配合调查，否则将采取网上追逃等措施并将影响自首认定的“规范权利义务告知制度”及将与犯罪嫌疑人联系情况如实记录的“细化办案规则，建立二作台账”制度的执行情况进行“回头看”。经该院检查，侦查机关通过与犯罪嫌疑人及家属的主动联系，动员犯罪嫌疑人主动到案的案件有7件10人，但建立与犯罪嫌疑人的联络情况工作台账问题还有待进一步完善。该院拟于近期再次发出检察建议，督促侦查机关落实好“细化办案规则，建立工作台账”的检察建议要求。

情简单，但案件流转时间长达15天，犯罪嫌疑人到案时间更达一年之久，“两法衔接”案件办理效率低，三是本案移送时未订卷成册，不符合程序要求。承办检察官立即结合《意见》的最新规定，向侦查机关发出非法捕捞水产品类案件检察建议，从落实上级要求、依法履行职责；深挖线索，提升案件打击效果；优化移送程序，提升案件办理效率；树立程序意识，严格遵守办案规则四个角度对侦查机关侦办工作作出指引。目前，该院对非法捕捞水产品类案监督工作仍在持续进行中。

（四）正向激励，良性互动，“类案”检察建议监督效果落到实处

以审判为中心的诉讼制度改革，在有效构建客观性证据体系方面，对侦查机关、检察机关提出更高要求。该院类案监督检察建议工作的开展，以引导侦查机关注重对客观性证据取证工作为重点。以李某某、陈某某运送他人偷越边境、偷越边境一案[①]的侦查监督工作为例，一是主动邀请侦查机关参与个案自行补充侦查工作，展现了检察机关通过查看涉案扣押木船，核实该船发动机启动后在舱室内、外交流或接听电话声音辨析度等方法科学固定物证，有效降低案情认定对言词证据的过度依赖，从而完善该案证据体系的全过程，用行动将“重客观、轻主观”的证据理念传递给侦查机关；二是在增强侦查机关理解与认可的基础上，多次与侦查机关召开座谈会，就破坏边境秩序类案件侦办中的笔录制作、证人询问、物证固定及电子数据及视听资料的提取等多个问题进行了深入的交流与探讨。三是持续跟进类案侦办情况，及时肯定侦查机关对检察建议的落实工作。该院持续跟进侦查机关对破坏边境秩序类案侦办情况，还应邀前往侦查机关调研考察，就H区区域内运送他人偷越边境、偷越边境案件多发地带进行实地考察，就侦查机关在案件侦办过程中遇到的难点问题进行探讨，肯定其侦办工作的改进情况，建立良性互动，形成打击犯罪合力。

---

① 基本案情：被告人李某某、陈某某在他人的安排下欲运送他人偷越边境前往澳门。2017年2月1日下午14时许，被告人陈某某驾驶一辆黑色别克商务车将郑某甲、陆某某从珠海度假村酒店接至珠海横琴二桥附近一处海边。随后李某某驾驶一艘“三无”木质小船运送郑某甲、陆某某从珠海偷越边境前往澳门，并拨打电话联系澳门接客人员；陈某某协助李某某启动发动机，并在该船上望风及打电话联络接应。18时许，该小船行至珠海十字门对开海域（113°31′46″E、22°10′36″N）时被G省公安边防总队海警第一支队执勤干警当场抓获。

历史文化遗产 公益诉讼保护问题梳理与反思

——以Z市D区检察实践为例

林均明　李国斌*

摘　要　历史文化遗产具有物质和精神双重属性，承载着中华民族的共同基因和血脉，是老祖宗留下的宝贵遗产。本文通过Z市D区检察院近年来办理的一批古树、不可移动文物、非物质文化遗产、传统村落等历史文化遗产公益诉讼案件，梳理出新时代历史文化遗产保护公益诉讼存在法律供给、行政机关履职尽责判断、行政责任主体确认、诉前程序规范化等问题。亟须从完善立法、明确履职判定标准、确认行政责任主体、规范诉前程序、加强"三种履职"推进依法治理、提高自身履行职责能力等方面改进和完善，提升公益诉讼检察水平，助推历史文化遗产保护。

关键词　历史文化遗产　公益诉讼保护　问题与反思

一、问题的提出

历史文化遗产是指具有一定历史意义，与人类生活息息相关，存在历史价值的文物，其主要包括物质文化遗产和非物质文化遗产，是中华优秀传统文化的重要组成部分，具有见证历史、促进文化多样性、增进文化认同等公共利益属性。从一定意义上来说，保护历史文化遗产就是坚定我们的文化自信和制度自信。党的十八大以来，习近平总书记发表一系列重要论述，为历史文化遗产保护工作引航指明方向。党的二十大报告在"推进文化自信自强"部分专门提出"加大文物和文化遗产保护力度，加强城乡建设中历史文化保护传承"。2023年6月2日，习近平总书记出席文化传承发展座谈会并发表重要讲话，强调在新的起点上继续推动文化繁荣、建设文化强国、建设中华民族现代文明，是我们在新时代新的文化使命。

作为国家宪法规定的法律监督机关、国家利益和社会公共利益保护的重要力量，近

---

* 林均明，广东省珠海市斗门区人民检察院党组成员、副检察长；李国斌，广东省珠海市斗门区人民检察院检委会专职委员、一级检察官。

年来，检察机关积极探索推进历史文化遗产保护检察公益诉讼工作。2020 年 9 月，最高人民检察院发布《关于积极稳妥拓展公益诉讼案件范围的指导意见》，明确将历史文化遗产保护作为检察公益诉讼新领域予以重点部署推进。2021 年 6 月《中共中央关于加强新时代检察机关法律监督工作的意见》，提出积极稳妥拓展公益诉讼案件范围，探索办理文物保护领域公益受损案件。2021 年 8 月，中共中央办公厅、国务院办公厅印发的《关于在城乡建设中加强历史文化保护传承的意见》中，也提出要加大城乡历史文化保护传承的公益诉讼力度。2023 年 9 月，最高人民检察院、住房和城乡建设部联合出台《关于在检察公益诉讼中加强协作配合依法做好城乡历史文化保护传承工作的意见》，强化城乡历史文化保护传承领域执法司法衔接，推动形成行政执法与检察监督合力。2019 年至 2022 年，在行政机关的支持配合下，全国检察机关共办理文物和文化遗产领域案件达 1 万余件。①

2021 年以来，Z 市 D 区检察院办理了一批古树、不可移动文物、非物质文化遗产、传统村落等历史文化遗产公益诉讼案件，发现新时代历史文化遗产保护公益诉讼还存在法律供给不足、履职情况判定难、行政责任主体确认难、诉前程序规范化程度不够等问题，一定程度影响了检察公益诉讼在历史文化遗产保护中作用的发挥。

二、D 区检察院办理历史文化遗产公益诉讼案件的基本情况

Z 市 D 区历史文化底蕴深厚，古树资源丰富，文物古迹弥足珍贵，非物质文化遗产光彩夺目，传统村落占据全市“半壁江山”。针对近年来该区历史文化遗产赖以生存的环境遭到侵蚀和损毁，保护和发展堪忧的现状，D 区检察院相继部署开展古树、不可移动文物、非物质文化遗产、传统村落整体保护等 4 个专项行政公益诉讼监督活动，深入调查摸排，找准存在问题，形成调研报告，报送区相关部门领导决策参考。同时，通过公开听证、诉前磋商、诉前检察建议、“回头看”等方式，以及探索推进区人大、区政协、区政府等多方主体与该院联动公益保护模式，携手江门新会、中山、佛山三水、云浮云安、肇庆封开等六地检察院建立西江流域非物质文化遗产保护检察公益诉讼区域协作机制，调动更多力量，形成历史文化遗产保护合力。值得一提的是，该院探索构建人大监督与检察监督公益保护联动工作机制，与 D 区人大常委会出台《关于建立人大监督与检察监督公益保护联动工作机制的实施办法（试行）》，明确“人大 + 检察”联动监督的指导思想、工作目标、工作机制及工作保障，为人大监督、检察监督同向发力、同频共振，为合力守护国家和社会公共利益提供制度指引。“人大 + 检察”监督的模式已在地理标志保护、传统村落保护、非物质文化遗产保护等公益诉讼领域展开应用，成为推动历史文化遗产公益保护的新梁柱。开展四个历史文化遗产领域专项监督活动以

---

① 闫晶晶:《最高检发布检察机关全面开展公益诉讼五周年工作情况》，载《检察日报》2022 年 7 月 1 日，第 2 版。

来，该院共撰写专题调研报告 3 份，立案 25 件，发出诉前检察建议 21 份，提出立法项目建议 2 份，监督出台区级层面规范性文件 6 份，推动出台跨市区域层面规范性文件 1 份。一批古树群得到有效保护，不可移动文物安全隐患得到排除，非物质文化遗产及传统村落保护发展机制得以建立，历史文化遗产活化利用方式积极发挥。在有力保护历史文化遗产的同时，也成功实现历史文化遗产保护与村居环境提升相衔接，凸显检察公益诉讼保护历史文化、厚植国家情怀的责任担当。

三、历史文化遗产检察公益诉讼保护问题梳理

从 Z 市 D 区检察院办理的历史文化遗产保护行政公益诉讼案件中可以发现，当前，历史文化遗产检察公益诉讼保护主要存在以下几方面的问题：

（一）法律供给问题

我国历史文化遗产保护方面立法体系并不完善，法律供给不足的问题已成为检察机关办理公益诉讼案件的障碍，其一，历史文化遗产保护领域不属于公益诉讼法定领域，所以，检察机关在办理文化遗产相关案件时，往往会往自然保护、国有资产、英雄烈士保护等法定领域靠拢，如依据《中华人民共和国文物保护法》《中华人民共和国英雄烈士保护法》将文物、英烈纪念设施受损问题纳入国有资产、英雄烈士权益保护领域，通过制发诉前检察建议等方式保护历史文化遗产。其二，目前，我国仍然没有一部关于传统村落保护的专门性法律，国家现行法律法规无法完全涵盖传统村落保护。《中华人民共和国文物保护法》《文物保护法实施条例》《非物质文化遗产法》等法律法规的内容分别在物质文化遗产和非物质文化遗产方面各有侧重，但都无法涵盖具有活态性、复杂性传统村落的保护，因此加快传统村落保护专项立法工作迫在眉睫。如果不及时采取有效措施，许多传统文化遗产将会遭受毁损或者随着时间自然消失，加强传统村落保护和发展刻不容缓。其三，历史文化遗产领域地方性立法相对滞后。Z 市非物质文化遗产土壤肥沃、地域特色鲜明、项目众多，至今没有制定非物质文化遗产保护的地方性专门立法，导致在非物质文化遗产保护上缺乏针对性和可操作性，同样，在传统村落保护领域，Z 市也没有制定出台传统村落保护条例。

（二）行政机关“履职尽责”判断问题

检察机关开展行政公益诉讼，是以非诉或诉的方式行使宪法规定的法律监督职权，督促相关行政机关依法行政，进而实现公益保护。《行政诉讼法》第 25 条第 4 款对检察

机关提起行政公益诉讼做了原则性规定。[①]《人民检察院公益诉讼办案规则》第81条对人民检察院提起行政公益诉讼，也规定了必须达到三个条件：一是案件已经经过检察建议程序。二是被监督行政机关在检察建议提出后仍然没有依法全面履行相应职责。三是经过跟进调查，国家利益或者社会公共利益仍然持续处于受损害状态。诉前检察建议是对行政机关提起公益诉讼的必经程序，检察机关认为行政机关存在未依法全面履行职责的行为是制发检察建议的前提，也即存在怠于履职行为。当然，认定被监督行政机关是否存在怠于履职，应当在发出检察建议后及时跟进调查予以认定。虽然，对行政机关"不依法履行职责"的认定，《人民检察院公益诉讼办案规则》第82条作了具体规定，也就是"行为要件+结果要件+职权要件"三要件标准。[②] 但是在办理历史文化遗产保护公益诉讼案件中，如何准确理解和适用三要件标准，检察机关和行政机关还存在一定分歧，具体表现在：一是受财政经费保障影响，行政机关是否全面履行职责不好判断。如，D区检察院在办理古文物、传统村落及非物质文化遗产行政公益诉讼案件中，针对相关部门履职不充分致使公益受损问题，依法发出检察建议，相关行政机关收到检察建议以后，采取有效措施，积极采取整改措施，因受经费预算有限的制约，整改效果仍不尽如人意，但从公益损害的结果来看，行政机关仍旧存在一些没有依法全面履行职责的行为。二是文化遗产的受损修复要求较高，流程也比较严格，行政机关是否依法履行职责不好判断。如D区检察院在办理古文物保护案件中，行政机关称一些文物设施的全面保护需要专业的技术保障和指导，他们不敢"轻举妄动"，需要聘请第三方专业机构制定详细的保护方案并予以落实，这中间需要一个过程，不可能在短时间内完成。三是受制于文化遗产的活化利用程度，行政机关是否穷尽履职手段不好界定。如相关部门在对D区某一省级传统村落保护过程中，并没有积极落实产业赋能传统村落举措，乡村文旅产业开发不足，导致自身维修经费短缺，传统村落核心保护区内的历史建筑的修缮工作受到影响，相关保护工作只能点到为止。

（三）行政责任主体确认问题

行政责任主体的确认，既涉及诉前程序监督对象的确认，也涉及在提起诉讼中被告的确定。《行政诉讼法》第25条规定责任主体为负有监督管理职责的行政机关。D区检察院在办理历史文化遗产保护案件中，发现负有监督管理职责的行政机关除了属地政

---

① 《行政诉讼法》第25条第4款规定："人民检察院在履行职责中发现生态环境和资源保护、食品药品安全、国有财产保护、国有土地使用权出让等领域负有监督管理职责的行政机关违法行使职权或者不作为，致使国家利益或者社会公共利益受到侵害的，应当向行政机关提出检察建议，督促其依法履职。行政机关不依法履职的，人民检察院依法向人民法院提起诉讼。"

② 即行政机关依法履行职责应当以法律规定的行政执法机关法定职责为依据，对照行政机关的"三定"方案，以是否采取有效措施制止违法行为、是否全面运用法律法规、规章和规范性文件规定的行政监管手段，国家利益或者社会公共利益是否得到了有效保护进行综合判断。参见最高人民检察院第八检察厅主编：《〈人民检察院公益诉讼办案规则〉理解与适用》，中国检察出版社2022年版，第117页。

府以外，还有在各自职能范围内参与保护的相关行政机关。这些行政机关的职责在“三定”方案中有所体现，但却有少数行政机关的“三定”方案规定的职责模糊不清，有些行政机关在省、市层面上有具体明确的管理监督职责，但具体到区一级“三定”方案却没有明确的监督管理职责规定，只是有一些含糊不清的职责与之相关，导致在立案调查时对行政责任主体的认定不好判断。如D区检察院在办理传统村落保护案件中，区农业农村局的“三定”方案中规定，区农业农村局统筹推动发展农村社会事业、农村公共服务、农村文化、农村基础设施和乡村治理，牵头组织改善农村人居环境，统筹推进生态宜居美丽乡村建设。而传统村落的保护涉及乡村治理和农村人居环境的改善，农业农村局虽然没有具体的某一方面的监督管理职责，但它在“三农”工作中起到统筹协调的作用，其职能的发挥对推动传统村落保护能起到积极作用，因此立案时还是把它列为具有监督管理职责的行政机关。现实中，历史文化遗产受损的原因一般较为复杂，涉及的行政责任主体较多，因此，要实现公益诉讼保护历史文化遗产，确定行政责任主体要慎之又慎，诉前调查核实阶段需要与多个部门联系沟通、调阅材料，准确、合理认定负有监督管理职责的相关行政主体。这不仅关系到诉前程序有效督促解决问题，还事关提起诉讼后的判决履行效果问题。

（四）诉前程序规范化问题

诉前程序作为行政公益诉讼必经的法定前置程序，具有独立的督促履职功能。根据《人民检察院公益诉讼办案规则》第71条，在诉前程序中，检察机关需要围绕“国家利益或者社会公共利益受到侵害的事实、行政机关的监督管理职责、行政机关不依法履行职责的行为、行政机关不依法履行职责的行为与国家利益或者社会公共利益受到侵害的关联性、其他需要查明的事项”开展诉前调查，但因检察机关调查取证权无强制性规定兜底保障、诉前程序证明标准不明确等因素，因而在办案实践中，经常会碰到相关单位和个人出于自身利益考虑消极对待或不怎么配合的情况，影响调查核实进度和效果。D区检察院在办理历史文化遗产保护专项监督案件中，同样不可避免碰到上述问题，一方面，办案检察官的综合素质和业务能力有待加强；另一方面，由于不可移动文物、古树、非物质文化遗产及传统村落涉及的专业性较强，在实践中，因调查核实的程序规则和证明标准有待厘清，导致在诉前程序中形成的证据材料不够全面、翔实，办案的实效有待提升。此外，诉前行政机关的反映申辩渠道不够畅通，检察机关在多方协商与取证等关键环节“单向主导性”亟须规范化。行政机关在历史文化遗产受损线索初核、立案调查及整改验收环节缺少“异议申辩”法定程序。①

① 赵德金、张源：《行政公益诉讼诉前程序司法化改良》，载《社科纵横》2021年第5期。

四、历史文化遗产检察公益诉讼保护的完善建议

（一）推动完善历史文化遗产领域公益保护立法

检察公益诉讼制度是习近平法治思想在公益保护领域的生动实践和原创性成果，彰显了中国特色社会主义制度的优势。如前所述，因法律供给不足，“等”外领域探索都有其局限性，治本之策就是完善立法，推动实现历史文化遗产的全面保护和综合保护。具体说来，一是推动检察公益诉讼法尽早出台。当前，检察公益诉讼法已被列入第十四届全国人大常委会立法规划一类项目，标志着检察公益诉讼立法迈上新台阶。党中央创设检察公益诉讼制度，其中一个重要初衷就是加强对违法行政行为的有效司法监督。制定检察公益诉讼法是落实党的二十大报告“完善公益诉讼制度”部署、保护公共利益的内在要求，契合制度设计初衷。期待检察公益诉讼法能尽早出台，可以预见，未来出台的检察公益诉讼法会对“公益”的概念进行明确界定，那么检察机关开展历史文化遗产公益保护就能突破当前相关部门法立法滞后的束缚。二是推动省级公益诉讼立法。截至2023年9月，目前已有22个省级人大常委会在关于加强检察机关法律监督工作或加强检察公益诉讼的专项决定中将文物和文化遗产纳入公益诉讼新领域的案件范围，在文化保护法、非物质文化遗产保护法修订完成之前，通过地方立法授权的形式支持当地检察机关开展历史文化遗产保护领域公益诉讼。三是推动开展市级立法工作。2021年9月，中共中央办公厅、国务院办公厅印发《关于在城乡建设中加强历史文化保护传承的意见》提出“制定修改相关地方性法规，为做好城乡历史文化保护传承工作提供法制保障。”Z市历史文化底蕴深厚，地域特色鲜明，但至今没有制定传统村落保护条例、非物质文化遗产保护条例，导致在传统村落保护、非物质文化遗产保护缺乏针对性和可操作性，建议通过专门立法提供法治保障，为传统村落保护和非物质文化保护提供制度依据。

（二）明确负有监督管理职责的行政机关履职尽责的认定标准

历史文化遗产保护工作复杂、专业性强，资金投入大，整改周期长，检察机关针对公益受损问题向相关负有监督管理职责的行政机关，制发诉前检察建议后，在回复期届满需要认定其是否依法履职时，应当以《人民检察院公益诉讼办案规则》第82条的规定为依据，充分考虑历史文化遗产保护所需要的时间和人力物力，结合其职权范围、采取的举措、履职期限、客观条件与效果标准多层面进行判断。一方面，充分考虑行政机关优先性与历史遗产保护特殊性，将行政治理置于司法治理前端，坚持检察监督天然的谦抑性。不能简单地把被破坏的历史文化遗产保护和修复效果作为推断行政机关不履行职责的唯一标准。另一方面，负有相关监督管理职责的行政机关的履职积极性、被破坏历史文化遗产修复的可能性、是否具有保护和整治价值、未能保护和整治的具体原因等，都应当纳入认定标准中，对行政机关是否履行了职责进行全面审慎的判断。历史文化遗产保护具有复杂性、烦琐性和专业性，检察机关对判断负有监督管理职责的行政机

关的履行情况存在困难时，可以邀请具有文保资质的第三方机构进行评估，也可以与相关行政机关共同进行现场勘察，委托专家进行评估。要坚持和传递“双赢多赢共赢”的理念，把督促履职尽责的正向功能发挥到最大，帮助行政机关认识到公益诉讼是督促之诉，不是追责之诉，从而减少抵触、增进理解支持。要充分尊重行政权的独立性，不能过多介入行政权运行，更不能代替行政机关执法。

（三）厘清行政责任主体范围

关于历史文化遗产负有监督管理职责的行政机关责任主体认定问题，笔者认为，应当根据立法意图合理界定负有“监督管理职责的行政机关”的范围，涵盖行政机关的外部公共管理和内部层级监督，包括承担监督、责任、领导、指导、协调等具体或抽象职责的行政主体。为取得历史文化遗产保护的最佳效果，建议对行政责任主体范围作出明确的界定，把负有相应监督管理职责的行政主体纳入监督范围，特别是对“三定”方案及政府制定的权力清单、责任清单里，职责含混不清的相关行政机关，要在检察建议书里进一步明确牵头协调部门和参与部门、以督促形成行政合力，及时高效地对受损的历史文化遗产施以救济。此外，在督促出台制度性文件时，要健全历史文化遗产保护管理职责划分机制，完善监督职责主体范围及权责清单，为历史文化遗产保护行政执法与司法监督提供更充足的制度供给。

（四）推进诉前程序刚性化

行政公益诉讼诉前程序不只是提出检察建议，还应包括诉前磋商、听证和调查等内容。如前所述，D 区检察院在办理历史文化遗产保护专项监督案件中碰到调查取证权无强制性规定兜底保障、被调查行政机关及工作人员消极配合、诉前检察建议刚性不够等问题，这些问题都是普遍性问题，有待于最高人民检察院制订相关的规定和标准，或者在未来出台的检察公益诉讼法予以明确规定，此外，磋商案件时机的选择和内容的确定，听证性质和效力的把握，也有待于进一步明确。在国家层面的法律和相关法规制度未出台之前，建议各级检察机关结合自身实际，出台《关于增强行政公益诉讼前程序刚性的实施意见（试行）》的制度性文件，对诉前程序刚性来源、概念含义、基本原则、诉前磋商、听证、检察建议等诉前程序作出详细规定，尤其是在健全历史文化遗产保护社会治理类检察建议制度方面，要突出历史文化遗产保护专业和特色，准确把握行政机关的管辖范围和法定职权，对公益受损事实认定、证据和法律适用的阐述要严谨充分，要指向明确、说理到位，有针对性和操作性，以体现法律监督机关的司法品格。

（五）“三种履职”推进依法治理

最高检应勇检察长在大检察官研讨会上特别强调，新征程上推动“四大检察”全面协调充分发展，要真正做到既敢于监督、善于监督，又依法监督、规范监督。就历史文化遗产保护领域中的公益诉讼而论，依法治理需要做好以下工作。一是树牢“一盘棋”思想，尽可能多办出彩案件。历史文化遗产类公益诉讼案件不会太多，要更加注重系统观念，树牢“一盘棋”思想，上级检察院与下级检察院之间，跨区域检察院之间，院内各部之间，建立健全协作配合一体履职机制，相互贯通，协调并进，小案精办、大案细办，拓展法律监督的广度和深度，提升办案质效，尽可能多办历史文化遗产保护类公益诉讼出彩案件，提升案件对历史文化遗产的影响力度。二是检察机关应发挥对行政公益诉讼的监督协调作用，针对职能不清、执法不严等问题，推动多部门建立长效机制，明确责任，共同履行职责。此外，检察机关还可以发挥民事公益诉讼的职能，对破坏、损毁历史文化遗产的违法行为人提起民事公益诉讼或刑事附带民事公益诉讼，要求其承担相应的公共利益损害责任。三是发挥好桥梁纽带作用，检察机关应充分发挥桥梁纽带作用，通过探索人大 + 检察、政协 + 检察公益保护新模式、“府检联动”等机制，与多元主体合作，推动相关公益损害问题的系统化解决。四是加大历史文化遗产保护宣传力度。通过适时召开新闻发布会等形式，联合发布历史文化遗产保护公益诉讼典型案例，积极探索适用圆桌会议、公开宣告送达、公开听证、举报奖励等制度，邀请人大代表、政协委员、人民监督员、公益志愿者、特约检察官助理等参与案件的办理及整改效果的跟进监督。通过微信公众号发布信息动态、编发典型案例、制发专题视频、撰写检察宣传稿件等多种途径和形式，提高历史文化遗产公益诉讼检察工作的知晓度与参与度，充分打造全社会共同参与历史文化遗产保护的积极氛围。邀请社会各界人士担任公益诉讼志愿者，既拓宽线索来源渠道，又将检察机关保护历史文化遗产宣传到千家万户。

（六）加强自身建设，提升历史文化遗产保护业务素质和能力

“功以才成，业由才广”。公益保护覆盖面广，法律关系复杂，对公益诉讼检察队伍提出了更高的要求。客观地说，面对当前公益诉讼检察工作的发展要求，办案队伍的业务素质和能力还远远不够。要通过多种举措加强正规化、专业化、职业化队伍建设，锻造一支过硬的公益诉讼检察队伍。要根据公益诉讼检察集线索发现、调查取证、沟通磋商、出庭应对、督促治理、研究分析于一体的全流程、多方位特点，立足实战、实案、实效，建立“指导办案 + 业务咨询 + 学习培训”机制，运用岗位练兵、集中培训、现场答疑、办案指导、模拟庭审、业务沙龙等形式开展精准分级分段培训，完善知识结构，拓宽工作视野，全面提升公益诉讼检察人员的能力和水平。要建立和发挥专家智库作用，借助“外脑”，用好“检答网”，与大专院校、专业机构、行业协会、行政机关、人民法院加强合作，通过法律沙龙、典型案件研讨、检委会专业小组活动等形式加强理论研究和知识储备。此外，落实“科技强检”战略，大力加强数字检察工作。积极推动与有关国家机关共享数据交换，科学分析互联网公开数据资源，建立健全线索来源平台，探索构建历史文化遗产检察大数据公益诉讼监督模型，推动大数据、人工智能、“互联网 +”等新技术新思维与监督办案深度融合，促进解决深层次问题。强化和规范

无人机航拍、卫星遥感、卫星图斑、3D 建模、区块链存证等技术在办案中的运用，联合技术部门在案件线索排查研判、调查取证、勘验鉴定、效果追踪等多个环节提供全方位技术支持。

五、结语

历史文化遗产沉淀了中华民族最深层的精神追求和价值体现，历史文化遗产保护工作续写着文脉、记忆和乡愁。历史文化遗产一旦遭到破坏，将无法完全恢复至原貌，它所承载的中华文化与中国精神也将受到不可逆的损害。检察机关作为法律监督机关和公共利益的代表，应当依法积极行使检察公益诉讼职能，及时对损毁文物和文化遗产的违法行为进行法律监督，通过诉前督促行政机关履职尽责以及采取消除危险、补救措施、损害赔偿等救济方式，助力提升历史文化遗产治理水平，推动形成历史文化遗产保护合力，实现以较小司法成本保护历史文化遗产的最佳司法状态。

盗窃类刑事案件适用认罪认罚从宽制度量刑精准化探析

周　明　黄玉莹*

摘　要　随着认罪认罚从宽制度在各地全面推行，司法实践中如何实现罪责刑相适应，如何做到精准量刑一直是司法界探讨的热点话题。而盗窃罪这一常见犯罪类型基于其犯罪性质、形态等特点，如何对其精准量刑衍生出诸多问题。本文结合横琴粤澳深度合作区人民检察院司法办案实践，从盗窃类案认罪认罚精准化量刑角度出发，通过剖析具体案例，提出如何构建和完善我国当前盗窃类刑事案件认罪认罚精准量刑机制的建议。

关键词　盗窃类刑事案件　认罪认罚从宽　量刑　精准化

一、盗窃类刑事案件适用认罪认罚从宽制度精准量刑的难点及实践需要

自2018年认罪认罚从宽制度推行以来，全国各地司法机关按照司法改革要求，积极开展和落实认罪认罚从宽制度适用工作，并根据2018年修正后的《中华人民共和国刑事诉讼法》、2019年10月“两高三部”颁布的《关于适用认罪认罚从宽制度的指导意见》建章立制有效衔接公检法司各机关，畅通工作渠道。但随着该制度在司法实践中的推广和深入，对司法人员的法律掌握和适用要求不断提高，实践中，对于一些类案精准量刑的难度也逐渐增大，例如盗窃类案件的精准量刑过程，由于该类案件发案率高，时而一人多次犯案，时而数人团伙作案，对其盗窃金额和非法获利的认定、主从犯认定、犯罪形态认定等问题皆为精准量刑中的难点。如何把握精准化量刑规则和方法，不仅决定了刑事检察工作的有效推进，也极大地影响检察官对案件提出精准量刑的积极性。实践中，虽然该类犯罪是较为常见的刑事罪名，但从精准量刑层面上来讲，其罪名性质、犯罪形式、犯罪态势等问题均需逐一考量。

---

* 周明，广东省横琴粤澳深度合作区人民检察院第二检察部负责人；黄玉莹，广东省横琴粤澳深度合作区人民检察院检察官助理。

（一）罪名性质决定其复杂性

从我国当前立法层面检视，对于盗窃金额认定刑法将其划分为“数额较大”“数额巨大”“数额特别巨大”的认定标准，各地区根据当地经济发展情况制定入罪标准；另外最高人民法院、最高人民检察院《关于办理盗窃刑事案件适用法律若干问题的解释》也对“数额较大”做出特殊规定，对于具有八种盗窃情形的犯罪嫌疑人，可以按照该解释第 1 条规定标准的 50% 确定其定罪数额；对于在跨地区运行的公共交通工具上盗窃数额标准也不尽相同，需根据受理案件所在地标准确定具体金额。故而，宏观上如何平衡各区域盗窃量刑数额？各地区如何确定盗窃类案盗窃数额认定标准，采用何种方式、何种梯阶来明确量刑建议都是实践中亟须解决的问题。

（二）犯罪形式多为共同犯罪

在共同犯罪中，身份的认定必然直接影响各犯罪嫌疑人的定罪量刑。当前，我国刑法将共犯问题主要分为主犯、从犯、胁从犯的体系来予以认定，但共同犯罪既是一种常见的犯罪形式，也是一种复杂的社会现象。其中难免涉及犯罪嫌疑人地位、作用、分赃情况等多种因素，有时也要区分每单是个人盗窃还是团伙盗窃，这无疑增加了案件精准量刑的难度，从法律的抽象性分析，对于某种要素的裁量，不同检察官、不同法官可能存在不同的见解，当然在量刑方面也会存在差异和分歧。

（三）罚金认定标准层次不齐

从盗窃类案件角度分析，《关于办理盗窃刑事案件适用法律若干问题的解释》中关于罚金的认定“应当在一千元以上盗窃数额的两倍以下判处罚金；没有盗窃数额或者盗窃数额无法计算的，应当在一千元以上十万元以下判处罚金”。但由于不同案件犯罪事实、情节等存在差异，上述规定难免有些笼统。以“盗窃数额”“一千元以上十万元以下”作为参考标准，这个范围跨度过大。虽然各地区司法机关根据经济发展状况针对主刑制定了明确的定罪量刑标准，但对罚金这一附加刑的认定标准没有详细规定，大多以检察官、法官的司法经验来确定。而从现代刑事发展理念来说，罚金的适用是惩治经济犯罪、贪利性犯罪，遏制不良分子经济利欲必要的法治手段，因而司法的抽象性严重阻碍了当前该类犯罪认罪认罚精准量刑的适用，对各地区司法评判的统一性、刑罚的可期待性形成较大阻力。

二、盗窃类刑事案件适用认罪认罚从宽制度精准量刑实践探索——以廖某某等五人盗窃案为例

近两年，认罪认罚案件精准量刑率和采纳率已成为考察检察机关办案实效的一项重要指标，各院案件管理中心每月会制作《案管通报》，使各办案检察官充分了解当月本院刑事案件办理具体情况及认罪认罚各项数据情况。从横琴检察院受理案件类型来看，

盗窃类案件相比于危险驾驶、偷越边境等罪名的案件适用认罪认罚从宽制度精准量刑的难度要高许多，如上所述，系基于该罪名自身的固有特点所决定的。为提高该类案件适用认罪认罚从宽制度下精准量刑采纳率，有效降低办案难度，笔者以廖某某等五人盗窃案为引，运用实践中的探索与学习，提出下述具体可行性的精准量刑工作机制。

案情简要：1. 廖某某、杨某某、李某某涉嫌共同盗窃事实

2020 年 7 月底，横琴某国际广场保安廖某某找到同事杨某某商量，由廖某某负责找人来横琴某国际广场地下负二层偷运钢材，杨某某在监控室望风，将属于珠海某建材有限公司和珠海某实业有限公司共有的钢材偷运出去卖掉，收到的钱五五分账。随后，廖某某找到李某某参与盗窃钢材。自 2020 年 7 月 30 日至 2021 年 1 月 16 日，廖某某、杨某某、李某某先后共同盗窃钢材 27 次，所盗窃钢材重量 18.37 吨，经价格认定价值人民币 74894 元。廖某某分得赃款 27282 元，李某某分得赃款 11000 元，杨某某分得赃款 8418 元。

2. 廖某某、杨某某、郜某某、赵某某涉嫌共同盗窃事实

2020 年 12 月至 2021 年 1 月，廖某某又找到郜某某，郜某某负责组织赵某某等人到珠海横琴粤澳深度合作区某国际广场地下负二层偷运存放在里面的钢材。在此期间，郜某某先后找人偷运钢材 6 次共约 31.48 吨，经价格认定价值人民币 137932 元，销赃金额为人民币 79730 元人民币，郜某某获利 51130 元，廖某某获利 15000 元，杨某某获利 9500 元，赵某某获利 900 元。经审查，廖某某参与全部犯罪事实，共计参与盗窃 33 次，所盗窃钢材经价格认定价值 212826 元，个人获赃款分成 42282 元。杨某某参与全部犯罪事实，共计参与盗窃 33 次，所盗窃钢材经价格认定价值 212826 元，个人获赃款分成 17918 元。廖某某、杨某某、李某某、赵某某自愿认罪认罚，2021 年 5 月，赵某某、李某某赔偿被害单位损失，并取得被害单位谅解。

首先，对于该案自由刑方面的认定，承办检察官注重以下问题：确定每起盗窃犯罪的具体事实，明确各犯罪嫌疑人发挥的作用；盗窃数额的认定；盗窃次数的认定；主从犯等其他情节的认定。其次，在解决上述疑点的前提下，为有效保障各犯罪嫌疑人合法权益，在适用认罪认罚从宽制度的背景下，承办检察官从以下方面出发，完善办案流程，创新工作模式，促进量刑建议得到三方认可，也有助于该类案件认罪认罚从宽制度下精准量刑工作机制运行的常态化。

（一）构建证据开示机制，强化犯罪嫌疑人自我认知

证据开示制度源于英美法的当事人主义对抗制诉讼模式，是英美法系国家实行的一项专门制度，是指诉讼当事人或诉讼外第三人所掌握的事实材料，只要与案件有关，除享有秘密特权保护以外均应向对方当事人披露，任一方当事人均享有要求对方当事人及诉讼外第三人披露上述事项的权利制度。结合当前司法改革实践，探索认罪认罚证据开示制度的根本目的是保障犯罪嫌疑人的知情权以及认罪认罚的真实性和自愿性。引入证据开示制度不仅有助于实现诉讼主体间实质平等，也有利于确定案件争议焦点，准确把握量刑。证据

开示机制可根据案件情况分为多种形式。例如本案中，承办检察官在讯问犯罪嫌疑人时，向其说明该案现有证据情况，并当场释法说理，控辩双方更能够达成量刑共识。

另外，针对该类认罪认罚案件，检察机关在案件办理过程中，可引入《证据开示表》(见表1)，在表格中明确列明证据目录、证明内容，在检察机关主持下，向犯罪嫌疑人的辩护人、值班律师开示证据，使其充分了解案件证据具体情况，其中有利的证据无疑会成为支持辩方对抗强有力的理由，从而确保实现被追诉人的核心诉讼权利。而综合所有证据情况，双方能够对犯罪嫌疑人提出较为客观、合理的量刑意见，并进行协商，最终达成较为一致的量刑意见，而据此提出的精准化量刑建议也会具有较高的科学性和合理性，利于法院采纳。

表1　证据开示表

<table>
<tr><td>案由</td><td></td><td>犯罪嫌疑人</td></tr>
<tr><td colspan="2">证据目录（名称及页码）</td><td>证明内容</td></tr>
<tr><td colspan="2">1. 书证</td><td>证明</td></tr>
<tr><td colspan="2">2. 证人证言</td><td>证明</td></tr>
<tr><td colspan="2">3. 被害人陈述</td><td>证明</td></tr>
<tr><td colspan="2">4. 辨认笔录</td><td>证明</td></tr>
<tr><td colspan="2">5. 被告人供述和辩解</td><td>证明</td></tr>
<tr><td colspan="2">6. 电子数据</td><td>证明</td></tr>
<tr><td colspan="2">……</td><td>……</td></tr>
<tr><td colspan="3">权利义务告知：
……</td></tr>
<tr><td colspan="3">犯罪嫌疑人意见：
我对指控的罪名及证据　　　　异议，同意适用　　　　程序。
犯罪嫌疑人签名：
年　　月　　日</td></tr>
<tr><td colspan="3">本值班律师见证证据开示。
值班律师签名：
年　　月　　日</td></tr>
</table>

(二) 创新《量刑建议计算表》，探索类案量刑新模式

为有效推进横琴粤澳深度合作区认罪认罚从宽制度下精准量刑工作的顺利开展，横琴法检机关通过建立常态化沟通机制，将精准量刑工作以“公式化”方式统一思想，即精准量刑的提出可参照“基准刑 ×（1± 特殊量刑情节）×（1± 一般量刑情节）= 宣告刑”的思路量刑。廖某某等五人盗窃案中，基于上述前提下，承办检察官针对每名犯罪嫌疑人的犯罪事实、情节等情况制定了《量刑建议计算表》，利用表格的形式将量刑标准细致化、明确化，不仅有助于犯罪嫌疑人及其辩护人、值班律师充分了解量刑过程和结果，也有助于检察官、法官更加明晰精准量刑建议的规范性、合法性、合理性，更能推进法检机关对精准量刑的法律理解、观点融合，逐步统一，达成共识。

（三）有效兼顾个案与类案，保障横、纵向量刑均衡

实际上，《量刑建议计算表》只是检察官基于量刑建议相关法律规定制作的量刑建议，其并非最终判决结果，因而如何有效兼顾个案、类案中犯罪嫌疑人量刑均衡是解决该类案件精准量刑问题的重中之重。首先，在廖某某等五人盗窃案中，必须明确各同案犯的地位作用，进而在个案中，能够避免刑罚个别化，在保障各犯罪嫌疑人罪责刑相适应的前提下，实现量刑的均衡化、规范化、精准化。其次，个案均衡并不代表法官的认同和理解，故保证横、纵向量刑均衡，才是使法检机关对认罪认罚案件精准量刑的理解逐渐接近，达成工作共识的根本之源。故在适用证据开示工作机制、运用《量刑建议计算表》等前提下，亟须参考同类案件生效判决的量刑结果，选取一定时间段内若干个判决结果进行整体分析，总体掌握该类认罪认罚案件量刑平衡。

总之，在设定或调整个罪的定罪处罚标准时，无论是实际降低还是升高个罪的处刑严厉程度，都不能偏离类案的定罪量刑规律。只有这样，才能保证量刑方法的规范化，也使量刑思维更加贴合司法规律。

三、完善盗窃类认罪认罚案件精准化量刑的构想与建议

当前，我国的罪刑关系基本图谱（也称罪刑阶梯）是按照每一罪名侵犯法益从重至轻排列的，并匹配相应的法定刑。无需赘言，不论从国家发展、社会稳定，还是法治环境建设等方面分析，盗窃类案件认罪认罚精准量刑机制体制的构建都刻不容缓。应当从立法、司法两个层面，运用立法上缜密构筑的罪刑关系，在司法层面得以实践，相辅相成。

（一）制定盗窃类认罪认罚案件精准化量刑规范性文件

当前，检察机关认罪认罚案件精准量刑大多是以最高人民法院、最高人民检察院《关于常见犯罪的量刑指导意见（试行）》等文件予以参考，但检法机关机构职能的差异导致不能完全适应检察环节认罪认罚案件精准量刑的工作要求。再者，《关于常见犯罪的量刑指导意见（试行）》中关于盗窃类案件的量刑规定相对模糊、抽象，并不能适用于全国各地区不同经济、法治情况。单从珠海市各区域该类犯罪的量刑建议、判决结果来看，虽然整体原则上保持步调一致，但具体分析可知，不同法院，甚至同一法院不同法官对同类案件的审判标准都存在差异。因此，针对盗窃类认罪认罚案件精准量刑制定全面、统一的规范性文件是解决当下精准量刑采纳率偏低的关键。故针对盗窃类认罪认罚案件自由刑和罚金刑两方面均应当制定切实可行的规范性文件，指导司法实践工作。

1. 自由刑层面：强化顶层设计，确定阶梯式精准量刑标准

一是从顶层设计角度检视，应制定全国性盗窃类案认罪认罚案件精准量刑规范性文件，本着以定性分析为主，量刑分析为辅的总体思路，从该类罪名盗窃数额、盗窃方式，或者刑罚等方面出发，遵照不同梯度详细规定，为司法实践提供指引。二是从各地

实务层面考虑，每个地区经济发展水平不一，其入罪标准等也存在差异，因而，在上位法的基础上，各地区应当结合当地实际情况，调整不同阶梯层面的量刑，制定符合其司法实践发展的认罪认罚精准量刑规范性文件，逐步推动检法机关意见融合，统一思想，不断提高该类认罪认罚案件精准量刑工作精确化、规范化、常态化。

2. 罚金刑层面：参照自由刑，明确各地罚金判定标准

从罚金刑层面分析，基于当前司法现状，我国各地区各法院关于罚金刑的判定标准都不尽相同，例如：经数据统计，珠海市香洲区人民法院对于危险驾驶类案件的罚金判罚标准普遍高于横琴法院。笔者认为，实践中，除法律明确规定的以“违法所得”作为罚金判定依据的罪名外，其他罪名应当在参考“违法所得”的前提下，按照主刑对应法定刑幅度所规定的幅度判处。另外，为保证类案的协调性，针对同一罪名的罚金数额，各地区应当设置一个能体现刑法遏制性、与违法所得相关联的衡量比例，比如：针对横琴粤澳深度合作区盗窃类犯罪中，罚金刑可以借鉴自由刑量刑模式，以犯罪嫌疑人“违法所得”、犯罪地位作用、退赃退赔等情节在 1000—5000 元范围确定罚金起点。再适用一般量刑情节对罚金起点进行调节，具体标准可按照自由刑量刑幅度，盗窃数额每增加 15000 元，罚金增加 1000—3000 元。最后结合横琴粤澳深度合作区刑事政策，基于该类犯罪的严峻形势，适当从重处罚。一言概之，罚金刑的罚金起点、调节标准均应当参照自由刑的量刑阶梯制定较为详细的判定方法，以保证精准量刑的全面性和一致性。

（二）借助诉前会议，搭建多方沟通平台

近年来多地检察机关一直在探索诉前会议工作机制，其是检察机关在审查起诉阶段召集侦查人员、当事人以及辩护人、诉讼代理人，就案件管辖、回避、是否适用认罪认罚等程序性问题和事实认定、法律适用、量刑等实体问题进行沟通，听取各方意见，就相关问题的认识和处理达成意见的一种审查起诉机制。从认罪认罚精准量刑角度出发，召开多方诉前会议，听取各方对本案犯罪嫌疑人量刑情节认定、量刑建议的看法和意见，有利于检察机关跟踪掌握量刑情节的变化情况，辩护人可在诉前会议上提交其收集的能够证明犯罪嫌疑人无罪、罪轻或者减轻、免除刑事责任的证据材料进行多方探讨沟通，以“可视化”量刑为工作目标，按照相关法律规定，进一步细化、规范化量刑情节和刑期增减，有利于实现提出精准量刑建议有依据，审判机关采纳或改变量刑建议有理由，被告人对自己认罪认罚的结果有认识。

（三）畅通司法机关沟通机制，提高盗窃类案量刑精准化

完善司法机关沟通协商机制是贯彻“宽严相济，公正高效”的司法理念，全面推进认罪认罚案件精准量刑工作的关键。司法机关应当本着“充分协商、通力配合”的原则，积极推动区域性司法机关认罪认罚从宽制度精准量刑工作机制体制建设，助力认罪认罚案件精准量刑工作的顺利开展。

1. 携手区域司法机关，共建类案精准量刑常态化工作机制

以横琴粤澳深度合作区人民检察院为例，为全面推进认罪认罚案件精准量刑，该院牵头公法司各机关召开认罪认罚精准量刑研讨会，从量刑规范化的法律渊源及内涵出发，围绕量刑基本方法，就确定量刑起点、基准刑、宣告刑等内容展开座谈，数据显示该院 2021 年 1—5 月，适用认罪认罚办理案件占比 97.44%，精准量刑率为 90.3%。虽然数据显示，该院认罪认罚案件精准量刑率还算可观，但对于盗窃类这种较为复杂的案件，保障其精准量刑率依然存在诸多亟须解决的难点。故，宏观层面畅通公检法司各司法机关沟通渠道，是提高办案效率，有效提升认罪认罚案件精准量刑的适用率和采纳率的基础。

2. 搭建“公检”机关交流平台，强化案件证据定罪量刑

从司法职能分配层面来看，侦查机关主要承担查清案件事实、固定证据等职能，但从司法实践中不难看出，案发后犯罪嫌疑人证据的有效固定直接影响该案后续的司法进程。因此，在探索盗窃类认罪认罚案件精准量刑体制机制的前提下，搭建公检机关交流平台，是快速提升案件精准量刑率的必经之路。一是对于盗窃类案件，要畅通公检双方沟通渠道，双方要立足各自职能，定期通过联席会议、座谈会等方式加强沟通，及时掌握横琴粤澳深度合作区近年来盗窃类犯罪率逐年提升，犯案事实逐年复杂等情况，检察机关能够在侦查阶段及时发现问题，并适时引导侦查，不仅有助于提高侦查机关的办案能力，也为审查起诉阶段等后续工作打下坚实的基础；二是共建公检机关刑事司法协作机制。进一步强化检察机关与公安机关之间的监督制约和协调配合，双方可就法律的理解和适用、重大疑难案件办理等问题及时研究，督促公安机关侦查案件时注重证据收集、三性合法，在依法提升办案质效的同时，逐步强化案件证据，助推定罪量刑。

3. 建立“检法”机关会议协商机制，磨合类案精准量刑新思维

笔者认为诉前会议机制也可体现于建立审判前法检机关之间的精准量刑会议协商机制。法检机关可根据该区案件情况，在具体规范性文件的引导下，制定盗窃类案精准量刑协商会议机制，定期就争议案件积极沟通，交换观点。该机制不仅能够打破检法机关之间的思想僵局，促进精准量刑观点相融合，也能有效解决该类案件办案当中的争议点，强化了审查起诉阶段量刑建议的稳定性与权威性。另外，建立检法机关会议协商机制，实质上也是对“精准量刑建议”与“审判中心主义”的有效平衡，从司法公正和案件本身出发，既保护了犯罪嫌疑人的合法权益，保障了值班律师、辩护人行使权利，也降低了司法办案工作难度，实现双赢多赢共赢。

（四）注重提升检察业务能力，助攻盗窃类案精准量刑

“打铁还需自身硬”，在认罪认罚案件诉讼程序中，检察机关作为量刑建议的控诉方，必须把准关键，精准发力，积极履行职能。构建检察机关内部精准量刑“圆桌式”常态化沟通机制，强化检察官精准量刑业务能力和水平，是打磨司法技艺，提升整体司法能力，保障量刑精准的第一道关卡。一是要定期召开类案认罪认罚精准量刑检察官联

席会，对司法办案中遇到的困惑和难点展开讨论，谙熟量刑规律，统一量刑标准，规范量刑程序；二是要定期开展指导性案例讨论会，明晰对法律规定的解释、细化操作流程，结合所办案件探索符合当地司法实践需要，与区域性社会治理水平相适应的类案精准量刑标准；三是要构建精准量刑评判机制。检察机关要定期对检察官所办案件精准量刑适用率和采纳率情况进行分析研判，尤其是对量刑建议未被采纳的案件重点剖析，总结经验教训；四是要加强检察人员整体业务建设，邀请资深法官授课、邀请检察实务专家传授经验开展集中培训，培养检察干警充分发挥工匠精神、实干精神，以严谨、专业的态度，在实践中主动锻炼提高，加强对裁判文书的分析，总结提炼量刑规律和标准，把认罪认罚案件精准量刑工作落到实处。

我国未成年人刑事检察工作社会支持体系探析

房莹珍　莫文敏　黄玉莹*

摘　要　社会支持目前仍然没有一个明确的概念，但从社会学和心理学角度来看，可从社会互动、社会行为、社会资源利用三个方面来理解。未成年人检察工作社会支持体系实质上是对罪错未成年人、未成年被害人依法采取一种由政府机构、司法机关等多方社会力量共同协作形成专门组织，对其开展对应的教育、考察、监督、矫正、保护、管理一系列工作的规范化、系统化的工作体系。

关键词　未成年人刑事检察　社会支持体系　域外未成年人司法保护

一、未成年人刑事检察工作社会支持体系建立的必要性和可行性分析

（一）未成年人刑事检察工作社会支持体系建立的必要性

1. 心理学角度分析

根据心理学家埃里克森的社会心理发展理论，他将人格发展分为相互衔接的八个阶段，每个阶段对应着相对的社会生理危机必要解决，根据年龄分为：婴儿期（0—1.5岁）、幼儿期（1.5—3岁）、学前期（3—6岁）、学龄期（6—12岁）、青年期（12—18岁）、成人早期（18—25岁）、成人中期（25—50岁）、成人后期（50—死亡），其中法律意义上的未成年人犯罪处于第5阶段。

青年期又称为心理社会的合法延缓期，这一阶段青少年往往感到内心有很多冲突。一方面，青少年本性冲动的高涨会带来身体问题，根据发展认知神经科学的研究，青少年的大脑仍然在发育，虽然在该阶段，大脑的容量已经足够大，但是神经连接网络仍然没有完成，随着年龄的增长，大脑的灰质逐渐减少，直到20岁停止，这将导致多余神经连接也减少，大脑各区域相继成熟。最后成熟的区域是大脑额叶最前端的背外侧额前脑皮层，而该区域正是负责控制、冲动、判断和决策，包括控制和处理杏仁体传来的感

---

* 房莹珍，广东省横琴粤澳深度合作区人民检察院一级检察官；莫文敏，广东省横琴粤澳深度合作区人民检察院检察官助理；黄玉莹，广东省横琴粤澳深度合作区人民检察院检察官助理。

情信息；同时，根据科学研究中心研究表明，颞叶结构（杏仁体和海马体）体积随年龄增长而增长，其中杏仁体与情感、行为有重要关系，特别是对于恐惧，一旦没有杏仁体，大脑中促使我们躲避危险的警报不再存在，这也就解释了为什么未成年人会轻易尝试我们认为是危险的举动。另一方面，随着学习和经验的积累，即“社会化”的程度提高，青少年的认知能力慢慢提高，同时他们将面临社会要求和社会的冲突并对此感到困扰和混乱，这导致在青少年追求性别、职业、信念、理想等方面同一性的标准化时期，未成年人会出现角色混乱，只有在寻找个体的主我与客我的统一，社会与个人的统一过程中，对自我同一性的正确整合，才能使人格得到健全发展。

2. 法律文件角度分析

未成年人检察工作社会支持体系的构建在《人民检察院办理未成年人刑事案件的规定》中有所体现，规定中使用了“社会力量”“犯罪预防帮教社会化、一体化体系建设”等专业术语，对未成年人社会支持体系的推动与发展指明了方向，提出了新的要求[①]。2015 年 5 月最高人民检察院发布的《检察机关加强未成年人司法保护八项措施》也明确提出：建立检察机关内部保护未成年人联动机制，推动完善政法机关衔接配合以及与政府部门、未成年人保护组织等跨部门合作机制，推动建立未成年人司法保护借助社会专业力量的长效机制。八项措施不仅强调了检察机关对未成年人司法保护对象范围的全覆盖，也强调了检察机关保护未成年人的职能作用。以此看来，《人民检察院办理未成年人刑事案件的规定》和《检察机关加强未成年人司法保护八项措施》均为未成年人检察工作社会支持体系提供了强有力的法律依据保障和社会基础。

（二）未成年人刑事检察工作社会支持体系建立的可行性

1. 深化复归理论分析

盛行于 19 世纪的下半期至 20 世纪上半期的复归理论认为所有罪犯皆可复归社会，监狱不是惩罚犯罪剥夺犯罪能力的场所，将一个人数年关押在高度警戒监狱里，告诉他每天睡觉、起床的时间和每日每分钟应做的事，然后再将其抛向社会并指望他成为一名模范公民，这是不可思议的。只有将犯人与社会建立牢固而又紧密地联系，通过家庭、职业、人际交往方面修复与社会各方的关系，才能真正地改造罪犯，预防再次犯罪。

2. 国家亲权理论角度分析

国家亲权理论作为保护涉罪未成年人的重要理论依据，其不以未成年人父母是否存在为条件超越父母，是以未成年人自身利益、健康发展为本位的一种国家保护屏障。而未成年人检察工作社会支持体系是遵循“教育、感化、挽救”的指导方针和“教育为主、惩罚为辅”的原则，发动社会各界组织、聚集各阶层社会力量，客观上是通过带动

---

① 宋志军：《论未成年人刑事司法的社会支持体系》，载《法律科学（西北政法大学学报）》2016 年第 5 期。

社会力量扩大对迷途未成年人的全面、多方面司法救助、社会帮扶，借助社会力量加大对未成年人的保护力度，与国家亲权理论的思想和初衷不谋而合。因此，未成年人检察工作社会支持体系的构建有坚实的理论基础，其推行和发展必然具有很强的操作性和实效性。

3. 儿童利益最大化原则分析

未成年人检察工作社会支持体系是以儿童利益最大化原则为理论基础和实践基础的，具有可行性。北京师范大学教授宋英辉曾说过：少年司法最重要的不是办案，而是做人的工作。而人的工作，就是离不开社会支持体系，只有充分发掘一切有益于社会资源介入未成年人司法保护工作当中来，才能最大范围保护、帮助涉罪未成年人、未成年被害人融入社会扫除障碍，实现未成年人自身利益最大化。未成年人检察工作社会支持体系的构建与完善即儿童利益最大化原则的具体落实，具有现实意义。

4. 检察机关牵头具有先天优势

为深入贯彻落实党的十八大、党的十九大和中央政法工作会议、全国检察长会议精神，坚持未成年人权益特殊、优先保护的核心要求，检察机关严格实行“捕、诉、监、防”四位一体的工作模式，这种工作模式决定了其在牵头构建未成年人司法保护社会支持体系方面具有先天优势。检察机关作为公检法中唯一参与未成年人刑事案件审理的全部诉讼过程的司法机关，且天然承担法定监督职责的司法机关，并具备协调各政府部门和社会组织的能力和条件。能够在最大化考虑未成年人利益的同时，聚合社会各方力量，对涉罪未成年人或被害人采取最有效的司法救助措施。实践中，由检察机关牵头的这种模式也在上海、北京、福建等多地普遍适用。可见，在构建未成年人社会支持体系的进程中，检察机关牵头引领，开展一系列社会力量介入、帮教工作，是我国未成年人司法保护社会化的必经之路。检察机关的先天优势决定了其至关重要、责任重大的司法地位。

二、域外未成年人司法保护社会支持体系发展模式

各国未成年人社会支持体系的构建是少年司法制度的深入延伸，而全世界各国的少年司法制度都是以一个总思想：“对于违法犯罪儿童不应强调监禁和惩罚，而应更多地适用非监禁的社会化手段帮助其顺利地回归社会”为根本，《儿童权利公约》《联合国少年司法最低限度标准规则》《联合国预防少年犯罪准则》是三个最重要的指导性法律文件，引领着各国少年司法制度的具体落实。

虽然联合国制定了相对统一的少年司法法律文件作为各国未成年人社会支持体系构建和发展的纲领性文件，但因各国独特的文化底蕴，在政治、经济发展方面均有自己独有的方式和特点，决定了各国未成年人社会支持体系推进情况各不相同，大部分国家对此还没有具体的法律规定。但是少年司法制度相对成熟的国家社会支持体系的构建还是较为乐观的，比如美国、日本和瑞典。

（一）美国少年司法社会支持体系发展模式

美国是世界上第一个制定少年法院法的国家，设立了多个少年法庭，主要职责是预防未成年人犯罪和未成年人权益保护，其对于世界各国未成年人权益保护的发展具有重要意义。美国少年司法制度的发展实质上经历了三个重要阶段，是适用福利主义还是修复性与惩罚性司法共存？一直没有确定的答案。纵观美国少年司法的发展历程，多元化的社会矫正机构是美国少年司法发展的一大亮点，主要是根据未成年人不同年龄层次、问题类型等因素划分到不同的社会矫正机构中，精神诊断治疗机构、反物品滥用机构是20世纪之后才建立的专门针对未成年人吸毒、喝酒方面成立的社会矫正机构，其对少年司法社会支持体系的构建与发展发挥着至关重要的作用。[①] 最值得借鉴的是美国的未成年人心理诊断治疗机构，该机制是以对未成年人的非监禁化为目的，对涉罪未成年人、被害人等问题少年进行心理修复，其在美国得到了充分的推行和发展。可见，美国少年司法社会支持体系的发展不仅局限于普遍提倡的政府机关、司法机关、社会组织之间的协同合作机制，也逐渐延伸到未成年人权益保护问题各个具体领域，有效针对未成年人戒毒、戒酒、心理扭曲等方面开展一系列社会救助工作，值得借鉴。

（二）日本少年司法社会支持体系发展模式

日本的未成年人社会支持体系运作模式也有其独有的特点，即“双结合”：官方机构与民间机构共同协作，少年司法机构活动与地区性社会组织活动相结合。[②] 其本质上都是以预防未成年人犯罪为目的而建立的网络社会支持体系。例如：公检法与学校之间成立联络协议会，建立信息交流、共享长效机制，严格把握未成年人生活、学习动态，除了“双结合”这种运作机制外，还存在一种纯粹的民间志愿者组织，该组织会采用交流心得体会的互动方式，让重新回归社会的未成年人和一些崇尚帮助迷途少年净化心灵的志愿者为涉罪未成年人现身说法，用自身所见所感教育帮助他们走出人生低谷，重拾正确的人生观、价值观和世界观。

（三）瑞典少年司法社会支持体系发展模式

除美国、日本外，瑞典的福利委员会模式也是具有借鉴意义的，其以谋求未成年人社会福利为目的。由行政机关设立的未成年人司法保护机构，该委员会不仅拥有未成年人刑事犯罪案件的审理权，也拥有决定权，未成年人刑事案件主体也不仅限于刑事案件中涉罪未成年人和被害人，也包括了在犯罪边缘游走的一些问题少年，因此，福利委员会的地位实质上高于司法机关。在办理未成年违法案件中，福利委员会透过案件寻找未成年人犯罪的根源问题，将其放在社会领域内看待和解决，是一种全方位保护未成年人

---

① 于沛鑫：《美国少年司法分流制度及其对我国的启示》，载《中州学刊》2017年第6期。

② 李立丰：《日本少年司法制度“循环发展模式”的中国反思》，载《青少年犯罪问题》2016年第5期。

司法权益的社会支持体系机制。可见，瑞典以福利委员会为代表的少年司法社会支持体系的发展给予了未成年人最大限度地保护和帮助，极大缓冲了以惩罚为主的传统式教育给社会带来的冲击。

可见，多年来，未成年人司法权益的保护已成为各国探索、发展的着力点，各国都在以最符合其国情的发展模式构建未成年人司法保护社会支持体系，未成年人司法保护社会支持体系的构建至关重要。

三、我国未成年人刑事检察工作社会支持体系机制探析

（一）注重未成年人社会支持体系顶层制度设计

面对当前复杂的社会趋势，明确、权威的法律制度才是开启未成年人社会支持体系机制全面运行的关键所在，法律是行为的准则，更是党政机关、司法机关的职权所在。因此，必须将未成年人社会支持体系制度构建在未成年人保护法等相关法律中以专章的形式予以体现，详细规定政府机关、检察机关以及其他机关的主体地位和职责范围，其他社会团体组织的协同内容和职责范围，明确社会团体及组织的参与条件和范围，并明确各地政府负责未成年人社会支持工作专项机构，可赋予相应的监督和协调权能，以整合各方资源，搭建平台，积极探索适应各地区实际发展需求的可持续性的未成年人社会支持体系工作机制。

在上位法的宏观指导下，各地区应当根据自身的文化、环境、经济等发展情况，制定符合当地条件的地区性未成年人社会支持体系机制细则，以此约束各机关严格履行职责，切实做好部门、组织之间的沟通和协调，及时解决发展过程中所面临的各类问题，促进未成年司法保护工作朝着阶段性、专业性的方向发展。

（二）我国未成年人检察工作社会支持体系发展模式

习近平总书记指出：实现我们的梦想，靠我们这一代，更靠下一代。未成年人是祖国的希望，民族的未来。近年来，我国未成年人社会支持体系发展缓慢，自《关于构建未成年人检察社会支持体系的合作框架协议》签订以来，各地区逐步开始探索和推行，但由于没有明确的法律和政策要求，各地社会支持体系构建模式存在多样化的特点，以下三种模式较为普遍：

1. 检察机关和共青团组织协作下的社会支持体系模式[①]

该模式是检察机关和共青团组织之间形成无缝对接，建立会商研讨、干部交流等合作机制，成立未成年人司法社会服务机构，或以政府向社会购买服务的形式，以未成年人检察工作为突破口，推动未成年人警务、审判、矫正工作有效衔接，完善办理未成年人案件配套工作体系，实现司法社会服务机构“一门受理”检察机关、共青团委派的

① 牛凯：《构建少年司法的社会支持体系》，载《人民法院报》2018 年 4 月 25 日。

服务内容，对涉罪未成年犯罪嫌疑人、被害人进行专业化、科学化、社会化的教育和帮扶。这种模式能够充分发挥共青团组织及各社会团体组织的社会职能，但参与机关、社会组织范围有限，且力量相对薄弱，不能普遍适用于各区域的长远发展。

2. 公检法司一体化未成年人社会支持体系模式

公检法司一体化社会支持体系模式实质上是以公检法司四家机关为主，建立从侦查到审判贯穿刑事诉讼始终的配套性未成年人司法保护联动机制，进一步细化未成年人权益保护目标任务，使各机关各部门职责分工明确，并将社会调查、社会帮教、观护考察等各项制度融入各个司法审查工作中，实现统一监督统一管理。虽然这种社会支持体系模式能实现公检法司四机关之间的沟通和交流，使其形成合力，但这种模式忽略了至关重要的一点：人员的专业性和体系的专业性。由于专业领域的客观限制，未成年人社会帮教、考察等工作依然由司法机关开展，一方面会分散司法机关工作人员大部分精力；另一方面与社会支持体系存在的意义相违背，专职人员、专业团队的缺乏，既不益于帮教感化的推进，也会严重影响司法机关办案刑事诉讼实效。

3. 由党委领导，检察机关牵头，各政府部门及社会组织共同参与的未成年人社会支持体系模式

当前，青少年犯罪作为三大世界公害之一，其重要性不言而喻。许多地区采用了这种未成年人社会支持体系模式，并取得了良好的整治效果、法治效果和社会效果。以珠海横琴新区人民检察院为例，该院在党委领导下，探索“营造共建共治共享社会治理格局”的未检工作思路，因地制宜，签署了多家政府机关、群团组织、企业参与的《关于构建横琴新区未成年人社会支持体系合作框架协议》。初步形成了由党委统一领导、检察院牵头、综治团工委组织协调、有关部门分工负责、社会力量共同参与的“1+5+N”的多层次未成年人检察社会支持体系。其中，“1”指的是由检察院牵头，“5”指的是共青团、妇联、社会事务局（负有教育、民政职能）、综治办、大横琴投资有限公司（国企），并在后续工作开展中继续延伸外延至辖区内学校、社工组织，无限扩大 N 家参与成员，这种模式紧紧围绕党的指导思想和政策要求，搭建检察机关与政府机关及各群体组织的联动平台、与爱心企业协作成立未成年人保护观护帮教基地，不断汇聚融合社会力量，本着“以充分维护未成年人权益为圆心，逐步向外延伸扩大的圆周运动”的运作定律，实现专项办案、专业帮扶、社会分工的多元化、体系化工作模式。

我国实际情况决定，理论上具有未成年人职能的国家机关、群团组织十多家，如何将国家力量进行整合，形成合力，单靠司法内部协作或检团合作是无法凝力的。检察院具有先天优势，通过其牵头，在争取到党委支持的前提下，将主要的职能部门纳入平台中，才是最优的模式。这种模式的实践效果符合未检工作社会支持体系的构建理念，强调司法社会服务制度化，覆盖面扩大化、服务专业化；从实践中分析，这种模式能够最大化地集聚各方社会力量，形成司法、社会一体化的深度融合，是目前最佳的模式选择。

（三）发展未成年人司法保护的社会力量

1. 构建政府机关与司法社会组织之间工作机制常态化

随着未成年人社会支持体系构建的不断推进，政府机关与社会组织之间的关系日益重要，两者是相辅相成，相互促进的关系，而当前，由于未检工作内容繁多，关联部门甚多，机关与社会组织之间又欠缺常态化联动机制平台，导致了未成年人社会支持体系无法突破瓶颈，且效率低下。如何找到两者协作配合，共同发展的平衡点成为目前亟待解决的问题。

首先，双方要制定关于未成年人社会支持体系联动机制的具体协作细则。如某区检察院印发的《某区未成年人犯罪预防和权益保护实施意见》对两者的职责范围、责任划分、沟通交流机制等均有明确的规定，该院还将绩效考核机制纳入未成年人权益保护工作中，根据阶段性工作要点，对社会机构和组织全面履行监督职能，依法采用检察建议等形式对未成年人具体问题进行专项执法检查，逐步改善未成年人所处的生活、学习环境。

其次，明确定位政府机关与社会团体组织的关系，做到协同互助。政府机关在对社会组织的宏观调控方面担任监督者和支持者的角色，在开展未成年司法社会救助工作中，社会组织需要政府机关的大力支持，需要其带动营造未成年人社会帮扶工作氛围，全力为社会组织链接各类社会资源，以便未成年人司法社会支持工作有效推进。当然，政府机关要以身作则，不超越职权，监管社会组织的同时，也要给予其自由发展的空间，激发当地本土产业的潜在力量，培养孵化当地更多的社会力量加入未成年权益保护工作中。

最后，形成政府机关与社会组织之间联动工作机制常态化。要保持常态化的工作机制，需要保障政府机关与社会组织之间能够及时交流沟通，进行信息分享，[①] 因而，必须在政府机关和社会组织之间建立信息共享合作平台。司法机关在办理未成年人案件过程中第一时间将有效信息录入系统中，并利用该平台发布未成年人社会帮扶的需求，符合条件的社会组织可以申请开展这项工作，这样不仅提高了社会组织的参与度，使得社会力量及时介入对未成年人的司法救助工作中，也为司法机关提供了更多的选择，大大提高了司法办案效率和质量。

2. 保障资金投入，健全政府购买服务机制

实质上，政府购买服务机制也可以理解为一种激励性机制，能够有效调动各社会组织对未成年人司法帮扶工作中的积极性，通过推进未成年人社会支持体系政府购买服务制度化建设，借力司法社工参与刑事案件办理辅助工作，在缓解司法机关人力配置、机构设置等问题的基础上，极大推进了未检工作的发展。健全政府购买服务机制应当从以

① 刘梦琴：《以需求为导向的青少年社会支持体系：建构和评估》，载《青年发展论坛》2018 年第 5 期。

下两点着手：

第一，明确制定未成年人司法社会支持政府购买服务制度，及时发布服务需求清单。政府要按照购买服务的整体工作流程将社会组织机构的选定形式、资金来源、支付标准、服务类型、内容和程序等一系列事项均作出明确的规定，以保障政府购买服务机制运作的合法化、专业化和社会化。在制度的指导下，具体落实各项工作，营造竞争性的经济氛围，杜绝“马太效应式”的社会发展趋势。随后，政府机关要及时在信息交流共享平台上发布未成年司法救助服务需求清单，各个机构和社会组织可以根据条件筛选和自身强项有针对性进行服务，政府机关也会从未成年人权益保护出发，结合刑事案件办理需要、相关客观因素、社会组织的业务介绍等综合考虑分配服务对象。

第二，健全未成年人司法保护政府购买服务监督、考核、评价机制。① 为高质量做好未成年人司法权益社会支持工作，必须将服务工作与监督、考核、评价机制相衔接，由政府机关建立专业机构和指派专业人员定期对社会机构、组织参与的未成年人司法社会服务工作进行监督和指导，并设置司法社工、社会组织考核机制，督促其对未成年人保护司法工作的钻研和深入，探索具有创造性、科学性的社会支持机制。② 另外，通过政府购买服务评价机制对社会机构、组织进行阶段性的质量评估，可引入绩效奖励机制，在不断完善该机制的同时，调动其积极性，也能够吸收更多的社会力量参与其中，形成未成年人司法保护社会合力。

3. 培养未成年人司法保护社会支持专业人才、专业力量

随着未成年人司法保护社会支持工作的不断深入，对一些特殊专业性较强的特殊领域知识的需求也就逐渐凸显，例如在对未成年人进行心理疏导、社会帮教的过程中，需要具有心理学、社会学专业知识的人才通过各类心理引导、测试、训练等得到统计数据，分析其数据制定出最佳的治疗方案，从而获得最好的效果，而这种涵盖多学科知识交织的综合型人才少之又少。③ 当前，我国现有的司法社工群体完全满足不了未成年人司法保护工作的需求，社会组织中缺少专业力量的帮衬与支持。

首先，要健全未成年人司法保护社会支持人才培养机制。④ 例如：由政府机关牵头，或者社会机构、组织和高校之间商定建立司法社工人才培养、选拔长效机制。可共建社会工作实训基地，由高校内专业的老师对社会组织进行技能培训，也可请资深司法社工为同学们授课，通过理论与实践的摩擦和冲撞，不仅增强了师生的实践能力，也使得社会组织人员的业务水平有所提高；政府机关自身也要积极组织具有相关专业背景的从事未成年人司法保护社会支持工作的人或者团体开展培训，培养他们专业知识和实践

---

① 盛艳：《未成年人检察工作社会支持体系建设研究》，南京师范大学2016年硕士学位论文。

② 孙谦：《关于建立中国少年司法制度的思考》，载《国家检察官学院学报》2017年第4期。

③ 李海燕：《司法社会工作介入未成年人刑事检察工作研究》，西华大学2017年硕士学位论文。

④ 关晓霞、王俊：《强制亲职教育制度的构建——以强制亲职教育与未成年人检察社会支持体系建设为视角》，载北京市法学会、天津市法学会、河北省法学会、山东省法学会、辽宁省法学会、内蒙古自治区法学会、山西省法学会：第十三届“环渤海区域法治论坛”论文集。

技能，构建心理学、社会学、教育学等多结构的知识体系，形成从司法一体化到社会一体化的合理布局，从而提高社会组织的服务质量，但也不能过度运用社会力量，以免影响司法的公正性、权威性。

其次，出台未成年人司法保护社会支持鼓励性政策。国家、政府部门要出台一些鼓励性政策，站在国家战略的高度上为未成年人司法保护社会体系建设吸引人才，鼓励机构与机构之间、校企之间等多样化的合作交流，同时整合社会资源为有需要的未成年人保护社会工作者提供合适的岗位选择、财政补贴等，以缓解我国司法社工行业发展的顾虑。

最后，制定未成年人司法保护社会支持行业服务管理规范，颁布行业自律准则。未成年人司法保护社会支持专业人才、专业力量的培养也需要建立在良好的秩序中，必须在平衡政府监管与行业发展自由化的前提下，紧抓司法要求，秉承未成年人司法保护的思维理念，严格遵照服务管理规范，如定期向政府部门汇报工作情况，参加考核等。社会机构、组织也要有行业内在的行为章程，道德规范，这样才能保证未成年人司法保护社会支持力量的稳步壮大。

结语

当今社会，未成年人犯罪已屡见不鲜，而对于未成年人的司法保护不仅涉及一个家庭的幸福和谐，也涉及一个组织、一个民族的稳定发展。为了使涉罪未成年人、被害人能够健康地回归社会，未成年人司法保护社会支持体系的构建与完善发挥着不可替代的作用。本文以政策、法律、心理学等理论为依托，阐述了该体系在实践中的必要性和可行性。结合域外少年司法社会支持体系发展模式的情况，对我国未成年人刑事检察工作社会支持体系机制的构建与完善从顶层设计、发展模式、政府购买服务到培养社会专业人才、专业力量四个方面提出了一些建议。可见，未成年人司法保护社会化建设依然任重而道远，需要政府机关、司法机关、社会力量的大力支持与协同互助，才能形成一个强有力的保护体系。